D1746299

Christian Weyers

Die Vermessung der Nouvelle-France

Historische Land- und Seekarten
von Kanada aus dem
17. und 18. Jahrhundert
in der Kurfürstlichen Bibliothek
zu Dresden

Ein kartographisches Projekt unter der
Leitung und Herausgeberschaft von
Ingo Kolboom

SYNCHRON
Wissenschaftsverlag der Autoren
Synchron Publishers Heidelberg

Eine Publikation des CIFRAQS
Centrum für interdisziplinäre franko-kanadische und
franko-amerikanische Forschungen/Québec–Sachsen
der Technischen Universität Dresden

in Zusammenarbeit mit der
Sächsischen Landesbibliothek –
Staats- und Universitätsbibliothek Dresden (SLUB)

Herausgegeben von
Ingo Kolboom

Das Forschungsprojekt wurde gefördert von der
Technischen Universität Dresden

Layout, Satz und Druck dieses Bandes wurden gefördert von:
Ministère des Relations internationales, Gouvernement du Québec
Gesellschaft für Kanada-Studien e.V.
KolboomsKulturKontor

Bibliografische Information der Deutschen Nationalbibliothek
Die Deutsche Nationalbibliothek verzeichnet diese Publikation in der Deutschen Nationalbibliografie;
detaillierte bibliografische Daten sind im Internet über http://dnb.ddb.de abrufbar.

Impressum

Erschienen im:
Synchron Wissenschaftsverlag der Autoren
Synchron Publishers GmbH, Heidelberg
www.synchron-publishers.com

ISBN 978-3-939381-66-2

Abbildung Cover:
Die Landtſchafft Canada oder daß Neue Franckreich. Canada ou Novvelle France
von Allain Manesson Mallet, Frankfurt 1684, Kupferstich, altkoloriert [200 x 168 mm]. – Einzelblatt © I. Kolboom.

Abbildung Backcover:
Detail aus der Karte *Partie Orientale de la Nouvelle France ou du Canada avec l'Isle de Terre-Neuve et de Nouvelle Escosse, Acadie et Nouv. Angleterre avec Fleuve de Sʈ Laurence* repreſenté par T. Conr. Lotter, Graveur et Geogr. d'Augsbourg. Dresſé par Alb: Charl Seutter, Geogr. Tob. Conrad Lotter, Sc. [ca. 1762.] – © SLUB.

Satz/Layout:
Carola Finkenwirth, Dresden-Hellerau

Gesamtproduktion/Titelgestaltung:
WELTBUCH Verlag GmbH, Sargans (CH)/Dresden (D)
www.weltbuch.com

1. Auflage 2016
Alle Rechte vorbehalten

Inhaltsverzeichnis

2   Vorwort und Danksagung des Projektleiters und Herausgebers

I

9   Seefahrer, Geometer und Voyageurs. Die Nouvelle-France als kartographisches Abenteuer
Einleitung von Ingo Kolboom

10   1. Der vierte Teil der Welt: Ein neues kartographisches Narrativ
11   2. Neufrankreich – ein Zufallsfund auf der Suche nach Cathay
15   3. Koloniale und kartographische Landnahmen
18   4. Mehr als Vermessung: Angleichung von Landkarte und Macht
22   5. Eine königliche Geographie im Dienste neuer Kolonialmacht
26   6. Kontrafaktisch? Der Atlas des Rigobert Bonne
29   7. Navigateur» trifft «arpenteur»
29   8. Die Neue Welt im Fokus neuer kartographischer Unternehmungen
31   9. Die Neue Welt in der ehemals Kurfürstlichen Bibliothek zu Dresden
32   10. Gliederung, Konzeptionalisierung und Ausblick
35   Anmerkungen

II

43   Historische Land- und Seekarten von Kanada aus dem 17. und 18. Jahrhundert in der Kurfürstlichen Bibliothek zu Dresden
Christian Weyers

44   1. Der Kartenbestand der SLUB Dresden
46   2. Gegenstand des Projekts
47   3. Einige grundsätzliche Probleme der Kartographie des 16. bis 18. Jahrhunderts
50   4. Kartentypen
52   5. Projektionsverfahren
54   6. Nullmeridian und Längengradzählung
55   7. Maßstab und Reduktion
56   8. Herstellungstechniken
57   9. Kartenelemente und *scriptura*
61   10. Kartographie und Choronymie
63   11. Künstlerische Ausgestaltung der *pictura*
70   12. Der französische Beitrag zu den modernen Geowissenschaften
74   13. Entwicklung der französischen Kartographie
78   14. Der Dépôt des Cartes et Plans de la Marine
79   15. Karten als plakative Machtdemonstration und die «bataille cartographique»
84   16. Empirische Kartographie im Dienst der Staatspolitik
87   17. Private Kartographie als Forum offensiver Spekulation
92   18. Ausblick
93   Anmerkungen

III

97   Ausgewählte Land- und Seekarten im kartenhistorischen und politischen Kontext
Christian Weyers

98   Vorbemerkung
99   1. Nova Francia und Terra Nova: die Anfänge der französischen Präsenz in Nordamerika
103   2. Die Nouvelle-France erhält politische Konturen
116   3. Der Kampf um die wirtschaftliche und militärische Vorherrschaft in Nordamerika
140   4. Der St. Lorenz-Strom auf nautischen Karten
144   5. Die Nouvelle-France wird britisch

IV

165   Katalog der erfassten Land- und Seekarten mit detaillierten kartographischen und philologischen Kommentaren
Christian Weyers

166   Vorbemerkung
168 bis 302   Laufende Nummern 1 bis 151 mit alten und neuen Katalogsignaturen sowie u.a. mit den Rubriken:
Titel
Zeichner
Graveur
Erscheinungsort und -jahr
Herausgeber bzw. Verleger
Projektion
Format
Maßstab
Areal
Nomenklatur
Bemerkungen
Textelemente
Bibliographischer Kommentar
Herkunft

V-VI

303   V. Literaturverzeichnis
319   VI. Verzeichnis und Nachweis der Abbildungen

323   Summary & Résumé

324   Publikationen des CIFRAQS Herausgegeben von Ingo Kolboom

Abb.: *Canada. Anfang des Rideau Canals bei Bÿtown am Ottawa* [umgeben von acht Randansichten]. Stahlstich, vermutlich von August Weger, Leipzig um 1840. Einzelblatt © I. Kolboom. Die Randansichten zeigen: Québec, Montréal, Aylmer, Wellington, St. Lorenz und völkerkundliche Darstellungen: erste Ansiedlungen, Wigwams der Indianer.

Vorwort und Danksagung
des Projektleiters und Herausgebers

Mein herausragender Dank gilt Priv.-Doz. Dr. Christian Weyers, der im Rahmen des von mir geleiteten Kartenprojekts «Die Vermessung der Nouvelle-France» an der Technischen Universität Dresden – neben vielen anderen Aufgaben – den historischen Kartenfundus aus der Kurfürstlichen Bibliothek in der Sächsischen Landesbibliothek – Staats- und Universitätsbibliothek Dresden (SLUB) untersuchte und evaluierte, wobei die stellenweise schwierige Beschaffung fehlender Detailinformationen auch Arbeitsbesuche in anderen Kartensammlungen, u.a. in der Staats- und Universitätsbibliothek Hamburg Carl von Ossietzky sowie in der «Grande Bibliothèque» (Bibliothèque et Archives nationales du Québec) in Montréal, erforderlich machte. Dass dieses kartographische Abenteuer erfolgreich zu Ende geführt werden konnte und nun in der vorliegenden, wissenschaftlich aufbereiteten Buchform der Öffentlichkeit zugänglich gemacht werden kann, ist sein Verdienst.

Von der Technischen Universität Dresden wurden von 2009 bis 2011 die dafür notwendigen Personalmittel für Dr. Weyers zur Verfügung gestellt. Dies wäre ohne die aktive Fürsprache des damaligen Rektors der Technischen Universität Dresden, Professor Hermann Kokenge, nicht möglich gewesen. Dem am 25. Dezember 2014 verstorbenen ehemaligen Rektor Kokenge gebührt daher unser besonderer Dank, umso mehr, als er mit seiner damaligen Fürsprache das Profil der von mir begründeten landes- und kulturwissenschaftlichen TU-Professur für Frankreichstudien und Frankophonie mit dem dazu gehörigen Centrum für interdisziplinäre franko-kanadische und franko-amerikanische Forschungen/Québec–Sachsen (CIFRAQS) aktiv unterstützt hatte. Dass mit meinem Ausscheiden Ende April 2012 aus dem TU-Institut für Romanistik und dem CIFRAQS sowie mit der damit verbundenen Umwidmung meiner Professur die Publikation der Forschungsergebnisse dieses Kartenprojekts zu einer reinen Privatangelegenheit von Herausgeber und Autor wurden, war ein bedauerlicher Folgeumstand, der unserem Kartenbuchprojekt große Hindernisse in den Weg legte. Dennoch konnten wir es zu diesem Ende bringen.

Unterstützt wurde Dr. Weyers bei seiner Arbeit vom Leiter der Kartensammlung der SLUB, Dr. Georg Zimmermann, von dessen Stellvertreterin Anne Mierisch sowie von zahlreichen Mitarbeiterinnen und Mitarbeitern der SLUB, die mit kompetenter Hilfe und stets freundlicher Verfügbarkeit zum Erfolg beigetragen haben, so dass dieses Projekt nicht nur auf der Ebene der kartographischen Quellen als ein Unternehmen in Zusammenarbeit mit der SLUB gelten kann. Ihnen allen möchten wir danken.

Gemeinsam danken wir auch allen Korrespondenzpartnerinnen und -partnern, die uns bei der Ermittlung äußerst seltener und schwer zugänglicher Quellen behilflich waren, auch wenn diese nicht in allen Fällen zum Erfolg führten. Zu ihnen gehören Ronny Andersen (Rigsarkivet København, Brugerservice og Formidling), Nicole Domka (Universitätsbibliothek Tübingen, Abteilung Handschriften/Alte Drucke), Alisa Fowler (Bayerische Staatsbibliothek, Abteilung Handschriften und Alte Drucke, Referat Karten & Bilder), Fabian Fricke (Universitätsbibliothek Bern, Zentrum Historische Bestände), Ilona Kuba-Träger (Oberlausitzische Bibliothek der Wissenschaften) und Jean-Luc Rouiller (Bibliothèque de Genève, Département des imprimés anciens et précieux). Eine große Hilfe leisteten uns auch die hier nicht im Detail aufzuführenden Bibliotheken, Archive und Map Dealer weltweit. Wir danken allen Bibliotheken, Archiven und sonstigen Inhabern von Urheberrechten für die großzügige Erteilung der Abdruckgenehmigungen für Karten und andere Abbildungen. In einigen Fällen mussten die Originalkarten vom Herausgeber gekauft werden, um die Copyright-Rechte zu erhalten.

Ferner danken wir dem Ministerium für internationale Beziehungen der Regierung von Québec sowie der Gesellschaft für Kanada-Studien e.V., deren Förderung dazu beitrug, dass die Kosten für die aufwendigen Satz- und Korrekturarbeiten an diesem Kartenband sowie der Druck nicht ganz allein von Herausgeber und Autor geschultert werden mussten. Nichtsdestotrotz waren es vor allem die fehlenden finanziellen Mittel, die die Drucklegung dieses Buches immer wieder hinauszögerten, bis wir schließlich die Hoffnung auf weitere Förderung aufgeben mussten. Dass der Vierfarbendruck eines solchen Kartenbuches im Atlasformat schließlich doch noch stattfinden konnte, verdanken wir den stets geduldigen und umsichtigen Layout- und Satzarbeiten von Carola Finkenwirth und schlussendlich der uneigennützigen Produktionshilfe von Dirk Kohl von der Weltbuch Verlag GmbH.

Mein letzter, persönlicher Dank gilt dem Synchron Wissenschaftsverlag der Autoren, in dem ich seit 2000 eine eigene CIFRAQS-Reihe mit politik-, geschichts- und kulturwissenschaftlichen Publikationen über das frankophone Nordamerika herausbringen konnte. Mit dem vorliegenden Kartenband findet diese Reihe ihr Ende. Finis coronat opus.

Für alle Irrtümer, die trotz größter Umsicht in diesem Band noch enthalten sein dürften, sei mir ein Zitat des großen niederländischen Kartographen Joan Blaeu aus seiner Vorrede an den «Hochgeehrten Leser» in seinem ATLAS MAIOR aus dem Jahre 1665 erlaubt. «Ihnen, geneigter Leser, wünschen wir Vergnügen an unseren Anstrengungen, und wenn Sie auf den Karten oder in den Erläuterungen etwas vermissen, bedenken Sie dann, dass sich ein Irrtum in einer Beschreibung dieser Orte, die man nicht selbst gesehen hat, schnell einschleicht und dass Vergebung an keiner Stelle angemessener ist als hier, davon ausgehend, dass es nicht im Geringsten verwunderlich ist, dass ein Mensch nicht über alles Wissen der Menschheit verfügt. Leben Sie wohl.»

Wir widmen dieses Werk Altmagnifizenz Hermann Kokenge (1949-2014), der von Anfang an vom Nutzen dieses Kartenprojekts überzeugt war. Als Professor für Landschaftsarchitektur an der Technischen Universität Dresden waren ihm vermessene Landschaften, Geometer und Kartographen vertraut.

Prof. em. Dr. Dr. h.c. Ingo Kolboom
Dresden, im Dezember 2015

I

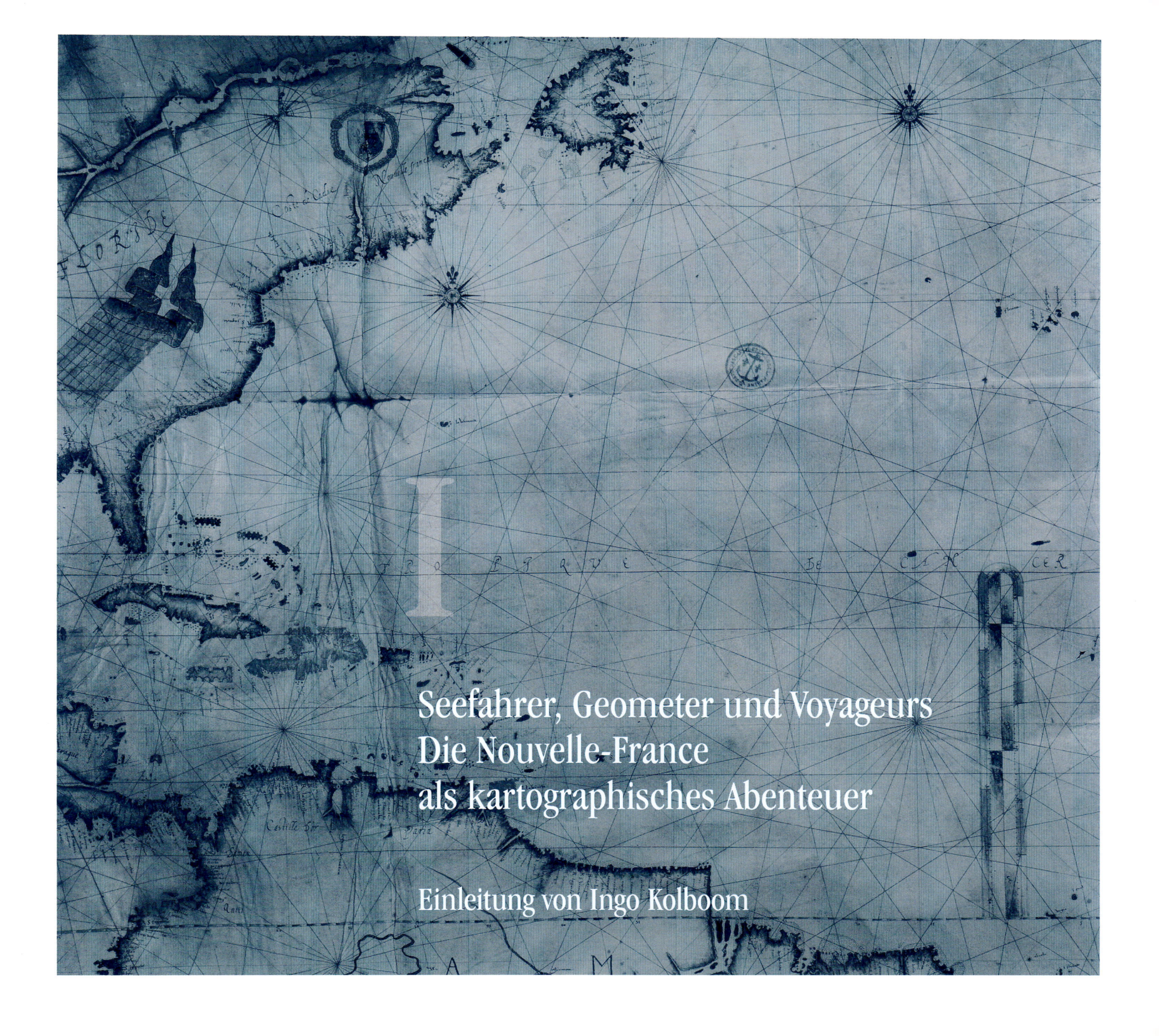

Seefahrer, Geometer und Voyageurs
Die Nouvelle-France
als kartographisches Abenteuer

Einleitung von Ingo Kolboom

Seefahrer, Geometer und Voyageurs
Die Nouvelle-France als kartographisches Abenteuer

Einleitung von Ingo Kolboom

«The world is a miracle, unfolding in the pitch dark. We're lighting candles. Those maps – they are my candles. And I can't extinguish them for anyone.»
Corlis Benefideo in «The Mappist» von Barry Lopez (2000).

«Ich war Wissenschaftler, Kartograph, ich wurde dort gebraucht.»
Der 12 Jahre alte T.S. Spivet in «Die Karte meiner Träume» [The Selected Works of T.S. Spivet] von Reif Larsen (2013).

«Les géographes ne sont que des artistes; les voyageurs, marins ou autres sont les vrais savants, les inventeurs, les créateurs de la science géographique.»
Père Louis Bertrand Castel (1751).

Abb. 1
Amerigo Vespucci – Illustration am Rande der Weltkarte von Martin Waldseemüller, 1507 (Ausschnitt).

1. Der vierte Teil der Welt: Ein neues kartographisches Narrativ

Es war eine Weltkarte aus dem in den Vogesen gelegenen Saint-Dié, die der «Neuen Welt» im Westen 1507 einen Namen gab – «America». Der Kartograph Martin Waldseemüller (ca. 1472–1522) hatte sich von den Reiseberichten des florentinischen Seefahrers Amerigo Vespucci (1454–1512) inspirieren lassen und fand es angemessen, dieses «neue Land» nach seinem «Entdecker» zu benennen. Dass Waldseemüller dabei «America» zum ersten Mal als geschlossenen, von Wasser umgebenen Erdteil darstellte, wertet Toby Lester in der Rückschau als eine Sensation, denn der Pazifik wurde auf der Seite von Panama erst 1513 erkundet und der Portugiese Fernão de Magalhães (1480–1521), bekannter unter dem Namen Magellan, unternahm die erste Südumsegelung des neuen Kontinents erst im Jahre 1520.[1]

Diese Anekdote illustriert einen Zusammenhang, der diesem Buch gleichsam als Leitmotiv mitgegeben sei. Zum einen sind historische Karten auch allgemein das, was Anna-Dorothee von den Brincken in Besonderheit für das Mittelalter feststellte. Sie «helfen in eindrucksvoller Weise, die auf den ersten, vordergründigen Blick recht fremdartige Mentalität dieses Zeitraumes zu verstehen. Da sie Text und Bild verbinden, können sie gleich auf zweierlei Weise wirken wie verdeutlichen und damit für recht verschiedenartige Gegenstände über Geo- und Kartographie hinaus Wegweiser sein. [...] Kartographische Quellen bezeugen, welche Orte dieser Erde von Interesse waren, insbesondere auch in ihren Beziehungen untereinander.»[2] Zum anderen ist die Geschichte von der Erkundung, Eroberung und Besiedlung «neuer» Welten zugleich eine Geschichte der Vermessung, also der neuen Welt-, See- und Regionalkarten, somit der kartographischen Quellen.[3]

Dass damit ein neues Kapitel in der Geschichte der Kartographie aufgeschlagen wurde, daran sei schon an dieser Stelle erinnert, «denn Regionalkarten oder einzelne Länderkarten gab es im Mittelalter noch nicht. Das kartographische Wissen der Antike von der Gestalt der Erde war verloren gegangen, und die Kartenzeichner des christlichen Europas fassten ihre Werke eher als künstlerischen Ausdruck eines religiösen Weltbildes auf denn als reales Abbild der Umwelt. So bildete Jerusalem den Mittelpunkt einer Welt, die von einem ringförmigen Ozean umflossen war. Das Festland war schematisch durch Wasserflächen in Form des Buchstabens ‹T› in die drei bekannten Kontinente (Europa, Asien und Afrika) geteilt. Am oberen Rand der nach Osten orientierten Karten war meist das Paradies, der Garten Eden, eingetragen. Mit geographischer Realität hatten diese mittelalterlichen Radkarten wenig zu tun, dennoch bemühte man sich, das bekannte Wissen über Gebirge, Flüsse und Städte in dieses Schema zu pressen.»[4] In dem Maße aber, wie sich die Kartierung der bekannten und noch unbekannten Welten zu Wasser und zu Land als moderne Technik entwickelte, begann die der Messung geschuldete Distanzierung *und* empirische Durchdringung dieser Welten, damit auch deren Entmystifizierung. Denn, um es mit den Worten der jungen kartographischen Romanfigur T.S. Spivet zu sagen: «Die Regel Nummer eins der Landvermesser lautete, dass, was nicht mit dem Auge zu sehen war, auch nicht auf dem Pergament zu sehen sein durfte.»[5] Dass die daraus hervorgehende Darstellung keineswegs identisch ist mit dem Dargestellten selbst, wusste T.S. Spivet aber auch. Seine Schlussfolgerung gibt der Kartierung einen Sinn, der über das Empirische hinausgreift; «der Unterschied zwischen einer Karte und dem Land selbst gab uns den Abstand, um unseren Platz in der Welt zu bestimmen.»[6] Dass damit auch ganz unphilosophische Implikationen und Absichten verbunden sein können, wird uns an anderer Stelle beschäftigen.

Es ist dieser zweite Aspekt, die Vermessung eines neuen Kontinents, damit das um Realität bemühte Abbilden einer neuen Umwelt beziehungsweise Teilen derselben und die damit verbundene neue Standortbestimmung, anders gesagt: deren kartographisches Narrativ, welches die Raison d'être des vorliegenden Werkes darstellt. Konkret geht es um Land- und Seekarten aus dem 17. und 18. Jahrhundert, die die französische Erkundung Nordamerikas und damit die Begründung der «Nouvelle-France» genannten französischen Kolonie, also die historische Vorstufe des heutigen Kanada, zum Gegenstand haben. Dabei geht es nicht um irgendwelche historischen Karten, die einer illustrierten Geschichte Neufrankreichs oder gar einer wie immer gestalteten kartographischen Rekonstruktion Neufrankreichs zweckdienlich zugeführt wurden. Es sind vielmehr die historischen Karten selbst und deren Provenienz, die im Mittelpunkt unseres Interesses stehen. Denn es handelt sich hier um eine erstmalige wissenschaftliche Erfassung des Bestandes historischer Land- und Seekarten zu diesem Thema aus der ehemals Kurfürstlichen, ab 1806 Königlichen Öffentlichen Bibliothek zu Dresden, die zum Grundstock der heutigen Sächsischen Landesbibliothek – Staats- und Universitätsbibliothek Dresden (SLUB) wurde.[7]

Diese Erfassung war Thema eines von mir initiierten und von Priv.-Doz. Dr. Christian Weyers ausgeführten, von der

Technischen Universität Dresden geförderten mehrjährigen Forschungsprojekts am «Centrum für interdisziplinäre franko-kanadische und franko-amerikanische Forschungen/ Québec–Sachsen» (CIFRAQS), dessen Leitung ich von seiner Gründung 1994 bis zu meiner Emeritierung im Jahre 2012 innehatte. Wir werden am Ende dieser Einleitung auf die Motive, Umstände und Ergebnisse dieses Projekts näher eingehen. Als wissenschaftliches Projekt konnte dieses Vorhaben mit dem Ende seiner Finanzierung Ende 2011 abgeschlossen, konnten die Ergebnisse der Sächsischen Landesbibliothek – Staats- und Universitätsbibliothek Dresden (SLUB) vorgelegt werden. Auf einem anderen Blatt aber stand die Frage einer Veröffentlichung der Ergebnisse in einer formal wie inhaltlich ansprechenden Weise, was nun trotz vieler Hindernisse erreicht werden konnte. Dazu gehören auch diese einleitenden, wenn auch knapp gefassten Gedanken aus der Feder desjenigen, der das CIFRAQS einst ins Leben rief, das französische Amerika damit in die Forschungslandschaft der Technischen Universität Dresden einführte und auch für dieses kartographische Projekt verantwortlich zeichnet.

2. Neufrankreich – ein Zufallsfund auf der Suche nach Cathay

Die Umstände, unter denen Nordamerika im 16. Jahrhundert in das Blickfeld Frankreichs geriet, zeigen, dass auch die spätere französische Kolonie eigentlich zunächst nicht mehr war als ein unvorhergesehenes Hindernis auf der Suche nach einer nordatlantischen, in der Hoffnung kürzeren Seeroute nach China («Cathay» bei MARCO POLO, ca. 1254–1324) und Indien. Die vom englischen Astronomen NICHOLAS OF LYNN aus Oxford schon im 14. Jahrhundert vertretene These eines von vier Inseln umgebenen arktischen Pols im Norden[8] hatte zu der Überzeugung geführt, dass man China auch über einen nördlichen Seeweg erreichen könne. Deutlich zeigt dies die nautische Weltkarte eines unbekannten portugiesischen Kartographen, gedruckt zwischen 1585 und 1590: Vier langgestreckte Inseln oberhalb der Kontinente Amerika, Europa und Asien lassen Seewege in beide Richtungen offen.[9] Andere Karten aus jener Zeit reduzieren die Zahl der Inseln und lassen den Weg über die Nordwest-Route als den kürzeren erscheinen. Der von Großbritannien und Frankreich im 16. und 17. Jahrhundert entfesselte Wettstreit um die Entdeckung dieser sich später auf die Hudson-Bai konzentrierenden «Nordwest-Passage»[10] vollzog sich vor dem Hintergrund, dass die Neue («heidnische») Welt seit dem Vertrag von Tordesillas (1494)[11] unter Spanien und Portugal *de facto* so aufgeteilt war, dass den Engländern und Franzosen vorerst die von den Spaniern und Portugiesen noch nicht explorierte nördliche Hemisphäre als Handlungsspielraum blieb. Das Ringen um die Aufteilung der Neuen Welten und damit auch um die Nordwest-Passage wurde daher auch ein kartographischer Wettstreit, umso mehr, als – quasi als Nebenergebnis dieser Explorationen – die dabei entdeckten Landzonen in konkurrierenden Besitz genommen wurden.

Ganz unbekannt waren diese «neuen» Welten im Norden den Europäern nicht gewesen. Alten Chroniken zufolge hatten baskische und bretonische Fischer schon zuvor ihre Fischfänge und Walfahrten im Nordatlantik bis in den Sankt Lorenz-Golf und an die Buchten des heutigen Neuschottland ausgedehnt. Und lange vor ihnen hatte schon der Wikinger LEIF ERIKSON die Küsten Neufundlands und Labradors betreten. Er und seine «Nordmänner» gründeten 1000 oder 1001, von Grönland kommend, auf dem in den isländischen «Vinland-Sagas» erwähnten Vinland («Weideland») an der Nordspitze Neufundlands die Siedlung Leifsbudir («Leifs Häuser»). Sein jüngerer Bruder Thorwald erkundete Vinland, soll auch

Abb. 2
Die «Vinland-Karte», angeblich eine Weltkarte aus dem 15. Jahrhundert, neu gezeichnet mit schwarzer Tinte auf Tierhaut nach einem Original aus dem 13. Jahrhundert. – Falls authentisch, wäre das die erste bekannte Kartierung der nordamerikanischen Küste. – Text der Legende oben links auf der Karte in deutscher Übersetzung: *«Mit Gottes Willen, nach einer langen Reise von der Insel Grönland nach Süden durch das Eis segelnd zu den am weitesten entfernten übrigen Teilen des westlichen Ozeans, entdeckten die Gefährten Bjarni und Leif Erikssohn ein neues Land, äußerst fruchtbar und sogar mit Reben, eine Insel, die sie Vinland nannten.»*

dem Sankt Lorenz-Strom gefolgt sein, möglicherweise ist er mit seinem Wikingerschiff bis nach Cape Breton in Neuschottland gefahren. Doch auf Dauer konnten sich die Nordmänner auf Vinland nicht halten. «Zu zahlreich und kriegerisch sind die Einheimischen. Die Indianer gewinnen den ersten Kampf um Amerika gegen die Weißen – wenn auch nur für eine Atempause.»[12] Bestätigt wurde diese lange Zeit nur als «Saga» existierende Erzählung erst 1960 durch die norwegischen Archäologen Helge und Anne Stine Ingstad, als sie an der nördlichsten Spitze Neufundlands, an der Anse-aux-Meadows, die Reste einer skandinavischen Siedlung, nämlich jenes Leifsbudir entdeckten.[13] Die frankophonen Fischer nannten diese Stelle einst «L'Anse-aux-Méduses», 1862 wurde sie erstmals kartiert als «L'Anse à la Médée»; die Anglophonen machten daraus die ‹homophonisierte› englisch-französische Wortkreuzung «L'Anse-aux-*Meadows*», somit aus der zauberkundigen Tochter des Königs Aietes von Kolchis eine *Wiesen*bucht. Als «National Historic Site of Canada» steht dieser Fundort heute für die Entdeckung Amerikas beziehungsweise Kanadas durch die Wikinger vor einem Jahrtausend.[14]

Doch die einen waren nur den Fischen und Walen nachgeeilt, und das nicht kartographierte Wissen der anderen – sieht man von der erst im 20. Jahrhundert aufgefundenen, aber umstrittenen «Vinland-Karte» (Abb. 2) ab[15] – hatte sich in den Jahrhunderten verloren. Erst mit der Eroberung Konstantinopels durch die Osmanen 1453, den damit verbundenen Folgen für die Europäer, denen nun die alten Handelswege in den Osten auf den Spuren Marco Polos versperrt waren und die nun auf den Seeweg ausweichen mussten, erhielten die Kenntnisse über die Ozeane und das nautische Können eine strategische Bedeutung.[16] Verbunden mit der Entwicklung der modernen Staatenwelt in Europa und neuer Navigationstechniken zu Wasser und zu Lande begann nun die «Entdeckung», damit letztlich auch gezielte Inbesitznahme und das technisch-wissenschaftlich Ausmessen und Kartieren jener Welten, die als nun «neue» in das Bewusstsein der Europäer traten.[17]

Während Portugal den Osten über den langen Seeweg rund um Afrika erkundete, wandten sich die Spanier der westlichen Route zu, in der Annahme, dass dies der kürzere Weg nach Osten sei,[18] was 1492 zur «Entdeckung Amerikas» durch den genuesischen Seefahrer Christoph Kolumbus (1451–1506) und schließlich zur ersten Südumsegelung des neuen Kontinents durch Magellan und damit zu der erwähnten Aufteilung der Hemisphären durch den Vertrag von Tordesillas führte.[19]

Im Norden Amerikas hatte Frankreich trotz der Verdienste des Venezianers Zuan («Giovanni») Caboto («John Cabot») (1450–1498), der 1497 im Dienst der englischen Krone die erste Entdeckungsreise nach Nordamerika unternommen hatte, zunächst eine Pionierrolle inne.[20] Geschuldet war dies Franz I., der 1515 den Thron Frankreichs bestiegen hatte und sich gegen die päpstlich abgesegnete Alleinherrschaft der iberischen Staaten auf den Weltmeeren auflehnte, indem er den florentinischen Seefahrer Giovanni da Verrazzano (ca. 1485–1528) im Jahre 1524 damit beauftragte, die Küstenstreifen zwischen Florida und Neufundland nach einer Passage in Richtung des Pazifiks abzusuchen.[21] Nachträgliche Rückendeckung holte er sich 1533 von Papst Clemens VII., der ihm eine flexible Interpretation des Vertrages von Tordesillas gab: Demnach betreffe die Aufteilung der «heidnischen» Welt nur die bislang bekannten Erdteile, nicht aber die von den anderen Mächten «später entdeckten Erdteile». Berühmt wurde der Satz, mit dem Franz I. einige Jahre später, 1541, seinem großen Rivalen, dem spanischen Habsburger Karl V., ausrichten ließ, dass die Sonne ihm scheine wie den anderen und er die Klausel im Testament Adams sehen möchte, die ihn von der Aufteilung der Welt ausschlösse («*le soleil luit pour moi comme pour les autres. Je voudrais bien voir la clause du testament d'Adam qui m'exclut du partage du monde*»).[22] Damit beginnt die Vorgeschichte des ersten französischen Kolonialreichs, das sich später dann von Nordamerika und der Karibik über einige Handelskontore («comptoirs») in Afrika und im Indischen Ozean bis hin nach Indien ausstrecken sollte.[23]

Abb. 3
Il Disegno del discoperto della noua Franza [...] von Paolo Forlani und Bolognino Zaltieri, Venedig 1566 [10,5 x 15,5 x inches].

Abb. 4
Nova Francia et Canada 1597. In: *Descriptionis Ptolemaicæ Avgmentvm, siue Occidentis Notitia Breui commentario illustrata* Studio et opera Cornely Wytfliet Louaniensis. Lovanii [...] M.D.XCVII. – Zu dieser Karte vgl. Teil III, A 1195.

Mit den mit dem Namen Verrazzano verbundenen Entdeckungen und kartographischen Inbesitznahmen wurde nun für eine verhältnismäßig lange Zeitspanne fast der gesamte nordamerikanische Kontinent beziehungsweise seine bis dahin bekannten oder vermuteten Teile kartographisch fast ausschließlich mit Namen des Typs «Neufrankreich» – «Nova Francia», «Nova Franca»; «Francesca» bei Giovanni da Verrazzano, «Nova Gallia» bei dessen Bruder Girolamo oder «Francisca» bei Sebastian Münster – dargestellt. Auch der Nordatlantik erhielt auf den Karten in seinem nördlichen Teil die entsprechende Bezeichnung, beispielsweise «Mare del la Nova Franza» auf der Karte *Il Disegno del discoperto della nova Franza* (1566; 1. Auflage 1565) von Paolo Forlani und Bolognino Zaltieri (Abb. 3).[24] Dass Verrazzano einem ihm besonders angenehm auffälligen Küstenstreifen seiner «Nova Francia» den Namen «Arcadia» gab, sei hier ebenfalls schon erwähnt. Es war dieser Name (später setzte sich die Schreibweise «Acadie» bei den Franzosen und «Acadia» bei den Engländern durch), der ab Mitte des 16. Jahrhunderts bis Mitte des 18. Jahrhunderts auf den Land- und Seekarten einen großen Teil der von Frankreich okkupierten Atlantikküste südlich des Sankt Lorenz-Golfs bezeichnete. Darüber hinaus sollte sich mit diesem Namen eine bis heute wirkende, sehr eigene und auch tragische Identitätsprägung für die an dieser Küste lebenden frankophonen Bewohner verbinden.[25] Zusammenfassend schreibt Hermann Schreiber in seiner *Geschichte der Entdeckung Amerikas* über den Namensgeber: «Immerhin steht fest, dass Verrazzano schon auf der ersten Reise die besuchten Landstriche ausdrücklich für Frankreich in Besitz genommen hat, so dass sie auf späteren Karten auch konkurrierender Völker wie der Portugiesen und Spanier als *Franzosenland* eingetragen erschienen. Damit erlangte Frankreich in diesen Bereichen [...] eine unleugbare Priorität und ältere Ansprüche als England.»[26]

Zehn Jahre nach Verrazzanos kühner Fahrt stach, ebenfalls im Auftrag von Franz I., der Bretone Jacques Cartier (1491–1557) von Saint-Malo aus in See, auch er auf der Suche nach der Nordwest-Passage.[27] Cartier war nicht nur Navigator, er war auch ein begabter Chronist und Kartograph. Mit seinen auf insgesamt drei Erkundungen (1534, 1535–1536, 1541–1542) des Sankt Lorenz-Golfs sowie des Sankt Lorenz-Stroms angefertigten Reiseberichten, Karten und Skizzen[28] gilt er als der erste Europäer, der die Gewässer, Gestade, Territorien und Einwohner jenes Landes beschrieb, das er nach dem irokesischen Wort für ‹Dorf› oder ‹Siedlung› auf den Namen «Canada» taufte.[29]

Fortan trugen die Karten auch diesen Namen «Canada»,[30] der später dann, im 19. Jahrhundert, von den Briten als offizielle Bezeichnung ihrer verbliebenen Kolonien in Nordamerika fortgeführt wurde, worauf zurückzukommen sein wird. Cartier errichtete nicht nur am 24. Juli 1534 am heutigen Ort Gaspé jenes berühmt gewordene Kreuz, mit dem er im Namen seines Königs Franz I. das Land für diesen in «Besitz» nahm.[31] Auch mit seinen Karten vollzog er wie schon vor ihm Verrazzano einen Akt der aus seiner Sicht «legalen» Aneignung, kam er doch wie alle europäischen Eindringlinge aus einer Zivilisation, «in der das legale Vererben und die legale Übertragbarkeit geographischer Räume schon lange eingeführt war»,[32] wobei Karten zu den quasi-legitimatorischen Zeugnissen gehörten, die eine solche Übertragung geographischer Räume sicherstellten.

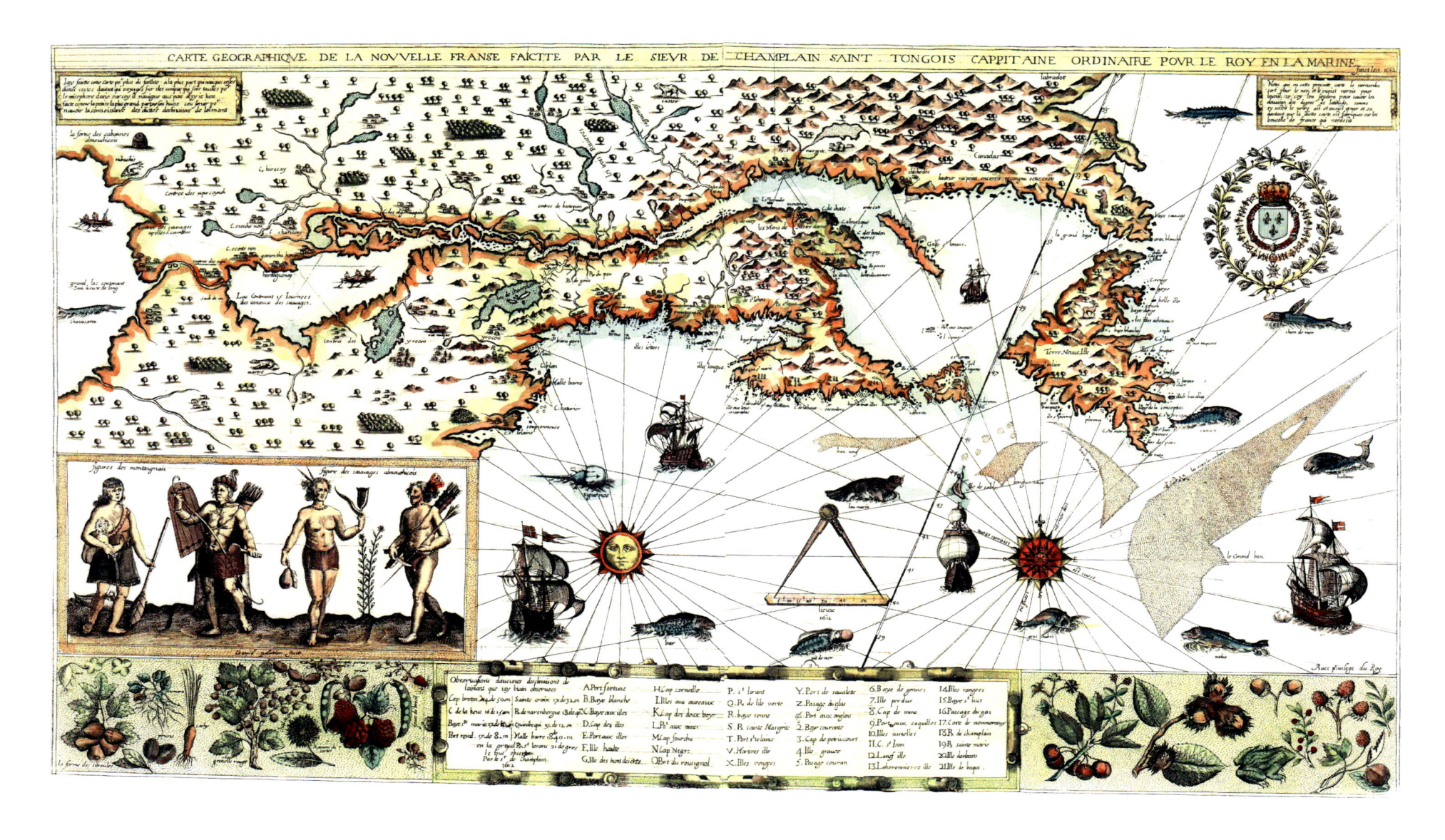

14 | Seefahrer, Geometer und Voyageurs – Die »Nouvelle-France« als kartographisches Abenteuer

Samuel de Champlain, 1612, 43.0 x 76.0 cm.
This map appeared in Les Voyages du Sieur
de Champlain..., Paris, 1613.
Reproduced from an original in the
Joe C.W. Armstrong Canadiana Collection,
Toronto, Ontario.
This edition limited to 500 copies.
Copy No.

ASSOCIATION OF CANADIAN MAP LIBRARIES
ASSOCIATION DES CARTOTHEQUES CANADIENNES
Facsimile No. 84 Fac-similé

Published in co-operation with –
Publié avec la collaboration de la

JOE C.W. ARMSTRONG – CANADIANA COLLECTION
Toronto, Ontario
- 1981 -

Samuel de Champlain, 1612, 43.0 x 76.0 cm.
Cette carte apparut dans Les Voyages du
Sieur de Champlain..., Paris, 1613.
Reproduite à partir d'un original de la
Joe C.W. Armstrong Canadiana Collection,
Toronto, Ontario.
Edition numérotée de 1 à 500.
Exemplaire No.

Abb. 5
Carte Geographiqve de la Novvelle Franse Faictte par le Sievr de Champlain Saint Tongois Cappitaine ordinaire povr le Roy en la Marine, 1612. Erstmalig abgedruckt in: *Les Voyages dv Sievr de Champlain xaintongeois [...]*, Paris 1613, Graveur: David Pelletier.

3. Koloniale und kartographische Landnahmen

Nachdem nach dem Tod von Franz I. vor dem Hintergrund eines von Religionskriegen erschütterten Frankreichs die mit dem Namen des hugenottischen Admirals Gaspar II. de Coligny (1519–1572) verbundenen Träume eines protestantischen «Antarktischen Frankreich» in Brasilien (1554–1560) und eines ebensolchen Versuchs in Florida (1562–1565) tragisch gescheitert waren,[33] wurden erst Ende des Jahrhunderts unter der stabilisierten, jedoch nur kurzen Herrschaft Heinrichs IV. (1589–1610) wieder gezielte Explorationen aufgenommen.[34] Diese konzentrierten sich nun auf die ohnehin von bretonischen Fischern frequentierten Atlantikküsten Nordamerikas.[35] Die Absichten, die mit diesen neuen, im Namen der französischen Krone unternommenen Fahrten und Landnahmen verbunden waren, resümiert der Amerikanist Udo Sautter wie folgt: «In der Regel hatten sie eine oder mehrere von vier allgemeinen Zielen, nämlich erstens, begehbare Passagen in den Westen, Norden und Süden über den nordamerikanischen Kontinent hin zu entdecken [d.h. die Suche nach dem Binnenmeer, das zum Pazifik und damit nach Asien führen sollte. I.K.]; zweitens, indianische Gruppen zu missionieren; drittens, nach nutzbaren natürlichen Ressourcen zu suchen, besonders Pelzen und Mineralien; und viertens, territoriale Ansprüche gegenüber anderen europäischen Mächten geltend zu machen [...] Indem sie diese Ziele verfolgten, durchmaßen sie Nordamerika vom Atlantik zum Felsengebirge, von der Hudson Bay zum Golf von Mexiko; sie vergaben französische Namen an Flüsse und Seen, an spätere Ortschaften und Städte, was ihre damalige Präsenz bis heute dokumentiert.»[36]

Für den Auftakt zu dieser systematischen Erkundung und Landnahme steht stellvertretend der Name des aus der Saintonge stammenden Samuel de Champlain (1567–1635).[37] 1604 gründen er und seine Mitstreiter im zukünftigen akadischen Kernland die Habitation «Sainte-Croix» an der nördlichen Festlandküste der Baie française (heute Fundy-Bucht), die sich aber alsbald als Fehlschlag erwies; dann, 1605, legten sie auf der halbinsularen Gegenküste (heute Nova Scotia) in einer schützenden Bucht den Grundstein zu «Port-Royal» (heute Annapolis Royal). Von hier aus sollte sich dann eine sehr eigenständige, aber wegen ihrer Nähe zu den britischen Kolonien stets bedrohte akadische Kultur entwickeln. Drei Jahre später, 1608, gründete Champlain, weiter im Norden, in dem von Cartier erkundeten «Canada», also in sicherer Entfernung zum englischen Jamestown (gegründet 1607), ganz in der Nähe des irokesischen Dorfes Stadacona am Sankt Lorenz-Strom, am Fuße des «Cap Diamant», eine zweite Niederlassung. Diese versah er wegen der Lage der Siedlung am Sankt Lorenz-Strom mit dem Namen «Québec», nach dem Algonkin-Wort «Kebek» für «Engstelle». Sie entwickelte sich in den folgenden Jahren und Jahrzehnten über alle Wechselfälle hinweg zum dauerhaften Verwaltungszentrum nicht nur von «Canada», sondern von ganz Neufrankreich, das sich auf dem Höhepunkt seiner geographischen Ausdehnung vom Sankt Lorenz-Strom und den Großen Seen bis hinunter zur Mündung des Mississippi erstreckte.

Mit Champlain, der ab 1623 in Kardinal Richelieu (1585–1642) einen «ersten Politiker [in Frankreich]» fand, welcher die strategische Bedeutung der Kolonisierung für Frankreich begriff,[38] begann somit ein entscheidendes Kapitel in der Geschichte Neufrankreichs. Als er am 25. Dezember 1635 starb, «pleuré par les Indiens comme par les Français», hinterließ er Frankreich «un magnifique empire dans le Nouveau Monde».[39] Für den Québecer Historiker Christian Morissonneau war Champlain über seine konkreten Kolonialleistungen hinaus gar Visionär eines neuen Gesellschaftsmodells auf amerikanischem Boden, «le fondateur d'une nation qu'il a souhaitée franco-amérindienne et le rêveur d'une société différente de celle qu'il avait quittée».[40] Zugleich erinnert er daran, dass es auch für Champlain nur eine Etappe war – auf dem Weg nach China: «Dans l'esprit de Champlain, Québec est sur le chemin de la Chine.»[41] Für uns sei hier vor allem festgehalten, dass wir ihm neben seinen Reiseberichten, die jene seines Vorgängers Cartier fortschreiben,[42] bestechende Kartenwerke verdanken (vgl. Abb. 5), denn auch Champlain war ein sehr produktiver Kartograph, der zudem an die neuen Erkundungen und kartographischen Fortschritte anknüpfen konnte.[43]

Diese erstmalige dauerhafte französische Überseepräsenz in Nordamerika war begleitet von einem wachsenden Netzwerk von Reisenden, Missionaren, Waldläufern, Forschern und anderen Informanten, im engen Kontakt mit indianischen Gruppen. Sie alle verdichteten systematisch die Kenntnisse über das Innere des Landes, so dass mit Udo Sautter gesagt werden kann: «Die Methoden der Erkundung des Kontinentinneren wurden daher von den Franzosen entwickelt, zum großen Teil bereits im frühen 17. Jahrhundert durch Samuel de Champlain und seine Zeitgenossen.» Und er fährt fort: «Obwohl es selbstverständlich klingt, ist es erwähnenswert, dass eine Erweiterung der geographischen Kenntnisse sich nur ergab, wenn der Reisende wusste, wo er gewesen war und anderen beschreiben konnte, was er gefunden hatte. Zweifellos wurden viele Informationen mündlich weitergegeben, da nicht alle, die in die Wildnis gingen, schreiben konnten. Andere aber führten Tagebücher oder schrieben und veröffentlichten außerordentlich detaillierte Darstellungen, oft begleitet von Landkarten. Besonders die Jesuiten taten sich in dieser Hinsicht hervor. Solche Aufzeichnungen wurden als so wichtig erachtet, dass 1670 der Intendant von Neufrankreich, Jean Talon, allen Explorern befahl, Tagebücher zu führen und über ihre Reise nach ihrer Rückkunft zu berichten. 1686 wurde der Kartograph Jean-Baptiste Franquelin in Québec damit beauftragt, zurückkehrende Explorer zu befragen, um die Landkarten Neufrankreichs auf dem Laufenden zu halten.»[44]

All dies ging einher mit nachhaltigen Veränderungen in der Navigationskunst und Kartographie, «eine Folge der neuen theoretischen Kenntnisse sowie der praktischen Benutzung neuer Messgeräte und Messmethoden. Am Beginn dieser Reformation stehen französische Geographen, hervorragende Persönlichkeiten, [...] die nicht zögerten, weiße Flecken auf der Karte zu belassen, wenn sie die Daten nicht selbst verifizieren konnten.»[45] Zu diesen Pionieren gehörte die *École de la Normandie*, seit 1530 eine einflussreiche Schule von rund zwanzig Hydrographen und Kartographen.[46] Sie waren Männer der Praxis wie auch der Wissenschaft. Zu den bekanntesten gehören der Brasilienforscher und Kartograph Guillaume Le Testu (ca. 1509–1573) mit seiner dem Admiral de Coligny 1566 gewidmeten Weltkarte *Cosmographie Universelle selon les navigateurs Tant anciens Que modernes* und der aus Dieppe in der Normandie stammende Ingenieur Guillaume (l'Ancien) Le Vasseur, Sieur de Beauplan (ca. 1560–1643), der 1601 die erste französische Atlantikkarte in Mercator-Projektion[47] erstellte (Abb. 6). «The map is also a rich store of historic place-names. For Canada, 28 place-names were extracted from the writings of Jacques Cartier – of which seven were original; 'Quebec' made its appearance here for the first time.»[48]

Die mit den Namen Verrazzano, Cartier und Champlain verbundene Vermessung des Nordens der «Neuen Welt» durch Frankreich fand ihre Fortsetzung in vielfältigen anderen kartographischen Unternehmungen, die nicht zuletzt auch die territorialen Auseinandersetzungen zwischen den beiden auf dem Boden Nordamerikas rivalisierenden Kolonialmächten begleiteten. Denn parallel zu den französischen Besiedlungen fassten auch die Engländer in Nordamerika nachhaltig Fuß – auf Kosten der Holländer, die schon 1667 im Frieden von Breda ihre Kolonie «Nieuw Nederland» im Mündungsgebiet des heutigen Hudson River der britischen Krone überlassen mussten. Zwar blieb das englische Besiedlungsterritorium

Abb. 6:
Carte de l'Océan Atlantique. 1601 A dieppe Par Guillemme Levaſſeur Le 12 de Juillet.

vorerst auf das schmale, wenngleich lange Gebiet südlich Akadiens zwischen dem Appalachen-Gürtel und der Atlantikküste beschränkt. Doch von diesem «Neu-England» aus baute sich ein kontinuierliches Bedrohungsszenario Richtung Norden und Westen auf,[49] wobei das französische Akadien eine offene Flanke für die englischen Übergriffe darstellte und zudem in seiner Zwitterlage eine von Canada deutlich unterschiedene Identität entwickelte.[50]

Auch im Hohen Norden, um die Hudson Bay herum, trafen beide Kolonialmächte aufeinander, allerdings ohne Bedrohungsszenario, denn die französische Krone zeigte sich an diesem Gebiet trotz Präsenz französischer Pelzjäger wenig interessiert. Dafür hatten sich englische Kaufleute bei ihrem König KARL II. (1630/1660–1685) um die Gründungsurkunde einer Handelsgesellschaft bemüht, die ihnen 1670 gewährt wurde. «Dieses von allen in die Hudsonbai mündenden Flüssen durchzogene Territorium umfasste etwa ein Drittel des heutigen Kanada und wurde zu Ehren des Cousins des Königs, der sich für dieses Projekt stark gemacht hatte, *Prince Rupert's Land* getauft.»[51] Dass von französischer Seite die englische Präsenz in diesen nördlichen Gebieten faktisch schon vorher anerkannt war, illustriert eine Karte des königlichen Hofgeographen NICOLAS SANSON D'ABBEVILLE, auf den wir noch näher eingehen werden. Auf dieser Karte aus dem Jahre 1656 (Abb. 7) sind die Gebiete westlich und östlich der Hudson Bay mit den Choronymen «New Southwalles» und «Nouvelle Bretagne» ausgezeichnet und somit klar abgetrennt vom südlich gelegenen «Le Canada, ou Nouvelle France», welches wiederum an das englische «Virginie» grenzt.

Mit ihrer Bezeichnung «Le Canada, ou Nouvelle France» verdeutlicht die Karte übrigens eine terminologische Unschärfe. Denn in der heutigen Terminologie beziehungsweise auf späteren Geschichtskarten umfasst die historische Bezeichnung «Nouvelle-France» die dem in Québec ansässigen Generalgouverneur unterstellten Gebiete «Canada», «Acadie», «Terre Neuve» und das erst Ende des 17. Jahrhunderts dazu gekommene Gebiet «Louisiane» im Süden. Aber damals, vor allem zu Beginn der Kolonisierung, wurden «Nouvelle-France» und «Canada» auf zeitgenössischen Karten oder in zeitgenössischen Texten oft synonym verwendet und die «Acadie» wurde davon oft abgetrennt. So schreibt der königliche Intendant von Neufrankreich 1686: «La Nouvelle-France quon apelle Canada est à 200 lieues dans les terres». Ein Bericht aus dem Jahr 1664 trägt den Titel *Mémoire de l'état présent du pays de l'Acadie et de la Nouvelle-France,* und bezüglich der Rückgabe jener Gebiete, die England den Franzosen zeitweise kriegerisch abgenommen hatte, heißt es: *Acte par lequel le Roy d'Angleterre fait cession au Roy de France tant à l'Acadie et la Nouvelle-France qu'aux isles frances esquinoxiales* (1668).[52] Und auch später in dem 1752 erschienenen zweiten Band der von DENIS DIDEROT und JEAN BAPTISTE LE ROND D'ALEMBERT herausgegebenen *Encyclopédie ou Dictionnaire raisonné des sciences, des arts et des métiers* heißt der Eintrag «Canada ou Nouvelle France»,[53] vielleicht auch, um die Verwechslung mit dem ebenfalls angezeigten Begriff «Canada ou Canade» zu vermeiden – damals eine Maßeinheit für die Portion Wein oder Wasser, die portugiesischen Matrosen täglich zustand. Der in diesem Eintrag enthaltene Verweis auf die Bewohner namens «Canadiens» entpuppt sich dafür als ausführlicher Artikel über die «sauvages» genannten indianischen Ureinwohner. Akadien, das in diesem Text gar nicht genannt wird, erscheint hingegen im ersten Band, 1751, unter dem Eintrag «Acadie ou Accadie»,[54] ohne dass der Name Nouvelle-France fällt.

Abb. 7
Le Canada, ou Nouvelle France, &c. [...] Par N. Sanson d'Abbeville Geographe ordinaire du Roy. A Paris [...] 1656. – Vgl. Teil III, A 1200.

4. Mehr als Vermessung: Angleichung von Landkarte und Macht

Es ist hier nicht der Ort, die vielen – mit den Kriegen in Europa verbundenen – kriegerischen Konflikte zwischen Engländern und Franzosen um die Vorherrschaft in Nordamerika im Laufe des 17. und 18. Jahrhunderts bis 1760 im Einzelnen zu rekapitulieren.[55] Doch sei festgehalten, dass wenn immer Friedensverhandlungen anstanden, die Einflusssphären neu vermessen und damit, kartographisch gesprochen, mehr oder minder umstrittene «vertikale Grenzflächen»[56] zwischen den imperialen Territorien gezogen werden mussten. So geschah es nach dem Frieden von Breda 1667, als Frankreich die Rückgabe der seit 1654 von England besetzten Halbinsel «Acadie» (die Engländer nannten sie «Nova Scotia») im Austausch gegen einige Inseln in den Antillen erreichte. So geschah es auch am Ende des Pfälzischen Erbfolgekrieges (1688–1697), als England das 1691 wiederum annektierte und Massachusetts zugeschlagene Akadien erneut an Frankreich abtreten musste,[57] so dass auf der 1703 erschienenen, oft kopierten *Carte du Canada ou de la Nouvelle France et des Découvertes qui y ont été faites* [...] des königlichen Geographen GUILLAUME DELISLE (1675–1726) fast der gesamte Nordosten des Kontinents mit einer einheitlichen Kolorierung wieder als französisches Territorium versehen werden konnte.[58]

Dies war allerdings die letzte Gelegenheit zu einer solchen Kolorierung, denn am Ende des zeitgleich ausgebrochenen Spanischen Erbfolgekrieges (1701–1714) trat Frankreich mit dem Frieden von Utrecht 1713 die Hudson Bay, Neufundland und die akadische Halbinsel nunmehr definitiv an England ab (vgl. Abb. 9).[59] In Frankreich trauerte niemand den genannten Territorien nach, auch nicht über das Schicksal der nun unter britischer Herrschaft lebenden Akadier. Wichtiger war dem erschöpften Land der Friede sowie der Erhalt der Besitzungen in der Karibik, in Afrika und in Indien, worauf hier nicht weiter eingegangen werden kann.[60] Zudem erschien der Rest der Nouvelle-France immer noch groß genug, zumal sich im Süden, in Louisiana, und östlich der Großen Seen neue koloniale Perspektiven auftaten (vgl. Abb. 12). Niemand sah, dass mit dem Verlust des kleinen, akadischen Territoriums die Achillesferse der Nouvelle-France getroffen war.[61] Ganz abgesehen davon, dass mit den letztlich nicht gelösten Grenzstreitigkeiten ein lang andauernder Kalter Krieg eingeleitet wurde.

Dazu haben wir an anderer Stelle festgehalten: «Im Vertragstext [von Utrecht 1713] werden zwar die Namen der abzugebenden Territorien genannt, doch von einem genauen Grenzverlauf kann keine Rede sein, denn der Text gibt keine weiteren geographischen Präzisionen. Dies wollen die Diplomaten gemischten Kommissionen überlassen, die die Fragen des Grenzverlaufs innerhalb eines Jahres klären sollen [...], was jedoch nie eintritt.»[62] Umstritten, da in den Vertragsformulierungen wenig konkretisiert, blieb besonders der Landgürtel südlich der Hudson Bay beziehungsweise der Terre-de-Rupert und ein breiter Landstreifen hinter den Appalachen südlich des Ontario-Sees sowie das akadische Festland nördlich von Nova Scotia (heute New Brunswick) und der akadischen Inseln Île Saint-Jean (heute Prince Edward Island) und Île Royale (heute Cape Breton) – mit dem Ergebnis, dass über die heutige Halbinsel-Provinz Nova Scotia hinaus die Grenze nach Norden völlig offen war. Während die Briten zu ihrer Nova Scotia auch weite Teile im Süden des heutigen New Brunswick zählten, verstanden die Franzosen unter ihrer ‹Acadie› das gesamte Gebiet, das die heutigen maritimen Provinzen Kanadas umfasst. De facto lief aber die Grenze dort, wo die Kriegsparteien stehengeblieben waren: auf der schmalen Landenge von Chignectou.[63] Auf der im Folgenden abgebildeten Karte (Abb. 10) aus dem Jahre 1755, also ein Jahr nach dem Ausbruch des letzten großen, «French and Indian War» genannten französisch-britischen Konflikts in Nordamerika, Auftakt eines «Weltkriegs im 18. Jahrhundert»[64], sind die angesprochenen umstrittenen Territorien und Grenzlinien deutlich hervorgehoben.

Wie umstritten auch schon vorher das ganze akadische Festland (heute New Brunswick) schon vor Ausbruch des Kriegs war, zeigt eine Karte des britischen Seefahrers HENRY ELLIS (1721–1806), der in den Jahren 1746–1747 als Chronist, Kartograph und Beobachter physikalischer und nautischer Gegebenheiten an einer Expedition in die Hudson Bay teilgenommen hatte.[65] Die in der deutschen Ausgabe (1750) seines Reiseberichts abgebildete ELLIS-Karte (Abb. 11) zeigt das zu diesem Zeitpunkt noch fest in französischer Hand befindliche akadische Festland schon gänzlich unter dem englischen Namen «Nova Scotia», der zu diesem Zeitpunkt, seit 1713, offiziell noch allein der südlich davon gelegenen akadischen Halbinsel (Nova Scotia) vorbehalten war. Damit nimmt diese Karte aus den 1740er Jahren quasi schon die Ergebnisse des Pariser Friedensvertrages von 1763

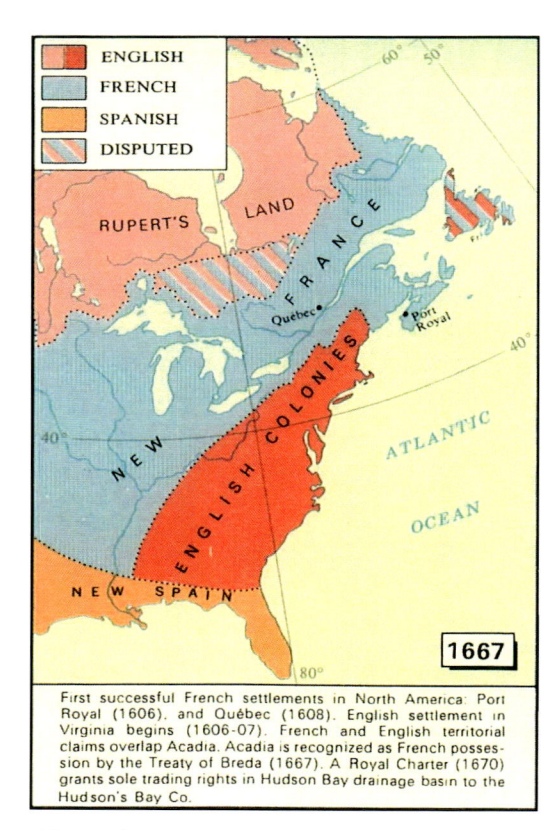

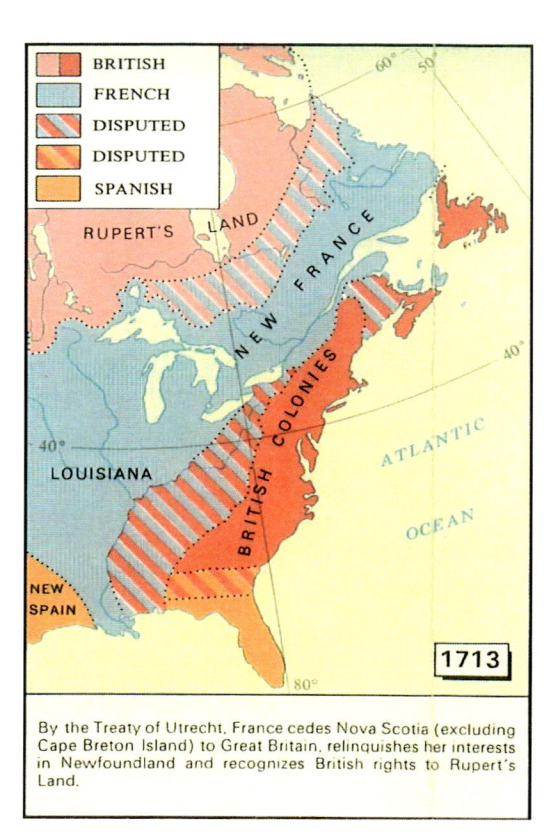

Abb. 8 und 9
Stand der territorialen Entwicklung Neufrankreichs von 1667 und 1713.

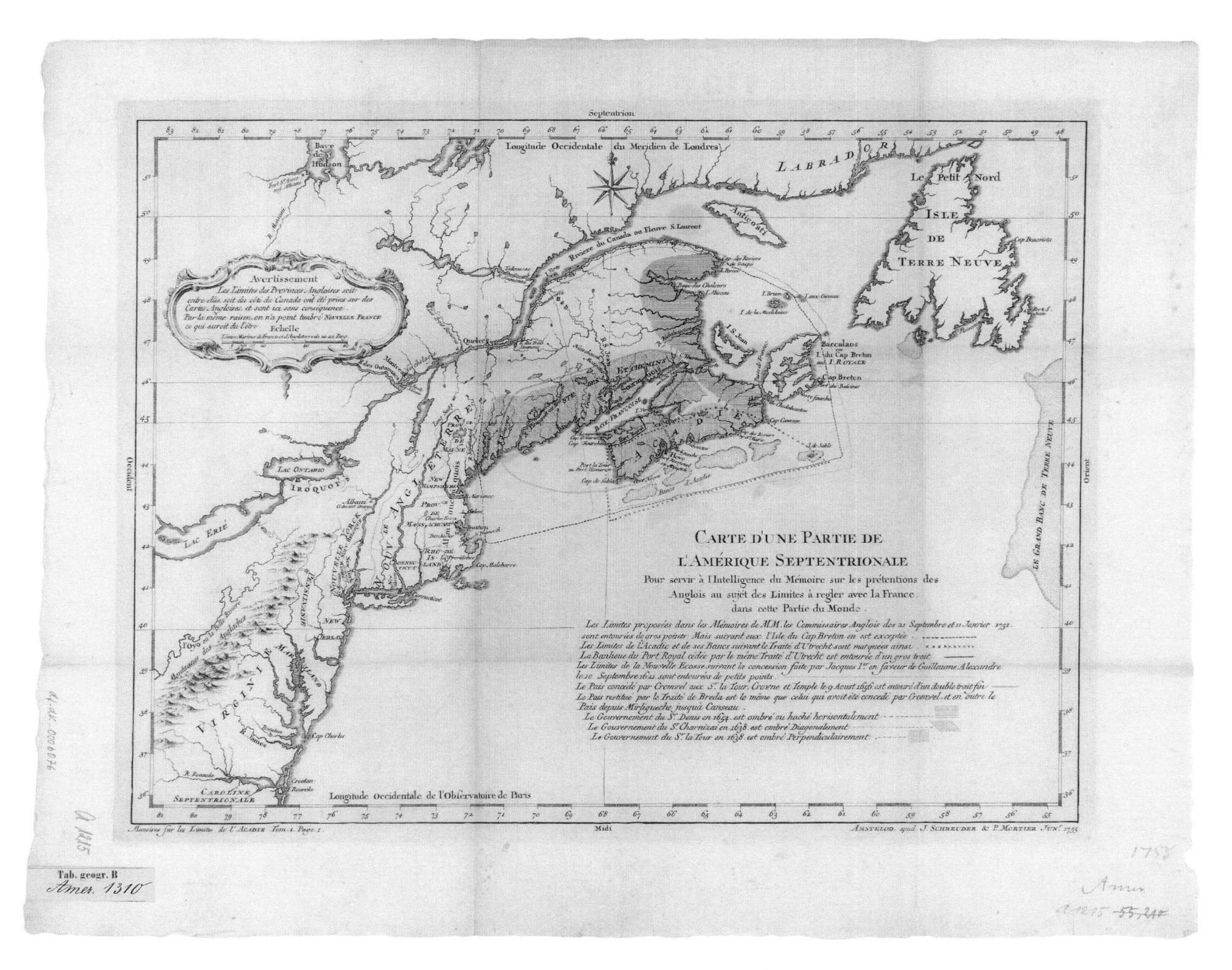

Abb. 10
Carte d'une Partie de l'Amérique Septentrionale Pour servir à l'Intelligence du Mémoire sur les prétentions des Anglois au sujét des Limites à regler avec la France dans cette Partie du Monde. Amstelod. [...] 1755. – Vgl. Teil III, A 1215.

Abb. 11
Neue Karte, von den Gegenden wo eine Nordwestdurchfahrt in den Iahren 1746. 1747. gesucht ward, Nebst dem Laufe der Schiffe auf dieser Ganzen Reise. Durch Heinrich Ellis. Gestochene Faltkarte aus *Reise nach Hudsons Meerbusen* [...] beschrieben von Heinrich Ellis [...] Goettingen Verlegts Abram Vandenhoeck, 1750. [Einzelblatt].

vorweg, der das gesamte altakadische Gebiet dann in der Tat als britisches Gebiet unter dem Namen «Nova Scotia» subsumiert.[66]

Was für die Friedensverhandlungen 1713 und für die schwelenden Grenzkonflikte davor und danach galt, gilt nicht weniger für die im Vorfeld zum Pariser Friedensschluss 1763 notwendigen, schwierigen Verhandlungen über das künftige Schicksal der nordamerikanischen Territorien, als das Ende der «Nouvelle-France» nun auch politisch-diplomatisch und damit kartographisch besiegelt wurde.[67] Alle in jener kolonialen Epoche hergestellten Karten zeigen, wie jeder Akt der Kartierung mit der damit verbundenen Onymisierung beziehungsweise Toponymisierung und Choronymisierung eine konkrete und symbolische Form der territorialen Aneignung wurde, ein Akt der Übertragung eines als «Niemandsland» klassifizierten Territoriums von «Barbaren» in den zivilisatorischen Herrschaftsbereich der Kartographen beziehungsweise ihrer Herren.[68] Mit den kolonialen Rivalitäten und Konflikten wuchs die Funktion dieser Karten als Mittel der geopolitischen Propaganda. «[A]lors que les Français et les Anglais et, plus tard, les Américains, luttaient pour le contrôle de ce nouveau continent, les cartes devenaient de véritables outils de propagande. [...] la géographie est essentielle à l'histoire et qu'une carte peut être à la fois une synthèse de connaissances géographiques et une arme symbolique.»[69] Auf diese Weise vollzog sich ein Vorgang, den BENEDICT ANDERSON in einem anderen Kontext so beschrieb: «Von Triangulation zu Triangulation, von Krieg zu Krieg, von Vertrag zu Vertrag schritt die Angleichung von Landkarte und Macht voran.»[70] Mit anderen Worten, und zwar mit denen des von ANDERSON zitierten thailändischen Historikers THONGCHAI WINICHAKUL: «Nach den neuen Kommunikationstheorien und dem gesunden Menschenverstand ist eine Landkarte eine wissenschaftliche Abstraktion der Wirklichkeit. Eine Landkarte repräsentiert lediglich etwas, das es objektiv bereits ‹dort› gibt. In der von mir behandelten Geschichte ist dieses Verhältnis auf den Kopf gestellt. Die Landkarte nimmt die räumliche Wirklichkeit vorweg, nicht umgekehrt. In anderen Worten: die Landkarte war eher ein Vorbild für das, was sie vorgab zu sein, als dessen Abbild [...] Sie wurde zu einem wirklichen Instrument, um Projektionen auf die Oberfläche der Erde zu übertragen. Eine Landkarte war nun für die neuen administrativen Mechanismen nötig und um die Forderungen der Militärs zu unterstützen [...]

Der im Rahmen der Entwicklung von Landkarten geführte Diskurs wurde zu einem Paradigma, das sowohl im Kontext administrativer als auch militärischer Operationen seine Wirkung entfaltete und ihren Ansichten diente.»[71]

In diesem Zusammenhang spricht BENEDICT ANDERSON von zwei neuen «Verkörperungen» der Landkarte: «So oder so, die Usurpatoren waren damit beschäftigt – vor allem gegenüber anderen Europäern –, die Eigentumsgeschichte ihrer neuen Besitzer zu rekonstruieren. [...] Durch chronologisch arrangierte Sequenzen solcher [historischer] Landkarten entstand eine Art politisch-geographisches Herrschaftsnarrativ, das bisweilen eine umfassende historische Tiefe aufwies [...]. Die zweite Verkörperung bestand in der ‹Landkarte als Logo›. Ihre Ursprünge waren verhältnismäßig harmlos: es war Praxis des imperialen Staates, seine Kolonien auf der Landkarte mit einer imperialen Färbung kenntlich zu machen. [...] Auf diese Weise eingefärbt, erschien jede Kolonie wie ein herausnehmbares Teil eines Puzzles. Als dieser ‹Puzzle-Effekt› zur Normalität wurde, konnte jedes Stück vollständig aus seinem geographischen Kontext herausgelöst werden.»[72]

Abb. 12
Carte de la Nouuelle France et de la Louisiane Nouuellement decouuerte dediée Au Roy l'An 1683. Par le Reuerend Pere Louis Hennepin Missionaire Recollect et Notaire Apostolique.

Abb. 13
Frontispiz: *Traité complet de la navigation* [...] Par le Sieur Bouguer [...] A Paris, Et ſe vend a Nantes [...], Chez P. de Heuqueville [...], et Chez l'Auteur, au Croisic. [1698.]

5. Eine königliche Geographie im Dienste neuer Kolonialmacht

Doch greifen wir dem Ende Neufrankreichs nicht vor. Unabhängig von all diesen Konflikten und Kriegen, ja auch Rückschlägen, hatte Frankreich – parallel zu der unter der Alleinherrschaft Ludwigs XIV. (1638/1643–1715) verstärkt einsetzenden Kolonisierung in «Canada» am Sankt Lorenz-Strom und in der französischen Acadie – die Grenzen seiner nordamerikanischen Kolonie immer weiter nach Süden und Westen verschoben. Unter Führung des Waldläufers Louis Jolliet (1645–1700) und des jesuitischen Missionars Jacques Marquette (1637–1675) macht sich 1672 eine offizielle Expedition auf die Suche nach dem «Mer du Sud» und entdeckt dabei den Lauf des Mississippi, der sodann vom «géographe du roi à Québec» Jean-Baptiste-Louis Franquelin (1651–1712) kartiert wird.[73] Zehn Jahre später nimmt René-Robert Cavelier, Sieur de La Salle (1643–1687) das gesamte Gebiet zwischen den Großen Seen und der Mississippi-Mündung für die französische Krone in Besitz und nennt es nach seinem König «Louisiane» (Abb. 12).[74] Auf dem Höhepunkt dieser ebenfalls von Franquelin kartierten territorialen Ausdehnung reichte die Nouvelle-France von den südlich der Hudson Bay liegenden Gebieten über die Grands Lacs dem Mississippi entlang bis zum Golf von Mexiko, während die Engländer nur den schmalen Landstreifen zwischen der Atlantikküste und den Appalachen ihr Eigen nannten. Darin aber drängten sich mehr und mehr Kolonisten – Mitte des 18. Jahrhunderts sollten es ca. 800.000 sein. In der riesigen Landmasse Nouvelle-France hingegen lebten am Ende etwas mehr als 60.000 Franzosen, Akadier und frankophone Kanadier, die Mehrheit davon auf dem meist «Canada» genannten Gebiet am Sankt Lorenz-Strom in drei Siedlungsschwerpunkten: der Hauptstadt Québec sowie den 1634 beziehungsweise 1642 gegründeten «Habitations» Trois-Rivières und Montréal.

Dass dieses demographische Ungleichgewicht zu Ungunsten Frankreichs ausgehen sollte, bietet sich im Nachhinein zwar als Evidenz an, war aber um die Wende zum 18. Jahrhundert noch nicht ersichtlich. Die neue bourbonische Überseepolitik, deren Chefdenker ab 1665 Ludwigs Finanz- und Marineminister Jean-Baptiste Colbert (1619–1683) war, machte einen großen, wenn auch langfristig nicht ausreichenden Schritt nach vorne, verwandelte Neufrankreich in eine königliche Provinz und sorgte für Siedlernachschub. Und in den militärischen Auseinandersetzungen erwiesen sich die zwar zahlenmäßig unterlegenen französischen Truppen dank ihrer kartierten Kenntnisse[75] und ihrer geländekundigen kanadischen Milizen mit ihren taktisch wendigen indianischen Hilfstruppen sowie ihrer über ganz Neufrankreich ausgedehnten Festungen aber immer wieder als überlegene, mindestens aber ebenbürtige Gegner[76] – wohingegen die britische Überlegenheit seit dem Sieg der englischen Flotte über die spanische Armada (1588) auf den Meeren lag.

Mit der Überseepolitik des Sonnenkönigs machten auch die französische *science nautique*[77] und die Kartographie große Fortschritte. 1698 erschien der *Traité complet de la navigation* (Abb. 13) von Jean Bouguer, der selbst zehn Jahre lang auf königlichen Schiffen unterwegs war, dann nach einer Beinamputation den Marinedienst verließ und bis zum seinem Tod 1714 als *professeur de pilotage* an der École royale d'hydrographie in Le Croisic in der Bretagne tätig war. Sein *Traité* wurde zu einem Standardwerk, das schnell vergriffen war und 1706 neu aufgelegt wurde. Sein Sohn, der bekannte Physiker, Astronom und Geodät Pierre Bouguer (1698–1758), Teilnehmer an einer Peru-Expedition zur Erkundung der Erdfigur und ebenfalls Professor für Schifffahrtskunde (in Le Havre), setzte das Werk seines Vaters fort und veröffentlichte 1753 den *Nouveau traité de Navigation.* Zur selben Zeit liefert die *Encyclopédie* von Diderot und d'Alembert schon in ihrem ersten Band (1751, Buchstabe A) den für Navigation und Kartographie zentralen Artikel «Application de la Géométrie & de l'Astronomie à la Géographie»; im zweiten Band (1752) folgt unter dem Eintrag «Carte» ein umfassendes Resümee der Kunst des Kartierens zu Lande und zu Wasser (Abb. 14). In weiteren Bänden folgen u.a. die Stichworte «Figure de la terre», «Fuseau» [Zeitzone], «Géographie» und «Globe» (1757) sowie «Navigation» (1765).[78]

Was die damalige Kartenkunst angeht, war Frankreich laut Christine Marie Petto «King of Cartography».[79] Einer der Pioniere war der bereits erwähnte Nicolas Sanson d'Abbeville (1600–1667). Mit seinem Werk wurde er «zum Begründer einer französischen Kartographenschule,[80] die während der ganzen zweiten Hälfte des 17. Jh. und bis weit ins 18. den Stil des europäischen Kartenschaffens beeinflusste.» Unter der Regentschaft Ludwigs XIV. und mit dessen expansiver Kolonialpolitik entwickelte sich eine ganze Dynastie von Kartographen, und «(w)enn dieser oder jener Kartograph sich des Titels *geographe du roi* rühmen durfte, so lag mit dieser hohen Auszeichnung der Weg zu fast unbeschränkten Unternehmungen offen vor ihm.»[81]

Zu den führenden Kartographen jener Zeit gehörten die Nachkommen Sansons. Das waren seine Söhne Nicolas (1626–1648), Guillaume (ca. 1630–1703) und Adrien (ca. 1630–1708), sein Neffe Pierre Duval (1619–1683) sowie die Enkel Pierre Moulard Sanson (ca. 1660–1730) und Gilles Robert (1688–1766); des Weiteren der schon erwähnte Jean-Baptiste-Louis Franquelin, der 1671 nach Kanada gekommen war, und der Pariser Drucker, Kartograph und Verleger Alexis-Hubert Jaillot (ca. 1632–1712). Dieser fasste 1681 die Sansonkarten erstmals zu dem bekannten *Atlas nouveau* zusammen. Mit seinem Namen ist vor allem ein erstmals 1693 von ihm gedruckter, noch von Colbert in Auftrag gegebener, nach Neptun[82] benannter und höchst aufwendig gestalteter Marineatlas verbunden, «one of the most famous created in this period» (BBC, A History of the World). Sein Titel: *Le Neptune Francois, ou Atlas Nouveau des Cartes Marines. Levées et gravées par Ordre exprés du Roy. Pour l'Usage de Ses Armées de Mer* [...] *Le tout fait sur les observations et l'expérience des plus habiles Ingenieurs & Pilotes.* Neben den ursprünglich 29 detaillierten (Küsten-)Karten von Europa und Großbritannien enthält der von Pieter (Pierre) Mortier und anderen in Amsterdam wiederholt als Raubdruck[83] verlegte

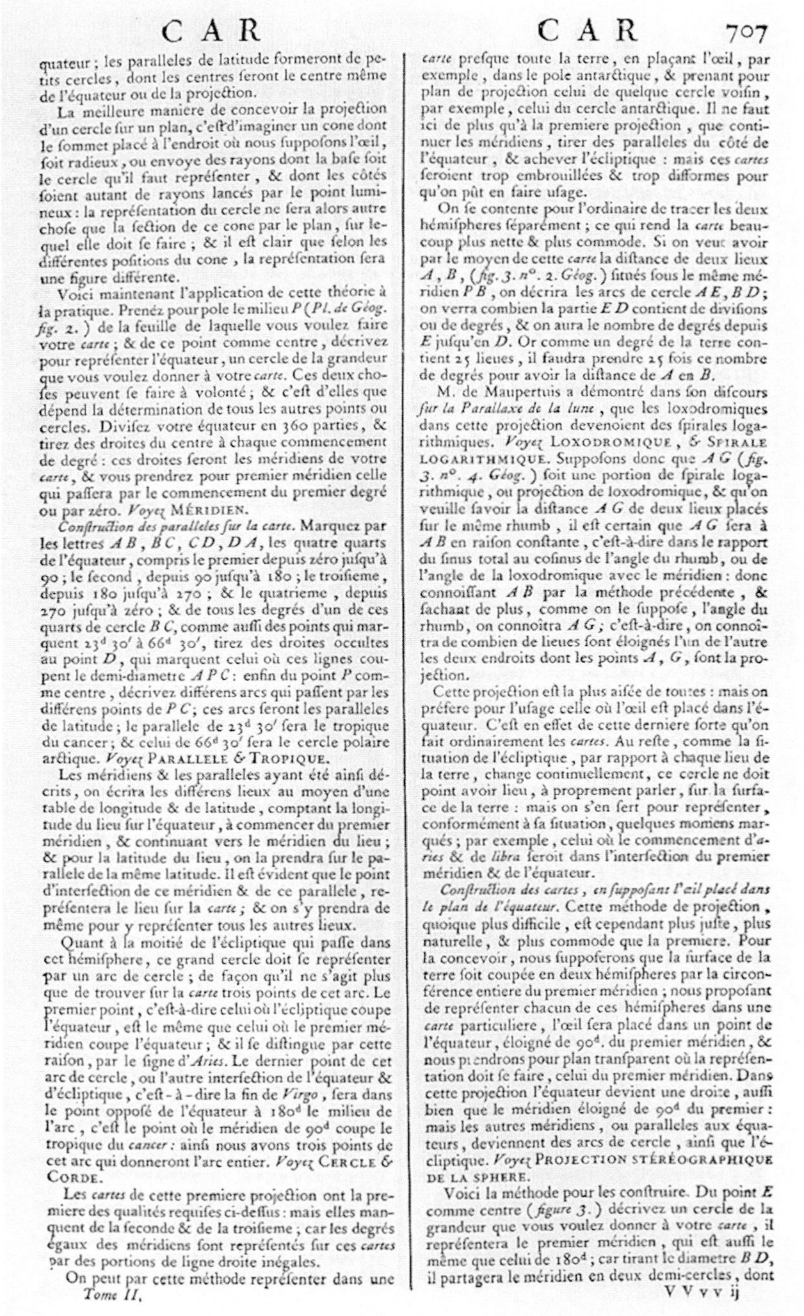

CAR | CAR 707

quateur ; les paralleles de latitude formeront de petits cercles, dont les centres feront le centre même de l'équateur ou de la projection.

La meilleure maniere de concevoir la projection d'un cercle fur un plan, c'eft d'imaginer un cone dont le fommet placé à l'endroit où nous fuppofons l'œil, foit radieux, ou envoye des rayons dont la bafe foit le cercle qu'il faut repréfenter, & dont les côtés foient autant de rayons lancés par le point lumineux : la repréfentation du cercle ne fera alors autre chofe que la fection de ce cone par le plan, fur lequel elle doit fe faire ; & il eft clair que felon les différentes pofitions du cone, la repréfentation fera une figure différente.

Voici maintenant l'application de cette théorie à la pratique. Prenéz pour pole le milieu *P* (*Pl. de Géog. fig.* 2.) de la feuille de laquelle vous voulez faire votre *carte* ; & de ce point comme centre, décrivez pour repréfenter l'équateur, un cercle de la grandeur que vous voulez donner à votre *carte*. Ces deux chofes peuvent fe faire à volonté ; & c'eft d'elles que dépend la détermination de tous les autres points ou cercles. Divifez votre équateur en 360 parties, & tirez des droites du centre à chaque commencement de degré : ces droites feront les méridiens de votre *carte*, & vous prendrez pour premier méridien celle qui paffera par le commencement du premier degré ou par zéro. *Voyez* MÉRIDIEN.

Conftruction des paralleles fur la carte. Marquez par les lettres *A B*, *B C*, *C D*, *D A*, les quatre quarts de l'équateur, compris le premier depuis zéro jufqu'à 90 ; le fecond, depuis 90 jufqu'à 180 ; le troifieme, depuis 180 jufqu'à 270 ; & le quatrieme, depuis 270 jufqu'à zéro ; & de tous les degrés d'un de ces quarts de cercle *B C*, comme auffi des points qui marquent 23^{d} 30′ à 66^{d} 30′, tirez des droites occultes au point *D*, qui marquent celui où ces lignes coupent le demi-diametre *A P C* : enfin du point *P* comme centre, décrivez différens arcs qui paffent par les différens points de *P C* ; ces arcs feront les paralleles de latitude ; le parallele de 23^{d} 30′ fera le tropique du cancer ; & celui de 66^{d} 30′ fera le cercle polaire arctique. *Voyez* PARALLELE & TROPIQUE.

Les méridiens & les paralleles ayant été ainfi décrits, on écrira les différens lieux au moyen d'une table de longitude & de latitude, comptant la longitude du lieu fur l'équateur, à commencer du premier méridien, & continuant vers le méridien du lieu ; & pour la latitude du lieu, on la prendra fur le parallele de la même latitude. Il eft évident que le point d'interfection de ce méridien & de ce parallele, repréfentera le lieu fur la *carte* ; & on s'y prendra de même pour y repréfenter tous les autres lieux.

Quant à la moitié de l'écliptique qui paffe dans cet hémifphere, ce grand cercle doit fe repréfenter par un arc de cercle ; de façon qu'il ne s'agit plus que de trouver fur la *carte* trois points de cet arc. Le premier point, c'eft-à-dire celui où l'écliptique coupe l'équateur, eft le même que celui où le premier méridien coupe l'équateur ; & il fe diftingue par cette raifon, par le figne d'*Aries*. Le dernier point de cet arc de cercle, ou l'autre interfection de l'équateur & d'écliptique, c'eft-à-dire la fin de *Virgo*, fera dans le point oppofé de l'équateur à 180^{d} le milieu de l'arc, c'eft le point où le méridien de 90^{d} coupe le tropique du *cancer* : ainfi nous avons trois points de cet arc qui donneront l'arc entier. *Voyez* CERCLE & CORDE.

Les *cartes* de cette premiere projection ont la premiere des qualités requifes ci-deffus : mais elles manquent de la feconde & de la troifieme ; car les degrés égaux des méridiens font repréfentés fur ces *cartes* par des portions de ligne droite inégales.

On peut par cette méthode repréfenter dans une *carte* prefque toute la terre, en plaçant l'œil, par exemple, dans le pole antarctique, & prenant pour plan de projection celui de quelque cercle voifin, par exemple, celui du cercle antarctique. Il ne faut ici de plus qu'à la premiere projection, que continuer les méridiens, tirer des paralleles du côté de l'équateur, & achever l'écliptique : mais ces *cartes* feroient trop embrouillées & trop difformes pour qu'on pût en faire ufage.

Tome II.

On fe contente pour l'ordinaire de tracer les deux hémifpheres féparément ; ce qui rend la *carte* beaucoup plus nette & plus commode. Si on veut avoir par le moyen de cette *carte* la diftance de deux lieux *A*, *B*, (*fig.* 3. *n°.* 2. *Géog.*) fitués fous le même méridien *P B*, on décrira les arcs de cercle *A E*, *B D* ; on verra combien la partie *E D* contient de divifions ou de degrés, & on aura le nombre de degrés depuis *E* jufqu'en *D*. Or comme un degré de la terre contient 25 lieues, il faudra prendre 25 fois ce nombre de degrés pour avoir la diftance de *A* en *B*.

M. de Maupertuis a démontré dans fon difcours *fur la Parallaxe de la lune*, que les loxodromiques dans cette projection devenoient des fpirales logarithmiques. *Voyez* LOXODROMIQUE, & SPIRALE LOGARITHMIQUE. Suppofons donc que *A G* (*fig.* 3. *n°.* 4. *Géog.*) foit une portion de fpirale logarithmique, ou projection de loxodromique, & qu'on veuille favoir la diftance *A G* de deux lieux placés fur le même rhumb, il eft certain que *A G* fera à *A B* en raifon conftante, c'eft-à-dire dans le rapport du finus total au cofinus de l'angle du rhumb, ou de l'angle de la loxodromique avec le méridien : donc connoiffant *A B* par la méthode précédente, & fachant de plus, comme on le fuppofe, l'angle du rhumb, on connoîtra *A G* ; c'eft-à-dire, on connoîtra de combien de lieues font éloignés l'un de l'autre les deux endroits dont les points *A*, *G*, font la projection.

Cette projection eft la plus aifée de toutes : mais on préfere pour l'ufage celle où l'œil eft placé dans l'équateur. C'eft en effet de cette derniere forte qu'on fait ordinairement les *cartes*. Au refte, comme la fituation de l'écliptique, par rapport à chaque lieu de la terre, change continuellement, ce cercle ne doit point avoir lieu, à proprement parler, fur la furface de la terre : mais on s'en fert pour repréfenter, conformément à fa fituation, quelques momens marqués ; par exemple, celui où le commencement d'*aries* & de *libra* feroit dans l'interfection du premier méridien & de l'équateur.

Conftruction des cartes, en fuppofant l'œil placé dans le plan de l'équateur. Cette méthode de projection, quoique plus difficile, eft cependant plus jufte, plus naturelle, & plus commode que la premiere. Pour la concevoir, nous fuppoferons que la furface de la terre foit coupée en deux hémifpheres par la circonférence entiere du premier méridien ; nous propofant de repréfenter chacun de ces hémifpheres dans une *carte* particuliere, l'œil fera placé dans un point de l'équateur, éloigné de 90^{d}. du premier méridien, & nous prendrons pour plan tranfparent où la repréfentation doit fe faire, celui du premier méridien. Dans cette projection l'équateur devient une droite, auffi bien que le méridien éloigné de 90^{d} du premier : mais les autres méridiens, ou paralleles aux équateurs, deviennent des arcs de cercle, ainfi que l'écliptique. *Voyez* PROJECTION STÉRÉOGRAPHIQUE DE LA SPHERE.

Voici la méthode pour les conftruire. Du point *E* comme centre (*figure* 3.) décrivez un cercle de la grandeur que vous voulez donner à votre *carte*, il repréfentera le premier méridien, qui eft auffi le même que celui de 180^{d} ; car tirant le diametre *B D*, il partagera le méridien en deux demi-cercles, dont

V V v v ij

Abb. 14
Auszug aus dem Artikel «Carte, (*Géog.*) [Géographie]» von d'Alembert. *Encyclopédie, ou dictionnaire raisonné des sciences, des arts et des métiers, etc.* [Band 2, Paris 1752.]

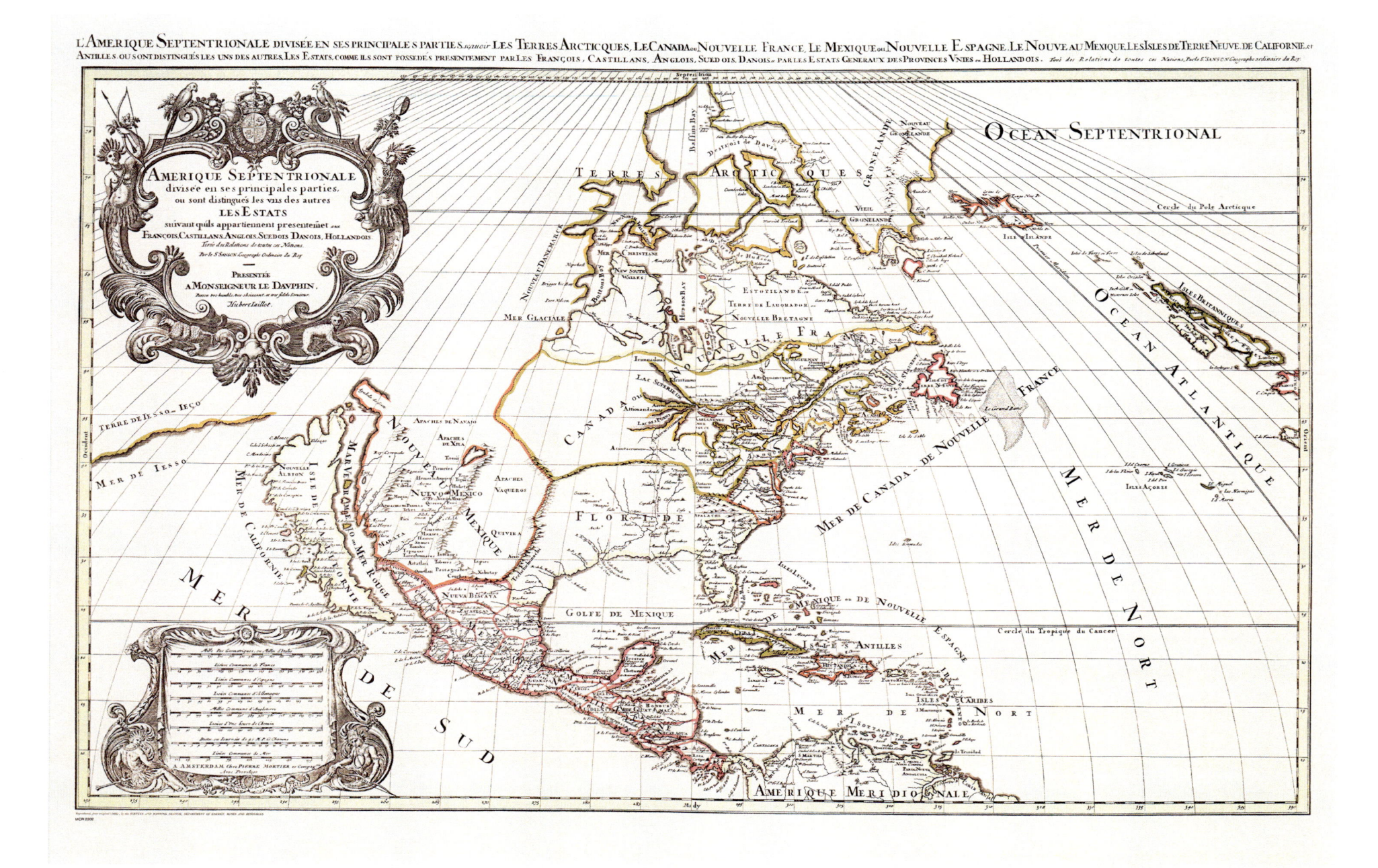

Abb. 15
Karte von Nicolas Sanson, publiziert 1695 in Amsterdam von Pierre Mortier: *Amerique Septentrionale divisée en ses principales parties, ou sont distingués les vns des autres les Estats suivant quíls appartiennent presenteme[n]t aux François, Castillans, Anglois, Suedois Danois, Hollandois. Tirée des Relations de toutes ces Nations.* Par le S Sanson, Geographe Ordinaire du Roy Présentée a Monseigneur le Davphin, Parson tres-humble, tres-obeissant, et tres fidele Serviteur, Hubert Iaillot.

Atlas auch reich illustrierte Darstellungen der *Pavillons de Diverse* [sic] *Nations*, der verschiedenen Schiffsflaggen. Zu nennen seien noch ALLAIN MANESSON MALLET (1630–1706), Kartograph und Festungsingenieur, dessen fünfbändiges Hauptwerk *Description de l'Univers* von 1683 auch auf Deutsch erschien (*Beschreibung des gantzen Welt-Kreyffes, in sich begreiffend Verschiedene Vorstellungen der Welt* [...][84]) und den ALEXANDRE DUMAS in seinem Roman *Les Trois Mousquetaires* (1844) als den «fähigsten Ingenieur seiner Zeit» lobt.[85] Sowie JEAN-BAPTISTE NOLIN (1648–1708), NICOLAS DE FER (1646–1720) und GUILLAUME DELISLE (1675–1726), «ein Schüler des Giovanni Domenico Cassini, des ersten Direktors der Pariser Sternwarte und Initiators der folgenden Reformen in der Kartographie».[86] Schließlich JEAN-BAPTISTE BOURGUIGNON D'ANVILLE (1697–1782) und JACQUES NICOLAS BELLIN (1703–1772), dessen Seekartensammlung zusammen mit den Arbeiten von DELISLE und BOURGUIGNON D'ANVILLE Kartenwerke darstellen, «die weiteren Jahrzehnten einen neuen Weg wiesen».[87] Einer der an der *Encyclopédie* beteiligten Kartographen war der königliche Geograph DIDIER ROBERT DE VAUGONDY (1723–1786), der zusammen mit seinem Vater, GILLES ROBERT (1686–1763), beide Nachfahren des SANSON D'ABBEVILLE, mehrere Atlanten herstellte und verlegte. Einige ihrer Karten, die auch Canada beziehungsweise die Nouvelle-France und die Nordwest-Passage betreffen, werden später im *Supplément à l'Encyclopédie*, das zwischen 1776 und 1780 erschien, wiederzufinden sein.[88]

Zwei Jahrzehnte nach dem Frieden zu Utrecht, im Jahr 1731, brach PIERRE GAULTIER DE VARENNES ET DE LA VÉRENDRYE (1685-1749), begleitet von seinem Neffen und vier Söhnen, zu einer Expedition in den Nordwesten des heutigen Kanada auf. Als erste Europäer drangen sie in die bis dahin unerforschten riesigen Gebiete ein – auf der Suche nach dem mythenumrankten «Mer de l'Ouest».[89] Denn eine dem Hof 1717 vorgelegte Karte der Brüder DELISLES aus dem Jahr 1694 beschrieb ein Binnenmeer in der Mitte Nordamerikas, auf der anderen Seite der Wasserscheide, die die Flüsse der Großen Seen von denen der Hudson Bay trennte. Und dieses «Westmeer» beflügelte die zeitgenössischen Phantasien, denn laut jener Karte verfügte es über einen kleinen Zugang zum Pazifik und damit zu den Schätzen Chinas und des Orients. Die Gruppe fand zwar nicht das Meer, wohl aber veränderten ihre Berichte und Karten den europäischen Blick auf die Weiten Nordamerikas. «Fort Rouge; Fort La Reine, Fort Dauphin sont des toponymes français que les La Vérendrye ajoutèrent aux toponymes amérindiens tels que Assiniboine, Winnipeg, Paskoya et Manitoba. Ce sont des noms de lieux, toujours bien connus aujourd'hui, que

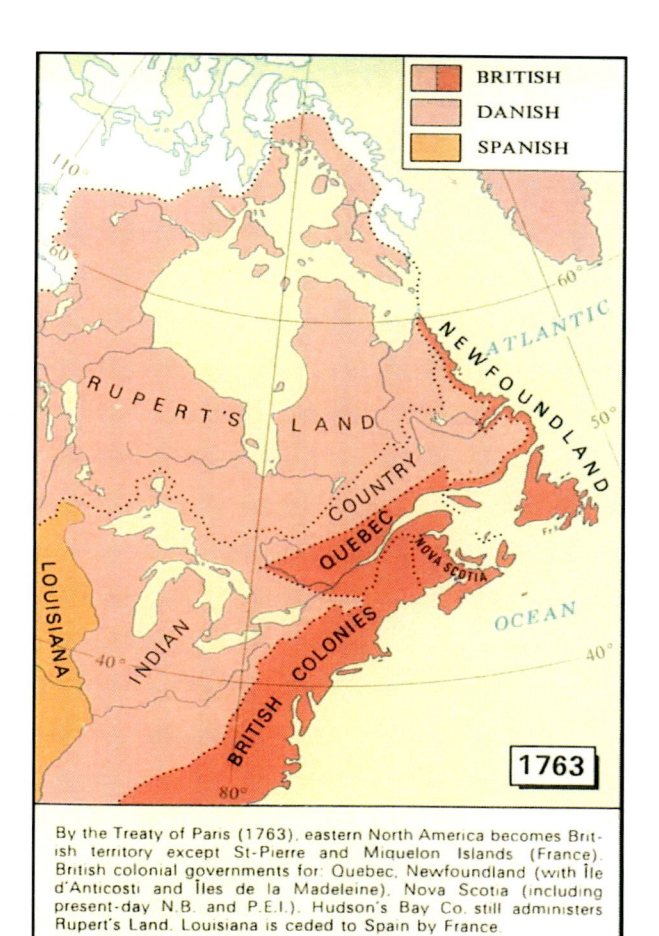

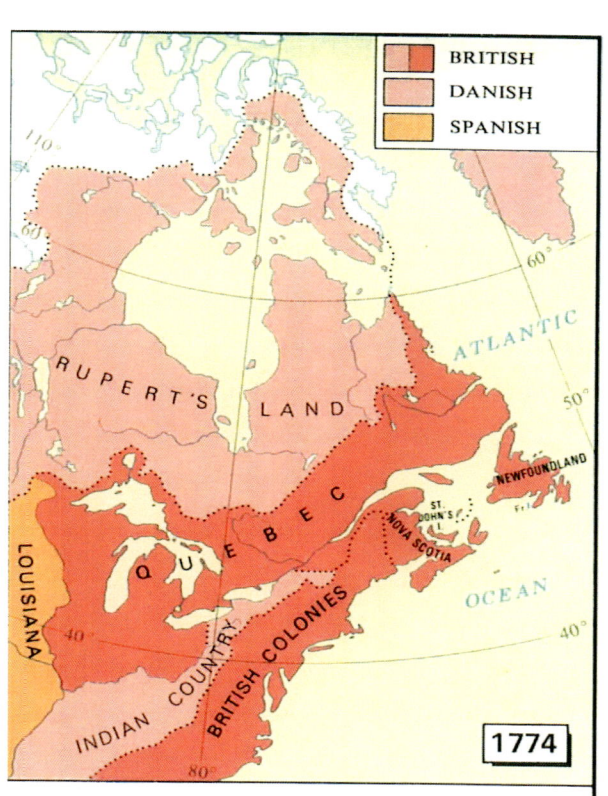

Abb. 16 und 17
Das Ende Neufrankreichs 1763 und die territoriale Entwicklung der britischen Kolonie «Province of Quebec» zwischen 1763 und 1774.

ces premiers explorateurs notèrent dans leurs journaux et placèrent sur leurs premières cartes géographiques.»[90]

Die Nordwest-Passage beschäftigte dann vor allem die Engländer, die sich in den Gebieten nördlich von (Französisch-)Kanada niedergelassen hatten. In seiner bereits erwähnten, ins Deutsche 1750 übersetzten *Reise nach Hudsons Meerbufen* berichtet der britische Seefahrer HENRY ELLIS von dieser Expedition.[91] Zwei Jahrzehnte weiter, 1772, illustriert eine von DIDIER ROBERT DE VAUGONDY angefertigte, später im *Supplement de l'Encyclopedie* wiedergegebene Karte unter dem Titel *Nouvelle Représentation des Côtes Nord et Est de l'Asie pour servir d'éclaircissement aux Articles du Supplément de l'Encyclopédie qui concernent le Passage aux Indes par le Nord* die zwischenzeitlich fortgeschrittene kartographische Durchdringung der Meerenge zwischen dem heutigen Alaska und dem nordöstlichsten Teil Asiens.[92]

Der Frieden von Paris 1763 besiegelte nicht nur das Ende des Siebenjährigen Krieges in Europa, sondern auch den letzten englisch-französischen Krieg in Nordamerika und damit das Ende der Nouvelle-France, nachdem schon einige Jahre zuvor die Akadier in alle Winde deportiert worden waren (1755), die Festung Québec gefallen war (1759), Montréal kapituliert hatte (1760) und die französischen Truppen nach Frankreich zurückgekehrt waren.[93] Mit dem Pariser Friedensvertrag (Abb. 16) erhielt England in Nordamerika – zusätzlich zu den territorialen Gewinnen von 1713 (Neufundland und die akadische Halbinsel Nova Scotia) – den ganzen Rest von Kanada und des akadischen Festlandes beziehungsweise akadischer Inseln sowie das gesamte Hinterland seiner nordamerikanischen Kolonien; den westlichen Teil Louisianas hatte Frankreich schon vorher an Spanien abgetreten, das seinerseits Florida an England abgab. Immerhin erreichte Frankreich die Anerkennung von Fischereirechten bei Neufundland und in der Sankt

Lorenz-Bucht und konnte St. Pierre und Miquelon sowie in der Karibik die Inseln Martinique, Guadeloupe, St. Lucia und Marie-Galante sowie weiterhin die Westhälfte der Insel Hispaniola, das heutige Haiti, behalten.[94]

Mit der Nouvelle-France war eine Kolonie untergegangen, die im Gegensatz zu den französischen Besitzungen in der Karibik und den Kolonien anderer Mächte eine Ausnahme darstellte, deren Eigenschaft hier nicht unterschlagen werden sollte. Neufrankreich war keine Sklavenkolonie, und den indianischen Nationen war unter den zahlenmäßig stets unterlegenen Franzosen ein gnädigeres Schicksal widerfahren als den Ureinwohnern in Lateinamerika oder später, in den Vereinigten Staaten, den Indianern und den aus Afrika versklavten Plantagenarbeitern, hatten doch selbst die wenigen französischen Akadier, die der Deportation und Vernichtung durch die Engländer hatten entkommen können, ihr Überleben allein ihren indianischen Nachbarn, den Mi'kmaq, zu verdanken. Nun also saßen die Engländer in Kanada, «dem alten Land der guten Franzosen, und ein wenig von der Liebe, die diesen [von den Indianern] zugeströmt war, fiel auch auf sie», schrieb ein darob nostalgisch werdender FRIEDRICH SIEBURG in seinem Klagelied über den Untergang von «Frankreichs roten Kindern».[95] Und mit großer Wahrscheinlichkeit hätte auch die Kartierung dieses riesigen Kontinents ohne den engen Austausch zwischen Franzosen und Ureinwohnern nicht in dem Ausmaß erfolgen können, wie es der Fall war – bevor andere Grenzvölker «mit Beil und Meßkette die jungfräulichen Jagdgründe unsicher machte[n]».[96] Die Autoren des *Atlas historique de l'Amérique du Nord* sind noch dezidierter. Ihr Fazit lautet: «L'Amérique française a existé grâce aux alliances franco-indiennes.»[97]

Abb. 18
L'Isle de Terre-Neuve, l'Acadie, ou la Nouvelle Ecosse, l'Isle St Jean et la Partie Orientale du Canada. Par M. Bonne, Ingénieur-Hydrographe de la Marine. In: Atlas de toutes les parties connues du globe terrestre, dressé Pour L'Hiſtoire Philoſophique & Politique des Établiſſemens & du Commerce des Européens dans les deux Indes. [1780.]

6. Kontrafaktisch? Der Atlas des RIGOBERT BONNE

Mit der neuen Ausdehnung des britischen Kolonialreiches – sowie mit der Abtretung des westlichen Teils von Louisiana an Spanien – wurde Frankreich vom Boden Nordamerikas verdrängt. Verschwand es damit auch von den Karten dieses Halbkontinents? Nicht ganz. Damit meinen wir nicht allein die zwei Eilande Saint-Pierre-et-Miquelon vor der Küste Neufundlands, die Frankreich weiterhin, bis heute, sein Eigen nennen kann. Uns fiel darüber hinaus ein kartographisches Werk auf, das sich wie eine kontrafaktische Darstellung der in die Jahre gekommenen Neuen Welt liest. 1780 erschien der *Atlas de toutes les parties connues du globe terrestre, dreſſé Pour l'Hiſtoire Philoſophique & Politique des Établiſſemens & du Commerce des Européens dans les deux Indes*[98] des königlichen Kartographen RIGOBERT BONNE (1727–1795), Ingénieur-Hydrographe de la Marine,[99] mit 50 Karten und zahlreichen Tabellen. Dank einer nach ihm benannten neuen mathematischen Kartenprojektion (1752) und der Entwicklung schiffstauglicher Chronometer («horloges marines») seit 1761, die eine präzise Längenberechnung und damit die Eintragung der gesamten gekrümmten Erdoberfläche in ein geometrisches Netz, «angereichert mit leeren Meeren und unerforschten Regionen in rechtwinkligen Kästen»,[100] erlaubten, dürfte sich dieser Atlas auf dem neusten Stand der damaligen Kartographie befunden haben.[101] Der Atlas war die kartographische Ergänzung zu der dritten, von der französischen Zensur verbotenen Auflage der damals überaus erfolgreichen, umfangreichen *Histoire philosophique et politique des établiſſemens et du commerce des Européens dans les deux Indes* des Abbé GUILLAUME-THOMAS-FRANÇOIS RAYNAL (1713–1796), deren erste Auflage in Amsterdam 1770 erschienen war und die somit das erste, nach dem Frieden von Paris erstellte Resümee der kolonialen Expansionen der Europäer darstellte.

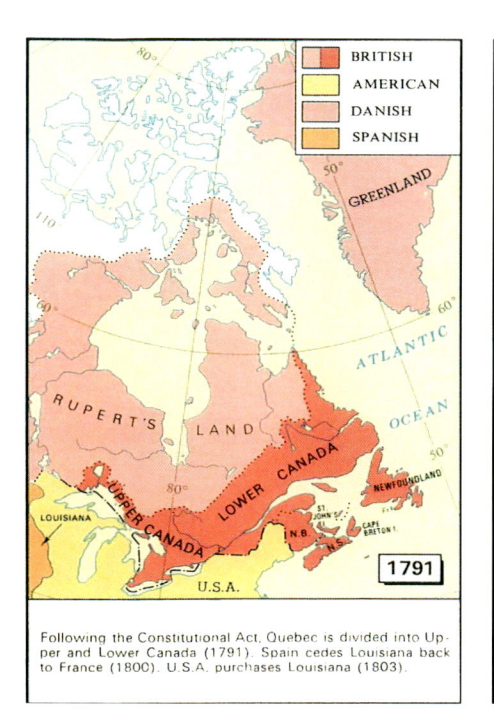

Abb. 19 und 20
Territoriale Entwicklung Kanadas 1791 (Upper Canada / Lower Canada) und 1867 (Dominion of Canada).

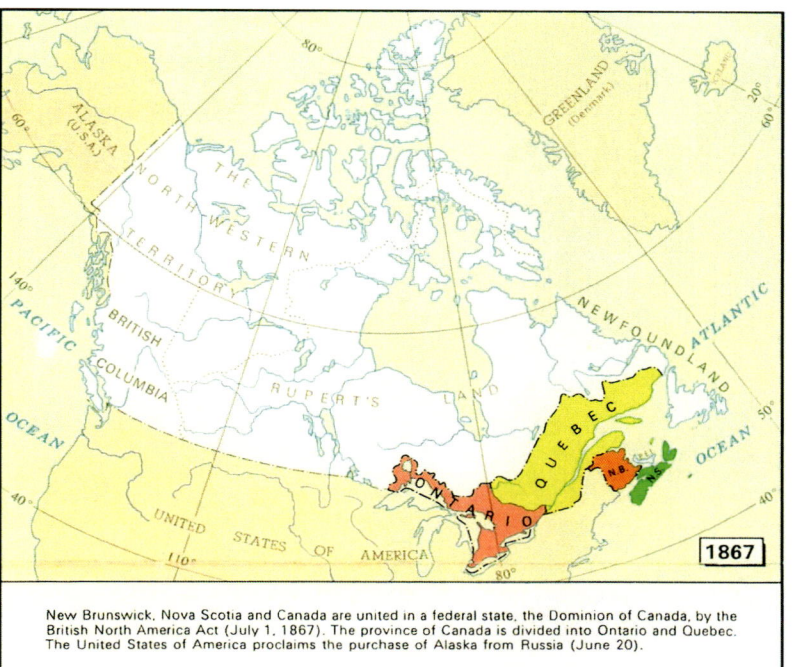

Es scheint aber, als ob die geopolitischen Folgen des Pariser Vertrags von 1763 an den Karten mit den Nummern 25, 44, 45, 46 und 47 spurlos vorbei gegangen wären. Auf der Karte Nr. 25 mit dem allgemeinen Titel *Amérique septentrionale* sind als Landnamen lediglich «Labrador», «Canada» und «Louisiane» eingetragen. Auch auf den anderen Karten mit den Titeln *L'Isle de Terre-Neuve, l'Acadie, ou la Nouvelle Ecosse, l'Isle S.t Jean et la Partie Orientale du Canada* (Nr. 44), *Partie Occidentale du Canada* [...] (Nr. 45) sowie *Carte de la Louisiane et de la Floride* (Nr. 46) figurieren keine Toponyme beziehungsweise Choronyme, die die neuen britischen Herrschaftsverhältnisse abbilden, also auch keine Eintragung der neuen britischen Kolonie «Province of Quebec» dort, wo einst das französische «Canada» lag.[102] Hier als Beispiel die Karte 44, noch ganz auf dem Stand der Verhältnisse vor dem Fall Neufrankreichs (Abb. 18). An anderer Stelle jedoch antizipiert dieser Atlas aus dem Jahr 1780, dem sieben Jahre später Bonnes *Atlas encyclopédique*[103] folgte, die großen Veränderungen auf der Nordhälfte des amerikanischen Kontinents: Die nachfolgenden und letzten Karten im Atlas zeigen die Vereinigten Staaten, obwohl die 13 Kolonien sich zum Zeitpunkt des Erscheinens des Atlas noch im Unabhängigkeitskrieg befanden.

Es liegt nahe, dass diese Kartierung dem Umstand geschuldet ist, dass Frankreich die amerikanische Unabhängigkeitsbewegung unterstützte und dies 1778 mit einem Bündnisvertrag («Treaty of Alliance») besiegelte, womit diese Kartensprache eine tendenziöse politische Botschaft enthält, auch wenn sie sich nicht als plakative Machtdemonstration im Kontext einer letzten anglo-französischen «bataille cartographique» geriert. Ein ähnliches Phänomen können wir auf einer französischen Karte aus dem Jahre 1783, also dem Jahr der offiziellen Unabhängigkeit der USA, beobachten. Und zwar handelt es sich um eine «neubearbeitete und erweiterte» Karte des 1726 verstorbenen Guillaume Delisle. Diese Karte trägt im nördlichen Teil noch die alte Raumbezeichnung «Canada ou Nouvelle France», im ganzen Teil südlich der großen Seen aber den aktuellen Ländernamen «Etats Unis».[104]

Doch das Ende der Nouvelle-France hieß bekanntlich nicht das Ende des französischen Elements beziehungsweise seiner Kultur auf dem Boden Nordamerikas – was auch immer diese Karten aus dem Jahre 1780 oder 1783 zu suggerieren scheinen. So wurden die am Sankt Lorenz-Strom ansässigen frankophonen Kanadier im Gegensatz zu den Akadiern nicht vertrieben, und es wurde der Referenzraum des Namens «Québec» für die nun englische, aber mehrheitlich von Frankophonen bewohnte Kolonie «Province of Quebec» ab 1774 vorübergehend sogar bis zum Mississippi und Ohio erweitert (Abb. 16 und 17) – als Bollwerk gegen die aufsässig gewordenen Amerikaner in Neuengland beziehungsweise in den 13 Kolonien! Zwar wurde später, 1791, von der inzwischen wieder verkleinerten Provinz dieses Namens ein mehrheitlich englischsprachiger Landesteil, in den die englandtreuen «Loyalists» aus den USA geflüchtet waren, unter dem Namen «Upper Canada» abgetrennt, der restliche Teil erhielt den Namen «Lower Canada» (Abb. 19). Doch mit der neuen britischen «Province of Quebec» war 1763 der Nukleus jenes britischen Kanadas entstanden, innerhalb dessen sich Anglophone und Frankophone die Identität dieses Landes fortan teilten und die Frankophonen für geraume Zeit sogar in der Mehrheit blieben.[105]

Wenn auch die französischen Karten des anbrechenden 19. Jahrhunderts fortan die neuen geopolitischen Gegebenheiten in Nordamerika zur Kenntnis nahmen, mit den englischen Bezeichnungen für die seit 1791 unter verschiedenen Namensvarianten existierende britische Kolonie nördlich der USA – «Upper Canada» und «Lower Canada» (bis 1840), «Province of Canada» (bis 1867), «Dominion of Canada» (ab 1867)[106] (Abb. 20) – taten sich einige Kartographen offensichtlich noch schwer und reaktivierten als Bezeichnung den alten Namen «Nouvelle-Bretagne», nun für das ganze Land nördlich der Vereinigten Staaten.[107] Beispiele sind die Karten «Amérique Septentrionale» aus dem erstmals 1831 erschienenen *Atlas de la Géographie ancienne, du moyen âge et moderne* von Félix Delamarche, seines Zeichens *ingénieur-mécanicien pour les Globes et Sphères*, sowie des Geographen Jean-Guillaume Barbié du Bocage (1795–1848), Chef des Topographischen Bureaus und Geographieprofessor an der Faculté des sciences de Paris, beide Sprosse aus bekannten Kartographenfamilien gleichen Namens.[108] Im Folgenden eine Karte von Barbié du Bocage aus dem Jahre 1843 (Abb. 21). So überlebte die in der militärischen Niederlage von 1760 untergegangene «Nouvelle-France» als doppelsinnige choronymische Anspielung und Erinnerung – gibt es doch auch eine Bretagne in Frankreich – noch weit in das 19. Jahrhundert hinein.

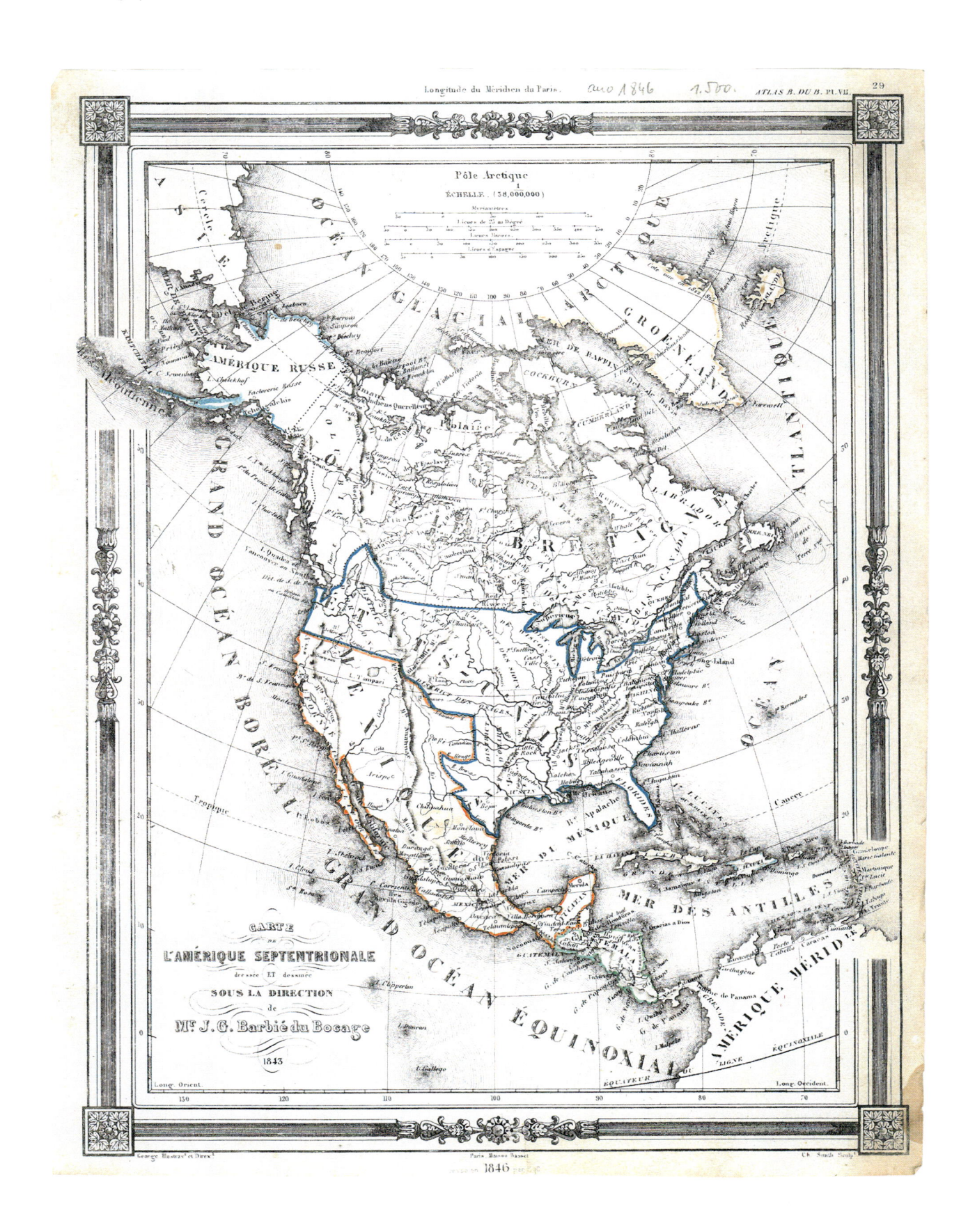

Abb. 21
Carte de l'Amérique septentrionale dressée et dessinée sous la direction de M. J. G. *Barbié du Bocage* 1843. Karte von Nordamerika mit der Bezeichnung «Nouvelle-Bretagne» für die britischen Gebiete nördlich der Vereinigten Staaten von Jean-Guillaume Barbié du Bocage, 1843, Stahlstich, gedruckt Paris 1846. [Einzelblatt].

7. «Navigateur» trifft «arpenteur»

Wenn dies auch nicht der Ort ist, die Geschichte Nordamerikas und Kanadas zu rekapitulieren, wollen wir aber darauf hinweisen, dass auch die weitere Entwicklung nicht nur die einer Besiedlung bekannter Territorien war, sondern eben diese Territorien immer weiter gen Westen Richtung Pazifikküste ausgedehnt wurden und dass dieser Ausdehnung immer wieder Expeditionen und damit neue Landvermessungen und Karten vorausgingen. Mit den Worten des jungen T.S. SPIVET: «Damals stand der Westen noch weit offen, und diese frühen Kartographen [...] waren Eroberer im ursprünglichsten Sinne des Wortes, denn im Laufe des 19. Jahrhunderts verleibten sie Stück für Stück den gewaltigen Kontinent der großen Maschine des Wissens ein, des Kartierten, des Gesehenen – aus dem Mythischen kam es ins Reich der empirischen Wissenschaften.»[109] Daran hatten auch nach dem Untergang Neufrankreichs weiterhin Franko-Kanadier ihren Anteil, denn sie waren als Pelzhändler, Waldläufer, Trapper, Abenteurer, Geometer mit ihrem Land in der Regel vertrauter als die neuen englischen Herren und hatten traditionell enge Verbindungen mit den indianischen Nationen, weshalb Franko-Kanadier auch gerne als Kundschafter und Übersetzer beim Kontakt mit Amerindianern angeworben wurden.

Dies war übrigens auch schon früher der Fall, als französische Pelzhändler und Abenteurer den Briten ihre Dienste bei der Erkundung des Hohen Nordens anboten, weil sich die französische Krone daran nicht interessiert zeigte: PIERRE-ESPRIT RADISSON (1636–1710) und seinem Schwager MÉDARD CHOUART, SIEUR DES GROSEILLIERS (1618–1697) war es gelungen, das Interesse der englischen Krone für eine Expedition in die am südlichen Ende der Hudson Bay gelegenen Gebiete zu wecken. Es war diese von englischen Kaufleuten finanzierte Expedition, aus der 1670 Prince Rupert's Land mit der Hudson Bay-Gesellschaft hervorging.[110]

Für die Zeit nach dem Untergang der Nouvelle-France sei exemplarisch erinnert an die – nach dem Verkauf des infolge eines Geheimvertrags (1801) an Frankreich zurückgegebenen spanischen Louisiana durch Napoleon an die USA – vom US-Präsidenten THOMAS JEFFERSON initiierte, berühmte «Lewis und Clark-Expedition» in den Jahren 1804 bis 1806.[111] Unter den 33 Teilnehmern an dieser Expedition, die erstmals über Land zur Pazifikküste hin und zurück führte, waren vier Franko-Kanadier – GEORGE DROUILLARD, PIERRE CRUZATTE, FRANÇOIS LABICHE und TOUSSAINT CHARBONNEAU, dessen indianischer Frau, der Nord-Schoschonin SACAJAWEA (auch SACAGAWEA), ganz besondere Verdienste am Erfolg der Expedition zugeschrieben werden und nach der in den Vereinigten Staaten etliche Berge, Seen und Flüsse, ja sogar ein Vulkankrater auf dem Planeten Venus benannt sind. Und im britischen Canada waren es auch immer wieder die Franko-Kanadier, die Pionieren gleich das Innere des Landes und den Hohen Norden erschlossen oder als «Voyageurs» im Dienste britischer Handelskompanien standen. In dem ins Kanadisch-Englische übernommenen französischen Wort «Voyageur»,[112] in den populären Geschichten und Liedern, die sich um diese Figur ranken,[113] und erst recht in dem «Festival du Voyageur»,[114] das jedes Jahr Hunderttausende anzieht, ist die Erinnerung an jene franko-kanadischen Binnenland-Pioniere lebendig geblieben. Auch diese «Voyageurs» gehören zu jenen Reisenden, Seeleuten und anderen, von denen der Jesuitenpater Louis Bertrand Castel (1688–1757) einst sagte, dass sie und nicht die Geographen die wahren Wissenschaftler, Erfinder und Schöpfer der Geographie seien.[115]

Diese wenigen Ausführungen mögen vorerst genügen, um zwei Identitätsachsen des nordamerikanischen Kontinents und damit Kanadas, auf das wir uns hier beschränken wollen, zu illustrieren. Personifiziert sind sie in den Figuren, die die Québecer Schriftstellerin MONIQUE LARUE zum metaphorischen Titel eines bekannten Vortrags machte:[116] der «arpenteur» und der «navigateur», also der Geometer zu Lande und der Navigator zu Wasser. Beide Figuren treffen sich auf der «Karte», die sie begleitet, die von ihnen neu erstellt wird, die zum Referenzrahmen der Land- und Wassererkundung sowie der Landnahme wird. Beide sind Akteure in einem kartographischen Narrativ, über das der amerikanische Schriftsteller REIF LARSEN in einem Interview sagt: «Maps are like stories, and yet they are like really highly selective cultural documents that present their meaning through an act of selection. Given the vast array of objects one can map in the world. The best maps use a particular subtext. In the mapping of them over time a whole new narrative comes out.»[117] Dies trifft in besonderer Weise auf das Werden Neufrankreichs und damit auch Kanadas zu. Dieses Land entstand Stück für Stück, aus Sicht der Europäer, aber nur aus deren Sicht, einem «pitch dark» kartographisch abgerungen, das sich später schließlich von Meer zu Meer erstrecken sollte.[118] Insofern ist die Geschichte dieses Landes auch eine Kartengeschichte, vor allem wenn sie ihre Quellen und damit auch ihre Identität darstellen will, wie es zum Beispiel die offiziöse, zweisprachige Publikationsreihe *Records of Our History – Les documents de notre histoire* tat, deren erste drei Bände in den Jahren 1981 bis 1988 erschienen, besorgt von namhaften Historikern und Archivaren wie ANDRÉ VACHON und BRUCE G. WILSON, beide Mitglieder der Royal Society of Canada.[119]

8. Die Neue Welt im Fokus neuer kartographischer Unternehmungen

Die Erscheinungsjahre jener Bände markiert eine Periode, mit der die Aufarbeitung historischer Karten, die die Vermessung der neuen Welten dokumentieren, wieder neue Impulse bekam, woran das 500-jährige Jubiläum der «Entdeckung Amerikas» durch CHRISTOPH KOLUMBUS sicherlich keinen geringen Anteil hatte, zumal das schon lange bestehende wissenschaftliche Interesse sich nunmehr mit der Neugier eines breiteren Publikums im populären Medium der Ausstellungen und Kataloge traf. In Kanada verband sich dieses neue Interesse an alten Landkarten mit vermehrten und konkurrierenden Anstrengungen um ein – historisch begründetes – kanadisches beziehungsweise Québecer «nation-building» im Kontext der seit den 1970er Jahren anschwellenden politischen und verfassungsrechtlichen Souveränitätsbemühungen der Provinz Québec.[120] Letztere wurden ihrerseits zu einer wachsenden Herausforderung an den kanadischen Bundesstaat, ein kanadisches Nationskonzept zu entwerfen. «[Kanada] existiert [...] als Land mit einer modernen Verfassung spätestens seit PIERRE TRUDEAU 1981/82 die Verfassung heimholte und eine Charta der Rechte und Freiheiten sowie eine Formel zur Verfassungsänderung einführte. Dennoch scheinen nur wenige andere Länder, die den ökonomischen und gesellschaftlichen Entwicklungsstand Kanadas erreicht haben, so sehr der Suche nach der eigenen Identität zu verfallen, einem Spiel, das man als ‹Identitätsspiel› bezeichnen könnte und das eine Version des Hamletschen ‹Sein oder nicht Sein?› darstellt.»[121]

Unter den zahlreichen kartographischen Unternehmungen, die in diesem Kontext zum Kartenfundus «Neue Welt» erschienen,[122] möchten wir einige, für unser Thema besonders interessante Ausstellungen beziehungsweise Kataloge in chronologischer Reihenfolge hervorheben. Aus dem Fundus des David M. Stewart Museum in Montréal entstand 1984 die Ausstellung *La découverte du monde: cartographes et cosmographes*[123] mit einer den begleitenden Katalog einführenden «Éloge de la cartographie» von YVES BERGER, wo es heißt: «Ah! Cette Nouvelle-France qui jouxte la Californie, sur une taille-douce de Girolamo Ruscelli, en 1561 [...]»[124] In Belgien, genauer in Brüssel, folgte 1992 die von dem späteren Leiter der «Section des Cartes et Plans» der belgischen Königlichen Bibliothek Albert I., HOSSAM ELKHADEM, betreute Ausstellung *Cartes des Amériques dans les collections de la Bibliothèque royale Albert I*[er].[125]

Ein Jahr später bereitete der seit 1969 an der Master University in Hamilton (Ontario) tätige Botaniker Kenneth Andrew Kershaw, Fachgebiet Taxomonie, der kartographischen Fachwelt in Kanada eine Überraschung, auf die hier näher eingegangen werden muss. Im Privatleben Philatelist und Antiquar für Landkarten, veröffentlichte er im Eigenverlag den ersten Band einer vierbändigen *Early Printed Maps of Canada* [1540–1799], deren letzter Band 1998 erschien.[126] Die renommierte Zeitschrift *Papers of the Bibliographical Society of Canada* begrüßte den ersten Band dieser monumentalen Darstellung – die vier Bände umfassen zusammen 1.143 Seiten – mit dem Satz: «This is a revolutionary book in many ways, though not so much for its content and form which display a number of personal biases and idiosyncrasies, but for its method of presentation which breaks new ground in the somewhat tricky and arcane world of Canadian carto-bibliography.»[127] Doch die weiteren Bände wurden in derselben Zeitschrift von der Kartographie-Autorität Daphne Joan Winearls einer vernichtenden, auf technische und editorische Details fixierten Kritik unterzogen,[128] die zu beurteilen wir uns nicht anmaßen können. Wohl aber denken wir, dass auch diese Bände, denen eine stupende Fleißarbeit und Passion zugrunde lag, gerade für an Kanada interessierte Kartographen und Historiker unumgänglich sind, auch wenn sie sich an heutigen Maßstäben technischer Reproduzierbarkeit von (farbigen) Originalkarten nicht messen lassen dürfen. Und uns scheint es, dass die Initiative des Botanikers Kershaw für die damalige Fachwelt der Kartographen und Historiker in Kanada eine produktive Provokation war und sich – positiv formuliert – in der Tat als das herausstellte, als was Daphne Joan Winearls sie in ihrer Kritik – wenngleich mit einem «only» davor – finalisierte: «a rocky foundation on which to build». Denn nun begann gerade auch in Kanada – gefördert von einem wachsenden Identitätsinteresse außerhalb der Fachwelt sowie von der entstehenden Welt des Internets, neuer Medien und Scan-Techniken – eine bis heute anhaltende Blütezeit für Editionsarbeiten an alten Landkarten und deren Verwendung für Darstellungen der eigenen Geschichte im Sinne eines zeit- und mediengemäßen «Imaginer le Canada» oder «Imaginer le Québec».[129]

Der 1994 erschienene Band *La cartographie au Québec* von Claude Boudreau behandelt die Geschichte der das Territorium der Provinz Québec betreffenden Kartographie von 1760 bis 1840, wobei anzumerken ist, dass es sich hier weniger um ein Inventarium der kartographischen Produktion handelt. Vielmehr stehen der methodologische Aspekt, die alten Karten zu analysieren und zu verstehen, sowie die Geschichte Québecs nach dem Fall Neufrankreichs im Vordergrund.[130] Ganz Kanada erfasst der 2002 erschienene *Historical Atlas of Canada* von Derek Hayes mit dem Untertitel *Canada's History Illustrated with Original Maps*[131], der auf Grund seines großen Erfolges 2006 auch als Paperback-Ausgabe aufgelegt wurde. Vor allem aber verweisen wir auf die Arbeit des Chefarchivars und Kartographen der Bibliothèques et Archives Canada, Jeffrey S. Murray, Hüter über mehr als 1.700.000 Karten und Pläne, von denen heute bereits Tausende digitalisiert sind. 2006 veröffentlichte Murray sein Werk *Terra Nostra* – Untertitel der englischen Ausgabe *The Stories Behind Canada's Maps*, Untertitel der französischen Ausgabe *Les cartes du Canada et leurs secrets, 1550–1950* – als Gemeinschaftsausgabe der McGill-Queen's Press (Montréal/Kingston) und des Québecer Verlages Les éditions Septentrion. Anlass war das hundertste Jubiläum des ersten *Atlas of Canada,* der ein Jahr nach dem Eintritt der neuen Provinzen Alberta und Saskatchewan in die Kanadische Konföderation erschienen war, herausgegeben vom kanadischen Innenministerium, das mit diesem Atlas ein Land zu kommemorieren gedachte, das «endlich seinen Traum als Nation *a mare usque ad marem* – von einem Ozean zum anderen verwirklichte».[132] Mit seinem Werk will Murray sich einerseits von den Historikern abgrenzen, die Karten lediglich als illustratives Beiwerk verwenden und deren Rolle «in der Entwicklung unserer Nation» nicht beachten. Anderseits will er bisherige kartographische Arbeiten bis in die Gegenwart ergänzen und die in den Karten verborgene Geschichte Kanadas erzählen.[133] Dabei stellt er sich mit seiner *Terra nostra* explizit in die Tradition des ersten nationalen *Atlas of Canada*.

Dieses, von seinem Selbstverständnis her einer nationalen (pan)kanadischen «Erzählung» zugetane kartographische Werk findet seine, vorsichtig formuliert, eher aus Québecer Sichtweise geprägte Ergänzung in dem beeindruckenden, bereits mehrfach zitierten Kartenwerk *La mesure d'un continent. Atlas historique de l'Amérique du Nord 1492–1814*, das von einem Autorenkollektiv unter Leitung der Québecer Historikerin und Archivarin Raymonde Litalien und des jungen, aus Frankreich stammenden Jean-François Palomino, «cartothécaire» der Bibliothèque et Archives nationales du Québec (BAnQ), gemeinsam mit dem Québecer Historiker und Verleger Denis Vaugeois zusammengestellt wurde. Es erschien zeitgleich auch als englischsprachige Ausgabe unter dem Titel *Mapping a Continent*.[134] Der Geograph Dean Louder begrüßte das dreihundert Seiten umfassende Werk mit den enthusiastischen Eingangsworten: «Quel beau livre! Quel bon livre! Quel livre utile!»[135] Quasi parallel zum Erscheinen dieses Werkes präsentierten Bibliothèque et Archives nationales du Québec die ebenfalls von Jean-François Palomino besorgte Ausstellung *Ils ont cartographié l'Amérique* in der Grande Bibliothèque in Montréal.[136] In der Selbstdarstellung heißt es: «Rarement sorties des réserves pour être admirées dans toute leur splendeur, plus de cent cartes anciennes de l'Amérique considérées comme des trésors nationaux ont été soigneusement rassemblées par Bibliothèque et Archives nationales du Québec (BAnQ) pour être présentées à la Grande Bibliothèque du 26 février au 24 août 2008.»[137]

Diese beiden kartographischen Initiativen erschienen rechtzeitig zu den fulminanten, über das ganze Jahr sich hinstreckenden Feiern zum 400. Gründungs-Jubiläum der Stadt Québec im Jahr 2008, die mit der Gründung der Stadt zugleich die Geburt der Nouvelle France feierten[138] – ein Ereignis, das gerade der Québecer Geschichtsschreibung beträchtliche Impulse gab. Wir sind geneigt, darin eine Entwicklung zu sehen, die Anne Gilbert schon 1998 als den Versuch deutete, das Konzept der «Amérique française» beziehungsweise der nordamerikanischen Frankophonie auch für die Historische Geographie fruchtbar zu machen.[139] Dies ist mehr als eine methodologische Angelegenheit, geht es hier doch auch um Fragen der Québecer Identität, sei es als frankophoner Gegenentwurf, sei es als Komplementärentwurf zur anglo-kanadischen Identität. Ergänzend dazu verweisen wir auf die 2009 erschienene «Enthüllung unseres Kontinents» *Maps of North America. The Unveiling of our Continent* des bekannten britischen «Landkartenduos» Ashley und Miles Baynton-Williams.[140] Beide hatten schon zuvor einen Atlas mit alten Landkarten über die Neuen Welten herausgebracht[141] und betreiben seit 1999 das «On-line Antique Map Magazine» *MapForum.com*.

Ein jüngstes Beispiel für die Kartographie in Europa ist die Ausstellung *L'âge d'or des cartes marines. Quand l'Europe découvrait le monde* in der Bibliothèque nationale de France in Paris, die vom Oktober 2012 bis Januar 2013 stattfand und von einem umfänglich illustrierten Katalog begleitet wurde.[142] Doch so sehr das auf alle Meere und Kontinente ausgerichtete biblio- und kartophile Auge bei diesem Katalog auch auf seine Kosten kommt, bei der Suche nach Karten zu Nordamerika beziehungsweise Neufrankreich wird es etwas enttäuscht. Es ist, als hätten die Ausstellungs- bzw. Katalogmacher bei dem Thema «Als Europa die Welt entdeckte» trotz des erwähnten aufschlussreichen Abschnitts über die Hydrographen und Kartographen aus der Normandie ausgerechnet ihre heroischen Vorfahren, die sich auf den Weg nach Amerika gemacht hatten, ausblenden wollen. Der Nutzer wird daher gut beraten sein, die zeitgleich publizierten Arbeiten des Direktors der Kartenabteilung der Bibliothèque nationale de France, Jean-Yves Sarazin, über die Neuen Welten zu konsultieren.[143] Auf jeden Fall aber sollte der Leser neben all diesen historischen Atlanten und Landkarten das bereits schon mehrfach erwähnte kluge Buch des Tübinger Historikers Udo Sautter *Als die Franzosen Amerika entdeckten* zur Hand nehmen. Zwar hat dieser konzise Überblick keine historischen Karten integriert, aber die vom Autor vorgetragene Begründung für das Schreiben seines Buches könnte auch das vorliegende Werk rechtfertigen, nämlich dass die französische Entdeckung und Landnahme Nordamerikas im deutschen Sprachraum sehr viel weniger bekannt sei als die «schon zur Genüge [beschriebene] britische und dann amerikanische Besitzergreifung».[144]

9. Die Neue Welt in der ehemals Kurfürstlichen Bibliothek zu Dresden

Dass auch in deutschen Archiven und Bibliotheken historische Kartenschätze über Kanada lagern, war uns zwar bekannt, doch war unsere kanadistische Aufmerksamkeit von dem in Kanada archivierten Fundus eingenommen, zumal wir meinten, den stupenden und prächtig illustrierten Karten- und Geschichtswerken aus Kanada/Québec gäbe es nichts hinzufügen. Aber in der Sächsischen Landesbibliothek – Staats- und Universitätsbibliothek Dresden (SLUB), Nachfahre der ehemals Kurfürstlichen und ab 1806 Königlichen Öffentlichen Bibliothek zu Dresden, trafen wir eher zufällig, auf der Suche nach historischen Landkarten über Frankreich, auf ein faszinierendes Sammelgebiet in den Beständen der Dresdner Kartensammlung,[145] die untrennbar mit dem Namen des Sprachforschers Johann Christoph Adelung (1732–1806), von 1786 bis zu seinem Tod Oberbibliothekar der Kurfürstlichen Bibliothek, verbunden ist.[146] In dieser Kartensammlung, die aktuell ca. 180.000 Karten und Ansichten umfasst (Stand Ende 2015), von denen bislang ca. 27.000 Blätter digitalisiert und über das «Kartenforum»[147] weltweit abrufbar sind, fanden wir auch eine große Anzahl historischer Land- und Seekarten, die die Erforschung und Besiedlung Nordamerikas durch Frankreich und England dokumentieren. Dass dieser Fundus nicht nur den Frankreich- und Kanadaforscher in meiner Person interessierte, sondern in besonderer Weise die Interessenlage des CIFRAQS an der Technischen Universität Dresden berührte, liegt auf der Hand. Damit entstand die Idee, in enger Zusammenarbeit mit der SLUB den gesamten Dresdner Kartenbestand zum Atlantischen Kanada zu erschließen, wissenschaftlich zu analysieren und zu kommentieren. Daraus erwuchs ein von der Technischen Universität Dresden mitfinanziertes Projekt, dessen wissenschaftliche Ausführung wir im Oktober 2008 dem Dresdner Philologen und Romanisten Priv.-Doz. Dr. phil. habil. Christian Weyers übertrugen.[148]

Abb. 22
Johann Christoph Adelung (1732–1806), Begründer der Dresdner Kartensammlung. Gemälde von Anton Graff (1736–1813), ehemals im Treppenhaus des Foyers und vorübergehend deponiert im Magazin der Zentralbibliothek der SLUB Dresden.

Insgesamt wählten wir 151 Kartenoriginale für den zu untersuchenden Korpus aus. Darüber hinaus selektierten wir für eine genauere historisch-kartographische Betrachtung dreißig besonders signifikante Exemplare. Glücklicherweise haben die mit großer konservatorischer Sorgfalt archivierten Einzelkarten aus dem 17. und 18. Jahrhundert die Wirren der zwischenzeitlichen Kriege und Katastrophen relativ gut überstanden, während der Zustand einiger Atlanten der gleichen Epoche – sei es durch häufige Benutzung oder aus anderen Gründen – zurzeit keine Freigabe zur öffentlichen Benutzung erlaubt.

Der zeitliche Schwerpunkt der Untersuchung liegt auf der Epoche zwischen den ersten dauerhaften französischen Niederlassungen am Sankt Lorenz-Strom ab dem Anfang des 17. Jahrhunderts und der für Frankreich schicksalhaften Wende von 1760, als es von seinem Konkurrenten Großbritannien aus seinen angestammten Kolonien in Nordamerika vertrieben wurde. Geographisch liegt der Schwerpunkt auf dem demographischen und politisch-administrativen Zentrum der Nouvelle-France, also auf dem Gebiet mit dem historischen Namen «Canada» am Sankt Lorenz-Strom, dem Nukleus der späteren britischen Kolonie «Province of Quebec» beziehungsweise der heutigen kanadischen, mehrheitlich immer noch frankophonen Provinz Québec.

Inhaltlich ging es uns nicht um eine deutsche Version der oben zitierten kanadischen Referenzwerke – also eine Geschichte Nordamerikas oder der Nouvelle-France mit Hilfe der in der SLUB aufgefundenen historischen Karten zu schreiben.[149] Auch nicht um eine wenn auch sehr bescheidene Fortschreibung der *Early Printed Maps of Canada*. Eine solche Ambition wäre aus verschiedenen Gründen ohnehin zum Scheitern verurteilt gewesen. Vielmehr steht die wissenschaftliche Aufarbeitung der ausgewählten Karten und damit die Kartographie in einer von uns selbst gewählten Weise im Mittelpunkt. Dabei ging es allerdings weniger um das Aufzeigen von Unterschieden in der Art und Methode der Darstellung der allgemeinen oder politischen Geographie oder um die Wiedergabe von Erfolgsgeschichten von Kartenzeichnern und Kartenstechern. Bei den genannten sowie bei vergleichbaren Werken jüngeren Erscheinungsdatums sind beispielsweise die philologischen Aspekte des untersuchten Mediums noch immer nicht oder nur sehr wenig berücksichtigt worden. Karten gerade dieses Untersuchungszeitraums gehören aber, zumal sie noch ausschließlich individuell handgefertigt wurden, zu wichtigen Zeugnissen der sprachlichen Entwicklung und insbesondere der kontinuierlichen Wechselwirkung zwischen schriftsprachlicher Norm und der, von Linguisten «parole» (Saussure) oder «performance» (Chomsky) genannten, individuellen Sprachverwendung des Zeichners, Stechers oder auch Auftraggebers kartographischer Dokumente, die von Interferenzen wie zum Beispiel Transkriptions- und Übersetzungsfehlern bestimmt waren. Zu den untersuchungswürdigen philologischen Aspekten gehören daher die Kartensprache selbst, englisch-französische Kontaktphänomene sowie die Korrelation zwischen Onomastik und Kartenbild. Ein noch viel zu wenig erforschtes und hier lediglich erwähntes Gebiet ist schließlich die Rolle des Mediums Karte bei den ersten Kontakten zwischen Europäern und Amerindianern, als diese noch keine oder nur ganz geringe Kenntnisse von der Sprache oder der Schrift des jeweils anderen hatten.[150]

Die Kartenanalysen sind von der historischen Textur der Nouvelle-France also nicht zu trennen, ja, Letztere ist die stets aus dem «Off» sprechende zweite Hauptperson. Ohne Nouvelle-France also keine Kanada-Karten. Ob der Umkehrschluss möglich ist? Ließe sich, frei nach Wittgenstein,[151] der Gegenstand Neufrankreich außerhalb des kartographischen Sachverhalts überhaupt denken? Wir kommen auf diese Frage noch einmal zurück.

10. Gliederung, Konzeptionalisierung und Ausblick

Die Untersuchung von Christian Weyers gliedert sich in drei Komponenten, die jeweils in sich abgeschlossen sind. In dem allgemeinen thematischen Teil II werden – nach einem kurzen Überblick über die Anfänge der Kurfürstlichen Bibliothek zu Dresden und die Entwicklung ihres Kartenbestands (Kapitel 1), einer Präsentation unseres Kartenprojekts (Kapitel 2) sowie einer Einführung in grundsätzliche Probleme der Kartographie des 16. bis 18. Jahrhunderts (Kapitel 3) – die wichtigsten Stufen ihrer Entwicklung sowie die für die analysierte Epoche als auch für das untersuchte Gebiet Neufrankreich relevanten Charakteristika geographischer und nautischer Karten vorgestellt.

Diese für das Verständnis der Gesamtstudie unerlässlichen Präliminarien betreffen – jeweils separat in knappen Einzelkapiteln dargestellt – die unterschiedlichen Arten, die Erdoberfläche abzubilden (Kapitel 4), die bekanntesten Methoden, diese auf eine Zeichenebene zu projizieren (Kapitel 5), die dabei praktizierte Koordinateneinteilung und Festlegung eines Nullmeridians (Kapitel 6) sowie die modernen Konventionen der Reduktion mit Hilfe des allmählich aufkommenden Maßstabs, zunächst noch auf der Grundlage vormetrischer Maße (Kapitel 7). Danach werden die Herstellungstechniken (Kapitel 8), die Grundzüge der textlichen Ausstattung (sog. *scriptura*) im Allgemeinen (Kapitel 9) wie auch bezüglich der geographischen Nomenklatur im Besonderen (Kapitel 10) behandelt, deren wachsende Bedeutung ein wesentlicher Faktor für die nun immer mehr in den Vordergrund tretende Wissenschaftlichkeit der Karten darstellt, während demgegenüber das überwiegend ausschmückende, vielfach noch antiken Vorbildern entstammende ikonographische Beiwerk (sog. *pictura*) immer geringer gewichtet wird und damit die künstlerischen und insbesondere die mythologischen Traditionen einer dem neuen Charakter entsprechenden Illustrationstechnik weichen muss (Kapitel 11).

Nach dieser allgemeinen Einleitung führen die anschließenden Kapitel 12 bis 17 spezifischer auf den vorliegenden Untersuchungsgegenstand hin. Zunächst mit einem chronologischen Abriss über die Entwicklung der Geodäsie und der darauf basierenden wissenschaftlichen Kartographie in Frankreich (Kapitel 12 und 13). Dann mit der Vorstellung zweier epochentypischer Phänomene: einerseits der Instrumentalisierung des Mediums Karte zur Durchsetzung politischer Interessen – auf nationaler Ebene durch die Einführung eines Regierungsmonopols und der institutionellen Kontrolle durch die *Académie* (Kapitel 14), auf internationaler Bühne im Kampf mit dem politischen Gegner (Kapitel 15 und 16); andererseits seiner Perfektionierung als wissenschaftliches Medium, etwa als eine Art *supplément* zur *Encyclopédie* (Kapitel 16), oder auch lediglich als Illustration zuweilen äußerst abenteuerlicher geographischer beziehungsweise ethnographischer Hypothesen (Kapitel 17). Einen wachsenden Bedarf an geographischen Karten erzeugten nicht nur die politischen Auseinandersetzungen zwischen den klassischen Antagonisten England und Frankreich, sondern immer mehr auch solche zwischen dem Mutterland und den nach Selbständigkeit strebenden Kolonien.

Auf diesen Einzelaspekten der historischen Kartographie Neufrankreichs baut der folgende Teil III mit einer detaillierten Analyse ausgewählter Land- und Seekarten im kartenhistorischen und politischen Kontext auf. Er bildet das Herzstück dieses Werkes. Hier werden dreißig ausgewählte Karten vor dem thematischen Hintergrund des zweiten Teils vorgestellt, kommentiert und historisch-politisch eingeordnet. Dies erfolgt in chronologisch-systematischer Abfolge in fünf Kapiteln, die die Entwicklung Neufrankreichs einschließlich ihrer Übernahme durch Großbritannien abbilden. Das erste Dokument stammt aus dem Jahr 1597, das letzte ist im Jahr 1800 erschienen.

Kapitel 1: *Nova Francia und Terra Nova: die Anfänge der französischen Präsenz in Nordamerika*
Kapitel 2: *Die Nouvelle-France erhält politische Konturen*
Kapitel 3: *Der Kampf um die wirtschaftliche und militärische Vorherrschaft in Nordamerika*
Kapitel 4: *Der St. Lorenz-Strom auf nautischen Karten*
Kapitel 5: *Die Nouvelle-France wird britisch.*

Die Untersuchung und Klassifizierung geschieht nach einem einheitlichen Kriterienkatalog, zu denen beispielsweise die Kartengenese und die eigene Vorbildfunktion für nachfolgende Karten gehören; doch sind auf Grund der Heterogenität der Karten, sowohl in typologischer als auch in zeitlicher Hinsicht (es handelt sich um einen Korpus von Dokumenten, deren Entstehung sich über einen Zeitraum von über zwei Jahrhunderten erstreckt), immer wieder spezifische Besonderheiten und Kuriosa für die jeweilige Einzelkarte zu ermitteln. Es sind die auf den ersten Blick nicht erkennbaren unerwarteten Zusammenhänge unterschiedlichster Art, wie beispielsweise solche, die sich aus der Biographie des Autors (oder eventuell sogar seines Auftraggebers) ergeben, aus seinen zufälligen Kontakten mit aktuellen oder weniger aktuellen Forschungsergebnissen, aus seiner entweder direkten Einbindung in die jeweilige Außenpolitik des Landes oder seinen im Gegenteil völlig unpolitischen Verständigungskanälen mit Kartographen aus dem «feindlichen» Lager und viele andere Aspekte mehr, die letztendlich das Aussehen, den Gehalt und die Sprache der Karten bestimmen. Jede Karte verfügt somit über ihre individuelle Geschichte, die angesichts des Rahmens dieser Untersuchung allerdings unvollständig bleiben muss.

Ein Katalog aller erfassten Land- und Seekarten zum Atlantischen Kanada mit detaillierten kartographischen und philologischen Kommentaren aus dem Bestand der SLUB schließt als Teil IV die Untersuchung ab. In dieser Aufstellung erscheinen die 151 Einzeldokumente nicht in chronologischer Reihenfolge, sondern in systematischer Ordnung ihrer beiden von der Bibliothek vergebenen Signaturen. Erstmals werden hier die in der Vergangenheit von Mitarbeitern der Dresdner Bibliothek in mehreren Anläufen zusammengetragenen Katalogdaten mit den von Christian Weyers selbst erarbeiteten karto- und bibliographischen Angaben systematisch abgeglichen und ergänzt, das heißt mit solchen Angaben, die jeweils, soweit es möglich war, durch eine persönliche kartographische Autopsie gewonnen werden konnten.

In dieser Liste werden unmittelbar vorgefundene Textelemente wie Titulatur von Haupt- und Nebenkarten, editorische Zusätze, wichtige Kartenlegenden, Notationen usw. in möglichst originalgetreuer Orthographie einschließlich der zeitgenössischen typographischen Abkürzungen und Sonderzeichen übernommen, soweit es die Textverarbeitungs-Software und Drucklegung erlaubte. Demgegenüber gilt jedoch einschränkend, dass die Tabellen zahlreiche Leerzeilen aufweisen, die trotz gründlicher Recherche bislang nicht ausgefüllt werden konnten. Das gilt nicht nur für die teilweise immense Verbreitung bestimmter Dokumente als Illustration unterschiedlichster Bücher, manchmal über einen bemerkenswert langen Zeitraum nach ihrer Erstveröffentlichung hinweg, für die längst nicht alle Informationen aufgenommen werden konnten. Es ist manchmal bereits die Autorschaft der betreffenden Karte, die insgesamt nur selten auf dem Dokument selbst oder in dessen Begleittexten explizit vermerkt ist. Bei der Auswertung einer großen Menge diesbezüglicher Spekulationen musste äußerst vorsichtig und selektiv vorgegangen werden.

Mit der vorliegenden Untersuchung soll einerseits einer interessierten Öffentlichkeit der Zugang zu den kartographischen Schätzen in der heutigen Sächsischen Landesbibliothek – Staats- und Universitätsbibliothek (SLUB) in Dresden erleichtert werden, womit wir auch einen Beitrag zur Kulturgeschichte Sachsens leisten möchten. Andererseits soll die einzigartige Bedeutung dieser Karten für die Kartographie im Allgemeinen wie auch für die geschichtliche Entwicklung von Französisch-Kanada und damit für das heutige Kanada beziehungsweise Québec im Besonderen herausgearbeitet werden, denn die untersuchten kartographischen Quellen enthalten eine Fülle historisch-geographischer Detailinformationen, die bisher relativ wenig beachtet und kaum wissenschaftlich ausgewertet wurden.

Mit dieser wissenschaftlichen Aufbereitung historischer Kanada-Karten aus der Sicht eines romanistischen Philologen (der gleichzeitig Ethnologe, Anglist und Amerikanist ist), ordnen wir uns – ganz im Sinne der Ausführungen der Geographin ANNE GILBERT und anderer[152] – durchaus in das Konzept einer «Amérique française» beziehungsweise der nordamerikanischen Frankophonie ein. Wir wollen aber wie schon gesagt diese Karten nicht als bloße graphische Illustration dieser «Amérique française» verstanden wissen. Vielmehr wollen wir sie – ganz abgesehen von ihrem kunstästhetischen Wert – auch als eindrucksvolle, eigenständige Primärquellen, ikonographische Gedächtnisorte *(lieux de mémoire)* sowie als räumliche Narrative würdigen. Als solche wurden sie, darin sind wir uns mit JEFFREY S. MURRAY einig, bislang von den Geschichts-, Politik- und Kulturwissenschaften, die derartige Karten als Buchillustrationen durchaus zu schätzen wissen, aus unserer Sicht nicht ausreichend anerkannt.[153] Eine kritische Würdigung dieser Karten sollte auch versuchen, sie dahingehend zu hinterfragen, was ANDERSON über die «historischen Landkarten» der südostasiatischen Kolonialstaaten schreibt: «Durch chronologisch arrangierte Sequenzen solcher Landkarten entstand eine Art politisch-geographisches Herrschaftsnarrativ, das bisweilen eine umfassende historische Tiefe aufwies [...]. Im Gegenzug wurde dieses Narrativ von den Nationalstaaten, die zu den Nachfolgern der Kolonialstaaten wurden, adoptiert, wenn nicht gar häufig angepasst.»[154]

Eine solche Neujustierung im Sinne einer kritischen «histoire spatiale du fait colonial», wie sie die Pariser Kolonialhistorikerin HÉLÈNE BLAIS am Beispiel der «Erfindung des kolonialen Algerien» vornahm,[155] würde auch die Geschichtsschreibung Neufrankreichs betreffen. Denn würde der Nachweis «Am Anfang war die Karte» nicht die «große Erzählung» relativieren, mit der sich die frankokanadische Literatur und Geschichtsschreibung seit Mitte des 19. Jahrhunderts die Nouvelle-France als identitätsheischendes historisches Narrativ aneignete und diese zum Gründungsmythos einer *nation canadienne-française* erhob?[156] Dabei sei festgehalten, dass diese Verdrängung der räumlichen Perspektive, die KARL SCHLÖGEL als «spatiale Atrophie» beklagt,[157] kein frankokanadischer Alleingang war, sondern eine Folge des Historismus, wie er auch in Europa im 19. Jahrhundert all die Völker erfasste, die sich als Nationen meinten erfinden zu müssen.

Unser Blick auf diese Quellen, Gedächtnisorte und Narrative ist ein «Blick von außen» auf die *histoire spatiale* des ersten französischen Kolonialreichs in Nordamerika, ist ein erneuter originaler sächsischer Beitrag zur Kanada- und Québec-Forschung, wie ihn schon frühere Publikationen des CIFRAQS dokumentieren.[158] Unsere Vermessung der Nouvelle-France sehen wir auch in der Tradition der sächsischen Kartographie, deren Wiege mit der Gründung der Meißner Fürstenschule 1543 in der Stadt Meißen lag[159] und deren Blütezeit mit jener Kurfürstlichen beziehungsweise Königlichen Öffentlichen Bibliothek zu Dresden begann, die die «*Kartographischen Denkmäler zur Entdeckungsgeschichte von Amerika* [...]»[160] sammelte und behütete. Dass es der sächsischen Kartographie nicht vergönnt war, die Pläne einer AUGUST DEM STARKEN nahegelegten sächsisch-polnischen Überseehandelskompanie für den Warenaustausch auch mit Amerika zu begleiten, steht auf einem anderen Blatt. Trotz zahlreicher ikonographischer Zitationen Amerikas, einer «Indianischen Kammer» und anderer «indianischer Inventionen» im Kurfürstlichen Schloss und trotz des aufblühenden sächsischen Spanien- und Lateinamerikahandels in der zweiten Hälfte des 18. Jahrhunderts kam es nie zur Bildung der von Kapitän JOHANN FRIEDRICH VON THILOW Ende des 17. Jahrhunderts vorgeschlagenen Überseehandelskompanie. «Denn bevor die Lebenskraft des in der Vorbereitungsphase befindlichen Vorhabens an der Wirklichkeit hätte überprüft werden können, machte der Ausbruch des Nordischen Kriegs und des spanischen Erbfolgekriegs allen Träumereien ein Ende.»[161]

Zusammenfassend kann unsere Ausgangsambition also im Schnittfeld so unterschiedlicher wie mit einander verbundener Disziplinen wie Geographie, Kartographie, Geodäsie, Onomastik, Philologie, Geschichts- und Kulturwissenschaften und speziell Kanadistik angesiedelt werden. Auf jeden Fall verstehen wir die vorliegende Publikation auch als Hommage an das faszinierende Medium Karte und den Kartographen, die beide, dank auch dem amerikanischen Romancier REIF LARSEN mit seinem Weltbestseller *The Selected Works of T.S. Spivet / Die Karte meiner Träume* und vor ihm schon BARRY LOPEZ mit seiner Short Story *The Mappist*,[162] zu populären literarischen Helden aufgestiegen sind. Während die Kartographie als akademisches Studium in Deutschland mit dem Rücken zur Wand steht,[163] lässt LARSEN seine bei BARRY LOPEZ ausgeborgte Romanfigur, den 82-jährigen Kartographen CORLIS BENEFIDEO, in der Hoffnung auf eine neue Generation von Kartographen schwelgen: «Eine Karte ist mehr als das [Striche und Punkte], sie verzeichnet nicht nur, sie erschließt und schafft Bedeutung, sie ist ein Brückenschlag zwischen dem Hier und Dort, zwischen scheinbar unvereinbaren Ideen, die wir nie zuvor im Zusammenhang gesehen haben. Wenn man das richtig machen will, ist das schon ein gehöriges Stück Arbeit.»[164] Und was MORITZ AHRENS am Beispiel von LARSENS Roman über das traditionelle Medium Buch sagt, ließe es sich nicht, *cum grano salis,* auf das uralte und neue Medium Karte übertragen? Beweist nicht gerade die alte Land- und Seekarte, dass sie «Nostalgie und Forschung, Tradition und Innovation miteinander verbinden kann und somit ein zeitloses Medium ist, das in seinem Potential und seiner Bedeutung bis heute nichts eingebüßt hat?»[165] Gerne würden wir mit KARL SCHLÖGEL gewahr werden, «daß die Kartographie, die im gemeinen Verstand und Gespräch der Fakultäten eine ‹Hilfswissenschaft› genannt wird, die in erster Linie den Hauptwissenschaften, also der Geschichte im eigentlichen Sinne, zu dienen habe, ihre selbstbewußte Herauslösung, ihre Emanzipation noch vor sich hat. So wie es ein literarisches Narrativ, ein soziologisches oder anthropologisches Narrativ gibt, so gibt es auch ein kartographisches. Die Zeit für die Auflösung der hierarchischen Verhältnisse zwischen den Disziplinen und für die neue und freie Assoziation derer, die sich etwas zu sagen haben, ist längst gekommen.»[166]

Zum Schluss noch ein Seitenblick auf eine andere Gedächtnisverbindung, wenn nicht Schicksalsgemeinschaft zwischen Sachsen, der Nouvelle-France und Frankreich. Dass das kurfürstliche Sachsen, in dem mit dem Einmarsch des preußischen Königs FRIEDRICH II. (reg. 1740–1786) der Siebenjährige Krieg begann, Teil eines globalen Konflikts war, der zeitgleich auch über das Schicksal Nordamerikas entschied, ist einer größeren Öffentlichkeit (in Sachsen) erst jüngst wieder in Erinnerung gerufen worden, als Ende April 2013 auf dem renovierten Schloss Hubertusburg bei Grimma eine Sonderausstellung zum Hubertusburger Friedensschluss eröffnet wurde.[167] Es war an dieser Stelle, wo 1763, parallel zum Pariser Friedensschluss, das Ende des Siebenjährigen Krieges zwischen Sachsen, Österreich und Preußen besiegelt wurde. Und während mit dem Pariser Frieden im Februar 1763 auf der anderen Seite des Atlantiks die Nouvelle-France von der Landkarte verschwand und Frankreich bis auf wenige Reste seines *Empire colonial* verlustig ging, bedeutete der Frieden von Hubertusburg im selben Monat, gefolgt vom Tod Augusts III. im Oktober 1763, das Ende dieses Augusteischen Zeitalters. «Sachsen trat zurück in die Reihe der deutschen Mittelstaaten, musste auf die polnische Krone verzichten und alle Großmachtambitionen aufgeben, die die sächsische Politik seit den Tagen Augusts des Starken gehegt hatte.»[168]

Editorische Notiz

Im Bemühen um eine authentische Wiedergabe historischer Titel und Texte haben wir deren orthographische und typographische Besonderheiten im Rahmen unserer Möglichkeiten buchstabengetreu transkribiert. Sollten manuell hergestellte und gesetzte Sonderzeichen bei der Drucklegung vereinzelt irritiert werden, bitten wir um Nachsicht.

Abb. 23
Das Neue Veſte Landt oder America. Novveav Continent ou Amerique von Allain Manesson Mallet, Frankfurt 1686. Kupferstich, unkoloriert [Einzelblatt].

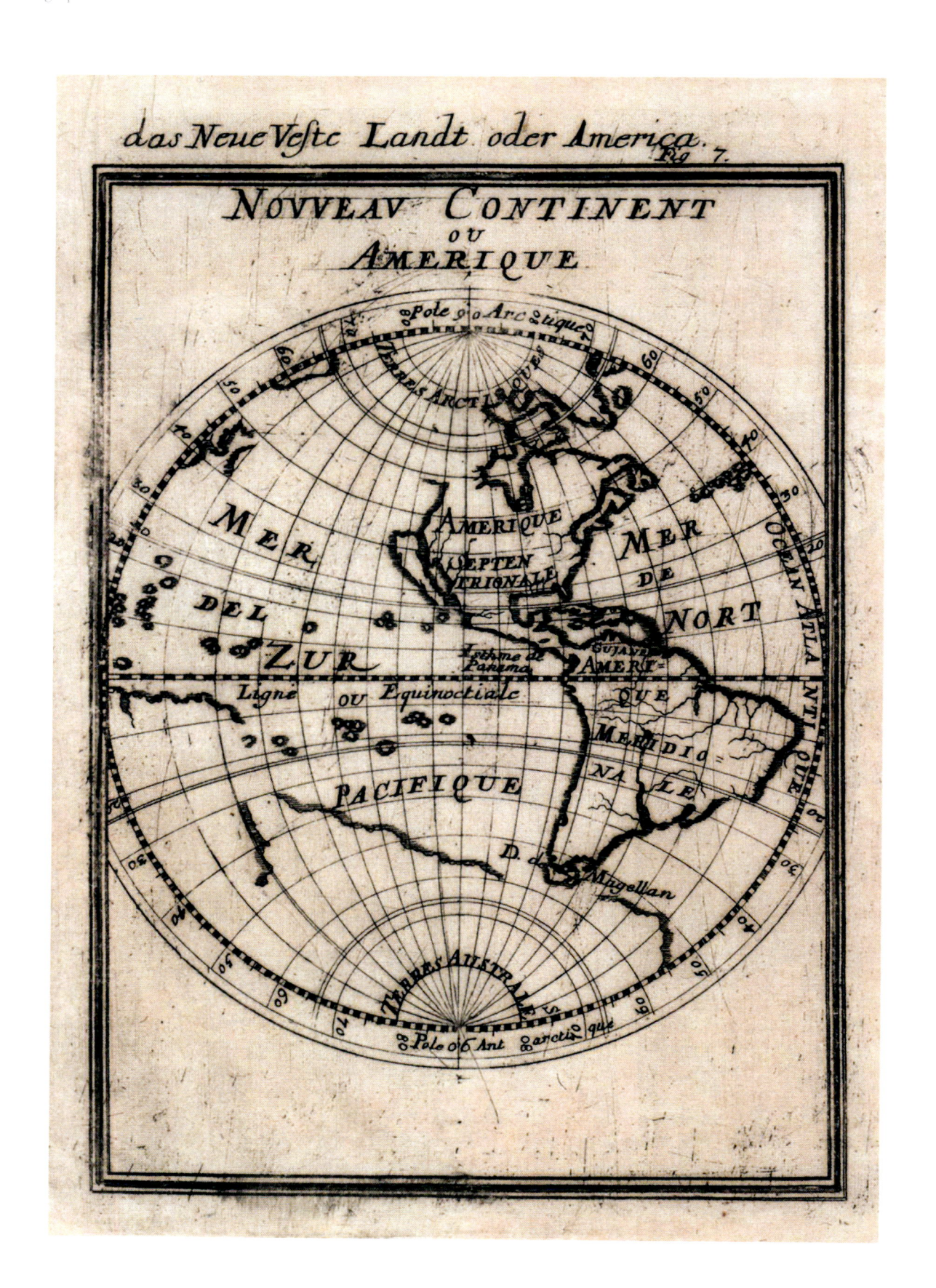

Anmerkungen

Seefahrer, Geometer und Voyageurs
Die «Nouvelle-France» als kartographisches Abenteuer

1. Toby Lester: *The Fourth Part of the World. An Astonishing Epic of Global Discovery, Imperial Ambition, and the Birth of America.* New York: Simon & Schuster 2010. – Dt. Ausgabe: *Der vierte Kontinent. Wie eine Karte die Welt veränderte.* Berlin: Berlin Verlag 2010. – Vgl. Teil II (Weyers), Anm. 11 und 18.

2. Anna-Dorothee von den Brincken: *Kartographische Quellen. Welt-, See- und Regionalkarten.* Tournhout: Brepols 1988. S. 96, S. 97. – Zur Geschichte der Kartographie vgl. C.J. Schüler: *Geschichte der Kartographie.* Paris: Éditions Places Des Victoires 2010. – Ivan Kupčík: *Alte Landkarten. Von der Antike bis zum Ende des 19. Jahrhunderts. Ein Handbuch zur Geschichte der Kartographie.* Veränderte und erweiterte Neuauflage. Stuttgart: Franz Steiner Verlag 2011. Im folgenden zitiert nach der 1. Auflage. Praha: Artia Verlag 1980. – Ute Schneider: *Die Macht der Karten. Eine Geschichte der Kartographie vom Mittelalter bis heute.* 3. erweiterte und aktualisierte Auflage. Darmstadt: Primus Verlag 2012. – Gerald Sammet: *Die Welt der Karten. Historische und moderne Kartografie im Dialog.* Gütersloh: Wissen Media Verlag 2008. – Ingrid Kretschmer/Johannes Dörflinger/Franz Wawrik (Bearb.): *Lexikon zur Geschichte der Kartographie.* Band 1. Wien: Franz Deuticke 1986. – Summarischer Überblick bei Günter Hake/Dietmar Grünreich/Liqiu Meng: *Kartographie: Visualisierung raumzeitlicher Informationen.* 8., vollständig neu bearbeitete und erweiterte Auflage. Berlin/New York: de Gruyter 2002. S. 523–544. – Weitere Angaben im Literaturverzeichnis am Ende dieses Bandes.

3. Grundlegend, da aus interdisziplinärer kulturwissenschaftlicher Perspektive: Karl Schlögel: *Im Raume lesen wir die Zeit. Über Zivilisationsgeschichte und Geopolitik.* 4. Auflage. Frankfurt am Main: Fischer Taschenbuch Verlag 2011. Darin vor allem das Kapitel «Kartenlesen», S. 79–265. – Vgl. auch das Kapitel «Le témoignage de la cartographie» von Michel Mollat du Jourdin in Fernand Braudel (Hg.): *Le Monde de Jacques Cartier. L'aventure du XVIe siècle.* Montréal/Paris: Libre-Expression, Berger-Levrault 1984. S. 149–164.

4. Claus-Dirk Langer: *Meissens alte Stadtpläne. Historische Stadtpläne und Umgebungskarten vom 16. bis zum Beginn des 20. Jahrhunderts.* Meißen: Claus-Dirk Langer 2011. S. 11. – Vgl. auch Willi Stegner (Hg. und Autor): *TaschenAtlas. Geographische Entdeckungen.* Gotha/Stuttgart: Ernst Klett Verlag 2008. S. 51ff.

5. Reif Larsen: *The Selected Works of T.S. Spivet.* London: Harvill Secker/The Penguin Press 2009 [http://tsspivet.com]. Hier und im folgenden zitiert nach der dt. Ausgabe: *Die Karte meiner Träume.* 5. Auflage. Frankfurt am Main: Fischer Taschenbuch Verlag 2013. S. 39.

6. Larsen, *Die Karte meiner Träume.* S. 67.

7. Vgl. Friedrich Adolf Ebert: *Geschichte und Beschreibung der Königlichen Öffentlichen Bibliothek zu Dresden.* Leipzig: F.A. Brockhaus 1822. – Thomas Bürger: Wandel und Kontinuität in 450 Jahren. Von der kurfürstlichen Liberey zur Sächsischen Landesbibliothek – Staats- und Universitätsbibliothek. *Wissenschaftliche Zeitschrift der Technischen Universität Dresden* 55 (2006) (1-2). S. 30–36 [Onlinefassung], http://www.qucosa.de/fileadmin/data/qucosa/documents/393/1204804136305-2674.pdf – Ausführlich dazu vgl. Teil II (Weyers), Kapitel 1 (Der Kartenbestand der SLUB Dresden).

8. Vgl. Egerton Sykes: *Nicolas of Lynn: The Explorer of the Arctic 1330–1390.* Brighton: Markham House Press 1969.

9. Abdruck als Klappkarte im Kapitel «Les Amériques, une épopée française» in Jean-Yves Sarazin: *Cartes et images des Nouveaux Mondes.* Paris: Découvertes Gallimard/Bibliothèque nationale de France 2012. S.p.

10. Vgl. das Kapitel «Le passage du Nord-Ouest par la Baie d'Hudson» in Raymonde Litalien/Jean-François Palomino/Denis Vaugeois: *La mesure d'un continent. Atlas historique de l'Amérique du Nord 1492–1814.* Sillery (Québec): Les éditions du Septentrion/Paris: Presses de l'Université Paris-Sorbonne 2007. S. 109–114. – Vgl. auch Willi Stegner, *TaschenAtlas. Geographische Entdeckungen.* S. 110–114. – Zu den Besonderheiten der Architektur der kanadischen Botschaft in Berlin gehört übrigens die in das Gebäude integrierte «Nordwest-Passage», die an diese Entdeckungsgeschichte erinnern soll.

11. Mit der Bulle *Inter Caetera* [II] von 1493 hatte Papst Alexander VI. die «heidnische Welt» für die damals bedeutendsten katholischen Seemächte Spanien und Portugal in zwei Teile aufgeteilt: der Osten den Portugiesen, der Westen den Spaniern. Mit dem Vertrag von Tordesillas 1494 korrigierten sie die durch den Atlantik laufende westliche Demarkationslinie, um auch Portugal einen Platz in Südamerika (Brasilien!) zu gewähren und eine militärische Konfrontation zwischen beiden Mächten zu verhindern. – Vgl. Teil II (Weyers), Kapitel 6 (Nullmeridian und Längengradzählung).

12. Cay Rademacher (Text)/Tim Wehrmann (Illustrationen): Kurs auf Vinland. 1001: Leif Erikssons Fahrt nach Amerika. *GEO EPOCHE. Das Magazin für Geschichte* 53 (2012): *Die Wikinger.* S. 131–142, S. 142. – Vgl. René Guichard: *Les Vikings, créateurs d'États: Islande et Norvège. Découvreurs de nouveaux mondes: Érik le Rouge au Groenland en l'an 982, Leif l'Heureux au Vinland en l'an 1000.* Paris: Éditions A. et J. Picard 1972. – Erinnert sei auch an den «Klassiker» des französischen Historikers und Geographen Gabriel Gravier (1827–1904): *Découverte de l'Amérique par les Normands au Xe siècle* [1874]. Boston: Adamant Media Corporation/Elibron Classics 2006. Gravier schrieb auch *Vie de Samuel Champlain, fondateur de la Nouvelle-France, 1567–1635.* Paris: Librairie orientale & américaine 1900. Neuauflage unter dem Titel *Samuel Champlain. À la découverte du Canada.* La Rochelle: La Découvrance éditions 2006.

13. Helge Ingstad/Anne Stine Ingstad: *The Viking Discovery of America. The Excavation of a Norse Settlement in L'Anse aux Meadows, Newfoundland.* St. John's (Newfoundland). Breakwater Books 2000. – Vgl. Birgitta Wallace: The Norse in Newfoundland: L'Anse aux Meadows and Vinland. *Newfoundland and Labrador Studies* 19 (2003) (1). S. 5–43. – Zu Helge Marcus Ingstad (1899–2001) und Anne Stine Ingstad (1918–1997) vgl. *Store Norske Leksikon*, http://snl.no/.nbl_biografi/Helge_Ingstad/utdypning – http://snl.no/Anne_Stine_Ingstad [Zugriff 20.10.2015].

14. Vgl. die Webseite *Parks Canada*, http://www.pc.gc.ca/eng/lhn-nhs/nl/meadows/natcul.aspx

15. Zur umstrittenen «Vinland-Karte» (Abb.2) und zu diesbezüglichen Gutachten vgl. die *News Release* des *Brookhaven National Laboratory* vom 29.07.2002, http://www.bnl.gov/bnlweb/pubaf/pr/2002/bnlpr072902a.htm [Zugriff 20.10.2015].

16. Vgl. das Kapitel «Dompter l'Atlantique Nord: marins et savoir nautique» in Litalien/Palomino/Vaugeois, *La mesure d'un continent.* S. 70–73.

17. Zur Kartographie des 16. und 17. Jahrhunderts vgl. Teil II (Weyers), Kapitel 3 (Einige grundsätzliche Probleme der Kartographie des 16. bis 18. Jahrhunderts).

18. Alexander Demandt zitiert in diesem Zusammenhang das Bonmot von Erich Kästner: «Irrtümer haben ihren Wert, / jedoch nur hier und da. / Nicht jeder, der nach Indien fährt, / entdeckt Amerika.» *Sternstunden der Geschichte.* 2. Auflage. München: C.H. Beck 2004. Kapitel «Kolumbus entdeckt Amerika, 12. Oktober 1492». S. 152.

19. Vgl. das Kapitel «La naissance de l'Amérique. La méprise de Christophe Colomb» in Litalien/Palomino/Vaugeois, *La mesure d'un continent.* S. 27–32.

20. Vgl. im Folgenden die Kapitel «Se chiama Francesca. De Magellan aux frères Verrazzano» und «De Cabot à Cartier. Une terre de Caïn» in Litalien/Palomino/Vaugeois, *La mesure d'un continent.* S. 33–40, S. 41–49. – Im Überblick: «French Exploration, 17th, 18th Centuries» auf der Internetseite http://www.historicalatlas.ca/website/hacolp/national_perspectives/exploration/UNIT_06/index.htm [Zugriff 20.10.2015]. – Weitere Angaben zu diesem Thema weiter unten.

21. Vgl. *Giovanni et Girolamo Verrazano, navigateurs de François Ier.* Dossiers de voyages établis et commentés par Michel Mollat/Jacques Hapert. Paris: Imprimerie nationale 1982.

22. Bouda Etemad: *La Possession du monde: Poids et mesures de la colonisation (XVIIIe–XXe siècles).* Bruxelles: Éditions Complexe 2000. S. 202. – Vgl. auch Willi Stegner, *TaschenAtlas. Geographische Entdeckungen.* S. 72ff.

23. Zum *Premier empire colonial* in Nordamerika vgl. u.a. Gilles Havard/Cécile Vidal: *Histoire de l'Amérique française.* Édition revue. Paris: Flammarion 2008. – Philippe Bonnichon: *Des cannibales aux castors: les découvertes françaises de l'Amérique 1503-1788.* Paris: France Empire 1994. – John A. Dickinson/Lucien R. Abenon: *Les Français en Amérique.* Lyon: Presses Universitaires de Lyon 1993. – Philip P. Boucher : *Les Nouvelles-Frances. La France en Amérique, 1500-1815.* Sillery (Québec): Les éditions du Septentrion 2004. – Udo Sautter: *Als die Franzosen Amerika entdeckten.* Darmstadt: Primus Verlag 2012. – Litalien/Palomino/Vaugeois, *La mesure d'un continent.* – Zu empfehlen ist auch das zweisprachige Internetportal *France in America/La France en Amérique*, ein Projekt der Bibliothèque nationale de France und der Library of Congress, http://international.loc.gov/intldl/fiahtml/fiahome.html [Zugriff 20.10.2015]. – Eine thematisch geordnete Bibliographie zu Französisch-Amerika unter besonderer Berücksichtigung der Akadier (vgl. weiter unten) haben wir zusammengestellt in: Ingo Kolboom/Roberto Mann: *Akadien – ein französischer Traum in Amerika. Vier Jahrhunderte Geschichte und Literatur der Akadier.* Heidelberg: Synchron Wissenschaftsverlag der Autoren 2005. S. 947–1003. – Zum ersten französischen Kolonialreich allgemein vgl. Jean Meyer/Jean Tarrade/Annie Rey-Goldzeiguer: *Histoire de la France coloniale.* Band 1: *La conquête de origines à 1870.* Paris: Armand Colin 1991. – Eine sehr übersichtliche, leider nicht zur Reproduktion zugelassene graphische Darstellung des ersten französischen Kolonialreichs («Le premier empire colonial français au milieu du XVIIIe siècle [Filigrane].jpg») bietet die digitale Bildgalerie des «Centre Technique Régional pour la Déficience Visuelle» (CTRDV), http://www.ctrdv.fr/GaleriePhoto/picture.php?/1690/category/233 [Zugriff 20.10.2015].

24 Vgl. Teil III (Weyers), Kapitel 1 (Nova Francia und Terra Nova: die Anfänge der französischen Präsenz in Nordamerika).

25 Vgl. Ingo Kolboom: *Die Akadier – Frankreichs vergessene Kinder. Der lange Weg zu einer Nation ohne Grenzen.* In: Kolboom/Mann, *Akadien - ein französischer Traum in Amerika.* Teil I. S. 5–322. – Sowie das Kapitel «De l'Arcadie à l'Acadie. Entre utopie et réalité» in Litalien/Palomino/Vaugeois, *La mesure d'un continent.* S. 81–82. – Zu dem Choronym «Acadie» vgl. Teil II (Weyers), Kapitel 10 (Kartographie und Choronymie).

26 Hermann Schreiber: *Die Neue Welt. Die Geschichte der Entdeckung Amerikas.* Gernsbach: Casimir Katz Verlag 1991. S. 98.

27 Zum allgemeinen Kontext vgl. «Première partie: Le monde à l'époque de Jacques Cartier» und «Deuxième partie: Échanges et découvertes» in Braudel, *Le Monde de Jacques Cartier.* S. 15–227.

28 Jacques Cartier: *Voyages en Nouvelle-France.* Texte remis en français moderne par Robert Lahaise et Marie Couturier avec introduction et notes. Ville La Salle (Québec): Cahiers du Québec/Hurtubise HMH 1977. – Vgl. «Troisième partie: Les voyages de Jacques Cartier» in Braudel, *Le Monde de Jacques Cartier.* S. 229–305. – Sowie das Kapitel «Die Malouins segeln für Frankreich» in Schreiber, *Die Neue Welt.* S. 95–104.

29 Vgl. Christian Morissonneau/Henri Dorion: *Le langage géographique de Cartier et de Champlain: choronymie, vocabulaire et perception.* Québec: Presses de l'Université Laval 1978. – C[ourtney] C. J. Bond: The mapping of Canada, 1497–1658. *Canadian Geographical Journal* 71 (1965) (2). S. 68–77.

30 Zu den Kartierungen mit den Choronymen «Nouvelle France» und «Canada» vgl. Teil II (Weyers), Kapitel 10 (Kartographie und Choronymie).

31 Vgl. die historischen Abbildungen und Karten in der Banque d'images du Centre d'archives, Musée de la Gaspésie: http://www.museedelagaspesie.ca/album/?q=tag/186-croix [Zugriff 20.10.2015].

32 Benedict Anderson: *Die Erfindung der Nation. Zur Karriere eines folgenreichen Konzepts.* 2., um ein Nachwort von Thomas Mergel erweiterte Auflage der Neuausgabe 1996. Frankfurt am Main/New York: Campus Verlag 2005. S. 176. Vgl. ebenda (S. 163–187) das bemerkenswerte Kapitel «Zensus, Landkarte und Museum».

33 Vgl. Martine Acerra/Guy Martinière (Hg.): *Coligny, les protestants et la mer* (Actes du colloque de Rochefort et la Rochelle). Paris: Presses Universitaires de la Sorbonne 1997. – Sowie das reich mit historischen Karten illustrierte Kapitel «La filière huguenote. Le Brésil et la Floride» in Litalien/Palomino/Vaugeois, *La mesure d'un continent.* S. 57–60. – Vgl. auch «Les Protestants et le Nouveau Monde»: http://www.museeprotestant.org/notice/les-protestants-et-la-conquete-du-nouveau-monde/ [Zugriff 20.10.2015]. – Spätere französische Explorationen und Besiedlungen in Südamerika, vor allem im heutigen Französisch-Guyana, betreffen ein Gebiet, das den Namen «France équinoxiale» (Äquinoktium/Tagundnachtgleiche) erhielt. – Vgl. Michel de Montaigne in seinem berühmten Text «Über die Kannibalen» (1580): «Ich habe lange mit einem Mann verkehrt, der zehn oder zwölf Jahre in dieser anderen Welt gelebt hat, die in unserem Jahrhundert entdeckt worden ist, in Brasilien, an der Küste, wo Villegaignon landete. Er nannte das Land antarktisches Frankreich.» Michel de Montaigne: *Die Essais.* Herausgegeben, aus dem Französischen übertragen und mit einer Einleitung versehen von Arthur Franz. Köln: Anaconda Verlag 2005. S. 121.

34 Vgl. Bernard Barbiche: Henri IV et l'outre-mer: un moment décisif. In: Raymonde Litalien/Denis Vaugeois (Hg.): *Champlain. La naissance de l'Amérique française.* Paris: Nouveau Monde éditions/Sillery (Québec): Les éditions du Septentrion 2004. S. 24–32.

35 Zur Beteiligung der bretonischen Fischer und Seeleute an dem «ozeanischen Abenteuer» vgl. das ebenfalls mit historischen Karten illustrierte Kapitel «L'aventure océanique» von André Lespagnol in Alain Croix/André Lespagnol (Hg.): *Les Bretons et la mer. Images et Histoires.* Rennes: Apogée, Presses universitaires de Rennes 2005. S. 53–74.

36 Sautter, *Als die Franzosen Amerika entdeckten.* S. 9 und S. 145.

37 Wenngleich diese Siedlergründungen mit seinem Namen verbunden sind, sei darauf hingewiesen, dass diese neue Phase der Erkundung und Besiedlung Neufrankreichs in Wirklichkeit viele Väter hatte. Treibende Kräfte bei der Besiedlung Akadiens waren vor allem Pierre Du Gua de Monts (1558–1628) und der Chevalier Jean de Poutrincourt, Baron de Saint-Juste (1557–1615). Mehr dazu bei Kolboom, *Die Akadier – Frankreichs vergessene Kinder.* S. 26–41.

38 Henri de Rolland: Champlain et la Nouvelle France. *Revue historique de l'Armée* 5 (1949) (2) (Juni). S. 7–15. S. 13: «Enfin, après plus de vingt ans d'efforts et de recherches, Champlain a trouvé un homme aux vues larges, embrassant aussi les généralités que les détails, le premier politique comprenant la colonisation. Richelieu a en effet un vaste plan: continuer à affaiblir la Maison d'Autriche, développer le commerce de la France, s'attacher la papauté par les missions, et pour cela notre installation en Amérique lui offre des possibilités nouvelles.» Zu Champlain und seine Zeit vgl. Litalien/Vaugeois, *Champlain. La naissance de l'Amérique française.*

39 Rolland, *Champlain et la Nouvelle France.* S. 15.

40 Christian Morissonneau: *Le rêve américain de Champlain.* Montréal: Éditions Hurtubise 2009. S. 18.

41 Morissonneau, *Le rêve américain de Champlain.* S. 172.

42 Samuel de Champlain: *Les voyages du Sieur de Champlain.* Paris: Chez Jean Berjon 1613. – Vgl. auch Samuel de Champlain: *Voyages en Nouvelle-France. Explorations de l'Acadie, de la vallée du Saint-Laurent, rencontres avec les autochtones et fondation de Québec 1604–1611.* Texte établi et présenté par Eric Thierry. Paris: Cosmopole 2001.

43 Vgl. Conrad Edmund Heidenreich: *Explorations and Mappings of Samuel de Champlain, 1603 – 1632.* Toronto: B. V. Gutsell/Department of Geography of York University 1976. – Morissonneau/Dorion, *Le langage géographique de Cartier et de Champlain.* – Und das Kapitel «Un cartographe en Amérique. Samuel de Champlain» in Litalien/Palomino/Vaugeois, *La mesure d'un continent.* S. 83–88.

44 Sautter, *Als die Franzosen Amerika entdeckten.* S. 10 und S. 11. – Vgl. die Kapitel «Exploration des Grands Lacs. Les missionnaires cartographes» und «À la source des cartographes. Les coureurs des bois» in Litalien/Palomino/Vaugeois, *La mesure d'un continent.* S. 89–94 und S. 95–98. – Sowie das Kapitel «The Jesuit Influence on Canadian Cartography» in Kenneth A. Kershaw: *Early Printed Maps of Canada.* Band 1: *1540–1703.* Ancaster (Ontario): Kershaw Publishing 1993. S. 125–160. Auf Kershaw und sein Kartenwerk kommen wir noch zurück.

45 Kupčík, *Alte Landkarten.* S. 174.

46 Vgl. Sarah Toulouse: Les Hydrographes normands XVIe et XVIIe siècles. In: Catherine Hofmann/Hélène Richard/Emmanuelle Vagnon (Hg.): *L'âge d'or des cartes maritimes. Quand l'Europe découvrait le monde.* Paris: Seuil/Bibliothèque nationale de France 2012. S. 136–159. – Sowie das Kapitel «La Normandie et la cartographie au XVIe siècle» in Litalien/Palomino/Vaugeois, *La mesure d'un continent.* S. 50–51.

47 «Die konforme (winkeltreue) Mercator-Projektion wurde in Europa zuerst von Etzlaub (1511) und Mercator (1569) beschrieben und angewendet [...]. Sie entsteht durch Verwendung eines normalständigen Berührungszylinders (bei längentreuem Äquator) oder eines Schnittzylinders (mit zwei längentreuen Breitenkreisen als Ergebnis). [...] Die Projektion eignet sich aufgrund der Winkeltreue gut für Navigationszwecke, weshalb sie hauptsächlich in der Seefahrt Anwendung findet. Störend sind die großen Flächenverzerrungen (man vergleiche die Größe Afrikas und Grönlands), Polregionen lassen sich aufgrund der dort unendlich großen Verzerrungen und wegen der verwendeten Winkelfunktionen überhaupt nicht mehr abbilden.» Glossardatenbank Konforme Mercator-Projektion, http://mars.geographie.uni-halle.de [Zugriff 20.10.2015]. – Vgl. Teil II (Weyers), Kapitel 5 (Projektionsverfahren). – Sowie Thomas Horst: *Gerhard Mercator und der erste Weltatlas: Die Welt als Buch.* Gütersloh/München/Brüssel: Faksimile Verlag/Wissenmedia/Mercatorfonds 2012. – Vgl. auch die Erklärungen zur «Carte de Mercator» unter den Einträgen Carte marine im zweiten (1752) und Navigation im elften (1765) Band der *Encyclopédie* von Diderot und d'Alembert (siehe weiter unten).

48 «The Hydrographic School of Normandy, Carte de l'Océan Atlantique, Guillaume Levasseur, 1601. BnF Navy Hydrographic Service Collection», Bibliothèque nationale de France/Library of Congress, *France in America/La France en Amérique,* http://international.loc.gov/intldl/fiahtml/fiahome.html [Zugriff 20.10.2015]. – Dieser Guillaume Levasseur ist nicht zu verwechseln mit seinem ebenfalls aus Dieppe stammenden jüngeren Namensvetter, dem Kartographen Guillaume Levasseur, sieur de Beauplan (ca. 1595–ca. 1685), der 17 Jahre im Dienste polnischer Könige stand. Er war der erste, der eine Karte von seiner normannischen Heimat zeichnete.

49 Vgl. Teil III (Weyers), Kapitel 3 (Der Kampf um die wirtschaftliche und militärische Vorherrschaft in Nordamerika).

50 Elsa Gerry: *L'Acadie au XVIIe siècle, entre la Nouvelle-France et la Nouvelle-Angleterre: Quelle identité? Quel territoire?* In: Maurice Basque/Jacques Paul Couturier (Hg.): *Les territoires de l'identité. Perspectives acadiennes et françaises, XVIIe–XXe siècles.* Moncton: Chaire d'études acadiennes/Université de Moncton 2005. S. 15–24.

51 Sara Thomas: *Frankophonie im Hohen Norden Kanadas. Yukon, Nordwest-Territorien, Nunavut.* Mit einem Vorwort von Ingo Kolboom. Heidelberg: Synchron Wissenschaftsverlag der Autoren 2009. S. 23.

52 Diesen Hinweis mit den Originalzitaten aus Dokumenten von 1686, 1664, und 1668 verdanken wir Elsa Gerry, *L'Acadie au XVIIe siècle, entre la Nouvelle-France et la Nouvelle-Angleterre.* S. 18f. – Vgl. Teil II (Weyers), Kapitel 10 (Kartographie und Choronymie).

53 «Canada ou Nouvelle France, (*Géog.*) pays fort vaste de l'Amérique septentrionale, borné à l'est par l'Océan, à l'ouest par le Mississipi, au sud par les colonies Angloises, & au nord par des pays deserts & inconnus. Ce pays est habité par plusieurs nations sauvages, qui ne vivent que de la chasse & de la pêche. Outre ces nations, les François y ont des établissemens considérables, & on y fait un grand commerce de pelleteries, que les sauvages apportent en quantité du produit de leur chasse. Le *Canada* est rempli de forêts, & il y fait très-froid. Les sauvages qui habitent ce pays adorent le soleil & un premier esprit,

54 qu'ils regardent comme au-dessus de lui. La capitale du *Canada* est Québec. *Voyez* Canadiens.» [Verfasser unbekannt] – Zitiert nach: *Encyclopédie, ou dictionnaire raisonné des sciences, des arts et des métiers, etc.*, Denis Diderot & Jean le Rond d'Alembert. University of Chicago: ARTFL Encyclopédie Project (Spring 2013 Edition), Robert Morrissey, General Editor, http://encyclopedie.uchicago.edu/.

«ACADIE *ou* ACCADIE, s. f. presqu'isle de l'Amérique septentrionale, située sur les frontieres orientales du Canada, entre Terre-Neuve & la nouvelle Angleterre. *Long. 311 – 316. lat. 43 – 46*. Le commerce en est resté aux Anglois: il est commode pour la traite des pelleteries & la pêche des morues. Les terres y sont fertiles en blé, pois, fruits, légumes. On y trouve de gros & de menus bestiaux. Quelques endroits de l'Acadie donnent de très - belles mâtures. *L'isle aux loups*, ainsi appellée parce qu'ils y sont communs, donne beaucoup de leurs peaux & de leur huile. Cette huile, quand elle est fraîche, est douce & bonne à manger: on la brûle aussi. Les pelleteries sont le castor, la loutre, le loup - cervier, le renard, l'élan, le loup marin, & autres que fournit le Canada. *Voyez* Canada. Quant à la pêche de la morue, elle se fait dans les rivieres & les petits golfes - Le Cap - Breton s'est formé des débris de la Colonie Françoise qui étoit à l'Acadie.» [Verfasser Diderot] – Zitiert nach: *Encyclopédie, ou dictionnaire raisonné des sciences, des arts et des métiers, etc.*

55 Vgl. das Kapitel «L'Amérique. Théâtre de rivalités coloniales» in Litalien/Palomino/Vaugeois, *La mesure d'un continent*. S. 145–148. – Zur geschichtlichen Entwicklung bis zur Gegenwart vgl. u.a. Jacques Lacoursière/Jean Provencher/Denis Vaugeois: *Canada–Québec. Synthèse historique 1534–2000*. Sillery (Québec): Les éditions du Septentrion 2001. S. 330. – Craig Brown (Hg.): *The Illustrated History of Canada*. 3. Auflage. Toronto: Key Porter Books 2000. – Heinz Weinmann: *Du Canada au Québec. Généalogie d'une histoire*. Montréal: Éditions de l'Hexagone 1987. – Udo Sautter: *Geschichte Kanadas*. München: C.H. Beck 1992 [aktualisierte Kurzfassung unter demselben Titel in der Reihe «Wissen in der Beck'schen Reihe», München: C.H. Beck 2000]. – Volker Depkat: *Geschichte Nordamerikas. Eine Einführung*. Köln u.a.: Böhlau Verlag 2008. – Eine ausführliche thematische Bibliographie zu Québec/Kanada haben wir zusammengestellt in Alain-G. Gagnon (Hg.): *Québec: Staat und Gesellschaft*. Deutsche Erstausgabe bearbeitet und herausgegeben von Ingo Kolboom und Boris Vormann. Heidelberg: Synchron Wissenschaftsverlag der Autoren 2011. S. 459–487.

56 Richard Muir: *Modern Political Geography*. New York: Macmillan 1975. S. 119: «An den Grenzflächen benachbarter Staatsgebiete befindlich kommt internationalen Grenzen eine besondere Bedeutung zu, um die Grenzen souveräner Mächte zu bestimmen und die räumliche Form der ihnen zugehörigen Regionen zu definieren [...]. Grenzen [...] entstehen, wo die vertikalen Grenzflächen zwischen souveränen Staaten die Oberfläche der Erde durchschneiden [...]. Als vertikale Grenzflächen besitzen Grenzen keinerlei horizontale Ausdehnung [...]». Zitiert einschließlich dieser Auslassungen nach Anderson, *Die Erfindung der Nation*. S. 173.

57 Vgl. die Kapitel «L'Acadie. Objet de convoitise» und «L'Acadie entre deux feux. À la frontière des empires coloniaux» in Litalien/Palomino/Vaugeois, *La mesure d'un continent*. S. 125–127 und S. 165–170.

58 Guillaume de L'Isle 1703: *Carte du Canada ou de la Nouvelle France et des Decouvertes qui y ont été faites. Dressée sur plusieurs Observations et sur un grand nombre de Relations imprimées ou manuscrites* [...]. – Mehr zu dieser Karte in Teil III (Weyers), A 1181, sowie in Teil IV (Weyers), Laufende Nummer 11. – Zu dieser Karte vgl. auch Jacques Rousseau (Directeur du Jardin Botanique de Montréal): *La cartographie de la région du Lac Mistassini*. Extrait de la Revue d'Histoire de l'Amérique française, Livraison de septembre 1949. Montréal 1949. S. 8. [Als Digitaldokument: http://www2.ville.montreal.qc.ca/jardin/archives/rousseau/publi/La_cartographie_de_la_region_du_Lac_Mistassini.pdf].

59 Vgl. das Kapitel «De la succession d'Espagne au Traité d'Utrecht» in Litalien/Palomino/Vaugeois, *La mesure d'un continent*. S. 155–160. – Text des Vertrags: *Traité de Paix et d'Amitié Entre Sa Majesté Très-chrétienne, et Sa Majesté la Reine de la Grande-Bretagne, Conclu à Utrecht le 31 mars 1713*. In: Michel Allard (Hg.): *La Nouvelle-France 1713-1760*. 2. Auflage. Montréal: Guérin 1985. S. 19-21. – Der Vertragstext als Digitaldokument: http://mjp.univ-perp.fr/traites/1713utrecht.htm.

60 Zu den anderen Gebieten des ersten französischen Kolonialreiches vgl. Meyer/Tarrade/Rey-Goldzeiguer, *Histoire de la France coloniale*. S. 157ff. und S. 325ff. – Paul Butel: *Histoire des Antilles françaises*. Paris: Éditions Perrin 2007 [1. Auflage 2002].

61 Vgl. Kapitel 4 «Akadische Ohnmacht: Spielball der Großmächte» in Kolboom, *Die Akadier – Frankreichs vergessene Kinder*. S. 63–89.

62 Ebenda. S. 67. – Vgl. auch die Internet-Karte Neufrankreich um 1740 mit den umstrittenen Gebieten, selbst nach der Anerkennung britischer Gebietsforderungen durch Frankreich, in *The Atlas of Canada/L'Atlas du Canada* von «Natural Resources Canada/Ressources naturelles du Canada», http://atlas.nrcan.gc.ca/site/english/maps/historical/preconfederation/newfrance1740.

63 Vgl. u.a. Teil III (Weyers), A 1176: *A New and Exact Map of the Dominions of the King of Great Britain on ỹ Continent of North America* [...] By Herman Moll Geographer [1715]: «Moll verbindet auf seiner Karte somit tatsächlich existierende britische «colonies» bzw. «dominions» mit den britischen claims. Dieses kartographische Manifest ist zusammen mit der einige Jahre später nachfolgenden ‹Codfish Map› eine politische Antwort auf die *Carte du Canada ou de la Nouvelle France* von Delisle aus dem Jahr 1703, auf der fast ganz Nordostamerika mit einem Roséfarbton versehen und damit als französisches Herrschaftsgebiet ausgewiesen war.» (Weyers)

64 Marian Füssel: *Der Siebenjährige Krieg. Ein Weltkrieg im 18. Jahrhundert*. 2. durchgesehene Auflage. München: C.H. Beck 2013. Vgl. ebenda (S. 128 und 129) die Karten zu den Kriegsschauplätzen in Nordamerika und Indien. Auf der Karte Nordamerika ist das schon 1713 an England abgetretene Neuschottland mit Port Royal irrtümlicherweise noch als französisches Territorium ausgewiesen! – Zum Krieg in Kanada vgl. die Neuerscheinung von Jacques Mathieu/Sophie Imbeault: *La Guerre des Canadiens. 1756–1763*. Sillery (Québec): Les éditions du Septentrion 2013.

65 Heinrich [Henry] Ellis: *Reise nach Hudsons Meerbusen, welche von zweyen Engländischen Schiffen, der Dobbs=Galley und California, in den Jahren 1746 und 1747. wegen Entdeckung einer nordweßlichen Durchfahrt in die Süd=See verrichtet worden, nebst einer richtigen Abzeichnung der Küste, und einer kurzen Naturgeschichte des Landes, Beschreibung der Einwohner, auch einer wahren Vorstellung der Umstände und Gründe, welche die künftige Erfindung einer solchen Durchfahrt wahrscheinlich machen, beschrieben von Heinrich Ellis, Agenten der Unternehmer in dieser Schiffahrt, aus dem Englischen überßetzt und mit Anmerkungen aus andern hieher gehörigen Schriftstellern verßehen. Mit Kupfertafeln und zwoen neuen Karten von Hudsons Meerbußen und den angränzenden Ländern*. Goettingen Verlegts Abram Vandenhoeck, 1750. Mit Königl. Pohln. und Churf. Sächf. allergnäd. Privilegio.

66 Vgl. dazu ausführlich Teil II (Weyers), Kapitel 15 (Karten als plakative Machtdemonstration und die «bataille cartographique»).

67 Vgl. Teil III (Weyers), Kapitel 5 (Die Nouvelle France wird britisch).

68 Vgl das Kapitel «Des toponymes plein la carte» in Litalien/Palomino/Vaugeois, *La mesure d'un continent*. S. 210–217. – Vgl. dazu den Kommentar von Wolfram Pyta (Bodenlose Besitzgier. Raumkonzepte in der deutschen Wissenschaft und Politik im 19./20. Jahrhundert, *Frankfurter Allgemeine Zeitung* 18.03.2013. S. 8) zu dem Buch von Ulrike Jureit: *Das Ordnen von Räumen. Territorium und Lebensraum im 19. und 20. Jahrhundert* (Hamburg: Hamburger Edition, 2012): «Speziell in Afrika musste die Fiktion eines leeren Raumes erzeugt werden, um dann mit Hilfe kartographischer Verfahren auf diese vermeintlich weißen Flecken Besitzansprüche zu erheben, die gelegentlich mit denen anderer europäischer Kolonialmächte konkurrierten. Diese visuelle Erschließung des Raums durch seine kartographische Fixierung machte koloniale Räume beherrschbar [...].»

69 Ken McGoogan in seiner Besprechung von Litalien/Palomino/Vaugeois, *La mesure d'un continent* in Histoire Canada, http://histoirecanada.ca/Books/Lire-sur-l'histoire/Reviews/Mapping-a-Continent--br----Historical-Atlas-of-Nor [Zugriff 20.10.2015]. – Reif Larsen lässt seinen jungen kartographischen Helden über George Washington sagen: «[D]er Kartograph auf dem Präsidententhron, der zwar vielleicht nicht mit *Worten* lügen konnte, aber mit *Landkarten* schon.» Larsen, *Die Karte meiner Träume*. S. 39 (Hervorhebung im Original). – Zur «bataille cartographique» vgl. Teil II (Weyers), Kapitel 15 (Karten als plakative Machtdemonstration und die «bataille cartographique»).

70 Anderson, *Die Erfindung der Nation*. S. 175. – «Erst der vermessene Raum ist gebändigt, erschlossen, diszipliniert, zur Vernunft gekommen, zur Vernunft gebracht. Erst der territorialisierte Raum ist beherrschbarer und beherrschter Raum, Herrschaftsraum. [...] Macht findet im Raum statt. [...] Karten bilden Macht ab. Kartenwissen ist sogar selbst Macht.» Schlögel, *Im Raume lesen wir die Zeit*. S. 167 und 249.

71 Thongchai Winichakul: *Siam Mapped: A History of the Geo-Body of Siam*. Ph.D. thesis. University of Sydney 1988. S. 310. Zitiert nach Anderson, *Die Erfindung der Nation*. S. 175.

72 Anderson, *Die Erfindung der Nation*. S. 176f.

73 Vgl. die Kapitel «La découverte du Mississippi. Jolliet et Marquette» und «Portrait d'un cartographe: Jean Baptiste Franquelin, géographe du roi à Québec» in Litalien/Palomino/Vaugeois, *La mesure d'un continent*. S. 99–103 und S. 104–107.

74 Vgl. die Kapitel «Le pays de Louis. Les Français en Louisiane» und «La Louisiane. Terre de promesses» in Litalien/Palomino/Vaugeois, *La mesure d'un continent*. S. 115–119 und S. 177–183. – Sowie Céline Dupré: Cavelier de la Salle, René-Robert. *Dictionnaire biographique du Canada en ligne*, http://www.biographi.ca/009004-119.01-f.php?id_nbr=109 [Zugriff 20.10.2015].

75 Welche Rolle solche kartierten Kenntnisse bzw. deren Fehlen sogar noch später spielen sollten, zeigte sich 1802 bei der (fast gescheiterten) militärischen Offensive der französischen Truppen gegen den von General Louverture geführten Sklavenaufstand

[75] auf Saint-Domingue (später Haiti), als die französischen Soldaten «durch Felsschluchten und Wälder [irren]: Nicht einmal ein Drittel der Kolonie ist kartiert, und die wenigen existierenden Landkarten hat Louverture verschwinden lassen.» INSA BETHKE: Rebellion auf der Zuckerinsel. *GEO EPOCHE. Das Magazin für Geschichte* 55 (2012): *Napoleon und seine Zeit 1769–1821.* S. 72–83, S. 79.

[76] Vgl. JACQUES BODIN: *L'histoire extraordinaire des Soldats de la Nouvelle France. Gouvernement, vie en garnison et campagnes militaires aux 17ᵉ et 18ᵉ siècles.* Poitiers: Éditions O.C.A. Communication 1993. – Sowie das Kapitel «Villes et postes fortifiés en Nouvelle-France» in LITALIEN/PALOMINO/VAUGEOIS, *La mesure d'un continent.* S. 184–189.

[77] Vgl. ALBERT ANTHIAUME (abbé): *Évolution et enseignement de la science nautique en France, et principalement chez les Normands.* Préface de l'Amiral [Henri] Buchard. 2 Bände. Paris: Librairie Ernest Dumond 1920.

[78] *Encyclopédie, ou dictionnaire raisonné des sciences, des arts et des métiers, etc.,* Denis Diderot & Jean le Rond d'Alembert. University of Chicago: ARTFL Encyclopédie Project (Spring 2013 Edition), Robert Morrissey, General Editor, http://encyclopedie.uchicago.edu/. – Zur *Encyclopédie* vgl. Teil II (WEYERS), Kapitel 16 (Empirische Kartographie im Dienst der Staatspolitik).

[79] CHRISTINE MARIE PETTO: *When France Was King of Cartography. The Patronage and Production of Maps in Early Modern France.* Lanham (Maryland)/Plymouth, U.K.: Lexington Books 2007. – Zur französischen Kartographie allgemein vgl. die Beiträge «Frankreich» von NUMA BROC und «Französische Kartographie» von MIREILLE PASTOUREAU und MONIQUE PELLETIER in KRETSCHMER/DÖRFLINGER/WAWRIK, *Lexikon zur Geschichte der Kartographie.* Band 1 S. 233–237 und S. 237–241. – Sowie Teil II (WEYERS), Kapitel 12 (Der französische Beitrag zu den modernen Geowissenschaften) und Kapitel 13 (Entwicklung der französischen Kartographie).

[80] Vgl. das Kapitel «Les géographes de cabinet» in LITALIEN/PALOMINO/VAUGEOIS, *La mesure d'un continent.* S. 136–139. – Sowie das Kapitel «Die französische Schule» in KUPČÍK, *Alte Landkarten.* S. 174–181. – Vgl. Teil II (WEYERS), Kapitel 13 (Entwicklung der französischen Kartographie).

[81] Beide Zitate KUPČÍK, *Alte Landkarten.* S. 159.

[82] Der mythologische Name Neptun stand übrigens auch Pate für das erste europäische Theater in Nordamerika. Das *Théâtre de Neptune* war der Name einer von dem Advokaten und Dichter MARC LESCARBOT (1575–1642) gegründeten Theatertruppe in Port-Royal (Acadie), ein Freiluft-Theater auf Booten, in dem Franzosen und Indianer gemeinsam spielten. Am 16. September 1606 feierte es die Rückkehr eines Schiffes aus Frankreich, dem unter Trompetenstößen der von LESCARBOT dargestellte Meeresgott auf einem von sechs «Wasserschnecken» gezogenen Wagen-Boot entgegenfuhr. Das heutige *Neptune Theatre* in Halifax (Nova Scotia) führt seinen Namen darauf zurück. Vgl. KOLBOOM, *Die Akadier – Frankreichs vergessene Kinder.* S. 35–38.

[83] «*Le Neptune François*, the most beautiful nautical atlas published in Amsterdam in the seventeenth century, with the most eminent and reliable information, is a 'contrefaçon', a reproduction.» *Koninklijke Bibliotheek* [van Nederland], https://www.kb.nl/en/themes/maps/more-atlases/neptune-francois [Zugriff 20.10.2015]. – In der SLUB befindet sich eine Ausgabe des *Neptune francois* von 1693 sowie eine Neuauflage von 1703. Digitalisierte Ausgaben bieten u.a. die *Biblioteca Nacional de Portugal* [http://purl.pt/23069] und *Kulturerbe Niedersachsen* [http://kulturerbe.niedersachsen.de/viewer/piresolver?id=isil_DE-1811-HA_STAWO_LB_Nr_1213].

[84] *Beschreibung des gantzen Welt=Kreiffes/ In fich begreiffend Verfchiedene Vorftellungen der Welt/ allgemeine und befondere Land=Charten der alten und neuen Erd=Befchreibung; die Grund= und Abriffe der vornehmften Städte [...] famt den Bildnüffen der Könige und Potentaten [...]. Ingleichen die Sitten/ Religion/ Regierungs=Formen und unterfchiedlichen Kleidungs=Arten jeder Nation.* (5 Teile in 2 Bänden. Frankfurt: Johann David Zunner 1684–1685).

[85] Laut ÉMILIE D'ORGEIX: Alain Manesson Mallet (1630-1706). Portrait d'un ingénieur militaire dans le sillage de Vauban. *Bulletin du Comité français de cartographie* 195 (2008). S. 67–74, S. 74.

[86] KUPČÍK, *Alte Landkarten.* S. 161. – Vgl. NELSON-MARTIN DAWSON: *L'atelier Delisle: l'Amérique du Nord sur la table à dessin.* Sillery (Québec): Les éditions du Septentrion 2000.

[87] KUPČÍK, *Alte Landkarten.* S. 179.

[88] Zu diesem Karten-Supplément «in dem insbesondere die in den 1770er Jahren spekulative Behandlung des Nordwestens des nordamerikanischen Kontinents eine besondere Rolle spielte» (WEYERS), vgl. Teil II (WEYERS), Kapitel 16 (Empirische Kartographie im Dienst der Staatspolitik).

[89] Vgl. das Kapitel «La mer de l'Ouest. Les Gaultier de La Vérendrye» in LITALIEN/PALOMINO/VAUGEOIS, *La mesure d'un continent.* S. 171–176. – Sowie Teil II (WEYERS), Kapitel 17 (Private Kartographie als Forum offensiver Spekulation).

[90] Préface/Preface. In: DENIS COMBET (Hg.): *In Search of the Western Sea. Selected Journals of La Vérendrye/À la recherche de la Mer de l'Ouest. Mémoires choisies de La Vérendrye.* Winnipeg: Great Plains Publications/Saint-Boniface (Manitoba): Les Éditions de Blé 2001. S. 8–9. – Vgl. JACQUELINE BLAY: *Histoire du Manitoba français.* Band 1: *Sous le ciel de la Prairie, des débuts jusqu'à 1870.* Saint-Boniface (Manitoba): Les Éditions du Blé 2010. S. 8–16.

[91] Vgl. die virtuelle Karte «The Search for a Northwest Passage and Exploration of the Eastmain 1742 to 1749», *Natural Resources Canada,* http://geogratis.gc.ca/api/en/nrcan-rncan/ess-sst/cade480f-8893-11e0-952b-6cf049291510.html [Zugriff 20.10.2015].

[92] Als Lot 616 auf der Internet-Auktionsplattform *oldworldauctions,* http://www.oldworldauctions.com/archives/detail/139-616.htm [Zugriff 20.10.2015]

[93] Vgl. das Kapitel «Une conquête annoncée. La domination de l'Angleterre» in LITALIEN/PALOMINO/VAUGEOIS, *La mesure d'un continent.* S. 227–231. – Vgl. Teil III (WEYERS), Kapitel 5 (Die *Nouvelle-France* wird britisch).

[94] An der afrikanischen Westküste erhielten die Franzosen ihr Comptoir Gorée zurück. In Indien durften sie zwar ihre Faktoreien behalten, mussten diese aber der britischen Herrschaft unterstellen. – Vgl. FÜSSEL, *Der Siebenjährige Krieg.* S. 85–90: Kapitel VII «Ein Krieg – zwei Frieden. Paris und Hubertusburg». – Text des Pariser Friedensvertrags unter: *Traité de paix définitif et alliance entre la Grande-Bretagne, la France et l'Espagne, conclus à Paris, avec les articles séparés y afférant* [10 février 1763], http://www.tlfq.ulaval.ca/AXL/amnord/cndtraite_Paris_1763.htm [Zugriff 20.10.2015]. – Für Nordamerika vgl. SOPHIE IMBEAULT/DENIS VAUGEOIS/LAURENT VEYSSIÈRE (Hg.): *1763. Le traité de Paris bouleverse l'Amérique.* Sillery (Québec): Les éditions du Septentrion 2013.

[95] Friedrich Sieburg: *Frankreichs rote Kinder.* Frankfurt am Main: Societäts-Verlag 1931. S. 87. – Dabei sollte nicht verschwiegen werden, dass auf den französischen Besitzungen in der Karibik sehr wohl die Sklavenwirtschaft florierte und der damit verbundene Dreieckshandel (Afrika–Antillen–Frankreich) den Grundstein für den Wohlstand der französischen Hafenstädte Nantes, Bordeaux, La Rochelle, Le Havre und Saint-Malo an der Atlantikküste legte! Vgl. SERGE DAGET: *La traite des Noirs.* Rennes: Ouest-France Université 1990.

[96] SIEBURG, *Frankreichs rote Kinder.* S. 87.

[97] Kapitel «Relations franco-indiennes. Alliances et rivalités» in LITALIEN/PALOMINO/VAUGEOIS, *La mesure d'un continent.* S. 149–154, S. 154.

[98] GUILLAUME-THOMAS RAYNAL & RIGOBERT BONNE: *Tableaux, atlas et cartes de l'Histoire philosophique et politique des établissements et du commerce des Européens dans les deux Indes.* Fac-similés des éditions de 1774 et 1780. Présentation et notes par Andrew Brown. Ferney-Voltaire: Centre International d'Étude du XVIIIᵉ Siècle 2010 (127 Seiten). [Auswahlansicht: http://c18.net/18img/raynal-atlas-specimen.pdf] [Zugriff 20.10.2015].

[99] Vgl. MONIQUE PELLETIER: Bonne, Rigobert. In KRETSCHMER/DÖRFLINGER/WAWRIK, *Lexikon zur Geschichte der Kartographie.* Band 1. S. 101.

[100] ANDERSON, *Die Erfindung der Nation.* S. 175.

[101] Die dem Atlas vorangestellte «Analyse succincte de cet Atlas» (S. 1–28) kommentiert alle Karten auf dem jeweils von den «horloges maritimes» überprüften Stand. – Zu RIGOBERT BONNE vgl. Teil II (WEYERS), Kapitel 5 (Projektionsverfahren).

[102] Zum Verständnis: Es gab unseres Wissens bis 1791 keine *offizielle* britische Bezeichnung «Canada» für die englischen Besitzungen in Nordamerika, auch wenn JONATHAN CARVER (1732–1780) auf seiner *New Map of the Province of Quebec according to the Royal Proclamation, of the 7th of October 1763* (vgl. dazu Teil III) das Choronym «Canada» als übergeordneten Schriftzug über den Umrissen der «Province of Quebec» hat stehen lassen. Erst mit dem «Constitutional Act» teilen die Briten 1791 ihre Kolonie in «Lower Canada» und «Upper Canada» (Abb 19). – Vgl. das Kapitel «Lendemains de Conquête. Deux Canadas» in LITALIEN/PALOMINO/VAUGEOIS, *La mesure d'un continent.* S. 251–258. – Zu diesem Zeitpunkt bezeichnen sich allein die dort lebenden Frankophonen als «Canadiens». Erst im Laufe des 19. Jahrhunderts vollzieht sich die Unterscheidung zwischen «Canadiens français» und britischen «Canadians».

[103] Zum kartographischen Supplement *Atlas encyclopédique* von RIGOBERT BONNE, das er ab 1787 der *Encyclopédie méthodique* («Encyclopédie Panckoucke») beisteuert, vgl. Teil II (WEYERS), Kapitel 16 (Empirische Kartographie im Dienst der Staatspolitik).

[104] *Carte du Canada Qui Comprend la Partie Septentrionale des Etats Unis d'Amérique* [...] Par Guillaume Del'Isle Premier Géographe de l'Académie des Sciences. Revue et Augmentée en 1783. A Paris. Abdruck in LITALIEN/PALOMINO/VAUGEOIS, *La mesure du continent.* S. 244–245.

[105] Nach der Niederschlagung des Aufstands der (franko-)kanadischen Patrioten gegen das britische Kolonialregime erhoffte sich die Kolonialregierung mit der (Wieder-)Zusammenlegung von «Upper Canada» und «Lower Canada» zur «Province of Canada» 1841 eine schnelle Assimilierung der frankophonen Mehrheit, was sich jedoch als Fehlkalkulation erwies. Noch 1871, also vier Jahre nach Gründung des «Dominion of Canada» (1867), zählte das neue

Dominion, nun bestehend aus den vier Provinzen Québec, Ontario, Neu-Braunschweig und Neu-Schottland – trotz massiver anglophoner Immigration seit Mitte des 19. Jahrhunderts und trotz Emigration von ca. 900.000 Frankophonen in die USA – immer noch 1.082.940 Frankophone, das waren 31 Prozent der Gesamtbevölkerung: 79 Prozent in Québec, 15 Prozent in Neu-Braunschweig, 4,7 Prozent in Ontario und 1,7 Prozent in Neu-Schottland. In den Provinzen Québec und Neu-Braunschweig kam es später sogar wieder zu einem Anstieg der Frankophonen. Vgl. Lacoursière/Provencher/Vaugeois, *Canada-Québec. Synthèse historique 1534–2000*. S. 330. – Aktuelle Statistiken zu den Frankophonen in Kanada unter: *francophonie canadienne, recensements 1991–2011*, http://www.stat.gouv.qc.ca/statistiques/economie/comparaisons-economiques/interprovinciales/chap3.pdf [Zugriff 20.10.2015].

[106] Vgl. die Darstellung der territorialen Entwicklung Kanadas von 1867 bis 1999 im Internetportal *Geogratis*, http://geogratis.gc.ca/api/en/nrcan-rncan/ess-sst/380b00d7-be1a-53d9-befc-70d8043b8f16 du Canada [Update 24.04.2013].

[107] Hingegen verzeichnet der *Neueste Universal-Atlas für Alte und Neue Erdkunde* von Carl Joseph Meyer von 1837 in der Karte «Britisches Nordamerika» (gezeichnet nach einer Aufnahme der Hudson Bay Company mit Datum von 1839!) die Gebiete «Under Canada» und «Ober [sic] Canada». Nachdruck der Erstausgabe von 1837 mit 89 handkolorierten Karten. Darmstadt: Wissenschaftliche Buchgesellschaft 2012. S. 176–177.

[108] Der Vater des Erstgenannten war der Geograph und Verleger Charles François Delamarche (1740–1817), Begründer des bekannten Karten- und Globenverlages Delamarche, den sein Sohn Félix (seine genauen Lebensdaten sind unbekannt) fortführte. – Der Vater des Letztgenannten war Jean-Denis Barbié du Bocage (1760–1825), einziger Schüler von Bourguignon D'Anville (vgl. Teil II (Weyers), Kapitel 12), ab 1792 u.a. Aufseher der Kartensammlung der Bibliothèque Royale. Sein jüngerer Bruder, Alexandre Frédéric (1797–1834), war ebenfalls Geographieprofessor an der Faculté des sciences de Paris und einer der Begründer der Société de géographie (1821).

[109] Larsen, *Die Karte meiner Träume*. S. 19.

[110] Vgl. Thomas, *Frankophonie im Hohen Norden Kanadas*. S. 22.

[111] Meriwether Lewis/William Clark: *Tagebuch der ersten Expedition zu den Quellen des Missouri, sodann über die Rocky Mountains zur Mündung des Columbia in den Pazifik und zurück, vollbracht in den Jahren 1804–1806*. Ausgewählt und übersetzt von Friedhelm Rathjen. Frankfurt am Main: Zweitausendeins Verlag 2003. – Vgl. das Kapitel «The Louisiana Purchase. Lewis et Clark» in Litalien/Palomino/Vaugeois, *La mesure d'un continent*. S. 265–275. – Wie der kleine Kartograph T.S. Spivet sich von den historischen Landkarten von Lewis (1774–1809) und Clark (1770–1838) sowie von John C. Frémont (1813–1890) und George Washington (1732–1799) inspirieren lässt, ist nachzulesen bei Larsen, *Die Karte meiner Träume*. S. 18–19 und S. 39.

[112] Grace Lee Nute: *The Voyageur*. New York: D. Appelton and Company 1931 [Neuauflage St. Paul: Minnesota Historical Society Press 1987]. – Dies.: *The Voyageur's Highway*. St. Paul: Minnesota Historical Society Press 1941. – Micheline Marchand: *Les voyageurs et la colonisation de Pénétanguishene (1825–1871). La colonisation française en Huronie*. Sudbury: Société historique du Nouvel Ontario 1989.

[113] Vgl. z.B. die damals überaus populären Geschichten «Forestiers et voyageurs» (1863) des Schriftstellers, Arztes und Politikers Joseph-Charles Taché (1820–1894); dazu den Artikel «Forestiers et voyageurs» von Michèle Lacombe, *L'Encyclopédie canadienne*, http://www.encyclopediecanadienne.ca/fr/article/forestiers-et-voyageurs/ [Zugriff 20.10.2015].

[114] Webseite des «Festival du Voyageur», http://festivalvoyageur.mb.ca [Zugriff 20.10.2015].

[115] Zitiert in Numa Broc: *La géographie des philosophes: géographes et voyageurs français au XVIIIᵉ siècle*. Paris: Éditions Ophrys 1975. S. 475 (Papiers du P. Castel, Bibl. nat. Ms. fr. 13373, f° 47).

[116] Monique LaRue: *L'arpenteur et le navigateur*. Montréal: Fides/CÉTUQ 1996.

[117] Michele Filgate: *An Interview with Reif Larsen*, http://www.bookslut.com/features/2009_06_014543.php [Zugriff 20.10.2015]. Zitiert in Moritz Ahrens: *Literatur – Typographie – Kartographie. Reif Larsens Roman »Die Karte meiner Träume«*. Heidelberg: Sonderpublikation des Instituts für Textkritik 2012. S. 21.

[118] Erinnert sei an das seit 1906 offizialisierte kanadische Wappenmotto «A Mari usque ad Mare». Vgl. *The Canadian Encyclopedia*, http://www.thecanadianencyclopedia.ca/en/article/a-mari-usque-ad-mare/[Zugriff 20.10.2015]. – Vgl. auch weiter unten.

[119] Die Titel sind im Literaturverzeichnis am Ende dieses Bandes aufgeführt.

[120] Vgl. Kapitel «Geschichtliche Dimensionen» mit Beiträgen von Alain-G. Gagnon (Québec-Kanada: Eine endlose Verfassungsgeschichte?), Luc Turgeon (Zur Interpretation des historischen Werdegangs Québec) und Jocelyn Maclure (Nationalgeschichte und narrative Gegen-Entwürfe der Identität in Québec) in Gagnon/Kolboom/Vormann (Hg.), *Québec: Staat und Gesellschaft*. S. 31–107.

[121] Philip Resnick: *The European Roots of Canadian Identity*. Peterborough, Ontario: Broadview Press 2005. S. 11. In dieser deutschen Übersetzung zitiert in Boris Vormann: *Zwischen Alter und Neuer Welt. Nationenbildung im transatlantischen Raum*. Heidelberg: Synchron Wissenschaftsverlag der Autoren 2012. S. 166.

[122] Vgl. auch die Bibliographie von Anne-Laure Séguin: *De la carte ancienne à la cartographie contemporaine. Orientation bibliographique (2012)*, Institut national du patrimoine, http://mediatheque-numerique.inp.fr/Bibliographies/De-la-carte-ancienne-a-la-cartographie-contemporaine [Zugriff 20.10.2015].

[123] *La découverte du monde: cartographes et cosmographes. Collection David M. Stewart*. Montréal: Musée David M. Stewart Le Vieux Fort-Île-Ste-Hélène 1985.

[124] Berger, *Éloge de la cartographie*. S. 11–12, S. 12.

[125] Hossam Elkhadem/Jean-Paul Heerbrandt/Liliane Wellens-De Donder/Liliane Calcoen (Hg.): *Cartes des Amériques dans les collections de la Bibliothèque royale Albert Iᵉʳ. Exposition organisée à la Bibliothèque royale Albert Iᵉʳ du 13 novembre au 31 décembre 1992*. Bruxelles: Bibliothèque royale Albert Iᵉʳ 1992.

[126] Kenneth A. Kershaw: *Early Printed Maps of Canada*. Band 1: *1540–1703*. Band 2: *1703–1799. Maps of Canada, The Arctic, Newfoundland, The River & Gulf of St. Lawrence*. Band 3: *1703–1799. Maps of Eastern Canada & Newfoundland, The Maritimes, Nova Scotia, Halifax, Prince Edward Island, Sable Island, Cape Breton, Louisbourg, & The Great Lakes*. Band 4: *1703–1799. Quebec City & Province, Siege of Quebec, Montreal, West Coast and Admiral de Fonte*. Ancaster (Ontario): Kershaw Publishing 1993, 1996, 1997, 1998.

[127] Ian C. Taylor in *Papers of the Bibliographical Society of Canada/Cahiers de la Société bibliographique du Canada* 33 (1995) (2). S. 193–195.

[128] «In conclusion, this is a very disappointing work. Although these volumes contain both new information and some consolidation of older work, one is left with the impression that the work was prematurely rushed into print, with a resulting loss in quality. This is a pity, for a definitive bibliography of the early maps of Canada is still greatly needed, and unfortunately this work has provided only a rocky foundation on which to build.» Joan Winearls in *Papers of the Bibliographical Society of Canada/Cahiers de la Société bibliographique du Canada* 37 (1999) (2), S. 81–84. – Zu Daphne Joan Winearls (geb. 1937) vgl. den Biographical sketch in: *University of Toronto Archives – Joan Winearls Fonds*: www.library.utoronto.ca/utarms/.../Winearlsfondsfa.pdf [Zugriff 19.04.2013].

[129] Gerade für Map Dealers und Kartenarchive gewann das Internet wachsende Bedeutung. Für Kanada und Québec vgl. die Verwendung historischer Karten in den Portalen *The Atlas of Canada/L'Atlas du Canada* [http://atlas.nrcan.gc.ca] und *Library and Archives Canada/Bibliothèque et Archives Canada (BAC)* [http://www.collectionscanada.gc.ca/cartes-plans] sowie *Bibliothèque et Archives nationales du Québec (BAnQ), Collection numérique de cartes et plans* [http://services.banq.qc.ca/sdx/cep/accueil.xsp]. – Als Auswahl aus den zahlreichen privaten Internetanbietern historischer Land- und Weltkarten exemplarisch für Nordamerika: *Barry Lawrence Ruderman Antique Maps* [http://www.raremaps.com] und *Tooley Adams & Co. Antiquarian Maps and Atlases* [http://www.tooleys.co.uk]. – Vgl. die Liste «International Map Dealers» von *MapRecord Publications* [http://www.maprecord.com/Dealers_International.html] sowie das kartographische Internetforum *CartoTalk. A Public Forum for Cartography and Design* [http://www.cartotalk.com].

[130] Claude Boudreau: *La cartographie au Québec 1760–1840*. Sainte-Foy (Québec): Les Presses de l'Université de Laval 1994. – Vgl. die Besprechung von François Plamondon in *Cahiers de géographie du Québec* 39, 106 (1995). S. 105–106.

[131] Vancouver: Douglas & MacIntyre Ltd. 2002. Vgl. die Besprechung von Dale Miquelon in *The Canadian Historical Review* 85, 3 (2004). S. 549–552.

[132] Department of the Interior Canada (Hg.): *Atlas of Canada* (Autor James White). Toronto: The Toronto Lithographing Co. 1906. Das hier von uns ins Deutsche übersetzte Zitat stammt aus der «Widmung» des Innenministeriums. Titelseite des Atlas und Widmung sind abgedruckt bei Murray, *Terra Nostra*. S. 14.

[133] Murray, *Terra Nostra*. Préface, S. 13–14.

[134] Engl. Ausgabe: *Mapping a Continent. Historical Atlas of North America, 1492–1814*. Sillery (Québec): Les éditions du Septentrion 2007. – Denis Vaugeois hatte 1962 den Verlag Éditions du Boréal mitbegründet; 1988 gründete er seinen eigenen Verlag, Les éditions du Septentrion, der seit 2007 auch eine digitalisierte ikonographische Datenbank mit Karten, Manuskripten, Fotos auf seiner Webseite *Septentrion. L'Apparition du Nord* bereitstellt: http://www.septentrion.qc.ca/banque-images.

[135] Dean Louder in *Recherches sociographiques* 50 (2009) (1). S. 142–143.

[136] *Ils ont cartographié l'Amérique. Une exposition réalisée par Bibliothèque et Archives nationales du Québec et présentée à la Grande Bibliothèque du 26 février au 24 août 2008*. Montréal 2008.

[137] http://www.banq.qc.ca/activites/expositions/2008/expo_decouverte_amerique/index.html [Zugriff 05.04.2013].

[138] Vgl. RAYMONDE LITALIEN: *Québec, capitale de la Nouvelle-France 1608–1760*. Paris: Les Belles Lettres 2008.

[139] ANNE GILBERT: À propos du concept d'Amérique française. *Recherches sociographiques* 39, 1 (1998). S. 103–120. – DIES. (Hg.): *Territoires francophones. Études géographiques sur la vitalité des communautés francophones du Canada*. Sillery (Québec): Les éditions du Septentrion 2010.

[140] ASHLEY BAYNTON-WILLIAMS/MILES BAYNTON-WILLIAMS: *Maps of North America. The Unveiling of our Continent*. London: Quercus Publishing 2009.

[141] ASHLEY BAYNTON-WILLIAMS/MILES BAYNTON-WILLIAMS: *Les nouveaux mondes: Cartes anciennes, XVe–XIXe siècle*. Montréal: Sélection du Reader's Digest (Canada) 2007. – Engl. Ausgabe: *New Worlds: Maps From The Age of Discovery*. London: Quercus Publishing 2009 [1. Auflage 2006].

[142] CATHERINE HOFMANN/ HÉLÈNE RICHARD/ EMANUELLE VAGNON (Hg.), *L'âge d'or des cartes maritimes. Quand l'Europe découvrait le monde*. Paris: Le Seuil/Bibliothèque nationale de France 2012.

[143] *Cartes et images des Nouveaux Mondes* und *Nouveaux Mondes*. Paris: Bibliothèque de l'image 2012.

[144] SAUTTER, *Als die Franzosen Amerika entdeckten*. S. 8 (Vorwort). – SAUTTERS Bemerkung über den im deutschen Sprachraum bestehenden Kenntnismangel über die französische Landnahme in Nordamerika findet sich bestätigt in der Kolonialgeschichte von LUDOLF PELIZAEUS: *Der Kolonialismus. Geschichte der europäischen Expansion*. Wiesbaden: Marix Verlag 2008, in der das Kapitel «Kanada und das französische Kolonialreich» gerade einmal vier von 246 Textseiten umfasst (S. 149–152); das davor stehende Kapitel «Nordamerika» (S. 139–148) befasst sich überwiegend mit der englischen Kolonisation. – Vgl. hingegen das Unterkapitel «Das erste französische Kolonialreich (bis 1763)» in HORST GRÜNDER: *Eine Geschichte der europäischen Expansion. Von Entdeckern und Eroberern zum Kolonialismus*. Stuttgart: Theiss Verlag 2003. S. 62–73.

[145] Zu Bestand und Geschichte der Kartensammlung vgl. Teil II (WEYERS), Kapitel 1, und im Überblick die Internetseite der SLUB-Kartensammlung: http://www.slub-dresden.de/sammlungen/karten – Vgl. vertiefend VIKTOR HANTZSCH/LUDWIG SCHMIDT et al. [Hg.]: *Kartographische Denkmäler zur Entdeckungsgeschichte von Amerika, Asien, Australien und Afrika aus dem Besitz der Königlichen Öffentlichen Bibliothek zu Dresden*. Mit Unterstützung der Generaldirektion der Königlichen Sammlungen für Kunst und Wissenschaft und der König-Johann-Stiftung herausgegeben. Leipzig: Verlag von Karl W. Hiersemann 1903. – Viktor HANTZSCH: *Die Kartensammlung der Kgl. Bibliothek zu Dresden*. Sonderdruck aus der *Geographischen Zeitschrift*, Bd. 9, H. 3. Leipzig 1903. – WALTHER HAUPT: *Führer durch die Kartensammlung der Sächsischen Landesbibliothek zu Dresden*. 2., überarbeitete Auflage. Dresden: Eigenverlag der Sächsischen Landesbibliothek 1986.

[146] Zu JOHANN CHRISTOPH ADELUNG, ab 1793 auch Bibliothekar in der Privatbibliothek des Kurfürsten FRIEDRICH AUGUST III., vgl. OTTO BASLER: Adelung, Johann Christoph, *Neue Deutsche Biographie* 1 (1953). S. 63–65 [Onlinefassung], http://www.deutsche-biographie.de/pnd118500651.html – sowie Teil II (WEYERS), Kapitel 1.

[147] Das von der Deutschen Fotothek betreute und von der Deutschen Forschungsgemeinschaft (DFG) geförderte Kartenforum ist ein Informationsportal von Bibliotheken, Museen und Archiven, in dem ca. 27.000 (Stand Ende 2015) der wichtigsten, hochauflösend digitalisierten kartographischen Quellen, insbesondere zur Geschichte und Landeskunde Sachsens, aus den Sammlungen der beteiligten Partner angeboten werden. [http://www.deutschefotothek.de/db/apsisa.dll/ete?action=queryInfo&index=area&desc=Kartenforum].

[148] Dass dies nur Dank der Fürsprache des damaligen Rektors der TU Dresden, Hermann Kokenge, möglich wurde, sollte an dieser Stelle nicht unerwähnt bleiben. Vgl. mein Vorwort.

[149] Vgl. die Einleitung von RAYMONDE LITALIEN in LITALIEN/PALOMINO/VAUGEOIS, *La mesure d'un continent*. S. 11–13: «Avec cet *Atlas historique de l'Amérique du Nord*, les auteurs ont voulu écrire l'histoire par les cartes, dont ils essaient d'extraire la quintessence.» (S. 12).

[150] Vgl. das Kapitel «Les Indiens et la cartographie. 'Ils marquent le vrai Nord'» in LITALIEN/PALOMINO/VAUGEOIS, *La mesure d'un continent*. S. 205–209.

[151] Vgl. THOMAS HAINSCHO: *Der Begriff der Wirklichkeit in Wittgensteins Tractatus*, http://th-web.at/texte/view_text.php?id=1 [Zugriff 18.04.2013].

[152] GILBERT, À propos du concept d'Amérique française.

[153] Vgl. z.B. die thematisch breit angelegten Werke *Mémoires de Nouvelle-France. De France en Nouvelle-France* von PHILIPPE JOUTARD/ THOMAS WIEN/DIDIER POTON (Rennes: Presses Universitaires de Rennes 2005) sowie *Place and Memory in Canada: Global Perspectives – Lieu et mémoire au Canada: Perspectives globales* von MAGDALENA PALUSZKIEWICZ-MISIACZEK/ANNA RECZYŃSKA/ANNA ŚPIEWAK (Cracow, Poland. Kraków: Polska Akademia Umiejętności 2005), in denen Karten und Kartographie als eigener Untersuchungsgegenstand jedoch ein Desiderat bleiben. Das gilt aber auch für unser Buch INGO KOLBOOM/ SABINE A. GRZONKA (Hg.): *Gedächtnisorte im anderen Amerika - Lieux de mémoire dans l'autre Amérique*. Heidelberg: Synchron Wissenschaftsverlag der Autoren 2002. – Auch in den verbreiteten, uns bekannten Quellenbänden zur kanadischen bzw. Québecer Geschichte haben historische Karten in der Regel lediglich den keineswegs geringfügigen Stellenwert illustrierenden Beiwerks.

[154] ANDERSON, *Die Erfindung der Nation*. S. 176. – In der zu diesem Satz gehörenden Fußnote 229 betont ANDERSON, der in diesem Kapitel über die südostasiatischen Kolonien schreibt, dass diese Anpassung keineswegs eine machiavellistische List gewesen sei, sondern die ersten Nationalisten in diesen Kolonien ihr Selbstbewusstsein in tiefreichender Weise am «Format» des Kolonialstaates orientiert und am Vorbild seiner Institutionen ausgebildet hätten (S. 253).

[155] HÉLÈNE BLAIS: *Mirages de la carte. L'invention de l'Algérie coloniale*. Paris: Fayard 2014. Vgl. auch HÉLÈNE BLAIS/FLORENCE DEPREST/PIERRE SINGARAVÉLOU: *Introduction. Pour une histoire spatiale du fait colonial*, in DIES. (Hg.): *Territoires impériaux. Une histoire spatiale du fait colonial*. Paris: Publications de la Sorbonne 2011. S. 7–21

[156] Vgl. INGO KOLBOOM: *L'invention de la nation canadienne-française. Réflexions à partir du Drapeau de Carillon d'Octave Crémazie*. In: KOLBOOM/GRZONKA, *Gedächtnisorte im anderen Amerika*. S. 55–81.

[157] Vgl. den Abschnitt «'Spatiale Atrophie'. Das Verschwinden des Raumes» in SCHLÖGEL, *Im Raume lesen wir die Zeit*. S. 36–47.

[158] VORMANN: *Zwischen Alter und Neuer Welt*. – GAGNON/KOLBOOM/VORMANN (Hg.): *Québec: Staat und Gesellschaft*. – KOLBOOM/MANN: *Akadien – ein französischer Traum in Amerika*. – THOMAS: *Frankophonie im Hohen Norden Kanadas*. – KOLBOOM/GRZONKA: *Gedächtnisorte im anderen Amerika*. – MANUEL FEIFEL: *Regionen als »Global Players«. Das Beispiel der interregionalen Kooperation Bayern–Québec*. Heidelberg: Synchron Wissenschaftsverlag der Autoren 2003. – INGO KOLBOOM/MARIA LIEBER/EDWARD REICHEL (Hg.): *Le Québec. Société et cultures. Les enjeux identitaires d'une francophonie lointaine*. München: Dresden University Press 1998. – Diesem «Blick von außen» ist auch unsere deutsche Edition des Buches *Le Québec expliqué aux immigrants* des nach Kanada/Québec immigrierten Argentiniers VICTOR ARMONY geschuldet: *Leben in Québec. Soziokulturelle Betrachtungen eines Zugewanderten*. Heidelberg: Synchron Wissenschaftsverlag der Autoren 2010.

[159] Ab 1543 wirkte an der Meißner Fürstenschule als Tertius (Subrektor) 26 Jahre lang der aus Annaberg stammende Kartograph, Theologe, Pädagoge und Humanist HIOB MAGDEBURG (1518-1595), Sohn des Bildgießers und Münzmeisters HIERONYMUS MAGEDEBURG. – Vgl. Kapitel «Meissen als Wiege der sächsischen Kartographie» in LANGER, *Meissens alte Stadtpläne*. S. 19–31.

[160] HANTZSCH/SCHMIDT, *Kartographische Denkmäler zur Entdeckungsgeschichte von Amerika, Asien, Australien und Afrika aus dem Besitz der Königlichen Öffentlichen Bibliothek zu Dresden*.– In den ansonsten als Zeitdokument sehr interessanten kartographischen Abschnitten in der patriotisch gesinnten Hamburgischen Festschrift zum 400-jährigen Gedenktag der Entdeckung Amerikas habe ich übrigens keinen Hinweis auf diese Dresdner Kartensammlung gefunden. Weniger erstaunlich mag das geringe Interesse der Festschrift an der französischen Anteilnahme an der Landnahme Amerikas sein. Vgl. *Hamburgische Festschrift zur Erinnerung an die Entdeckung Amerika's*. Herausgegeben vom Wissenschaftlichen Ausschuss des Komités für die Amerika-Feier. Band I und II. Hamburg: L. Friedrichsen & Co. 1892.

[161] JÖRG LUDWIG: Sachsen und Übersee im Zeitalter Augusts des Starken. In: CHRISTINE KIECKER/KLAUS GUMNIOR (Hg.): *August der Starke und seine Zeit. Beiträge des Kolloquiums vom 16./17. September 1994 auf der Festung Königstein*. Dresden 1995. S. 54–60, S. 55.

[162] BARRY LOPEZ: *The Mappist*. In DERS.: *Light Action in the Caribbean. Stories*. New York: Alfred A. Knopf 2000 [als Monographie: *The Mappist*. Images by Charles Hobson. San Francisco: Pacific Editions 2005]. – Es ist die Geschichte über einen Kartographen namens CORLIS BENEFIDEO, «a sort of platonic ideal of a cartographer», http://maphead.blogspot.de/2008/10/corlis-benefideo.html [Zugriff 30.05.2013]. Die Figur des CORLIS BENEFIDEO inspirierte auch REIF LARSEN so sehr, dass er sie in seinem inzwischen verfilmten Roman «Die Karte meiner Träume» wiederauferstehen ließ, siehe oben. – Vgl. auch den jüngsten Weltbestseller über die Geschichte der Kartographie von den alten Griechen bis zu Google Maps *On the Map* von SIMON GARFIELD (Erstauflage: London: Profile Books Ltd 2012), dessen deutscher Titel lautet: *Karten! Ein Buch über Entdecker, geniale Kartografen und Berge, die es nie gab* (Darmstadt: Theiss Verlag, Wissenschaftliche Buchgesellschaft 2014).

[163] Vgl. GYULA PÁPAY: Gedanken über die universitäre Ausbildung im Fach Kartographie. *KN Kartographische Nachrichten. Journal of Cartography and Geographic Information* 63, 4 (2013). S. 221–222. – Das Internetportal «studieren-studium.com» verzeichnet für Deutschland in der Studienrichtung Kartographie und Geodäsie (nur?) noch vier Bachelor- und zwei Master-Studiengänge (Stand Oktober 2015), gleichwohl ist die Kartographie an verschiedenen Hochschuleinrichtungen in Berlin, Bonn, Hannover, München und

Dresden vertreten. In Dresden gibt es an der Hochschule für Technik und Wirtschaft (HTW) ein «Labor Kartographie» und an der TU Dresden das renommierte, aber von Stellenstreichungen bedrohte Institut für Kartographie, dessen Gründungsgeschichte auf das Jahr 1828 (damals Technische Bildungsanstalt) verweist (http://kartographie.geo.tu-dresden.de). – Das Forum der deutschen Kartographen ist die 1950 gegründete Deutsche Gesellschaft für Kartographie e. V. (DGfK) – Gesellschaft für Kartographie und Geomatik (http://www.dgfk.net), Herausgeberin der Zeitschrift *KN Kartographische Nachrichten – Journal of Cartography and Geographic Information*.

[164] Larsen, *Die Karte meiner Träume*. S. 163.
[165] Ahrens, *Literatur – Typographie – Kartographie*. S. 24.
[166] Schlögel, *Im Raume lesen wir die Zeit*. S. 90. – Im Sinne weiterer kartographischer Anregungen seien noch folgende Titel genannt (Auswahl): Jörg Döring/Tristan Thielmann (Hg.): *Spatial Turn. Das Raumparadigma in den Kultur- und Sozialwissenschaften*. Bielefeld: Transcript - Verlag für Kommunikation, Kultur und soziale Praxis 2009 [1. Aufl. 2008], S. 49–69. – Jörg Dünne: *Die kartographische Imagination. Erinnern, Erzählen und Fingieren in der Frühen Neuzeit*. München: Wilhelm Fink Verlag 2011. – Jürg Glauser/Christian Kiening (Hg.): *Text - Bild - Karte. Kartographien der Vormoderne*. Freiburg i.B.: Rombach Druck- und Verlagshaus 2007. – Robert Stockhammer: *Die Kartierung der Erde: Die Macht und Lust in Karten und Literatur*. München: Wilhelm Fink Verlag 2007.
[167] Katalog zur Ausstellung (28. April – 5. Oktober 2013): Dirk Syndram/Claudia Brink (Hg.): *Die königliche Jagdresidenz Hubertusburg und der Frieden von 1763*. Dresden: Staatliche Kunstsammlungen Dresden/edition Sächsische Zeitung 2013. – Vgl. darin (S. 171–180) den Beitrag von Frank Metasch: Sachsen im Siebenjährigen Krieg. Regionale Aspekte eines globalen Konflikts.
[168] Hans-Jürgen Arendt: *Der Frieden von Hubertusburg 1763*. Wermsdorf 2008. S. 14.

Nachtrag:
Alle hier zitierten Titel sind, ggf. bibliographisch ergänzt oder auch aktualisiert, im Literaturverzeichnis am Ende dieses Bandes mit aufgeführt.

Abb. 24
Quebeck in Canada.
Stahlstich um 1850,
Kunstanstalt des
Bibliographischen
Instituts in
Hildburghausen
[100 x 160 mm].

II

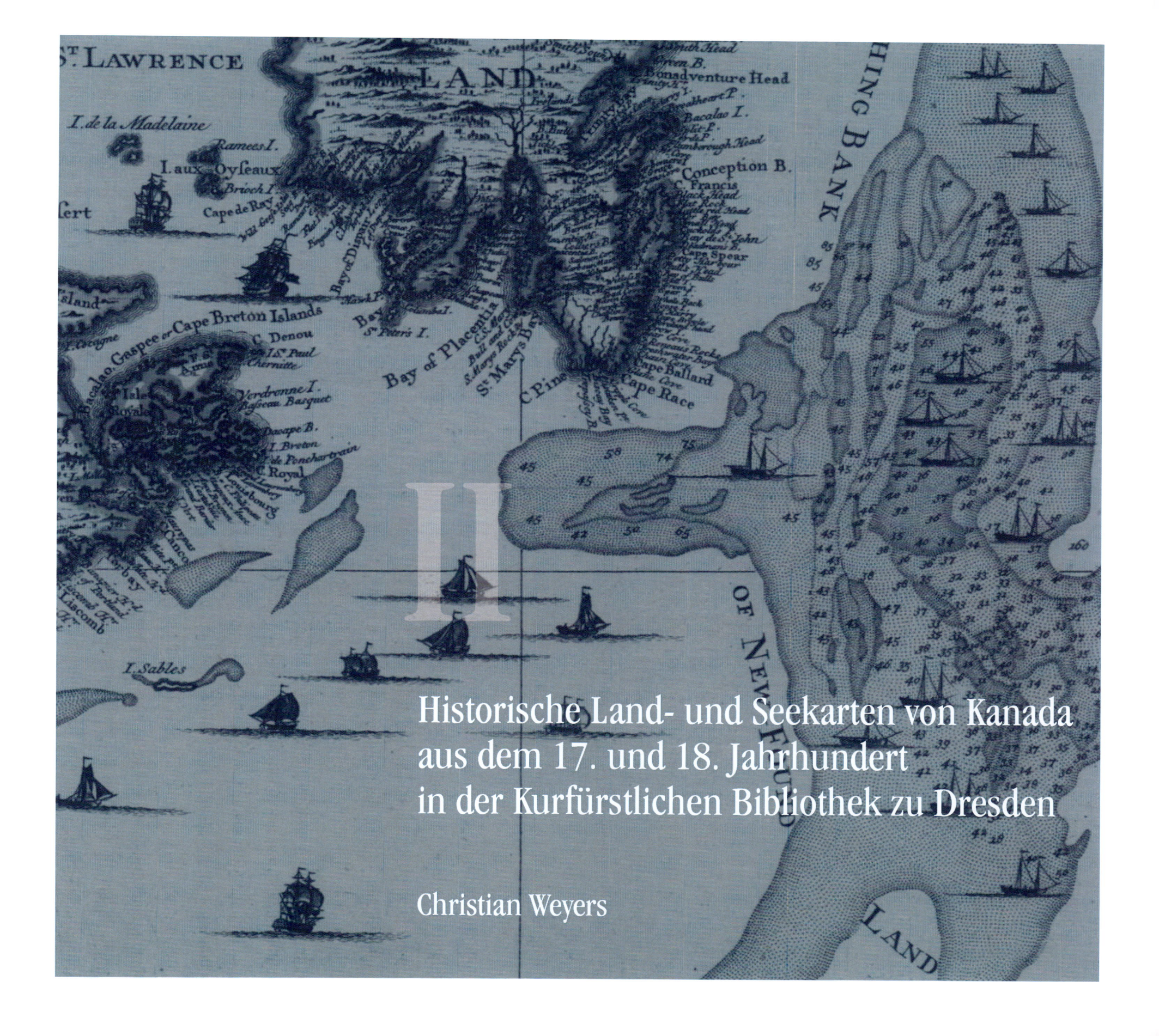

Historische Land- und Seekarten von Kanada aus dem 17. und 18. Jahrhundert in der Kurfürstlichen Bibliothek zu Dresden

Christian Weyers

Historische Land- und Seekarten von Kanada aus dem 17. und 18. Jahrhundert in der Kurfürstlichen Bibliothek zu Dresden

Christian Weyers

1. Der Kartenbestand der SLUB Dresden

Als Gründungsdatum für eine wissenschaftliche Bibliothek in Dresden gilt das Jahr 1556, in dem vermutlich der systematische Aufbau der «Liberey» des Kurfürsten August (*1526, †1586, reg. ab 1553) im Dresdner Schloss begann. Hier wurde 1560 die so genannte Kunstkammer eingerichtet; neben Büchern wurden von Beginn an auch Handzeichnungen, Holz- und Kupferstiche sowie Landkarten aus seiner persönlichen Sammlung zusammengetragen. Seine eigenen Reisen ließ der Kurfürst in Form so genannter Örtungen, auf Leinwand aufgezogener Wegekarten in Rollenform, graphisch dokumentieren. Wahrscheinlich sind durch eine enge kommerzielle Verbindung des sächsischen Hofes mit Portugal bereits während seiner Regentschaft im Rahmen von Handelsmissionen, die vom Kurfürsten – z.B. im Jahr 1576 – entsandt wurden, auch erste kartographische Dokumente über die Neue Welt nach Dresden gekommen. Nach den repubbliche marinare Genua, Pisa und insbesondere Venedig, einem ersten Zentrum der Holz- und Kupferstichproduktion, sowie der katalanisch-mallorquinischen Schule in den Ländern der Corona de Aragón hatte Portugal zu Beginn der Neuzeit die Funktion des führenden Zentrums der Seekartographie inne, das erstmals auch das östliche Nordamerika mit Ausnahme der Polarregionen abbildete. In dem 1595 zusammengestellten zweiten Katalog der Bibliothek,[1] gemäß dem sich der Bestand inzwischen mehr als verdoppelt hatte, wurden bereits 57 gerahmt aufgehängte Karten bzw. «Tafeln» – noch größtenteils von Europa – verzeichnet. Die Dresdner Kartensammlung gehört damit zu den ältesten Einrichtungen dieser Art im deutschsprachigen Raum.

Die Dresdner Kurfürstliche Bibliothek entstand in der Epoche der für das Zeitalter der Renaissance und Reformation typischen öffentlichen Hofbibliotheken, die nach dem Vorbild der auf Wunsch von Cosimo di Giovanni de' Medici, genannt il Vecchio (*1389, †1464) von Michelozzo[2] im Rahmen des Umbaus zwischen 1441 und 1454 errichteten ersten öffentlichen Bibliothek im Convento di San Marco in Florenz ab dem Ende des 15. Jahrhunderts an zahlreichen europäischen Fürstenhöfen gegründet wurden, um den anteiligen Forschungs- und Bildungsauftrag des Landesfürsten in seinem Territorium wahrzunehmen. Sie öffneten nicht nur die Buchbestände der adeligen Häuser der gesamten Öffentlichkeit, sondern entwickelten sich vielfach zu zentralen Bildungs- und Forschungsinstitutionen für Wissenschaft und Kunst des jeweiligen Staates und konstituierten sich später als Landes-, Staats- oder Nationalbibliotheken; in bestimmten Fällen wurden sie mit Hochschulbüchereien zusammengeführt, sofern – wie beispielsweise im Fall Wittenberg – der Landesfürst nicht schon vorher seine Buchbestände den Angehörigen der neu gegründeten Universität zur Verfügung gestellt hatte. Dresden folgt somit der Hofbibliothek von München (1558)[3] und geht denjenigen von Darmstadt (1567)[4] und Wolfenbüttel (1572)[5] unmittelbar voraus, während etwa in Berlin der kurfürstliche Buchbesitz erst über rund hundert Jahre später für eine begrenzte Öffentlichkeit freigegeben wurde (Beschluss 1659, Verfügung 1661)[6]. Ansonsten ist die Dresdner Bibliothek z.B. hinsichtlich ihrer Größe und Funktion auch mit der heutigen Württembergischen Landesbibliothek verglichen worden, die 1765 von Anfang an als öffentliche Bücherei gegründet worden war (Pfeifer 1966: 13).

Unter den Raritäten, die bereits früh zum Dresdner Bestand gehörten, besitzen einige eine in der Fachliteratur gewürdigte besondere Bedeutung für die Geschichte der geographischen Entdeckungen und der Kartographie. Dabei handelte es sich insbesondere um zwei Portolankarten des nördlichen Atlantischen Ozeans von Pero Fernandez (ca. 1525 und Porto ca. 1528), von denen die erste als die zweitälteste portugiesisch signierte Karte überhaupt gilt, sowie um eine Pergamentkarte des Mallorquiners Banet Panadès (Messina 1557) über das Mittelmeer. Leider gehören diese Karten zu den bisher nicht sicher lokalisierten kriegsbedingten Auslagerungen bzw. Verlusten. Erhalten sind dagegen eine Weltkarte von Nicolas Desliens (Dieppe, datiert 1541, vermutlich bereits 1587 im Katalog der Kunstkammer geführt, neue Signatur A 19883, unglücklicherweise mit Löschwasserschäden, inzwischen im so genannten Kartenforum, der digitalen Sammlung von Karten und Ansichten, abrufbar), zwei Seekartenkonvolute von Battista Agnese unter der Signatur Mscr. Dresd. F. 140[a.b] (1536, 13 Blätter – mit Wasserschäden –, und 1544, 14 Blätter), sowie der *Kitāb-ı baḥriye* von Pīrī Re'is, eins der neun außerhalb von İstanbul vorhandenen Exemplare des 1521 entstandenen Seehandbuchs mit 120 farbigen Textseiten und Portolankarten von Küsten und Inseln des Mittelmeers. Unter der Voraussetzung, dass die Karte von Desliens nicht erst in den 1550er Jahren gezeichnet wurde, wie auch angenommen wird, ist sie das erste bekannte kartographische Dokument Frankreichs überhaupt, sowie das erste, auf der die Signatur «Canada» erscheint.

Im 18. Jahrhundert wurden auch Kartenwerke speziell für den sächsischen Souverän angefertigt oder zusammengestellt, so der *Athlas Royal* (Amsterdam 1706–1710) für August den Starken (Kurfürst Friedrich August I. von Sachsen bzw. König

August II. von Polen, reg. 1694–1733), der noch in seinem Todesjahr in den Kartenbestand der Bibliothek übernommen wurde und von dem nach 1945 noch zehn der ursprünglich neunzehn roten Maroquinbände, wenn auch meist schwer beschädigt, erhalten geblieben sind; darüber hinaus der *Atlas Poloniae* (1790) sowie der unter dem Rückentitel *Atlas selectus* bekannte *Auserlesene geographische Atlas zum höchsten Gebrauch Seiner Churfürstlichen Durchlaucht* [...] für Kurfürst Friedrich August den Gerechten (in 25 Bänden, gesammelt 1793).

Der Bestand der Dresdner Kartensammlung umfasst bzw. umfasste nicht nur Karten im eigentlichen Sinn, sondern auch unterschiedliche graphische Darstellungen, statistische Tabellen, Gebäudepläne bzw. -grundrisse, Bilder und Textblätter. Neben der bemerkenswerten Zahl von über 180.000 Einzelkarten und topographischen Ansichten (Stand Ende 2015), davon 19.767 aus der Zeit zwischen den Anfängen der Kartographie und dem Jahr 1800 (gegenüber 19.353 Blättern, davon 19.098 Originalen am 31. Dezember 1985; vgl. Haupt 1986: 7)[7], die die Churfürstliche Öffentliche Bibliothek (ab 1806 Königliche Öffentliche Bibliothek, ab 1917 Königliche Sächsische Landesbibliothek, ab 1918 Sächsische Landesbibliothek) für ihre Kartensammlung erworben hat, gehören zu ihrem Bestand auch 16 Globen und 2.321 Atlanten, darunter auch Frühwerke wie der illuminierte *Atlante maritimo* von Diogo Homem (1568),[8] der mit Amerika beginnt, neun Ptolemäus-Holzschnitt-Frühausgaben (darunter Venedig 1493 und Ulm 1482, die erste mit *Tabulae novae* überhaupt), das *Descriptionis Ptolemaicæ Avgmentvm, siue Occidentis Notitia Breui commentario illustrata* von Cornelis Wytfliet in der mit dem Imprint Johannes Bogardus versehenen und damit überaus seltenen Originalausgabe von 1597[9] sowie der *Neptune François* (zwei Ausgaben von 1693 und 1703), ferner zwei der in Venedig produzierten so genannten Inselbücher von Benedetto Bordone (in Auflagen von ca. 1540 und 1547)[10] und von Thomaso Porcacchi (eine auf 1575 datierte, ein Jahr später erschienene Ausgabe, sowie die Auflagen von 1605 und 1620), auch wenn hier nach dem Vorbild des ersten Vertreter dieses Genres, Bartolomeo Zamberti («Bartolomeo da li Sonetti») (1485), noch der schematische und zuweilen phantastische Charakter der Umrisskarten überwog. (Erst Vinzenzo Maria Coronelli, der die Tradition des *Isolario* aus Venedig ab 1695 wieder aufnahm, fasste unter diesem Titel wissenschaftliche Karten im modernen Sinn zusammen.)

Dazu kommen noch ca. 32.936 Karten plano, 30 laufende Meter Faltkarten sowie 207 Karten und Atlanten auf CD-ROM des ehemaligen Instituts für Kartographie der Technischen Universität Dresden. Die Zahl der kartographischen Dokumente auf elektronischen Datenträgern sowie der frei abrufbaren Reproduktionen von Karten und Ansichten (derzeit ca. 27.000 Quellen) wächst kontinuierlich.

Der heutige Umfang des Dresdner Kartenbestands entwickelte sich durch planmäßige Zukäufe und Übernahmen, insbesondere im 18. Jahrhundert. Zahlreiche Karten hatten sich bereits in der 1589 angekauften, über dreitausend Bände umfassenden Wertherschen Bibliothek befunden; im Jahr 1718 wurde umfangreiches Kartenmaterial aus der Kurfürstlichen Kunstkammer bezogen. 1764 erfolgte die Aufnahme der Biblioteca Bunaviana des Staatsmanns Heinrich Graf von Bünau (*1697, †1762), die ab 1740 auf seinem Gut im Schloss Nöthnitz untergebracht war (etwa 42.000 Bände und 149 Handschriften), vier Jahre später auch die der Gräflich Brühlschen Bibliothek des einflussreichen Premier- und Geheimen Kabinettsministers Heinrich Graf von Brühl (*1700, †1763), die ca. 62.000 Bände und 786 Handschriften umfasste. In der Zwischenzeit war infolge des Beschusses der Stadt im Siebenjährigen Krieg (1760) eine erste Auslagerung in die Kasematten am Opernhaus erforderlich geworden. In dem 1827 erworbenen Konvolut des Nachlasses des Königs Friedrich August I. befanden sich wertvolle Einzelkarten und z.B. die 25 Bände des *Atlas selectus* (1793). Ihren bedeutendsten Aufschwung hat die Kartensammlung schließlich dem Sprachforscher Johann Christoph Adelung (*1732) zu verdanken, der sie während seines Direktorats (1786–1806) über die soeben von den drei Zwingerpavillons in das Japanische Palais umgezogene Bibliothek (beendet 8. April 1786) ab 1787 durch planmäßige Ankäufe zielstrebig zur umfangreichsten Sammlung ihrer Art in ganz Deutschland erweitern konnte. Daneben bemühte sich Adelung aus privater Leidenschaft auch um den Aufbau einer eigenen Kartensammlung, die ebenfalls – allerdings erst nach mehreren vergeblichen Anläufen – auf Initiative seines Amtsnachfolgers Ernst Wilhelm Förstemann im Jahr 1883 für die Königliche Öffentliche Bibliothek erworben wurde; sie allein umfasste 14.215 Blätter. Adelung entwarf auch eigene Karten, mit denen er z.B. seine *Geschichte* der Suche nach der Nordost-Passage (1768) illustrierte.

Inzwischen gehörte die seit August dem Starken als Zentralbibliothek für den sächsischen Staat fungierende Institution zu den größten des deutschsprachigen Raums; sie war zeitweise die zweitgrößte Deutschlands und wurde erst nach 1815 von Göttingen und München übertroffen, rückte dann wieder an die dritte Stelle (1929: ca. 680.000 Bände, 7.000 Handschriften) nach Berlin und München und vor Darmstadt und Hamburg. Diese Position konnte sie auch noch nach 1945 weiterhin behaupten, wenn auch mit deutlich vergrößertem Abstand bezüglich des Bestandsvolumens.

Zwischen 1892 und 1899 katalogisierte der Oberlehrer Oskar Schilling nach Vorschlägen und auf Vordrucken des Geographen Sophus Ruge anhand einer geographischen Gruppierung die ab 1891 im Erdgeschoss des Japanischen Palais untergebrachten kartographischen Einzelblätter, die damit die hier als «alte Katalogsignatur» bezeichnete Kennzeichnung erhielten; eine Fortführung und Überarbeitung erfolgte 1899–1901 durch Viktor Hantzsch. Nur auf wenigen Dokumenten sind noch Reste früherer Nummerierungen zu erkennen, wie u.a. auf A 1209 («VCf» und «V.Ba, 2») und A 1220 («V.C.r.») jeweils über dem oberen Kartenrand rechts. Kanadakarten gehören zur Signaturengruppe «Tab. geogr. B Amer.», in der sich der Buchstabe «B» auf spezielle geographische Blätter und «Amer[icae]» auf das betreffende so genannte geographische Fach – unabhängig von der Größe des jeweiligen Territoriums – in Anlehnung an die Fachgliederung Johann Michael Franckes bezieht. Es wurden zwei Zettelkataloge erstellt, der systematische Realkatalog auf großen Karteikarten (Format 125 x 305 mm) und der alphabetische Autorenkatalog mit Verweisen auf den systematischen auf kleineren, 105 x 120 mm messenden Karten. Ab dem Jahr 1945 wurden zwei weitere Zettelkataloge – systematisch und alphabetisch – geführt, bei denen die Neuzugänge wiederum gemäß ihres jeweiligen Erscheinungsdatums in die Gruppen vor 1800, nach 1800 sowie nach 1945 eingeteilt wurden. In der Zeit zwischen 1951 und dem 31. März 1956 wurde schließlich eine Neusignierung der Einzelblattsammlung vorgenommen, bei der zwar anstelle der früheren «Fächer», die auf Grund der politisch-geographischen Entwicklungen inzwischen völlig veraltet waren, vier Bestandsgruppen und fortlaufende Nummern eingeführt wurden, die frühere systematische Reihenfolge der kartographischen Dokumente jedoch weitgehend erhalten blieb. Die bis zum Jahr 1800 einschließlich entstandenen Karten inklusive der Sammlung Adelung wurden in der Bestandsgruppe A, die nach 1945 hergestellten Dokumente unter dem Kennzeichen N zusammengefasst; Karten des Zeitraums 1801–1845 erhielten lediglich eine fortlaufende Nummer; Bilder (meist Stadtansichten), Gebäudepläne bzw. -grundrisse sowie sonstige graphische Einzelblätter, viele davon mit unsicherer Abgrenzung zu anderen Sammlungen, wurden in die Bestandsgruppe B eingeordnet.

Von den kriegsbedingten Auslagerungen, Verlusten und Deportationen (durch die der Gesamtbestand der Bibliothek zunächst um rund die Hälfte dezimiert wurde) sind offensichtlich auch etwa 200 Bände, die Cartographica enthalten – wie z.B. Atlanten – sowie rund 11.000 Kartenblätter betroffen, von denen 8.694 katalogisiert sind. Unter diesen befinden sich neben den oben genannten Raritäten auch eine beträchtliche Anzahl von Karten des nordatlantischen Amerika aus dem Zeitraum dieser Untersuchung von Autoren wie BUACHE, CORONELLI, DELISLE, MOLL, NOLIN, LE ROUGE, SANSON und anderen. Bei den Angriffen vom 13./14. Februar und insbesondere vom 2. März 1945 (bei dem das Japanische Palais zerstört wurde), dem nachfolgenden Wassereinbruch im Tiefkeller sowie den Kampfhandlungen und Sicherstellungen an den Auslagerungsorten gingen immerhin rund 200.000 gedruckte Bände verloren, darunter auch die zwischenzeitlich in Torgau aufbewahrte, auf ca. 3.000 Bände geschätzte Sammlung des Kurfürsten AUGUST, mit der die Bestände der Bibliothek begründet worden waren. Im Jahr 1946, noch vor dem Umzug der Bibliothek in das ehemalige Kasernengebäude Marienallee 12, wurden noch einmal über 220.000 Hand- und Druckschriften (diese aus dem 15.–19. Jahrhundert), die noch nicht aus den Auslagerungsorten zurückgeholt worden waren, systematisch von einer Trophäenkommission nach Titel und Fachgruppen herausgesucht und von Radeberg aus per Bahn in die Sowjetunion deportiert; davon sind im Jahr 1958 infolge eines Regierungsabkommens lediglich etwa 5.600 Handschriftenbände zurückgegeben worden, während sich der Rest nach wie vor an verschiedenen Stellen auf dem Gebiet der ehemaligen Sowjetunion befindet. Zwischen 1956 und 1959 wurden 3.415 Karten des Altbestands restauriert bzw. repariert (PFEIFER 1966: 70–71).

Nach der 1996 erfolgten Fusion der Sächsischen Landesbibliothek mit der seit 1961 bestehenden Universitätsbibliothek der Technischen Universität (von 1828 bis 1945 Bibliothek der Technischen Hochschule) Dresden, die ihrerseits über eine wertvolle Karten- und Atlantensammlung mit Dokumenten aus der Zeit vor 1850 besitzt, und der Neukonstitution unter dem Namen Sächsische Landesbibliothek – Staats- und Universitätsbibliothek Dresden (SLUB) konnten Bibliothek und Kartensammlung im Jahr 2002 schließlich ihr neues Zentralbibliotheksgebäude beziehen.

2. Gegenstand des Projekts

Für die vorliegende Arbeit wurden aus dem Altkartenbestand des 17. und 18. Jahrhunderts 151 Land- und Seekarten sowie Pläne untersucht, die den Unterlauf des St. Lorenz-Stroms einschließlich des St. Lorenz-Golfs und der Belle Isle-Straße, anliegende Landpartien und Städte abbilden, somit also die Regionen mit nach wie vor zentraler verkehrs-, handels- und strategisch-politischer Bedeutung für Québec, in denen heute rund achtzig Prozent der kanadischen Bevölkerung konzentriert ist. Darüber hinaus wurden in das Repertorium Karten von Neufundland, der Acadie und der Inselgruppe St. Pierre et Miquelon aufgenommen.

Die erfassten Karten sind im Gesamtkatalog (Teil IV) in der Reihenfolge ihrer Signaturen gemäß der systematischen Ordnung der Bibliothek zusammengestellt. Die Angaben zum Projektionstyp, zum ermittelten ungefähren Maßstab sowie zu den Kartenmaßen (Höhe mal Breite) wurden aus den Zettelkatalogen der SLUB weitgehend unverändert übernommen, auch wenn sie nicht mit den jeweiligen Werten anderer Quellen übereinstimmen. Alle weiteren Daten, wie beispielsweise zur Autorschaft und zum Erscheinungsdatum wurden dagegen eingehend überprüft, bei Bedarf korrigiert und/oder vervollständigt; sofern möglich, erfolgte die Feststellung der Karten- und Buchtitel durch Autopsie, also durch eine direkte Titelaufnahme aus einem Original. Ergänzend zu den bibliothekarischen Daten wurden erstmals einige auffällige Besonderheiten der untersuchten Karten zusammengestellt und ihre Verwendung als Buchillustration oder als Bestandteile von Atlanten recherchiert. Dazu konnten allerdings lediglich exemplarische Angaben in die Untersuchung aufgenommen werden, wobei immerhin solche Werke besondere Berücksichtigung gefunden haben, die zum gegenwärtigen Bestand der SLUB gehören.

Im Teil III wird eine Auswahl besonders signifikanter Karten vorgestellt und kommentiert, die Reihenfolge ist hier chronologisch (siehe dazu die Vorbemerkung zu diesem Abschnitt). Hier wie ganz allgemein in dieser Untersuchung wird für Verweise untereinander stets die neuere Katalogsignatur, bestehend aus dem Gruppenkennzeichen (hier «A») und einer fortlaufenden Nummer, verwendet. Der in dieser Untersuchung beibehaltene Zwischenraum zwischen dem Buchstaben und der – hier meist vierstelligen – Nummer ist inzwischen aus Gründen der elektronischen Lesbarkeit zumindest im Online-Katalog weggefallen.

Die Aufnahme der ADELUNGschen Sammlung in den Bestand der SLUB bedeutete eine bemerkenswerte Bereicherung auch des kartographischen Sammelgebietes Atlantisches Kanada; ein besonders hoher Anteil aus dieser Sammlung ist im letzten Drittel dieses Repertoriums, etwa ab der Signatur A 1281, festzustellen. In bestimmten Fällen liegen Dubletten oder sogar mehr als zwei Versionen vor. Ganz allgemein gilt, dass das Exemplar mit dem Herkunftsvermerk «Adelung» auffällig koloriert ist, das aus dem Stammbestand der Bibliothek dagegen nicht immer. Zweifellos auf den Sammler ADELUNG geht zumindest die Einfassung der Karten aus seinem privaten Besitz in stets farbig gestaltete, unterschiedlich große Passepartouts zurück, deren Breite sich in der Regel nach den jeweiligen Dimensionen der Karte richtete (je kleiner die Karte, desto breiter das Passepartout), um so das Kartenformat der eigenen Sammlung zu vereinheitlichen.

Von bestimmten großformatigen Karten ist jedoch lediglich nur ein Teil erhalten, in ungünstigen Fällen (A 1177, A 1191) derjenige, der keinerlei Hinweise auf den Titel enthält. Wie im Fall der Karte A 1176, von der in der ersten Phase dieses Projekts lediglich die obere Hälfte vorhanden schien, wurden fehlende Angaben aus anderen Reproduktionen sowie dem Exemplar der Grande Bibliothèque in Montréal ermittelt (siehe dazu den entsprechenden Kommentar zu A 1176). Das große Spektrum inhaltlicher und graphischer Besonderheiten, die unterschiedliche Stiche oder Druckabzüge der gleichen Vorlage aufweisen können, sowie insbesondere der – in der Regel nachträglichen – Kolorierung wird an einem Beispiel wie diesem besonders deutlich, das damit – wie auch im Fall vieler anderer in Dresden archivierter kartographischer Werke – durchaus als Unikat bezeichnet werden kann. Darüber hinaus zählen einige Karten der SLUB unter Bibliothekaren und Auktionären zu ausgesprochenen Raritäten, das heißt zu den ganz wenigen Exemplaren, die weltweit überhaupt nachgewiesen sind. Dazu gehören beispielsweise die Version von JOHANNES BLAEUS *Extrema Americæ Verſus Boream, ubi Terra Nova Nova Francia, Adjacentiaq[ue]* mit dem Imprint PIETER MORTIER (A 1171) sowie *L'Isthme de l'Acadie, Baye de Beaubassin, en Anglois Shegnekto* (A 1297) von GEORGES-LOUIS LE ROUGE.

3. Einige grundsätzliche Probleme der Kartographie des 16. bis 18. Jahrhunderts

Im 16. und 17. Jahrhundert wird die mit beachtlicher Schnelligkeit fortschreitende Erweiterung des Kenntnisstands über die Erdoberfläche auf Land- und Seekarten umgehend graphisch dokumentiert. Gleichzeitig verbleiben aber – zumindest bis zur Mitte des 17. Jahrhunderts – bestimmte seit der Antike herrschende geographische Irrtümer, wie z.B. über die Existenz eines enormen Südkontinents, weiterhin im Kartenbild, oder es werden nach wie vor falsche Vorstellungen über die tatsächlichen Dimensionen des dargestellten Areals umgesetzt. Diese erklären sich meist aus den existierenden Vorlagen, deren Aktualisierungen den Kartographen aus politischen Gründen (siehe weiter unten) nicht sofort zur Verfügung standen. Dem ptolemäischen Weltbild hatte die in der Regel auf Poseidonios (*135 v. Chr., †51 v. Chr.) zurückgeführte irrtümliche Annahme eines um ein Viertel zu geringen Umfangs des Erdumfangs zugrunde gelegen, obwohl dieser bereits von Eratosthenes von Kyrene (*zwischen 276 und 273 v. Chr., †194 v. Chr.) mit zunächst 250.000, dann 252.000 Stadien bzw. mit dem 50fachen der Entfernung von Alexandria nach Assuan (Syene) viel genauer berechnet worden war. Neben anderen wissenschaftlichen Rückschritten gegenüber seinen Vorgängern war bei Ptolemäus die West-Ost-Ausdehnung des Mittelmeers wiederum um 20° zu groß (ein Irrtum, der erst ab 1725 durch Delisle korrigiert wurde) und der Äquator zu weit nördlich angenommen worden.

In der Darstellung der noch wenig bekannten Küstenregionen der Neuen Welt fällt während eines bestimmtem Zeitraums ebenso das Festhalten an falschen Auffassungen über deren Kontinental- bzw. Inselcharakter auf oder über den exakten Verlauf der Küstenlinien, beispielsweise Labradors und Neufundlands. Bestimmte Außenposten Nordamerikas befinden sich zunächst noch in viel zu geringem Abstand zu solchen des europäischen Kontinents; die Azoren gehören damit (wie z.B. bei Ruscelli – vgl. A 1193, A 1194 – und de Jode, *Americæ pars borealis, Florida, Baccalaos, Canada, Corterealis* [1593]) bereits zur amerikanischen Hemisphäre. Auf den Karten A 1193 (1562) und A 1194 (1574) liegt die Ostspitze von Labrador nur ca. 5° von der Insel Flores der äußeren Azoren entfernt.[11] Auf der Nordamerika-Karte von Zaltieri (1566) sind die westlichste Insel der Azoren, São Vicente der Kapverden und eine Insel mit dem Namen «Cap Berton» ungefähr auf einer geographischen Länge dargestellt; ähnlich verhält es sich auf zahlreichen weiteren Abbildungen dieser Epoche. Somit werden insbesondere diese West-Ost-Verzerrungen, die von 3° bis 5° in Mittel- und Südamerika bis zu 14° im Fall Neufundland reichen konnten, auch im Jahrhundert der Entdeckungsreisen in die Neue Welt noch nicht behoben, was in erster Linie durch die noch viele Jahre anhaltenden Schwierigkeiten bei der Längenbestimmung zu erklären ist.

Davon unabhängig besteht noch im 16. und 17. Jahrhundert ein ambivalentes Verständnis von Kartographie und Geographie: als phantasievolle Illustration zumal legendärer Reiseberichte einerseits und als exakte naturwissenschaftliche Disziplin andererseits. In dieser letzten Bedeutung, die ab dem 18. Jahrhundert immer wichtiger wird, haben Karten einerseits die Funktion eines Hilfsmittels der geographischen der Orientierung (zur See als Komponente eines Instrumentensatzes, zu dem u.a. auch Fernrohr, Kompass, Jakobsstab, und Davis-Quadrant gehörten), während sie andererseits ein Mittel der geistigen Auseinandersetzung mit der noch nicht hinreichend bekannten Welt waren, also mit Gegenden, die entweder aus eigenem Erleben oder durch ausschmückende und oft phantasievolle Erzählungen vertraut oder bekannt gemacht wurden. Die Urheber dieser Illustrationen waren zunächst keine Gelehrten, sondern überwiegend Handwerker gewesen. Die Stecher bzw. Schneider und Verleger bzw. Händler von Karten hatten nur in den seltensten Fällen die von ihnen dargestellten Gebiete selbst bereist (dies war bei Kartenzeichnern öfter der Fall), sondern waren in aller Regel auf Informationen angewiesen, die sie meist erst auf Umwegen erreichten und eigentlich überhaupt nicht für kartographische Zwecke bestimmt waren. Auch offenbart sich zuweilen eine gewisse Nachlässigkeit, mit der das Geschäft der Kartenherstellung betrieben wurde. Potentielle Fehlerquellen für die Kopisten insbesondere von Portolanen (s.u.) waren beispielsweise allzu dicht gedrängte Küstenpunkte, wodurch es zu Auslassungen oder auch zu Wiederholungen von Namen oder ganzer Namenreihen kommen konnte. Gegenüber den eher großzügigen Kartenverlegern galten diese Kopisten einerseits als besonders gewissenhaft, wenn sie bei Zweifeln über deren genaue Lage eine Insel eher zwei- oder dreimal an unterschiedlichen Stellen unter der gleichen Namen verzeichneten, als dass sie sie ganz wegließen; andererseits gehen viele Fehldeutungen von geographischen Namen eindeutig auf mangelnde Kenntnisse der Kartensprache der jeweiligen Vorlage zurück.

In einer ersten Phase des Untersuchungszeitraums erscheinen auf Karten des Nordatlantiks weiterhin die mythisch-literarischen Traditionen entstammenden Inselphantome «Brasil» («[o, do] Brazil[l]», «Braſil», «Braçil[l]», «Braçir», «Braxil», «Bresil», «Bersil[l]» etc.),[12] «Maida» («Las/As Maidas»), «Orbellanda», «Y: Verde» usw., ein geradezu als fortschrittshemmend gewerteter Umstand mit beachtlicher Nachwirkung bis in die Gegenwart. Diese Inseln können nur mit großen Vorbehalten mit solchen identifiziert werden, die nicht weit von ihrer ungefähren Position tatsächlich existieren; ebenso hypothetisch bleibt in der Regel ihre Zuordnung zu bestimmten undersea features. So wurden diese Phantome u.a. auch als ein Indiz für eine frühe Kenntnis bestimmter Außenposten des amerikanischen Kontinents lange vor 1492 betrachtet.[13] Allerdings fällt auf, dass die Form dieser mythischen Inseln oft einem bestimmten schematischen Grundmuster entsprechen, z.B. als kreisrunde Scheibe, ring- oder halbmondförmig («inverted umbrella») im Fall «Brasil», als stehendes Rechteck mit kreisförmigen Einbuchtungen im Fall von «Antilia» seit der Toscanelli-Karte (1474). Nach der Meinung von William H. Babcock kamen die Anliegerländer des St. Lorenz-Golfs, denen er ein Unterkapitel seines Buches *Legendary Islands of the Atlantic* widmete, am ehesten für die im 14. Jahrhundert vielfach in Ringform mit eingeschlossener Wasserfläche – in der wiederum viele kleine Inseln liegen – dargestellten großen Inseln in Frage (Babcock 1922: 59–61). Damit könnte es sich insbesondere hier um einen ersten vorkolumbischen Reflex der nordamerikanischen Ostküste handeln.

Zumindest im Fall der Insel «Brasil» scheint das relativ lange Festhalten an der mythologischen Tradition (so auf den Karten der Britischen Admiralität bis 1873) u.a. auch wirtschaftspolitisch bedingt gewesen zu sein. Dieses Motiv könnte ihre Reduplikation und allmähliche Verschiebung nach Westen erklären, zunächst von der Westküste Irlands in den offenen Atlantik und schließlich – zwischen ca. 1480 und 1598 – sogar in die Gewässer östlich von Neufundland.[14] Eine Reise mit dem erklärten Ziel, die mythischen Inseln aufzusuchen, konnte demnach als Vorwand für ein unbehelligtes Aufsuchen der reichen Fischgründe vor Neufundland genommen werden (Freitag 2013: 261).

Zu den in ihrem Ursprung elysischen Topoi gehört höchstwahrscheinlich auch die «Y: Verde», die auf den Karten A 1193 und A 1194 ungefähr in der Mitte einer Linie Terceira–«Orbellanda» liegt; damit vergleichbar ist ihre Lage auf 45° N – wenn auch ganz deutlich noch in der europäischen Sphäre – auf Amerika-Karten von Ortelius 1570 (nördlich der Kanaren) bis Delisle 1722 (nördlich der Azoren). In der traditionellen Folklore Nordirlands, Schottlands und insbesondere der Hebriden ist immer wieder von einer

Abb. 1 und 2
Ausschnitte aus der *Map of the British Empire in America with the French and Spanish Settlements adjacent thereto* (London 1733) von Henry Popple (oben) sowie aus der *Carte réduite des Bancs et de l'Île de Terre-Neuve* [...] des Dépôt général des Cartes Plans et Journaux de la Marine von 1784 mit den Signaturen «Old Brazeel» bzw. «Bresil». Die Klippe gehört zu einer Gruppe von batures, die das Kap ringförmig umgeben (vgl. Chabert 1703: 135–136.)

grünen Insel im Westen die Rede. Diese folkloristischen Traditionen wurden zumindest nach Island, wahrscheinlich aber auch weiter nach Nordostamerika mitgebracht und haben bei der Benennung des überwiegend unwirtlichen Grönland eine wichtige Rolle gespielt (Campbell 1918: 202); kaum möglich ist allerdings eine eindeutige Trennung von den zahlreichen Inseln dieses Namens, bei denen die Farbe grün als vordergründiges Motiv vorlag. Eine Isle Verte gab bzw. gibt es mehrfach vor den akadischen und neufundländischen Küsten, aus einer solchen ist kartographisch offenbar der «Banc (à, aux) Vert» südlich Neufundland hervorgegangen. Dem eher zufälligen Umstand, dass ungefähr auf gleicher geographischer Breite wie die «Y: Verde» bei Gastaldi (etwa zwischen 46° N und 47° N) das untermeerische Plateau der Flämischen Kappe liegt, sollte jedoch wegen der damaligen Mobilität und Austauschbarkeit von Einzelobjekten auf der Karte nicht allzu große Bedeutung beigemessen werden.

Bereits von Delisle 1702 explizit in Frage gestellt, blieb «Brasil» von etwa 1738 bis 1873, nunmehr als «Brasil Rock», auf britischen Karten (1824 auf der Weltkarte von John Purdy 6½° westlich der Südspitze Irlands) erhalten. In dieser Epoche häufiger «Sichtungen» wurden ferner eine Zeit lang noch «Mayda» und «Green Rock» «als Klippen ungewisser Lage» verzeichnet (Humboldt 1836: 460), «Mayda» sogar noch auf einer von Rand McNally in Chicago herausgegebenen Karte mit dem Copyright-Vermerk 1906 (Babcock 1922: 81; Dreyer-Eimbcke 1991: 79). Heute gibt es interessanterweise in akadischen Gewässern ein Nachleben des Namens als Bezeichnung von undersea features: als «Brazil Shoal» (vor Grand Manan Island im Ausgang der Bay of Fundy) sowie als «Brazil Rock», eine freiliegende, mit einer Leuchttonne bezeichnete Klippe 6 Seemeilen ostsüdöstlich von Cape Sable, Nova Scotia (vgl. Abb. 1 und 2), die trotz ihrer Gefährlichkeit für die Seefahrt auch auf den nomenklatorisch gut ausgestatteten Karten der hier untersuchten Epoche meist nicht verzeichnet ist (auch nicht auf solchen mit einem vergleichbar großen Maßstab von 1:450.000 wie A 1301); eine Ausnahme ist hier die Karte von Nord- und Mittelamerika von Henry Popple, die in einer französischen Adaptation unter der Signatur A 1221 in der SLUB vorhanden ist (Abb. 1).

Allein auf Grund ihrer Lage auf den weitgehend identischen Karten A 1193 und A 1194 der Ptolemäus-Ausgaben von Pirckheimer/Moleti (1562) und Ruscelli/Malombra (1574) ist die isola de demoni als offenbar noch zur damals so dargestellten Neufundland-Gruppe und allenfalls noch «Briʃa i:» und «Breʃton i:» kleineren der neufundländischen bzw. akadischen Südküste vorgelagerten Eilanden zuzuordnen; erheblich schwieriger zu beurteilen sind die Fälle «Orbellanda», «Y: Verde» und «Maida» (Abb. 3), ebenso auf den insgesamt deutlich moderneren, in Wytfliet (1597) und Acosta (1605) erschienenen Karten A 1196 und A 1198 die ungefähr bei 42° 40′ N 324° E eingetragene Insel «Aredonda», die beispielsweise auf den Karten von Abraham Ortelius, Gerhard und Rumold Mercator (ab 1569) – südöstlich von Cape Breton – zusammen mit anderen Phantominseln zumindest bis in die 1630er Jahre weiterlebte. Bei Doetecom 1592/1594 war neben anderen auch «S. Brandan» – ansonsten (z.B. bei Mercator 1569) vielmehr in der Mitte des Nordatlantik lokalisiert – zwischen die von João Álvares Fagundes entdeckten Inseln südlich von Neufundland gesetzt worden und blieb in diesen Gewässern zumindest noch in der Epoche dieser Untersuchung.

Direkt oder indirekt auf die Kartographie des nordöstlichen Amerika hat sich auch die Nordlandkarte von Nicolò Zeno (*1515, †1565) ausgewirkt, die den Bericht über eine angeblich von seinem gleichnamigen Vorfahren und dessen Bruder Antonio im Jahr 1380 durchgeführte Reise illustrieren sollte. Zusätzlich zu den allgemein bekannten Insel- bzw. Ländernamen erscheinen hier u.a. «Drogeo», «Estland», «Estotiland», «Frisland» und «Icaria», von denen besonders «Estotiland» und «Frisland» noch lange Zeit eine wichtige Rolle spielten, unterstützt durch deren Übernahme in die Karten von Ortelius und Mercator. Da die Lage von «Estotiland» auf der Zeno-Karte für eine vorspringende Partie der Labrador-Halbinsel sprach, erschien der Name wieder – meist in französischer Form – auf einigen der hier bearbeiteten Stichen des 17. und 18. Jahrhunderts (z.B. A 1200, A 1204, A 1208), als Allonym für «Labrador» bzw. «Nouvelle-Bretagne» und war noch als «Estitoland» u.a. auf einer Karte des *Atlas Portatif* (1747) von Gilles Robert zu finden. Martin Frobisher war auf seiner dritten Reise auf der Suche nach der Nordwest-Passage weiterhin überzeugt, dass es sich beim südlichen Grönland um «Frisland» handele und nahm dieses Gebiet für Königin Elizabeth I. in Besitz. «Frisland» wurden darüber hinaus detaillierte Einzeldarstellungen gewidmet, wie beispielsweise auch von Coronelli (z.B. im *Corso Geographico Universale*, P. 2, No. 77, rechtes Blatt oben), der allerdings gleichzeitig darauf hinwies, dass diese Insel entweder erfunden oder bereits im Meer versunken sei, an anderer Stelle ihre sowie die Umrisse der anliegenden Nebeninseln punktierte (*Parte occidentale dell'Europa*) oder ausschließlich die erklärende Notation einsetzte (*America settentrionale Colle Nuoue Scoperte fin all'Anno 1688*).

Ein weiterer Effekt der Zeno-Karte war die noch lange Zeit viel zu weit nach Norden verschobene Aufnahme von Grönland und Island, wie sie u.a. noch bei Robert Morden und anderen fortlebt. Island war bei Zeno langgestreckt trapezförmig in NO-SW-Richtung dargestellt und reichte bis etwa 70°20′ N. Folglich wurde es noch bis ins 19. Jahrhundert scheinbar vom nördlichen Polarkreis durchschnitten, beispielsweise auch auf der Islandkarte von Coronelli.

Einige der mythisch-folkloristischen Kartenlegenden im Atlantik wie beispielsweise die Brandans-Insel existierten bis zur Mitte des 18. Jahrhunderts kontinuierlich weiter. Die von Coronelli nahe des Nullmeridians von Ferro verzeichnete «Iſ di S Borondon, ò S Blandon e la Encuberta» erscheint inmitten eines der drei Seetangmeere südlich der Azoren bei ca. 29° N 354° E als «I. de Sᵗ. Borondon» auf Delisles *L'Amerique Septentrionale* von 1700 (und, da diese Karte neben aktuelleren Werken des Autors z.B. im Homann-Weltatlas von 1730 reproduziert wurde, noch lange Zeit danach), immerhin mit dem Hinweis auf ihren fabulösen Charakter. Noch 1772 und in den folgenden Jahren ist beispielsweise auf der *Carte réduite de la Mer du Nord* von Jaques-Nicolas Bellin etwas oberhalb der Breite des Rockall-Felsens auf halbem Weg zwischen Nordirland und dem Kap Farvel schließlich die legendäre «I. Bus» zu sehen (verzeichnet z.B. von Doetecom 1592/1594), obwohl diese bereits von Christoffel Middaghten in seinem *Zee-atlas* 1716 endgültig als Untiefe von einer viertel Meile Länge beschrieben worden war.

Aus ganz unterschiedlichen Gründen gab es im 19. Jahrhundert noch einmal eine letzte Welle ozeanographischer Phantasie. Es war eine Epoche häufiger Sichtungen, in der auf Seereisen, insbesondere auf solchen mit entsprechendem Auftrag, angetroffene oder gelotete Objekte, wie Inseln, Klippen (*roches/rochers* bzw. *rocks*) und Untiefen im Nordatlantik, sofern sie noch nicht dokumentiert waren, meist mit einer Zeitangabe sofort an Bord eingetragen und danach umgehend in die Admiralty Charts oder beispielsweise die genannte von Bellin aufgenommen wurden. Sie blieben dort zunächst meist unangefochten, wie etwa die 1876 von einem britischen Schonerkapitän gesichtete «Matador Island», die erst 1922 wieder endgültig entfernt wurde, doch auf den Globen der Deutschen Lufthansa noch im Jahr 1984 zu sehen war (Dreyer-Eimbcke 1988: 68).

Auf den Karten des Untersuchungszeitraums steht der legendäre Name «Norumbega» («Norombega», bei Verrrazzano «Aranbega») für das Hinterland einer bestimmten Küstenpartie im heutigen Maine sowie für eine Siedlung, die u.a. mit Bangor (Maine) identifiziert wurde. Auf den Dokumenten A 1193 und A 1194 wird die Siedlung nicht verzeichnet, das Choronym erscheint hier für die Küstenregion etwa zwischen dem heutigen New York und der Narragansett Bay in der Form tierra de nvrvmberg, also offensichtlich sekundär motiviert. Im 16. Jahrhundert findet sich der Name entweder auf Territorien zwischen Neu-Schottland und Virginia oder sogar Florida, lediglich auf ein einzelnes Kap oder auch auf eine Siedlung angewandt, deren Größe zuweilen legendär überhöht wird. Bereits 1559 erwähnt der Seefahrer Jean Fontenaud, genannt Joan Alfonso oder Jean Alfonse (*1482, †1557) darüber hinaus die «rivière de Norembergue» in seinen Reisebeschreibungen. In dieser Form (die sich neben «Norembègue» bis heute erhalten hat) erscheint der Name schließlich wieder reduziert auf den Mündungstrichter des Pentagoët bzw. des Penobscot und spielt daher in den *Mémoires* der französischen Kommissare zu den Grenzen der Acadie nach wie vor eine wichtige Rolle.

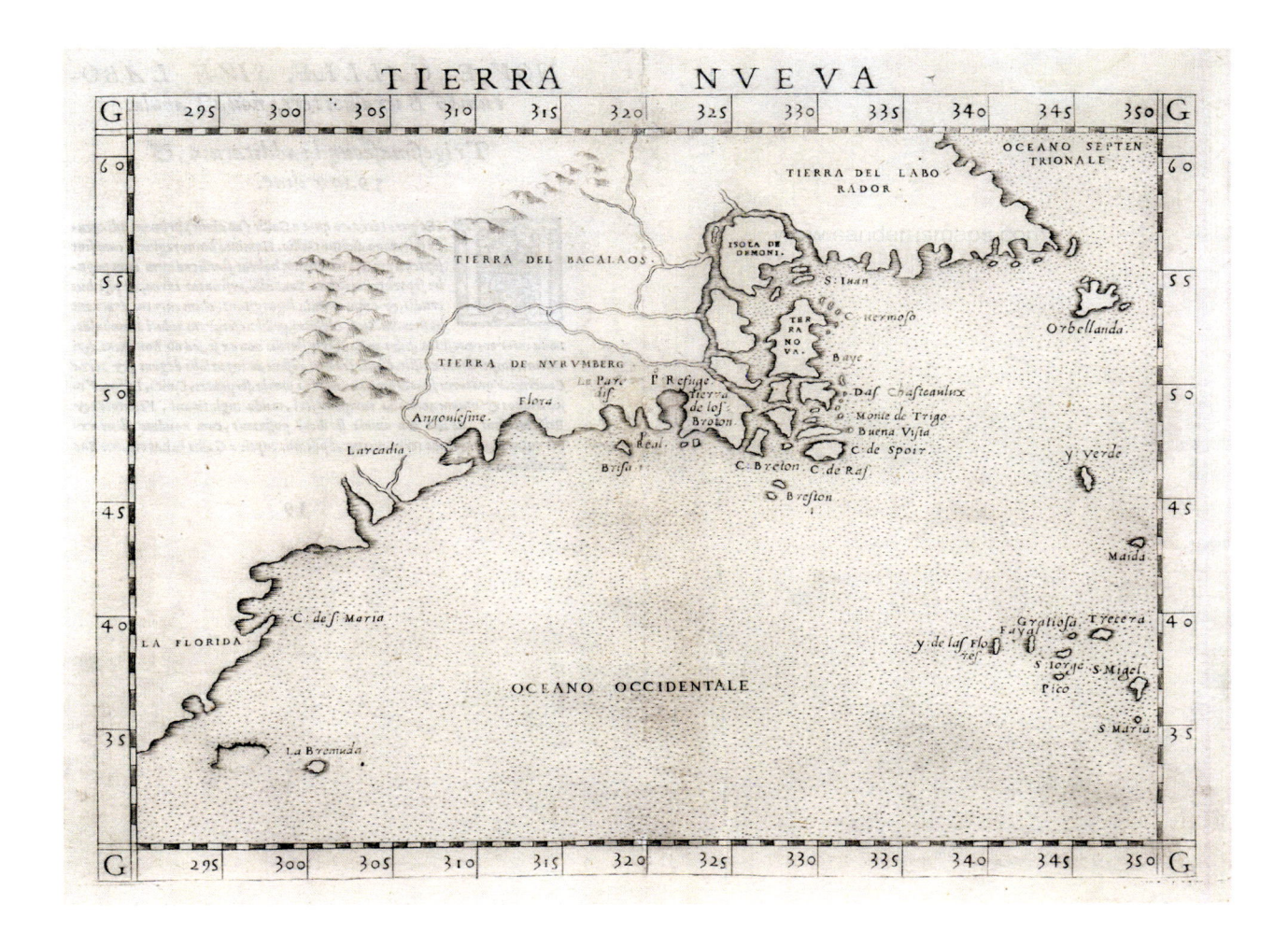

Abb. 3
Tierra Nveva von 1561 (A 1193) auf der Grundlage der Darstellung von Giacomo Gastaldi 1548, der ein Inlandsflusssystem hinzugefügt wurde. Bemerkenswert sind hier die Lage der Azorengruppe sowie die Existenz der Inseln «Maida», «Y. Verde» und «Orbellanda» in amerikanischen Gewässern. «Larcadia» liegt noch südwestlich von «Angouleſme», das an der Einfahrt in den Hudson, also auf der Höhe von New York, lokalisiert wurde. Die benutzte Vorlage war die erste, die einen zusammenhängenden Küstenverlauf von Nova Scotia bis Florida dokumentierte, indem sie graphisch die Ergebnisse Verrazzanos (1524) und Cartiers miteinander zu verbinden versuchte.

Der Name «Virginia» wird – nach De Bry/White 1590 – auf der Karte A 1196 zum zweiten Mal überhaupt kartographisch erwähnt. Er wird nicht vor der ersten Mission von Walter Raleigh auf die Insel Roanoke (1584, ein Jahr nach der Verleihung der entsprechenden Charta durch Elizabeth I.), aufgekommen sein[15] und ist daher auf den Karten A 1193 und A 1194 noch nicht präsent. Zunächst umfasste er das Gebiet zwischen dem 34. Breitengrad (nahe Cape Fear) und dem 48. Breitengrad (etwa bis zur Baie des Chaleurs ähnlich wie später im Fall der New Scotland-Konzession) und damit die gesamte Küstenregion zwischen South Carolina bis Maine – was auf den beiden Metellus-Karten A 1196 und A 1197 gut zum Ausdruck kommt – sowie darüber hinaus auf dem Gebiet des heutigen Kanada die Acadie und schließlich die Insel Bermuda.

Auch die gewissenhaftesten Kartographen waren nicht sicher vor Irrtümern in den von ihnen herangezogenen bzw. kopierten Vorlagen oder vor Fehlinterpretationen der verwendeten Informationen, insbesondere wenn es sich um einheimische Quellen handelte. So korrigierte Bellin für seine *Carte des Cinq Grands Lacs du Canada* (A 1222) die Handzeichnung des Forschungsreisenden und Pelzhändlers Louis Joliet (Jolliet) (*1645, †1700), der sich im Mai 1673 zusammen mit Jacques Marquette auf die Suche nach dem Mississippi begeben hatte, insbesondere bezüglich der Ausdehnung der Großen Seen, ihrer Zuflüsse sowie der Inseln, behielt jedoch nach wie vor seine auf der *Carte des lacs du Canada* (Paris 1744) auf dem Lac Supérieur verzeichneten Inseln «Isle Philippeaux (aut[refois] I. Minong)»[16] und «Isle Pontchartrain» bei, die beide nicht existieren. Sie blieben über einen Zeitraum von etwa hundert Jahren auf seinen und z.B. den Karten von Robert de Vaugondy zu sehen (siehe u.a. A 1211, A 1213, A 1217; auch «I. Phelippeaux» geschrieben) und wurden sogar 1783 Verhandlungsgegenstand beim Friedensschluss von Versailles, durch den die größere der beiden Inseln den USA zugesprochen wurde (Dreyer-Eimbcke 1988: 74; Abb. S. 73).

Nach der Rückkehr von seiner Mississippi-Expedition mit Marquette und einer Überwinterung in der Mission de Saint François Xavier kenterte Joliet vor Montréal in den Lachine-Stromschnellen. Dabei kam sein Illinois-Begleiter um und die gesamten Aufzeichnungen seiner Reise gingen verloren. Daraufhin fertigte er aus dem Gedächtnis eine Nordamerika-Karte für den Gouverneur Frontenac mit dem Titel «Nouvelle Decouverte» an, die er zusammen mit weiteren relevanten Angaben dem Gouverneur übergab, um den König und seine Regierung zum Festhalten an ihrem wirtschaftlichen Interesse an dem neu erforschten Gebiet zu motivieren, was letztendlich wegen neuer politischer Prioritäten dann doch nicht gelang. Auf dieser Karte waren im nördlichen Lac Supérieur drei große Inseln eingezeichnet.

Manchmal sah der Kartograph als Lösung des Konflikts zwischen überlieferter und neu berechneter Position lediglich die mehrfache Darstellung der gleichen Referenzobjekte, wie beispielsweise im Fall der Salomonen-Inseln durch Guillaume Delisle. Schließlich gab es auch den Sonderfall, dass eine kartographische Fiktion aus politischen Beweggründen wider besseres Wissen aufrechterhalten wurde. So ist die Darstellung Kaliforniens als Insel noch auf der so genannten «Codfish Map» (1718/1720) von Herman Moll ein auffälliger Anachronismus, der – zusammen mit dem Namen «California» selbst – letztendlich auf eine literarische Erfindung von Garci Rodríguez de Montalvo (bzw. Garci Ordoñez de Montalvo, *um 1440, †um 1504) zurückgeht, bereits seit 1539 immer wieder in Frage gestellt und schließlich widerlegt worden war; Delisle etwa ging bereits früh zur Darstellung als Halbinsel über. Dennoch hielt insbesondere die spanische Seite an der Bezeichnung «Insel» fest, u.a. um den sich eventuell aus Landungen gegnerischer Nationen (z.B. von Sir Francis Drake in «New Albion») ergebenden Territorialansprüchen zuvorzukommen.

4. Kartentypen

Als früheste Form geographischer Karten gelten Skizzen oder Reliefs, die in Sand, Fels, Ton, Baumrinde, Fasern der Kokospalme, Tierhäute, auf flache Tierknochen, Holzklötze oder andere in Frage kommende Schriftträger geritzt oder gezeichnet wurden. Mikronesier kratzten ihre «Seekarten» in Palmenstiele und Muscheln, australische Aborigines und Tuareg stellten Reliefs aus Steinen und Sand zusammen. Nordamerikareisende wie der Baron Lahontan haben zu ihren Lebzeiten die eine oder andere Frühform noch kennen gelernt.

Nachdem in der Antike Marschrouten- und Stützpunktkarten mit militärischer Bedeutung, zusammen mit Itinerarien oder Routenbeschreibungen, die wie beispielsweise die *Tabula Peutingeriana* einzig auf den jeweils gemessenen Wegstrecken beruhten, eine wichtige Rolle gespielt hatten, waren für das abendländische Mittelalter im Wesentlichen zwei Grundtypen charakteristisch. Die schematischen, nach Osten ausgerichteten «mappae» bzw. «imagines mundi» waren allerdings weniger der geographischen Genauigkeit als vielmehr der Darstellung der göttlichen Weltordnung (meist mit Jerusalem im Zentrum) verpflichtet. Der Begriff war im 11. Jahrhundert im Kloster Santa María de Ripoll aufgekommen – bekannt für seinen in jener Zeit beachtlichen Bestand an Manuskripten und deren Reproduktionen – und umfasste die nach dem Weltbild des Schriftstellers und Reisenden Kosmas Indikopleustes so genannten «Mönchskarten», bei denen die Grenzen zwischen Geographie und Astronomie noch fließend waren: runde oder ovale Rad- (oder T-O-)Karten, Zonenkarten oder eine Mischform aus beiden, daneben aber auch Kataster und verbale Beschreibungen ohne Illustrationen.

Seit etwa 1200 beginnt mit den auf Pergament gezeichneten Portolanen oder Portulanen (Portulan-, Kompass-, Rumben-, R(h)omben- oder Windlinienkarten) für die Navigation im Mittelmeer, im Schwarzen Meer und zunehmend auch entlang der atlantischen Küsten Europas und Nordafrikas eine realistischere Kartographie; ihr ältestes Exemplar, die so genannte «Carte dite Pisane» (wenn auch sehr wahrscheinlich in Genua entstanden) über das Mittelmeer, einen östlichen Teil des Atlantiks und einen Teil des Schwarzen Meeres befindet sich heute im Besitz der Bibliothèque nationale de France[17] und wird auf ca. 1290 datiert. Diese Portolane wiesen zwar einerseits zwischen bestimmten homogenen Blöcken deutliche Verzerrungssprünge auf, verfügten aber andererseits, obwohl sie sich überwiegend am magnetischen Nordpol orientierten und weitgehend auf Gradnetze verzichteten, bereits über eine bemerkenswerte Präzision, insbesondere des Küstenverlaufs am Mittelmeer; sie waren stellenweise auf ca. 10 Bogenminuten genau und übertrafen damit die Genauigkeit der bereits mit Gradnetz und Koordinatentabellen ausgestatteten ptolemäischen Karten. Die an den Küsten eingetragenen Ortsnamen waren wiederum – wie auf der Pisaner Karte – zunächst ausgesprochen dürftig, das Hinterland blieb zunächst eine weitgehend leere Fläche; an bestimmten Stellen konnten sie allerdings wiederum über eine derartige Dichte verfügen, dass viele von ihnen nur sehr schwer oder gar nicht lesbar sind. Die abwechselnd schwarze und rote Ausführung der Legenden hatte entweder ausschließlich dekorative Funktion oder diente bereits der Hervorhebung der jeweiligen Bedeutung, ähnlich wie es auf modernen Karten mittels der Schriftgröße bzw. Schriftart praktiziert wird. Gegenüber den meisten heutigen Karten, die eine einheitliche Lage bzw. Schriftrichtung bevorzugen, wurden sie in der Regel senkrecht zur jeweiligen Küstenlinie angebracht, und zwar so, dass sie leicht gelesen werden konnten, wenn die Karte in der entsprechenden Fahrtrichtung lag. Bei Flüssen und Meeresbuchten standen daher die Namen des einen gegenüber denen des anderen Ufers jeweils auf dem Kopf. Davon unabhängig hatte jede Kartenschrift ihre individuellen Besonderheiten. Schräg oder senkrecht zur Küsten- oder Uferlinie angebrachte Legenden finden sich auch bei einigen der untersuchten Karten, insbesondere von JAMES COOK (siehe A 1288 und A 1289).

Zur Unterstützung beim Navigieren war über das gesamte Kartenfeld ein dichtes Netz durchgezogener oder gestrichelter Kompass-, Rumben- oder Rhombenlinien bzw. Rhomben gelegt. Diese sind verlängerte Windstriche, die eine 16- oder 32-teilige Windrose – bei dieser entspricht ein Strich 11,25 Grad – im Zentrum der Karte mit weiteren Nebenrosetten verbanden und sich dabei häufig überkreuzten. Nach einem Idealmuster waren 16 Rosetten kreisförmig um die Zentralrose angeordnet; von allen gingen jeweils 16 Kompassstriche aus. Abgesehen von diesem Grundmuster und eventuell einer Kolorierung (vier Hauptwinde schwarz, Halbwinde grün und Viertelwinde rot) gab es bezüglich Anzahl und genauer Lage dieser Rumbenlinien keinerlei Standardisierung; die tatsächliche Ausgestaltung war ohnehin zunächst von der jeweiligen Kartengröße abhängig, insbesondere großformatige Karten wurden mit mehreren Zentralrosensystemen versehen, die z.B. auch bei SAMUEL DE CHAMPLAIN vorkommen. Auf einer solchen Windrose wurde spätestens seit dem 13. Jahrhundert auch in Europa

– gemäß neuerer Auffassung unabhängig von China – die Pinne mit dem rautenförmig gebogenen Eisendraht des Magnetkompasses befestigt. Der Begriff Kompass ist allerdings zunächst – ab dem 13. Jahrhundert – im Mittelmeerraum für maritime Routenanweisungen (< ital. *compassare* 'ringsum abschreiben, abmessen') und ab dem 15. Jahrhundert für den bei der Kursbestimmung verwendeten Stechzirkel gebräuchlich und steht ab dem 16. Jahrhundert daher neben ital. *bussola*, fr. *boussole* (vgl. dazu JONKERS 2007: Sp. 1032–1035).

Auch der Begriff ital. *portolano* bezeichnete zunächst gleichfalls verbale – nicht bildliche – nautische Informationen und Instruktionen, wie z.B. über Kurse, Landmarken, Distanzen, Lotungen, Ankermöglichkeiten, Strömungen, Gezeiten, Klippen, Leuchtfeuer usw., er ließe sich etwa mit 'Hafen-' oder 'Lotsenhandbuch' übersetzen und entsprach frz. *routier* (engl. *rutter*), port. *roteiro*, span. *derrota* etc. Diese Segelanweisungen waren noch wie die des Altertums ausgearbeitet, enthielten aber im 16. Jahrhundert bereits kleine silhouettenartige Zeichnungen zur Illustration an entsprechenden Stellen. Im gleichen Jahrhundert setzte dann, zunächst im Französischen (*portulant*), eine begriffliche Erweiterung des Begriffs Portolan auf die begleitenden Seekarten (*carta marina*, ndl. *pas-kaarte*, eng. *sea-chart* etc.) ein, die 1762 von der Pariser Akademie offiziell sanktioniert wurde (vgl. RAYNAUD-NGYEN 1986: 617–623).

Am Ende des 15. Jahrhunderts wurde die von Konstantinopel nach Italien überführte, 1409/1410 ins Lateinische übersetzte Γεωγραφικὴ Ὑφήγησις (*Geographiké Hyphégesis*) bzw. *Cosmographia* (um 150 n. Chr., 8 Bücher, 27 Karten; davon 1 Weltkarte) des im zweiten nachchristlichen Jahrhundert in Alexandria wirkenden ΚΛΑΥΔΙΟΣ ΠΤΟΛΕΜΑΪΟΣ (CLAUDIUS PTOLEMÄUS, *um 100, †um 160) wieder entdeckt und nunmehr zunehmend nicht nur in Handschriften, sondern auch durch den Buchdruck verbreitet (erste Druckversion ohne Karten Vicenza 1475, erste mit 26 Karten Bologna 1477; bis 1599 31 gedruckte Ausgaben). Auch wenn diese Abhandlung, die ursprünglich eine Streitschrift gegen MARINOS VON TYROS gewesen war, wegen der rückschrittlichen Auffassungen z.B. gegenüber HERODOT und ERATOSTHENES den geographischen Kenntnisstand nicht unbedingt bereicherte, wurde sie dennoch, dem humanistischen Zeitgeist entsprechend, zum Standardwerk erhoben und zwischen 1482 (Ausgabe Ulm) und 1561 kontinuierlich mit zusätzlichen «tabulae novae» bzw. «modernae» komplettiert, die aktuelle Veränderungen des geographischen Weltbildes dokumentieren sollten. Die

Introductio für eine dieser neuen Ptolemäus-Ausgaben von MARTIN WALDSEEMÜLLER (1507) enthielt den berühmten Vorschlag, den neuen Kontinent «Amerige(n)» bzw. «America» zu nennen (von dem er sich allerdings auf seiner *Carta Marina* von 1516 – soweit es den Nordteil Brasiliens betrifft – wieder zugunsten von «Terra Nova» distanzierte); auf seiner Wandkarte (1507) sowie auf der von LORENZ FRIES (FRISIUS) (1522) war der neue Begriff erstmals als kartographische Legende verwendet worden.[18] Die wiederbelebte Darstellung der – nördlichen – ptolemäischen Oikumene, also des bekannten und als bewohnt geltenden Teils der Erde, die vermutlich auf AGATHODAIMON VON ALEXANDRIA zurückging, blieb in der frühen Neuzeit gegenüber dem von der Kirche bewahrten mittelalterlich-christlichen Weltbild weitgehend maßgeblich und wurde damit Grundlage der modernen Kartographie. Das Verhältnis der «tabulae antiquae» (die leicht an ihrer auf DONNUS NICOLAUS GERMANUS zurückgehenden Trapezform erkennbar sind) zu den neuen Karten, das in der Ausgabe Ulm 1482 noch 27:5 betragen hatte, verschob sich allmählich zugunsten der letzteren; an die von WALDSEEMÜLLER redigierte Neuausgabe Straßburg 1513, die ab jetzt unter dem Titel *Geographia* erschien, waren 27 alten bereits 20 neue, erstmals nördlich der Alpen hergestellte «tabulae» als *Supplementum* angefügt; bei ORTELIUS wurden schließlich gar keine alten Karten mehr gezeigt. Neben Aktualisierungen mussten auch völlig neue Kenntnisse umgesetzt werden; so wurden für Ostasien der Reisebericht von MARCO POLO, für Südasien die neueren portugiesischen Entdeckungen berücksichtigt. Für die atlantischen Küsten Nordamerikas liegen hier u.a. aus den Ptolemäus-Ausgaben von PIRCKHEIMER/MOLETI (1562) und RUSCELLI/MALOMBRA (1574) die Karten A 1193 und A 1194 vor, die noch ein verhältnismäßig ungenaues und verwirrendes Bild des Küstenverlaufs wiedergeben, die Azoreninsel Flores als Außenposten der Alten Welt um 5° westlicher als die Ostspitze Labradors darstellen und dazu noch die legendären Inseln «Orbellanda», «Y: verde» und «Maida» verzeichnen (Abb. 3).

Seit der Plattkarte mit quadratischem Linienmuster von PAOLO DAL POZZO TOSCANELLI (*1397, †1482) in Marinus-Projektion (1474), auf der anstelle des Windliniennetzes einander rechtwinklig schneidende Längen- und Breitenkreise in stets gleichen Abständen verwendet worden waren, wurde dieses bereits von Kartographen der Antike gebrauchte Grundmuster wieder allgemein üblich, seit dem von REGNIER GEMMA FRISIUS (JEMME REINERSZOON) aus Dokkum (*1508, †1555) neu bearbeiteten *Cosmographicus liber* (1529, 1534) des PETRUS APIANUS (PETER APIAN, eigentlich BENNEWITZ oder BIENEWITZ, *1495, †1552) und der *Cosmographia* (1544) von SEBASTIAN

Münster (*1488, †1552) wurden für die Flächenerfassung als neue geodätische Methode die von Gemma Frisius beschriebene chronometrische Bestimmung der Längendifferenz herangezogen und popularisiert. Gleichzeitig ermöglichte der Buchdruck auch die systematische Vervielfältigung der ergänzend zu den See- bzw. Landkarten erschienenen Segel- bzw. Reisehandbücher.

Ganz allgemein gehörte die heute übliche Ausrichtung der Karten nach Norden noch nicht zum allgemeinen Standard. Im Mittelalter überwog die noch christologisch motivierte östliche Ausrichtung (s.u.) wegen der Lage des Heiligen Landes relativ zu Europa, ebenso kamen auch im Abendland die für die arabische Kartographie typischen gesüdeten Dokumente vor, wie beispielsweise 1512 bei Maggiolo bei der Darstellung der Westküste Afrikas entsprechend der groben Fahrtrichtung der Seeleute, oder beispielsweise auch bei den Wegekarten für die christlichen Pilgerreisen nach Rom oder die Kreuzzüge nach Jerusalem. Ab dem 16. Jahrhundert wurden aber auch Dokumente, bei denen Westen oder Nordwesten oben war, zahlreich, entweder bedingt durch das Format des Buchblocks, in das sich das Kartenbild einpassen sollte, oder auch durch andere praktische oder kartenästhetische Gründe. Dies war u.a. bei Karten der Britischen Inseln oder hier bei zahlreichen Umgebungskarten, Stadt- und Hafenplänen von Montréal, Québec, den Hafenstädten der Cape Breton Island sowie und weiterer Inseln des St. Lorenz-Golfs der Fall. Eine allgemeine Festlegung der Nordorientierung und eines festen Koordinatensystems auf Karten erfolgte erst 1634 durch König Louis XIII.

Im 16. Jahrhundert ist die mehrfache Ausrichtung der Kartenfeldbeschriftung anzutreffen, insbesondere auf den Werken der Schule von Dieppe (z.B. bei Nicolas Desliens 1541 und Pierre Desceliers 1550): Wird die Karte – wie heute allgemein üblich – so gelegt, dass Norden oben ist, steht die Nomenklatur der Nordhalbkugel Kopf; bei einer 180°-Drehung entsprechend die der Südhalbkugel. Von einer einheitlichen Nordung bzw. Südung kann hier also noch nicht gesprochen werden, eher von einer jeweiligen Ausrichtung der Beschriftung auf den Äquator.

Auf den Karten des 18. Jahrhunderts erhält die Kartographie zunehmend, sowohl in qualitativer als auch in quantitativer Hinsicht, einen wissenschaftlichen Charakter. Sie orientiert sich nun einerseits ausschließlich an fachwissenschaftlichen Beobachtungen und gibt damit nicht eindeutig bestätigte geographische Objekte auf oder nimmt sie erst gar nicht auf.

Gleichfalls ist auf den Dokumenten des Untersuchungszeitraums im Rahmen einer allgemeinen Tendenz von der ungenauen Weltkarte zur detaillierten, kleinmaßstäbigen Aufnahme ein allgemein wachsender Bedarf an Regionalkarten und Stadtplänen in größeren Maßstäben erkennbar. Diese neue Kartenform, die sich global unter dem Begriff fr. *plan* subsumieren lässt, wurde insbesondere für die genaue Erfassung der kolonialen Ansprüche in der Neuen Welt sowie für die Sicherung des regionalen und transatlantischen Seeverkehrs erforderlich; gleichzeitig bestand gerade in den Niederlanden, die die moderne Kartographie wesentlich prägten, die Notwendigkeit einer möglichst exakten Kartierung des weit verzweigten Kanalnetzes, insbesondere für die Projekte der Trockenlegung. Eine möglichst präzise Darstellung der Seeküsten und Flussmündungen war spätestens mit dem *Spieghel der Zeevaerdt* von Lucas Janszoon Waghenaer (ab 1584) mit Schattenrissen bzw. Silhouetten von Küstenabschnitten, den so genannten Vertonungen (hier regelmäßig im oberen Teil der Karte), sowie bestimmten Segelanweisungen kombiniert worden. Diese Vertonungen (oder «Landkenningen» bei Gerard van Keulen) sind bis in die Gegenwart auf den Seekarten als Landpeilmarken erhalten geblieben. Im 17. und 18. Jahrhundert wird der Typus der detaillierten Seekarte mit allgemeinen Instruktionen sowie aktuellen Informationen über die Besonderheiten der Küstenhoheit infolge entsprechender Verträge perfektioniert, indem nun auch die Ergebnisse von Lotungen in den häufig benutzten Fahrwässern eingetragen werden. Später kommen dann auch noch Seezeichen und Positionen von Havarien hinzu.

5. Projektionsverfahren

Ein Grundproblem von Land- und Seekarten besteht in der Unmöglichkeit, bei einer verkleinerten Projektion eines Abschnitts des Erdsphäroids auf eine Zeichenebene gleichzeitig Flächen-, Längen- (Abstands-) und Winkeltreue, wie sie allein der Erdglobus wiedergibt, zu erreichen. Daher müssen in jedem Fall, zumal bei Karten mit mittleren und kleinen Maßstäben, das heißt also starker Verkleinerung,[19] diesbezügliche Verzerrungen in Kauf genommen werden. Die Entscheidung, welche der Projektionstypen für eine Karte zu verwenden ist, hängt wesentlich von ihrer jeweiligen Funktion ab: so sind ganz allgemein flächentreue Kegelprojektionen eher für Landkarten, Zylinderprojektionen (also solche, bei denen der Globus als Zylinder dargestellt wird) eher für Seekarten geeignet.

Ein Prototyp der zylindrischen Projektionen ist die einfache abstandstreue Plattkarte (*plate carrée*) mit quadratischem oder rechteckigem Kartennetz, bei der entweder der längentreue Äquator oder – wie z.B. bei Marinos von Tyros – zwei Breitenkreise als Standardparallelen zu Grunde gelegt werden können. Im ersten Fall nimmt die Ost-West-Ausdehnung und die Länge der Breitenkreise in Richtung der Pole rapide zu (bei 60° haben sie bereits die doppelte Länge erreicht), was zu einer beträchtlichen Verzerrung von Flächen und Winkeln in höheren Breiten führt, im zweiten Fall wird die Nord-Süd-Ausdehnung der Äquatorialregionen gestreckt. Die Plattkarte ist daher nicht für Planigloben geeignet, kann aber durchaus für Regionalkarten nützlich sein, wie ihre Verwendung in den Ptolemäus-Ausgaben des 15. Jahrhunderts, durch Ortelius, de Jode und Mercator zeigt; auch für Seekarten war sie in Gebrauch. In der Adaptation als Cassini-Projektion fand die erste der beiden Varianten weite Verbreitung für die topographische Kartierung Frankreichs von der Mitte des 18. bis zu Beginn des 20. Jahrhunderts, vor den 1920er Jahren auch der Britischen Inseln.

Zu den zylindrischen Entwürfen gehört weiter die Mercator-Projektion. Diese weist in höheren Breiten starke Längen- und Flächenverzerrungen auf; daher kann der Kartenmaßstab jeweils nur für die so genannte Bezugsbreite gelten (die auf neueren Seekarten stets angegeben ist), während ansonsten von einem «gleitenden Maßstab» gesprochen wird. Die Mercator-Projektion ist jedoch bezüglich der für die traditionelle Positions- und Kursbestimmung wichtigen Winkeltreue der Loxodrome mit den Breitengraden absolut verlässlich. Für die Navigation ebenfalls von Vorteil ist die Tatsache, dass diese Loxodrome, also die scheinbar kürzesten, in Wirklichkeit aber gegenüber den Orthodromen (Großkreisen) längeren Fahrwege zwischen zwei Punkten auf der Seekarte, auf Mercator-Karten gerade Linien sind und so auf der gesamten Strecke zwischen Heimat- und Zielhafen stets der gleiche Kurswinkel gefahren werden kann. Mercator (Gerard Kremer (de Creemere, de Cremer), *1512, †1594) hatte mit seiner *Nova et avcta orbis terrae descriptio ad vsuvm nauigantium* von 1569, einer Weltkarte in achtzehn Blättern (auf der der St. Lorenz-Strom bis zu einem «Chilaga» genannten Gebiet dargestellt ist) den ersten winkeltreuen Kartenentwurf mit Gradnetz, der die Erdkrümmung berücksichtigt, vorgestellt; dieser wurde nach dem Erscheinen des posthum von Rumold Mercator (*1546/1548, †1599) herausgegebenen *Atlas* mit 107 Karten (1595) bald etwas populärer (außer für Weltkarten, für die er erst mit der Ausgabe von 1637 verwendet wurde), fand jedoch in der zweiten Hälfte des 17. Jahrhunderts und im größten Teil des 18. Jahrhunderts ganz allgemein noch wenig Berücksichtigung und konnte sich erst ab dem Stiehler (1. Auflage 1817–1823) in Atlanten und vor allem in der Schulgeographie durchsetzen.

Wenn diese moderne Popularität auch zu geographischen Missverständnissen und zu didaktischen Problemen führte, so ist der Mercator-Entwurf der bis heute weltweit meistverwendete Projektionstyp für See- und Flugkarten geblieben. Nach seiner Einführung in die französische Kartographie durch Guillaume le Vasseur, Sieur de Beauplan (*ca. 1600, †1673) wurde er zum Standard für die offiziellen Seekarten des Dépot des Cartes et Plans de la Marine. Seine typischen Kennzeichen sind die vom längentreuen Äquator zu den beiden Polen kontinuierlich wachsenden Abstände zwischen den Breitengraden und damit eine starke Flächenverzerrung der Polarregionen, eine von ihm gewählte Alternative der Kompensation des sich zu den Polen hin verkleinernden Abstands der Meridiane bzw. der auf der Ebene nicht darstellbaren Krümmung der Erdoberfläche. Diese Streckung des Kartenfelds in Richtung der Pole würde theoretisch am Pol selbst unendlich sein, weshalb dieser auf Karten dieses Typs nicht darstellbar ist.

Häufig ist unter den untersuchten Kanadakarten der unechte Zylinderentwurf mit Flächentreue vertreten, der im Kartenkatalog der SLUB meist Sanson-Entwurf genannt wird (nach Nicolas Sanson d'Abbeville, *1600, †1667), obwohl er bereits in der Ausgabe 1606 des Mercator-Hondius-Atlasses für eine Karte von Südamerika verwendet worden war. Parallel zum Äquator als Standardbreitenkreis verlaufen die längentreuen Breitenkreise als gerade Linien in jeweils gleichen Abständen zueinander; die Meridiane werden demgegenüber mit Ausnahme des Mittelmeridians als Sinus- bzw. Kosinuskurven dargestellt. Dadurch ergibt sich eine nur geringe lineare, dafür aber eine umso stärkere Winkelverzerrung, insbesondere in hohen Breiten. Der Entwurf ist daher gut für Regionen in Äquatornähe geeignet, wird aber gern auch für die Darstellung von Kontinentalgebieten sowie der ganzen Erdoberfläche verwendet. Bei den hier für die Abbildung der nördlichen Hemisphäre verwendeten Beispielen ist am Kartenrand nach Norden hin durch die kontinuierliche Verengung der Meridiane eine zunehmende Stauchung der Landmassen auffällig, wie beispielsweise auf Sansons Karte *L' Amerique Septentrionale divisée en ses principales parties* [...] anhand der Britischen Inseln zu sehen ist.

Der Sanson-Entwurf ist das Vorbild für später weiter entwickelte pseudozylindrische Projektionen, deren typisches Kennzeichen die Sinuskurven sind (daher auch Sinusoidal-Projektion). Neben Sanson- und Mercator-Sanson-Entwurf sind auch die Bezeichnungen Sanson-Flamsteed oder Flamsteed bzw. Sanson-Flamstead oder Flamstead gebräuchlich gewesen, wie beispielsweise im Zettelkatalog der SLUB im Fall der Karte A 1183 (1719), da der englische Astronom und erste Direktor der auf Initiative von Charles II. erbauten königlichen Sternwarte Greenwich, John Flamsteed (Flamstead, *1646, †1719) in seinen Sternkarten häufig auf diesen Entwurfstyp zurückgriff. Entwickelt wurde er allerdings bereits im 16. Jahrhundert, vermutlich von Jean Cossin (1570), und fand wie erwähnt bei Jodocus Hondius (Josse de Hondt, *1563, †1612) in seinen erweiterten Ausgaben des Mercator-Atlasses Verwendung. Bei Sanson erscheint er dagegen erst um 1650.

Auf die ptolemäische Idee geht die Gruppe der konischen und pseudokonischen Projektionen zurück, die abstands- (aber nicht flächen-)treu sind. Die Kegelprojektion wurde von Johannes Ruysch (1508) und Gerard Mercator verbessert und spielte in Frankreich eine besondere Rolle. In den ausgewerteten Karten wurde am häufigsten ein Entwurf verwendet, der nach Guillaume Delisle (*1675, †1726) benannt wurde. Es handelt sich dabei um die Projektion eines Schnittkegels, der die Erdsphäre in zwei längentreu abgebildete Zwischenparallelen schneidet. Kennzeichnend für diesen 1745 von seinem jüngeren Bruder, dem Astronomen und Geographen Joseph-Nicolas Delisle (*1688, †1768) weiterentwickelten Entwurf, der im späten 18. Jahrhundert allgemein dominierender Standard wurde, sind – wie im Fall der Sanson-Projektion – die zu den hohen Breiten hin deutlich enger werdenden Meridiane. Er ist daher ganz allgemein für Karten mit nur geringer Nord-Süd-Ausdehnung bzw. für relativ schmale West-Ost-Segmente geeignet.

Zurückgehend auf ein antikes, von Bernardus Sylvanus Ebolensis aufgegriffenes Konzept entwickelte Rigobert Bonne (*1727, †1795) die nach ihm benannte, mathematisch beschriebene Projektion (1752), in der er eine beträchtliche Anzahl von Karten bei Jean Lattré in Paris publizierte und zusammen mit anderen später im *Atlas moderne ou collection de cartes Sur toutes les parties du Globe Terreſtre Par Pluſieurs Auteurs* zusammenfasste. Sie wurde noch bis zum Ende des 19. Jahrhunderts für Atlaskarten von Kontinenten, in der Ellipsoidalform auch für die topographische Kartierung Frankreichs und Belgiens verwendet, bis sie in beiden Fällen durch Projektionsverfahren mit geringerer Winkelverzerrung abgelöst wurde (Snyder/Voxland 1989: 112).

Joseph-Louis de Lagrange (*1736 als Giuseppe Lodovico Lagrangia; †1813) schließlich generalisierte 1779 das konische Projektionskonzept Johann Heinrich Lamberts (*1728, †1777), der 1772 die nach ihm benannte winkeltreue Kegelprojektion in normaler Lage mit zwei Schnittkreisen zwischen Kugel bzw. Ellipsoid und Kegel und damit verzerrungsfreien Breitenkreisen entwickelte, die noch heute in der Luftfahrt Verwendung findet.

Abb. 4
«Salle méridienne» bzw. «Salle Cassini» im Pariser Observatoire mit Kennzeichnung des Pariser Nullmeridians.

6. Nullmeridian und Längengradzählung

Eine Gradeinteilung des Kartenbilds war offensichtlich erstmals um 200 v. Chr. von ERATOSTHENES praktiziert worden, der die Abstände beispielsweise der Parallelkreise in Stadien angegeben hatte. Der Hauptmeridian verlief auf seiner Karte durch Alexandria und Syene und das so genannte Diaphragma durch die Säulen des Herakles. MARINOS VON TYROS bildete um 100 n. Chr. auf seiner rechteckigen Plattkarte 225 längentreue Meridiane und 87 Breitengrade ab, die von PTOLEMÄUS auf 180 Längen- und 83 Breitengrade verringert wurden. Das Orientierungskreuz war nun auf die Insel Rhodos gelegt ($\varphi_0 = 36°$), die bereits HIPPARCHOS (*um 190 v. Chr., †um 120 v. Chr.) in entsprechender Funktion gedient hatte. MARINOS verlegte den Nullmeridian auf die «Insulae fortunatae», also an das westliche Ende der Oikumene, und begründete damit die über viele Jahrhunderte bis in die neuere Zeit allgemein gültige Zählung der Längengrade ab der Insel Ferro (Hierro).

Nach der bilateralen Teilung der bekannten Welt in einen spanischen und portugiesischen Machtbereich im Vertrag von Tordesillas (7. Juni 1494) wurde die gegenüber der ein Jahr früher von Papst ALEXANDER VI.[20] verfügten, 170 leguas weiter westlich verlaufenden Demarkationslinie (etwa auf 46°37′ W [Tordesillas-Linie] gegenüber 38°00′ W [päpstliche Linie]) auf einigen Karten (z.B. bei JUAN DE LA COSA 1500) als Nullmeridian verwendet, wenn auch dessen exakter Verlauf ganz allgemein nur mit großer Unsicherheit, auf hoher See wegen der noch nicht möglichen Längenmessung überhaupt nicht bestimmbar war. MARTIN BEHAIMS Erdapfel verfügte über einen einzigen Meridian ungefähr 80° westlich von Lissabon. Letztendlich hatte diese Unklarheit wichtige historische Konsequenzen für die Ostküsten Nordamerikas, indem sie – neben anderen Faktoren – in dem de jure spanischen Machtbereich einerseits portugiesische, andererseits auch nachfolgende britische, niederländische und französische Niederlassungen ohne größere Schwierigkeiten ermöglichte. Zudem hatte Frankreich in zwei entsprechenden Geheimabkommen – von denen immer noch nicht klar ist, wann und wo sie genau geschlossen wurden – Spanien zwei «lignes d'amitié», darunter den nördlichen Wendekreis bzw. den Wendekreis des Krebses (23°26′16″ N) abgerungen, die den Franzosen zunächst völlige Handlungsfreiheit ermöglichte (JULIEN 1948: 211). Nachdem WALDSEEMÜLLER und SCHÖNER eine Zeit lang Porto Santo gegenüber Madeira, MERCATOR Corvo und JODOCUS HONDIUS die Insel São Tiago als ersten Meridian angenommen hatten, und zeitweise u.a. auch Toledo (im 11. Jahrhundert ein wichtiges Zentrum der Astronomie) diese Funktion hatte, setzten sich unter dem Einfluss der Ptolemäus-Renaissance allmählich endgültig die Kanarischen Inseln gegenüber den Azoren und Kapverden durch, allerdings galten neben Hierro zunächst auch der Pico del Teide auf Teneriffa und zeitweise die Insel La Palma als Referenzlänge. Doch fehlte auf den frühneuzeitlichen Karten (auch u.a. bei WALDSEEMÜLLER) vielfach zunächst noch ein aufgelegtes Meridianraster, was auch in bestimmten Fällen noch bei den hier untersuchten Dokumenten der Fall ist.

Auf Empfehlung der am 25. April 1634 durch den Kardinal RICHELIEU einberufenen Expertenkonferenz, die sich zugunsten des Westrandes der Insel Ferro (Hierro) entschied, wurde dieser im Königlichen Dekret vom 1. Juli 1634 verbindlich als Nullmeridian für sämtliche in Frankreich hergestellte Karten festgelegt. Hier verlief nach französischer Auffassung die zweite «ligne d'amitié», ab der gemäß den erwähnten, zwischen 1559 und 1598 geschlossenen Geheimabkommen französische Kolonialaktivitäten von Spanien geduldet wurden. Die Zählung der Meridiane erfolgte zunächst, in Fortführung der ptolemäischen Tradition, von Ferro aus in östlicher Richtung das Erdsphäroid umlaufend, wie es noch heute in der Geodäsie üblich ist; der Nullmeridian erschien auf den Karten meist als 360°. In der kartographischen Praxis konnte die Lage dieses ersten Längenkreises bzw. die Entfernung zu einem bestimmten Ort durch die nach wie vor unsicheren Angaben allerdings noch erheblich variieren.[21] Auch für die im Jahr 1724 durch den Pater LOUIS FEUILLÉE (*1660, †1732) erfolgte Nachberechnung des noch u.a. von SANSON mit 23°30′ angesetzten Abstands Paris–Ferro gibt es unterschiedliche Angaben (20°01′45″ bzw. 19°55′); doch konnte mit ihrer Hilfe GUILLAUME DELISLE noch im gleichen Jahr seinen seit ca. 1720 verwendeten, vereinfachend auf genau 20°00′ westlich des Observatoriums von Paris gelegten Nullmeridian als offizielle Definition vorschlagen und durchsetzen. Die Versuche, im Rahmen einer weltweiten Vereinheitlichung Frankreich zum Beitritt zur Greenwich-Konvention der britischen Marine zu bewegen, die den seit 1738 verwendeten Längengrad des «Flamsteed House» der Sternwarte Greenwich 1776 für die britische Admiralität verbindlich festlegte, scheiterten noch 1871 auf dem Ersten Internationalen Geographenkongress in Antwerpen. Auf der Meridiankonferenz in Washington (14. Oktober 1884) erhielt der Greenwich-Meridian (der heute 100 m weiter östlich verläuft und inzwischen ohnehin nicht mehr als erdoberflächenfest angesehen wird) mit großer Mehrheit – bei Stimmenthaltung Frankreichs – für alle seefahrenden Nationen den Status einer verbindlichen Referenzlinie einschließlich der darauf bezogenen Greenwich

Mean Time (GMT). Doch erst auf den internationalen Weltkartenkonferenzen von 1911 und 1913 gelang eine endgültige Regelung.

Der 1718 von Jacques (Giovanni) Cassini festgelegte Nullmeridian mit noch geringerem Abstand zu Ferro lag 2°20'14.025'' östlich der Linie von Greenwich. Gegenüber der vom Royal Observatory seit 1833 gelieferten Vergleichszeit wurde als Grundlage der für Frankreich verbindlichen «Heure légale» im Gesetz vom 9. März 1911 der «temps moyen de Paris» (t.m.P.) wieder auf den Pariser Nullmeridan bezogen. Diese Relation wurde auch noch nach Einführung der Koordinierten Weltzeit (UTC) 1972 zunächst beibehalten, bis zum 9. August 1978, als sich Frankreich der UTC anschloss. Auch andere Staaten haben in der Vergangenheit jeweils für sich eigene Regelungen eingeführt; so gab es u.a. die Meridiane von Berlin, Nürnberg, Uraniborg und Washington. Nach der Amerikanischen Revolution gab es ferner die «Longitude East from Philadelphia» (vgl. Doolittle 1795); die Karte A 1249 bzw. A 1251 zeigt darüber hinaus «Degrees of East Longitude from Quebeck».

Auf den frankophonen Karten des untersuchten Zeitraums überwiegt, sofern sie über entsprechende Skalen verfügen, zunächst die 1634 dekretierte Zählung der Längengrade östlich von Ferro (Hierro), die als allgemeine kartographische Regel eigentlich nicht spezifiziert werden musste. Das betrifft gleichfalls die von Coronelli gezeichneten, in Venedig erschienenen Karten. In der zweiten Hälfte des 18. Jahrhunderts bleibt der Zusatz «(Longitude occidentale) du Méridien de l'Isle de Fer» insbesondere bei Berücksichtigung mehrerer Referenzlängen, wie etwa im Fall A 1218 (1756) der «Méridien de Paris», oder im Fall A 1216 (ca. 1765) derjenige von London (da es sich hier um eine aus dem Englischen übersetzte Karte handelt) dominant. Die gleichzeitige Angabe des Meridians von Ferro (oben) und von Paris (unten) ist z.B. ein typisches Kennzeichen der Karten des *Atlas encyclopédique* (1787). Auch wird nun – zumal bei den neuen Systemen ausschließlich in westlicher Richtung gezählt wird – allmählich zu der Angabe der westlichen anstelle der traditionellen östlichen Länge von Ferro übergegangen, allerdings nach Ausweis des untersuchten Kartenmaterials offensichtlich zuerst auf britischer Seite (A 1219). Diese zählt zunächst überwiegend westlich von London, doch ist hier bis zum Ende des Jahrhunderts daneben auch noch die frühere Methode üblich; auf den beiden Karten von Herman Moll, die nach dem Frieden von Utrecht erschienen, wurden neben «Deg[rees] West from London» (A 1176) auch «Degrees East from London» (A 1177) verwendet. Nachdem der durch die verbindliche Festlegung des durch das Royal Observatory von Greenwich laufenden Längengrades als Nullmeridian die Koordinaten auf englischen Karten stets auf Greenwich bezogen wurden (vgl. z.B. A 1228), gab es immer noch keine völlige Vereinheitlichung. Von den beiden deutschsprachigen, im gleichen Jahr (1791) in Berlin erschienenen und von Carl Jäck gestochenen Karten zeigt die eine – A 1189 – bereits das Koordinatennetz westlich von Greenwich, die andere – A 1188 – noch die traditionelle östliche Zählung. Ein weiteres Dokument (A 1262, amerikanische Nordwestküste, ca. 1794) verwendet unten die traditionelle «East Longitude» und oben die neuere «West Longitude». Die Karte A 1188 wurde von Georg Forster entworfen, der die «östliche Länge von Greenwich» von den in seiner *Geschichte der Reisen, die seit Cook [...] unternommen worden sind* zusammen gestellten englischen Reiseberichten übernommen hatte.

Bemerkenswert sind in dieser Hinsicht die in den 1750er Jahren vom Dépot des Cartes et Plans de la Marine in Paris herausgegebenen nautischen Karten. Sie geben auf entsprechenden Skalen am oberen und unteren Kartenrand die geographische Länge gemäß fünf verschiedener Koordinatensysteme an, von denen zwei östlich orientiert waren. Unten (A 1234) bzw. unten und oben (A 1233) auf dem Kartenrand wird die Länge westlich von Paris angegeben, dann folgt – jeweils nach innen – oben die «Longitude Occidentale du Cap Lezard» und unten die beiden nach Osten ausgerichteten Zählungen von der Isle de Fer (Hierro) sowie – als Besonderheit – von Teneriffa. Diese Variante hatte, wie bereits erwähnt, in der Vergangenheit einmal eine gewisse Rolle in der atlantischen Seefahrt gespielt. Eine weitere Besonderheit ist die unterste Skala auf der Karte A 1234, die das Kartenbild in Stunden und Minuten «à l'Occident de Paris» einteilt (hier 4 Stunden 32 Minuten am westlichen bzw. 3 Stunden 24 Minuten am östlichen Rand der Karte). Diese Einteilung basiert auf der Gleichung 1 geographischer Grad gleich vier Zeitminuten bzw. 15 Grad gleich eine Zeitstunde, sofern eine volle Erdumdrehung (360°) mit 24 Stunden gleichgesetzt wird.

7. Maßstab und Reduktion

Zusätzlich zum Gradnetz wurde allmählich die Angabe des jeweiligen Kartenmaßstabes üblich, der graphisch anfangs in Form eines Radius und später als lineare, in jeweils gleiche Maßintervalle gegliederte Leiste dargestellt wurde. Diese konnte zunächst vertikal als Teil eines, zweier oder mehrerer Meridiane oder auch schräg verlaufen (so insbesondere auf den frühen portugiesischen Seekarten, daher u.a. fr. *eschelle*, *échelle*, eigentlich 'Leiter'); im 14. und 15. Jahrhundert wurde eine separate Leiste mit Umrandung üblich, die auf den Karten des 17. und 18. Jahrhunderts vielfach in die Titelkartusche bzw. in eine separate Banderole oder zweite Kartusche aufgenommen wurden und sich bei kunstvoller Ausführung und gegebenenfalls Integration in farbige Illustrationen zu den beliebten Zierelementen der neuzeitlichen Kartographie entwickelte. Bei der auf den Karten dieser Epoche häufigen vergleichenden Anordnung mehrerer Maßstabsbalken für die zeitgenössischen Wegemaße untereinander – in der Regel in eigenen oder in den Titel- bzw. Verlegerkartuschen – wird in früheren Bibliotheksrepertorien wie auch dem Dresdner Zettelkatalog traditionell von «Meilentafeln» gesprochen.

Im Fall der 1688 erschienenen Karte A 1203 beispielsweise befindet sich die Maßstabskartusche rechts oben auf dem Kartenfeld. Sie ist außen mit Fischmotiven und einer kannibalistischen Szene dekoriert und hat innen einen grünen Untergrund, während die Streifen zwischen den einzelnen Maßstabsleisten zusätzlich abwechselnd gelb und rosa unterlegt sind. Angegeben sind zwei verschiedene «Milles» und drei unterschiedliche «Lieües»; zum Vergleich zeigt A 1174 von 1696 zwei Arten «Milles» und vier Arten «Lieües» an. Nach wie vor dominiert also im 17. und 18. Jahrhundert das Nebeneinander zweier auf das römische Imperium zurückgehender Längenstandards, der römischen Meile und der seit dem 4. nachchristlichen Jahrhundert belegten, größeren «leuca» («Leuge»), die speziell in Frankreich und auf der Iberischen Halbinsel allgemein verbreitet war. Beide gehen ursprünglich auf natürliche (von menschlichen Körperteilen) abgeleitete Messgrößen zurück; ihre jeweilige Festlegung variierte jedoch bis in die jüngere Vergangenheit je nach Region. So konnte beispielsweise die so genannte Fußmeile in Deutschland zu 24.000, in Skandinavien aber zu 36.000 Fuß gerechnet werden und dort daher bis 11.299 m groß sein, obwohl die römische Meile (< *mille passuum* bzw. *mille passūs*, 'tausend Schritt' bzw. 'tausend Klafter') eigentlich nur 1.472,5 m gemessen hatte. Letztendlich anatomisch definierte Maße sind ferner die in der Epoche noch gebräuchlichen Wegstunden («heure de chemin») und Tagreisen (bei Coronelli «Diete, ò Giornate»).

Der Weg zu einer internationalen Konventionalisierung der Längenmaße, die wiederum von Frankreich vorangetrieben und am Ende des 18. Jahrhunderts schließlich verwirklicht wurde, ist in der Kartographie der untersuchten Epoche bereits vorgezeichnet. Eine Zwischenstufe stellen die immerhin für eine ganze Nation verbindlichen Standards («milles communs» bzw. «lieues communes») dar, die auf den Karten als Reduktionsmaßstäbe erscheinen. Zwischenzeitlich wurden sowohl die Meile als auch die «leuca» festen physikalisch-geographischen Größen zugeordnet, weil sie sonst auf See völlig unbrauchbar gewesen wären. Diese Umrechnungsfaktoren sind in zahlreichen Fällen den jeweiligen Wegemaßangaben beigefügt (siehe z.B. A 1187, A 1201, A 1212, A 1213, A 1215–A 1218, A 1230, A 1243, A 1245, A 1249). Die Maßeinheit «Mille d'Italie» bzw. die «Milles Pas geometriques» (A 1203, A 1204, regelmäßig an erster Position in den Maßstabskartuschen) ist mit 1.850 m bis 1.851 m praktisch die Vorläuferin der heutigen Seemeile (60. Teil eines Äquatorgrades). Die deutsche Meile entsprach dem 15. Teil des Äquatorgrades bzw. 4 Bogenminuten auf dem Äquator (7.420,40 m bis 7.421,591 m), die «lieue commune de France» mit 4.452,26 m dem 25. Teil eines Äquatorgrades. Diese beiden waren die wichtigsten Standards der niederländischen bzw. französischen kartographischen Tradition und wurden daher in Europa insbesondere in den Karten, die sowohl das französische als auch das niederländische Sprachgebiet betrafen, als Maßstab gemeinsam angegeben, so beispielsweise im *Vyerighe Colom* (Kuiper/Kersbergen 2008: 15).

Zwischen der deutschen und französischen gemeinen Meile lagen die nautischen Meilen Frankreichs (lieue marine) und Englands (marine league, nautical league bzw. league nautical), die am Äquator den 20. Teil eines Grades oder 3 Bogenminuten ausmachen sollten und deren jeweilige Basiswerte von 5.565,32 m (England) bzw. 5.564,895 m nur wenig voneinander differierten (und z.B. in Spanien als legua marítima zu 5.556,00 m gerechnet wurde). Dem 20. Teil eines Grades entsprach auch die «heure» bzw. die «Lieue d'une heure de chemin» (A 1203, A 1208) oder Wegstunde nach Ausweis der Karten A 1217 und A 1218. Daneben existierten bzw. existieren in England die auf der Einheit Fuß basierenden Meilen, insbesondere die «mille commun d'Angleterre», die noch heute als English mile (1.523,99 m) oder als statute bzw. British mile (1.609,347 m, zum 69½ten Teil eines Grades standardisiert) in Gebrauch ist, oder die imperial nautical mile zu gerundeten 6.080 imperial feet, die mit 1.853,181 m länger als die internationale Seemeile ist. Auf der Karte A 1226/A 1227 von William Faden etwa ist auch die Einheit Canadian Leagues zu je 2,5 «Miles» angegeben. Bei Einführung des metrischen Systems wurden einige dieser Maße zwecks besserer Umrechnungsmöglichkeiten auf- bzw. abgerundet. Später konnte die standardisierte Seemeile nautisch auf der Grundlage des Meridianquadranten $Q_Ö^{Me}$ bzw. der mittleren Meridianminute, geteilt durch das Produkt 90 x 60, definiert werden. Das Ergebnis dieses Quotienten ist 1.852,276 ± 0,014 m. Eine entsprechende Definition existiert auch für die (aus der deutschen Meile hervorgegangenen) geographische Meile auf der Basis des mit 4 multiplizierten Äquatorquadranten $Q_Ö^{Äe}$, wiederum geteilt durch 90 x 60, woraus sich ein Wert von 7.421,255 ± 0,135 m bis 7.421,591 m ergibt.[22]

Die Angabe der Reduktion schließlich, also des exakten Größenverhältnisses zwischen der Entfernung auf der Karte gegenüber der tatsächlichen Entfernung in der Natur (z.B. 1:1.000.000), heutzutage eine Selbstverständlichkeit, kam erst um die Mitte des 19. Jahrhunderts auf, als sie z.B. von August Petermann verwendet wurde.

8. Herstellungstechniken

Während ganz allgemein auch nach Einführung des Buchdrucks – vielfach bis zu Anfang des 19. Jahrhunderts – an der Manuskriptform der Karten festgehalten wurde, erwiesen sich gegenüber dem Holzschnitt, der sich für eine feingliedrige Abbildung nicht eignete, ab dem 16. Jahrhundert die aus Italien übernommenen Techniken des Kupferstichs und der Radierung eindeutig von Vorteil; sie dominieren im Zeitalter des Barocks und Rokoko. Als erstes größeres geographisches Werk war das *Theatrum Orbis Terrarum* von Ortelius (1570) ausschließlich mit Kupferstichkarten ausgestattet. Dabei handelt es sich um ein manuelles Verfahren, bei dem die zu druckenden Linien mit einem Stichel in die Kupferplatte eingebracht oder – bei der Ätzradierung – durch Säure eingeätzt werden, um Druckerfarbe aufzunehmen, die in der Durchlaufpresse dem angefeuchteten Papier wieder abgegeben wurde. Bei diesem Verfahren kommen sowohl die in nadelfeine Spitzen auslaufenden Linien als auch kräftige Striche und Schraffuren auch nach der Bearbeitung der Grate zu beiden Seiten der Furchen mit dem Schabeisen noch besonders gut zur Geltung, da die Druckerfarbe an den Graten deutlich erhöht bleibt. Auch die vier Ränder der Druckplatte prägen sich tief ins Papier. Sehr großen Wert wird auf die künstlerische Gestaltung der graphischen Darstellung gelegt, die zunehmend mit der Dokumentation eines dem wachsenden kartographisch-technischen Niveau entsprechenden Instrumentariums verbunden wird. Zusätzlich zu Verbesserungen z.B. des Kartenrands, der nun immer häufiger systematisch mit den Zahlenwerten des geographischen Koordinatennetzes versehen wird, gehören graphische Maßstäbe in den jeweils üblichen landestypischen bzw. im damaligen internationalen Handelsverkehr gebräuchlichen Parametern allmählich zur Standardausstattung.

Unabhängig davon ermöglichte der Buchdruck die prinzipiell unbegrenzte Vervielfältigung der in Holz geschnittenen oder in Kupfer gestochenen Dokumente (auch bei den Kupferstichen und Radierungen wurden insbesondere bei Abdruck in Büchern zunächst Schmuckleisten und Initialien weiterhin in Holz geschnitten, damit sie zusammen mit dem Buchstabensatz gedruckt werden konnten). Typisch für Neuabdrucke sind Modifikationen, die aber in der Regel nicht in erster Linie das Kartenfeld selbst, sondern das Rahmenwerk, die Titel- und/oder Verlegerkartuschen (insbesondere wenn sich die Besitzverhältnisse der betreffenden Platten verändert haben), kleinere dekorative Elemente, Kompassrosen usw. betreffen, die verändert, hinzugefügt oder entfernt werden können, zumal eine Dichtung der geätzten oder gestochenen Linien unproblematisch war. Eine Kupferplatte hatte eine relativ hohe Lebensdauer und erlaubte bis zu zweitausend gute Abzüge, bevor sie abgenutzt erschien und teilweise oder vollständig nachgestochen oder nachgeätzt werden musste. Durch den zuweilen häufigen Besitzwechsel solcher Platten erscheinen manche Karten immer wieder mit neuen Verlegernamen, während nicht nur die ohnehin selten genannten Zeichner und/oder Graveure, sondern auch die ursprünglichen Herausgeber unbekannt bleiben. Obwohl Karten im Untersuchungszeitraum immer wieder in ihrer ursprünglichen *scriptura* für verschiedenste Atlanten unterschiedlicher Sprachen verwendet wurden, kommen andererseits auch Übersetzungen von Legenden, Notationen usw. häufig vor, so z.B. vom Englischen ins Französische und umgekehrt, vom Englischen ins Niederländische (A 1278) usw. Es dauerte bis zum Anfang des 19. Jahrhunderts, bis die manuelle Kartenherstellung allmählich der maschinellen zu weichen begann. Das Kupferstichverfahren wurde noch einmal durch die 1838 eingeführte Galvanoplastik verbessert. Zuvor war der am Endes des 18. Jahrhunderts der von Thomas Bewick praktizierte Holzstich, bei dem Platten aus Harthölzern wie Buchsbaum mit Kupferstichwerkzeugen bearbeitet wurden, auch für den Landkartendruck propagiert (Johann Friedrich Unger) und zunächst für kleinere Karten wie etwa in Schulbüchern durchgesetzt worden. Ab 1815 war schließlich auch die von Aloys Senefelder eingeführte Lithographie an die Landkartenherstellung adaptiert worden und ermöglichte dann als Chromolithographie erstmals einen kostensparenden Mehrfarbendruck. Ab 1820 wurde ferner der von Charles Theodosius Heath für die Massenproduktion entwickelte Stahlstich eingesetzt, bei dem die dekarbonisierten Stahlplatten, auf denen feinere Linien und Schraffuren noch besser zur Geltung kamen, nach der Härtung fast unbegrenzt verwendbar waren; er wurde dann insbesondere für Lexikonatlanten verwendet (vgl. Meyer 1837/2012).

Bis zur Einführung moderner Drucktechniken waren prinzipiell nur einfarbige schwarze Abzüge möglich. Jegliche Kolorierung der Flächen, Linien, Piktogramme usw. musste von Hand erfolgen und wurde in der Regel nicht vom Verlag selbst (auch wenn dieser insbesondere für Atlanten eine farbige Urfassung für den internen Gebrauch verwenden konnte), sondern in dessen Auftrag oder auch unter Regie des jeweiligen Käufers bzw. Sammlers bzw. direkt von diesem nach seinem eigenen Geschmack vorgenommen. Das erklärt die von Abdruck zu Abdruck unterschiedliche Flächenfärbung, Konturierung oder Lavierung der gleichen Karte, auch wenn es sich meist nur um minimale Modifikationen handelt, auf die im Gesamtverzeichnis (Teil IV) nach Möglichkeit (insbesondere soweit es sich durch eine Kartenautopsie ermitteln ließ) entsprechend hingewiesen wird. Eine besonders farbenfrohe Ausführung wie beispielsweise auf der Neufundlandkarte von Coronelli (A 1277) mit ihren «Konfetti»-Inseln (Hinrichsen 1980: 36) sind daher auf den Illuminateur und nicht auf den Kartenautor selbst zurückzuführen. Kolorierte Blätter waren im 17. Jahrhundert u.a. wegen ihres Aufpreises von ca. 25 % noch nicht so häufig wie im 18. Jahrhundert, als die farbige Gestaltung des Kartenfelds immer regelmäßiger durchgeführt wurde und nun auch auf kolorierte Kartuschen (anfangs noch gegen Aufpreis) Wert gelegt wurde. Ganz allgemein gilt für die im Rahmen dieser Untersuchung gesichteten Dokumente, dass eine Kolorierung gleich welcher Art auch die Kartuschen und meist auch sämtliche oder zumindest die meisten Illustrationen auf der Karte umfasste.

9. Kartenelemente und *scriptura*

Kartenrahmen. Der eigentliche Kartenrand, der Koordinaten- und/oder Maßstabsskalen (Randgraduierung) enthalten kann, wird umgeben von einem Kartenrahmen bzw. einer Rahmenlinie (Kershaw: «neat-line»). Dafür ist in der Epoche dieser Untersuchung allein die rechteckige Form generalisiert, auch in den Fällen, in denen das Kartenfeld selbst rund ist, wie etwa bei Globus- oder Polarkarten. Die äußere Rahmenlinie kann zuweilen zu einem Rahmenwerk erweitert werden, der analog einem Gemälderahmen mit integriertem Passepartout optisch eine räumliche Tiefe vermittelt und das eigentliche Kartenfeld weiter im Hintergrund erscheinen lässt. Ein eindrucksvolles Beispiel sind die für den Leidener Verleger Pieter van der Aa typischen, mehrstufigen architektonischen Ornamentalrahmen mit gleichzeitigem Postamenteffekt, mit denen er fast den gesamten Kartenbestand des *Nouveau Theatre du Monde, ou la Geographie Royale* sowie der der 66-teiligen *Galerie agréable du Monde* ausstattete (vgl. hier A 1187) und damit gleichzeitig seinen Kopien eine neue, künstliche Originalität verleihen wollte. Daneben sind originelle Formen wie der geschuppte Blattrahmen bei Coronelli (etwa auf seiner Westeuropakarte z.B. im *Corso Geografico Universale* P. 1, No. 22), der eventuell auf einen maritim orientierten Charakter des dargestellten Areals hinweist, besonders auffällig. In einer das Kartenfeld umlaufenden Bordüre lassen sich beispielsweise Wappen (etwa der Schweiz im *Atlas Minor/Atlas françois* No. 129) oder arealtypische Charakteristika bzw. Informationen zur Geographie, Ethnologie oder Geschichte darstellen, wie z.B. in Form von Miniaturansichten von Hauptstädten und Darstellungen nationaltypischer Trachten (auf der Europakarte von John Speed 1626) oder von Randtabellen mit den Namen und Daten von Regenten (z.B. von Schottland und England im *Nouveau et curieux Atlas* von Jacques Chiquet 1719). Dieses insbesondere für großformatige Wandkarten geeignete Verfahren findet seine unmittelbare Fortsetzung in den umfangreichen Tabellen- und Textblöcken auf den enzyklopädischen Karten des Typs A 1205, auf die weiter unten eingegangen wird.

Rumbenlinien und Kompassrosen. Im 18. Jahrhundert kommen die sich unregelmäßig kreuzenden, von mindestens einer zentralen und meist mehreren kleineren Kompassrosen oder Rosetten ausgehenden Richtungslinien, die so genannten Kompass-, Rumben-, Romben- oder Windlinien, erneut in Mode, allerdings nicht mehr über das gesamte Kartenfeld, wie es im 16. und 17. Jahrhundert der Fall gewesen war (siehe z.B. A 1230), sondern nur noch über den Wasserflächen, und daher überwiegend auf den Seekarten für den maritimen Gebrauch. Durch diese Linien unterscheidet sich beispielsweise die *Carte de la Manche* (die dem Typ der Dokumente des *Neptune François* entspricht) von allen anderen Karten des *Atlas Nouveau* von Jaillot (ca. 1696). In der zweiten Hälfte des 18. Jahrhunderts werden zunehmend auch solche Karten produziert, auf denen auch das Hinterland der Küsten von großem Interesse ist. Auf einigen Karten des Dépôt des Cartes et Plans de la Marine, die auch im *Neptune Americo-septentrional* erschienen sind (A 1308, A 1312, A 1320), fällt dabei auf, dass diese Rumbenlinien zwar generell über Land entfallen (zumal sie dort auf detaillierten Karten mit den Piktogrammen und Legenden in Konflikt kämen), aber unmittelbar vor dem Kartenrand und damit vor den Skalen der Längen- und Breitengrade als kurze Anstriche wieder erscheinen, um sie mit Hilfe eines Lineals oder Geo-Dreiecks mit den entsprechenden Verlängerungen über Wasser verbinden zu können.

Die Rumbenlinien, ursprünglich ein Kennzeichen der mittelalterlichen Portulane (Portolane), also jener zusammen mit Segelhandbüchern oder -anweisungen vor allem die derzeit bekannten Küsten möglichst genau verzeichnenden Seekarten, wurden auch nach deren Substitution durch Seekarten modernen Typs, ganz offensichtlich aus ästhetischen Motiven, weiterhin verwendet. Sie waren auf vielen Ptolemäus-Ausgaben präsent und wurden beispielsweise von Mercator auf seiner Weltkarte von 1569 verwendet, hier ganz offensichtlich noch nicht ausschließlich in dekorativer Funktion, da sie gewissermaßen einerseits die mit dem neuen Projektionsverfahren als gerade Linien darstellbaren Loxodrome und andererseits die Hauptlinien der Windrose (spezifiziert in einer Nebenkarte unten rechts) repräsentieren können.[23] In Korrelation zu diesen wieder aufgenommenen klassischen Wind- oder Rumbenlinien erscheinen auf vielen Karten zentrale Windrosen, die, manchmal im Zentrum, oft aber auch in der Peripherie der Karte, häufig auffällig mehrfarbig koloriert und dekoriert sind. Sie verfügen in der Regel über 8 oder 16 Windstriche.

Kartusche. Zur dekorativen Platzierung wurden Titel, Herausgeber- bzw. Verlegernamen, Dedikationen, graphische Maßstäbe – falls nicht einfach rechteckig eingerahmt – in die seit der Hochrenaissance in den bildenden Künsten übliche Kartusche (fr. *cartouche* 'Rolle, Patrone, Einfassung') gesetzt. Diese kommt in unterschiedlichen Varianten vor (Tafel-, Schild-, Medaillen-, Muschel-, Fruchtkranz-, Vorhang-, Wolkenkartusche, auf französischen Karten der Régence und des Louis XV-Stils auch als Flügelkartusche), wurde erstmals um 1550 von niederländischen Künstlern eingeführt und gilt neben der Palmette als typische Zierform des Rokoko. Sie sollte ganz allgemein einen plastischen Eindruck vermitteln, verstärkt durch Beschlag- oder Rollwerkornamente, und wurde eingefasst von Arabesken (aus Blättern und Ranken), Mauresken (aus stilisierten Linienschwüngen), Bandelwerk oder Grotesken, sowie verziert mit unspezifischen bukolischen Motiven wie Pflanzen, Früchten, Land- und Meerestieren (Muscheln, Korallen, Fischen), fabulösen oder mythologischen (z.B. Dämonen, Hermen, Sphinxen, Putten), tatsächlich existierenden oder rein phantastischen Wesen. Reale Objekte haben meist einen direkten Bezug zum Inhalt bzw. Thema der Karte, zumal diese oft in ausführliche geographische Beschreibungen eingebunden sind. So verweist als ein typisches Beispiel für die Blaeu-Karten die Verzierung der beiden Kartuschen auf *Extrema Americæ Versus Boream, ubi Terra Nova Nova Francia, Adjacentiaq[ue]* (A 1170–A 1172) mit Fischen, Fischern und Ankern auf die große Bedeutung der Küstenfischerei bei der ersten neuzeitlichen Erforschung der nordostamerikanischen Kontinentalküsten. Demgenüber steht in der Kartuschenillustration einer Landkarte wie Delisles *Carte du Canada ou de la Nouvelle France et des Decouvertes qui y ont été faites* (A 1180–A 1182, A 1184 und A 1186) der staatliche Missionsauftrag eindeutig über den ökonomischen Aspekten und deren Repräsentanten: diese sind hier in den Hintergrund der Szenerie gesetzt, während vorn ein Jesuit (links) einem Prediger der «Récollets» (rechts) sowie ferner eine betende Huronin einem skalpierenden Irokesen vis à vis gegenüber stehen.

Häufiger werden somit auch Szenen typischer menschlicher Aktivitäten aus dem Landesinneren des abgebildeten Areals herangezogen, wobei zwischen Eingeborenen und Händlern oder Forschungsreisenden europäischer Herkunft deutlich unterschieden wird. Zu den landestypischen Szenen kommen nun auch Darstellungen von menschlichen Greueltaten, denen u.a. die europäischen Besucher zum Opfer fallen. Analog zu den heraldischen Schildhaltern fungieren zuweilen als Stützfiguren einzelne Personen oder Tiere, die allegorisch auf das geographische Thema der Karte hinweisen. Die Kartusche ist zuweilen in eine umfangreichere farbige Landschaftsszenerie eingebettet (A 1210); oder ein thematisch passendes Objekt der dargestellten Szenerie (z.B. ein Felsblock, eine Säulenbasis oder auch ein ovales Kastenheck eines Schiffes) wird an ihrer Stelle mit den entsprechenden Titel- oder Maßstabsangaben beschriftet. Auf der Indienkarte des *Atlas complet* von Pierre Lapié erfüllt diese Funktion eine über dem Rücken eines Elefanten geschlagene Decke; auf einigen Karten von Coronelli wird ein solches Tuch zusätzlich von einem Löwen und einem Greifvogel gehalten, zwei Archetypen der Macht und Stärke im Tierreich. Auch ein (eventuell von Putten gehaltener) hinterspannter Vorhang oder – im Fall der Karte A 1218 – ein im Geäst eines Baumes befestigtes Tuch dient zuweilen als Titelträger, wodurch eine beinahe bühnenhafte Wirkung erzielt wird und gleichzeitig mit nur wenig geographischen Informationen ausgestattete Teile des Areals verdeckt werden können; auch Wolken oder Eiszapfen (Coronelli, *Terre artiche*) kommen als Einfassung für Titel oder Textpassagen vor.

Die Ausgestaltung und Ergänzung bzw. Einbettung einer Kartusche kann sich unterschiedlichen Zeitströmungen anpassen. Dabei ist ganz ähnlich wie in den bildenden Künsten eine allmählicher Übergang von den für die Gotik typischen anorganisch-geometrischen Ornamenten zu den seit der Renaissance häufigeren, bereits in der Antike bekannten organisch-vegetabilen Ornamenten zu beobachten. Zu den ersten gehören einfache Rechtecke («carrés», «Kästen», hier meist «Textschilder» genannt) oder durch geradlinige Abflachungen entstandene Achtecke (A 1200). Das noch anorganische Roll- und Schweifwerk geht über das so genannte Knorpelwerk im frühen 17. Jahrhundert schließlich in das im zweiten Teil des Jahrhunderts nun häufige rein pflanzliche Ornament mit seinen zahlreichen Spielarten über, zu denen u.a. der Feston (Bogenhänge aus Bändern, Blumen, Blättern und Früchten) gehört (A 1255). Die sich im Frankreich des Spätbarock ab 1720 als eigenständiges dekoratives Element entwickelnde *rocaille*, ein unterschiedlich ausgestaltetes muschelförmiges Ornament, das dem *style rocaille* und dem Rokoko den Namen gegeben hat, einer Stilrichtung, die in Malerei und Architektur das Ornamentale überbetont (bis etwa 1760), findet auch ihre Verwendung im Kartenstich. Sie wird, offensichtlich direkt beeinflusst von architektonischen Elementen, z.B. des Schlosses Fontainebleau (Wawrik 1982: 17), zum charakteristischen Merkmal von Titel- bzw. Maßstabskartuschen vieler nautischer Karten, z.B. des Dépôt des Cartes et Plans de la Marine (siehe z.B. A 1245).

Sofern sie nicht in einer der vier Ecken der Karte erscheinen, wurden diese Kartuschen oder kartuschenähnlichen Rahmenwerke gern in überwiegend leere Flächen – diese können der Atlantische Ozean oder auch noch weitgehend unbekannte bzw. noch nicht kartographierte Gebiete

Nordamerikas sein – oder auch in solche Flächen gesetzt, die nicht zum thematischen Zentrum der Karte gehören. Die Kartuschenform kann sich den natürlichen Gegebenheiten des dargestellten Areals anpassen, wie das Beispiel auf der Karte A 1208 rechts unten zeigt, das eine seitliche Einbuchtung aufweist, um die Bermuda-Gruppe darstellen zu können. Während ihrer Blütezeit hat die Kartusche in Format und Ausstattung eindeutig die Funktion, sich in den optischen Vordergrund zu drängen und so die Aufmerksamkeit auf die Karte zu lenken. Um eine immer prunkvollere Ausgestaltung wurde schließlich ein internationaler Wettbewerb unter den Kartenherstellern ausgetragen, nachdem die Kolorierung bereits eine Selbstverständlichkeit geworden war.

Als Kartenschriften wurden überwiegend solche mit klarem, gut lesbarem Schriftbild verwendet, überwiegend Antiquaformen,[24] wie die so genannte vorklassizistische oder Barockantiqua mit Betonung unterschiedlicher Stärke von Grund- und Haarstrichen und wenig Rundungen der Serifen, sowie dem traditionellen «Lang-s» (ſ) als typographischer Besonderheit.

Louis XIV. dekretierte 1693 eine «romain du Roi» (oder «Grandjean» nach einem der beteiligten Stecher Philippe Grandjean) als eine für die neu gegründete Imprimerie Royale verbindliche Normalschrift, die erste, die auf einem mathematisch berechneten Konstruktionsplan, einem in 2.304 Felder unterteilten Quadrat beruhte. Die ausschließlich für die königliche Druckerei zugelassene Schrift mit konsequent senkrecht ausgeformter Schattenachse und Serifen ohne starke Kehlung wurde nachgebildet und übte starken Einfluss auf die französische Typographie aus. Ihr vollständiges Formeninventar konnte erst 1745 abgeschlossen werden, sie wurde ab 1797 «Caractères nationaux» genannt und blieb bis 1811 die einzige Schrift und damit zuverlässiger Indikator für Publikationen der staatlichen Regierung.

Im 19. Jahrhundert haben sich einige, wie etwa die Grotesk mit gleicher Strichdicke und -führung (auch als serifenlose «Linear-Antiqua» oder Sans Serif bekannt), zu spezifischen Kartenschriften entwickelt, während wiederum in Großbritannien in der ersten Hälfte jenes Jahrhunderts ebenfalls die Égyptienne mit starker Serifenbetonung in Mode kam. Für die geographische Nomenklatur auf dem Kartenfeld sind aber primär Kursivschriften in Gebrauch, manchmal im Wechsel mit Antiquaformen (mit vielen Versalien bzw. Kapitälchen) für bestimmte Namenkategorien oder zur Abstufung der bezeichneten Objekte nach Bedeutung, Größe usw. Daneben erfüllt ihre Verwendung in Kartentiteln, sofern nicht einfach nur

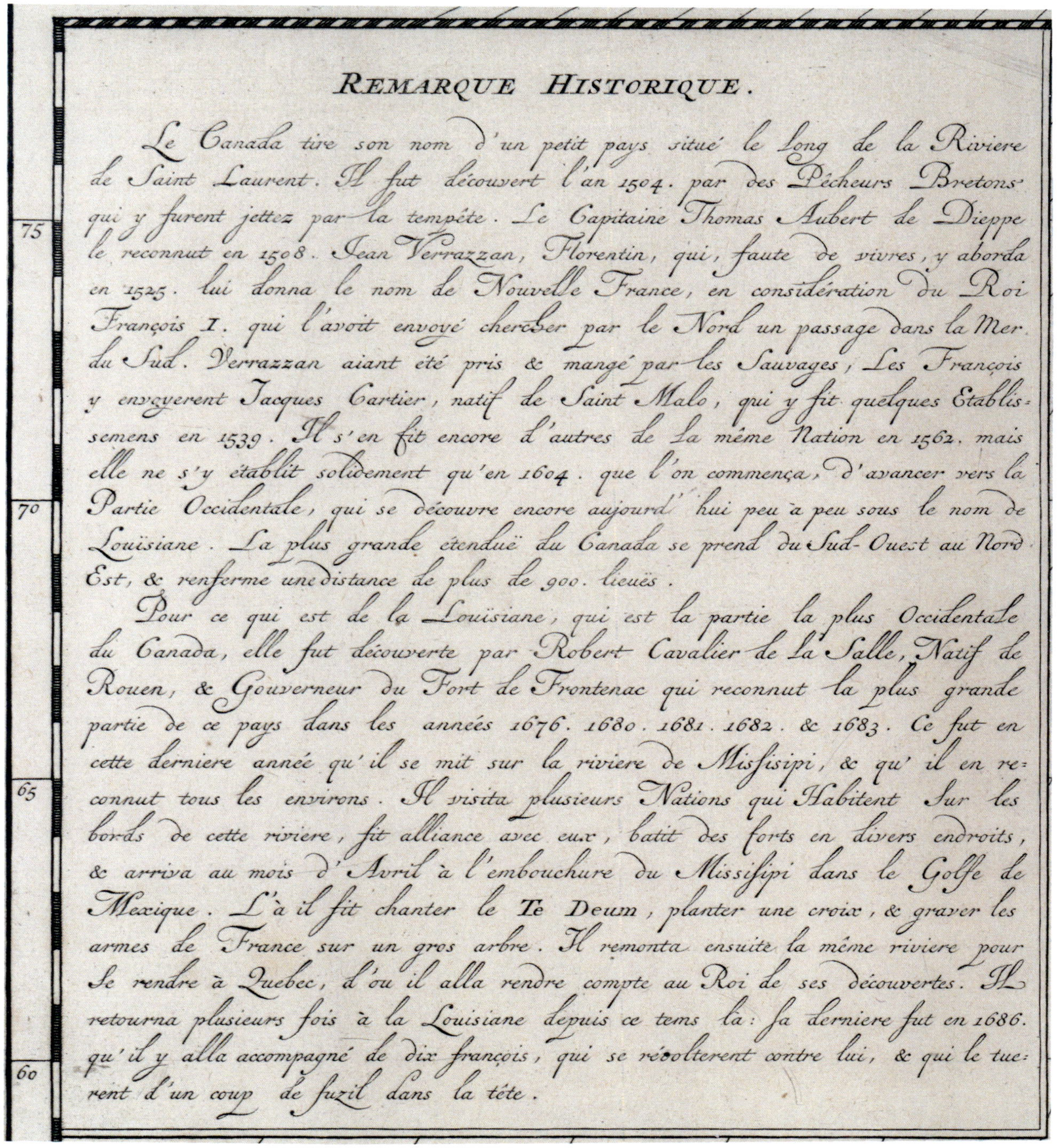

REMARQUE HISTORIQUE.

Le Canada tire son nom d'un petit pays situé le long de la Riviere de Saint Laurent. Il fut découvert l'an 1504. par des Pêcheurs Bretons qui y furent jettez par la tempête. Le Capitaine Thomas Aubert de Dieppe le reconnut en 1508. Jean Verrazzan, Florentin, qui, faute de vivres, y aborda en 1525. lui donna le nom de Nouvelle France, en considération du Roi François I. qui l'avoit envoyé chercher par le Nord un passage dans la Mer du Sud. Verrazzan aiant été pris & mangé par les Sauvages, Les François y envoyerent Jacques Cartier, natif de Saint Malo, qui y fit quelques Etablissemens en 1539. Il s'en fit encore d'autres de la même Nation en 1562. mais elle ne s'y établit solidement qu'en 1604. que l'on commença, d'avancer vers la Partie Occidentale, qui se découvre encore aujourd'hui peu a peu sous le nom de Louïsiane. La plus grande étenduë du Canada se prend du Sud-Ouest au Nord-Est, & renferme une distance de plus de 900. lieuës.

Pour ce qui est de la Louïsiane, qui est la partie la plus Occidentale du Canada, elle fut découverte par Robert Cavalier de la Salle, Natif de Rouen, & Gouverneur du Fort de Frontenac qui reconnut la plus grande partie de ce pays dans les années 1676. 1680. 1681. 1682. & 1683. Ce fut en cette derniere année qu'il se mit sur la riviere de Misſisipi, & qu'il en reconnut tous les environs. Il visita plusieurs Nations qui Habitent Sur les bords de cette riviere, fit alliance avec eux, batit des forts en divers endroits, & arriva au mois d'Avril à l'embouchure du Missiſipi dans le Golfe de Mexique. L'à il fit chanter le Te Deum, planter une croix, & graver les armes de France sur un gros arbre. Il remonta ensuite la même riviere pour se rendre à Quebec, d'où il alla rendre compte au Roi de ses découvertes. Il retourna plusieurs fois à la Louisiane depuis ce tems là: ſa derniere fut en 1686. qu'il y alla accompagné de dix françois, qui se révolterent contre lui, & qui le tuerent d'un coup de fuzil dans la tête.

Abb. 5
«Remarque Historique» im nordwestlichen Teil der Karte A 1183.

dekorativ, unterschiedliche Funktionen. Kursiva erscheinen insbesondere bei zusätzlichen Vorlage-, Autoren- oder Verlegerinformationen (vgl. A 1179, A 1180–A 1182, A 1203, A 1204), Maßstabsangaben, zusätzlichen Erklärungen oder Legenden von Signaturen (A 1215, A 1216, A 1226, A 1227, A 1256), historisch-geographischen Erläuterungen am (A 1176 – siehe weiter unten unter Kapitel 16 –, A 1255) bzw. über dem Kartenrand (A 1216) oder direkt an der betreffenden Stelle im Kartenfeld (A 1212), darüber hinaus auch in vom Kartenfeld abgetrennten Textkästen oder Tabellen, den charakteristischen «Remarques» oder «Remarques Historiques» im *Atlas Historique* der Gebrüder Châtelain, oder schließlich – hier besonders auf anglophonen Karten – bei Dedikationen. Besonders dekorativ sind geschweifte kalligraphische Linien, in die einzelne Buchstaben (in der Regel am Ende einer Zeile) auslaufen oder die zusätzlich den Zeilenzwischenraum ausfüllen (Dedikation auf den Karten A 1226 und A 1227); ein vornehmlich auf Prachtkartuschen anzutreffendes Muster.

Kursiva haben übrigens bereits sehr früh eine spezifische Bedeutung für die Kartengestaltung gehabt, wie die Tatsache zeigt, dass bereits Mercator über ihre Verwendung im Kartenstich eine eigene kurze Abhandlung anfertigte (*Litterarum latinarum, quas Italicas, curſoriasque vocat, ſcribendarum ratio*, Antwerpen 1540), in der er der von dem apostolischen Schreiber Ludovico Vicentino degli Arrighi (*1475, †1527) entwickelten Kanzleikursiva den Vorzug gibt. Eine besonders künstlerisch betonte, aber weniger gut lesbare kursive Haarschrift zeigen beispielsweise A 1190 und A 1227. Zuweilen wurden, insbesondere auf den frankophonen Karten, die Namen des jeweiligen Stechers bzw. eines der beteiligten Graveure (seltener aber des Zeichners) an eine bestimmte dafür vorgesehene Stelle des Kupferstichs gesetzt, nämlich – wiederum kursiv – unter dem Kartenrand unten links der Name des Zeichners und unten rechts der des Stechers der Karte.

Neben der Wahl der Kartenschriften selbst ist deren jeweilige Ausgestaltung Gegenstand künstlerischer Kreativität gewesen. Eine besondere Bedeutung kommt hier der Verwendung von Versalien und Kapitälchen zu, die im Wechsel mit der «normalen», aus Groß- und Kleinbuchstaben bestehenden Schrift bestimmten Textelementen des Gesamttitels ein besonderes Gewicht geben sollen, eine Modeerscheinung, die sich zur gleichen Zeit im Buchdruck bei der Gestaltung des Haupttitelblattes entfalten konnte. Meistens handelt es sich dabei überwiegend um Namen, und zwar einerseits um solche geographischer Einheiten, die auf der jeweiligen Karte dargestellt sind, oft einschließlich der dazugehörigen Generika (*Island*, *Île*, *Terre*, etc.), andererseits um die der Autoren oder sonstiger Beteiligter, einschließlich ihrer Titel oder Dienstgrade. Darüber hinaus kann dieses Verfahren auch auf Substantive ganz allgemein angewendet werden, oder der Titel der Karte erscheint komplett in Großbuchstaben bzw. Kapitälchen (A 1205, A 1206/A 1207), insbesondere, wenn dieser nur relativ kurz ist (A 1222) oder gewissermaßen als Obertitel – in der Regel über dem Kartenfeld – fungiert (A 1174, vgl. auch A 1225). Zur Illustration von Umfang und Funktion dieses Schriftartwechsels wurden Versalien- bzw. Kapitälchenblöcke der jeweiligen Titulatur möglichst originalgetreu in dem Kartenkatalog (Teils IV) dargestellt, wie es auch bei den bibliographischen Kommentaren in diesem Verzeichnis versucht wurde, sofern eine jeweilige Autopsie des Titelblattes möglich war. Nicht explizit erwähnt wird dagegen der Farbwechsel bestimmter Drucktypen, insbesondere der bei Titelblättern durchaus beliebte Schwarz-/Rotdruck.

Für unterschiedliche Bodenformen und deren Bebauung kommt auf den Karten des untersuchten Zeitraums regelmäßig – mit nur ganz wenigen Ausnahmen – ein umfangreiches Inventar an Piktogrammen zum Einsatz, daneben insbesondere die Berg- oder Geländestriche, die in der zweiten Hälfte des 18. Jahrhunderts generell durch die Angabe der Steilheitsgrade erweitert werden konnten; ab den 1750er Jahren werden konkrete Höhenangaben eingeführt. Die von Jean-Louis Dupain-Triel entwickelten und von Philippe Buache verwendeten Isohypsen (Höhen- bzw. Niveaulinien) und die von Johann Georg Lehmann (*1765, †1811) im Jahr 1799 vorgeschlagenen mathematisch geordneten (Lehmannschen) Schraffen, mit denen ein ausgesprochen plastisches Bild des Geländes erzielt wird (je steiler das Gelände, desto dunkler die Schraffen), kommen erst am Ende des 18. Jahrhunderts regelmäßiger zur Anwendung. Für Gebirgszüge wurden zuvor schematisch an- bzw. ineinandergereihte, indifferente Hügelsignaturen nach der so genannten Maulwurfshügelmanier oder schematische seitliche Ansichtszeichnungen verwendet, die, mit Schattenstrichen versehen, dreidimensional wirkten. Während Piktogramme dieses Typs bereits früh farblich abgesetzt sein konnten (siehe u.a. A 1203), kommt erst in der zweiten Hälfte des 19. Jahrhunderts eine differenzierte physisch-geographische Flächenfärbung mit einer kolorierten Höhenstufendarstellung bzw. mit Höhenlinien und/oder der so genannten Schummerung (Flächentönung bzw. Schattierung) auf.

Die auf den frühen Karten der Alten Welt beliebte Kennzeichnung von Städten, kleineren Siedlungen und Festungen durch – kleine rote – Stadt- (Turm-, Gebäude-)vignetten und goldene Punkte, später – im 17. Jahrhundert – durch das Signum «Burg» und danach durch kleine Aufrissbilder, ist, soweit es die Städte selbst betrifft, in einer ersten Phase in Kanada von untergeordneter Bedeutung, einmal abgesehen von den größeren Agglomerationen Montréal und Québec. Auf vielen Karten der untersuchten Epoche ist ein Symbol für Forts bzw. militärische Stützpunkte dagegen ausgesprochen zahlreich vertreten. An die Stelle der Aufrissbilder treten kleine Ortsgrundrisse.

Für Wasserflächen liegt ein vielfältiges Spektrum von Darstellungsformen vor: Wellenlinien und Punktierung (A 1193, A 1194, A 1195) waren noch am Ende des 16. Jahrhunderts, die Zickzack-Schraffur bzw. Liniengruppierung in Zickzackordnung (A 1196) – bereits in der Straßburger Ptolemäus-Ausgabe von 1513 vorhanden – im 17. Jahrhundert beliebt. In der zweiten Hälfte des 17. Jahrhunderts galt diese dann zunehmend als unmodern, so dass sie Nicolas Sanson um 1660 auf seiner modernisierten Island-Platte von Hondius durch gerade Liniengruppen ersetzte; ein rechts oben stehen gebliebener Rest der Zickzackschraffur verrät allerdings die Herkunft der Druckplatte. Von nun an sind entweder gerade Linien vorherrschend wie auf den topographischen Karten von Jacques Nicolas Bellin oder wieder Wellenlinien. Zur deutlichen Abhebung von Land- und Wasserflächen waren Schraffuren an der Außenseite der Küstenlinie schon in der *Cosmographia* (1544) von Sebastian Münster verwendet worden. Analog den Höhenlinien an Land, jedoch im Unterschied zu ihnen nicht mit einer Niveaufläche als Bezugsgröße, werden auf nautischen Karten zunächst einzelne bathymetrische Daten in Form von Lotungen verzeichnet, später können entsprechende Punkte gleicher Tiefe miteinander zu Tiefenlinien (Isobathen) verbunden werden, die insbesondere in Küstennähe zur Bezeichnung der Schelfgrenzen inzwischen zur Regel geworden, auf den Karten der untersuchten Epoche allerdings noch nicht vorhanden sind. In Gezeitengebieten, unter denen bezüglich ihres extremen Tidenhubs etwa die Gewässer um Nova Scotia einerseits und die südwestliche Ungava Bay andererseits weltweit an erster Stelle stehen, sind solche Angaben wiederum ausgesprochen wichtig für die Schifffahrt. Sie bezeichnen die Wassertiefen, die bei einem besonders niedrigen Niedrigwasser noch verbleiben.

10. Kartographie und Choronymie

Canada. Während am Ende des 16. Jahrhunderts «Nova Francia» und «Canada» noch eindeutig begrifflich getrennt werden, hat sich in der zweiten Hälfte des 17. und der ersten des 18. Jahrhunderts der geographische Begriff «Canada» fest etabliert, tritt allerdings in den Titeln zunächst noch gleichbedeutend oder scheinbar gleichbedeutend zu «Nouvelle France» auf (A 1200, A 1203, A 1204, A 1217), auch in solchen Fällen, in denen auf dem Kartenfeld selbst eine Differenzierung vorgenommen wird. Dabei verdient das Kartenfeld mehr Beachtung als der jeweilige Titel. Das wird zumindest bei den BELLIN-Nachstichen der Homännischen Erben deutlich. Das Original BELLINs, das in der *Histoire* von CHARLEVOIX enthalten ist, wurde mit *Carte de la partie Orientale de la Nouvelle France ou du Canada* […] überschrieben. In dieser Konstruktion sind prinzipiell mehrere disjunktive Bezüge möglich, denen zufolge «Canada» hier entweder lediglich dem östlichen Teil der «Nouvelle France» oder aber der «Nouvelle France» in ihrer Gesamtheit entspricht. Die Firma HOMANN lässt «Carte de» weg, womit nun ohne jegliche Ambiguität «Nouvelle France» und «Canada» allein von «Partie Orientale» abhängig sind. Ein solcher Titel, in dem eine Gleichrangigkeit beider Namen eindeutig ist, war bereits in der zweiten Hälfte des vorausgehenden Jahrhunderts mehrfach verwendet worden.

«Canada» stand darüber hinaus zeitweise in den Bezeichnungen des anliegenden Teils des Atlantischen Ozeans «Mer de Canada» (A 1173, A 1174) südöstlich der akadischen und südlich der neufundländischen Küste bzw. «Mer de Canada ou de Nouvelle France» (A 1200), «Mare Canadiense five Mer de Nouvelle France» (A 1207) für den vor der gesamten Ostküste von Labrador bis Virginia anliegenden Teil.[25] Schließlich wird auch die von MARC LESCARBOT gegenüber «Hochelaga» und «Saint-Laurent» bevorzugte Bezeichnung «(La Grande) R[ivière] de Canada», manchmal mit dem Zusatz «ou le/de S.t Laurens», der vorläufige Name für die heute ausschließlich St. Lorenz-Strom genannte Wasserstraße.

Bei ihrem wahrscheinlich ersten kartographischen Auftritt überhaupt, auf der Weltkarte von NICOLAS DESLIENS (1541 oder etwas später um 1555), steht die Legende «Canada» auf einer Halbinsel, die von der «Terre du laborador» durch einen fjordartigen Meeresgolf oder Mündungstrichter – jedoch ganz offensichtlich nicht des St. Lorenz-Stroms – getrennt wird und befindet sich damit ausgesprochen weit nördlich. Auf der Karte *Nova Francia et Canada* des WYTFLIET-Supplements von 1597 (A 1195) bezeichnet «Canada» das Stromgebiet mehrerer Zuflüsse des unteren Saguenay, während sich «Nova Francia» auf weiter stromaufwärts und von «Canada» aus südwestlich gelegene Gebiete zu beiden Seiten des St. Lorenz-Stroms mit dem Mittelpunkt Hochelaga erstreckt. Ein weiterer, kleinerer Schriftzug «Canada» ist – zu beiden Seiten einer Signatur für «Stadt» – nördlich von «Hochelaj» entlang des «Stadın flu.» zu lesen, der gegenüber dem östlichen Teil der Île d'Orléans («Y dorleans alys de Baccho») in den St. Lorenz-Strom fließt (vgl. dazu auch die entsprechende Position auf der Karte ORTELIUS 1564; siehe HAYES 2002: 8). Soweit es das «größere» Canada betrifft, variierte dessen Position auch nach seinem ersten Auftreten auf einer gedruckten Karte noch, wie insbesondere die beiden Ausgaben PAOLO FORLANI 1560 und 1565 zeigen: auf der ersten erscheint *canada pro*: südwestlich von «Stadacone», auf der zweiten dagegen südlich von «Ochelaga», während «nveva franza» hier wiederum mit dem Ort «Ochelay» assoziiert wird, der allerdings deutlich südlicher unterhalb eines großen Sees liegt. Primär war der Name von CARTIER auf eine Gegend in der Umgebung von Stadacona/Stadaconé bezogen worden; er ist abgeleitet von einem einheimischen Wort mit der Bedeutung 'village', das er bei seinen beiden Begleitern hörte und als Eigenname aufgefasst wurde (vgl. u.a. DELÂGE 2007: 112).

Bei ORTELIUS 1564 bezeichnet das größere «Canada» eine vom «Golfo de las Gamas» getrennte Insel zwischen «la nvova franza» und «terra nvova». Im Untersuchungszeitraum bleibt es auf einigen Karten bei einer Dualität; nunmehr erscheint aber eine in der Regel typographisch kleiner ausgeführte – dritte – Legende «Canada» auf der Gaspé-Halbinsel (A 1179, A 1199, A 1200, A 1204). Hier handelt es sich um einen kartographischen Hinweis auf die frühe Lokalisierung dieses Toponyms bzw. de Ethnonyms Canadien (bzw. Canadaquois als französiertes «Canadacoa» bei LESCARBOT 1612: 238), das hier im Norden der Gaspésie von CARTIER mit Bezug auf Irokesen aus Stadacona (Stadaconé) (Québec) erstmals verwendet worden war und am Beginn des 17. Jahrhunderts wieder über der Baye des Chaleurs verzeichnet wird, in der sich eine Gruppe christianisierter Mi'kmaq (Micmac) niedergelassen hatte (CARPIN 1995: 36). Interessanterweise finden sich bei CHAMPLAIN 1632 in beiden Funktionen anstelle von «Canada» die unterschiedlich groß ausgeführten Legenden NOVVELLE FRANCE (überregional) einerseits und «Nouuelle France» (im Norden des heutigen Neu-Braunschweig) andererseits.

Ein weiterer toponymischer Hinweis, wiederum auf eine Hafensiedlung am Unterlauf des St. Lorenz-Stroms, ist die Signatur «p: [Port] Canada» (z.B. etwas später auf der Karte von PIARRES DETCHEVERRY [1689]), die allerdings auch alternativ als «Peti[t] Canada» aufgelöst wurde (siehe A 1276).

Unabhängig davon bleibt auf zahlreichen Karten eine Ambiguität des Begriffs Canada erhalten. Er kann, wenn er als Synonym zu Nouvelle France ausgewiesen wird, gleichzeitig eine zweite, untergeordnete geographische Einheit bezeichnen. Im Fall A 1204 kommt dieses begriffliche Nebeneinander im Titel *Partie orientale du Canada ou de la Nouvelle France ou sont les Provinces, ou Pays de Sagvenay, Canada, Acadie etc.* zum Ausdruck. Kurze Zeit später (A 1174 [1696]) wird Canada im Titel explizit als ein Teil der Nouvelle France ausgewiesen, eine terminologische Fixierung, die offenbar auch bei BELLIN von Anfang an intendiert war, aber nicht von allen beachtet wurde. Diese wurde umso wichtiger, je weiter die französischen Kolonien nach Westen und Südwesten expandierten. Eine konsequente Umsetzung in entsprechende Signaturen gab es dagegen nicht immer. Bereits die *Carte generale* des Barons LAHONTAN von 1703 verwendet, in der klaren Absicht, den kolonialen Namen zu vermeiden, für das gesamte französische Territorium im Nordosten nur noch den Begriff Canada; gemäß der «Remarque historique» auf der Karte A 1183 (1719) gehört sogar die «Loüisiane» als «partie la plus Occidentale du Canada» noch dazu. Aus dem Titel des Buches von PIERRE BOUCHER *Histoire véritable et naturelle des mœurs et productions du pays de la Nouvelle-France, vulgairement dite le Canada* von 1664 geht hervor, dass schon früh eine diastratisch differenzierte Verwendung der Begriffe Nouvelle France (offizieller Staatsname) vs. Canada (im allgemeinen Sprachgebrauch üblicher Staatsname) eine wichtige Rolle gespielt haben muss; als adjektivische Ableitung war für beide natürlich nur Canadien gebräuchlich. Auch wenn in der Folgezeit der traditionelle Name der Kolonie wieder aufgenommen wird, und NICOLAS DE FER 1718 übergangsweise mit «La France Occidentale» experimentiert (A 1208), ist die kartographische Legende «Canada» nunmehr auf das Gebiet beiderseits des mittleren St. Lorenz-Stroms etwa oberhalb der Mündung des Saguenay (A 1181, A 1187, auf A 1208 auch «Vray Canada» genannt), also etwa das Canada JACQUES CARTIERS fixiert (auch wenn gemäß einer früheren Definition – z.B. bei CHARLEVOIX 1744 I: 9 Anm. (a) – Kanada das Land zu beiden Seiten des Flusses von der Mündung bis zum Saguenay bedeutete), sowie schließlich auf das gesamte Gebiet nach heutigem Verständnis, also unter Einschluss der anliegenden Länder mit ursprünglich unterschiedlichen Bezeichnungen (Acadie, Nova Scotia, Labrador usw.). Gemäß LESCARBOT (1612: 237) stand das Choronym Canada in enger Wechselbeziehung zum früheren Namen des St. Lorenz-Stroms, dessen beidseitige Uferregionen es zunächst bezeichnete und dessen Referenzbereich sich analog dem Namen Indien (nach dem Flussnamen Indus) allmählich vergrößerte. Daher wurde bei den Verhandlungen über die politischen Grenzen 1755 von französischer Seite auf der traditionellen Rolle des St. Lorenz-Stroms und des Lac Ontario als «Centre du Canada» bestanden, dem man nicht seine südlich benachbarten Regionen – in erster Linie das spätere Neu-Braunschweig, um das es hier ging – wegnehmen dürfe.

Die Entwicklung des Choronyms Canada lässt sich somit auf den Karten des Untersuchungszeitraums deutlich ablesen. Es handelt sich zunächst um eine regionale, auch an mehreren Stellen auftretende Landschaftsbezeichnung, deren Referenzbereich im Laufe der Zeit immer weiter expandierte und den Staatsnamen Nova Francia allmählich ganz ersetzte. Dieser war (bereits auf der Karte von DESLIENS in der Form LA NOVVELLE TERRE FRANCEZE) auf frühen Dokumenten in verschiedenen Varianten als Legende für den gesamten nordamerikanischen Kontinent bis zur mexikanischen Grenze erschienen, hatte sich also seinerseits von einem überregionalen, unsicher delimitierten Sammelbegriff (zuweilen alternativ zu anderen, wie z.B. zu Terra nova bei DOETECOM 1592/1594) zu einem konkreten Staatsnamen entwickelt.

Ähnlich wie «Québec» war der Name «Canada» somit in die frankophone Tradition eingebettet, und daher überrascht es nicht, dass bei der späteren Staatsgründung von englischer Seite zumindest versucht wurde, eine alternative Bezeichnung einzuführen. Den in diesem Zusammenhang vorgeschlagenen Namen «Boretta», «New Britain», «Britannica», «Cabotia», «Columbia», «Laurentia», «Mesopelagia» und «Ursalia», von denen zumindest «Columbia» gleichzeitig auch bzw. in erster Linie als Staatsname für die USA erwogen wurde, musste allein schon auf Grund der Tatsache, dass sie bis dahin niemals in der Kartographie aufgetreten waren, der Erfolg versagt bleiben. Das gleiche gilt für nachträgliche Versuche, einen für die englische Nation passender erscheinenden Terminus über die Kartographie einzuführen, wie noch zu Beginn des 19. Jahrhunderts im Fall der *Map of Cabotia* (London 1814) von JOHN PURDY. Eine Ausnahme ist hier New Britain, das als Bezeichnung für die Halbinsel Labrador bzw. eines Teils davon kontinuierlich auf den Karten zu finden ist und auf einigen Dokumenten der frühen 1700er Jahre (wie z.B. DE FER 1718 oder BELLIN 1743 und 1744) ins Französische übersetzt wurde (Nouvelle Bretagne) und damit eben nicht als «neue Bretagne» zu lesen ist, die etwa wegen der frühen Präsenz von Bretonen am Nordufer des St. Lorenz-Stroms durchaus nahe liegen würde (vgl. WEYERS 2009: 1055) und sich auch aus dem modifizierten Zusatz zur Signatur LABRADOR auf den Karten der Hudson Bay von JACQUES NICOLAS BELLIN ergibt, der zunächst (1744) zwar «appellé aujord'huy par les Anglois NOUVELLE BRETAGNE» lautete, in den weiteren, z.B. im *Petit Atlas Maritime* (A 1270) und in der *Histoire générale des Voyages* des Abbé PRÉVOST abgedruckten Bearbeitungen jedoch an der entsprechenden Stelle durch die Version «nommée anciennem[en]t par les Francois NOUV[ELL]E BRETAGNE» ersetzt wurde.

In niederländischer Form erscheint der Name (z.B. auf A 1278, um 1700 oder bei ZORGDRAGER 1728) als «N. BRITANJE» bzw. «N. BRITTANJE»; nach dem Vorbild von JAN JANSZOON lautete er bei JOHN SELLER (†1697) und JOHN THORNTON (*1641, †1708) NOVA BRITANNIA bzw. NOVA BRITANIA. HENRY HUDSON (*um 1565, †um 1611) nannte auf seiner letzten Reise die Labrador-Insel «Magna Britania» (FORSTER 1784: 386), eine Bezeichnung, die derzeit auch in Europa bereits verwendet und daher disambiguiert wurde. Eine diesbezügliche geographische Abgrenzung findet sich bei ROBERT DE VAUGONDY, der auf *Bayes d'Hudson et de Baffins, et Terre de Labrador* (1749) TERRE DE LABRADOR und ESTITOLAND für den Norden und die Mitte, ESQUIMAUX für den Süden der Labrador-Halbinsel setzt, NOUVELLE BRETAGNE aber lediglich für einen mit einer Grenzlinie abgetrennten Gebietsstreifen um die bzw. östlich der Hudson Bay verwendet, also für Länder, die de facto unter britischer Verwaltung standen (vgl. SCHERER 1701). Auf der Übersichtskarte von ROBERT MORDEN (A 1175) war die Signatur NEW BRITTAINE jeweils in Ufernähe um die gesamte Hudson Bay gelegt worden. Ebenso aufschlussreich ist die Position der NOWELLE BRETAGNE auf der von der Hudson-Straße und der nördlichen Ostküste der Hudson Bay gebildeten Ungava-Halbinsel auf der Buchillustration *Canada ou Novvelle France* (1683) von ALLAIN MANESSON MALLET in deutlicher Abgrenzung westlich von «Estotilande ou Terre de LABRADOR» und nordwestlich von «CORTEREAL» wie auf weiteren Karten dieser Epoche; ebenso wurde sich auf CORONELLI/TRAL[L]AGE 1689 (A 1204) zugunsten einer Konjunktion («The New Bretaigne et Tierra de Labborador») anstelle einer Disjunktion entschieden.[26]

«New Britain» ist damit der erste Kolonialname, der in direkter Konkurrenz zu Nouvelle-France, lange Zeit vor «New England», aufgetreten ist. Anders verhält es sich jedoch bei «Cape Britain» für Cap Breton und die nach ihm benannte Insel, mit dem spätestens seit JOHN MASON (1616, 1625) und dann wieder bei JEFFERYS das Adjektiv «bretonisch» durch das Adjektiv «britisch» ersetzt wurde, um es an den Namen der Kolonialmacht anzupassen. Umgekehrt bot sich der französischen Seite für die Form «Nouvelle Bretagne» eine unmittelbare Ummotivierung in eigener Sache an, wobei – anders als bei der kartographischen Erfindung «Cape Britain» (oder «Cape Briton» bei EMANUEL BOWEN 1747) für Cape Breton – nicht einmal eine graphische Korrektur erforderlich war. Die Form «Nouvelle Bretagne» war sogar noch in einer späten Phase, um die Mitte des 19. Jahrhunderts, als Sammelbegriff für den französischen Einflussbereich in Nordamerika durchaus geeignet, worauf INGO KOLBOOM in seiner Einleitung zu dieser Untersuchung mit Blick auf die Karte von JEAN-GUILLAUME BARBIÉ DU BOCAGE (1843) hingewiesen hat.

Acadie. Auf eine gegenüber «Canada» noch weiter zurückliegende Verwendung in der Kartographie geht das Choronym «Acadie» zurück. Bei diesem ist auf den frühen Dokumenten eine allmähliche Verlagerung in nordöstlicher Richtung festzustellen. In der Form «Larcadia», also mit -r-, ist es bei GASTALDI 1548 (hier in der RUSCELLI-Bearbeitung als A 1193 und A 1194), südwestlich von «Angoulefme» gelegen, die letzte Signatur vor LA FLORIDA. GASTALDIS Quelle war die Karte von GIROLAMO VERRAZZANO (1529), der auf ihrer gemeinsamen Reise die vorgefundenen Küsten mit der gemischt französisch-italienischen Toponymie seines Bruders kartographierte. Die ursprüngliche Position von «Larcadia» bzw. «Archadia» («Arcadia» bei MAGGIOLO 1527) kann etwa in dem heute zu Virginia gehörenden Teil der Delmarva Peninsula nördlich von Cape Charles lokalisiert werden (JULIEN 1948: 84), vielleicht bereits in North Carolina, da auf der Karte von GASTALDI nördlich über der Legende die Bergsignaturen für die Appalachen beginnen, während «Larcadia» bei anderen (z.B. PORCACCHI 1575: 198, 1605, 1620: 197) sogar westlich dieser Bergkette liegt. Allerdings werfen die Legenden bei GASTALDI bezüglich ihrer Lage zu den gleichfalls rätselhaften Umrissen der Meeresbuchten und Flussmündungen grundsätzliche Fragen auf. So sind etwas weiter im Süden als «C: de ʃ: Maria» die Konturen der Halbinsel Cape Cod zu erkennen, die in ihrer unmittelbaren Nachbarschaft zu lesende Signatur LA FLORIDA macht offensichtlich, dass es sich hierbei ursprünglich um einen unspezifischen Begriff für spanische Territorien auf dem nordamerikanischen Festland handelte (BOLTON 1935: 77 Anm. 2). Die Narragansett Bay wurde als «P° Refuge» in der Nähe der Cape Breton-Insel eingezeichnet. Sowohl GIOVANNI DA VERRAZZANO als auch ESTEVAN GOMEZ, deren Ergebnisse in dieser Karte verarbeitet wurden, mussten die Massachusetts Bay weiträumig umsegeln, so dass hier wesentliche Teile der Küstenlinie von Massachusetts und Maine nicht aufgenommen werden konnten. Auch der heutige Nantucket Sound zwischen der Cape Cod-Halbinsel und Martha's

Vineyard mag schon früh wegen seiner gefährlichen Strömungen gemieden worden sein.

Mit der ursprünglichen Präsenz des -r- erklärt sich der Name «Acadie» als Nachbenennung des antiken Arkadien, eines von einem Hochland auf den Peloponnes inspirierten Idealtopos, der von Vergil in seinen *Eclogae* besungen und 1502 in der Idyllendichtung *Arcadia* von Jacopo Sannazaro wieder aufgenommen wurde. Diese könnte Verrazzano zur Benennung einer Gegend inspiriert haben, die dem Seefahrer durch ihre Vielfalt an Bäumen und Pflanzen, von denen einige in Europa unbekannt waren, aufgefallen war. Der Name ist demnach eine literarische Schöpfung – vergleichbar mit «California» –, wurde allerdings von der Bezeichnung einer Landschaft entlehnt, die in Wirklichkeit als äußerst karg und unwirtlich gilt. Bei Bellin und anderen wird der Name anfangs noch mit einem doppelten c geschrieben, das jedoch bald zugunsten des einfachen aufgegeben wird; bei Lescarbot u.a. findet sich die durch Aphärese entstandene Form «la Cadie», die z.B. bei Johannes de Laet als Namensalternative zu «Accadie» aufgeführt und als solche in Karten wie z.B. A 1204 (1689) übernommen wird.

Ausgesprochen selten wird die Signatur auf Karten der Epoche auch auf den gesamten festländischen Teil, der später von den Briten als Nova Scotia beansprucht wird, ausgedehnt; überwiegend bleibt sie auch auf Karten französischer Provenienz auf die akadische Halbinsel beschränkt. Heinrich Scherers Karte von 1701 gehört zu den wenigen, die als Acadia das gesamte Gebiet östlich von Nova Anglia zwischen den atlantischen Küsten und dem St. Lorenz-Strom begreifen. Meist verläuft durch dieses Gebiet kurze Zeit später bereits eine politische Grenze (siehe A 1208).

11. Künstlerische Ausgestaltung der *pictura*

Die Karten des 17. und 18. Jahrhunderts sind im Allgemeinen durchaus noch als individuelle Werke dekorativer Kunst zu bezeichnen, wie es in den vorausgehenden Generationen, insbesondere in der Renaissance, generell der Fall gewesen war, so beispielsweise in Form von Fresken bzw. Ölgemälden im Dogenpalast von Venedig, in der Galleria delle carte geografiche des Vatikan und im Palazzo Vecchio in Florenz. Zusätzlich zu ihrem geographischen und politischen Auftrag erfüllten sie sowohl an Fürstenhöfen als auch in Bürgerhäusern oder den Kontoren der großen Handelskompagnien den Selbstzweck eines repräsentativen Wandschmucks als Ausdruck von patriotischer Gesinnung, Bildung und Reichtum, wie etwa in den nördlichen Niederlanden nach deren Befreiung von der spanischen Herrschaft (zu sehen u.a. auf einigen Gemälden von Jan Vermeer van Delft).

Insbesondere seitdem die Hofhaltung Louis' VI. als Vorbild genommen wurde, wurden Karten und Globen Ausdruck zeremonieller Prachtentfaltung des Fürstenhofes und Medium absolutistischer Selbstdarstellung und Machtdemonstration. Sie kamen darüber hinaus als besonders repräsentative Geschenkartikel für Herrscherpersönlichkeiten in Frage und wurden zuweilen exklusiv für diese in Pracht- bzw. Riesenatlanten zusammengestellt, deren Titel bereits auf ihren jeweiligen Adressaten Bezug nehmen (*Athlas Royal*, *Atlas électoral* etc.). Prinzipiell wurde schon frühzeitig bereits bei der Kartenherstellung auf Bedürfnisse und Vorlieben des jeweiligen Auftraggebers, Adressaten oder später auch potentiellen Käufers große Rücksicht genommen. Aus verschiedenen Epochen sind Staatsoberhäupter als leidenschaftliche Kartensammler bekannt. Dazu gehörten wie bereits erwähnt der sächsische Kurfürst August, der Ahnherr der SLUB, oder z.B. der englische König George III. aus dem Haus Braunschweig-Lüneburg, dessen durch zahlreiche Ankäufe vermehrte Sammlung (ca. 50.000 Karten) von seinem Nachfolger George IV. zusammen mit der Bibliothek seines Vorgängers dem British Museum übergeben wurde. Der Grundstock der Karten der heutigen Bibliothèque nationale in Paris besteht demgegenüber aus den rund 10.500 Dokumenten des königlichen Geographen Jean-Baptiste Bourguignon d'Anville (*1696, †1732).

Geographische Karten wurden in einer ersten Phase als «Gemälde» angesehen, in denen nicht das Kartenfeld selbst, sondern die *pictura* mit ihren Parerga (belebende Figuren- und Tierstaffagen in Landschaftsbildern, vorwiegend in

Abb. 6
Detail aus der Carta Marina von Olaus Magnus (1539); unten Darstellung u.a. einer balena, einer orcha und eines mo[n]str[um] mdxxxvii visvm.

den Ideal- und Prospekt-Landschaften des 17., 18. und 19. Jahrhunderts) eindeutig im Vordergrund stand. In der Kartographie der Neuen Welt tritt insbesondere die Schule von Dieppe als Hersteller von Kartengemälden in den Vordergrund. Auf der Weltkarte von PIERRE DESCELIERS (1550) sind sämtliche Landpartien mit einem Maximum an Tiervignetten und anderen Illustrationen ausgefüllt, als handele es sich um eine zoologische Schulwandkarte. Die NICOLAS VALLARD als ihrem vermutlichen Besitzer zugeordnete Karte von 1547 (HAYES 2006: 32–33, Map 38, daneben Illustration des vorderen Buchumschlags) ist praktisch ein einziges Gemälde, in dem lediglich die im oberen Teil angefügten Uferpartien des St. Lorenz-Stroms, die südlich davon liegenden Regionen sowie ein Teil des Atlantischen Ozeans Kartencharakter haben. Eine Synthese aus topographischem Kartenbild und perspektivischen Landschafts- oder maritimen Szenen wurde in einer zweiten Phase etwa bei ALLAIN MANESSON MALLET (*1630, †1706) in seiner *Description de l'Univers* (1683) praktiziert. Als eine Art Gegenbewegung zur Kunstkarte des Rokoko kamen im Geist der Aufklärung ab der Mitte des folgenden Jahrhunderts kurzgefasste Atlanten für den Schulunterricht (*Atlas methodicus* von J. B. HOMANN 1710, 18 Blätter) und Taschenatlanten für didaktische Zwecke des Typs *Atlas Portatif destiné principalement pour l'instruction de la jeunesse*, die programmatische *Géographie moderne* und der *Atlas moderne ou collection de cartes Sur toutes les parties du Globe Terreftre Par Plusieurs Auteurs* (Paris, um 1762, mit 37 Karten und Text) des Abbé DELACROIX in Umlauf. Ihre deutlichste Ausprägung erhielt diese Bewegung schließlich durch die enzyklopädischen Atlanten am Ende dieses Jahrhunderts (siehe unten Kapitel 16).

Im 17. und 18. Jahrhundert werden als dekorative Elemente nach wie vor gern Tierabbildungen gewählt. Dabei sind es zunächst die ausgedehnten Wasserflächen, die für eine Ausfüllung durch passende Illustrationen prädestiniert sind. Impulse sind offenbar von der ausführlich kommentierten und geradezu exzessiv bebilderten *Carta Marina et descriptio septentrionalivm errarvm mirabilivm rervm in eis contentarvm diligentissime elaborata* (Holzschnitt in 9 Stöcken, Rom 1539) von OLAUS MAGNUS (*1490, †1557) ausgegangen, die den verfügbaren Platz mit einer großen Zahl fabulöser Gestalten ausfüllte, in einer im Vergleich zum Kartenfeld völlig maßstabswidrigen Überhöhung. Noch im Untersuchungszeitraum wurde in der Ikonographie wenig Wert auf zoologische Genauigkeit gelegt und beispielsweise unter den Begriffen «Delphin» oder «Wal» eine unbestimmte Menge von Gattungen der Ordnung Cetacea zusammengefasst;

auch die Darstellung damals bereits gut bekannter Fischarten wie z.B. des Kabeljau (*morue*) ist noch immer weit von einer Realitätstreue entfernt (Abb. 7 und 8). Noch immer erinnern diese Darstellungen an die völlig überdimensionierten Meerestiere, die etwa im frühen 17. Jahrhundert in der *Navigatio Sancti Brendani Abbatis* oder vergleichbaren Reiseberichten erschienen (siehe Abb. in HAYES 2002: 9). Wie wenig der betreffende Kartenzeichner oder -stecher mit der praktischen Seite von Seefahrt und Fischerei vertraut war, zeigt auch der Narwal auf der im *Atlante Veneto* (I, No. 29) und im *Corso Geografico* (P. 2, No. 73) veröffentlichten Globuskarte *Polo Artico* sowie auf der Westeuropakarte von CORONELLI; sein Stoßzahn sitzt nach Vorbild des Einhorns auf dem Kopf bzw. der Melone statt links im Oberkiefer, der hier wiederum als riesiger Papageienschnabel ausgeführt ist (HINRICHSEN 1980: 19; 42; 72). Der in den arktischen Gewässern heimische Narwal (*Monodon monoceros*; im 18. Jh. auch «See-Einhorn» oder «Einhornfisch») war sozusagen das maritime Gegenstück zum Einhorn, das im Gegensatz zu diesem in der Realität existiert, jedoch nicht über dessen charakteristisches Horn (vgl. Abb. 6 oben links), sondern über einen markanten, gewundenen Stoßzahn verfügt, der immerhin dazu prädestiniert war, die mythologische Rolle der Stirnwaffe des Einhorns zu übernehmen und daher auch als «Ainkhürn» bezeichnet wird. Diesem wurden pharmazeutische, insbesondere giftneutralisierende Wirkung zugeschrieben, mit ihm verbanden sich folkloristische und christologische Traditionen. Daher fand dieses Material, das erst im 17. Jahrhundert gefangen und verarbeitet wurde, Verwendung in Reichsinsignien wie dem 1612 in Auftrag gegebenen österreichischen Zepter oder dem dänischen Königsthron, auf dem erstmals CHRISTIAN V. im Jahr 1671 gekrönt wurde.

Insbesondere in nördlichen Breiten werden nach mündlichen Beschreibungen in Szene gesetzte Lebewesen gezeigt, wie sie gerade Schiffe angreifen und einige von ihnen zum Kentern bringen, während sich auch an Land ähnlich brutale Szenen abspielen. Eine Textbeschreibung dieser Monstren und ihrer schrecklichen Eigenschaften enthält die *Cosmographia* (ab 1544) von SEBASTIAN MÜNSTER (*1488, †1552). Hier sind zweifelsohne Verbildlichungen mythischer Seeungeheuer der antiken Traditionen mit eingeflossen.

Im Zeitalter der großen Entdeckungsreisen erfolgt in der Ikonographie zusätzlich eine Vermischung der aus der Antike oder dem Mittelalter ererbten Phantasieprodukte mit den in der Alten Welt bisher unbekannten exotischen oder kuriosen Lebewesen, deren Beschreibung und ungefähre

Abb. 7 und 8
Details aus der Karte A 1204: «Wal» und «Kabeljau».

Lokalisierung von Teilnehmern solcher Reisen in Umlauf gebracht wurden. Bei derartigen damals so genannten «Meerwundern», von denen viele in die zeitgenössische Kartographie gelangten, ist daher eine Trennung zwischen wohlwollendem Überliefern und reinem Phantasieren kaum möglich.

Auch personifizierte Meergottheiten, von denen insbesondere die griechische Mythologie eine ganze Serie kennt, sowie solche der Winde (Aiolos/Äolus) sind nach wie vor anzutreffen. Aus Wolken hervorlugende Puttenköpfe für die vier Hauptwinde, die auf den Weltkarten der frühen Ptolemäus-Ausgaben jeweils in den Ecken dargestellt gewesen waren, finden sich z.B. noch bei CORONELLI, und als Kartuschenillustration auf Karten des Typs A 1296 zwischen 1755 und 1775 von THOMAS JEFFERYS.

Meist wird eine maritime Gottheit mit dem griechischen Poseidon, der aus der libysch-berberischen Tradition übernommen und dem ab dem 3. Jahrhundert v. Chr. der etruskisch-römische Neptunus gleichgesetzt wurde, identifiziert. Auf einer ansonsten wenig dekorativen Karte, die die englischen und französischen Anspruchsgrenzen der Acadie zeigen soll (A 1216), lässt sich eine Poseidon- bzw. Neptunfigur durch die Fluten ziehen. In der klassischen Ikonographie wird Poseidon oft als Lenker eines Gespanns von Seerössern, also Pferden mit schlangenartigem Hinterteil, abgebildet. In seiner ursprünglichen Funktion als Gott der Binnengewässer und Erdbeben sitzt Poseidon bzw. Neptun auch am Ufer und gießt Wasser aus einem Behälter (A 1246, Kartuschenillustration zwischen Titel und Maßstab). Seine Nachfahren mit Amphitrite, Triton und dessen Geschwister, die so genannten Tritonen, erscheinen meist als Kombination aus Mensch (mit den Vorderbeinen eines Pferdes) und Meerestier (Delphin, Seeschlange). Darstellungen des oft auf mythologischen oder fabulösen Meereskreaturen, «Delphinen», oder auch Muscheln reitenden Meeresgottes waren besonders im 16. Jahrhundert auf Karten wie in der darstellenden Kunst ganz allgemein anzutreffen; auf der Europa-Karte des Blaeu-Atlas erscheint er unterhalb 40° N neben einem Zweimaster der Epoche. Manchmal hatten die Neptunfiguren die Funktion des Begleiters einer Herrscherperson zur See (die möglicherweise die gesamte Nation symbolisieren sollte), wie beispielsweise der Könige Manuel I. von Portugal (auf Waldseemüllers *Carta Marina* 1516) oder Felipe II. von Spanien (bei Hieronymus Cock 1557), ähnlich wie ganz allgemein auch die Archetypen der Macht im Tierreich wie Wal, Löwe, Bär, Tiger, Adler oder Kondor gern mit einer Herrscherpersönlichkeit assoziiert wurden. Zusätzlich erscheint auf den Karten des Entdeckungszeitalters auch Merkur, der Gott des Handels, mit seinen eigenen Attributen oder mit solchen, die auf den interkontinentalen Handel der Epoche hinweisen.

Unabhängig von den noch weiterhin als Titelillustrationen oder im Frontispiz verwendeten allegorischen Personifizierungen (Geographia, Terra usw.) ist im 17. und 18. Jahrhundert auf den Karten selbst nur noch eine – im Vergleich zu Olaus Magnus – kleine Auswahl von Mythologica, Exotica und Kuriosa anzutreffen. Der allmähliche Übergang zu einer wissenschaftlichen Kartographie in diesem Zeitraum bedeutet auch das allmähliche Ende dieser Füllobjekte. Manchmal werden sie auf dem Kartenfeld nur noch angedeutet, indem sie als größtenteils mit Wasser bedeckt dargestellt sind. Bei den erst spät in die Blaeu-Atlanten aufgenommenen Dokumenten fallen eine Reduzierung des dekorativen Beiwerks und gleichzeitig eine größere kartographische Genauigkeit auf. Erst in der zweiten Hälfte des 18. Jahrhunderts verschwindet jenes endgültig. Die Epoche der Aufklärung erforderte eine genaue Quellenkritik und ganz allgemein die Entfernung sämtlicher unwissenschaftlicher Elemente, was z.B. für die Afrika-Karten aber auch bedeutete, dass die berühmten, allgemein bis dahin gemiedenen «weißen Flecken» erst jetzt bewusst Verwendung fanden; Hinweise des Typs parts unknown (Moses Pitt, Hermann Moll) werden universell verwendet. Im Bereich der Karten des atlantischen Amerika gilt insbesondere Guillaume Delisle als einer der ersten, die den kartographischen «horror vacui» zu überwinden wagten.

Die an Land angetroffenen Tiere sind dagegen meist originalgetreuer dargestellt. Auf den Karten des atlantischen Kanada werden von französischer wie auch englischer Seite überwiegend Zeichnungen von Bibern, meist eingefügt in

Abb. 9
Poseidon/Neptun mit Seerössern auf der Karte A 1216.

Abb. 10
Rahsegler mit Flügern und Großmastwimpel im Topp zwischen dem 36. und 39. Breitengrad auf der Vorlage von Henry Popple für die Karte A 1221.

eine dekorative Szene, verwendet. Dabei handelt es sich nicht nur um Kartuschenillustrationen (A 1217), sondern auch um Schmuckelemente für den festländischen Teil das Kartenfeldes (A 1231). Damit wurde gewissermaßen die spätere Wahl des Bibers als eines der nationalen Embleme Kanadas vorweg genommen. Eine spezifische Neuheit auf den Karten von Nordamerika ist die Darstellung von Greuelszenen (Folterungen, Kannibalismus), die von einigen Forschungsreisen beschrieben wurden.

Die Hudson's Bay Company nahm 1678 vier Biber zwischen den Armen eines roten Georgskreuzes (das später u.a. in die Wappen von Ontario, New Brunswick, Manitoba und Alberta übernommen wurde) als ihr Abzeichen an; ein von ihr herausgegebenes Geldstück hatte den Gegenwert eines Biberfells. Louis de Buade, Comte de Frontenac, schlug 1678 für die Stadt Québec ein Biberwappen vor. Ein solches wurde 1833 für die Ville de Montréal eingeführt. Der «castor de trois pence» war die erste nationale Briefmarke Kanadas. Schließlich wurde vom Parlament im Jahr 1975 ein Gesetz gebilligt, in dem der Biber endgültig als eins der Nationalembleme Kanadas fixiert wurde. Inzwischen war er als ein beliebtes Firmenabzeichen u.a. auch in mehrere Logos der Canadian Pacific Railway Company (formelle Gründung 16. Februar 1881) aufgenommen und von hier aus auf die seit dem 24. März 1942 unter dem Namen Canadian Pacific Air Lines firmierende Tochter übertragen worden.

Etwa seit 1375 kommen allmählich auch Schiffe als illustratives Element auf Karten in Gebrauch (vgl. dazu die empirischen Untersuchungen von Unger 2010 und Tebel 2012). Neben der Kriegführung ist seit der Hanse der internationale Handel ihre wichtigste Funktion; ihre Ikonographie wird bis zum Ende des 17. Jahrhunderts im Wesentlichen der Entwicklung im Schiffbau sowie ihrer spezifischen Bestimmung in Relation zum Kartenbild angepasst, so dass auf den Dokumenten in der Regel die von der jeweiligen Nation derzeit verkehrenden Schiffstypen – wie z.B. die niederländischen bzw. flandrischen «fluiten» (Fleuten) und andere Rahsegler – zu sehen sind. Spätestens seit den im Blaeu-Atlas gesammelten Tafeln sind beispielsweise die vom Wind geformten bauchigen Segel am Fock- und Großmast der Handelsschiffe mit Kasten- bzw. Spiegelheck auffälliges Merkmal. Ganz allgemein repräsentieren sie nicht nur die maritimen Aktivitäten der Kolonialmächte, gleich ob militärischer oder wirtschaftlicher Natur, sondern weisen auch auf die Zweckbestimmung der jeweiligen Karte als navigatorisches Hilfsmittel hin.

Auf einer 1737 erschienenen Teiledition von HENRY POPPLES *A Map of the British Empire in America* […] ist die moderne Beflaggung am Heck (Nationalflagge, «grand pavillon») und Bugsprietflagge (Gösch, «pavillon de beaupré») gut zu erkennen, sowie darüber hinaus so genannte Flüger oder Flügel (Vlugher, Vloghel), frei im Wind drehbare Windfahnen, die – im letzten Drittel des 13. Jahrhunderts von den Hansestädten eingeführt – ursprünglich als ein erstes Nationalkennzeichen zur See vor Einführung der modernen Flaggen fungierten und mit den entsprechenden Nationalsymbolen (wie z.B. mit dem englischen Georgskreuz) versehen waren. Der große Dreimaster in der Mitte zeigt darüber hinaus einen deutlich längeren Großmastwimpel, der in der Regel vom Schiff des Kommandanten eines bestimmten Verbandes geführt wurde. Die damalige Heckflagge wiederum war, wie hier ebenfalls gut zu sehen ist, im Vergleich zur heutigen sehr viel größer. In Einzelfällen (wie 1556 auf *La Nuova Francia* von GIACOMO GASTALDI die französischen Lilien und die portugiesischen «quinas») befanden sich die Nationalsymbole noch direkt auf dem Großsegel, wie es im Mittelalter und der frühen Neuzeit üblich gewesen war.

Andererseits besteht insbesondere von französischer Seite ein besonderes ethnographisches Interesse, daher wird hier gern auch auf die maritimen Aktivitäten der amerikanischen Bevölkerung bildlich hingewiesen. Die spätestens zu Beginn des 16. Jahrhunderts regelmäßig von Bretonen und Basken besuchten Fischgründe vor Neufundland und der

Abb. 11
Symbolische Darstellung des Fischfangs auf der Großen Neufundland-Bank nach GEORGES BOISSAYE DU BOCAGE (LE BOCAGE BOISSAIE) sen. anhand unterschiedlicher Schiffstypen. Ausschnitt aus der Karte A 1221.

Abb. 12
Detail aus der Karte A 1204 (Paris 1689) über einer Notation zur Insel Neufundland.

Blue Ensign) mit der Union Flag bzw. nur mit dem englischen Georgskreuz oder dem schottischen Andreaskreuz im Obereck. Vor der Einführung der differenzierenden modernen Nationalflaggen war auf schwarzen Kupferstichen eine Zugehörigkeit von Wasserfahrzeugen anhand der Hoheitssymbole nicht unbedingt auszumachen, da über viele Jahrhunderte neben zahlreichen anderen Nationen auch England und Frankreich ein griechisches Kreuz auf dem Fahnentuch führten, das nach 1415 in Frankreich wie England auch noch die gleiche Farbe (entweder rot oder weiß) haben konnte. Auf diese frühen Erkennungssignale bezieht sich offiziell die von König GEORGE V. 1921 vorgenommene Festlegung der kanadischen Nationalfarben Rot und Weiß.

In Fällen wie A 1231 und A 1208, in denen die betreffenden Autoren hohe Beamte des Königshofes waren, ist der offizielle Charakter bereits durch die Beigabe eines bekrönten königlichen Wappens – wie in diesen Fällen in eigenen oder in die des Titels integrierten Kartuschen – indiziert. Soll dagegen die koloniale Präsenz aus einer möglichst unparteiischen Perspektive gezeigt werden, wie z.B. auf den beiden nahezu identischen, von TOBIAS CONRAD LOTTER gestochenen Karten A 1209 und A 1210, erscheinen die Wappen der beiden Monarchien oder Teile daraus (hier der Leopardenschild für England und das Medaillon mit den drei Lilien für Frankreich) als Kartuschenillustration gleichberechtigt nebeneinander.[27] Bei der Beigabe staatlicher Hoheitssymbole sind also verschiedene Funktionen zu unterscheiden. In frühen Atlanten wie dem *Theatrum Orbis Terrarum* von ORTELIUS dienen insbesondere die Staatswappen – die damals ganz offensichtlich über einen weitaus höheren Bekanntheitsgrad verfügten als heute –

Cap Breton-Insel werden piktographisch durch Fangkutter und so genannte Neufundland-Schoner mit Schratsegel hervorgehoben (A 1221), auf der in den *Atlas Maior* von BLAEU aufgenommenen Karte (A 1170–A 1172) korrelieren diese maritimen Illustrationen mit entsprechenden Verzierungen von Titel- und Verlegerkartusche, in denen mit Fischen und Instrumenten auf die besondere wirtschaftliche Bedeutung des Fischreichtums der vorgelagerten Bänke hingewiesen wird.

Doch auch mit Hilfe staatsoffizieller Symbolik scheinen die konkurrierenden Nationen – zumindest an bestimmten Stellen – bald Ambitionen zu entwickeln, ihre Dominanz visuell zu demonstrieren. Auf Karten niederländischer Provenienz wie z.B. A 1230 sind, auch auf nicht-kolorierten Abzügen, deutlich die Streifen der niederländischen Trikolore, der ersten Nationalflagge zur See überhaupt, auszumachen; noch deutlicher natürlich auf farbigen Karten wie die des Typs A 1171 aus dem BLAEU-Atlas. Auf der Karte von JOHN SELLER (A 1231) werden zwei Schiffe, davon ein größeres im Kartenvordergrund, gezeigt, die die englische Georgsflagge führen. Diese wurde (spätestens seit 1277) am Großtopp und evtl. am Fockmast geführt und noch bis ca. 1810 als «merchant jack» verwendet; die offizielle Flagge der britischen Handelsschiffe wurde ab 1633 allmählich das Red Ensign (ab 1864 unter bestimmten Bedingungen auch das

der schnellen Identifikation des jeweils dargestellten Landes, ähnlich wie bereits auf vielen Stadtansichten des Mittelalters das jeweilige Stadtwappen, bzw. dann auf Portolanen – zunächst der katalanischen Schule – ganz allgemein das der betreffenden Legende entsprechende Hoheitszeichen erschien.

Das als «fleur-de-lys» bzw. «fleur(s) de lis» bekannte Symbol war vom 12. Jahrhundert bis 1830 – lediglich mit einer Unterbrechung im Zeitraum zwischen 1792 und 1814 – das Grundelement der offiziellen staatlichen Emblematik Frankreichs (siehe dazu Pinoteau 1998). Die stilisierte dreiblättrige Lilie mit «Band» um die Blütenblätter, das u.a. als christliches Sinnbild der göttlichen Dreifaltigkeit gilt und von der Kirche mit der Gottesmutter Maria assoziiert wurde, soll erstmals von Chlodwig I. nach seiner Bekehrung angenommen worden sein. Bereits in der altorientalischen Ikonographie ist es als Herrschersymbol bekannt (so wurde sie beispielsweise mit der antiken Königstadt Susa in Verbindung gebracht, vgl. npers. سوسن 'Lilie') und galt als Sinnbild bestimmter Eigenschaften, wie z.B. der Reinheit, die als marianische Attribute übernommen wurden. Allerdings lässt sich das Symbol in seiner heraldischen Stilisierung u.a. auch als Christusmonogramm, als Ende eines Szepters, einer Hellebarde oder einer ähnlichen Waffe deuten. Unter den Kapetingern wurde das Liliensymbol spätestens seit Philippe I. (reg. 1060–1108) verwendet, unter seinem Enkel Louis VII. (reg. 1131/1137–1180) in der Kombination gold in blau, die später verallgemeinert auch das Grundmuster des so genannten Lilienbanners wurde, der entweder weißen oder blauen Fahne des Hauses Bourbon und der französischen Monarchie bis zur Revolution 1789, die wegen der königlichen Marineaufsicht u.a. am Schiffsheck («grand pavillon») geführt wurde, obwohl sie nicht die eigentliche Handelsflagge war (Abb. 15). Mit Lilien besät waren darüber hinaus «girouettes» (Flüger) und die schmalen, in zwei Enden auslaufenden «flammes» und «cornettes» (diese insbesondere bei der Kriegsmarine). Wieder aufgenommen wurde das Fahnenbild des «grand pavillon» von Elphège Filiatrault 1902 in einer – in Anlehnung an ein in der Schlacht von 1758 geführtes Banner – «Carillon» genannten Fahne, der unmittelbaren Vorgängerin des so genannten «fleurdelisé». Dieser wurde per Dekret am 21. Januar 1948 als offizielle Flagge von Québec eingeführt; die nunmehr weißen Lilien stehen – gegenüber den goldenen im Carillon – für eine bewusste Abkehr von der Symbolik des Ancien Régime.

Bemerkenswerterweise fungiert das Liliensymbol außerhalb des staatlichen Heraldik auch als Nordpfeil im Kompass und den davon abgeleiteten Kompassrosen in der Kartographie. Erscheint auf einer Karte eine Zentralrose, die künstlerisch ausgestaltet und mehrfarbig koloriert sein kann, ist auf diese oben in der Mitte eine heraldische Lilie aufgesetzt, gewissermaßen als Verlängerung und Verzierung des direkt nach Norden weisenden Striches. Dies ist insbesondere der Fall, wenn diese Windrose eine zentrale Position in einem Rumbenliniennetz hat und dann die Lilie in der Kartenmitte, entweder direkt auf oder etwas oberhalb dieser Windrose auf einer zentralen Rumbenlinie nach Norden zeigt (A 1233, A 1234, A 1235/A 1236, A 1245, A 1246). Diese Funktion als «Nordpfeil» hat sie vielfach auf Nebenkarten oder Kartenausschnitten mit größerem Maßstab, entweder in Verbindung mit einer kleinen, vereinfachten Rose (hier kann sie auch anstelle der Versalie «N» erscheinen) oder lediglich auf dem einzigen hier vorhandenen Rumbenstrich. Ausschnitt- oder Nebenkarten sind nicht unbedingt wie die Hauptkarte nach Norden ausgerichtet; das gleiche gilt ganz

Abb. 13 (linke Seite unten rechts) und 14 (links unten)
Rahschiffe mit der niederländischen Trikolore und Großmastwimpel südlich des «Banc de la Cadie» auf einer kolorierten Variante der Karte A 1230 im Exemplar des Van Loon-Atlas der Universitätsbibliothek Tübingen.

Abb. 15 (rechts unten)
Karavelle auf dem Atlantik zwischen dem Cap Carteret und den Bermudas (Detail aus A 1208); am Heck offensichtlich die weiße Lilienflagge, die ab dem beginnenden 17. Jahrhundert in der Funktion des «grand pavillon» gebräuchlich war und 1760 für Handelsschiffe gestattet wurde.

Abb. 16 (rechts oben)
Stilisierte dreiblättrige Lilie als heraldische Grundform.

allgemein für die meisten Stadtpläne und Umgebungskarten, z.B. von Montréal und Québec; manchmal, wie etwa für den Nürnberger *Schau Platz des gegenwaertigen Kriegs* (Achter Theil), wurde der zumindest noch bis 1764 reproduzierte Plan A 1256 von BELLIN von Westen nach Norden gedreht. Zuweilen erscheint auch eine vertikal zur Hälfte abgeschnittene heraldische Lilie aus technischen Gründen, wenn sie – wie auf der Karte A 1237 – direkt auf dem Kartenrand angebracht ist und zu einer ebenfalls nur zur Hälfte sichtbaren Rosette gehört. Aber auch nur in der Nähe des Kartenrandes (A 1237, Nebenkarte Ristigouche) oder als regulärer Nordpfeil auf einer gewöhnlichen Kompassrose (A 1259, A 1260) kommen solche halben Lilien vor. In jedem Fall zeigt die Spitze des mittleren Blütenblattes nach Norden, unabhängig davon, ob die gesamte Karte genordet ist oder nicht. In den 1750er Jahren werden auf solchen Dokumenten, die den Umfang der Missweisung der Kompassnadel in den Rosetten oder Rosen angeben, unterschiedlich große Lilien verwendet. Die größere zeigt dabei regelmäßig zum Norden der Karte, die kleinere zum magnetischen Nordpol, zuweilen mit genauer Angabe der Differenz in Graden und Minuten (A 1272, A 1280, A 1287, A 1289, A 1290).

Die nahe liegende Annahme, dass sich die kartographische Lilie direkt auf das heraldische Symbol der Kapetinger zurückzuführen ist, lässt sich nicht bestätigen, das gleiche gilt für die Rückführung auf die ebenfalls erstmals im 11. Jahrhundert aufgekommene Lilie als Wappenbild für die Stadt Florenz und die florentinischen Besitzungen, gleichzeitig Münzbild, von der der Name für entsprechende Nachprägungen (z.B. eng. *florin*) abgeleitet wurde. Noch weniger lässt sie sich aber – da sie ungefähr gleichzeitig bereits auf Karten englischer Produktion verwendet wird – mit der von BLAKE (2007: 11) vermuteten besonderen Bedeutung der «Rose» als politisch-heraldisches Symbol, insbesondere als so genanntes «badge» in England («rose of Lancaster», «rose of York») in Verbindung bringen, zumal sowohl dieses als auch die Lilie selbst als «marks of cadency» verwendet werden. In den Fällen, in denen die Lilie in der englischen Heraldik erscheint, z.B. in der ungewöhnlichen Bordüre des Wappens von Schottland von 1222 («double tressure flory counterflory») und in den davon inspirierten Hoheitszeichen, ist sie als ausdrückliche Demonstration einer Verbindung zu Frankreich zu erklären.

Die Kompasslilie ist bis in das erste Drittel des 16. Jahrhunderts zurückzuverfolgen; so ist sie zum Beispiel auf genuesischen Manuskriptkarten von VESCONTE MAGGIOLO [1504?–1551] zu sehen. In einer ersten Phase erschien sie, meist zusammen mit einem kleinen griechischen Kreuz als Verlängerung des nach Osten weisenden Striches, auf der klassischen Windrose zur Bezeichnung der beiden Hauptrichtungen Tramontana (Norden) und Levant(e) (Osten). Die dazwischen liegenden Windrichtungen wurden mit Versalien markiert, so z.B. – noch auf einem Exemplar von 1580 – mit G, S, O, A bzw. L, P und M für Greco [NO], Scirocco [SO], Ostro (Austro, Mezzodì [S]), Africano bzw. Libeccio [SW], Ponente [W] sowie Maestro [NW]. Als im Laufe des 16. Jahrhunderts auch in der Mittelmeerkartographie die neuen Begriffe germanischen Ursprungs die traditionellen Bezeichnungen allmählich verdrängten, wurden die entsprechenden, bis in die Gegenwart geläufigen Abkürzungen anstelle der früheren Versalien auf die Kompassrosen gesetzt, doch nahm oft ein auffälliges Liliensymbol den Platz der Abkürzung N für Norden ein. Das demgegenüber weniger auffällige Kreuz für die Ostrichtung, das auf die Lage des Heiligen Landes hinweisen sollte, blieb vielfach bis weit ins 18. Jahrhundert, auch auf zahlreichen hier untersuchten Karten, erhalten, wurde dann jedoch ganz aufgegeben.

Es stellt sich nun heraus, dass dieses Liliensymbol das Ergebnis einer künstlichen Formalisierung früherer an diese Stelle gesetzter Zeichen aus ästhetischen Gründen ist. Dabei handelt es sich höchstwahrscheinlich um das gleichschenklige Dreieck, das in ganz früher Zeit eine gewisse Bedeutung als nautisches Instrument hatte. In der Tat ist auf Karten der portugiesischen Schule noch des letzten Drittels des 16. Jahrhunderts die Nordlinie der Windrose mit einem kleinen Dreieck oder auch mit einem auf der Spitze stehenden Karo mit konkav abgerundeten Seitenflächen und darüber jeweils mit einem Punkt versehen. In der weiteren Entwicklung dieses Zeichens ist vermutlich das von den Katalanen verwendete achtstrahlige Symbol des Kleinen Bären mit dem Polarstern eingeflossen (WATERS 1958: 27). Später wird der Anwendungsbereich der Kartenlilie nochmals erweitert; auf dem Diptychon A 1202 des Barons LAHONTAN dient es der Markierung von vier Positionen, an denen die Expedition jeweils umgekehrt ist.

12. Der französische Beitrag zu den modernen Geowissenschaften

Die Kartensprachen im Untersuchungszeitraum. Der Kartenbestand der SLUB für den Bereich Atlantisches Kanada zeigt ein deutliches Übergewicht frankophoner Dokumente gegenüber Karten englischer Produktion. In diesen beiden Gruppen ist die Kartensprache zunächst die Sprache des jeweiligen Urhebers (Autors, Herausgebers, Verlegers), obwohl in vielen, wenn nicht sogar in den überwiegenden Fällen Karten aus der jeweils anderen Sprache für den eigenen Gebrauch übersetzt wurden, übrigens ganz offensichtlich sehr viel mehr vom Französischen ins Englische als umgekehrt. Davon unabhängig blieb die in großen Teilen Kanadas (und der späteren USA) etablierte französischsprachige Namengebung auch auf den englischen Karten generell, wenn auch jeweils in unterschiedlichem Umfang, erhalten; sie wurde zuweilen adaptiert, aber nicht unbedingt übersetzt. Daher handelt es sich auch bei den englischen Dokumenten fast ausschließlich um zweisprachige bzw. hybride Karten (siehe Teil III und IV). Einmal abgesehen von der bilateralen Zusammenarbeit auf dem Gebiet der Kartographie implizierte jedoch das große wirtschaftliche und politische Interesse der beiden Kolonialmächte England und Frankreich an den nordamerikanischen Territorien eine politische Notwendigkeit, diese möglichst schnell in Form von eigenen Handbüchern und Karten zu dokumentieren und einer zentralistischen Kolonialverwaltung zu unterstellen. Der politische Konkurrenzkampf wurde daher ganz allgemein auf Kosten der Qualität der kartographischen Produktion geführt, und zwar in der großen Mehrzahl der Fälle ganz besonders auf Kosten der von einer philologischen Genauigkeit weit entfernten sprachlichen Ausführung der Dokumente.

Die innerhalb des Gesamtbestands überwiegend französisch redigierten Karten wurden jedoch nicht ausschließlich in Frankreich hergestellt. So hat die religiös-politisch bedingte Verlagerung der kartographischen Industrie von den südlichen (Antwerpen) in die nördlichen Niederlande (Amsterdam) auch hier ein wichtiges französischsprachiges Buch- und Kartenhandelszentrum entstehen lassen. Darüber hinaus ist eine Gruppe frankophoner Dokumente in dem damals politisch sehr zersplitterten Deutschland entstanden. Bemerkenswert ist dabei die Beteiligung Nürnbergs als Verlagsort, darunter die der Homännnischen Erben. Hier wurden allerdings vielfach Nachdrucke (u.a. von DELISLE, DE FER, und übrigens auch von Kopien englischer Vorlagen wie z.B. von MOLL) weitgehend unverändert übernommen oder lediglich mit einem deutschen Gesamttitel versehen (vgl. A 1192). Bei HOMANN erschienen Reproduktionen von JACQUES NICOLAS BELLIN senior, die weder hinsichtlich ihrer Kartensprache noch der regional üblichen Maßeinheiten an eine Form adaptiert wurden, die den Zugang zu einem möglichst breiten deutschsprachigen Publikums ermöglicht hätten (A 1211–A 1214). Dadurch waren sie, zumal zu einem günstigeren Preis angeboten, offenbar als Konkurrenzprodukte für den internationalen Markt konzipiert. Im Homännischen *Weltatlas* (u.a. 1730) erschienen die Karten BELLINS in einigen Fällen mit deutschen bzw. lateinischen Titelüberschriften, wie es in dieser Epoche auch von anderen europäischen Verlagen praktiziert wurde. Fraglich ist immerhin, ob das Französische – zumindest in der Zeit, als Frankreich auf diesem Sektor führend war – nicht nur als internationale Bildungs- und Verkehrssprache, sondern in einer weiteren supranationalen Funktion auch die Rolle einer Vehikulärsprache der Kartographie übernahm, wie es im 18. Jahrhundert in vielen Bereichen der Fall war, bevor diese Funktionen vom Englischen übernommen wurden (vgl. WEYERS 2003: 280). Dafür würde u.a. sprechen, dass beispielsweise JOHANN WILHELM ABRAHAM JÄGER (*1718, †1790) in Frankfurt am Main seine eigene Kartensammlung als *Grand atlas d'Allemagne* (1789) auf den Markt brachte und die einzelnen Karten mit *Carte topographique de [...]* betitelte. Zumindest existiert aber, wie erwähnt, in vielen Titulaturen noch ein Nebeneinander des Lateinischen und Französischen gewissermaßen in ihrer jeweiligen Funktion als klassische und moderne lingua franca der Kartographie.

Die Karten, Pläne und Ansichten, die von dem 1785 in Nürnberg gestorbenen Buchhändler und Verleger GABRIEL NIKOLAUS RASPE in seinem *Schau Platz des gegenwaertigen Kriegs* gesammelt wurden, sind sprachlich heterogen. Das Spektrum reicht von der unveränderten Übernahme französischer Originale (z.B. Nr. 156 «Philippines») über deutsche Adaptationen von Arbeiten BELLINS (A 1285, als Nr. 147 im *Schau Platz*) mit einer gemischten bzw. hybriden Nomenklatur, Allonymie und Übertragung der Begleittexte, bis zu einer weitgehend konsequenten Übersetzung der gesamten Karte mit Einschluss der Generika in Namenkomposita (vgl. z.B. Nr. 142 [«Grenada und die Grenadillen»], Nr. 143 [«Insel S. Lucia»].

Es gab also durchaus auch einen deutschsprachigen Beitrag zur Kartographie Kanadas im 17. und 18. Jahrhundert. Nach ersten vielversprechenden Anfängen war die Entwicklung geographischer Tafelwerke zunächst durch die Gegenreformation und den Dreißigjährigen Krieg nachhaltig unterbrochen worden; lediglich Nürnberg gehörte damals mit Hamburg, Danzig und Königsberg zu den Städten, die weitgehend vom Krieg verschont blieben. Als einer der wenigen erreichte der vom Kartenstecher JOHANN BAPTIST HOMANN aus Oberkammlach (*1664, †1724) im Jahr 1702 in Nürnberg gegründete Verlag den Anschluss an den Standard der noch überwiegend von niederländischen Produkten geprägten Barockkartographie, deren Preis er auf dem internationalen Markt um ca. 25% zu unterbieten versuchte. HOMANN, 1715 Mitglied der Preußischen Akademie der Wissenschaften und 1716 zum «Kaiserlichen Geographen» ernannt, gab über 200 Karten und Globen heraus. Internationales Renommee erreichte das Haus in der unter starkem französischen Einfluss stehenden Folgezeit, als nach dem Tod seines Sohnes JOHANN CHRISTOPH (*1703, †1730) JOHANN GEORG EBERSPERGER (EBERSBERGER; bereits seit 1724 Leiter der Offizin) und JOHANN MICHAEL FRANZ (bzw. ab 1759 dessen Bruder JACOB HEINRICH FRANZ) die Firma mit Unterstützung namhafter Wissenschaftler als «Homannische» bzw. «Homaennische Erben» weiter führten. Dabei ging es im Wesentlichen darum, die deutsche Kartographie endgültig nach den großen niederländischen und französischen Vorbildern aus dem vielfach verspotteten Schattendasein herauszuführen. Der *Grosse Atlas Über die Gantze Welt* begann 1716 mit 126 Karten, der allmählich expandierende *Atlas geographicus maior* enthielt 1780 schließlich über 300 Kartenblätter. Nicht allein hinsichtlich der Kanadakarten, sondern ganz allgemein kann die in wechselnder personeller Zusammensetzung und schließlich von CHRISTOPH FEMBO übernommene Firma, die noch bis zum Jahr 1848 bestand, als der bedeutendste kartographische Verlag des 18. Jahrhunderts in seinem Sprachraum gelten, auch wenn sich ab 1740 ein qualitativer Niedergang abzeichnete und von 1769 an das Geschäft auf die regionale Kartographie konzentrierte (zur Firmengeschichte siehe die Arbeiten von CHRISTIAN SANDLER, insbesondere SANDLER 2006).

Der HOMANN-Schüler GEORG MATTHÄUS SEUTTER (*1678, †1757) gründete 1707 in Augsburg eine eigene Offizin, in der er zunächst von anderen Autoren wie z.B. BELLIN, DELISLE, SANSON und CONTELLI DA VIGNOLA Stadtansichten, Stadtpläne und Landkarten kopierte. Er wurde gefolgt von seinem Sohn ALBRECHT CARL SEUTTER (*1722, †1762) und seinem Schwiegersohn TOBIAS CONRAD LOTTER (*1717, †1777), der einen Teil der bis 1810 bestehenden Firma weiterführte. Von ihnen stammen die Karten A 1209 und A 1210, ebenfalls keine genuin deutschen Produktionen, dafür in Fortsetzung der überreichen Komposition nach Homännischem Vorbild und in einem sehr eigenwilligen Projektionstypus mit zuweilen ungewohnt starker Verzerrung. Der schlechte Ruf des SEUTTER-LOTTERschen Verlags bezog sich daher nicht nur auf das wahllose Kopieren von Originalen anderer Kartographen, das auch für viele andere Verleger jener Epoche, nicht nur deutscher Provenienz, zutrifft, sondern auch auf die offensichtlichen Nachteile seines eigenen Projektionsverfahrens.

Nürnberg war bereits früh als Produktionsstätte von Erdgloben (BEHAIM, SCHÖNER) in Erscheinung getreten; 1570 gab der Drucker JOHANN KOLER einen Raubdruck des *Theatrum* von ORTELIUS heraus. Gemäß SOPHUS RUGE (1893: 11) galt diese als zweite deutschsprachige kartographische Schule nach St. Dié und soll die dritte am Niederrhein und in den Niederlanden maßgeblich beeinflusst haben. Hierher hat jedoch maßgeblich eine Migration aus anderer Richtung stattgefunden: Nachdem in den 1540er Jahren französische Drucker als Häretiker verfolgt und in Antwerpen Aufnahme fanden, setzte wenige Jahrzehnte später, wiederum wegen politisch-religiöser Repressionen, eine massive Abwanderung von Gelehrten aus den südlichen Niederlanden (insbesondere in die nördlichen Landesteile) ein; so sammelten sich bereits ab 1570 Kartographen auch am Niederrhein und begründeten die «Kölner Schule» (vgl. MEURER 1988: 24–44), von der über einen großen Zeitraum wichtige Impulse ausgingen (QUAD, HOGENBERG). Ein solcher politischer Flüchtling aus Antwerpen war auch der Kupferstecher GABRIEL TAVERNIER, der zusammen mit MAURICE BOUGUEREAU 1594 in Tours den ersten französischen Nationalatlas herausbrachte.

Im 19. Jahrhundert kamen Kanadakarten aus der «Geographischen Graviranstalt» des Bibliographischen Instituts hinzu, das 1826 in Gotha von JOSEPH MEYER (*1796, †1856) gegründet und 1828 zunächst nach Hildburghausen, dann 1874 – durch seinen Sohn HERMANN JULIUS MEYER – nach Leipzig verlegt wurde. Bereits ab 1785 existierte schließlich die geographische Anstalt und Verlagsbuchhandlung Justus Perthes in Gotha, gegründet von JOHANN GEORG JUSTUS PERTHES (*1749, †1816), deren kartographische Abteilung später von dem ab 1897 in der Firma tätigen HERMANN HAACK (*1872) geleitet wurde.

Als eine weitere spezifische Gruppe sind schließlich die nach 1681 von CORONELLI entstandenen Karten zu nennen, auf denen wiederum Titel und Nomenklatur entweder italienisch oder – wie m Fall der Zusammenarbeit mit dem Abbé DU TRAL[L]AGE – französisch sind; einige von diesen sind im Rahmen von Auftragsarbeiten für den französischen Monarchen LOUIS XIV. (reg. 1643–1715) entworfen worden.

Ausschließlich lateinische Titel und Begleittexte, wie sie durchaus noch regelmäßig auf Karten des 16. Jahrhunderts vorkommen, sind eindeutig rückläufig bzw. bereits größtenteils zugunsten der modernen Sprachen aufgegeben worden; lateinisch sind in dem untersuchten Korpus nur noch die Titel einiger Dokumente (z.B. von METELLUS) am

Übergang des 16. zum 17. Jahrhundert sowie die von Joannes Blaeu (A 1170–A 1172); auf wenigen Karten (z.B. A 1230) sind lateinische Abkürzungen übrig geblieben. Die Blätter der Sanson/Jaillot-Atlanten wurden, wie am Beispiel A 1174 zu sehen, analog ihrer dem jeweiligen Atlashaupttitel vorangehenden zweisprachigen Vortitel jeweils mit einem lateinischen (Ober)titel über dem Kartenrand versehen, während daneben der französische, der in einer Kartusche erscheint, in der Regel umfangreicher und detaillierter ist.

Die Grundlagen der modernen Kartographie. Das eindeutige Übergewicht der französischsprachigen Karten spiegelt aber auch den Umbruch und die rapide Weiterentwicklung der Kartographie Frankreichs ab der zweiten Hälfte des 17. Jahrhunderts wider. Eine zentrale Rolle spielte dabei das große Interesse an den Geowissenschaften und der Astronomie während der absolutistischen Regierung unter Louis XIV. (reg. 1643–1715) und seinem Finanzminister Jean-Baptiste Colbert, Marquis de Seignelay (*1619, †1683), während der die Herrschaft über die erst später erschlossene Nouvelle-France in Form einer «colonie royale» konstituiert wurde. Dabei wurden die exakten Wissenschaften, zu denen die noch als Geographie bezeichnete Kartographie gehörte, als große nationalpolitische Aufgabe verstanden und staatlich institutionalisiert. Im Jahr 1666 wurde die Académie des Sciences et des Beaux Arts gegründet, die viele namhafte Geographen aufnahm, und ein Jahr später der Bau des Observatoire royal de Paris in Angriff genommen. Nun begannen umfangreiche astronomische und geodätische Arbeiten, die die Koordinaten-, insbesondere die Längenbestimmung verbessern und damit ein genaueres Bild von der Größe und Gestalt der Erde liefern sollten. Jean Picard (*1620, †1682) unternahm 1668–1670 eine Nachmessung des Meridianbogens Jean Fernels (*1497, †1558) zwischen Paris und Amiens mit Dreiecksketten sowie – zusammen mit Philippe de La Hire (*1640, †1718) zwischen 1672 und 1681 – die Längenbestimmung von fünfzig französischen Küstenorten, um damit gleichzeitig einen ersten brauchbaren Wert für den Erdumfang zu erhalten.

Im Jahr 1671 wurde der an der Universität Bologna lehrende Astronom und Mathematiker Giovanni Domenico (Jean Dominique) Cassini (*1625, †1712) zum Leiter des neugegründeten Observatoire royal de Paris berufen; ab August 1681 konnte auch der spätere venezianische Hofkosmograph und Lexikograph Vincenzo Maria Coronelli (*1650, †1718), Berater des Kaisers und des Papstes, von Kardinal César d'Estrées, Évêque-Duc de Laon, Botschafter Frankreichs in Spanien und beim Heiligen Stuhl, der in

Parma dessen 175 cm-Globen für Herzog Ranuccio II. Farnese gesehen hatte, für den französischen Hof gewonnen werden. In seinem Auftrag fertigte Coronelli bis Ende 1683 in Paris einen Erd- und einen Himmelsglobus (dieser mit den Konstellationen am Tag der Geburt des Sonnenkönigs) mit einem Durchmesser von jeweils 15 Fuß bzw. ca. 387 cm an,[28] die von 1704 bis 1715 in einem der pavillons des Château de Marly (daher auch «Globes de Marly») eingerichtet wurden. Auf dem ersten konnten dem Monarchen bereits die aktuellen Endeckungen und Forschungsergebnisse von Robert Cavelier de La Salle (*1643, †1687) und Jean-Baptiste Franquelin präsentiert werden. Ähnlich wie seine Karten dekorierte Coronelli seinen Erdglobus mit den Schiffstypen der Epoche, zahlreichen allegorischen Figuren und Szenen (wie z.B. der Waljagd vor Neufundland), die zwar in unmittelbarem Bezug zum abgebildeten Areal standen, jedoch meist exotisch-fabulöser Natur waren.

Louis XIV. war das erste europäische Staatsoberhaupt, das sein Territorium mit Hilfe des neuen, bereits von Willebrord Snel van Royen (*1580, †1620) angewandten Verfahrens der Triangulation vermessen ließ, wenn auch dessen Ergebnis, dass nämlich Frankreich sehr viel kleiner ist als erwartet, den Monarchen ernüchtert haben muss. Die 1683 von de la Hire und Cassini wieder aufgenommenen Vermessungsarbeiten wurden von dessen Sohn Jacques (Giovanni) (*1677, †1756, auch Cassini II.) bis 1720 weiter geführt und erreichten im Norden Dünkirchen (1701), im Süden Perpignan und die spanische Grenze. Dessen Sohn César François Cassini de Thury (*1714, †1784, auch Cassini III.), der seinen Vater ab 1733 dabei unterstützte, konnte schließlich zusammen mit Jean-Dominique Maraldi die Triangulation 1. Ordnung für die 1733 von der Académie in Auftrag gegebene große Frankreich-Karte (*Nouvelle Carte qui comprend les principaux triangles qui servent de fondement à la description géométrique de la France* [1744]) abschließen; doch erst in der folgenden Generation (Jean [Jacques] Dominique Comte de Cassini, *1748, †1845, auch Cassini IV.) wurde das Gesamtergebnis auch in Form der *Carte topographique de la France* (1744–1793, daneben auch *Carte générale de France* oder «Carte de Cassini» genannt) in 18 Blättern im Maßstab 1:870.000 publiziert.

Die laufenden Vermessungsarbeiten führten zu einer ständigen Modifizierung der Ortspositionen, die von der Académie regelmäßig in offiziellen Ephemeriden unter dem Titel *La connoissance des temps* veröffentlicht wurden. Für militärische Zwecke gab Louis XV. 1747 Cassini de Thury ferner den Auftrag zu einem Kartenwerk im größeren Maßstab

Abb. 17
Giovanni Domenico Cassini (*1625, †1712), ab 1673 auch Jean-Dominique Cassini I. Gemälde von Antoine-Victor-Léopold Durand-Durangel 1879 [229 x 162 cm, nach einer Radierung].

1:86.400 auf der Grundlage 1 ligne = 100 toises, musste aber deren Finanzierung wegen des Siebenjährigen Krieges (1756–1763) einstellen, so dass der Autor gezwungen war, mit einer zu diesem Zweck gegründeten privaten Kapitalgesellschaft die erforderlichen Mittel aufzubringen; die Karte wurde von seinem Sohn Jean Dominique komplettiert. Das im Wesentlichen zwischen 1756 und 1789 erhobene und ab 1793 von der Académie des Sciences als *Carte géométrique de la France* (wiederum auch «Carte de Cassini») veröffentlichte erste moderne topographische Werk eines europäischen Staates in 182 Blättern mit Nachtragslieferungen bis 1815 vermochte erstmals ein – wie inzwischen nachgewiesen wurde – erstaunlich genaues Bild Frankreichs ohne Höhenreliefs auf der Grundlage der systematischen Triangulation darzustellen. Sie diente als Grundlage für den *Atlas National illustré des 86 Départements et des*

Possessions de la France (1847–1854), der das französische Staatsgebiet in seiner neuen Gliederung in Départements darstellte. Dazu wurde eine neue zylindrische Projektion auf der Grundlage der um 90° gedrehten abstandstreuen «plate carrée» (mit den Polen im Zentrum) entwickelt, die seitdem noch bis in die 1920er Jahre, sogar für die topographische Kartierung der Britischen Inseln, verwendet wurde. Als weitere globale Innovation war von Louis XIV. im Rahmen dieser geodätischen Maßnahmen auch die Einführung des für Frankreich verbindlichen Nullmeridians (siehe oben Kapitel 6) vorangetrieben worden. Er wurde erstmals 1718 von Jacques (Giovanni) Cassini festgelegt.

Bereits im Jahrhundert zuvor waren in diesen und unmittelbar benachbarten Disziplinen wie der Mathematik und Physik vom französischen Mutterland zukunftsweisende Impulse ausgegangen. Aus dem Jahr 1670 stammt – nach Christian Huygens (1664) – der zweite Vorschlag von Gabriel Mouton (*1618, †1694), anstelle der an anatomischen bzw. Naturgrößen (Spanne, Elle, Klafter, Fuß usw.) orientierten, regional unterschiedlichen Längenmaße als feste konventionelle Einheit die Bogenminute eines Erdmeridians, die der internationalen Seemeile entspricht, einzuführen und diese dezimal zu unterteilen. Die französische Nationalversammlung entschied sich zunächst gegen Mouton, dekretierte jedoch am 7. April 1795 aus politischen Gründen schließlich als eine etwas modifizierte Variante seines Vorschlags den zehnmillionsten Teil des Quadranten – also der Strecke vom Pol zum Äquator – bzw. den vierzigmillionsten Teil eines vollen durch die Pariser Sternwarte verlaufenden und beide Pole verbindenden Erdmeridians als neue Grundeinheit mit der Bezeichnung *mètre* (< gr. μέτρον); diese wurde 1837 auch von der Académie angenommen.[29] Sie ist letztendlich Grundlage des inzwischen gewissermaßen weltweit gültigen metrischen Systems, wenn sich dieses auch in Frankreich selbst wie in vielen Teilen der Welt erst allmählich durchsetzen ließ, der Convention du Mètre vom 20. Mai 1875 lediglich 17 Staaten angehörten, und noch heute bezüglich der primären Längenstandards ein Antagonismus zwischen den Basiseinheiten Meter der Frankophonie und foot der Staaten der englischsprachigen Welt bzw. der Mitglieder oder Assoziierte des ehemaligen Commonwealth besteht.

Abb. 18
Nordamerika auf dem Pariser Erdglobus von Vincenzo Maria Coronelli. Bibliothèque nationale de France, Site de Tolbiac/Bibliothèque François Mitterrand, hall ouest.

Abb. 19
NICOLAS SANSON D'ABBEVILLE (*1600, †1667). Kupferstich von CONRAD WESTERMAYR (*1765, †1834), signiert: «C. Westermayr f. Weimar]».

13. Entwicklung der französischen Kartographie

Unter den europäischen Kartographennationen der Neuzeit tritt Frankreich erst sehr spät – wenn auch nicht an allerletzter Stelle – in Erscheinung. Nach den italienischen und katalanischen Verdiensten waren es zunächst portugiesische Kartographen bzw. Kartographen in portugiesischem Auftrag, die weitgehend unbeeinflusst von der Tordesillas-Linie (die völkerrechtlich gegenüber Drittstaaten ohnehin kaum durchsetzbar war) erstmals den amerikanischen Kontinent abbildeten. In einer ersten Phase waren solche Informationen durchaus freizügig weitergegeben worden, so dass berühmte Kompendien wie die CANTINO- oder die CANERIO-Karte entstehen konnten. Aus der Zeit zwischen 1500 und 1515, in der nachweislich Basken, Bretonen und Normannen in den Gewässern der St. Lorenz-Mündung tätig waren, sind mit einer einzigen Ausnahme gar keine kartographischen Dokumente erhalten geblieben.[30] Unmittelbar danach werden, infolge der Territorialunion unter KARL V., die internationalen kulturellen Beziehungen, insbesondere zwischen der Iberischen Halbinsel und Italien, intensiviert. Erst um die Mitte dieses Jahrhunderts gibt es mit der Schule von Dieppe einen ersten wichtigen französischen Beitrag, wenn auch ihre Karten Kopien portugiesischer Vorbilder sind, in denen auch die Küstentoponymie in ihrer portugiesischen Form unverändert beibehalten wird, übrigens eine allgemeine, sich bis zum Ende des 17. Jahrhunderts fortsetzende Erscheinung (siehe A 1204, A 1276). Noch bis in diese Zeit bleibt Frankreich auf dem Gebiet der Kartographie im Schatten seiner Nachbarländer. Immerhin konnte sich die frühe französische Kartographie gewissermaßen parallel mit der kolonialen Expansion Frankreichs entwickeln.

Eine erste wichtige Persönlichkeit in dieser Anfangsphase war der Jesuitenschüler NICOLAS SANSON D'ABBEVILLE oder NICOLAS SANSON [sen.] (*1600, †1667) aus einer alten pikardischen Familie schottischer Herkunft. Er produzierte zwischen 1618 und 1668 etwa 300 Einzelkarten, Atlanten sowie illustrierte Texte und entwickelte die nach ihm benannte pseudozylindrische flächentreue Projektion, die die Parallelkreise längengetreu als gerade Linien und die Meridiane als Kosinuskurven abbildet und die sich, zumal die hohen Breiten stark winkelverzerrt sind, gut für Regionen in Äquatornähe eignet (siehe oben unter «Projektionsverfahren»). Zu seinen Werken gehört die *Géographie universelle* (Paris ca. 1675).

Ab 1629 führte SANSON den als Auszeichnung für seine aus sechs Blättern bestehende *Galileæ antiquæ descriptio geographica* verliehenen Titel «géographe du Roi» und war von 1630 bis 1645 erster «géographe ordinaire du Roi», eine durch den «Sonnenkönig» nach dem Vorbild der großen Kolonialmächte ins Leben gerufene wissenschaftliche Institution. Seine *Carte Générale de France* (1637) kann als Prototyp für nachfolgende Karten aus französischer Produktion angesehen werden. Trotz Reichtum an Details verfügt sie über eine bemerkenswerte Klarheit. Die Spuren der ptolemäischen Tradition sind nicht zu übersehen; es treten nun allerdings die politischen Verwaltungsgrenzen in den Vordergrund. Das Klarheitsprinzip gilt auch für die Tafel *Le Canada, ou Nouvelle France* (A 1200), die erstmals der Lagerichtigkeit der Großen Seen sehr nahe kommt.

Als sein Hauptwerk gilt der Atlas *Cartes generales de tovtes les parties dv Monde*, der erstmals 1658 mit 113 Karten, darunter 2 für Amerika, publiziert und von seinen Söhnen GUILLAUME und ADRIEN in Zusammenarbeit mit ALEXIS-HUBERT JAILLOT (dem Nachfolger SANSONS als «géographe ordinaire du Roi» ab 1675) fortgesetzt wurde. Die besondere Qualität der SANSON-Karten besteht in ihrer dezenten Eleganz und einer repräsentativen Gestaltung ihrer Kartuschen, «deren figuraler Schmuck mit seiner auf das jeweils kartographisch dargestellte Territorium bezogenen, auch ethnologisch bedeutsamen Aussage jeden Betrachter erfreut» (WAWRIK 1982: 143). Mit seinen Söhnen NICOLAS (*1626, †1648), GUILLAUME (†1703) und ADRIEN (†1708), seinem Neffen PIERRE DUVAL D'ABBEVILLE (*1619, †1683) sowie seinem Enkel PIERRE MOULARD-SANSON (*ca. 1660, †1730) entwickelte sich die Familie zu einem ersten federführenden Unternehmen der französischen Kartographie, in das 1671 ALEXIS-HUBERT JAILLOT eintrat. Das ab 1681 u.a. unter dem Titel *Atlas nouveau* zusammengestellte und posthum (ab 1689) erschienene kartographische Gesamtwerk enthielt bisher unveröffentlichte und von JAILLOT revidierte Arbeiten SANSONS. Es wurde, u.a. um Stadt- und Festungspläne erweitert, ab 1696 in Amsterdam von PIETER MORTIER ediert. Zum Dresdner Bestand gehören mindestens eine Fassung des *Atlas Nouveau* mit 34 Doppelblättern (ca. 1696) mit dem Imprint HUBERT JAILLOT sowie ein *Atlas Minor/Atlas françois* mit 130 Doppelblättern. Kurz nach 1721 ist die ursprüngliche Zusammenstellung der Amerikakarten, bei der «Canada» hinter anstatt vor «Amérique Méridionale» eingeordnet ist, noch immer erkennbar, doch der Bestand zusätzlicher Dokumente zum Thema in der nun bei COVENS & MORTIER herausgegebenen Sammlung wird immer umfangreicher. Sehr bald nach ihrem Erscheinen hatten die Karten von SANSON bereits einen ausgezeichneten Ruf, wie der Titel des ab 1695 erschienenen *Atlas contractus five Mapparum*

Geographicarum Sansoniarum auctarum et correctarum Nova Congeries von Peter Schenk sen. verrät.

Die Druckplatten Sansons gelangten über Jaillot und Moulard-Sanson in den Besitz von Jean Mariette und Gilles Robert, Sansons Urenkel, der sie nach dem Erwerb des Restanteils ab 1730 allein verwaltete. Der zusammen mit seinem Sohn Didier herausgegebene *Atlas universel* (Paris 1757–1758) erfolgte mit Unterstützung der Madame de Pompadour, der zuliebe die Rokokokartuschen auf den Karten besonders reizvoll komponiert worden sein sollen (Wawrik 1982: 249).

Um 1680 zeichnet sich ein revolutionärer Umbruch in der französischen Kartographie ab, deren Reform auf Betreiben Colberts unter die Aufsicht der 1666 gegründeten Académie gestellt wurde. Durch die staatlich gesteuerte Umsetzung der durch die neuen geodätischen Maßnahmen gewonnenen Erkenntnisse sollte eine astronomische Genauigkeit erreicht werden. In dieser zweiten Phase wird bereits zunehmend an zwei unterschiedlichen Arbeitsorten kartographiert, sowohl in der Nouvelle-France selbst («cartographie de terrain»), in erster Linie durch Seeleute, Piloten und Forschungsreisende, einige davon mit staatlichem Auftrag wie z.B. die ersten königlichen Hydrographen der Nouvelle-France, der Mathematiker Jean Deshsayes und dessen Nachfolger Jean-Baptiste Louis Franquelin, als auch in der Heimatmetropole Paris in unmittelbarer Nähe zur Regierung und der neugegründeten Académie («cartographie de cabinet»). Diese Zweiteilung wirkt sich zunächst wenig positiv auf die allgemeine Entwicklung der französischen Kartographie aus; die zentrale Kontrolle der Behörden, die in erster Linie um die Durchsetzung königlicher Privilegien und das absolute Monopol der Académie bemüht waren, stellte das wesentliche Hindernis eines raschen Informationsaustausches für die Herstellung aktuellen Kartenmaterials dar. Darüber hinaus konzentrierte sich das wissenschaftliche Interesse in der Metropole noch bis in die 1740er Jahre auf die theoretischen Fragen der Erdvermessung, während die nautischen Probleme der nach wie vor ungenügend ausgestatteten Kanadafahrer hier weniger Beachtung fanden (Pritchard 2004: 15–16).

Zentrale Figur dieser zweiten Epoche, die auch als die französische «Revolution der Kartographie» bezeichnet wird, ist Guillaume Delisle (*1675, †1726), der von dem Astronomen Giovanni Domenico Cassini ausgebildet worden war. 1702 wurde er «élève» der Académie, 1718 «premier Géographe du Roi». Sein wichtigster Verdienst war die systematische Umsetzung der Ergebnisse der geodätischen Grundlagenmessungen in seinen Karten, indem er konsequent die dargestellten Objekte, sowohl im Gradnetz als auch zueinander, jeweils geodätisch korrekt positionierte. Mit diesem von nun an allgemein gültigen kartographischen Grundsatz wurde in Frankreich endgültig der Bruch mit der jahrhundertealten ptolemäischen Tradition vollzogen. Delisle ist u.a. Autor eines 1-Fuß-Erd- und Himmelsglobus (1700), eines 0,5-Fuß-Globenpaars, von Welt- und Hemisphärenkarten sowie – ab 1699 – von ca. 135 Karten mit zum Teil sensationellen Umgestaltungen (aber dennoch mit großen Unterschieden bezüglich ihrer Exaktheit), die im Selbstverkauf vertrieben wurden. Posthum erschienen seine Dokumente über einen ca. zwanzigjährigen Zeitraum in dem bei Pieter Mortier bzw. bei Covens & Mortier verlegten *Atlas Nouveau* (s.u.), und – auf den Originalplatten – als *Atlas géographique* (2 Bände,

Abb. 20
Titelblattentwurf für eine neue Ausgabe der *Cartes generales de toutes les parties du Monde* von Nicolas und Guillaume Sanson (Paris 1671). Kupferstich, vermutlich von Jean Lepautre (Le Pautre, Le Paultre; *1618, †1682).

1789) von Philippe Buache de la Neuville (*1700, †1773), verlegt bei Jean-André Dezauche. Delisle reduzierte endlich die Längenausdehnung des Mittelmeers auf 42 Längengrade (von 62 bei Ptolemäus), ließ auf den Amerikakarten hypothetische Binnenseen weg und änderte bestimmte Flussläufe. Er entwickelte den nach ihm benannten Schnittkegelentwurf, der sich im späten 18. Jahrhundert als allgemein dominierender Standard durchsetzte. Seine Karten galten in jener Zeit als ausgesprochen exakt und wurden vielfach als Nachstiche in spätere Atlanten übernommen; allein von seiner *Carte du Canada ou de la Nouvelle France et des Decouvertes qui y ont été faites* besitzt die SLUB neben zwei Originalen von 1703 vier Reproduktionen, die bis um die Mitte des 18. Jahrhunderts erschienen sind. Nachfolger von Guillaume Delisle im Amt des «premier Géographe du

Abb. 21
GUILLAUME DELISLE (*1675, †1726) von JEAN-HENRI CLESS, nach einem Ölportrait von CONRAD WESTERMAYR.

Roi» wurde 1729 dessen Schwiegersohn PHILIPPE BUACHE,[31] ab 1730 gleichfalls Mitglied der Académie Royale des Sciences, der ein eigenes System der Wiedergabe des Großreliefs und eine Einteilung der Erdoberfläche in vier ozeanische und zahlreiche Flussbecken einführte. Neben seinem 1757 erschienenen 32 cm-Erdglobus stellte er in Zusammenarbeit mit seinem Schwiegervater ein Globenpaar mit jeweils 16,5 cm Durchmesser her, das erst 1825 von JEAN-ANDRÉ DEZAUCHE herausgegeben wurde. BUACHE beschrieb bereits die Alaska-Halbinsel mit den Aleuten sowie einen – zweigeteilten – antarktischen Subkontinent ein Jahrhundert vor seiner tatsächlichen Entdeckung. Die kartographische Tradition des Hauses sowie die geographische Unterweisung des französischen Monarchen (LOUIS XVI., LOUIS XVIII. und CHARLES X.) wurde schließlich von JEAN-NICOLAS BUACHE DE LA NEUVILLE (*1741, †1825), dem Neffen von PHILIPPE BUACHE, fortgesetzt.

Der Kupferstecher JEAN BAPTISTE NOLIN der Ältere (*1657, †1708), der 1680 das Geschäft seines Vaters übernahm, war dagegen kein Geograph, wenn er auch die Titel «géographe» des Duc d'Orléans – ab 1694 über dessen Tod (1701) hinaus – und «géographe ordinaire» des Königs verwendete. Er gravierte im Wesentlichen Auftragsarbeiten der französischen oder anderer europäischer Regierungen. Ab den 1680er Jahren entwickelte sich eine Zusammenarbeit mit CORONELLI und dem Abbé JEAN NICOLAS DU TRAL[L]AGE (Pseudonym SIEUR DE TILLEMON[T]), aus der u.a. der Stich des 110 cm-Himmelsglobus auf sieben Blättern, der von nun an in zahlreichen Wiederauflagen reproduziert wurde, sowie zahlreiche Karten hervorgingen, die u.a. in die Sammlungen *Il Mediterraneo descritto* (1688), *Isole Città, e Fortezze più principali dell'Europa* (1689), in den monumentalen *Atlante Veneto* (ab 1690) sowie in NOLINS *Théâtre du monde dédié au Roi* (ab 1700) aufgenommen wurden.

Die ausschließliche Spezialisierung auf Nachstiche brachte NOLIN allerdings einen berühmten sechsjährigen Plagiatsprozess ein, nachdem er auf seiner Weltkarte von 1700 das «Mer de l'Ouest» im Westen Nordamerikas als seine Entdeckung beansprucht hatte, obwohl es bereits vier Jahre zuvor von GUILLAUME DELISLE verzeichnet worden war. Der Prozess wurde schließlich im Jahr 1706 zu Gunsten DELISLES entschieden, der aber auf die Vollstreckung eines rigorosen Urteils verzichtete. Nach dem Tod des Vaters übernahm JEAN BAPTISTE NOLIN der Jüngere (*1686, †1762) die Offizin, die u.a. *La théâtre de la guerre du Allemagne* (1735) verlegte und auch das Atlasprojekt seines Vaters *Le Théâtre du monde dédié au Roi* (1746) weiterführen konnte.

Der Name JACQUES-NICOLAS BELLIN (*1703, †1772) steht für die nun folgende dritte Epoche der französischen Kartographie. Er wird ab 1721 «commis-dessinateur» im Dépôt des Cartes et Plans de la Marine und ab 1741 zum «Ingénieur (et) hydrographe de la Marine» befördert; ferner wird er Mitglied der Royal Society in London. Er ist Autor der *Nouvelle Méthode Pour Apprendre la Géographie* (1769), des *Atlas Maritime* (1751) und des *Petit Atlas Maritime* (1. Ausgabe in 5 Bänden mit 575 Karten ab 1764), mit dem erstmals der detaillierte Hafenplan mit vielen nautischen Informationen als neuer Kartentyp eingeführt wird. Er gibt ferner die *Hydrographie françoise* (2 Bände, 59 Karten, 1756–1765, mehrfach wieder aufgelegt), den *Atlas de Corse* (1769), sowie die Überarbeitungen des *Neptune françois* (1753, 1773) heraus.

Internationale Anerkennung verschafft sich BELLIN insbesondere durch seinen kartographischen Anhang zu der mehrfach übersetzten *Histoire générale des voyages* des Abbé PRÉVOST (*1738, †1775), die in zahlreichen Auflagen zwischen 1747 und 1761 und verschiedenen Übersetzungen erschien und schließlich als *Abrégé* von JEAN FRANÇOIS LAHARPE (ab 1780) ediert wurde, sowie zuvor durch die Illustration der *Histoire et description generale de la Nouvelle France, avec le journal historique d'un Voyage fait par ordre du Roi dans l'Amerique Septentrionnale* des Jesuitenpaters JEAN-FRANÇOIS-XAVIER DE CHARLEVOIX (1722; 1744) mit 28 Karten und Plänen, die von BELLIN am Beginn des dritten Bandes erläutert werden. Sie wurden von ihm mehrheitlich mit «N. Bellin» oder einfach mit dem Kürzel «N. B.» in seiner Eigenschaft als «Ingénieur (du Roy et Hydrographe) de la Marine» unterzeichnet sowie überwiegend als Stiche von GUILLAUME DHEULLAND (*1700, †1770) und Père F. DESBRUSLINS ausgewiesen.

BELLIN galt als «géographe de cabinet» par excellence, da er im Gegensatz zu vielen seiner Kollegen ausschließlich am Schreibtisch über den Schiffstagebüchern und sonstigen Quellen der Forschungsreisenden arbeitete. In seinen «Remarques» zu den Karten für CHARLEVOIX erwähnt er u.a., dass ihn die «Vaisseaux du Roi», die jährlich an der «Campagne de Québec» teilnahmen, stets mit aktuellen Informationen versorgten. In Wahrheit waren die auf seinen Karten verwendeten Informationen zuweilen über zwanzig Jahre alt (BOUDREAU 1990: 17) und seine ersten kartographischen Studien zur St. Lorenz-Region beispielsweise noch viel zu ungenau und daher heftiger Kritik ausgesetzt. Er selbst nahm niemals an transatlantischen Reisen, nicht einmal an topographischen Erhebungen innerhalb Frankreichs (allenfalls mit einer einzigen Ausnahme im Hafen von Dünkirchen) teil. Darüber hinaus wurde auch er einige Male des Plagiats beschuldigt und zumindest in einem Fall wegen unerlaubten Nachdrucks offiziell angeklagt. Einige Kritiker wie beispielsweise der COMTE CLARET DE FLEURIEU warfen ihm dazu geographische Irrtümer (zur «Isle Philippeaux» und «Isle Pontchartrain» siehe oben) sowie grobe Ungenauigkeiten in den geographischen Koordinaten vor, so dass es vorkam, dass auf den Karten des Dépôt bis zu vier unterschiedliche Längen für die gleiche Position angegeben wurden, von denen keine astronomisch abgesichert war. Zu den Kritikern bereits zu Lebzeiten BELLINS gehörte u.a. auch GABRIEL PELLEGRIN.

Insbesondere in kommerzieller Hinsicht waren die 1650er Jahre von besonderer Bedeutung, da sich nun langsam eine allmähliche Verlagerung des wirtschaftlichen Zentrums für Land- und Seekarten abzeichnete. Bisher war auf dem Gebiet der Kartographie die niederländische Schule allen anderen überlegen und als einzige weltweit führend gewesen, an die sich die anderen – auch die französischen – Kartographen orientierten. Sie hatte in den 1560er Jahren in Antwerpen erstmals das Konzept einer Sammlung von Karten gleichen Formats in Buchform entwickelt (erstmals bei ORTELIUS und unter dem Begriff «Atlas» bei MERCATOR realisiert).[32] Diese dominante Bedeutung der Niederlande auf dem Kartenmarkt war unmittelbar verbunden mit der damaligen Konsolidierung als weltweit führende Seehandelsmacht, die im 17. Jahrhundert in erster Linie durch privatwirtschaftlich organisierte Kompagnien, insbesondere die Vereenigde Oost-Indische Compagnie (1602), die Noordsche Compagnie (1613) und die West-Indische Compagnie (1621), das erste multinationale Unternehmen überhaupt, getragen wurde. Nicht zuletzt hat seine Verwendung als Kartensprache die wachsende Bedeutung des Niederländischen als lingua franca ganz allgemein, insbesondere aber in der Karibik im 17. und 18. Jahrhundert, maßgeblich mitbestimmt.

Zu den wichtigen kartographischen Leistungen gehören neben dem bereits erwähnten *Spieghel der Zeevaerdt* von LUCAS JANSZOON WAGHENAER (1584), der als *The Mariners Mirrovr* ab 1588 auch in der englischsprachigen Welt Verbreitung fand, WILLEM BARENTSZ.' *Description de la mer Mediterranee* (Amsterdam 1607), das erste Seehandbuch des Mittelmeers, WILLEM JANSZOON BLAEUS *Het Licht der Zee-vaert* (Amsterdam 1608); *De lichtende Colomne ofte Zee-spiegel* (1644, 1652) und der *Zee-Atlas Ofte Water-Weereld* (1666, erweiterte Ausgabe 1681) von PIETER GOOS, JAN VAN LOONS *Klaer lichtende Noort-Ster ofte Zee Atlas* (Amsterdam 1661), sowie schließlich *De nieuwe groote lichtende Zee-Fakkel* (oft kurz *Zee-Fakkel* genannt) von JOHANNES VAN KEULEN und CLAES JANSZOON VOOGHT (5 Teile mit über 10 neuen Karten, 1681–1684, spätere Ausgaben unter maßgeblicher Beteiligung von JAN VAN LOON). Bemerkenswert sind auch hier weiterhin die neben bzw. anstelle des Neologismus «Atlas» verwendeten bildlichen Termini für eine Kartensammlung, von denen «Colomne» eigentlich auf JACOB AERTSZOON COLOM (*1599, †1673) und sein Kartenwerk zurückgeht und hier gleichzeitig auf die Feuersäule gemäß 2 Moses 13, 21–22 anspielen sollte.

Ab den *Cartes generales de tovtes les parties dv Monde* von NICOLAS SANSON (in sieben Auflagen von 1658 bis 1676) traten auf dem kartographischen Markt nunmehr erste französische Konkurrenzprodukte in Erscheinung, die sogar aktueller, klarer und zuverlässiger als die niederländischen Karten waren. Nach Anwendung der neuen Methode der Triangulation wurde schließlich auch eine erste wissenschaftliche Genauigkeit erreicht. Die z.B. als «géographes du Roi» direkt an die Regierung gebundenen Kartographen kamen schnell zu einem ansehnlichen Wohlstand und waren damit in der Lage, eigene Kartengeschäfte zu betreiben. Diese konzentrierten sich am Quai de l'Horloge in unmittelbarer Nachbarschaft zu Instrumentenbauern. Paris entwickelte sich zum neuen europäischen Zentrum der Kartographie; in der Küstenaufnahme galten die französischen Karten bald als die weltweit verlässlichsten.

Dennoch dauerte es noch viele Jahre, bis auch die nautische Praxis davon profitieren konnte oder wollte. Es wurde weiterhin überwiegend nach den vorhandenen niederländischen Karten navigiert, die sich noch immer bzw. gerade jetzt wegen ihres günstigeren Preises gut verkauften, doch mehrten sich die Beschwerden der Seefahrer über deren Ungenauigkeiten z.B. bezüglich Neufundlands und der neufundländischen Gewässer, sogar noch im Jahr 1735 (PRITCHARD 2004: 16). Die von Frankreich nun in Mercator-Projektion angebotenen Karten (siehe unten Kapitel 14) scheinen zunächst unter den bekanntlich sehr konservativen Seeleuten nicht gut angenommen worden zu sein.

Andererseits kam es jetzt vor, dass französische Karten oder Atlanten von Niederländern als Kopiervorlagen verwendet wurden, wie es etwa bei der mit Segelanweisungen aus den Aufzeichnungen von PIERRE LE MOYNE SIEUR D'IBERVILLE ET D'ARDILLIÈRES (*1661, †1706) erweiterten Neuauflage der Karte von JEAN DESHAYES (1702/1715) der Fall war, die GERARD VAN KEULEN (*ca. 1678, †1727) kopierte, oder bei Karten des *Atlas Nouveau* von JAILLOT. Die Ablösung der Niederlande als führende Nation der Kartographie konnte also nur sehr langsam in mehreren Etappen erfolgen und stand in unmittelbarem Zusammenhang mit dem gemeinsamen Aufstieg des absolutistischen Königreichs Frankreich sowie des englischen Empire als neue See- und Handelsmächte, und damit zunehmend in gegenseitiger Konkurrenz, bis wiederum mit AARON ARROWSMITH (*1750, †1823) und seinen Nachfolgern das französische Primat von England übernommen wurde. Bereits mit der Amerikanischen Revolution aber hatte diese neue Führungsrolle Englands für einen großen Teil Nordamerikas keine Bedeutung mehr, da nun die Kartographie wiederum in den Händen der neuen Nation lag.

Nicht allein der St. Lorenz-Strom und die angeschlossenen Wasserwege, sondern auch die bisher völlig unbekannten Gebiete im Nordwesten des Flusses sowie der Westen jenseits der Großen Seen konnten nun allmählich systematischer erschlossen werden, dank zahlreicher offiziell von der Regierung entsandter geo- und hydrographischer Missionen wie z.B. des MARQUIS DE CHABERT (*1724, †1805) und von GABRIEL PELLEGRIN nach Neufundland, oder von JACQUES L'HERMITE zur Baie des Chaleurs. Parallel dazu wurde der atlantische Wasserweg von Frankreich nach Nordamerika gewissermaßen neu vermessen, indem, beispielsweise von CHABERT, während der Überfahrt die derzeit gültigen Karten kontrolliert, revidiert und in bestimmten Fällen anhand der eigenen Berechnungen korrigiert wurden. So stellte der Marquis «par hasard» fest, dass die Lage des Bonnet Flamand (Flemish Cap), des östlichen Außenpostens der Großen Neufundland-Bänke, auf den bisher verwendeten holländischen Karten 23 Minuten zu weit südlich und mindestens 24 lieues zu weit östlich von der Großen Bank eingetragen war (CHABERT 1753: 35; HARRISSE 1900: 348). Auch von den südlichen Küsten Neufundlands und der Acadie wurde erst durch CHABERT ein geodätisch genaues Bild erstellt (siehe auch Kapitel 14).

Ein unmittelbar damit verbundener zweiter wichtiger Aspekt der Kartographie – dabei handelte es sich keineswegs um eine Neuheit – war ihre Dienstbarmachung als politisches Instrument. Zusätzlich zum Kampf um die Besitz- und Fischereirechte im Nordosten nahm die anglofranzösische Rivalität mit der Ausdehnung der französischen Präsenz in das Gebiet der Großen Seen und des Mississippi eine neue geographische Dimension an.

Erst im 18. Jahrhundert begannen übrigens die Begriffe «cartographie» und «cartographe» an Bedeutung zu gewinnen und sich aus der traditionellen, seit ERATOSTHENES allgemein «Geographie» genannten Disziplin auszugliedern. Im Untersuchungszeitraum ist noch überwiegend von «géographes» die Rede, die in dieser Epoche vergebenen Titel bzw. Amtsbezeichnungen lauten noch ausschließlich «géographe (ordinaire) du Roi» (Nicolas Sanson), «Ingénieur géographe» (Jean Fortin) oder «Premier Géographe du Roi» (Guillaume Delisle).Schließlich ist der Begriff «cartographie» selbst – wenn nicht überhaupt eine französische Prägung – maßgeblich erst durch die Société de Géographie bzw. Société Géographique de France nach 1840 popularisiert worden. Er wird auffällig oft in der Korrespondenz eines seiner Mitglieder, des 2.º visconde de Santarém, Manuel Francisco de Barros e Sousa de Mesquita de Macedo Leitão e Carvalhosa (*1791, †1855) verwendet, der sich 1839 selbst als Urheber des Wortes bezeichnet hat. Mit dem ein Jahr später erstmals im Druck verwendeten Begriff ist die terminologische Trennung der Wissenschaft von den Karten von der Kosmologie, Astronomie, Geographie, Ozeanographie und der Geodäsie endgültig vollzogen.

14. Der Dépôt des Cartes et Plans de la Marine

Anders als Spanien und Portugal existierte in Frankreich lange Zeit keine zentrale Institution für die Dokumentation der staatlichen Aktivitäten in Übersee. Ab 1682 wurde begonnen, die an das 1669 von Jean-Baptiste Colbert eingerichtete Ministère de la Marine gesandten Karten zu sammeln. Nach einer ersten selbständigen Institutionalisierung im Jahr 1680 als Dépôt des Cartes et Plans du Roy, der an der Place des Victoires ihren Sitz hat, wurde schließlich 1720 mit königlichem ordre der Dépôt des Cartes et Plans (seit den 1740er Jahren auch Dépôt des Cartes Plans et de Journaux de la Marine)[33] errichtet als zentrales Archiv für alle nautischen Dokumente, die bislang in verschiedenen Marinedienststellen in Paris und Versailles (u.a. in dem 1699 gegründeten Dépôt des Archives de la Marine) aufbewahrt worden waren.

Ab jetzt wurden systematisch Land- und Seekarten, Katasterblätter, (Stadt-)Pläne und (Stadt-)Ansichten, Briefe, Schiffstagebücher, Reiseberichte sowie diverse so genannte «mémoires» gesammelt, ausgewertet und ediert. Die Produktion von Reiseberichten von neu entdeckten und wenig erschlossenen Ländern erreichte gegen Ende des 18. Jahrhunderts ihren absoluten Höhepunkt, sowohl bezüglich ihrer Quantität, als auch bezüglich ihrer wissenschaftlichen Akribie.

Im Jahr 1721 tritt mit Jacques Nicolas Bellin eine wichtige Autorität in den Dépôt ein, dessen eigentliche Bestimmung der Sammlung und Archivierung nun bald auch um die Eigenproduktion von geographischen Karten erweitert wird. Auf Initiative Bellins wird ein Siegel entworfen, das auf zahlreichen hier ausgewerteten Karten aus den 1760er Jahren zu sehen ist. Das eingedruckte Siegel soll die Karten des Dépôt offiziell gegenüber Fälschungen und Kopien authentifizieren. Im Jahr 1773 erhält der Dépôt das Monopol zur Herstellung nautischer Karten in Frankreich. In ihren Titeln wird u.a. die Formulierung «Carte réduite [...] pour servir aux vaisseaux du Roy» zu einem Markenzeichen dieser Dokumente. Die Bezeichnung «réduite» weist auf die nun generelle Verwendung der seit 1600 in Frankreich eingeführten Mercator-Projektion hin (Littré: «carte réduite, carte marine dans laquelle les degrés des parallèles sont tout égaux»).

Die neuen hydrographischen Kenntnisse werden unmittelbar kartographisch umgesetzt. In der Funktion als «premier hydrographe du dépôt» sind folgende namhafte Kartographen zu finden:

1720–1737: Philippe Buache («géographe»)
1741–1772: Jacques-Nicolas Bellin (ab 1721 «commis-dessinateur attaché au dépôt», 1741 zum «hydrographe de la marine» ernannt)
1772–1775: Giovanni Antonio Bartolomeo Rizzi-Zannoni («géographe»)
1775–1789: Rigobert Bonne («hydrographe de la marine», 1776 zum «ingénieur-hydrographe» ernannt)
1789–1825: Jean-Nicolas Buache («géographe» und hydrographe de la marine», im Dépôt seit 1775)

Dennoch spielt der Dépôt bei der Entwicklung der französischen Hydrographie insgesamt zunächst eine untergeordnete Rolle. Erst mit der Berufung des aus der Nouvelle-France zurückgekehrten Rolland-Michel Barrin, Comte de La Galisso[n]nière (*1693, †1756) in das Marineministerium sowie zum neuen Direktor (1750) beginnt der Ausbau des Dépôt zu einer modernen und vor allem weitgehend unabhängigen Institution, die die weltweit erste ihrer Art wird. La Galisson[n]ière gilt als Initiator der Chabert-Expedition, die endlich die genauen Positionen wichtiger Orte und Inseln der nordamerikanischen Ostküste wie Louisbourg, Canso, Sable Island und Cape Race festlegen sowie Gezeiten und Kompassabweichungen beobachten soll; Chabert, erstmals nicht gleichzeitig Mitglied der Pariser Akademie, befährt die Gewässer um Cape Breton Island und – im Sommer 1751 – die Südostküste von Nova Scotia und die neufundländische Südküste.

Auch nach der Einrichtung einer wissenschaftlichen Bibliothek, in die u.a. auch viele wertvolle Buchpräsente für den jeweiligen König oder Minister gelangten, bleibt das Herzstück der Behörde die Kartensammlung. Um 1860 wird eine geographische und thematische Klassifizierung vorgenommen, nach der rund 6.000 Karten, in der Regel auf großformatige Papierbögen aufgeklebt, in 71 recueils zusammengefasst werden.

Von großem politischem Interesse waren die Blätter zum amerikanischen Kontinent aus dem Zeitraum zwischen 1550 und 1850. Diese befinden sich in den sechs letzten recueils Nr. 65 bis 71, von denen Nr. 66, der das Werk des Hydrographen in Québec, Jean-Baptiste Franquelin, dokumentiert, sowie Nr. 67 («Canada») zentrale Bedeutung besitzen (MORGAT 2007).

Recueil 65: Amérique. Cartes générales
Recueil 66: Amérique. Cartes anciennes du St. Laurent, Baie d'Hudson, Franquelin, Mississipi, Floride, Acadie, etc.
Recueil 67: Amérique. Canada
Recueil 68: Amérique. États-Unis
Recueil 69: Amérique. Cours d'eau
Recueil 70: Amérique. Mexique, Floride, Texas, Yucatan, Golfe du Mexique et Antilles, Brésil, Pérou, Paraguay, Guyane, Chili, Équateur [...]
Recueil 71: Amérique. Guyane française [...]

Die Bestände des Dépôt, welches 1886 im Service Hydrographique de la Marine aufgeht, werden im 20. Jahrhundert auf mehrere Institutionen wie die Bibliothèque nationale de France (BNF), die Archives nationales und den 1919 gegründeten Service historique de la Marine (seit 2005 Service historique de la défense [SHD], département marine) verteilt; die Sammlungen der Bibliothek werden 1969 in die neue Zentralbibliothek der Marine des Service historique de la Marine in Vincennes überführt, in die bereits die Bibliothek des früheren Ministère de la Marine et des Colonies aufgegangen war. Sie verfügt über ungefähr eintausend gedruckte Atlanten. Auch die 71 recueils befinden sich heute in Vincennes beim SHD. Zwischen 1998 und 2003 werden die Karten mit einer neuen Nummerierung versehen und bestimmten konservatorischen Maßnahmen unterworfen.

15. Karten als plakative Machtdemonstration und die «bataille cartographique»

Insbesondere in der Frühphase des Zeitalters der geographischen Entdeckungen gehörten geographische Karten zu den wichtigsten geheimen, den Machthabern bzw. ihren Institutionen vorbehaltenen staatlichen Instrumenten. Sie waren daher zunächst im Allgemeinen nicht für die Öffentlichkeit bestimmt und durften auf gar keinen Fall in die Hände des politischen Feindes geraten. So konnten beispielsweise die Ergebnisse der schwedischen Landesvermessung von 1628 durch ANDERS BURE (*1571, †1646) erst nach sechzig Jahren durch diplomatische Vermittlung für den Nordeuropa-Atlas von DELISLE nutzbar gemacht werden, da sie bis dahin gewissermaßen als Staatsgeheimnisse unter Verschluss gelegen hatten. Die Ergebnisse der BERING-Reisen hätten ohne die Indiskretion eines französischen Geographen in russischen Diensten nicht 1750 auf DELISLES Nordpazifikkarte aufgenommen werden können.

Während der Epoche der Konsolidierung der territorialen Machtansprüche in Nordamerika wurden dann prinzipiell detailliertere geographische Informationen zunächst für den regierungsinternen Gebrauch zurück gehalten. Noch für seinen *Atlas Maior* von 1662/1664 musste JOANNES BLAEU daher größtenteils auf über dreißig Jahre alte Dokumente zurückgreifen, so dass er überwiegend den Wissensstand von ca. 1635 wiedergibt; seine in der französischen Ausgabe im letzten Band erschienene Tafel *Extrema Americæ Versus Boream, ubi Terra Nova Nova Francia, Adjacentiaq[ue]* (A 1170–A 1172) beruhte weitgehend auf der östlichen Hälfte der – 1662 wieder aufgelegten – *Carte de la nouuelle france* SAMUEL DE CHAMPLAINS von 1632 und berücksichtigte nicht einmal Blaeus eigene Neufundlandkarte von 1630, die schon sehr viel fortschrittlicher gewesen war.

Im 17. und 18. Jahrhundert kommt es zu einer geradezu widersprüchlichen Situation. Einerseits bestand nach wie vor ein reger Austausch unter den Kartographen in der ganzen Welt, so dass bei der Entlehnung bzw. Kopie von Karten die Herkunft bzw. Nationalität des Zeichners oder Stechers kaum eine Rolle gespielt zu haben scheint. NICOLAS SANSON beispielsweise, ein äußerst renommierter Geograph in den Kabinetten von LOUIS XIII. und LOUIS XIV., stellte seine Karten nicht unbedingt nur aus den Aufzeichnungen CHAMPLAINS und der jesuitischen Missionare zusammen, weit wichtiger waren seine geographischen Informationen aus britischen, dänischen und niederländischen Reiseberichten.

Karten von SANSON und DELISLE wurden wiederum für die englische Seite von HERMAN MOLL (siehe weiter unten) kopiert, dessen «Codfish Map» eine nur bezüglich der Abgrenzung der Machtbereiche modifizierte Adaptation der *Carte du Canada ou de la Nouvelle France et des Decouvertes qui y ont été faites* ist. In seiner «Beaver Map» (A 1176) erscheint wiederum eine – auf eine Vorlage von NICOLAS GUÉRARD zurückgehende – Vignette aus der erstmals 1698 von NICOLAS DE FER veröffentlichten Karte *L' Amerique, divisee selon Letendue de ses Principales Parties* [...]. Eine weitere Illustration in der gegenüberliegenden rechten oberen Ecke der gleichen Arbeit lieferte gleichfalls die Vorlage für die Vignette auf HERMAN MOLLS «Codfish Map», auf der die Fischerei, Trocknung und Verarbeitung von Kabeljau gezeigt wird, womit dessen bekannteste Werke nach «figures» seines französischen Kollegen DE FER benannt worden sind. Beide Vignetten finden sich auf der zehnteiligen *Carte de la Mer du Sud et des costes d'Amerque* [sic] [...] von DE FER aus dem Jahr 1713, gewissermaßen der ersten Weltkarte mit dem amerikanischen Kontinent im Zentrum, die wegen ihrer enormen Größe für CHÂTELAINS Atlas, in dem sie als No. 30 des sechsten Bandes in Form einer Raubkopie unter dem Titel *Carte tres curieuse de la Mer du Sud, contenant des Remarques nouvelles et tres utiles* [...] übernommen wurde, am Äquator in zwei ausklappbare Hälften geteilt wurde.

Abb. 22
Original der mehrfach kopierten Bibervignette nach NICOLAS GUÉRARD auf der Karte *L' Amerique, divisee selon Letendue de ses Principales Parties* [...] von NICOLAS DE FER (1698).

Andererseits aber beginnt sich eine erbitterte politische Rivalität zwischen den werdenden Großmächten England und Frankreich zu entwickeln. Entsprechend seiner neuen politischen Rolle in Europa bestand für Frankreich unter Louis XIV. zunächst die Notwendigkeit einer Wende in der Marinepolitik. Mit der «Glorious Revolution» im Jahr 1688 stand die französische Marine, von deren kurz vor 1642 noch als seetüchtig verzeichneten 55 Schiffen bei Dienstantritt des Ministers Colbert nur noch 8 verwendbar waren, schlagartig einer Fusion der beiden größten Seemächte gegenüber, deren ohnehin immense Kapazitäten (gemäß einer Schätzung Colberts waren 1660 allein rund 16.000 holländische Schiffe im Einsatz) kontinuierlich erweitert wurden. Mehrere Niederlagen während der folgenden Jahre machten deutlich, dass die französische Marine direkten militärischen Aktionen nicht gewachsen war, aber dafür umso mehr für den Schutz der Handelsschiffe und damit des Seehandels selbst dringend aufgerüstet werden musste. Dieses Ziel wurde einerseits – wegen der kriegsbedingten Knappheit personeller Ressourcen – durch die Vercharterung staatlicher Schiffe an private Unternehmer im Rahmen der «guerre de course» zu erreichen versucht, andererseits durch einige Schiffsneu- und -umbauten sowie Umrüstungen, deren militärische Wirkung allerdings angesichts der beträchtlichen Materialverluste, insbesondere in der Schlacht von Vigo bzw. Rande (1702), insgesamt gering war. Gerade auf dem amerikanischen Kontinent kam daher bei der Erfüllung militärischer Aufgaben und Ziele der Kartographie eine spezifische Rolle zu.

Mit der Darstellung der Territorien des Feindes wurde vielfach äußerst großzügig verfahren. Die Karten von Guillaume Delisle (u.a. A 1180–A 1184 und A 1186) besaßen ein internationales Renommee, erschienen in zahlreichen Neuauflagen und wurden wegen ihrer Genauigkeit sogar von den britischen Kommissaren während der Grenzverhandlungen über Akadien bzw. Neu-Schottland empfohlen (Wallis 1985: 23). Gleichzeitig sind sie wiederum ein gutes Beispiel für das damals typische tendenziöse Agieren der Kartographen im Dienst der Regierung. Diese Karten überhöhen ostentativ – auch wenn sie zweifellos nicht primär für das Ausland bestimmt waren – die französische Dominanz in Nordamerika gegenüber den ebenfalls seit mindestens einem Jahrhundert dort aktiven Briten und verärgerten damit nicht nur die englischen Kommissare, sondern alle Patrioten, für die die angloamerikanischen Territorien allzu restriktiv dargestellt wurden. Dabei war es in völkerrechtlicher Sicht noch immer völlig unklar, nach welchen Kriterien genau ein bestimmtes Gebiet als «englisch» oder «französisch» anzusehen war, zumal bestimmte Konzessionen (wie z.B.

Abb. 23 (links)

Die gleiche Szene wie Abb. 22 hier auf einer kolorierten Version der *Carte tres curieuse de la Mer du Sud, contenant des Remarques nouvelles et tres utiles […]* (Nordhälfte) von Henri-Abraham Châtelain nach der Vorlage der *Carte de la Mer du Sud et des costes d'Amerque et d'Asie, situées sur cette mer* von Nicolas de Fer.

Abb. 24 (rechts)

Bibervignette in der gegenüber dem Original (siehe Abb. 22 und 23) seitenverkehrten Darstellung auf der *Map of the Dominions of the King of Great Britain on ỹ Continent of North America* (A 1176) von Herman Moll, die auch als «Beaver Map» bezeichnet wird.

für das spätere Neu-Braunschweig) für die gleiche Region sowohl vom englischen als auch vom französischen Souverän ausgestellt wurden.

So kam es zum Ausbruch einer regelrechten «bataille cartographique» (WALLIS 1985: 22) zwischen Frankreich und England. Die sogenannte «Codfish Map» von HERMAN MOLL war eine direkte politische Reaktion auf die *Carte du Canada ou de la Nouvelle France* [...] von GUILLAUME DELISLE. Mit Hilfe der politisch motivierten Kartographie ließen sich die Bestimmungen der Friedensschlüsse von Utrecht, Rastatt und Baden (1713/1714), hier insbesondere des Utrechter Vertrages zwischen Frankreich und England (11. April 1713), an bestimmten Stellen höchst eigenwillig graphisch umsetzen. HERMAN MOLL vermochte ähnlich wie später THOMAS JEFFERYS, ab 1748 Kartograph des Prince of Wales, FRIEDRICH LUDWIG VON HANNOVER, und ab 1760 seines Sohnes, König GEORGE III., mit seinen Karten einen nicht unerheblichen Einfluss bei der Durchsetzung des Machtanspruches auf ganz Nordamerika auszuüben. Die hier untersuchten Karten zeigen deutlich, dass die Zeit zwischen den Friedensverträgen von Utrecht und Paris, einmal abgesehen von dem Streit um einige Antillen, von erbitterten Auseinandersetzungen um die Einflusssphären insbesondere am Ohio und auf dem Gebiet Neu-Schottlands und Akadiens gekennzeichnet waren.

Die Machtdemonstration in der Kartographie wird besonders deutlich in den für Frankreich äußerst kritischen Kriegsjahren unmittelbar vor dem Frieden von Paris. Auf der im Jahr der englischen Eroberung Montréals (1760) entstandenen Karte A 1220 gehört gemäß des Flächenkolorits nicht nur der gesamte Lake Ontario und das Nordufer des Lake Erie, sondern darüber hinaus auch das Land der Ottawa und damit u.a. auch Montréal zur Provinz New York, die im Norden durch den Ottawa («Outawais R.»), den Lake Nipissing und den «Frenchmans R[iver]» begrenzt wird.

Ein weiteres anschauliches Beispiel für eine derartige Verzerrung der zeitgenössischen politischen Geographie bietet aus einer früheren Phase das nördliche Blatt der Karte A 1176 von HERMAN MOLL. Auf diesem Dokument, dessen dezidiert politisch-programmatischer Charakter in seinem Titel *Map of the Dominions of the King of Great Britain on y̓ Continent of North America* unmissverständlich zum Ausdruck kommt, sind einerseits Neufundland (das hier grün koloriert ist), andererseits «New Scotland» (einschließlich «Acadia» im Süden) und das unmittelbar benachbarte «New England» mit einem einheitlichen Farbton versehen (hier violett, auf anderen Exemplaren wie z.B. bei LITALIEN/PALOMINO et al. 2007: 160 gelblich), die gleiche Farbe haben im vorliegenden Fall Cape Breton Island sowie sämtliche Inseln, die im St. Lorenz-Golf liegen, während diese in anderen Exemplaren, wie dem der Osher Map Library (University of Southern Maine), farblich vom Festland abgesetzt sind. Zusätzlich sind diese Gebiete mit einer etwas dunkler ausgeführten Umrisslinie versehen, die ebenfalls den Eindruck eines kohärenten, bereits direkt der britischen Krone unterstehenden Territoriums suggerieren. Dabei wäre von einer Karte mit dem Erscheinungsdatum 1715 die korrekte Wiedergabe der Bestimmungen des Utrechter Vertrages zu erwarten gewesen. Gemäß Artikel XII verblieben die Île St. Jean (auf der Karte «Sᵗ. Johns I.», mit Wirkung vom 1. Januar 1800 «Prince Edward Island»), die Île Royale (auf der Karte «Iſle C. Breton», heute Cape Breton Island, hier mit Hinweis «to French»), Anticosti (auf der Karte «Anticoste») wie auch die kleineren Inseln im St. Lorenz-Golf bei Frankreich; von dem hier als «New Scotland» bis an den St. Lorenz-Strom reichenden festländischen Gebiet war lediglich die Acadie «avec ses anciennes limites», sowie Hafen und Stadt Port-Royal – später Annapolis (Royal) – mit einem etwa rechteckigen städtischen Distrikt an Großbritannien abgetreten worden. Auf einige dieser Besonderheiten, wie übrigens auch auf die Existenz der French Shore oder Treaty Shore auf Neufundland, wird übrigens in einem Kommentar (auf der nördlichen Hälfte unten rechts) hingewiesen, doch mangelt es an einer deutlichen graphischen Umsetzung. Dafür kommt es auf der gleichen Karte an anderer Stelle, durch die Positionierung des bzw. der «Point(e) Riche» an der Stelle des «C[ape] Ray», zu einer für England viel zu ungünstigen Darstellung der French Shore und damit des Geltungsbereiches der entsprechenden französischen Privilegien (Abb. 25).

Für eine synchrone Gegenüberstellung zweier Dokumente aus englischer und französischer Produktion bieten sich A 1296 von THOMAS JEFFERYS und A 1217 von DIDIER ROBERT DE VAUGONDY an, die beide im Jahr 1755 verlegt wurden. Es war dasselbe Jahr, in dem der akadische Exodus seinen Höhepunkt erreichte, als die Engländer die Zwangsdeportierung aller auf Nova Scotia lebenden Akadier («Grand Dérangement») mit der Absicht durchführten, selbst die Erinnerung an die alte Acadie auszulöschen. Auf der *New Map of Nova Scotia* [...] (A 1296) wird die Bezeichnung «Acadia» – ein typisches Kennzeichen der Karten von JEFFERYS – ganz weggelassen; dieses Gebiet geht völlig in «Nova Scotia» auf, das in einer späteren Ausgabe der Karte von 1775 (A 1302) zusammen mit der «Isle Sᵗ John» und Cape Breton Island einheitlich gelb umrissen bzw. koloriert ist. Der Hinweis auf die französische Präsenz auf der Halbinsel beschränkt sich zunächst noch auf die Legende «French Inhabitants» entlang des Annapolis R., verschwindet aber in den folgenden Ausgaben der Karte ganz. Französische Allonyme werden vermieden oder auch endogene Kreationen («Cape Brit(t)ain»/«Cape Briton» anstelle von Cape Breton Island, «Bay of Fundy or Argal») eingeführt bzw. wiederbelebt.

Die englische «wishful cartography» hat in dieser Region bereits eine längere Tradition. Schon eine WILLIAM ALEXANDER zugeschriebene Karte ohne Titel von 1624/1625 lässt das ihm zugeteilte NEW-SCOTLANDE als kohärentes Gebilde über das gesamte spätere Neu-Braunschweig sowie die akadische Halbinsel erscheinen, die NEW FRANCE beginnt erst nördlich des St. Lorenz-Stroms. Die größeren Flüsse sind nachbenannt («Clyde», «Forthe» usw.) und das verwaltete Gebiet ist in die Provinzen «Caledonia» im Süden (Acadie) und «Alexandria» im Norden eingeteilt; ein weiteres «Alexandria» befindet sich an der neufundländischen Südküste. Neben einem «C. Brittan» fällt der Name «Argals Bay» für die Baye Françoise bzw. Bay of Fundy auf, die sich auf der *New Map of Nova Scotia* von JEFFERYS wiederfindet, ansonsten aber eine kurzlebige Erscheinung geblieben ist. Kapitän SAMUEL ARGALL (*1580, †1626) hatte nach der Zerstörung der jesuitischen Siedlung der Mission St. Sauveur am 2. Juli 1613 (heute Mount Desert Island, Maine) vom Council der Virginia Company den Auftrag erhalten, sämtliche französische Siedlungen südlich von 46° 30′ N zu eliminieren, was im Fall der bald darauf folgenden Plünderung und Zerstörung von Port-Royal zu einer allgemeinen Flucht der Französischsprachigen von der akadischen Halbinsel geführt hatte.

Auf der Karte von ROBERT DE VAUGONDY (A 1217) hat dagegen der nach dem Vertrag englische Teil Ostkanadas gelbe, der französische Teil grüne Konturen erhalten. Damit wird u.a. auch sichtbar, dass die Acadie in ihren «alten Grenzen» zum damaligen Zeitpunkt als Teil der Halbinsel südlich einer Linie Cap Canseau/Canceau–Cap Forchu (mit Einschluss der I. de Sable/Sable Island sowie der vorgelagerten «Bancs d'Acadie») angesehen wurde; davon unabhängig hatte im allgemeinen Sprachgebrauch allmählich eine Subsumierung der französisch besiedelten Gebiete nördlich der Halbinsel bis zum St. Lorenz-Strom unter diesem Begriff stattgefunden (HILLIARD D'AUBERTEUIL 1781: 55), während für diese Region wiederum von englischer Seite immer häufiger der Name «Nova Scotia» bzw. «New Scotland» («Nouvelle-Écosse») verwendet und dabei gleichzeitig der Begriff «Acadie» in der Kartographie fallen gelassen wurde. Mit juristischen Argumenten war allerdings eine solche Namensubstitution zunächst nicht durchsetzbar.

Ebenfalls in deutlichem Kontrast zum genannten Beispiel von HERMAN MOLL steht die Darstellung Neufundlands: Die Nordküste der Insel, von «la Belle Baye» (Bonne Baye)

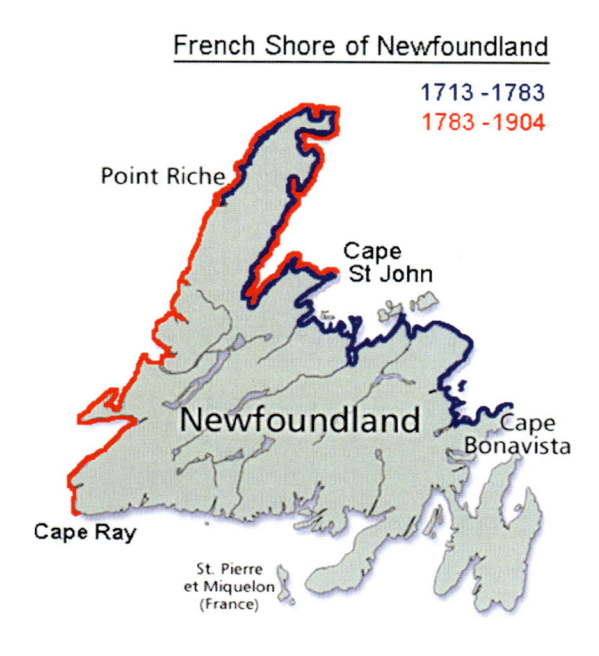

Abb. 25
Ausdehnung der French Shore gemäß den Verträgen von Utrecht (blau) und Versailles (rot).

bis zum Nordufer der Baye Verte ist gegenüber dem Rest der Insel grün und ihr Hinterland leicht grün tingiert, wodurch die im Friedensvertrag garantierte French Shore sehr zurückhaltend bzw. wieder eher zum Nachteil der eigenen Nation dokumentiert ist, denn sie hätte gemäß der Bestimmungen des Art. XIII eigentlich bis zur Höhe des hier als «C. de Bonne viste» eingezeichneten Landvorsprungs markiert werden müssen.

Die Durchsetzung der britischen Prädominanz in Kanada trat nach dem Frieden von Utrecht in eine neue entscheidende Phase. Die Formulierung des Artikels XII «[...] Novam Scotiam quoque five Acadiam totam, limitibus suis antiquis comprehenfam ut & Portus Regii urbem alias Annapolim Regiam dictam [...]»³⁴ hatte die neuere Bezeichnung «Nova Scotia» (fr. «[la] Nouvelle Écosse») nunmehr alternativ neben den spätestens seit 1604 verwendeten Namen «Acadie» (bzw. «Cadie») gestellt. In diesem Jahr hatten Pierre Du gua de Mon(t)s und Samuel de Champlain – der erste von ihnen in der im Jahr zuvor verliehenen Eigenschaft als Lieutenant général über das gesamte Gebiet zwischen dem 40. und dem 46. Breitengrad (Lescarbot 1612: 434), also etwa zwischen dem

südlichen New Jersey und der Île de Montréal – als erste französische Kolonisten der Neuzeit in Nordamerika die etwa sechs Kilometer von der Mündung des gleichnamigen Flusses in unmittelbarer Grenznähe gelegene, heute zu Maine gehörende Saint Croix Island erreicht. Auf englischer Seite lag es nahe, auf der Grundlage einer solchen Verwendung beider Begriffe als Allonyme das inzwischen sehr viel größere Gebiet Neuschottland und die kleinere Acadie begrifflich zusammenzufassen, um letztendlich die gesamte Region bis zum St. Lorenz-Strom vollständig annektieren zu können, einschließlich der Hoheitsgewässer innerhalb einer 30 lieues breiten Zone. Eine Schwierigkeit bestand allerdings darin, dass der Begriff «Nova Scotia» vor 1713 keine völkerrechtliche Relevanz gehabt hatte, und für ihn im Gegensatz zur Acadie offiziell keinerlei Grenzen festgelegt worden waren, auf die nun Bezug genommen werden konnte.

Am 10. September 1621 hatte James I. von England (*1566, †1625, ab 1567 als James VI. König von Schottland, ab 1603 auch König von England und Irland), selbst schottischer Herkunft, einen großen Teil des später wieder beanspruchten Gebiets (siehe die Karten A 1215 und A 1216) als «Neu-Schottland» an seinen Hofgünstling, den schottischen Adligen William Alexander (*ca. 1570, †1640) übereignet. Die Grenze dieses Gebiets verlief von der Baye Françoise an der Mündung der Rivière Ste. Croix bis zum St. Lorenz-Strom und ab oberhalb des Cap des Rosiers weiter in südöstlicher Richtung um einige Inseln des Golfs, die Cap Breton-Insel und die Isle de Sable, dann wieder südwestlich um die akadischen Bänke etwa parallel zur Utrechter Linie zurück zur Georges Bank und schließlich wieder nördlich zum Ste. Croix. Dieses Territorium wurde gewissermaßen aus dem ein Jahr zuvor konzessionierten «Neu-England», das vom 40. und 48. Breitengrad, also nördlich etwa von der Baie des Chaleurs begrenzt wurde, ausgegliedert. Alexander und siebzig schottische Siedler ließen sich am 28. Juli 1629 in Port Royal nieder, das Fort Charles genannt wurde. Mit dem Vertrag von Saint Germain-en-Laye (29. März 1632) wurde mit der Rückübereignung der Nouvelle-France auch die Übergabe von Port-Royal an die Franzosen vereinbart, die allerdings erst am Ende des Jahres erfolgte.

Nach einer erneuten Einnahme dieser Gebiete während des Commonwealth (1654) wurde ein großer Teil der Halbinsel Acadie (der Westen etwa zwischen Mirligueche und dem Isthmus) sowie die «Coste des Etchemins» und deren Hinterland – gemäß einer Charta von Oliver Cromwell vom 9. August 1656 und nach dem Kauf des anteiligen Rechtstitels von La Tour – von William Crowne (*1617, †1682) und Sir

Thomas Temple (*1613, †1674) verwaltet. Auch bei deren daraufhin vereinbarten Rückgabe an Frankreich zusammen mit dem daran anschließenden Südosten der akadischen Halbinsel zwischen Mirligueche und dem Cap Canseau im Frieden von Breda (31. Juli 1667), die de facto erst 1670 erfolgte, war wieder der Begriff «Acadia» bzw. «Acadie» ohne jegliche Spezifizierung von Grenzen verwendet worden.

Die entscheidende Phase des Grenzstreits ist auf den Karten A 1215 und A 1216 dokumentiert. Sie zeigen deutlich den von französischer Seite zugrunde gelegten ursprünglichen Umfang der Acadie, der lediglich einem ca. 80 lieues langen Küstenstreifen im Süden der Halbinsel entsprach, und verdeutlichen die Größe des dagegen von England beanspruchten Territoriums, das westlich bis über den Kenebeki hinaus und an das Ufer gegenüber der Stadt Québec heran, südwestlich sogar bis vor die Nordostecke von Cape Cod reichen und von den Inseln im St. Lorenz-Golf zusätzlich die I. aux Oiseaux und die I. St. Paul einschließen sollte. Am 21. September 1750 wurde an die beauftragten Commissaires des französischen Königs ein Memorandum über die entsprechende Grenzfestlegung gerichtet, dem am 11. Januar 1751 ein weiteres mit neuer Beweisführung folgte. Nach der französischen *Réponse* vom 4. Oktober 1751 wurde erneut, in einem dritten *Mémoire* vom 23. Januar 1753, auf den englischen Grenzforderungen beharrt. Wie dieses Mémoire wurden wichtige englische Texte zum politischen Streit der 1750er Jahre auch auf Französisch verfasst, einige von ihnen mit umfangreichen Kommentaren aus der Sicht Frankreichs, und gleich von mehreren Verlagen herausgegeben.

Als Möglichkeit der direkten politischen Einflussnahme bot sich den Kartographen der Epoche an, sich aktiv an der schnell wachsenden Zahl geographischer Neu- bzw. Nachbenennungen zu beteiligen. So konnte der anliegende Teil des Atlantischen Ozeans einfach nach der eigenen Nation benannt werden. Während auf Karten, die von Nicolas Sanson herausgegeben wurden, Mer de Canada ou de Nouvel̄ᵉ France (A 1199) stand, vergab Herman Moll dem Teil des ansonsten neutral The Western Ocean (z.B. A 1221) genannten Atlantiks zwischen Neufundland und Carolina entsprechend die Bezeichnung Sea of the British Empire, ohne dass es hier zu einer Offizialisierung gekommen wäre. Bei diesem Verfahren handelte es sich um keine Neuheit. Bei Pierre Desceliers 1550 waren auf dem Atlantik oberhalb des Tropique du Cancer in nördlicher Richtung in unterschiedlichen Farben die Bezeichnungen Mer oceane (rot), Mer despaigne (blau) ungefähr auf der Höhe Floridas und Mer de France (braun) vor der

«Terre des bretons» ausgeführt worden, eine Bezeichnung, die auch auf anderen Karten der Schule von Dieppe (wie z.B. NICOLAS DESLIENS, datiert 1541, A 19883) für den Nordatlantik verwendet wurde. Später ließen sich mit derartigen Formeln auf der Wasserfläche der Nordhalbkugel einerseits Frankreich mit der Nouvelle-France und andererseits – etwas weiter nördlich – die Britischen Inseln mit New Britain onymisch in Form entsprechender Legenden miteinander verbinden.

Eine solche onomastische Imperialpolitik schließt auch die frühe Fixierung so genannter undersea features ein, die von englischer Seite allerdings langfristig nur vor der Küste Neuenglands gelang. Die gerade bei THOMAS JEFFERYS (vgl. A 1216, A 1296, A 1302) auffallend regelmäßig wiedergegebene «Jeffreys Banck» war bereits 1671/1672 bei JOHN SELLER als «Jefferyes Ledge» und in der Folge z.B. von ROBERT MORDEN und HERMAN MOLL verzeichnet worden und hat daher zunächst nichts mit dem ca. 1719 geborenen Kartographen zu tun. Sie ist noch heute unter den beiden Formen bekannt (auf der Neubearbeitung der Karte von LEWIS EVANS vom März 1776 daneben als «Jeffery's Lodge») und nicht unbedeutend für die Küstenschiffahrt. Bemerkenswert ist auch die Wiederaufnahme der Bezeichnung «Cape Britain» für Cape Breton Island, die die Herkunft des Inselnamens spätestens seit JOHN MASON (1616) immer wieder gezielt auf die britische Seite des Ärmelkanals zu lenken versuchte, ungeachtet der Tatsache, dass die Ethnonyme «Brite» und «Bretone» letztendlich einen gemeinsamen Ursprung haben. Auf den zwanzig Jahre später erschienenen Ausgaben der Karte A 1296 wurde allerdings «Cape Britain» in Titel und Kartenlegende wieder zu «Cape Breton Island».

Schließlich konnte durch die Adaptation der bestehenden geographischen Namen an die eigene Sprache oder auch durch bewusste Manipulation dauerhaft in die Nomenklatur eingegriffen werden. Insbesondere mit der allmählichen Festigung der politischen Dominanz Englands bzw. Großbritanniens auf dem nordamerikanischen Kontinent gewannen Anglisierungstendenzen in der Toponymie in jeglicher Form immer mehr an Bedeutung. Dies wird auf den Karten von HERMAN MOLL besonders deutlich. Hier wird die typisch germanische Konstituentenfolge Eigenname-Generikum konsequent angewendet, sofern die generischen Konstituenten nicht konventionell (I. für Isle bzw. Island; C. für Cape usw.) abgekürzt sind.[35] Daher erscheinen bei MOLL auch zahlreiche Namen mit Lake an zweiter Stelle, wie insbesondere die der Großen Seen («Champlain Lake», «Erie Lake», «Frontignac Lake», «Huron Lake»), die heute wieder in der traditionellen, dem französischen Muster entsprechenden Schreibweise (Lake Champlain, Lake Erie, Lake Huron etc.) verwendet werden.

Normalisierungen konnten zuweilen über eine Adaptation hinaus zu Entstellungen oder Verfälschungen geographischer Namen führen. Auf zahlreichen Karten findet sich nordwestlich des Ausgangs der Hudson Bay in der Nähe des Polarkreises, an einer Stelle mit unsicherem Küstenverlauf und unbekanntem Hinterland (vgl. A 1175, A 1181 etc., A 1187) oder am Ende eines Inlet der Bay, die auf THOMAS BUTTON zurückgehende Signatur «Ne Vltra» («Ne Ultra»). Auf der Karte A 1177 von HERMAN MOLL ist, nachdem bereits LUKE FOXE mit seinem «Ut Ultra» die ursprüngliche Eisblockade durchbrochen hatte, diese Bezeichnung umgedeutet zu «New Ultra» mit positiver Konnotation, wenn es auch fraglich ist, ob über die jeweiligen Bedeutungen derartiger Legenden überhaupt Klarheit bestand.

Im Verlauf des Neuschottland-Streits lag es nahe, in der Kartographie dem Namen der englischen Kolonialtradition, «Nova Scotia» bzw. «New Scotland», einen Vorzug gegenüber dem traditionellen französischen Namen «Acadie» (bzw. englisch «Acadia») zu geben. Während die Legende «Acadia» für die Halbinsel bei HERMAN MOLL noch erscheint, wird sie auf den Karten von THOMAS JEFFERYS (A 1219, A 1296, A 1302, A 1303) spätestens um 1755 aus dem Kartenbild genommen.

Der Geograph HERMAN MOLL (1654?–1732) galt früher bei vielen Autoren als Einwanderer aus den Niederlanden oder dem deutschen Rheinland, doch wurde, wie bereits von BONACKER hingewiesen, vielmehr Bremen als seine Geburtsstadt identifiziert (REINHARTZ 2004: 542, 544), wenn auch wenig über die Zeit vor seiner Etablierung in London als Graveur bei MOSES PITT bekannt ist. Das Spektrum seiner die gesamte Erde abdeckenden kartographischen Arbeit umfasste u.a. auch Karten, die als Illustrationen in Reiseberichten (WILLIAM DAMPIER, *A New Voyage Round the World* (1697), WOODES ROGERS, *A Cruising Voyage Round the World* [1712]) oder Romanen aufgenommen wurden, beziehungsweise die Vorlagen für derartige Illustrationen (JONATHAN SWIFT, *Lemuel Gulliver's Travels into Several Remote Nations of the World* [1726]). Die Zusammenarbeit mit SWIFT brachte ihm einen ehrenvollen Platz auch in der englischen Literaturgeschichte ein. Bemerkenswert ist die *Map of the World on w[hi]ch is Delineated the Voyages of Robinson Cruso*, die in der vierten Ausgabe von *The Life and Strange Surprizing Adventures of Robinson Crusoe, of York, Mariner* sowie in *The Farther Adventures of Robinson Crusoe* erschien. Auf ihr fällt nicht nur das Fehlen des halben australischen Kontinents und der Küstenpartien seiner Nachbarinseln auf, sondern auch die noch nicht erfolgte kartographische Erfassung des mittleren und westlichen Teil Kanadas um 1724, etwa zwanzig Jahre vor den Kanadakarten BELLINS. Sein Atlas *The World defcribed* (1715–1732) gilt sowohl in inhaltlicher als auch in kartentechnischer Hinsicht als Besonderheit der Epoche. Er ist berühmt für seine Fülle an Detailansichten, meist in Form von Nebenkarten, ähnlich wie es ab 1764 von BELLIN in seinen Seeatlanten praktiziert wurde.

Für die politische Instrumentalisierung der Kartographie ist HERMAN MOLL ein eindrucksvolles Beispiel. Die auch als «Beaver Map» bezeichnete *New and Exact Map of the Dominions of the King of Great Britain on ỹ Continent of North America* (in der SLUB mittlerweile als A 1176,1 und A 1176,2 geführt) gehört zu seinen Meisterwerken, in denen sich das charakteristische «ringing endorsement of empire» (REINHARTZ 2004: 543) manifestiert. Dies zeigt sich nicht nur in der erwähnten Flächenfärbung, sondern auch in der Auswahl der Detailinformationen, die er auf der Karte unterbringt. So werden im linken unteren Teil des oberen Blattes unter der Signatur IROQUOIS die Irokesen als «hearty friends» der Engländer beschrieben, die im Jahr 1710 Häuptlinge nach England entsandten, um ihre militärischen Dienste gegen die Franzosen anzubieten, und ein Jahr später mit 2.000 Mann General NICHOLSON bei seinem Marsch auf Montréal zu unterstützten. Auf der Nebenkarte unten links zu Louisiana südlich der Grenze zur NEW FRANCE erschien in der Auflage von 1731 als ergänzende Bemerkung zu den Cherokees, dass ein Häuptling von ihnen im Jahr 1730 in England gewesen sei.

Ganz allgemein halfen die Karten MOLLS bei der Verwirklichung der britischen Kolonialexpansions- und Wirtschaftspolitik. Seit dem *Atlas Minor* (1729) waren auch seine Arbeiten (mit hier 18 Amerikakarten gegenüber 10 für Asien und 5 für Afrika) quantitativ eindeutig auf die Neue Welt ausgerichtet. Sie enthielten neben den Routen bedeutender Entdeckungsreisender Angaben zu den «Trade Winds» (Passaten), Straßen und – wie z.B. im Fall der bearbeiteten Karte A 1176 – Postverbindungen. Seine Darstellung der südlichen Küsten des südamerikanischen Kontinents, die zunächst noch von NICOLAS SANSON übernommen war, ab 1701 aber gründlich revidiert wurde, war die Inspirationsquelle für die merkantilistischen Pläne DEFOES für die Gründung der South Sea Company (1711). Bei allem Patriotismus kann nach der Meinung FRANZ WARWIKS (1982: 221) den Arbeiten HERMAN MOLLS «ein gewisser kritischer Geist nicht abgesprochen werden».

16. Empirische Kartographie im Dienst der Staatspolitik

Das 18. Jahrhundert gilt insbesondere in Frankreich als das Zeitalter sowohl der Aufklärung als auch der systematischen Dokumentation des gesamten zeitgenössischen Wissens aus den sciences, arts und métiers. Parallel dazu weichen nun auch in der Kartographie endgültig die zahlreichen Mythen, Phantasiegebilde und unsicheren geographischen Vorstellungen den gesicherten naturwissenschaftlichen Erkenntnissen. Diese Zeitströmung schlägt sich in der Entwicklung eines enzyklopädischen Karten- und Atlastypus nieder, der in etwas vereinfachter Ausführung auch im Rahmen eines so genannten *Atlas methodicus* (z.B. von J. B. Homann 1719) für den Schulunterricht genutzt werden kann.

Der Begriff der modernen alphabetischen Enzyklopädie ist unmittelbar mit den französischen Enzyklopädisten Diderot und d'Alembert verbunden. Unmittelbarer äußerer Anlass für ihr zwischen 1751 und 1772 in Paris in 28 Folianten erschienenes Werk (Supplement, 5 Bände, Amsterdam 1776–1777; Sachregister, 2 Bände, Paris 1780) war der große Erfolg der ins Französische übersetzten, zunächst (1728) lediglich zweibändigen *Cyclopædia* von Ephraim Chambers. Auch Vincenzo Coronelli hatte ein umfangreiches lexikographisches Projekt mit 45 geplanten Bänden konzipiert, von denen allerdings lediglich 7 Bände (ca. 35.000 Artikel) publiziert werden konnten. Ein Kompendium dieser Art war keineswegs eine Neuheit – genau genommen begann diese Tradition am Anfang des 6. Jahrhunderts mit den *Etimologiæ* von Isidor von Sevilla – doch in den mittelalterlichen Enzyklopädien oder *Specula*, die ab dem 12. Jahrhundert eine bemerkenswerte Bereicherung durch den Kontakt mit dem Orient erhielten, sich allerdings weiterhin auf die Theologie und die Naturwissenschaften beschränkten, waren noch immer antike Mythen, Legenden und Fabeln lebendig. Zu den Besonderheiten dieses neuzeitlichen Lexikons, das ab der zweiten Hälfte des 17. Jahrhunderts zunehmend alphabetisch anstatt systematisch gegliedert wurde, gehört neben einer allgemeinen Entmythologisierung aber auch ganz besonders seine Instrumentalisierung als Organ der zeitgenössischen philosophischen Strömungen, nunmehr im Zeitgeist der Aufklärung, insbesondere der Ethik, Religion und Staatslehre.[36] Unter den Mitautoren gehörte auch Jacques-Nicolas Bellin, der 994 Einzelartikel zu den Themen Schifffahrt und Marine beitrug. Als Kartenzeichner hat maßgeblich Didier Roger de Vaugondy mit einem zehn Karten umfassenden Anhang zur *Encyclopédie* beigetragen, in dem insbesondere die in den 1770er Jahren noch spekulative Behandlung des Nordwestens des nordamerikanischen Kontinents eine besondere Rolle spielte.

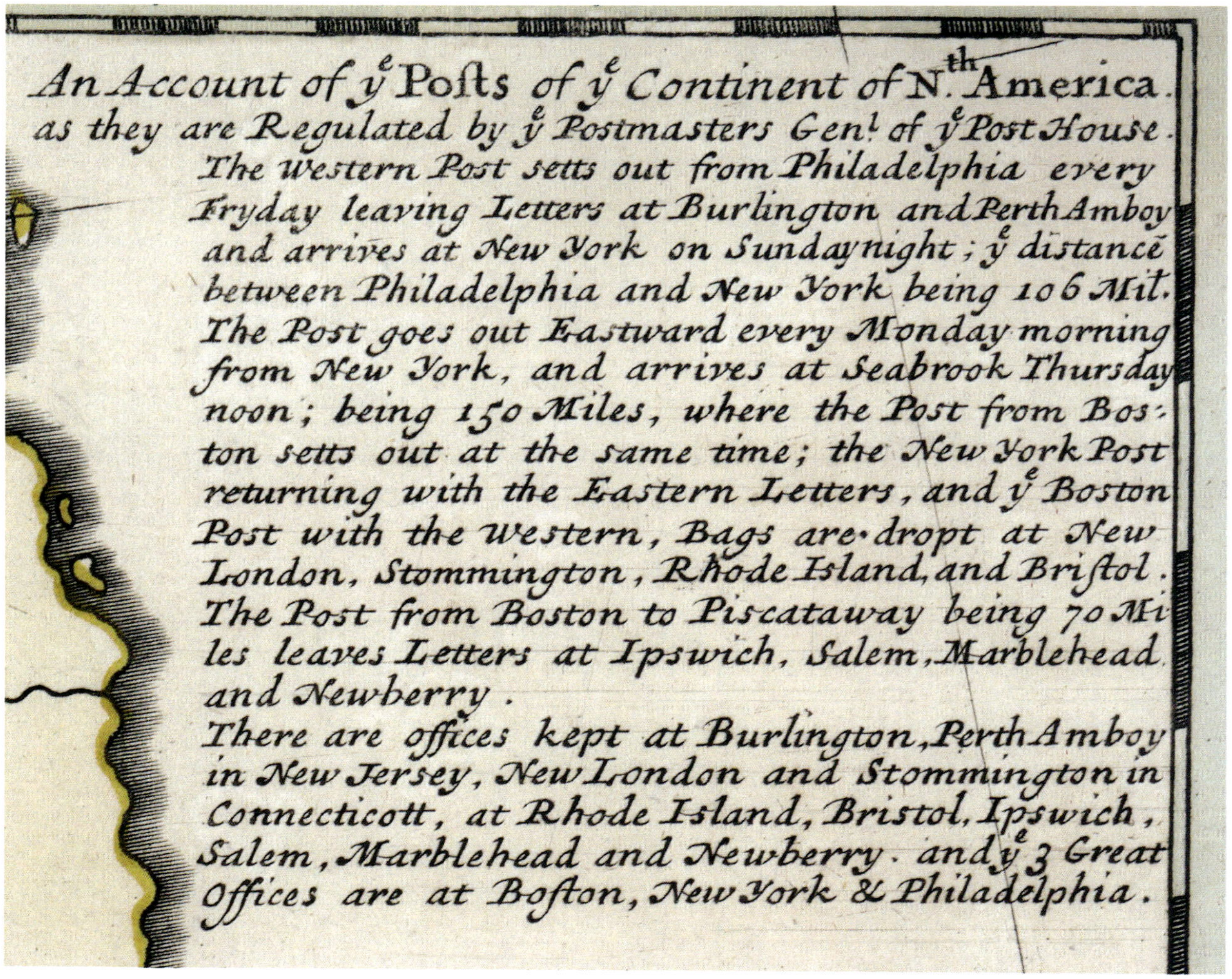

Der Übergang zur wissenschaftlichen Kartographie wird nun auch äußerlich durch einen vollständigen Wandel des Kartenbildes vollzogen. Im Sinne eines möglichst hohen Grades an Sachlichkeit werden – zunächst nur von wenigen Kartographen gewissermaßen noch als «Gegenbewegung» – viele Elemente der *pictura*, die bis zum Rokoko das Aussehen maßgeblich bestimmt hatten oder sogar Selbstzweck der Karten gewesen waren, allmählich entfernt. Dazu gehören, mit oder ohne inhaltlichen Bezug zum dargestellten Areal, fast alle dekorativen Beigaben und Verzierungen auf dem Kartenfeld und in den Bordüren. Sehr gut ablesbar ist diese Entwicklung anhand der Kartuschen und Titelarrangements, deren prachtvolle Ausgestaltung noch bei Seutter oder Robert

Abb. 26
Erläuterung der zur Zeit des Kartenentwurfs durchgeführten «Posts» sowie bestehenden «offices» und «Great Offices» im Nordosten der späteren USA als Notation auf der Karte A 1176.

DE VAUGONDY einen absoluten Höhepunkt erreicht hat, und die nun in der zweiten Hälfte des 18. Jahrhunderts immer weniger Schmuckelemente aufweisen und schließlich völlig verschwinden. Einige Karten, wie z.B. A 1200 von NICOLAS SANSON (1656), nehmen diese Entwicklung vorweg: eine Kartusche bleibt vorerst weiterhin erhalten, wird aber bereits auf einen schlichten Doppelrahmen mit jeweils bekränzten, geometrischen Figuren reduziert. Schließlich – zunehmend ab dem letzten Drittel des 18. Jahrhunderts – werden für den Titel nur noch nüchterne rechteckige, runde oder ovale Schilder (vgl. A 1229) verwendet (übergangsweise noch mit minimalem Schmuck, wie etwa einem hinterspannten Vorhang), oder er wird direkt auf das Kartenfeld gedruckt.

Zu den ersten Vertretern dieser neuen Kartographie gehört neben dem bereits erwähnten Abbé DELACROIX insbesondere JEAN-BAPTISTE BOURGUIGNON D'ANVILLE (*1697, †1782), in dessen Kartenproduktion FRANZ WAWRIK (1982: 240) aus einer Gesamtzahl von 210 knapp die Hälfte (103) als «moderne» Karten klassifiziert. Analog folgt auch die englische Schule mit einer kontinuierlichen Reduzierung dekorativer Elemente, die beispielsweise bei AARON ARROWSMITHS *A New General Atlas* (1817) schließlich auf die Titelplatten beschränkt bleiben. In dem 35 Seiten umfassenden *Atlas Minor* von HERMAN MOLL (1. Aufl. 1729) verfügte bereits nur noch die Weltübersichtskarte über figuralen Schmuck. An ihre Stelle treten neue, insbesondere für den Handelsverkehr relevante Informationen wie etwa Seehandelsrouten, «Trade Winds», Landverkehrswege und Postverbindungen bei HERMAN MOLL (Abb. 26).

In diesem neuen wissenschaftlichen Stil erscheint unter dem programmatischen Titel *Atlas encyclopédique* ab 1787 ein zweibändiges Supplement von RIGOBERT BONNE und NICOLAS DESMAREST zur *Encyclopédie méthodique*, die im Anschluss an die eigentliche Enzyklopädie zwischen 1781 oder 1782 und 1832 in 157 Text- und 53 Tafelbänden geschaffen wurde. Sie bedeutet das Ende der bildlichen Geländedarstellung durch spezifische Signaturen und Piktogramme, Reliefs und Aufrissbilder, die seit Beginn der modernen Kartographie eingesetzt wurden. An ihre Stelle tritt nun die Schraffentechnik.

Bereits ein halbes Jahrhundert vor der ersten Ausgabe der *Encyclopédie* von DIDEROT und D'ALEMBERT wurde das Wissen über die neuen Kolonien in geographischer und thematischer Gliederung gesammelt und in Verbindung mit den Karten der Epoche präsentiert. Der Schwerpunkt dieses *Atlas Historique, ou Nouvelle Introduction A l'Hiftoire à la Chronologie & et à la Géographie Ancienne & Moderne* [...] lag dabei jedoch nicht unbedingt auf den hochwertigen Karten selbst (die durch die Verlegerfamilie CHÂTELAIN durchweg von renommierten Kartographen wie z.B. DELISLE übernommen wurden), sondern in deren anschaulichen, dem offensichtlich großen Interesse der Zeit entsprechenden Evaluation und Kommentierung. Daneben ist aber auch die Präsentation unterschiedlichen graphischen Materials mit inhaltlichem Bezug zu den dargestellten Kartenarealen offensichtlich eine Modeerscheinung der Epoche. Der Homännische *Grosse Atlas Über die Gantze Welt* (1737) übernahm neben einer «Vorstellung der Englischen Schiffe» von JOHN BOWLES eine «Abbildliche Geschichte der See-Thiere», auf der insbesondere der derzeit wirtschaftlich bedeutsame Walfang thematisiert wurde, und fügte erstmals eine Tafel mit den «Flaggen aller seefahrenden Potenzen» ein. Ansichten und Schnittzeichnungen von Seeschiffen waren allerdings bereits vor die Karten des *Neptune François* (1693) gestellt worden und in dessen Auflage von 1703 auf achtzehn angestiegen. Diese enthielt außerdem schon zwölf Flaggentafeln der seefahrenden Nationen. Ihren Höhepunkt erreichte diese Synthese aus Atlas und Bildenzyklopädie in der *Galerie agréable du Monde* von PIETER VAN DER AA.

Als illustrative Beispiele bieten sich die Karten A 1183 und A 1205 der SLUB zusammen mit anderen ausgewerteten Dokumenten aus dem *Atlas Historique* an. Die zwischen 1705 und 1720 in insgesamt sieben Bänden erschienene Originalausgabe, deren Komposition in der Regel auf HENRI-ABRAHAM CHÂTELAIN (*1684, †1721) und seinen Bruder ZACHARIE CHÂTELAIN jun. (*1690, †1754) zurückgeführt wird,[37] ist ebenso wenig wie die *Galerie agréable du Monde* ein Atlas im ursprünglichen Sinn, sondern vielmehr ein geographisches Textwerk, eingeteilt in thematische Abhandlungen («Dissertations»), die zunächst einen allgemeinen Überblick über den betreffenden Erdteil geben und sich dann mit einzelnen Ländern und gegebenenfalls mit großen Städten befassen. Allerdings behandelte der *Atlas Historique* zunächst (in Band I) die abendländische Geschichte mit entsprechenden historischen Karten und verlagerte seinen Schwerpunkt dann bald auf eine Kombination der geschichtlichen Darstellung mit der aktuellen Geographie, indem er so genannte «Nouvelles Cartes» u.a. auch zum amerikanischen Kontinent aufnahm, dem zusammen mit Afrika der sechste Band (1719) gewidmet wird.

Für die «Dissertations» zeichnet NICOLAS GUEUDEVILLE (*1654, †1721) verantwortlich; für den Supplementband VII wird darüber hinaus der Heraldiker HENRI PHILIPPE DE LIMIERS tätig. An die Texte unmittelbar angebunden befindern sich in der Regel ganzseitige oder ausklappbare Karten zum Thema angeschlossen sowie «tables», kombinierte Text-/Bilddokumenten unterschiedlicher Ausgestaltung mit Karten kleineren Formats, Ansichten von Städten, Abbildungen oder graphische Darstellungen jeglicher Art. Charakteristisch sind ferner die tabellarischen «Tables générales des divisions» bzw. «Divisions générales», hier im Band VI des afrikanischen und amerikanischen Kontinents, analog den «Tables geographiques (des Divisions)» bzw. «Tabulae divisionis» von NICOLAS SANSON, die in den posthum erschienenen Atlanten den Kontinentalkarten unmittelbar vorausgehen oder nachfolgen. Derartige hierarchisch gegliederte Tabellen nach Art eines Stammbaums (hier für die Aufteilung der Erdoberfläche) wurden auch in der *Encyclopédie* gern verwendet (cartes généalogiques, systèmes figurés), um bestimmte Zusammenhänge entweder horizontal oder vertikal als genetische Reihe darzustellen. Die im *Atlas Historique* reproduzierten Karten sind wiederum oft mit erklärenden Text- oder Tabellenblöcken innerhalb oder außerhalb des Kartenfeldes versehen.[38] «Remarques» bzw. «Remarques Historiques», ausgeführt in einer kalligraphischen Kursiva, sind entweder um die Karte herum angeordnet oder erscheinen – wie im Beispiel A 1183 (Abb. 5) – auf weiten Wasserflächen, auf denen sich im Original die Titelkartusche befand. Diese wird hier jeweils durch einen in Form und Schrift vereinheitlichten Kartentitel in der Kopfleiste ersetzt.

Die «Dissertation sur le Canada, ou la Nouvelle France» (Band VI, S. 83–90) beispielsweise beginnt im Anschluss an die *Carte du Canada ou de la Nouvelle France* [...] von DELISLE in der Version A 1183 (als No. 20), und wird von der kommentierten *Carte generale de Canada* des Barons LAHONTAN (No. 21, im Dresdner Exemplar der Originalausgabe unmittelbar nach No. 20 eingebunden) sowie dem Doppelblatt von DE FER (dessen östlicher Teil als A 1208 in der SLUB vorhanden ist) gefolgt. Zwischen diesen beiden informiert eine doppelseitige Tafel mit zahlreichen Abbildungen und Textblöcken über Wesen und Arbeitsweise der Biber, über Wohnungen, Kanus und Kleidung der Einheimischen, sowie über die von ihnen verwendete Bilderschrift («Hieroglyphes») und gibt Textbeispiele. Diese Informationen sind ausgesprochen hilfreich für ein genaueres Studium der unmittelbar vorausgehenden Karte von LAHONTAN, aus der auch bestimmte Glyphen, wie beispielsweise sein charakteristisches Gesichts- bzw. Maskensymbol – wenn auch für eine etwas modifizierte Verwendung – übernommen wurden.

Auf diesem hier *Carte particuliere du Fleuve Saint Louis* (A 1205) genannten Dokument werden zusätzlich zu den auf dem Kartenfeld untergebrachten Angaben gemäß der Vorgabe des Titels («repréſentant ce qu'il y a de plus remarquable dans la Religion, les Habillemens, Uſages & productions de chaque Païs») in Form systematischer Tabellen am Kartenrand enzyklopädische Informationen zusammengestellt, die den *Memoires de L'Amerique Septentrionale* (dem zweiten Band der *Nouveaux Voyages*) des Barons Lahontan entnommen wurden. Sie waren möglicherweise durchaus an politische Funktionen gebunden, wie beispielsweise die Akquisition neuer Kolonisten für das dargestellte Areal. Die auf der Karte an ihren jeweiligen Niederlassungen, «villages» und «chasses (de castor)» verzeichneten Ethnonyme sind geographisch einer bestimmten Region und linguistisch einer der beiden großen Sprachblöcke Irokesisch bzw. Algonquin zugeordnet. Darüber hinaus erscheint in einigen Fällen eine knappe Charakterisierung der militärischen Eignung auf der Skala «braves et bons guerriers» bis «peuples poltrons». Einer politischen Aussage über die jeweilige freundliche («amis des françois») oder feindliche Einstellung gegenüber Frankreich bedarf es jedoch im vorliegenden Fall eigentlich nicht, da es sich bei den hier aufgeführten Ethnien durchweg um Nicht-Irokesen bzw. um solche handelt, die – wie etwa die Huronen und die Ottawa – ohnehin überwiegend friedliche Handelsbeziehungen mit den französischen Kolonialisten unterhielten. Immerhin ist anlässlich der Erwähnung der in der Acadie beheimateten Abenaki, Etchemin, Mahican, Mi'kmaq (Micmac) usw. von «bons guerriers, plus alertes & moins cruels que les iroquois» die Rede, womit auf die sprichwörtliche Grausamkeit der Irokesen Bezug genommen wird. In den Beaver Wars hatte die irokesische Konföderation als Aliierte Englands den Stämmen der Algonquin-Sprachen, die wiederum größtenteils Verbündete Frankreichs waren, gegenübergestanden.

Auch bei der vom Baron Lahontan übernommen Auflistung der wichtigsten pflanzlichen und tierischen Ressourcen des Landes sowie der Waren und Produkte, die für den transatlantischen Handelsverkehr interessant sind, zeigen zwei weitere Tabellenblöcke, die das Kartenfeld umschließen, eine für die Epoche der *Encyclopédie* typische Vorliebe für systematische Klassifikation. Auf der rechten Seite erscheinen zunächst die Waren, die für den Tauschhandel nach Nordamerika eingeführt werden; dabei handelt es sich überwiegend um europäische (Luxus)güter, aber z.B. auch um Tabak aus Brasilien. In separater Tabelle folgt eine Aufstellung der eintauschbaren nordamerikanischen Häute bzw. Felle verschiedener Biberarten, von Füchsen, Mardern, Ottern, Bären und anderen Wildtieren sowie einiger Tierorgane, mit der jeweiligen Angabe des entsprechenden Handelswerts in «l[ivre]» und «s[ous]»; daran schließen nordamerikanische Bäume und Nutzpflanzen an, von denen einige mit den Zusätzen «comme en Europe», «comme en Savoie», «comme en Espagne» versehen sind. Unter der Karte befinden sich kleinere Tabellen mit einer Liste der in Nordamerika angetroffenen Säugetiere, Insekten, Vögel, Fische und Schalentiere im St. Lorenz-Strom und den übrigen Gewässern, sowie der Bäume und Nutzpflanzen.

Allerdings beginnt die Tabelle rechts oben («Liste des Marchandises qu'on porte aux sauvages du Canada») mit Feuerwaffen und Schießpulver, mit Waren also, die die Ausweitung der im 17. Jahrhundert geführten Kriege um die Biberjagdreviere erst möglich gemacht hatten. Die Niederländer hatten ab 1610 den Irokesen auf dem Gebiet des späteren Staates New York durch einen Zugang zu den europäischen Märkten den direkten Waffenhandel ermöglicht; mit der ganzen Kolonie übernahmen anschließend die Engländer auch die Waffenversorgung der Irokesen. Frankreich war vor Beginn der offenen Auseinandersetzungen diesbezüglich eher zurückhaltend gewesen, einer der wesentlichen Gründe für die schnellen militärischen Erfolge der Irokesen gegen die stets in der Überzahl befindlichen Algonquins. Erst 1681 wurde das französische Waffenhandelsverbot aufgehoben, so dass nun mit einer entsprechenden Ausstattung der Bundesgenossen begonnen werden konnte.

Es scheint also nicht nur die «raison d'État» des absolutistischen Staates, der in die Neue Welt expandiert, auf diesem enzyklopädischen Kartentyp zum Ausdruck zu kommen, sondern auch ein Grundprinzip der französischen Nordamerikapolitik, die sich in dieser Hinsicht grundsätzlich von der entsprechenden Englands unterscheidet. Frankreich ist stets von einer politischen Autonomie der autochthonen Bevölkerung ausgegangen. In den Grenzverhandlungen von 1755 wurde gegenüber England immer wieder betont, die einzelnen Völkerschaften seien «indéterminées» bezüglich ihrer politischen Zugehörigkeit. Sie wurden gewissermaßen – völkerrechtlich ausgedrückt – als souveräne Staaten ohne Staatsgebiet angesehen, zumal sie bestimmte Regionen nur vorübergehend aufsuchten und weiterzogen. Die Ethnonyme auf den untersuchten Karten verfügen daher nicht über die gleiche Stabilität wie die übrigen geographischen Namen, wenn diese kategorielle Besonderheit auch – von ganz wenigen Ausnahmen, wie z.B. auf der Karte A 1217, abgesehen – äußerlich in aller Regel nicht erkennbar ist.

Von englischer Seite wurde die politische Kontrolle über eine Kolonie gern mit dem Erwerb eines Rechtstitels gleichgesetzt, weshalb sich die etwas voreilige Anerkennung der englischen Gebietshoheit über die so genannten cinq Nations «ou cantons des Indiens» in Artikel XV des Friedensvertrags von Utrecht sehr bald als irreparabler Fehler Frankreichs herausstellte. Die Qualifizierung als «Freund» der Engländer hatte damit für die englische Nation einen anderen Stellenwert; vgl. die Notation auf der Karte A 1176 von Herman Moll unten links: «The Iroquois […] are all hearty friends to ẙ English» und seine Hinweise an dieser Stelle sowie auf der unteren Hälfte seiner «Beaver Map» in einer späteren Auflage, dass 1710 bzw. 1730 Repräsentanten («those Princes» bzw. «one of ẙ Kings») offenbar ganz freiwillig nach England gekommen waren, um England bei seinen Expansionskriegen zu unterstützen. Die militärischen Allianzen zwischen Engländern und der Irokesen-Liga zur Sicherung der englischen Hegemonie in Nordamerika haben spätestens seit dem «Covenant Chain», das auf ein Treffen von 1677 zurückgeht, eine lange Tradition. Die Loyalität eines Großteils der Irokesen gegenüber den Engländern hatte in der Folge auch noch im Amerikanischen Unabhängigkeitskrieg Bestand, was zur Belohnung in Form großzügiger land grants führte, beispielsweise eines jeweils sechs Meilen breiten Streifens zu beiden Seiten des Ouse bzw. Grand River gemäß der Haldimand Proclamation vom 25. Oktober 1784 (siehe A 1228), Grundlage der größten heute noch bestehenden First Nation Kanadas. Damit sollten natürlich gleichzeitig kriegsbedingte Landverluste an die USA durch die Förderung der Siedlungstätigkeit in diesen Regionen kompensiert werden. In Québec sind von der Vielzahl der damals dokumentierten autochthonen Stämme heute noch rund zehn «nations amérindiennes» sowie eine «nation inuite» beheimatet.

17. Private Kartographie als Forum offensiver Spekulation

LAHONTAN und die Rivière Longue. Individuelle Sonderfälle sind die Karten des Barons LAHONTAN. Abgesehen von den textlichen Besonderheiten wie etwa der Dedikation an den dänischen König im Fall der Karte A 1201, die ganz offensichtlich eine gewisse politische Absicht[39] verfolgt, handelt es sich hier nicht wie gewohnt um Pamphlete der staatlichen Expansionspolitik, sondern um Illustrationen seiner Reiseberichte, die sich durch präzise ethnographische Beobachtungen auszeichnen. Sie sind weder von patriotischer noch sonstiger Überheblichkeit gefärbt, sondern im Gegenteil von einer kritischen Haltung gegenüber allen negativen Erscheinungen der französischen Interventionspolitik in Kanada, der Korruption des Militärs und des Klerus, insbesondere solcher «choses qui jusqu'à préfent ont été cachées par raifon d'État ou de Politique» (*Memoires de L'Amerique Septentrionale*: 3), die er auch immer wieder direkt gegenüber seinen Vorgesetzten zum Ausdruck brachte und die letztendlich zu seinem abrupten Ausscheiden aus dem Staatsdienst führten. Die *Nouveaux Voyages* und ihre Fortsetzung *Memoires de L'Amerique Septentrionale* kamen genau zu einem Zeitpunkt auf den Markt, als in Europa das Interesse an Reisebeschreibungen aus Nordamerika ihren Höhepunkt erreicht hatte. Der Erstausgabe von 1703, die noch im gleichen Jahr unter Aufsicht des Autors in englischer Übersetzung herausgegeben wurde, folgte 1704 und 1705 eine von NICOLAS GUEDEVILLE mitbetreute erweiterte Ausgabe. 1709 erschien eine komprimierte deutsche Version (*Des Berühmten Herrn Baron De Lahontan Neueste Reifen Nach Nord=Indien oder dem Mitternächtifchen America*) und 1710 eine niederländische.

Seinen *Memoires* fügte er ein Wörterverzeichnis «de la langue de sauvages» der Algonquin-Gruppe an, aus dem CHATEAUBRIAND über ein Jahrhundert später die indianischen Personennamen für *Les Natchez* (1827) entlehnte. Die Karte A 1202, deren ersts Drittel links direkt von den «Gnacsitares» übernommen wurde, enthält zusätzlich direkt auf dem Kartenfeld, mit erläuternden Angaben in den Bildunterschriften, Zeichnungen eines Kanus, eines Hauses, eines 130-Fuß-Bootes, sowie der Vorder- und Rückseite einer «Medaille» der Tahuglauk. Seine Karte von der «Rivière Longue» oder «Rivière Morte» ist trotz oder gerade wegen seines einzigartigen ethnographischen Werts Gegenstand einer Kontroverse über die Glaubwürdigkeit seines 16. Briefs geworden, der über seine Expedition über 4.247 Meilen im Winter 1688/1689 bei denkbar ungünstigen klimatischen Verhältnissen handelt. Brief und Karte wurden größtenteils als reines Fantasieprodukt disqualifiziert (HAYES 2002: 68: «[...] most of the map was a hoax, or at best a misconception») und haben an der allgemeinen Glaubwürdigkeit des Barons zweifeln lassen. Inzwischen scheint jedoch Einigkeit über eine Sonderstellung dieses offensichtlich für die Veröffentlichung umgeschriebenen 16. Briefes zu herrschen, der nach der Rückkehr eines enttäuschten und verbitterten Idealisten vielleicht die von Korruption und Grausamkeit gegen die Einheimischen gekennzeichnete koloniale Realität karikieren und die Kolonialpatrioten, die noch immer auf der Suche nach den großen Reichtümern des Orients und einer Passage dorthin waren, bewusst mit Hilfe eines genialen Tricks täuschen sollte.

Zunächst konnte weder mit geographischen oder ethnologischen, noch mit botanischen Ansätzen die Fiktivität mit Sicherheit nachgewiesen werden; für die «Rivière Longue» kämen immerhin der heutige Minnesota oder St. Peter's River in Frage, die drei erwähnten Ethnien sind tatsächlich bestehenden Stämmen (z.B. die EOKOROS den Arikaras) zuzuordnen und die beschriebenen Gegenstände alle ethnographisch verifizierbar (vgl. dazu WOOD 2007: 24–26). Doch wurde inzwischen das völlige Fehlen der «Rivière Longue» auf der im Archivo General de Indias in Sevilla aufbewahrten, vom Baron selbst angefertigten *Mappa del Missisipi dedicada al Excele^{mo} Señor Duque de Jovenazo*, die mit dem Datum 1699 versehen ist, als Beweis für eine literarische Erfindung präsentiert, die sich vermutlich darüber hinaus auf den gesamten Brief Nr. 16 oder wichtige Teile daraus erstreckt; denn dieser ist gegenüber den anderen deutlich länger und wurde ganz offensichtlich nachträglich (vermutlich erst 1701 oder 1702, kurz vor seiner Veröffentlichung) redigiert bzw. umgeschrieben und um die phantastischen Details erweitert. Auch die dazu gehörigen Illustrationen dürften nicht oder nicht wesentlich älter sein (GUY LAFLÈCHE).[40]

Unabhängig davon sind Boote, Haus und «Medaille» der Tahuglauk durchaus durch authentische Vermittlung (durch Mozeemlek, die sie in Baumrinde einritzten) zustande gekommen und stellen zusammen mit der jeweiligen Beschreibung in den Erinnerungen des Barons real existierende Gegenstände dar. Bei der 80 pas langen «Maison» handelt es sich um eines der typischen rechteckigen Langhäuser des Nordwestens, deren angespitzte Holzpfähle oder -planken und einige Enden der runden Holzbohlen hier gut zu erkennen sind. Die zweite Skizze zeigt eine riesige, ca. 130 pieds lange Piroge für zweihundert Paddler mit gezacktem Außenbord und je einem erhöhten Bug bzw. Heck, ebenfalls typisch für einige First Nations des Nordwestens. Die rechteckige und an beiden Seiten spitz zulaufende «Medaille» schließlich wurde gemäß der Beschreibung des Barons von einem Mozeemlek am Hals getragen, sie ist ein Beispiel für einen in seiner Zeit begehrten und gut bezahlten Modeschmuck aus einem rötlichen, kupferähnlichen Metall (WOOD 2007: 24–26).

LOUIS ARMAND DE LOM D'ARCE DE LAHONTAN, 3^t BARON DE LAHONTAN wird am 9. Juni 1666 in Lahontan nahe Salies-de-Béarn – wahrscheinlich auf dem gleichnamigen Château – geboren, kommt Anfang November 1683 mit Marinetruppen nach Québec, dient in mehreren militärischen Aktionen gegen die Irokesen und wird vom Gouverneur BRISAY DE DENONVILLE Mitte 1687 mit dem Kommando über Fort St. Joseph (am südlichen Ende des «Lac des Hurons») beauftragt, das er im April des folgenden Jahres wieder verlässt. Nach seiner Rückkehr im Juli beschließt er – da Fort Niagara inzwischen aufgegeben werden musste – Fort St. Joseph niederzubrennen (27. August 1688) und seine Einheit nach Michillimakinac zu verlegen. In bemerkenswert freundschaftlicher Nähe zu den Einheimischen, mit denen er zwischen seinen dienstlichen Verpflichtungen im Winter mehrere ausgedehnte «excursions de chasse» unternommen hatte, begibt er sich am 24. September 1688 auf eine Forschungsreise, die ihn vermutlich über den nördlichen Lake Michigan («Lac des Ilinois»), die Green Bay («Baye des Puants»), die R. aux Renards («R. des Puants») zum Wisconsin und zum Mississippi führt, den er zunächst flussaufwärts erkundet, einschließlich der westlich einfließenden «Rivière Longue», die er einige hundert Meilen in beiden Richtungen befährt. Danach begibt er sich wieder flussabwärts bis zur Ouabach-(Ohio-)Mündung und fährt auf dem Rückweg jeweils ein Stück den Missouri (bis zur nächsten Abzweigung) und die «R. des Otentas» hinauf (an den jeweiligen Stellen, an denen der Baron umgekehrt ist, wurde auf der Karte ein Liliensymbol eingefügt); über den Illinois und die Portage de Chicago kommt er im Mai 1689 wieder zurück nach Michillimakinac.

Auf dem Weg nach Frankreich muss er während einer längeren Wartezeit in Plaisance/Placentia auf einem Vorposten zusammen mit sechzig baskischen Seeleuten die Landung mehrerer englischer Schiffe abwehren; nach seiner Überfahrt wird er in Versailles in die «gardes de la Marine» aufgenommen und zum 15. März 1693 mit dem Titel eines «lieutenant de roi» und dem Kommando über eine Abteilung von 100 Mann belohnt. Nach seiner Rückkehr nach Neufundland verstärken sich die Spannungen zwischen ihm und dem autokratischen Gouverneur JACQUES FRANÇOIS DE MONBETON DE BROUILLAN, der ihn schließlich bei jeder Gelegenheit diskreditiert und denunziert, so dass er schließlich seinen Posten in Plaisance und damit das französische Militär verlassen muss. Er reist nach

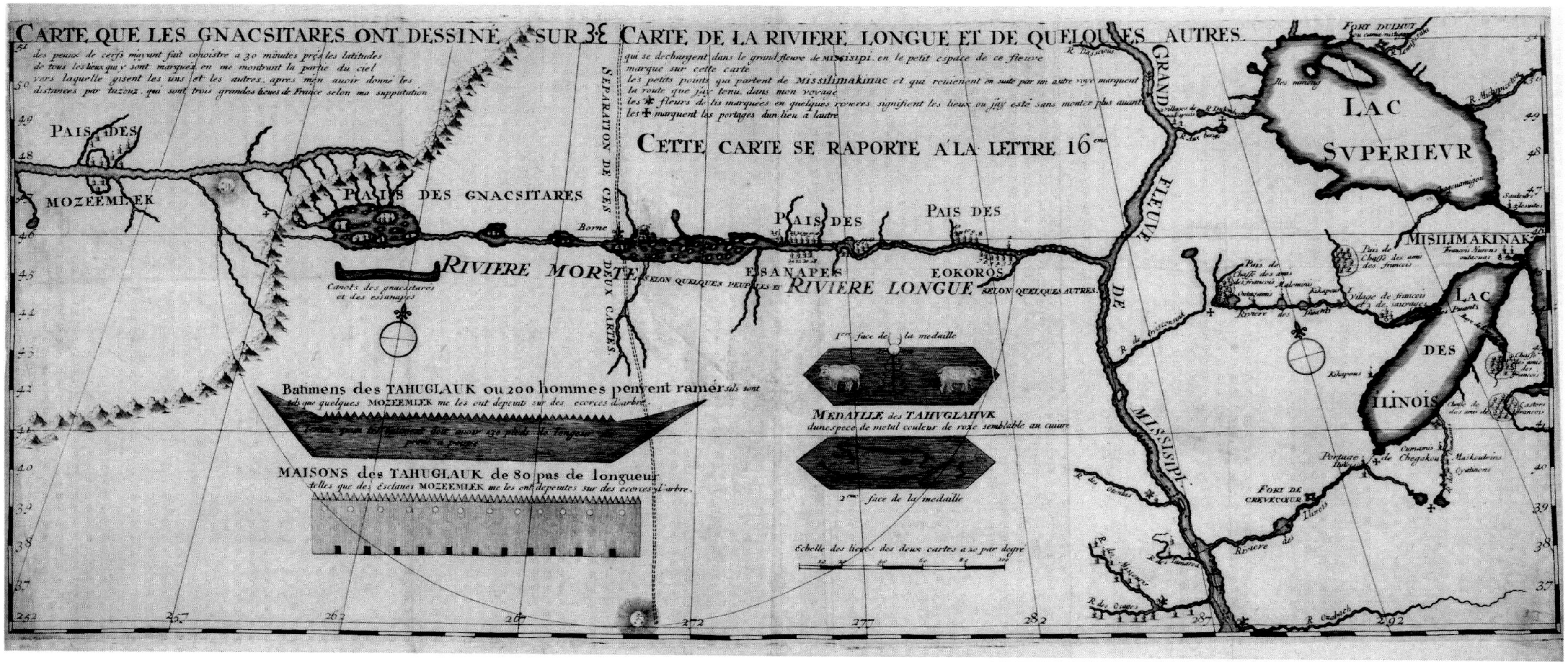
CARTE QUE LES GNACSITARES ONT DESSINÉ SUR
des peaux de cerfs m'ayant fait conoistre a 30 minutes pres les latitudes de tous les lieux qui y sont marqués en me montrant la partie du ciel vers laquelle gisent les uns et les autres. apres m'en auoir donné les distances par tazous. qui sont trois grandes lieües de France selon ma supputation
CARTE DE LA RIVIERE LONGUE ET DE QUELQUES AUTRES.
qui se dechargent dans le grand fleuve de Missisipi en le petit espace de ce fleuve marqué sur cette carte
les petits points qui partent de Missilimakinac et qui reuienent en suite par un autre voye marquent la route que j'ay tenu dans mon voyage
les fleurs de lis marquées en quelques riveres signifient les lieux ou j'ay esté sans monter plus auant.
les ✠ marquent les portages dun lieu a lautre
CETTE CARTE SE RAPORTE A LA LETTRE 16me
SEPARATION DE CES DEUX CARTES.
PAIS DES
MOZEEMLEK
PAIS DES GNACSITARES
Borne
PAIS DES
ESSANAPES
PAIS DES
EOKOROS
RIVIERE MORTE
SELON QUELQUES PEUPLES ET RIVIERE LONGUE SELON QUELQUES AUTRES.
Canots des gnacsitares et des essanapes
Batimens des TAHUGLAUK ou 200 hommes peuvent ramér
MAISONS des TAHUGLAUK de 80 pas de longueur
1re face de la medaille
MEDAILLE des TAHUGLAHUK dunespece de metal couleur de roze semblable au cuivre
2me face de la medaille
Echelle des lieües des deux cartes a 20 par degré
GRAND FLEUVE DE MISSISIPI
FORT DULHUT
LAC SUPERIEUR
MISILIMAKINAK
LAC DES ILINOIS
FORT DE CREVECOEUR
Kikapous
Portage Ilinois
Maskoutens Ovatinons
R. Ouabach

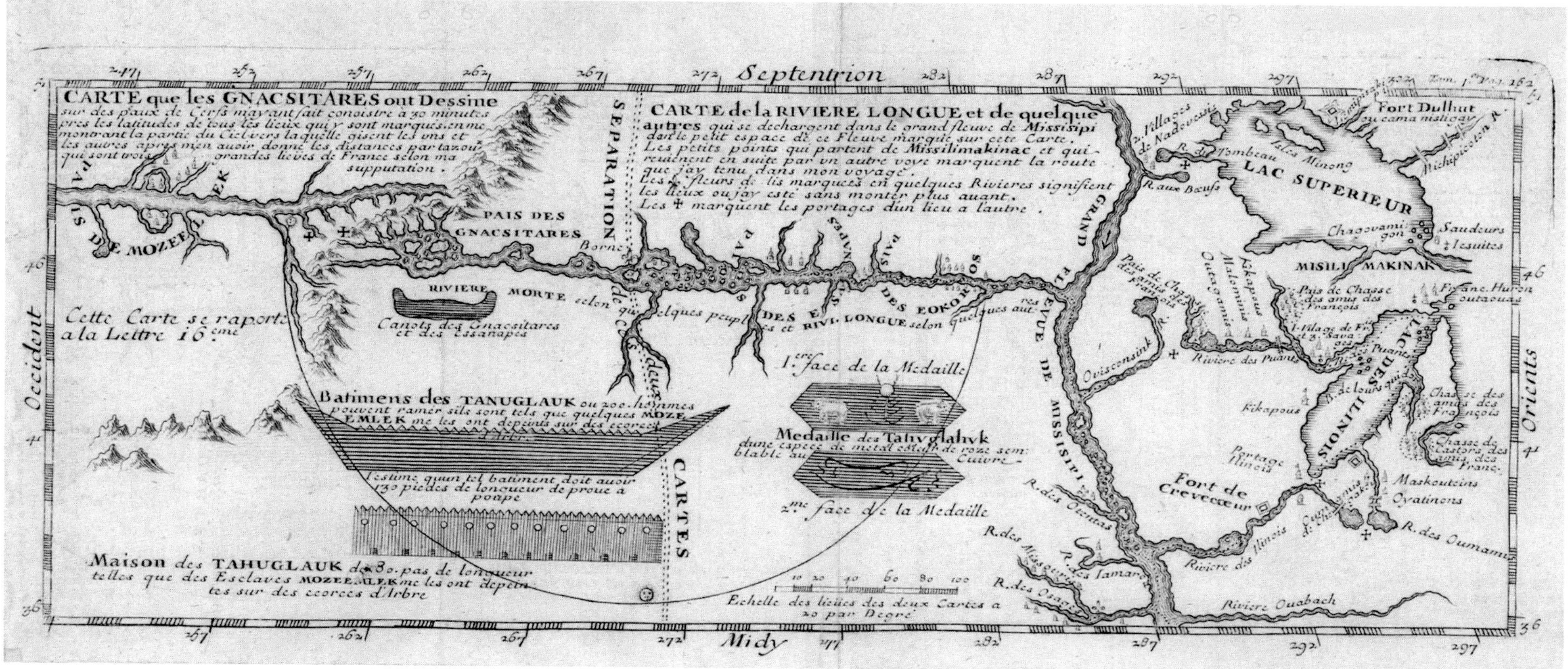
Septentrion
CARTE que les GNACSITARES ont Dessine
sur des peaux de Cerfs m'ayant fait conoistre a 30 minutes pres les latitudes de tous les lieux qui y sont marqués en me montrant la partie du Ciel vers laquelle gisent les uns et les autres apres m'en auoir donné les distances par tazous qui sont trois grandes lieües de France selon ma supputation.
SEPARATION
CARTE de la RIVIERE LONGUE et de quelque autres qui se dechargent dans le grand fleuve de Missisipi dont le petit espace de ce Fleuve marqué sur cete Carte.
Les petits points qui partent de Missilimakinac et qui reuienent en suite par un autre voye marquent la route que j'ay tenu dans mon voyage.
Les fleurs de lis marquées en quelques Rivieres signifient les lieux ou j'ay esté sans monter plus auant.
Les ✠ marquent les portages dun lieu a lautre.
PAIS DES GNACSITARES
Borne
RIVIERE MORTE
Canots des Gnacsitares et des Essanapes
Cette Carte se raporte a la Lettre 16.eme
Batimens des TANUGLAUK
Maison des TAHUGLAUK de 80 pas de longueur
1.ere face de la Medaille
Medaille des Tahuglahuk
2.me face de la Medaille
CARTES
Echelle des lieües des deux Cartes a 20 par Degré
GRAND FLEUVE DE MISSISIPI
LAC SUPERIEUR
Fort Dulhut
MISILIMAKINAK
LAC DES ILINOIS
Fort de Crevecoeur
Kikapous
Maskoutens
Ovatinons
R. des Oumamis
Riviere Ouabach
Occident
Orients
Midy

Portugal und von hier aus per Schiff in die Niederlande, danach weiter nach Hamburg (Juni 1694) und Kopenhagen. Hier wird durch Vermittlung des Ministers François Dusson de Bonrepaus ein Kontakt zum dänischen Königshof hergestellt. Er findet 1695 seinen Familiensitz in ausländischen Händen vor und überquert, mittlerweile auf der Flucht vor der Arretierung, die Pyrenäen. Sein letzter in den Werken veröffentlichter Brief ist datiert Zaragoza, 8. Oktober 1695. Nach weiteren Aufenthalten in den Niederlanden zur Vorbereitung seiner Veröffentlichung sowie in England verliert sich die Spur des Barons völlig, mit Ausnahme des Jahres 1710, als Leibniz ihn am kurfürstlichen Hof in Hannover erwähnt (vgl. *Encyclopedia Canadiana* 6: 49–50). Seine Bekanntschaft mit dem dänischen Königshof im Jahr 1694 veranlasst ihn dazu, die *Nouveaux Voyages* einschließlich des dazu gehörigen Kartenmaterials dem dänischen König zu widmen.

Der Baron Lahontan stellt in seinem immerhin dreizehn Mal aufgelegten Hauptwerk seine persönlichen Beobachtungen und Erkenntnisse aus der Zeit zwischen 1683 und 1694 zusammen, über traditionelle Gebräuche, Flora und Fauna, aber auch über die missbräuchlichen Praktiken von Staatsapparat und Klerus. Er ist von einem vernunftbetonten und indianerfreundlichen Idealismus geprägt, der u.a. auch in seinen *Dialogues* mit dem «sauvage» Adario (der Name wurde als partielles Anagramm zu Kondiaronk interpretiert) zum Ausdruck kommt, sowie von antiklerikalen und antiroyalistischen Ideen des beginnenden 18. Jahrhunderts, die sich in etwas eleganterer Form im vierten Band von *Lemuel Gulliver's Travels* von Swift, im *Discours sur l'origine et les fondements de l'inégalité parmi les hommes* (1754) sowie in *L'Ingénu* von Voltaire (1767) wiederfinden.

Das Bild des «bon sauvage» bzw. «sauvage noble» findet sich u.a. bereits in den *Voyages* von Cartier und wurde seitdem verschiedentlich interpretiert. Der Beginn seiner philosophischen Diskussion wird in der Regel bei Michel Eyquem de Montaigne (*1533, †1592) angesetzt, der in seinen *Essais* die «raison» vor die «voix commune» stellt. Bei Denis Diderot (*1713, †1784) steht

Abb. 27 und 28
Zwei Versionen der *Carte que les Gnacsitares ont dessiné sur des peaux de cerfs* […] in Verbindung mit der *Carte de la Rivière Longue et de quelques autres* […] des Baron de Lahontan. Die obere wurde in den französischen Ausgaben 1703, 1705 und 1706 verwendet (vgl. A 1202), die untere 1703, 1704 und in der niederländischen Ausgabe von 1739 (Kershaw I: 265–271).

bereits der aufklärerische Gleichheitsgedanke im Vordergrund, so dass der Gegensatz «sauvage» vs. «civilisé» wegfällt, der Mythos vom idealen, in seinem anfänglichen «âge d'or» verharrenden Naturmenschen wurde ab jetzt dazu verwendet, die ethno- (z.B. franko-)zentrische Kolonisation in Amerika und den Rassismus der Europäer, die Irrtümer und die Korruption der staatlichen Akteure und Repräsentanten der christlichen Kirche, aber auch – z.B. bei Rousseau – den allgemeinen «Fortschritt» zu kritisieren. Lahontan geht Diderot in dieser Beziehung viele Jahre voraus. Auch dieser hatte seine philosophischen Gedanken bereits in Form von «dialogues» zwischen ihm und einem Huronen, der nach Frankreich gereist war, wiedergegeben und war dazu möglicherweise von Montaigne inspiriert worden, der sich auf drei in Rouen gelandete Tupinamba bezogen hatte. Diderot greift knapp siebzig Jahre später auf die gleiche Diskurstechnik zurück und lässt vor dem Hintergrund der Reisen von Louis-Antoine de Bougainville verschiedene Personen mit einem älteren Tahitaner diskutieren.

Die historische Bedeutung des Barons liegt somit eindeutig nicht in seinen kartographischen, sondern eher in seinen literarischen Qualitäten. Das auch in Dresden vorhandene «Diptychon» wurde ganz allgemein über einen Zeitraum von ungefähr fünfzig Jahren gut aufgenommen. Es besteht allerdings genau genommen aus drei Teilen: von rechts nach links beginnt es mit einem südwestlichen Teil der *Carte generale du Canada* (A 1201), etwa ab dem Lac Supérieur und dem «Lac des Ilinois», daran schließt sich die Skizze der «Rivière Longue» oder «Rivière Morte» gemäß der im Brief Nr. 16 beschriebenen Expedition an, die bis zu einer gestrichelten Doppellinie reicht; die Stelle, an der der Baron umgekehrt ist, ist durch ein Liliensymbol am nördlichen Flussufer gekennzeichnet. Das linke Drittel wird durch die dem Baron übermittelte Darstellung des Territoriums der Gnacsitares und schließlich ihrer Feinde, der Mozeemlek, die jenseits der großen Gebirgskette (die als Rocky Mountains gedeutet wurden) wohnen, ausgefüllt. Noch weiter westlich und südlich und damit nicht mehr auf dem Kartenfeld soll sich das Land der Tahuglauk befinden, von denen während seines Aufenthaltes vier Repräsentanten vom Baron konsultiert werden. Auch bei der in der jüngsten Vergangenheit wieder aufgenommenen Diskussion über die Authentizität von Reisebeschreibung und Karte ist ein ganz wichtiges Kriterium immer noch viel zu wenig gewürdigt worden, nämlich die enorme Bedeutung einheimischen Kartenmaterials in der Entwicklung der (europäisch basierten) Kartographie des amerikanischen Westens. G. Malcolm Lewis hatte darauf hingewiesen, dass in vielen Fällen kartographische Informationen in europäische Dokumente über einen komplexen Assimilations- und Integrationsprozess gelangt sind, der leider durch Unkenntnis der einheimischen Traditionen seitens der europäischen Bearbeiter charakterisiert ist (Wood 2007: 18–19). Andererseits sind wegen des Fehlens einer kontinuierlichen Schrifttradition Karten vielfach die einzigen heute noch lesbaren Dokumente, die Informationen über das vorkoloniale Amerika enthalten. Die Manuskripte des Barons Lahontan, die noch nicht vollständig geklärte Details enthalten, dürften eine wichtige Rolle bei der Übermittlung derartiger Informationen gespielt haben.

Der auf der anderen Seite des Gebirgskamms in die entgegengesetzte Richtung zum Pazifischen Ozean fließende Wasserlauf, bei dem an den Snake und den Columbia gedacht worden ist, kombiniert diese geographische Informationsvermittlung wiederum mit dem Mythos von der Westpassage. Die Darstellung einer solchen Verbindung war durchaus von internationalem politischen bzw. wirtschaftspolitischen Interesse und wurde daher, zweifellos gefördert durch die zunächst bereitwillige (danach allerdings widerrufene) Akzeptanz durch Delisle, nicht nur von Sanson, sondern auch auf englischer Seite von Moll («Codfish Map», 1718/1720), Popple und Senex als höchst willkommener «River of the West», andererseits u.a. auch von Homann (1709) angenommen. Von Herman Moll stammt auch eine englische Bearbeitung des Diptychons aus dem Jahr 1703 (Abb. 29) für die Übersetzung der *Nouveaux Voyages*, mit einer modifizierten Anordnung von zwei der vier Abbildungen (nebeneinander oberhalb des Kartenfeldes), auf der anderen Seite aber auch mit übersetzerischen Asymmetrien («Morte or River Longue»). Die politische Bedeutung dieser hypothetischen Westpassage erklärt sich aus der fieberhaften Suche der konkurrierenden Nationen nach einem direkten Verkehrsweg, vorzugsweise einer Wasserstraße, zwischen den Besitzungen im Osten und dem Pazifischen Ozean. Dieser hätte England oder Frankreich die damit verbundenen Handelsprivilegien bzw. Besitzrechte für den Westen des Kontinents verschafft. Gegenüber beiden Nationen war Spanien diesbezüglich noch immer eindeutig im Vorteil, da es über die Schiffsrouten durch den Golf von Mexiko und von Acapulco durch den Pazifik verfügte und damit lediglich der Isthmus von Mexiko zu durchqueren war, was beispielsweise auf der «Codfish Map» von Herman Moll ersichtlich ist. Später sind Möglichkeiten einer Identifikation der «Rivière Longue» mit dem Minnesota oder St. Peter's River erörtert worden.

Guillaume Delisle, der im Allgemeinen als ein der Wissenschaftlichkeit verpflichteter Kartograph gilt,

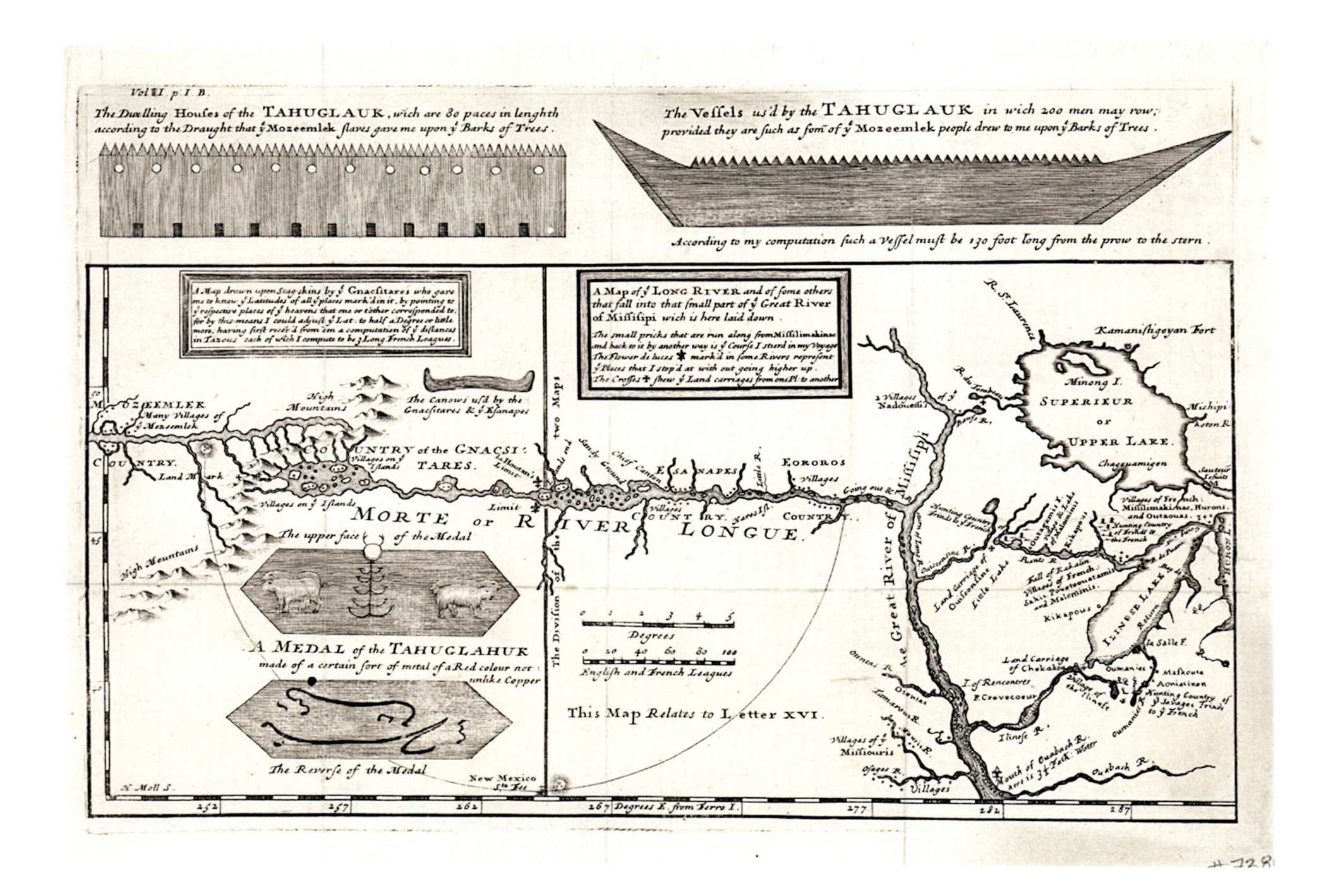

Abb. 29
Hermann Moll, *A Map drawn upon Stag-skins by ỹ Gnacsitares who gave me to know ỹ Latitudes of all ỹ places mark'd in it, by pointing to ỹ respective places of ỹ heavens that one or t'other corresponded to [...] – A Map of ỹ Long River and of some others that fall into that small part of ỹ Great River of Missisipi wich is here laid down* (First State, 1703).

übernahm die «Rivière Longue» des Barons Lahontan in seine *Carte du Canada ou de la Nouvelle France et des Decouvertes qui y ont été faites*, stellte sie aber in einer eigenen Version dar: Während der Fluss bei Lahontan ziemlich geradlinig dem 46. Breitengrad folgt, überquert er ihn hier bei seinem Lauf von Nordwesten nach Südosten auf der Höhe des Wendepunkts des Barons, fließt vorbei am «Lac des Tintons», dreht schließlich in seinem Unterlauf als «R. des Moingona» beinahe nach Süden ab und mündet erst südlich des 41. Breitengrades in den Mississippi, vor dem Missouri, der fast parallel dazu einfließt, dessen Darstellung jedoch südwestlich des «Lac des Tintons» abrupt endet.

Eine nördlich davon auf dem Kartenfeld angefügte Notation lässt allerdings die Möglichkeit eines reinen Phantasieprodukts des Barons offen. Delisle verband den durch den «Pays des Moozemlek» laufenden Fluss mit dem ebenfalls von Lahontan beschriebenen, dreißig mal dreihundert lieues messenden «Lac d'eau falée», der mit dem Golf von Mexiko verbunden und mit Seeschiffen befahrbar sein sollte. Dieses bemerkenswerte Gebilde – ein großer See von 300 lieues Länge war bereits von Champlain und Pelletier 1612 kartographiert worden – stellte die westliche Begrenzung des bekannten Kanada auf dieser wichtigen Karte dar, die beinahe während des gesamten 18. Jahrhunderts (zumindest noch bis zum Frieden von Versailles 1783) als Standard gelten sollte, darüber hinaus vielfach unter anderem Namen reproduziert (vgl. A 1187) und wegen ihrer Genauigkeit sogar von den englischen Kommissaren während des Akadien-Streits herangezogen wurde (Wallis 1985: 23).

Das Mer de l'Ouest. Im Jahr 1694 hatten die Gebrüder Delisle auf ihrer *Carte de La Nouvelle France et des Pajs voisins* ein «Mer de l'Oüest» verzeichnet, das nördlich der kalifornischen Halbinsel in den Pazifik einmündete und sich im Norden von Nouveau Mexique bis vor Canada und das Gebiet der Illinois erstreckte; ebenso erschien es auf dem 1699 hergestellten Globus sowie bei Nolin. Ausgangspunkt war die 1592 von Juan de Fuca (ΙΩΆΝΝΗΣ ΦΩΚΆΣ, *1536, †1602) entdeckte und – übrigens erst 1787 – nach diesem benannte Wasserstraße gewesen, die immerhin zunächst ca. 150 Kilometer ins scheinbare Landesinnere verläuft. Einen zweiten vermeintlichen Zugang zum Westmeer hatte Martín d'Aguilar während seiner Expedition mit Sebastián Vizcaíno (1602/1603) gefunden. Damit war die seit der Mitte des 17. Jahrhunderts aus indianischen Berichten abgeleitete Tradition dieses mythischen Gewässers in der Kartographie verankert. Während Guillaume Delisle selbst dieses hypothetische Bild bereits ab 1700 auf seiner *L'Amérique Septentrionale* […] wieder durch ein realistischeres ersetzte, waren nun der Souverän und die Admiralität von der Idee derart beeindruckt, dass das Auffinden dieses Westmeeres Hauptaufgabe der Expedition unter dem Pater Jean-François-Xavier de Charlevoix (1720–1722) wurde. Es handelte sich hier um einen weiteren Mythos im «jeu de mythomanes ou d'aventuriers» (Lucie Lagarde) um die ersehnte Nordwest-Passage; gleichzeitig war das Westmeer das theoretische Gegengewicht, das die Hudson Bay aus Gründen der geographischen Symmetrie verlangte. Es wird überwiegend als eine pazifische Meeresbucht zwischen dem 40. und 50. Breitengrad dargestellt. Auf der Karte *L'Amerique ou le Nouveau Continent* (1720) von J. B. Nolin bildet unter diesem Namen der nördliche der beiden von Lahontan dargestellten Flüsse noch vor seinem eigentlichen Mündungstrichter einen See in NO-SW-Richtung im Siedlungsgebiet der Tahuglauk. Nach seiner Rückkehr empfahl Charlevoix eine Erforschung des Landes der Sioux; die Erreichbarkeit des Westmeeres über den Missouri wurde weiterhin für möglich gehalten. Die am Beginn seiner *Histoire et description generale de la Nouvelle France* abgedruckte *Carte de l'Amerique Septentrionale* von Bellin (1743) zeigte parallel dazu vom Lac Supérieur über den Lac des Bois bis unmittelbar vor dem Pazifik eine «Riviere de l'Ouest», die sich zum «Fleuve de l'Ouest» verbreiterte. Die Bezeichnung «Mer de l'Ouest» ging nun auf den anliegenden Teil des Pazifischen Ozeans über, in Analogie zum «Mer du Nord» für den (nördlichen) Atlantik und dem «Mer du Sud» für den Pazifik südlich der mittelamerikanischen Landenge.

Um 1730 war die allgemeine Situation günstig für den Aufbau eines Netzes von Handelsstationen in den Great Plains durch La Vérendrye sowie dessen Söhnen und Nachfolgern, in einer Pufferzone um den englischen Einflussbereich, in denen Cree und Assiniboine wohnten. Die hypothetische Existenz des Mer de l'Ouest in dieser Region war ein wesentliches Motiv für diese Expansionstätigkeit. Trotz des Fehlens eindeutiger Hinweise wurde die kartographische Polemik erneut durch Philippe Buache im Auftrag von Joseph Nicolas Delisle wieder aufgenommen, die damit eine zweite Welle der Westmeer-Rezeption einleiteten. Auf der Grundlage eines apokryphen Briefes des Spaniers de Fonte über eine Forschungsreise im Jahr 1640 sollten die letzten unklaren Stellen der nordamerikanischen Pazifikküste auf der Karte ausgefüllt werden. Diesem Komplex widmete Kenneth A. Kershaw in seinem vierten Band unter dem Titel «The Apocryphal de Fonte Maps» ein eigenes Kapitel. Die am 8. April 1750 der Académie vorgestellte *Carte des Nouvelle Découvertes au Nord de la Mer du Sud* zeigt das Mer bzw. die Baye de l'Est im Norden wesentlich bis an den 60. Breitengrad vergrößert, auf der *Neuen Charte des aufsersten Theils der Nördlichen Halbkugel* von Adelung ist dieses «Westmeer» mit sieben Inseln zusätzlich mit dem nordöstlich gelegenen «Michinipi-See» verbunden. Begrenzt wird es hier gemäß der zweiten *Carte des nouvelles découvertes* (1752) durch das «Fußang des Chinois», eine Landzunge nördlich der Fuca-Straße. Eingebunden wurden in dieser zweiten Welle auch das von Joseph Nicolas Delisle 1747 aus St. Petersburg mitgebrachte russische Kartenmaterial sowie – auf der unteren Hälfte der eben genannten Karte von 1752 – auch die Bearbeitung eines japanischen Dokuments, das von Engelbert Kaempfer (*1651, †1716) bei seiner Rückkehr nach Europa mitgebracht wurde und in die Sammlung von Hans Sloane (*1660, †1753) gelangte. Es zeigt übrigens eine gegenüber der oberen Hälfte annähernd wirklichkeitstreue Darstellung der kalifornischen Halbinsel.

Erst die systematische Erschließung der Küste von Mount St. Elias und Monterey durch Jean-François de Galaup, Comte de La Pérouse (*1741) zwischen Ende Juni und Mitte September 1786 setzte dem Mythos des Westmeers endgültig ein Ende. Damit war das Kapitel der spekulativen Kartographie des nordamerikanischen Kontinents im Wesentlichen abgeschlossen.

18. Ausblick

Zu den großen Revolutionen, die auf französischem Boden stattgefunden haben, gehört auch die Revolution der Kartographie. Sie vollzieht sich auf mehreren Ebenen gleichzeitig: Zusammen mit der Geodäsie wird sie als eine neue zentrale Aufgabe des Staates definiert. Die französischen bzw. für Frankreich tätigen Kartenmacher emanzipieren sich von dem niederländischen Monopol und erreichen dabei innerhalb kurzer Zeit bei kostengünstigerer Produktion eine erstaunliche Qualität, die die bisher außer Konkurrenz geltenden niederländischen Produkte schließlich weit übertreffen. Die Bedeutung dieser sensationellen Entwicklung geht ähnlich wie die des politischen und sozialen Umsturzes weit über die Grenzen Frankreichs und seiner Einflussgebiete hinaus. Die Karten französischer Produktion gelten nun als die genauesten und verlässlichsten Karten der Welt.

In der gleichen Epoche beginnt die Vermessung der Nouvelle-France, die sozusagen als erste Kolonie von den theoretischen Erkenntnissen und technischen Neuerungen profitiert. Doch wird die Karte nicht nur zur Vermessung, sondern auch als politisches Kampfmittel gegen den Antagonisten England eingesetzt und mit ihrer Hilfe beispielsweise der eigene Besitz viel zu groß dargestellt. Die Kriege des 18. Jahrhunderts, verteilt auf verschiedene Schauplätze in Europa und Amerika, werden daher nicht nur auf der politischen und militärischen, sondern auch auf der kartographischen Ebene geführt.

Sehr viel bedeutender und weitaus beständiger ist aber die Funktion der Karte als universales Medium der weltweiten Kommunikation – in Friedens- wie in Kriegszeiten – unabhängig von Nation, Sprache und jeweiligem Staatssystem. Insbesondere in Hinblick auf die allerersten europäisch-amerikanischen Kontakte ist diese Funktion noch unzureichend erforscht bzw. dokumentiert.

Wurde zu Beginn der Geschichte eine – beispielsweise in den Sandboden gezeichnete, auf Kokosfasern oder in Reliefklötze geritzte – kartographische Skizze unmittelbar nach ihrer Betrachtung wieder zerstört und konnte damit nur noch im Gedächtnis abgerufen werden, so ist sie heute dank ständig verbesserter Vervielfältigungstechniken prinzipiell unbegrenzt archivierbar. Es versteht sich von selbst, dass hier mit Blick auf den gegenwärtig hohen und ständig wachsenden Grad der Technisierung gerade der Archivierung und Pflege der Originale oberste Priorität zukommen muss, denn kein noch so hoch aufgelöstes Digitalisat kann eine handgezeichnete und in Kupfer gestochene Karte jemals ersetzen. Jedoch wirkt sich die Veröffentlichung von Digitalisaten durch die damit verbundene Schonung der Originale wiederum durchaus positiv auf den Altkartenbestand aus.

Karten sind gegenüber dem gedruckten Wort vielschichtiger, das heißt sie verfügen neben einigen textlichen über mehrere piktographische Ebenen und vereinigen so in sich eine weitaus größere Menge an sprach- und kulturgeschichtlichen Daten. In der philologischen Analyse ist dieses Konglomerat an Informationen nicht bei einem einzigen Durchgang zu erfassen, sondern erfordert eine unbestimmte Anzahl von Autopsien und damit einen vergleichsweise langen Bearbeitungszeitraum. Auch in dieser Untersuchung konnten nur einige philologische Aspekte beleuchtet werden. Nicht nur die Konservierung, sondern auch eine weitergehende philologische Bearbeitung kartographischer Dokumente bleibt daher ein wichtiges Desideratum.

Glücklicherweise ist der Umfang des Dresdner Kartenbestandes – wenn er auch kriegsbedingt stark dezimiert wurde – noch immer beachtlich. Diese Größe ist – abgesehen von den den institutionellen Aufgaben der Bibliothek, nicht zuletzt im Rahmen der Beteiligung bzw. des politischen Interesses des sächsischen Hofes an den amerikanischen Unabhängigkeitskriegen – der privaten Sammelleidenschaft insbesondere eines einzigen Kartenliebhabers zu verdanken. Es ist wünschenswert, dass der Dresdner Kartothek noch lange Zeit die ihr gebührende Pflege zukommen möge, die sie bis heute durch die Mitarbeiter der SLUB in vollem Umfang genießen durfte.

Anmerkungen

Historische Land- und Seekarten von Kanada aus dem 17. und 18. Jahrhundert in der Kurfürstlichen Bibliothek zu Dresden

[1] *Inuentarium der churfürstlichen Sächssischen Librareij zu Dresden.*

[2] MICHELOZZO DI BARTOLOMEO MICHELOZZI genannt MICHELOZZO (*Florenz 1396, †Florenz 1472).

[3] Gründung der Hofbibliothek 1558 auf der Grundlage der Privatbücherei des österreichischen Kanzlers JOHANN ALBRECHT WIDMANSTETTER, 1571 Aufkauf der Privatbestände von JOHANN JAKOB FUGGER, 1803/1804 Eingliederung der Mannheimer Hofbibliothek und in Folge von Beständen aus rund 150 säkularisierten Klöstern und Stiften, 1829 Hof- und Staatsbibliothek, 1919 Bayerische Staatsbibliothek, Bestand der Kartensammlung im Jahr 2014: ca. 413.000 Einzelkarten und mehrblättrige Kartenwerke ab Erscheinungsjahr 1500, ca. 13.000 Atlanten und ausgewählte kartographische Werke.

[4] 1567 Überführung des Kasseler Buchbestandes nach der Teilung des Staates Hessen, 1568 erste Ankäufe; ab 1920 Hessische Landesbibliothek, ab 16. Juli 1948 Hessische Landes- und Hochschulbibliothek, seit 24. Februar 2004 Universitäts- und Landesbibliothek Darmstadt (ULB). Bestand der Kartensammlung 2015: ca. 37.000 Blätter aus dem 16. bis 19. Jahrhundert. Wie im Fall der späteren Niedersächsischen Landesbibliothek Hannover hatte der Umzug des Hofes (hier 1665 von Celle) u.a. auch die Verlegung des Bibliothekssitzes zur Folge.

[5] 1572 «Liberey-Ordnung», 1918 Landesbibliothek.

[6] Bis 1701 Churfürstliche Bibliothek zu Cölln, 1701–1918 Königliche Bibliothek zu Berlin, 1918–1945 Preußische Staatsbibliothek, ab 1946 – im Ostteil – Öffentliche Wissenschaftliche Bibliothek bzw. (ab 1954) Deutsche Staatsbibliothek und – im Westteil – allmähliche Rückführung der an verschiedene Standorte (insbesondere nach Marburg) ausgelagerten, knapp die Hälfte ausmachenden Bestände in die «Staatsbibliothek Preußischer Kulturbesitz», ab 1992 Wiedervereinigung unter einer gemeinsamen Institution mit zwei Häusern. Die seit 1859 eigenständige Kartenabteilung verfügt Ende 2014 über rund 1.090.000 Einzelblätter, 32.000 Atlanten, 153.000 Ansichten und über 500 Globen, Tellurien und Planetarien, darüber hinaus 2.450 CD-ROM. .

[7] Zum Vergleich: Die Kartensammlung der 1734 gegründeten Niedersächsischen Staats- und Universitätsbibliothek (SUB) Göttingen umfasst ca. 320.000 Kartenblätter (davon 65.000 Altkarten bis zum Erscheinungsjahr 1850) und 11.000 Atlanten.

[8] Firmiert: «Diegus home Cosmographus Lusitanus fecit. Venettis [sic] āno apartu virginis ~ 1568 ~». Von dem schwer wassergeschädigten Original der Handschriftensammlung (Signatur Mscr. Dresd. F. 59ᵃ), das sich wahrscheinlich bereits im Besitz des Kurfürsten AUGUST (*1526, †1586) befand, wurde inzwischen eine Kopie für den allgemeinen Gebrauch angefertigt.

[9] Zu den neuzeitlichen Ptolemäus-Bearbeitungen siehe unter Kapitel 4 «Kartentypen» sowie den Kommentar zur Karte A 1195.

[10] *Isolario di Benedetto Bordone nel qval si ragiona di tvtte le Isole Del mondo, con li lor nomi antichi & moderni, historie, favole, & modi del loro viuere, & in qual parte del mare stanno, & in qual parallelo & clima giaciono. Ricorretto et di nvovo ristampato. Con la gionta del Monte del Oro nuouamente ritrovato.* In Venetia [ca. 1540]. (Daneben gehört auch die Ausgabe Venedig 1547 mit leicht modifiziertem Titel zum Bestand.)

[11] Demgegenüber hatte wiederum die auf PTOLEMÄUS basierende Weltkarte (1507) von MARTIN WALDSEEMÜLLER (*um 1470, †zwischen 1518 und 1521) und MATTHIAS RINGMANN (*1482, †1511) – übrigens die erste, die Nord- und Südamerika als eigenständigen Kontinent und damit auch erstmals den Pazifischen Ozean abgebildet hatte –, den östlichsten Punkt Südamerikas bei Recife bereits auf ± 1° genau getroffen. Bei Süd- und Mittelamerika war im Allgemeinen mit einer Differenz von lediglich 3° bis 5° die anfangs zu weit östliche Abbildung sehr viel geringer als im Fall Nordamerika.

[12] BABCOCK 1920: 345–346; 1922: 92–93 hatte dabei u.a. an Neufundland und die Cape Breton-Insel gedacht.

[13] Namen des Typs «Brasil» waren ab ca. 1325, zunächst westlich und südwestlich von Irland, dann im äußersten Nordosten der mittleren Azorengruppe bzw. an der Position von Terceira, westlich der Bretagne (spätestens 1367), östlich von Neufundland und wieder in der Nähe der irischen Westküste kartiert worden, zuweilen an bis zu drei Positionen zugleich (siehe dazu FREITAG 2013, Chapter 1 «Mediterranean Mapping and Naming», S. 3–30). Gegenüber der bisher zugrunde gelegten Polygenese der Bezeichnungen für die atlantische Insel und Brasilien (WEYERS 2008: 3249) weist BARBARA FREITAG endgültig eine folkloristisch-literarische Sekundärmotivation solcher gälischer Eymologien nach, die nicht das mittelalterlich-lateinische *brasillum* (*bresillum*) oder seine Fortsetzer einschließen, und entscheidet sich für ital. *brasile* 'Brasilholz und daraus gewonnener Farbstoff' als gemeinsames Etymon (FREITAG 2013: 13, 261–263). HUMBOLDT und andere hatten den Inselnamen primär auf die vulkanische Aktivität einer Azoreninsel (span. port. *brasa*) bezogen. Ohnehin laufen alle etymologischen Reihen in der entweder nordgermanischen oder vorromanischen Wurzel *bras- zusammen, die als Farbbezeichnung das Inselkeltische erst über das mittelalterliche Latein oder sogar das Englische erreichte.

[14] «Brasil» und «Maida» liegen bei ZALTIERI (1566) bereits unmittelbar vor der südöstlichen Küste von Neufundland.

[15] Ursprünglich ist die Bezeichnung vermutlich durch den Herrschernamen *Wingina* bzw. die als Choronym missverstandene Bezeichnung *Wingandacoa* motiviert gewesen.

[16] Dabei war «Minong» auf vielen Karten einer größeren Insel vor dem Nordufer zugeordnet worden, womit es die Isle Royale bezeichnete, die tatsächlich existiert.

[17] Département des Cartes et Plans, Rés. Ge B 1118; Größe ca. 500 x 1050 mm.

[18] Nordamerika auf dem Pariser Erdglobus von VINCENZO MARIA CORONELLI, im September 2005 vorübergehend im *Grand Palais* und ab Oktober 2006 in der Bibliothèque nationale de France, site de Tolbiac/Bibliothèque François-Mitterrand, hall ouest.

[19] Als kleine Maßstäbe gelten im Allgemeinen solche, die kleiner als 1:1.000.000 sind, als mittlere solche zwischen 1:1.000.000 und 1:500.000.

[20] Als *Dudum siquidem* wurden am 26. September 1493 die Bullen *Inter caetera* [I] vom 3. Mai 1493 (Schenkung der im Westen entdeckten Territorien mit Missionsauftrag), *Eximiae devotionis* (rückdatiert auf den 3. Mai 1493; Privilegserweiterung auf afrikanische Küsten für Portugal) und *Inter caetera* [II] (rückdatiert auf den 4. Mai 1493; Demarkationslinie und Trennzone 100 leguas westlich der Azoren und Kapverden) zusammengefasst.

[21] Zu den Längendifferenzen im Allgemeinen und auf französischen Karten des 18. Jahrhunderts im Besonderen siehe FORSTNER 2005.

[22] Maßeinheiten. Länge. In: *Documenta Geigy. Wissenschaftliche Tabellen*, 6. Auflage, S. 174.

[23] Die beiden Begriffe Rumbenlinien und Loxodrome sind nicht synonym, wie sie beispielsweise bei VAN DER KROGT in BLAEU 2005 verwendet werden.

[24] In den hier untersuchten Dokumenten kommen Frakturschriften naturgemäß ausschließlich für deusche Texte vor, so z.B. auf der als A 1216 vorliegenden Variante der französischen Version einer Karte von THOMAS JEFFERYS, hier allerdings lediglich für die Überschrift «Bericht», während die nachfolgenden deutschen Erklärungen der hier verwendeten Grenzlinien kursiv ausgeführt sind.

[25] Die Bezeichnungen der Teilmeere des Atlantiks sind grundsätzlich variabel; neben oder anstelle des übergeordneten Namens «Mer de Nort»/«Mer du Nort» finden sich auch kurzlebige Einzelbegriffe wie z.B. – auf der Karte A 1178 – «Mer de la N: Ecosse» südlich von Neuschottland und Neufundland.

[26] «New Britain» wurde darüber hinaus übrigens von WILLIAM DAMPIER für die am 27. Februar 1700 wieder entdeckte größte Insel des gleichnamigen (bzw. späteren «Bismarck»-)Archipels in Papua-Neuguinea vergeben. Zu «New («South» bzw. «North») Wales» siehe Teil III unter A 1200; diese Bezeichnungen fanden über anderthalb Jahrhunderte vor der entsprechenden Namenvergabe JAMES COOKS Anwendung auf die Küstenregionen hinter der Westküste der Hudson Bay.

[27] Als Kuriosum am Rande sei daran erinnert, dass der französische Lilienschild als Anspruchswappen für Frankreich seit 1340 Bestandteil des englischen Wappens war, vom damals regierenden König EDWARD III. sogar im prominenten ersten und vierten Feld platziert wurde und erst 1802, nach der formellen Aufgabe des Anspruchstitels durch GEORGE III., wieder verschwand. Auf der Karte A 1231 von 1671 ist eine spätere Variante zu sehen, in der diese Felder wiederum analog geviert sind, so dass der französische Lilienschild insgesamt viermal vorkommt. Neu motiviert erscheint er wiederum mit der Proklamation des Königs GEORGE V. (21. November 1921) im vierten Feld des Wappens des Dominion of Canada sowie hier im Banner des schildhaltenden Einhorns links, «une des plus curieuses survivances des armes de France» und gleichzeitig «une solution impossible» gemäß HERVÉ BARON PINOTEAU (1998: 446).

[28] Die Globen befinden sich heute, nach einer wechselvollen Geschichte, größtenteils in absoluter Abgeschiedenheit, in der Sammlung der Bibliothèque nationale de France (Département des Cartes et Plans, Rés. Ge A 499 und Rés. Ge A 500).

[29] Zwischenzeitlich waren allerdings durch NAPOLÉON I. die alten nicht-metrischen Maße erneut zugelassen (18. Mai 1812) und dezimale und dekadische Einheiten untersagt worden (1816).

[30] Bei den erhaltenen Manuskriptkarten des 16. Jahrhunderts handelt es sich ausschließlich um Kopien. Der in dieser Epoche zügige Aktualitätsverlust war in vielen Fällen verantwortlich für eine umgehende Beseitigung des Materials.

[31] Auf der Karte A 1182, die das Datum des «Privilège» vom 20. April 1745 ausweist und vermutlich im Jahr 1755 erschienen ist, werden beide als «Premier Géographe du Roi» genannt; die Titelkartusche der Karte stammt aus dem Jahr 1705.

[32] *Atlas sive Cosmographicæ meditationes de fabrica mvndi et fabricati figvra* [...] Dvisbvrgi Clivorum. Bei ABRAHAM ORTELIUS (*1527, †1598) hieß die in Antwerpen erschienene Kartensammlung mit Nachweis der jeweiligen Autorschaft noch *Theatrum* ('Schauplatz') *Orbis Terrarum* (1570); JEAN-BAPTISTE NOLIN der Jüngere behielt übrigens *Théâtre de la Guerre en Allemagne* [...] (1735) und *Le Théâtre du Monde* (1746) als Titel bei, in Fortführung der Tradition des *Théâtre françois* von BOUGUERAU/TAVERNIER (1594), dem ersten französischen Atlas. PIETER VAN DER AA verwendete neben *Atlas* ebenfalls noch *Théâtre du Monde* (1713), führte danach aber unter dem Begriff *Galerie agréable du Monde* Karten mit unterschiedlichem Ansichtsmaterial zusammen, womit hier bereits nicht mehr ein Atlas im klassischen Sinne vorliegt. Bis zum Anfang des 17. Jahrhunderts war außerdem *Speculum* bzw. *Spiegel* oder *Spieghel* verwendet worden (noch 1578 bei GERARD DE JODE und ab 1584 bei LUCAS JANSZ. WAGHENAER). Der vierhundert Seiten umfassende Atlas MERCATORS erschien posthum 1595; doch war der das Himmelsgebäude tragende Titanensohn Atlas mit der Erdkugel auf den Schultern wiederum bereits ab 1570 auf einem Titelblatt mit architekturalem Rahmen für eine Kartensammlung abgebildet gewesen, die wahrscheinlich aus dem Haus ANTONIO LAFRERI (ANTOINE LAFRÉRY) stammt (MEURER 1988: 19; LINDGREN 2007: 417). Sammlungen von Karten hatte es natürlich schon früher gegeben; berühmt ist vor allem der zwischen 1375 und 1380 entstandene mallorquinische «Weltatlas» von ABRAHAM CRESQUES (1325–1387) und seinem Sohn JAFUDA, der 1375 vom aragonesischen Thronfolger, dem späteren PEDRO IV., in Auftrag gegeben und 1381 dem französischen König CHARLES V. geschenkt worden war (heute Bibliothèque nationale de France, Département des manuscrits, Espagnol 30). Die Bedeutung 'Kartensammlung in Buchform' wurde schließlich auch auf Sammlungen graphischer Darstellungen ganz allgemein – oft zu didaktischen Zwecken, vgl. z.B. «Anatomie-Atlas» –, also auf die so genannten «Bildatlanten», erweitert.

[33] Der Name der Institution lautet nach Ausweis der konsultierten Karten regelmäßig etwa ab 1779 Dépôt Général des Cartes, Plans et Journaux de la Marine, doch war der Zusatz «et Journaux» bereits auf den von BELLIN 1743/1744 entworfenen Karten für die *Histoire* des Paters CHARLEVOIX erschienen. Die Umschrift auf dem Siegelstempel, sofern dieser auf den Karten angebracht war (vgl. z.B. A 1237), lautete DEPOT GENERAL DE LA MARINE. Daneben kam auf den Karten auch einfach Dépôt des Cartes de la Marine oder Dépôt des Plans de la Marine vor; ganz allgemein variieren Formen mit und ohne Akzent sowie die neuere mit der älteren Schreibweise Dépost bzw. Depost. Im 19. Jahrhundert wurde die offizielle Bezeichnung noch einmal erweitert: Dépôt général des cartes et plans, journaux et mémoires concernant la navigation.

[34] Auf dem in La Rochelle verlegten Pariser Exemplar des Vertragstextes lautet diese Formulierung: «[...] de la nouvelle Ecoſſe, autrement dite Accadie en ſon entier, conformement a ſes anciennes limites; comme auſſi de la Ville de Port-Royal, maintenant appellée Annapolis Royale [...]»

[35] In den Komposita mit I(sle) bzw. I(sland) und C(ape) gibt es ein Nebeneinander beider Stellungen, wie beispielsweise auf der Karte A 1244 (Goose Cape vs. Cape Goose, Gaspee Cape vs. Cap Gaspee), das heißt, der Eigenname steht hier auch im Englischen oft nach.

[36] Zu der «Société des Gens de Lettres» bzw. zum Beiträgerkollektiv dieses Großprojekts gehörten daher bedeutende Persönlichkeiten wie etwa DUMARSAIS, JANCOURT, ROUSSEAU (dieser allerdings nur für kurze Zeit), TURGOT und VOLTAIRE.

[37] Abgesehen von den ersten Bänden, die bei «François L'Honoré & Compagnie» (Tome I), dann bei «les Frères Châtelain» (Tome IV) verlegt wurden, haben die zwischen 1715 und 1726 edierten Bände der ersten und zweiten Auflage («nouvelle édition») den Imprint «Chez L'Honore' & Châtelain Libraires». Ab 1728 tritt ZACHARIE CHÂTELAIN als alleiniger Verleger der «seconde édition» (außer Band IV [1735], hier wieder «nouvelle édition») auf.

[38] Dieses Verfahren ist offenbar in den ersten beiden Dekaden des Jahrhunderts besonders beliebt gewesen. Auf einer Karte in *Le nouveau et curieux Atlas Geographique et historique, ou le Divertissement des Empereurs, Roys, et Princes* [...] (Paris 1718) von JACQUES CHIQUET beispielsweise waren zu beiden Seiten die Namen der Könige von Schottland (links) und England (rechts) aufgelistet.

[39] Die vorsichtig distanzierte Legende zur südlichen Grenzlinie «Limites de Canada selon les François» wäre auf einem patriotisch motivierten Dokument vermutlich undenkbar gewesen.

[40] Lahontan, «Lettre XVI» des *Nouveaux Voyages*. Introduction générale. L'invention de la rivière Longue par le baron Lahontan. [Édition critique de la Lettre XVI des *Nouveaux Voyages* de Lahontan, dans le cadre du cours FRA 2111 «Écrits de la Nouvelle France» à l'Université de Montréal, Litteratures de langue française; http://singulier.info/rl/rl2.html.] Vgl. auch (Premier) Sommaire des travaux (en cours) 14 décembre 2008. La rivière Longue de Lahontan, la fabuleuse invention de l'ordinaire réalité [Édition critique de la Lettre XVI des *Nouveaux Voyages* de Lahontan, dans le cadre du cours FRA 2111 «Écrits de la Nouvelle France» à l'Université de Montréal, Litteratures de langue française; http://singulier.info/rl/rl4.html.]

Abb. 30
Amérique septentrionale [...] 1831, in: Félix Delamarche, *Atlas de la Géographie Ancienne, du moyen âge, et moderne, adopté par le Conseil Royal De L'Instruction Publique, A l'usage des Collèges Royaux et des Maisons d'Education, pour suivre les Cours de géographie et d'histoire [...]*, Paris 1831.

III

Ausgewählte Land- und Seekarten im kartenhistorischen und politischen Kontext

Christian Weyers

Ausgewählte Land- und Seekarten im kartenhistorischen und politischen Kontext

Christian Weyers

Vorbemerkung

Der folgende Teil besteht aus detaillierten Einzelanalysen von dreißig Land- und Seekarten, die aus dem katalogisierten Gesamtkorpus der Untersuchung ausgewählt wurden. Sie beginnen mit einer Ptolemäus-Tabula aus dem Jahr 1597 (das früheste Dokument der Gesamtuntersuchung ist ungefähr zwanzig Jahre vorher entstanden) und schließen ab mit einem Dokument von 1800 über «Upper Canada» nach Etablierung der britischen Regierung und Gliederung in einen «oberen» und einen «unteren» Landesteil.

Die Einzelanalysen behandeln jede Karte zunächst als ein für sich unabhängiges Dokument, dessen individuelle Charakteristika synchron-deskriptiv herausgestellt werden. Bei der Anwendung kartographischer, kultur- und sprachgeschichtlicher sowie linguistischer Kriterien werden aber auch Gemeinsamkeiten sichtbar, die eine Klassifizierung möglich machen (komparativ-typologische Perspektive). Schließlich wird versucht, die innere und äußere Entstehungsgeschichte der jeweiligen Karte möglichst genau nachzuzeichnen (diachronische Perspektive). Während die «innere» Geschichte der Karten u.a. ihre kartographische Genese, ihre eventuellen Vorbilder und Nachahmer sowie ihre philologischen Besonderheiten beleuchtet, spielen im Rahmen der «äußeren» Kartengeschichte – wie es analog beispielsweise im Rahmen der historischen Sprachwissenschaft üblich ist – ihre Übermittlerfunktion für historische wie auch zum Zeitpunkt der Entstehung aktuelle zeitgeschichtliche Daten eine zentrale Rolle. Ein wichtiger Aspekt ist dabei die Frage, ob die jeweilige Karte in die offizielle Staatspolitik eingebunden ist oder ob sie eher eine politisch neutrale Position bezieht. Für beide Phänomene gibt es eindrucksvolle Beispiele.

Die jeweilige Orthographie in den Kartentiteln und den ausgewählten Texten bzw. Textelementen des Kartenfeldes soll in möglichst originalgetreuer Schreibweise mit Berücksichtigung der Kapitalschriften wiedergegeben und die dabei verwendeten Abkürzungen und Sonderzeichen übernommen werden; Zeilenschlüsse sind durch den senkrechten Strich (|) markiert (siehe dazu Seite 166).

1. Nova Francia und Terra Nova: die Anfänge der französischen Präsenz in Nordamerika

A 1195
NOVA | FRANCIA | ET | CANADA | 1597.

Die Karte ist eine unkolorierte Version der Tabula No. 18 des *Descriptionis Ptolemaicæ Avgmentvm, siue Occidentis Notitia Breui commentario illustrata* von CORNELIS WYTFLIET, das in Löwen 1597 in zwei Ausgaben erschien und 1598 sowie zwischen 1603 und 1615 fünfmal wiederaufgelegt wurde, darunter auch als französische Bearbeitungen, die in Douai erschienen. Das Exemplar der SLUB gehört zur ausgesprochen seltenen Erstausgabe, die bei JEAN BOGARD sen. (JOANNES BOGARDUS, BOGAERT, VAN DEN BOOGAERDE) in Löwen verlegt wurde. Die 1409/1410 ins Lateinische übersetzte *Geographia* (*Cosmographia*) von KLAUDIOS PTOLEMAIOS (*um 100, †um 160) wurde erstmals 1477 gedruckt und zwischen 1482 – als ein ephemerer Versuch, die alten Tafeln zu aktualisieren, keine Nachfolger fand – und 1561 mit den so genannten «tabulae novae» ergänzt, in denen die Informationen über neue Entdeckungen, ab 1508 insbesondere aus Amerika, berücksichtigt wurden. Die Ausgabe Basel 1540 dokumentierte erstmals die Erkenntnisse der ersten beiden Reisen CARTIERS. Das *Augmentum* gilt somit als der erste Atlas, der ausschließlich Nordamerika gewidmet ist. Die unmittelbare Vorlage war die noch der ptolemäischen Darstellung der nördlichen Oikumene verpflichtete Weltkarte *Nova et aucta orbis terrae descriptio ad vsvm nauigantium emendatè accommodata* von MERCATOR (Duisburg 1659), auf der bereits einige der hier beschriebenen geographischen und onymischen Charakteristika zu finden sind.

Insbesondere an der Atlantikküste weist die Karte aus dem Atlas von WYTFLIET, der dem spanischen Thronfolger FELIPE III. (*1578, König von Spanien und Portugal ab 1598) gewidmet ist, zahlreiche Besonderheiten auf: «Bacallaos» steht hier für das heutige Labrador bzw. seinen östlichen Teil, als «Terra de Bacallaos» (lat. *terra* mit seiner früheren Konnotation «Insel»; bei BARTOLOMEU LASSO und BARTOLOMEU VELHO «Terra nova dos bacalhaos», vgl. A 1194 Rückseite) außerdem für Neufundland (im Text des *Augmentum* [S. 186] wiederum als «Baccalarearum regio» bezeichnet), ein Befund, der die Polygenese dieser Bezeichnung bestätigt, die mit Bezug zu Neufundland SEBASTIAN CABOT (1507) zugeschrieben wird, aber bereits auf früheren Dokumenten (z.B. als «Torsklandet») erschienen und eventuell sogar schon im Atlas von ANDREA BIANCO von 1436 als «stoc.fis» vorweg genommen worden war (siehe dazu WEYERS 2009: 1056).

Neufundland besteht hier aus mehreren kleineren und zwei größeren Inseln, die durch eine «Chihoas» genannte Wasserstraße (bzw. einen «Meeresarm» gemäß HUMBOLDT) abgeteilt werden. Diese Darstellung ist am Ende des 16. Jahrhunderts nicht mehr ganz zeitgemäß, da bereits SEBASTIAN MÜNSTER (1540) und GIOVANNI BENEDETTO (1543) Neufundland als kompakte einzelne Insel abgebildet hatten. Während die West- und Nordwestküste Neufundlands bis zum C. Blanco, etwa mit Ausnahme des «C. de roy» – allem Anschein nach nicht Cape Ray, sondern das «C. Roy» der Karte A 1204 –, anonym bleibt, ein Zustand, der noch bis in die zweite Hälfte des 17. Jahrhunderts anhalten wird, fallen an seiner Ostseite wie auch an der Ostseite von Labrador in relativ dichter Abfolge teilweise noch heute gültige Bezeichnungen zahlreicher Kaps und vorgelagerter Inseln auf (darunter z.B. «Y. de bacaile», heute Baccalieu Island). Die zwischen 56° N und 57° N vorgelagerte «Y. de S. Johan» ist nach einer traditionellen Auffassung die erste von ZUAN CABOTO am 24. Juni 1497 gesichtete Landvorsprung Nordamerikas. Ungefähr ab hier beginnt in nördlicher Richtung ein sehr ungenauer und teilweise völlig abwegiger Küstenverlauf bis in die arktische Nordostecke der Karte.

Eins der beiden in relativer Nähe zueinander eingetragenen «C. de Breton» gehört zur Cap Breton-Insel («Y. de Breton», von der noch der nordöstliche Teil als dreiecksartige Spitze zu erkennen ist), das andere zum akadischen Festland. Nördlich des zweiten ist die Küste nordöstlich der Signatur «Cap. de S. Iean» als ein Landvorsprung dargestellt, der ab CHAMPLAIN 1612 als kleine Insel ausgegliedert wird, ab DE LAET/GERRITSZOON (ca. 1630) und ALEXANDER (1624) allmählich immer größer wird und schließlich die Dimensionen der Île St. Jean (Prince Edward Island) annimmt. Auch für «Terra Nova» und seine Verwandten («New founde lande» usw.) gilt, dass es nicht ausschließlich Neufundland bezeichnete, sondern, einmal abgesehen von seiner Anwendung auf den südamerikanischen Kontinent einschließlich Mittelamerikas (z.B. in den Ptolemäus-Ausgaben von MOLETI und MALOMBRA), in den oberen Breiten u.a auch die heutigen Regionen Nova Scotia, New Brunswick, Prince Edward Island und weitere Inseln und Küstengebiete des St. Lorenz-Golfs, oder einfach – bei DOETECOM/PLANCIUS – als Synonym für «Nova Francia» verwendet wurde.

Analog zum Titel sind «Canada» und «Nova Francia» auf dem Kartenfeld zwei nebengeordnete geographische Einheiten; die größere der beiden Signaturen «Canada» bezeichnet das Strom- und Zuflussgebiet des unteren Saguenay, während sich «Nova Francia» auf weiter südwestlich gelegene Gebiete stromaufwärts zu beiden Seiten des St. Lorenz-Stroms mit dem Mittelpunkt Hochelaga (etwa an der Stelle des späteren Montréal) bezieht (vgl. dazu das Kapitel 10 «Kartographie und Choronymie»). Das aus einem irokesischen deskriptiven Terminus mit der Bedeutung 'Biberdamm' korrumpierte Hochelaga, das als Name eines Stadtteils von Montréal erhalten ist, wird ab hier auch für den St. Lorenz-Strom verwendet, auf WYTFLIETS Tabula No. 15 (*Conibas regio cum vicinis gentibus*) darüber hinaus für das Gebiet nördlich der gleichnamigen Stadt. Ein kleineres «Canada» erstreckt sich rechts des «Stadin flu.» zu beiden Seiten einer Signatur für «Stadt» nördlich und nordöstlich des Ortes «Hochelaj», der gegenüber dem mittleren Teil der Île d'Orléans («Y dorleans alys de Bacho») liegt; somit fand eine Variante dieses Namens ganz offensichtlich auch Anwendung auf das Verwaltungszentrum Québec. Westlich und südwestlich des erstgenannten Hochelaga erstreckt sich weiter westwärts die Region «Chilaga» (vgl. S. 174 des Atlasses).

Die Karte ist generell mit Piktogrammen für Wald und Siedlungen bzw. Forts sowie mit den so genannten Maulwurfshügeln versehen, einer frühen Variante der Markierung von Höhenzügen. Typisch für die WYTFLIET-Karten sind ferner kalligraphische Signaturen, Ober- und insbesondere Unterlängen einzelner Buchstaben, die zuweilen fast die gesamte Signatur einfassen (wie z.B. im Fall «R. de barques»)

Die Nomenklatur ist im Bereich des St. Lorenz-Stroms und seines Golfs französisch basiert, bemerkenswert häufig vermischt mit spanischen und/oder portugiesischen Formen, die entsprechenden kartographischen Vorlagen entnommen sind; bemerkenswert ist in dieser Hinsicht der Küstenabschnitt zwischen der Baye des Chaleurs und dem heutigen Cape Canseau, in der französische, eine italienische und spanische Bezeichnungen unmittelbar benachbart sind. Sie weisen direkt auf von der Iberischen Halbinsel ausgehende Entdeckungsfahrten hin, die CHARLEVOIX zu Beginn seiner *Histoire et description generale de la Nouvelle France* (I: 9) erwähnte. Vereinzelt gibt es hybride Koppelungen («Golfo» ~ und «Baya de chaleur») und – ganz allgemein – rein autochthone Bezeichnungen. Zu den omymischen Zeugnissen der ersten CARTIER-Reise gehören «[Belle Isle alys] S. Catherina» (Isle S. Catherine, nach einem der Schiffe der Expedition) und der «P. de Iacques Cartier», zu denen seiner zweiten Reise «Y. de Aßumptione» für Anticosti (sonst [l']Isle de l']Assomption, am 15. August 1535 vergeben); bereits vor CARTIER existierten Blanc Sablon und Brest, ein schon seit 1508 bestehender Hafen französischer Walfänger.

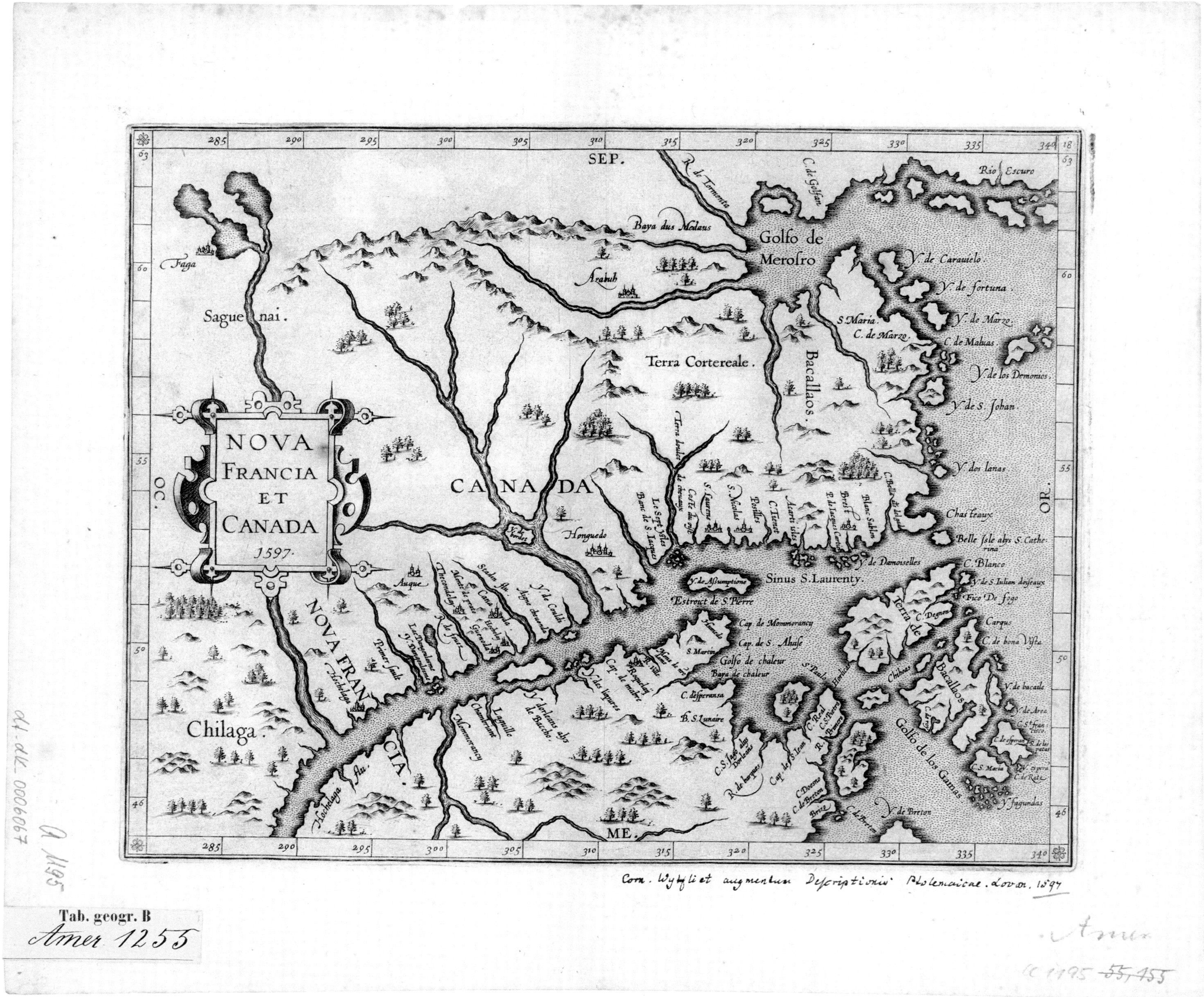
NOVA
FRANCIA
ET
CANADA
1597.
SEP.
ME.
OC.
OR.
CANADA
Saguenai.
Chilaga.
NOVA FRANCIA
Terra Cortereale.
Bacallaos.
Golfo de Merosro
Sinus S. Laurenty.
Y. de Assumptione
Estroict de S. Pierre
Golfo de chaleur
Golfo de los Gamas
Honguedo
Rio Escuro
Tab. geogr. B
Amer 1255

A 1195

Epochentypisch sind ferner die – eigentlich nur vier – «Y. fagundas», hier offensichtlich auch für weitere kleine Inseln, die João Álvares Fagundes auf seiner Expedition 1520/1521 vor der Südküste Neufundlands erforschte und in der Regel nach den entsprechenden Tagesheiligen benannte; sein Name ist ferner auf den Karten von Doetecum 1592/1594 («Fagunda al: de Jan Alvarez») und de Jode 1593 einer größeren nordatlantischen Insel südöstlich von Neufundland gegeben worden. Kartographische Besonderheiten am Ende des 16. Jahrhunderts sind schließlich der «Golfo de las Gamas» südwestlich bzw. südlich von Neufundland, der auf der Karte von Ortelius (1564) der Bay of Fundy zugeordnet, auf der noch 1620 unverändert wiederaufgelegten Weltkarte im Inselbuch von Porcacchi dagegen als «Golfo calore Gama» mit der Baye de Chaleur verbunden wurde, auf der vorliegenden Karte jedoch eindeutig für die Cabot-Straße bzw. den südlichen Eingang zum St. Lorenz-Golf steht. Neben einer Reihe weiterer Inseln vor der nordöstlichen Labrador-Küste ist noch immer – hundert Jahre nach der Landung Cabots – die legendäre «Y. de los Demonios» präsent, und zwar seit Johann Ruysch 1507/1508 in der näheren bzw. – z.B. in den Schulen von Dieppe und Venedig – unmittelbaren Nähe Neufundlands, wenn nicht sogar als Teil von Neufundland dargestellt; schließlich der «Golfo de Merofro» (hier auf Grund der Lage und Form evtl. die heutige Baie d'Ungava/Ungava Bay oder der Eingang der – hier nicht als solche erkennbaren – Hudson-Straße). Die auf Hessel Gerritszoon (*ca. 1581, †1632) basierende *Carta particolare della Meta Incognita Australe con una parte della America Settentrionale* von Sir Robert Dudley (1646/1647) zeigt unter diesem Namen eine größere, zum Inland offene Flussmündung zwischen dem 53. und dem 54. Breitengrad, also erheblich weiter südlich gelegen und damit ohne größere Bedenken mit der Groswater Bay zu identifizieren.

«Terra Cortereale» liegt bei Wytfliet westlich von «Bacallaos», während diese Signatur bei Doetecum 1592/1594 und vielen anderen dagegen für eine Region im Süden der Labrador-Halbinsel angewendet wird, die nördlich vom «Golfo de Merosro» abgetrennt ist; sie bewahrt in dieser oder ähnlicher Form auf den Karten noch lange Zeit die Erinnerung an die Reisen der Brüder Gaspar und Miguel Corte-Real (1500–1502).

A 1230

Pas-caerte van | terra nova, | Nova Francia, Nieuw Engeland en de gro: | te Rivier van Canada. | 't Amſterdam, | By Iohannes en Gieles van Loon Plaetſnyder en Zee: | caertmaker. [1661.]

Eine der ersten modernen Seekarten des atlantischen Kanada beschließt den *Klaer-Lichtende Noort-Ster Ofte Zee Atlas* von Jan van Loon, der nach seiner Erstausgabe Amsterdam 1661, die von ihm zusammen mit seinem Bruder Gieles verlegt wurde, in mindestens sieben weiteren Auflagen – 1668 von Waesberg-Janszoon, 1680 von van Keulen übernommen – erschien, die jede für sich nur aus wenigen erhaltenen Exemplaren bekannt ist. Auch gelten einzelne Karten aus diesem Atlas, der überwiegend aus «paskaarten» (ndl. *steekpasser* 'Stechzirkel') besteht, als ausgesprochene Raritäten. Die vorliegende unkolorierte Tafel wurde als Nr. 34 in der Erstausgabe sowie – mit unveränderter Seitenangabe, aber ohne den Namen des Bruders Gieles – z.B. in der Auflage von 1666 als 47. Blatt abgedruckt. Als «paskaarten» wurden ab der Mitte des 16. Jahrhunderts die für die neuen navigatorischen Erfordernisse weiterentwickelten Portolane bezeichnet, die zusammen mit so genannten «leeskaarten» (Segelhandbücher, engl. *rutter*) konsultiert wurden. Zu den typischen Kennzeichen dieses Kartentyps gehören nach wie vor ein besonders dichtes Netz von Rumbenlinien (sowohl über Meeres- als auch über Landflächen), die in mehreren Zentralrosen zusammenlaufen, von denen hier zwei zusätzlich als Kompassrosen mit Kreis, Lilie und – in einem Fall – Stern (für die Ostrichtung) ausgeführt sind, sowie als nützliche nautische Informationen die Angabe der Positionen und Ausdehnung der fischreichen Bänke (die hier zumindest im Fall der Großen Neufundland-Bank von Champlain beeinflusst wurden) sowie einiger gefährlicher Klippen.

Die Kartensprache des vorliegenden Dokuments setzt sich aus den Nomenklaturen der verschiedenen Vorlagen (Blaeu, Champlain, Sanson und Manuskripte von Gerritszoon) zusammen. Es überwiegt Französisch in Neufundland, der Nova francia einschließlich der Accadie mit den aus früheren Quellen (vgl. A 1195) bekannten Reminiszenzen mit hybridem Charakter: «Baya Blanche» «Baya de Chaleur», golfo de s. lavrens etc. Auf dem hier einheitlich niev engeland genannten Gebiet ab etwa der Mündung des Penobscot in die Penobscot Bay («Pennobscot») ist die Toponymie nunmehr gemischt niederländisch-englisch; auf der Anschlusskarte *Pas caerte van Niev-Nederland en de Engelſche Virginies* [...], der vorletzten des Atlas, findet sich dagegen wieder ein vereinzelter französischer Name. Das Lateinische, das in der Kartographie der Neuen Welt ohnehin nur noch eine untergeordnete Rolle spielt, ist gemäß einer frühen Tradition auf die Choronymie (Nova francia, terra nova – diese Form ist gleichzeitig portugiesisch –) beschränkt; es tritt ansonsten noch gelegentlich in Abkürzungen auf. Dafür wird ab jetzt die Allonymie, also das Nebeneinander unterschiedlicher Formen für das gleiche geographische Denotat, immer häufiger («Statenhoeck al: C. Cod»). Als weitere Besonderheiten fällt der von Lescarbot favorisierte Name «Le Grand Rivière de Canada» bzw. «de grote Rivier van Canada» für den St. Lorenz-Strom auf. Der Heiligenname wird hier somit lediglich für den Golf verwendet, der – wie die Position der entsprechenden Signatur vor dem westlichen Ausgang der Belle Isle-Straße eindeutig zeigt – eben nicht gleichbedeutend mit der «Grand bay» ist, wie oft geäußert wurde. canada steht für das Gebiet nördlich der Mündung des St. Lorenz-Flusses sowie des St. Lorenz-Golfs und damit für einen großen Teil der Labrador-Halbinsel, während das Hinterland von Québec und Trois Rivières novelle biscaye heißt. Dieser Terminus für einen Teil von Nova Francia erschien bei Champlain 1612 rechts des Saguenay, wurde aber nicht so lange wie andere Landschaftsbezeichnungen aufrecht erhalten. Er war bereits von Francisco de Ibarra (*1539, †1575) an anderer Stelle, für die erste spanische Provinz im nördlichen Mexiko unter dem Vizekönigreich Neu-Spanien, vergeben worden. Zusammen mit den «Monts Pirénées» und verschiedenen Bezeichnungen mit fr. *basque* ist er ein Hinweis auf baskische Präsenz am unteren St. Lorenz-Strom und im Mündungsgebiet des Saguenay (siehe Weyers 2009: 1054).

Um die Wende zum 18. Jahrhundert setzt sich endlich die Darstellung Neufundlands als eine zusammenhängende Insel durch, und bald auch die Annahme von Formen, die nicht mehr an das beinahe gleichseitige Dreieck wie bei Plancius (A 1276) erinnern. Dafür werden van Loons Konturen nun wiederum von Abraham Deur (1666), João Teixeira Albernaz o Moço (1667), Hendrick Doncker (1667) und Arent Roggeveen (1676) als Vorbild genommen.

Die Form «I. aux gros Yeux» der Champlain-Karte von 1613 für eine Insel östlich der White Bay ist offenbar durch sekundäre Motivation aus dem ansonsten an dieser Position zu erwartenden Namen «I. aux Oiseaux» für eine Inselgruppe entstanden, die wiederum, auch wenn von Cartier sehr eindrucksvoll beschrieben und angeblich von ihm wegen ihrer enormen Vogelpopulationen so benannt, auf die «Ilha ~» bzw. «Terra das aves» der portugiesischen Tradition der ersten Jahre des 16. Jahrhunderts zurückgeht. In Küstennähe wird sie bei van Loon als «I. das Aves» wiederholt. Allerdings ist nicht auszuschließen, dass in diesem speziellen Fall auch die in Wirklichkeit viel weiter nördlich gelegene Insel Groais (z.B. 1693 auch «Groa») eingeflossen sein könnte, deren Name

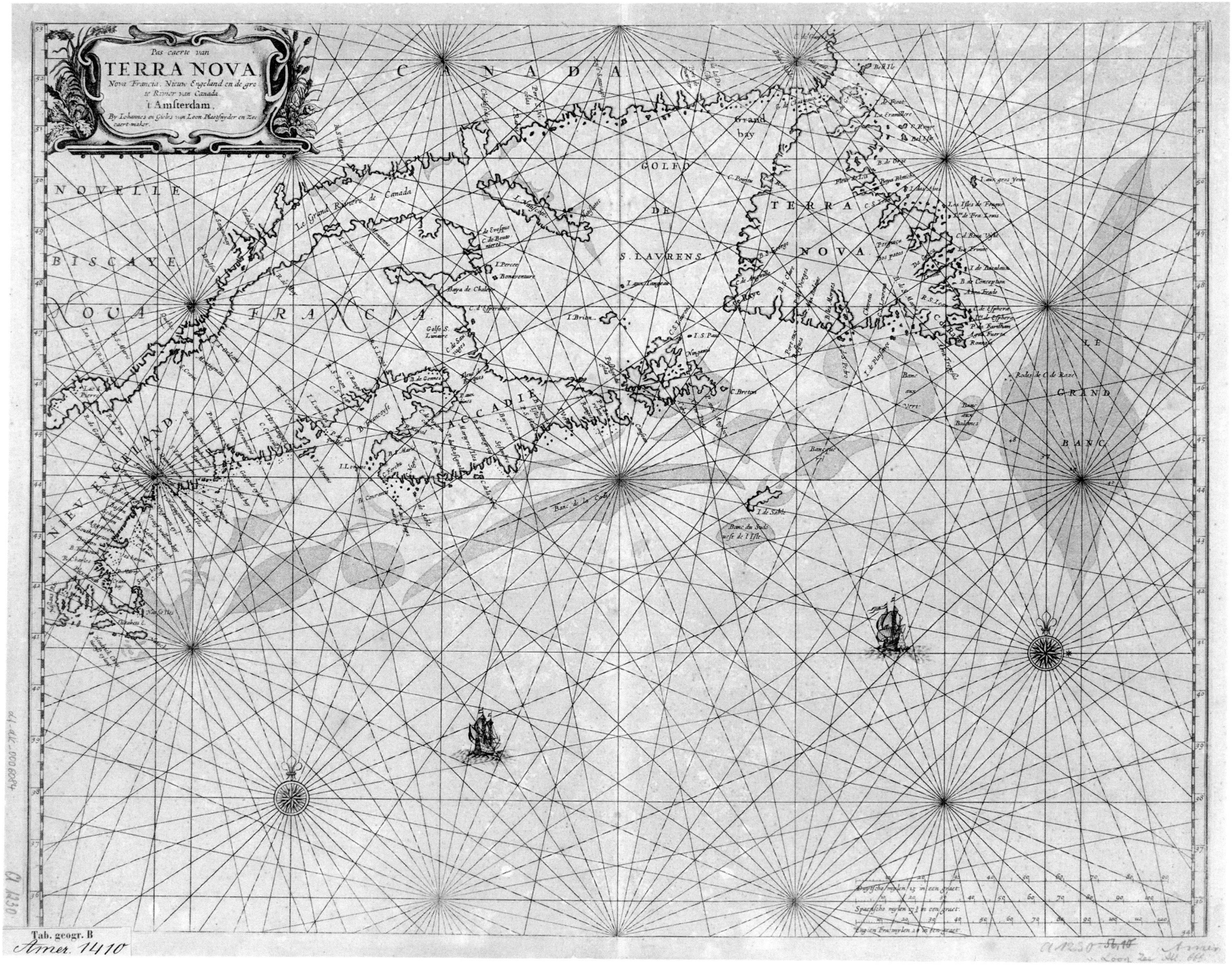
Pas-caerte van
TERRA NOVA,
Nova Francia, Nieuw Engeland en de gro
te Rivier van Canada
't Amsterdam,
By Iohannes en Gielis van Loon Plaetsnyder en Zee
caert-maker.
CANADA
NOVELLE
BISCAYE
NOVA FRANCIA
GOLFO DE S. LAVRENS
TERRA NOVA
ACCADIE
NEV ENGELAND
LE GRAND BANC
Grand bay
Le Grand Riviere de Canada
Tab. geogr. B
Amer. 1410

A 1230

mit der vor der bretonischen Küste liegenden Île de Groix in Verbindung steht und die hier ebenfalls gezeigt wird, allerdings mit der Signatur des benachbarten «C. Rouge». Die akadische Halbinsel bis zum Isthmus heißt ACCADIE, während sich in der Bezeichnung der vorgelagerten Bank auf der entsprechenden Vorlage eine Aphärese eingeschlichen hat («Banc de la Cadie»). Das im September 1621 von JAMES I. an WILLIAM ALEXANDER übertragene Territorium zwischen der Mündung der R. S. Croix in die Baye Françoise, dem St. Lorenz-Strom und dem St. Lorenz-Golf ist nomenklatorisch noch nicht berücksichtigt; ebenso fehlen Hinweise auf die englische Präsenz im Südosten Neufundlands, insbesondere auf der Avalon-Halbinsel. Damit vermittelt dieses wie auch das unmittelbar vorausgehende Dokument A 1195 auf Grund der Nomenklatur einen noch ausschließlich romanischen Charakter des atlantischen Nordamerika, ohne Spuren englischer Interventionen außerhalb des eigentlichen NIEV ENGELAND.

Die Insel Anticosti wird unter ihrer ursprünglichen Namensform «Natifcotec» (diese galt für die Insel selbst wie für eine Bucht in deren Südosten) geführt. Ähnlich wie bei CHAMPLAIN (1612) erscheint die Niederlassung Port aux Basques auf Neufundland etwa auf der Höhe von Burgeo (zwischen «P. des Vierges» und «Aux Baleine») und damit sehr weit östlich ihrer heutigen Position. Die heutige Prince Edward Island (Île St. Jean) wird wie bei CHAMPLAIN nicht dargestellt.

Unten rechts ist direkt auf dem Kartenfeld der graphische Maßstab in deutschen, spanischen und englischen bzw. französischen Meilen angegeben, von denen jeweils 17,5 spanische und 20 englische bzw. französische Meilen einen Grad ausmachen. Wenn auch bis zur Einführung des metrischen Systems über zehn unterschiedliche deutsche Meilenmaße existierten, so ist hier offensichtlich die geographische Meile zu 7.420,40 m (bzw. bei Verwendung der vom Referenzellipsoid internationaler geodätischer Konventionen abgeleiteten neuerer Werte 7.421,255 m bis 7.421,591 m) zugrunde gelegt, die dem fünfzehnten Teil des Äquatorgrades bzw. 4 Bogenminuten auf dem Äquator entspricht. Mit englischen bzw. französischen «mylen» sind jedoch die lieue marine Frankreichs und die nautical league bzw. league nautical Englands gemeint, die am Äquator den zwanzigsten Teil eines Grades oder 3 Bogenminuten ausmachen sollten und deren jeweilige Basiswerte von 5.565,32 m (England) bzw. 5.564,895 m (Frankreich) nur gering voneinander differierten; daneben existierte z.B. auch die spanische legua marítima (5.556,00 m).

2. Die Nouvelle-France erhält politische Konturen

A 1200

LE CANADA, OU | NOUVELLE FRANCE, &c. | Ce qui est le plus advancé vers le Septentrion | est tiré de diverfes Relations des Anglois, Danois, &c., | Vers le Midy les Costes de Virginie, Nouv.ᶦˡᵉ Suede, | Nouveau Pays Bas, et Nouvelle Angleterre | Sont tirées de celles des Anglois, Hollandois, &c. | LA GRANDE RIVIERE DE CANADA ou de Sᵀ LAURENS, et | tous les environs font fuivant les Relations des Francois. | Par N. SANSON d'Abbeville Geographe ordinaire du Roy. | A PARIS. | Chez Pierre Mariette Rue S Iacque a l'Efperance | Avecq Privilege du Roy, pour vingt Ans. | 1656. || I. Somer Sculpfit.

Ein besonderes Markenzeichen der Karten von NICOLAS SANSON D'ABBEVILLE, «géographe (ordinaire) du Roi» an den Höfen von LOUIS XIII. und LOUIS XIV., war die Evaluation nicht-französischer (hier – wie hier im Titel spezifiziert – englischer, dänischer und niederländischer) Reiseberichte, die er zusammen mit den französischsprachigen Quellen, wie etwa den Aufzeichnungen CHAMPLAINS und der jesuitischen Missionare, im Kartenbild sichtbar machte. In Verbindung mit einer deutlich verbesserten Kartentechnik ergibt sich ein halbes Jahrhundert nach dem ersten hier vorgestellten Dokument bereits ein sehr viel genauere geographisches Abbildung Nordamerikas.

Der Titel *Le Canada, ou Nouvelle France* weist «Canada» und «Nouvelle France» als gleichberechtigte Namenalternativen für das französische Nordamerika um die Mitte des 17. Jahrhunderts aus, die – sowohl land- als auch seeseitig – ohne erkennbare referentielle Unterschiede verwendbar sind. Die Karte enthält eine große Fülle geographischer Signaturen für zahlreiche bisher nicht erschienene altamerikanische Bezeichnungen von Ethnien bzw. Siedlungsgebieten. Eine gelbe Markierung grenzt die französischen von den nichtfranzösischen Ländern im Süden ab und zeigt damit Vorformen zu modernen Staatengebilden in einer Epoche, in der die bisher größte Zahl unterschiedlicher europäischer Nationen Teile der späteren Eastern States der USA als Kolonien behaupten: NOUVELLE ANGLETERRE, NOUVEAU PAYS BAS, N[OUVELLE] SUEDE, VIRGINIE, FLORIDE ESPAGNOLE. Die Darstellung der Kolonie «Nya Sverige» (hier N. SUEDE, lat. *Nova Svecia*) am Unterlauf des Delaware ist schon auf Grund ihrer kurzen Existenz (vom 29. März 1638 bis zum September 1655) auf Karten der Epoche keineswegs ein Regelfall. Die bereits außerhalb des gelb markierten Einflussbereichs liegende «Floride françaises» (hier FLORIDE FRANCOIS, nach Süden hin durch den unteren Kartenrand abgeschnitten) zwischen der VIRGINIE und der FLORIDE ESPAGNOLE erinnert an die damals schon fast hundert Jahre zurückliegenden Etablierungsversuche durch JEAN RIBAULT (*1520, †1565) und RENÉ DE GOULAINE DE LA LAUDONNIÈRE (*um 1529, †1574) (Forts «Charles Fort» und «La Caroline»). RIBAULT versah auf seiner ersten Reise die gesamte Küstenstrecke zwischen dem am 30. April 1562 auf ca. 29°30′ N erreichten, von ihm so genannten Cap François in nördlicher Richtung bis unterhalb von Cape Fear in North Carolina mit überwiegend hydronymischen Nachbenennungen (Seine, Somme, Loire, Charente, Garonne, Gironde etc.), die noch im gleichen Jahr von BELLIN kartographisch dokumentiert wurden. Wegen der hier genannten Besonderheiten einschließlich der politischen Grenzmarkierungen durch kräftige Farbstriche, die Verzeichnung der Kolonie N. SUEDE sowie der generellen Synonymie von «Canada» und «Nouvelle France» ist auch auf die Karten SANSONS über die *Amérique Septentrionale* im *Atlas françois* zu verweisen.

Die Karte A 1200 zeigt erstmals alle Großen Seen, wenn auch nicht in ihrer gesamten Ausdehnung, und versieht zwei von ihnen mit den modernen Namen LAC SUPERIEUR und ONTARIO. Außerdem dokumentiert sie die im ersten Drittel des 17. Jahrhunderts erfolgte Erforschung der Hudson Bay. Bemerkenswert ist auf den Karten von SANSON in dieser Phase noch das Auslaufen der Westküste der Hudson Bay in eine größere Halbinsel im Nordwesten und ihr abruptes Abfallen nach Süden und Südwesten; sie begrenzt eine riesige Buttons Bay, die hier als eigene Bucht der arktischen Gewässer neben der Hudson Bay dargestellt ist. Diese wird hinter Port Nelson nicht weiter gezeichnet bzw. mündet – auf der Nordamerikakarte von SANSON – in ein «Mer Glaciale», bemerkenswert südlich oberhalb 55° N. Die besondere Charakteristik der Buttons Bay, die neben der Darstellung des Petit Nord Neufundlands als eine der wesentlichen Kennzeichen der Rückschrittlichkeit dieses Dokuments gegenüber den CHAMPLAIN-Karten charakterisiert wurde, verkörpert während einer ganzen kartographischen Generation die Wunschidee einer westlichen Durchfahrt zum Orient über die legendäre Anian-Straße, die in dieser Epoche zuweilen ebenfalls auf 55° N angedeutet ist. Damit ist auch die Lage von «New South=walles» (auf der eben skizzierten Halbinsel) und «New North=Walles» (auf einem nordöstlich gegenüber liegendem Landvorsprung etwa an der Position von Southampton Island) durchaus verwirrend; sie beziehen sich eigentlich beide auf das westliche Hinterland der Hudson Bay und werden in der Realität nicht wie hier durch das Nördliche Eismeer voneinander getrennt. Dementprechend verläuft der «New Severne R.» (Severn) nicht – wie in Wirklichkeit – nordöstlich in die «shoulder»

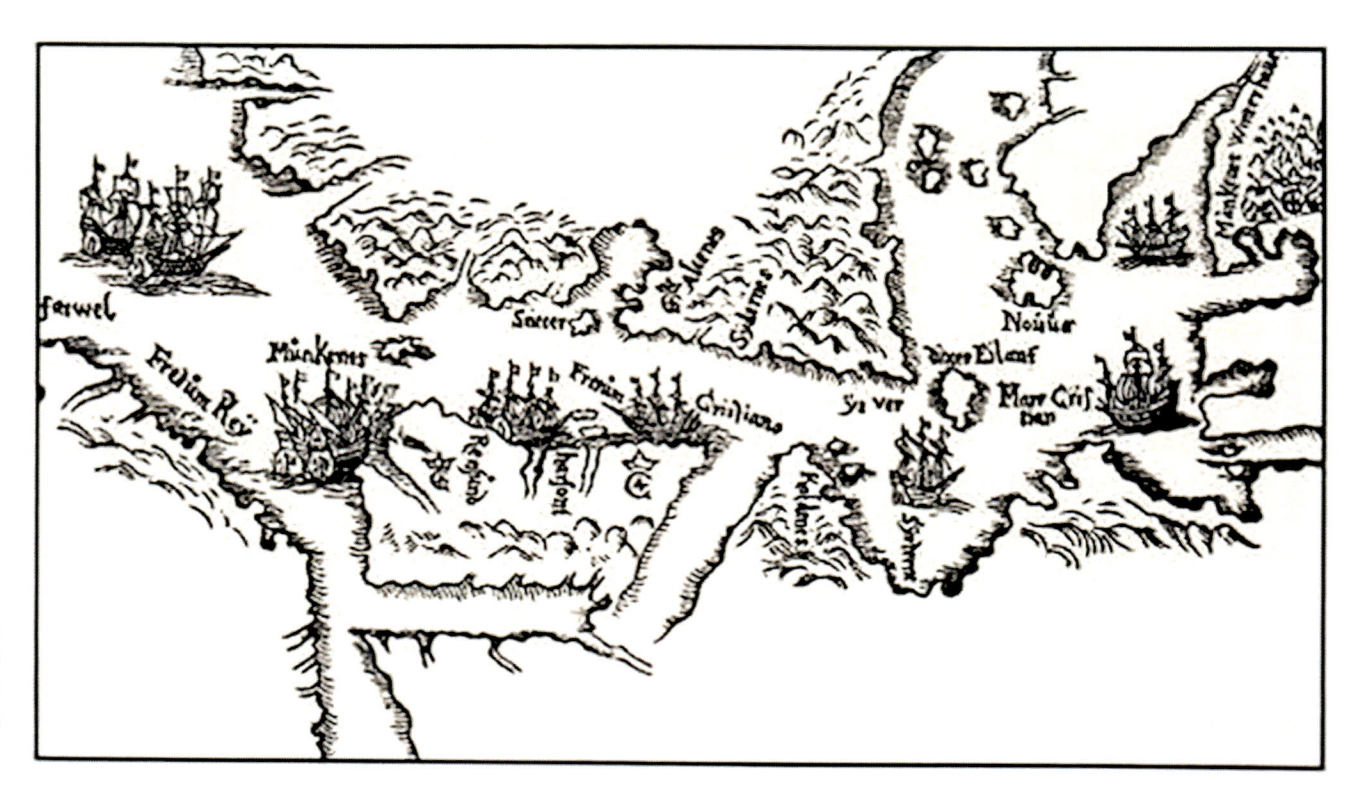

Abb. 1
Gesüdete Manuskriptkarte von der Hudson-Straße und dem nördlichen Teil der Hudson Bay, die 1624 von Jens Munk gezeichnet wurde. Bemerkenswert – ähnlich wie auf der Karte A 1200 – ist auch hier die sich gewissermaßen parallel zur Hudson Bay nach Südwesten erstreckende Buttons Bay.

der Hudson Bay, sondern von Südosten nach Nordwesten in diese in Wirklichkeit anders geformte Bucht des Eismeeres. Ein Inlet zwischen «New North=Walles» und C. Philippe heißt «Ne Verra», offensichtlich Folge einer Umdeutung oder eines Missverständnisses des ansonsten hier anzutreffenden «Ne Vltra», das an eine Blockierung der englischen Expedition durch Eis anspielte. Die westliche Küstenline von «New North=Walles» verläuft hier ins Nichts, das heißt es ist nicht klar, was zwischen ihr und der eigentlichen Küste Neu-Dänemarks liegt, ein typisches Kennzeichen dieser Art der Darstellung der Buttons Bay nach Sanson und vielen anderen (vgl. z.B. Pitt 1680).

Die Zweiteilung des von Sir Thomas Button (†April 1634) – dem walisischen Offizier der Royal Navy, der 1612–1613 auf der Suche nach dem von seiner Besatzung ausgesetzten Henry Hudson und einer Einfahrt in die Nordwest-Passage bis etwa auf 65° N vorgedrungen war – vergebenen «New Wales» geht auf die Erneuerung der «Principaliy of South Wales» am 20. August 1631 durch König James in Erinnerung an den im Vorjahr geborenen englischen Thronfolger zurück, dem ein nördlicher Teil links des Churchill River gegenüber stand. Kurz zuvor war auch Kapitän Luke Fox(e) (*1586, †1635) hier eingetroffen, der 1631 einen großen Teil der südlichen und westlichen Hudson Bay erkundete (vgl. Henze I: 437

vs. Henze II: 273), das von Button aufgestellte Kreuz wieder aufrichtete und mit einer Bleitafel versah sowie Buttons «Ne Ultra» überwand. Weitere auf dieser Karte dokumentierte Namen wie «Port Nelfon» (in Erinnerung an seinen Ersten Offizier der «Resolution», Robert Nelson, der hier starb) stammen ebenfalls von Button; dazu gehören auch «Hope Check['d]» (da keine nordwestliche Durchfahrt mehr zu erwarten war), «Hope Advanced» (das auf eine neue Hoffnung auf eine Nordwest-Passage hinweist; ein weiteres «Hope Advancet» [sic] wurde an der Labrador-Nordküste nahe dem Ausgang der Hudson-Straße vergeben), «Caryes Swans nest» («Cary Swan's Nest», heute Coats I.), «C. Penbrock» (Cape Pembroke), Cape Southampton, sowie Mansel Island (zu Ehren des späteren Vizeadmirals Robert Mansel[l] oder Robert Mansfield (*1573, †1656), hier zu «Mansfeild I.» verändert), mit großer Wahrscheinlichkeit schließlich auch «Ifle de Refolution» (Resolution I.) am östlichen Eingang der Hudson-Straße. Die eigentlich für die englische Krone gesicherte Westküste der Hudson Bay bzw. der Button(s) Bay durch Thomas Button, der sie bei 60°40′ N erreichte, ist hier von Port Nelson an in nördlicher Richtung durch eine andere Küstenlinienfarbe und durch die Bezeichnung Nouveau Danemarcq als dänisches Territorium ausgewiesen, das wiederum gemäß der Tingierung Teil der Terres Arctiques ist, die u.a. auch den hier sichtbaren Teil Süd-Grönlands

umfassen. Damit treffen wir auf die unglückliche dänisch-norwegische Expedition unter Leitung von Jens Mun[c]k (*1579, †1628), die 1619/1620 im Auftrag von König Christian IV. auf der Suche der Nordwest-Passage nach Durchfahren des «Fretum Chriftians» (Hudson-Straße) die Hudson Bay («Novum Mare» bzw. «(Novum) Mare Criftian», hier Mer Christiane) in westsüdwestlicher Richtung zur Westküste hin befuhr und an einer bereits bekannten Stelle beim heutigen Port Churchill einen Hafen erschloss («Port de Munck» < «Munkehavn»), das Hinterland nannte er «Ny Danmark». Überlebt hat der Name des norwegischen Seekapitäns bis heute allerdings lediglich in der Bezeichnung einer kleinen Insel im nördlichen Teil des Foxe Bassin zwischen der Baffin Island und der Melville Peninsula, während «Munkenæs» für das südlichste Kap der Resolution Island am östlichen Eingang der Hudson Strait ersetzt wurde. Von Munk stammt übrigens die erste bekannte Karte von der Westküste der Hudson Bay, ein kleinmaßstäbiger, koordinatenloser Holzschnitt (Abb. 1).

Das Mer Christiane ist hier wie auf anderen Karten der Epoche lediglich der nördliche Teil der Bay am Übergang zu den arktischen Gewässern, wird aber von Coronelli auf der Karte *Terre artiche* als «mare d'hudson ouer christiano» eindeutig auf die gesamte Hudson Bay übertragen (ebenso, wenn hier auch nur deren westliche Hälfte zu sehen ist, auf dem Westblatt

LE CANADA, ou
NOUVELLE FRANCE, &c.
Ce qui est le plus advance vers le Septentrion
est tire de diverses Relations des Anglois, Danois, &c.
Vers le Midy les Costes de Virginie, Nouv.lle Suede,
Nouveau Pays Bas, et Nouvelle Angleterre
Sont tirees de celles des Anglois, Hollandois, &c.
LA GRANDE RIVIERE DE CANADA ou de S.T LAURENS, et
tous les environs sont suivant les Relations des Francois.
Par N. SANSON d'Abbeville Geographe ordinaire du Roy.
A PARIS.
Chez Pierre Mariette Rue S. Iacque a l'Esperance
Aveq Privilege du Roy pour vingt Ans.
1656
NOUVEAU DANEMARCQ.
MER CHRISTIANE
Golfe de Hudson, ou Hudson Bay.
ESTOTILANDE, ou TERRE DE LABORADOR, ou NOUVELLE BRETAGNE.
MER DE CANADA
LE CANADA ou NOUVELLE FRANCE
Lac Superieur
Lac de Puans
TERRE NEUVE
Le Grand Bancq.
MER DU NORT
FRANCE.
FLORIDE
Tab. geogr. B
Amer. 1270

A 1200

seiner Nordamerikakarte, veröffentlicht im *Atlante Veneto* I [1692], No. 24 und im *Corso Geografico Universale* P. 2, No. 70). Bei DELISLE (A 1181 et passim) steht es eindeutig nicht für die Hudson Bay, sondern für den südlichen Teil der Baffin Bay etwa zwischen 70° N und 75° N, also für sehr viel nördlichere gelegene Teile des Nordpolarmeeres, die von JENS MUNK allerdings nicht befahren wurden.

Im Süden Grönlands werden geographische Strukturen sichtbar, die gleichfalls nicht der Realität entsprechen. Durch den «Destroit de Forbisher» werden zwei vorgelagerte Inseln von der Hauptinsel abgeschnitten. MARTIN FROBISHER (†1594) hatte 1576 auf seiner ersten Reise auf der Suche nach der Nordwest-Passage «Elifabets Forland» und «Hasle ou Hales Iland» sowie eine größere Wasserstraße erreicht, die allerdings in Wirklichkeit eine Meeresbucht im Süden der Baffin Island ist und als solche (die heutige Frobisher Bay) erst sehr viel später erkannt wurde. Die hier eingetragenen Inseln sowie der «Destroit de Forbisher» sind somit um ca. 28° nach Osten verschoben; «Elifabets Forland» ist eigentlich die hier ebenfalls erscheinende «Ifle de Resolution» am Eingang zur Hudson-Straße. Eine Frobisher-Straße zeichnete JAN VAN DOETECOM sen. auf seiner Nordatlantikdarstellung (1592/1594) zwischen der Südküste Grönlands, dem erwähnten «Forland» und einer weiteren Insel als Verbindung zur Davis-Straße ein und zeigte sie zusätzlich auf einer Nebenkarte. An dieser Position hielten viele Kartographen, wiederum unterstützt durch die Autorität MERCATORS, über zweihundert Jahre fest: vgl. z.B. die Buchillustration *Canada ou Novvelle France* von ALLAIN MANESSON MALLET aus dem Jahr 1683 (Abb. 2). Wenn es auch wichtige Ausnahmen gab, wie etwa JANSZOON 1636, der keinerlei Durchbruch an der Südspitze zeichnete, wurde erst im späten 18. Jahrhundert im Rahmen neuerer Kartierungen «Frobischers Enge» (FORSTER 1791) zusammen mit der nördlicheren Cumberland Strait an ihre jeweils korrekte Position versetzt (vgl. A 1189, A 1190).

Für die Labrador-Halbinsel geben die Karten SANSONS als Allonyme ESTOTILANDE, TERRE DE LABORADOR und NOUVELLE BRETAGNE in einer Reihenfolge an, die sich u.a. auch chronologisch verstehen lässt. «Estotilant» weist auf die Berichte der Gebrüder NICOLÒ und ANTONIO ZENO über ihre Nordatlantikreisen (ca. 1380), die wiederum die Schilderung eines Fischers enthielten, der dort, 1.000 Meilen westlich der Insel «Frisland», gelandet sei. Die Bezeichnung Estotiland, mit der nach Ausweis der sichtbaren Küstenpartien vielmehr Neufundland gemeint war (BOLTON 1935: 70–71), wurde in der Kartographie des 15. Jahrhunderts bereitwillig für einen östlichen Vorsprung des nordamerikanischen Festlandes angenommen und auch noch in die Karten von MERCATOR (1569) und ORTELIUS (1573) integriert. Doch bemerkenswerterweise wird erst jetzt, am Beginn der zweiten Hälfte des 17. Jahrhunderts, der Name wieder regelmäßiger von französischen Kartographen aufgegriffen, ganz offensichtlich, um ihn in einer neuen Funktion als dänisches «Allonym» neben die beiden anderen Bezeichnungen Labrador und Nouvelle Bretagne (New Britain) zu stellen, die jeweils von Iberoromanen und Engländern, die gleichfalls im arktischen Kanada maritime Expansionspolitik betrieben hatten, für diese Region entsprechend verwendet wurden.

LE CANADA bzw. NOUVELLE FRANCE innerhalb der gelben Grenzmarkierung reicht von der Bay Sauvage zumindest bis zu den (nach Westen hin offenen) Ufern des Lac Supérieur und des LAC DES PUANS (Baie des Puants/Green Bay, Lake Michigan), eine Bezeichnung, die übrigens ursprünglich weniger auf die Algen als auf eine an der Bay wohnende Ethnie Bezug nehmen sollte. Die hier dargestellte Öffnung ist die zweite, für französische Interessen weitaus interessantere hypothetische Kanuverbindung nach Westen bzw. Südwesten in Richtung Mississippi, die Karten dieses Typs versprachen.

Eine kleinere Legende CANADA steht für die Gaspé-Halbinsel. Das hier im Norden der Gaspésie von CARTIER angetroffene Ethnonym erscheint auf den Karten seit dem Beginn des 17. Jahrhunderts wieder oberhalb der Baye des Chaleurs (vgl. CARPIN 1995: 36).

Der Lac Huron, der anfangs auch einfach als «Mer Douce» bekannt gewesen war, trägt die Bezeichnung KAREGNONDI. Der Unterlauf des St. Lorenz, hier «La Gr[ande] Riviere de Canada ou de S. Laurens», hat bis vor «Mont Real» an beiden Ufern ebenfalls eine gelbe Markierung erhalten, die keine politische Grenze kennzeichnen soll, sondern vielmehr die Funktion hat, die Ufer des Stroms wie auch die der Großen Seen – ähnlich wie die Küsten der Labrador-Halbinsel und der Hudson Bay-Länder – deutlich zu konturieren.

Die Küste Labradors mit ihrer hier atypisch weit nordwestlichen bzw. westlichen Ausrichtung weist ab dem 55. Breitengrad, also oberhalb der die Nouvelle-France begrenzenden Baye Sauvage, wieder die niederländischen Bezeichnungen aus dem Fundus von JAN JANSZOON (JOHANNES JANSSONIUS, *1588, †1664) auf, die erst ab der Einfahrt zur Hudson-Straße von einheimischen, englischen und wieder französischen abgelöst werden; letztere werden ohnehin für die meisten Meeresstraßen, Inseln und anliegenden Länder verwendet, während die Namen kleinerer geographischer Einheiten der

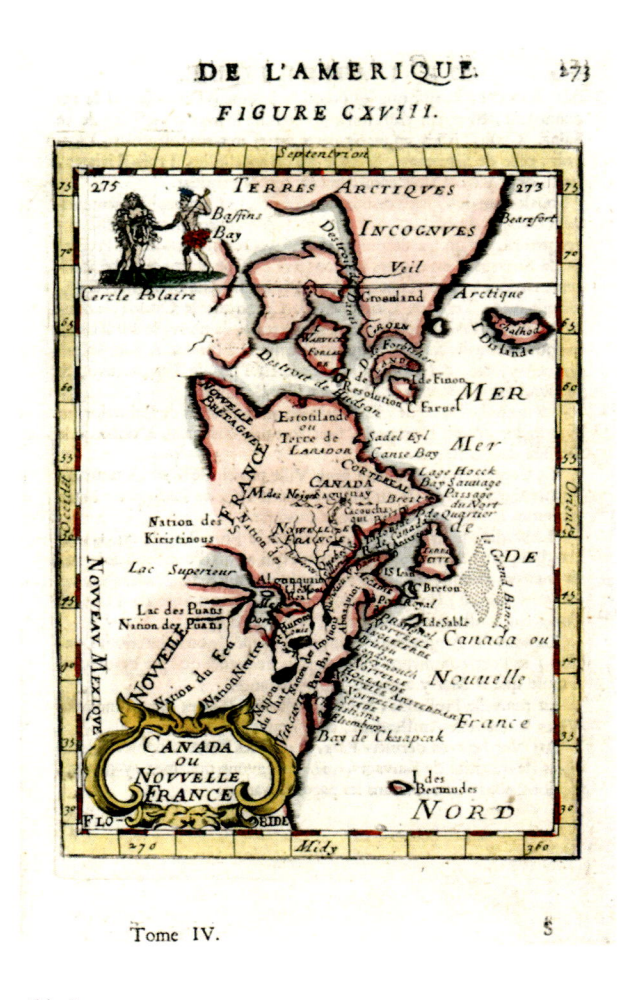

Abb. 2
Canada ou Novvelle France von ALLAIN MANESSON MALLET (*1630, †1706) aus seiner *Description de l'Univers* (Paris 1684).

subarktischen Gewässer auffallend häufig aus englischen und wieder niederländischen Elementen gebildet sind, auch in Form hybrider Bildungen («Iland of Good Fortuyn»).

In den Skalen der Längen- und Breitengrade am Kartenrand sind die Bezeichnungen Septentrion, Orient, Midi und Occident angegeben, die auf der Karte A 1195 noch in lateinischer Form, abgekürzt als SEP., OR., ME. und OC., erschienen waren. Diese Karte verfügt über keine durchgehende Parallelkreise und Meridiane in Form eines Gradnetzes, die die obere Skala, die den Bereich zwischen 251° E im Westen und 358° E im Osten umfasst, mit der unteren (278° E bis 331°20′ E) verbindet.

A 1175
Partie de | l'Ameriqve | Septentrionale | Par R. Morden [1688].

Die Arbeit ist unter dem Titel *The North West Part of America* als erste von sieben Miniaturkarten in dem 1687 in London erschienenen Buch *The Present State Of His Majesties Isles and Territories in America* von Richard Blome (*1635, †1705) eingebunden und wird ein Jahr später in die französische Ausgabe *L'Amérique Angloise, ou Description des Isles et Terres du Roi d'Angleterre dans l'Amérique* aufgenommen. Bereits 1680 hatte sie Verwendung in Mordens *Geography Rectified: or, a Description of the World* gefunden, für dessen zweite Auflage 1688 sie etwas modifiziert wurde.

Im Format von nur 104 x 117 mm gibt sie einen schematischen Überblick über den derzeit bekannten Teil Nordamerikas einschließlich Südgrönlands westlich bis zum Lake Superior und südlich bis zur «Delawares Bay»; auch Island ist vollständig zu sehen.

In dem hier verwendeten so genannten Donis-Entwurf ist die Verengung der Abstände zwischen den Längengraden in Richtung der Pole besonders auffällig. So treffen sich der 40. Meridian aus der südöstlichen und der 90. Meridian aus der südwestlichen Ecke oben im mittleren Teil der Karte. Dieser Entwurf wird auf den Kosmographen und Astrologen Donnus Nicolaus Germanus (*ca. 1410, †ca. 1490), der seit den 1460er Jahren in Italien tätig war (Donis < Dominus, Domnus), zurückgeführt. Er war bekannt für seinen Himmels- und Erdglobus für die Vatikanische Bibliothek (1477) sowie für die Entwicklung einer neuartigen, trapezförmigen Landkartenprojektion speziell für hohe Breiten und übte mit seiner Übersetzung und Edition der Ptolemäus-Karten der zweiten Rezeptionsphase einen wichtigen Einfluss auf Martin Waldseemüller aus.

Die geographischen Bezeichnungen sind wie auf dem Original generell englisch bzw. an das Englische adaptiert; Ausnahmen sind lediglich einige Ländernamen (Groenland, Island, Nouᵛ. France), die Bezeichnungen «Ne Vltra» und «Fretum Davis» im Norden sowie einige französische Namen im Bereich des St. Lorenz-Stromgebiets. Eine Umarbeitung der Karte für frankophone Benutzer ist nicht zu erkennen, es wurden lediglich «New France» mit «Nouv[elle] France» wiedergegeben und in einer Signatur am nördlichen Kartenrand ein Lang-s der englischen Vorlage durch ein Rund-s ersetzt; ansonsten stimmt das vorliegende Dokument mit dem Original der englischen Ausgabe überein.

Von der in seinem einleitenden «Avertissement» vom Übersetzer des Buches angekündigten bisher nicht erreichten und in der Übersetzung sogar noch verbesserten Exaktheit der hier verwendeten Karten (von denen sechs von Robert Morden stammen) ist dieses Exemplar jedoch weit entfernt. So befindet sich Island zu weit westlich und nördlich zugleich (was allerdings auch bei anderen zeitgenössischen Dokumenten der Fall war); zwei Landspitzen überschreiten hier den 70. Breitengrad, während Island in Wirklichkeit mit seiner auf 18° westlich von Greenwich vorgelagerten Insel Grimsey gerade den nördlichen Polarkreis (66°33' N) erreicht. Kolumbus hatte, von seinen ungenauen ptolemäischen Vorlagen irritiert, die Nordküste Islands um 10° weiter nach Norden verlegt. Auch die Darstellung als langgestrecktes Rechteck ist nicht mehr zeitgemäß; spätestens in der ersten Hälfte des 17. Jahrhunderts hatte die niederländische Schule (u.a. Willem Janszoon Blaeu und Joris Carolus van Enkhuysen) Island bereits realitätsnäher, u.a. mit der charakteristischen Halbinsel im Nordwesten, abgebildet, und schon die Karte von Doetecom gab fast ein Jahrhundert früher nahezu die heute bekannten Umrisse wieder. Darüber hinaus weichen auch Form, Lage und Proportionen z.B. der Cap Breton-Insel oder der Burin Peninsula (die viel zu weit nach Südwesten ragt) von ihren tatsächlichen Dimensionen ab.

Entsprechend ihrem politischen Auftrag weist die Karte das nordöstliche Nordamerika in zu starker Vereinfachung als überwiegend britisches Territorium aus. Im Zentrum des politisch-wirtschaftlichen Interesses stehen nach der Gründung der Hudson's Bay Company 1670 die hier optisch fokussierten Uferregionen der Hudson Bay, die nördlich bis zu einem Landstrich mit Buttons Bezeichnung «Ne Vltra» in einer Zone unsicherer Land-Wasser-Abgrenzung (vgl. A 1180–A 1184 und A 1186–A 1187) abgebildet werden. Demgegenüber ist die Buttons Bay keine eigene Bucht des Polarmeers mehr wie auf der Karte A 1200 von Sanson. Besondere Berücksichtigung erfuhr die James Bay («Iames Bay»), benannt nach Captain Thomas James (*1593, †1635), der im Sommer 1631 in die Hudson-Bay auf der Suche nach der begehrten Nordwest-Passage befuhr und auf Charlton Island überwinterte. Es handelt sich eigentlich um die südöstliche Ausbuchtung der Hudson Bay, in deren Mitte heute die Grenze zwischen Québec und Ontario verläuft, doch ist sie hier nach wie vor als ein sich gleichmäßig nach Süden verengender Trichter gezeichnet. Die Davisstraße war nach John Davis (*1550, †1605) benannt worden, der sie 1585 zusammen mit der Baffin Bay (hier «Baftins Bay») befuhr. Diese erhielt wiederum ihren Namen von dem englischen Seefahrer William Baffin (*1584, †1622), der im Jahr 1616 hier nachfolgte. Die Ostküste der Baffin Island war somit bekannt, wenn auch ihr Inselcharakter auf Karten wie dieser noch nicht dokumentiert wird. Der Süden Grönlands läuft in zwei kartographischen Inselphantomen aus – Ergebnis einer Verschiebung der von Frobisher gesichteten Inseln nach Osten –, von denen das größere am östlichen Ende in der Regel mit der Signatur «Leicesters P[oin]t» versehen ist (vgl. A 1200). Diese Besonderheit bedingt gleichzeitig das Fehlen der Einfahrt zur heutigen Frobisher Bay der Baffin Island.

Die Erweiterung des britischen Einflussbereichs im Norden und Westen wird mit der nun die gesamte Hudson Bay umschließenden Signatur New Brittaine (New Britain) unterstrichen; entsprechend wird sie auf französischer Seite als «Nouvelle Bretagne» (z.B. bei Robert de Vaugondy 1747) eingezeichnet. Im Süden beginnt bereits N[ew] England mit dem Einschluss von Gebieten rechts des St. Lorenz-Stroms, die nach wie vor zur Nouvelle-France gehören (wie insbesondere die Gaspésie), Raum zu gewinnen; es bildet zusammen mit «New Scotland» (unter das die Halbinsel Acadia – fr. Acadie –, deren Name nicht erscheint, überaus deutlich subsumiert wird) scheinbar eine kohärente politisch-geographische Einheit. Die Nouvelle-France zeigt sich damit als relativ schmaler Landstreifen zwischen einem riesigen «New Brittaine» und einem gleichfalls expansionsorientierten «New England» im Süden. Eine derartige Darstellung hätte offiziell, wenn überhaupt, frühestens nach dem Frieden von Utrecht erfolgen können. Ähnlich wie auf anderen Karten englischer Produktion wurde die Cape Breton Island – unter Ausnutzung der Formenähnlichkeit im Englischen und Irischen bzw. der Namensgleichheit im Lateinischen – als «I. Briton» eingetragen; allerdings war auch bereits bei de Laet 1625 im Wechsel mit «Cap Breton» ohne erkennbare politische Differenzierungsabsicht zuweilen «Cap Briton» verwendet worden.

Abgesehen von diesen kartographischen Mängeln verzeichnet diese Karte trotz ihres kleinen Maßstabs und schematischen Charakters bestimmte Toponyme, die in der Folgezeit nicht mehr erscheinen, obwohl sie von allgemeinem historischen Interesse sind. Auf Island sind «Skalholt» im Süden und «Hola» (Holar) an der Nordküste verzeichnet, jeweils Sitz der ersten (gegründet 1056) und zweiten Diözese (gegründet 1106) der Insel. In Skalholt befand sich eine Gelehrtenschule, an der u.a. die Karte der Vinland-Fahrten von Sigurd Stefansson (ca. 1570) entstand. An der Westküste der Hudson Bay sind «Charlton I[sland]» (Aufenthalt von Thomas James 1631/1632, Benennung zu Ehren von Prince Charles), «S[ir] T[homas] Roes I[sland]» (Luke Foxe, Sommer 1631, als Dank für

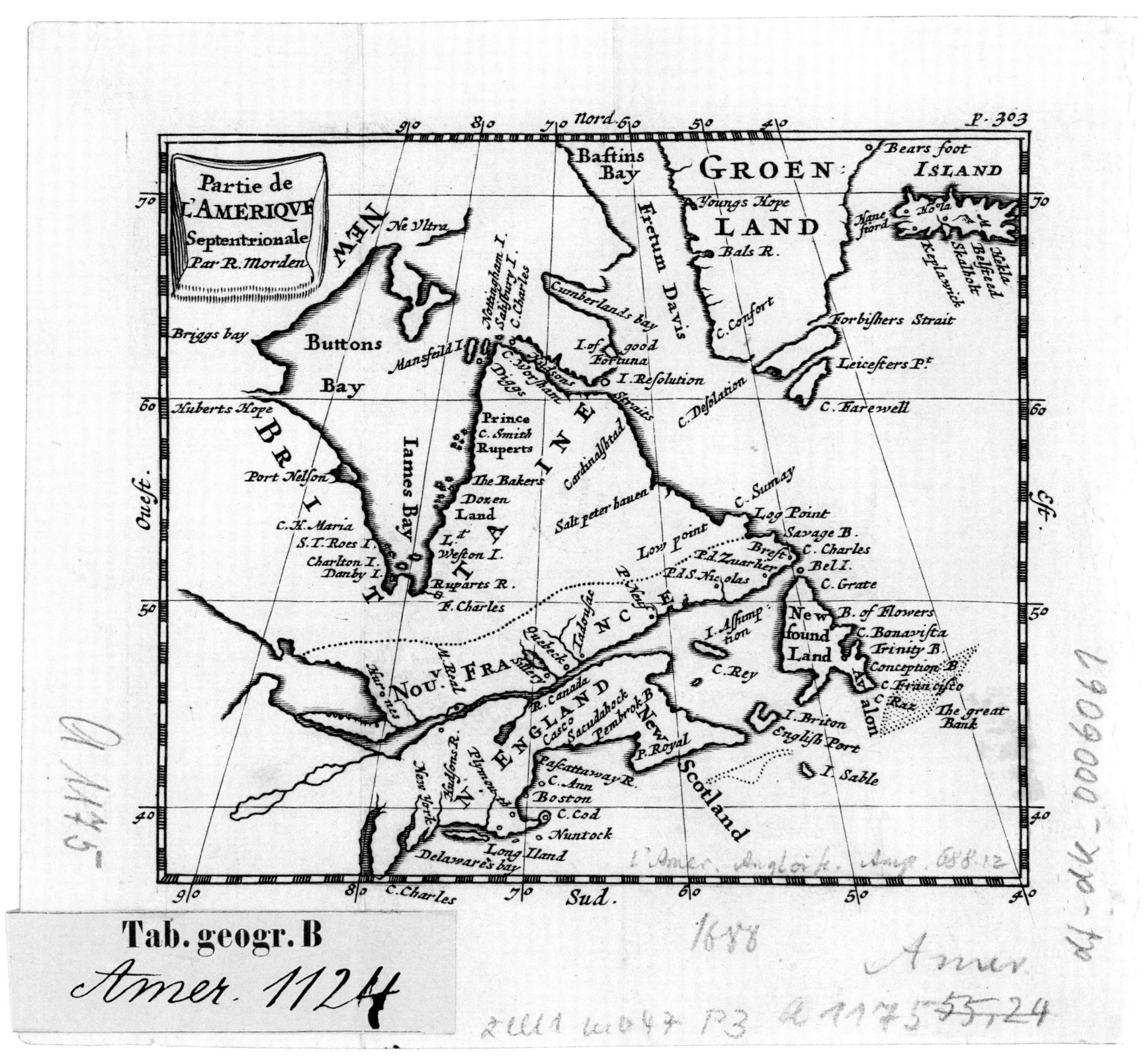

| Ausgewählte Land- und Seekarten im kartenhistorischen und politischen Kontext

dessen finanzielle Hilfe), «C[ape] H[enrietta] Maria» am Eingang der James Bay (Thomas James, 2. September 1631, nach dem Namen seines Schiffes), «Briggs bay» usw. sichtbar. Eine Einmündung direkt unterhalb des 60. Breitengrades trägt die Bezeichnung «Huberts Hope», ganz offensichtlich während der Button-Reise nach J. Hub[b]art, dem Steuermann der «Resolution», benannt, auf dessen Vorschlag ab Juni 1613 von Port Nelson aus in nördlicher Richtung weitergefahren wurde, um die ersehnte Nordwest-Passage zu finden (vgl. analog dazu «Youngs Hope» an der grönländischen Westküste). Die nach einem Freund von Button, dem späteren Vizeadmiral Robert Mansel[l] (*1573, †1656), benannte Mansel-Insel erscheint weiterhin als «Mansfeild I.», diese Form wird noch viele Jahre beibehalten. An der Ostküste der Bay sind «Prince Ruperts Land» für das Hinterland, «The Bakers Dozen» für eine vorgelagerte Inselgruppe und in der Südostecke der James Bay «Ruparts R[iver]» eingetragen. Rupert's Land oder Prince Rupert's Land war die Bezeichnung für das sich sehr weit nach Südwesten ausdehnende gesamte Wassereinzugsgebiet der Hudson Bay, das am 2. Mai 1670 von James II. der Hudson Bay Company unter der Leitung von Ruprecht von der Pfalz (*1619, †1682), Cousin des Königs, übergeben wurde. Der Name lebt heute noch fort für die größte Kirchenprovinz der Anglican Church of Canada sowie für eine Diözese im Süden von Manitoba.

Robert Morden verwendet bereits die zu diesem Zeitpunkt noch nicht allgemein übliche Zählung der Längengrade in westlicher Richtung. In die französische Version eingefügt wurden, jeweils in der Mitte der Außenseite der jeweiligen Koordinatenskala, die Angabe der Himmelsrichtungen, nunmehr mit den modernen, aus dem Germanischen stammenden Bezeichnungen Nord, Sud, Oueſt, Eſt.

A 1203

Partie occidentale | du canada ou de la nouvelle | france | ou sont les Nations des illinois, de tracy, les | iroquois, et plusieurs autres Peuples; | Auec la louisiane Nouuellement decouverte etc. | Dreſſée sur les Memoires les plus Nouueaux. | Par le P. Coronelli Cosmographe de la Ser.ᵐᵉ Repub. de venise | Corrigée et augmentée Par le Sʳ. Tillemon; et Dediée | A Monsieur l'Abbé baudrand. | a paris | Chez J B Nolin Sur le Quay de l'Horloge du Palais Vers le | Pont Neuf a l'Enseigne de la Place des Victoires. | Auec Priuilege du Roy. | 1688.

Die beiden Stiche A 1203 und A 1204 sind Beispiele für einen neuen, überwiegend ethnographisch ausgerichteten Prototyp mit einem großen Reichtum an kartographischen Legenden und Notationen. Sie sind dem Abbé Michel-Antoine Baudrand (*1633, †1700) gewidmet, der mehrere geographische Monographien und Lexika zusammenstellte, wie die *Geographia ordine litterarum disposita* in zwei Bänden (Paris 1681–1682) sowie deren französische Bearbeitungen, insbesondere die posthum erschienenen Repertorien *Dictionaire Geographique Universel* (1701) und *Dictionaire Geographique et Historique* (1705), die sich als eine wichtige Grundlage für nachfolgende geographische Nachschlagewerke erwiesen. Aus der engen Zusammenarbeit von Kartographie und Lexikographie konnten einige bedeutende Karten und Atlanten hervorgehen.

Gezeichnet wurden die Karten von Vincenzo Maria Coronelli (*1650, †1718), der ab 1681 vorübergehend für Louis XIV. am französischen Hof tätig war. Sie wurden u.a. in den *Atlante Veneto* sowie in den *Théâtre du monde dédié au Roi* (ab 1700) von Jean-Baptiste Nolin übernommen. Für die seit Mitte der 1680er Jahre aus der Zusammenarbeit von Coronelli, Nolin, sowie dem Abbé Nicolas du Tralage [Trallage] entstandenen Dokumente wurden gemäß einem entsprechenden Vertrag im Jahr 1686 die Urheberrechte für den Vertrieb in Frankreich dem Graveur und Verleger Nolin übertragen, der sich im Gegenzug verpflichtete, die Produktion und Veröffentlichung sicherzustellen. Nach seiner Rückkehr nach Venedig wurde Coronelli 1685 zum «cosmografo della Repubblica Serenissima di Venezia» ernannt, eine Auszeichnung, die seitdem fester Bestandteil der Titulatur seiner Karten und Atlanten wurde. Er gehörte nun zu den wenigen Privilegierten, die Zugang zu aktuellen geographischen und ethnographischen Informationen aus dem Westteil der Nouvelle-France («les Memoires les plus Nouueaux») von Joliet, Marquette, Hennepin und La Salle hatten, und diese somit exklusiv und in relativ kurzer Zeit kartographisch umsetzen konnte. Die Erkundung des Westens wurde am 12. Mai 1678 in mehreren lettres-patentes René-Robert Cavelier, Sieur de La Salle (*1643, †1687) übertragen. Bereits 1634 war Jean Nicolet (Nicollet) de Belleborne (*ca. 1598, †1642) über den Lake Michigan, den Fox River (Rivière aux Renards) bis zum unteren Wisconsin («Riu: Ouisconsing» auf dieser Karte) gekommen und glaubte dort nahe der Südsee gewesen zu sein. Im Mai 1673 erreichten in Erfüllung eines offiziellen Auftrags Louis Joliet (Iolliet) (*1645, †1700) und der Jesuitenpater Jacques Marquette (*1637, †1675) von S. Ignace aus über die Baye des Puants (Green Bay) auf ähnliche Weise am 17. Juni 1673 den Mississippi, den sie bis zur Mündung des Arkansas befuhren. Zwischen dem Fox und dem Wisconsin ist noch eine Strecke von ca. 1,5 Meilen über marschiges Gelände durch Umtragen der Kanus zu überwinden, einer der zahlreichen auf dieser Karte verzeichneten «portages», der sich in diesem Fall durch generische Verwendung (The Portage) zum Ortsnamen (Portage, Wisconsin) entwickelt hat. Auf ihrem Rückweg gelangten sie über den Illinois und den Des Plaines River (hier einer der beiden «Riu: de Chekagou») – wieder mit fachkundiger einheimischer Leitung – an die «Portages de Chekagou», die je nach Jahreszeit sogar auf dem Wasser durchquert werden konnten. Diesen für Frankreich äußerst wichtigen Umtragepositionen und der allmählichen Entwicklung zu einem wichtigen Handelsstützpunkt an der Wasserscheide zwischen Nordatlantik und dem Golf von Mexiko verdankt die Stadt Chicago ihre Entstehung.

Die historisch-geographischen Angaben und Erläuterungen der beiden Dokumente A 1203 und A 1204 zu diesen neuesten Entwicklungen (u.a. auch in Form von Notationen direkt an der entsprechenden Stelle des Kartenfeldes) betreffen neben den Reisen von La Salle, Joliet und Marquette u.a. auch Daniel Greysolon, Sieur du Luth (Dulhut, Du Luth) (*1639, †1710), der wie zwei Jahre später Louis Hennepin 1680 in der région des Mille Lacs war und den lac des issati nach Gouverneur Buade benannte. Von ihm wurde Fort St. Joseph 1686 errichtet.

Zu den detaillierten Visualisierungen neuer geographischer Erkenntnisse (hier insbesondere über die östlichen Zuflüsse des mittleren Mississippi) und die angetroffenen Ethnien kommen nicht zuletzt für nachkommende Reisende nützliche praktische Informationen wie beispielsweise die Schiffbarkeit bestimmter Wasserwege. Besonders in den westlichen und südlichen Randbezirken der Karte illustrieren einige Vignetten das Leben der einheimischen «nations» und haben längere Ausführungen über den Mississippi und einige hier gemachte botanische Beobachtungen (am

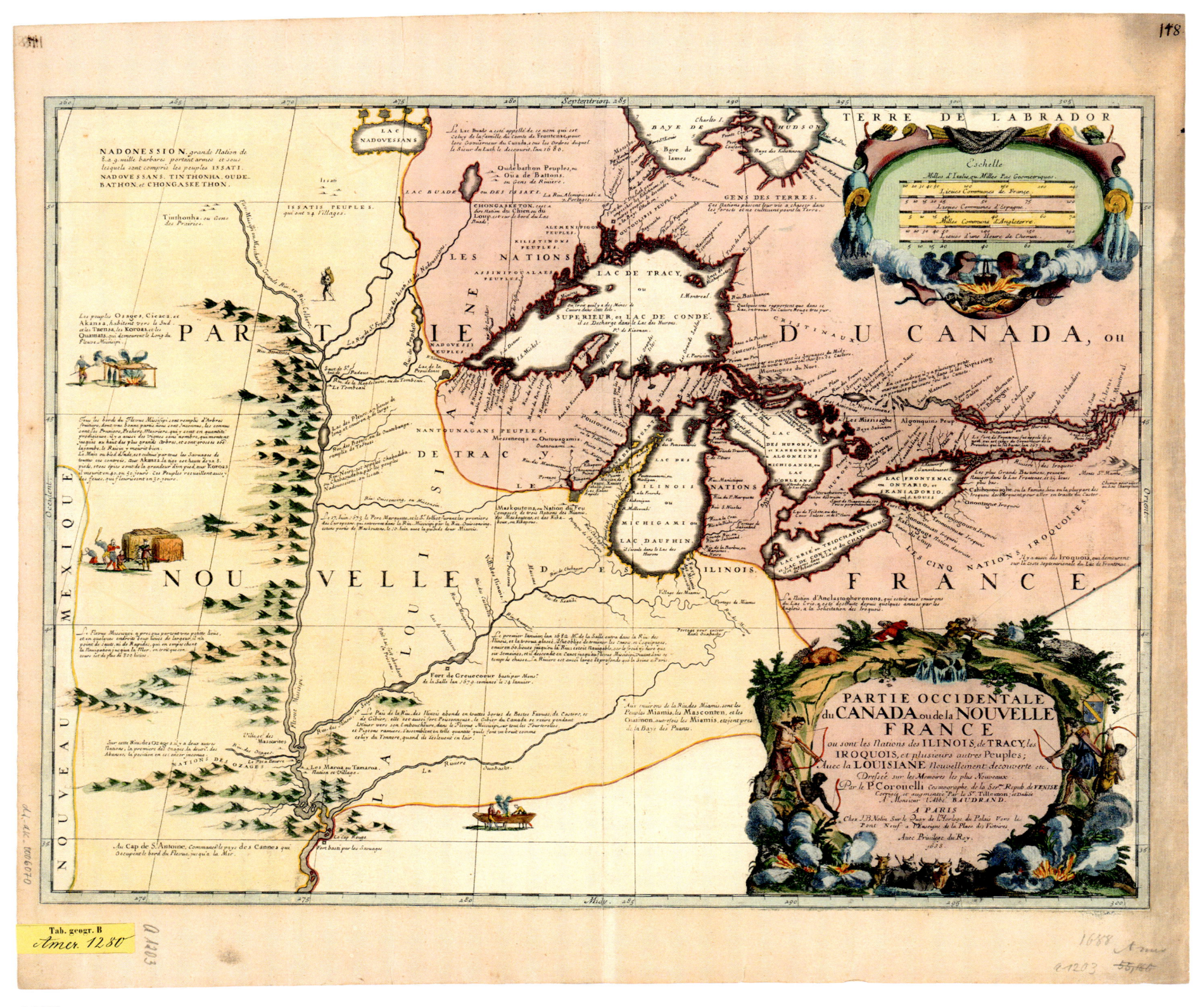

rechten Mississippi-Ufer) oder auch über die vorgefundene Fauna (im Illinois-Mündungsgebiet) Platz. Diese Elemente sind charakteristisch für den Stil von Coronelli auf seinen Nordamerikakarten.

Als ein Beispiel aus der riesigen Fülle von Ethnonymen ist die Bezeichnung Kilistinons (so u.a. bei Joliet 1674), hier oberhalb des Nordwestufers des Lac de Tracy, ou Superieur verzeichnet, relativ konstant in der Folge dokumentiert, zumal sie zunehmend als ethnographischer Sammelbegriff verwendet wurde (Adelung 1812: 407–408). Dies ist bereits auf der vorliegenden Arbeit der Fall, auf der neben den eigentlichen Kilistinons peuples in den Ländern hinter dem gegenüberliegenden Ufer des Lac Supérieur, an dem sie bereits die Karte A 1200 als «Kiristinous» lokalisiert hatte, die – offensichtlich bereits größere – Gruppe Cristinaux erscheint. Auf den Karten des Typs A 1180 umfasst ihr Gebiet bereits das südwestliche und südöstliche Hinterland der Hudson Bay, auf A 1186 erhielt es sogar eine distinktive, hellrote Flächenfärbung. Die Volksgruppe wurde als «Kilistinous» oder «Kilistinons» von den Patres Albanel, Allouez, Charlevoix und Dablon beschrieben, im Tabellenblock der Karte A 1205 des *Atlas Historique* als «Clistinos, braves guerriers» aufgeführt und schließlich in den Formen «Christinos» bei Radisson oder «Cristinaux» gern mit dem Adjektiv «christianus» in Verbindung gebracht.

Die Erkundung des Mittleren Westens vergrößerte die Nouvelle-France in kurzer Zeit um immense Territorien, die alle zusammen ungefähr fünfzehn späteren Staaten der USA entsprechen und von La Salle «Louisiane» genannt wurden (administrativ gegliedert in die «Haute-Louisiane» bzw. den Pays des Illinois nördlich und die «Basse-Louisiane» südlich des Arkansas).

Im Süden reicht das Kartenfeld bis etwas südlich des Cap Rouge unterhalb der Einmündung der Rivière Ouabache (Wabash R.) in den ab der Mündung der «Riu. de la Magdelaine ou du Tombeau» bis zum Zusammenfluss mit dem Illinois bemerkenswert geradlinig in Nord-Süd-Richtung verlaufenden Mississippi. Nur zwei von Westen einmündende Flüsse sind angedeutet, darunter die «Riu. Otontenta», die beim Baron Lahontan eine Rolle spielen wird. Am linken Kartenrand, etwa zwischen 33°40′ N und 43°45′ N, ist ein Grenzstreifen des benachbarten «Nouveau Mexique» zu sehen. Auf dieser Karte öffnet sich noch das Gebiet der französischen Expansion unbestimmt weit nach Westen, Nordwesten und Süden, doch beschränkt sich der Referenzbereich der Signatur La Louisiane wiederum auf – unterschiedlich kolorierte – Territorien östlich des Mississippi.

Wie bei der spanischen Kolonialverwaltung wird die Tradition der Nachbenennung bzw. Namenübertragung von geographischen Einheiten des Mutterlandes gepflegt. Durch die Kombination mit den angetroffenen altamerikanischen Namen kommt es in dieser Phase in einigen Fällen zu einer Akkumulation von manchmal bis zu fünf unterschiedlichen Bezeichnungen für die gleiche Sache, gleichzeitig eine Besonderheit auf Karten von Coronelli. Daher sind auch die fünf Großen Seen mit mindestens drei Namen versehen. Neben der religiös-kommemorativen Benennungstradition wurde auch die dynastische praktiziert (oder auch beide miteinander verbunden, vgl. «Lac ~», «Fleuve St. Louis» usw.), das heißt, die größten Seen wurden zu Ehren von Mitgliedern des französischen Herrscherhauses benannt: Lac Dauphin (Lac des Ilinois ou Michigami), Lac de Condé (Lac de Tracy, ou Superieur) nach der Familie Bourbon-Condé, dem Träger des «premier prince du sang», des zweithöchsten Erbtitels nach dem Dauphin, oder auch ganz konkret nach Louis II. de Bourbon-Condé, genannt «le Grand Condé» (*1621, †1686), sowie Lac d'Orléans (Lac des Hurons, et Karegnondi ou Algonkins Michigange) nach dem damaligen Träger des Titels Philippe de France, Duc d'Orléans, auch Philippe d'Orléans (*1640, †1701), dem jüngeren Bruder des Königs. Der Lac Ontario (et Skaniadorio, ou S. Louis) schließlich wird eine Zeit lang auch Lac Frontenac genannt, nach Louis de Buade, Comte de Frontenac et de Palluau (*1622, †1698, 1672–1682 Gouverneur der Nouvelle-France unter Louis XIV.), der 1673 am nordöstlichen Ufer des Sees das gleichnamige Fort errichten ließ (1668 «Katarokouy») und wie erwähnt auch für den Lac des Issati (Lac Leech) Pate steht. Ein kleiner «Lac S. Louis» im Bereich der Einmündung des Ottowa in den St. Lorenz-Strom trägt noch heute diesen Namen. Er war von Samuel de Champlain benannt worden, nachdem sein Forscherkollege Louis, den er mit der Erkundung des Ottawa-Flusses beauftragt hatte, auf der Rückfahrt in den Lachine-Stromschnellen tödlich verunglückte. Der Mississippi erhält hier in seinem Oberlauf im heutigen Manitoba vorübergehend die alternative Bezeichnung «Riv[ière] Colbert» (von Coronelli ansonsten auch für den gesamten Fluss verwendet), komplementär zu «Fleuve St. Louis» für den mittleren bzw. unteren Lauf des Stroms; der Illinois heißt auch Seignelay.

In der oben rechts in einer mit Fischmotiven und einer kannibalistischen Szene dekorierten Kartusche auf verschiedenfarbigem Untergrund (vgl. A 1174) geben die untereinander angeordneten Maßstabsleisten den Reduktionsmaßstab («Eschelle») in Form fünf verschiedener Wegmaßeinheiten der Epoche an. Dabei handelt es sich – von oben nach unten – um die «Milles d'Italie, ou Milles Pas Geometriques» (1000 geometrische Schritte, 60. Teil eines Äquatorgrades, 1.850 bis 1.851 m), um «Lieües Communes de France» (25. Teil eines Äquatorgrades, ca. 2.280,3 toises, 4.452,26 m), «Lieües Communes d'Espagne» (5.572,7 m), um «Milles Communs d'Angleterre» (English mile, 1.523,99 m bzw. statute mile, 1.609,347 m) sowie um «Lieües d'une Heure de Chemin» («große französische Meile» 1.5235,550 m).

In der an der unteren Umrandung der Maßstabskartusche dargestellten Szene wird ein menschlicher Körper ohne Arme an einem Spieß über offenem Feuer gebraten. Drastische Darstellungen dieser Art mögen – im Rahmen einer allgemeinen Vorliebe für dekorative Vignetten auf dem Kartenfeld – eine Spezialität Coronellis gewesen sein, denn auf seiner Louisiana-Karte (*Corso Geografico Universale* P. 2, No. 75), einer aus dem vorliegenden Dokument ausgegliederten Teilstudie zur Region der Großen Seen und dem mittleren Mississippi, die mit zahlreichen Darstellungen ähnlicher Art versehen ist, fällt nordwestlich des Lake Superior ein alligatorähnliches Reptil auf, das zum Entsetzen seiner Begleiter einen Menschen frisst. Auf der Westhälfte seiner Übersichtskarte *America settentrionale* [...] (*Atlante Veneto* I [1692], No. 24; *Corso Geografico Universale* P. 2, No. 70) spielt sich die gleiche Szene am rechten Ouabache-Ufer ab. Der interessierte Betrachter, der auch den Narwal mit Einhorn und Papageienschnabel auf Coronellis Arktiskarte kennt (auf den im Teil II, Kapitel 11 hingewiesen wurde), läuft natürlich Gefahr, die hier dargestellte Szene nicht ganz Ernst zu nehmen. Dabei enthielten die «Memoires les plus Nouveaux» durchaus Schilderungen langwieriger, unglaublich brutaler Verstümmelungsprozeduren, beispielsweise bei der Bestrafung Gefangener, die an Grausamkeit kaum zu überbieten sind (so z.B. nachzulesen – wenn auch aus einer späteren Zeit – in «An Account of the Country [...] and of the Original Inhabitants of it [...]» in der Mai-Ausgabe des *Universal Magazine* von 1777, S. 200–201).

A 1204

PARTIE ORIENTALE | du CANADA ou de la NOUVELLE | FRANCE. | ou sont les Provinces, ou Pays de SAGVENAY, CANADA, ACADIE etc. | les Peuples, ou Nations des Etechemins, Iroquois, | Attiquameches etc. | Auec la NOUVELLE ANGLETERRE, la NOUVELLE | ECOSSE, la NOUVELLE YORCK, et la | VIRGINIE. | les Isles de Terre Neuve, de Cap Breton etc. | le Grand Banc etc. | Dreſſee sur les Memoires les plus Nouveaux | Par le P. Coronelli Cosmographe de la Serenis^me. Rep. de VENISE. | Corrigée et augmentée Par le Sr Tillemon; et Dediée | A Monsieur l'Abbe' BAVDRAND | Par son humble Serviteur | I. B. Nolin. || A PARIS | Chez I.B. NOLIN sur | le Quay de l Horloge du | Palais, proche le Pont | Neuf à l'Enseigne de la | Place des Victoires. | Avec Privilege du Roy | 1689.

Das östliche Pendant zur Karte A 1203 von CORONELLI und dem SIEUR DE TILLEMONT mit gleichfalls umfassenden historisch-geographischen Kommentaren ist von einer einheitlichen französischen *scriptura* gekennzeichnet, die wiederum die zahlreichen anderssprachigen, insbesondere die englischen und niederländischen Legenden der bisherigen kartographischen Traditionen berücksichtigt bzw. beibehält, sie aber zunehmend mit entsprechenden französischen Allonymen versieht. Dies ist etwa an der Labradorküste oberhalb des 55. Breitengrades der Fall, jenseits der Nordgrenze der Nouvelle-France, gegenüber der z.B. auch auf der Karte A 1200 noch genuin niederländischen Nomenklatur; nun werden die ursprünglich von JANSZOON 1636 verwendeten Namen zunehmend von ausschließlich französischen («Bay d'Orange»), manchmal auch gemischten englisch-französischen Formen («Pointe de Low» anstelle von «Lage Hoeck») abgelöst. Berücksichtigt wird ferner für die «Baye Françoise» nunmehr die Bezeichnung «Bay of Funda» deren -a eventuell die vielfach geäußerte Möglichkeit einer portugiesischen Etymologie (etwa «Bahia Fagunda» [?] analog zu den «Fagundas») des heute als Baye of Fundy generalisierten Namens stützen könnte.

Eine zweite Gruppe niederländischer Namen setzt sich über das Territorium der bis 1667/1674 bestehenden Kolonie Nieuw Nederland hinaus auffällig weit an der neuenglischen Küste entlang bis zur Mündung der «R. Kinebequy» fort (siehe auch A 1230). Obwohl das Land selber – zwischen dem 38. und dem 45. Breitengrad als «nördliches» Virginia – in zwei Konzessionen von JAMES I. im Jahr 1606 de jure englisches Territorium geworden war, durften die Küstengewässer zwischen dem 40. und dem 45. Breitengrad gemäß dem Handelsmonopol vom 27. März 1614 von den Schiffen der «Compagnie van Nieuwnederlant» befahren werden. Doch war wiederum für die Erstellung von Karten vielmehr die Verfügbarkeit möglichst aktueller Vorlagen gleich welcher Provenienz ausschlaggebend; für das vorliegende Dokument wurde ganz offensichtlich auf JAN JANSZOONS *Belgii Novi, Angliæ Novæ et Partis Virginiæ Noviſſima Delineatio* (1650) bzw. auf die ein Jahr später edierte Kopie von NICOLAES VISSCHER sen. (der im unteren Teil die Ansicht JOHANNES BLAEUS von Nieuw Amsterdam einsetzte) zurückgegriffen und einzelne Partien daraus direkt übernommen (wie etwa die charakteristsche Form der GRAND BANK vor Neuengland), so erscheinen mit geradezu direkten typographischen Übereinstimmungen, beispielsweise in der Umgebung von Cape Cod, «Vlielant» für Nantucket, «Texel» für Elizabeth Island, «Staten hoeck» für Cape Cod usw., doch ergaben sich bei der Übertragung gelegentlich sprachliche Inkongruenzen («Witte hoeck» → «Ville hoeck»). Mit dem offiziellen Beginn der holländischen Kolonisationstätigkeit (1614) war zunächst durch ADRIAEN BLOCKX mit der Aufnahme der Küsten begonnen worden; sein Manuskript und die Karten von HESSEL GERRITSZOON aus der zweiten, erweiterten Auflage von JOHANNES DE LAETS *Nieuvve Wereldt Ofte Beschrijvinghe van West-Indien* (Leiden 1625) haben ab den 1630er Jahren das Namenmaterial geliefert. Auch als kartographische Basis ist neben CHAMPLAIN besonders GERRITSZOON zu nennen, dessen *Nova Francia et regiones adaicentes* [ca. 1630] die hier verwendete Form Neufundlands vorlegte.

Gerade diese Küstenkonturen aber waren die wesentlichen Gründe für die vernichtende Kritik von HENRY HARRISSE, dem sich die Zeichnung der Westküste als eine spiegelbildliche Projektion der Ostküste der Insel aus CHAMPLAIN 1613 präsentierte, der die Avalon-Halbinsel wenigstens angedeutet hatte. Anstelle der angeblichen «Memoires les plus Nouveaux» sei eine alte portugiesische Karte zu Grunde gelegt worden. «Cette carte n'est intéressante que pour ses légendes» (HARRISSE 1900: 337).

Somit stehen entsprechend dem Kartentitel wie im Fall A 1203 die geographische Zuordnung der Ethnien und die Ethnonymie im Vordergrund. Zu den bedeutenderen gehören südlich und südöstlich des LAC DE FRONTENAC OU ONTARIO und des ausfließenden St. Lorenz-Stroms (hier «La Riuiere des Iroquois») LES CINQ NATIONS IROQVOISES, nördlich des Hauptwasserweges bis zum Saguenay die ATTIQVAMECHES (gemäß heutiger normierter Schreibweise *Attikameks*); rechts des unteren «Fleuve du Canada ou de S. Laurens» das Land der ETECHEMINS; auf der Gaspé-Halbinsel findet sich wieder die zweite CANADA-Signatur. Der St. Lorenz-Strom wechselt somit, wie es auch auf verschiedenen anderen Karten der Fall sein wird, seinen Namen; zwischen dem Lac Ontario und Montréal ist er «La Riuiere des Iroquois», analog dazu erhält der Ottawa alternativ die Bezeichnung «ou des Hurons».

Auf diesem Exemplar ist jeweils vom Land der ETCHEMINS deutlich abgesetzt die bis zum Isthmus (Les Mines) reichende ACADIE und die lediglich einen südlichen Teil zwischen dem oberen Pentagouet und dem Mündungsgebiet der «Riuiere de S. Croix» ausfüllende NOUVELLE ESCOSSE; nach Südwesten hin folgen in jeweils eigener Färbung NOUVELLE ANGLETERRE mit «N[ouvelle] Hollande» (Cap Cod-Halbinsel) bis einschließlich der Elizabeth Island, NOVVELLE YORK, LA VIRGINIE (in die bereits die entlang der Ostgrenze noch angedeutete NOVVELLE SVEDE aufgegangen ist und die ferner PENSYLVANIE und MARYLAND aufnimmt) und schließlich CAROLINE. Diese Bezeichnung wurde offiziell von englischer Seite – zu Ehren von König CHARLES I. – ab 1663 vergeben, während Frankreich mit den Bezeichnungen «Charlesfort» und «Fort de la Caroline» seinerseits König CHARLES IX. ehrte, und umschließt die Floride française, von der hier ab Port Royal bis zum Kartenrand eine Partie bis zur Somme (möglicherweise St Andrews Sound, Georgia) in der Namengebung von JEAN RIBAULT zu sehen ist.

Etwa in der Mitte zwischen der Stadt Québec und dem Saguenay erscheint noch einmal die Signatur «NOWELLE BISCAYE Province» (vgl. A 1230). Für Labrador werden ähnlich wie auf der Karte A 1200 von NICOLAS SANSON alternativ ESTOTILANDE OU THE NEW BRETAIGNE et TIERRA DE LABBORADOR verzeichnet, diesmal in direkter sprachlicher Zuordnung zu den vermeintlichen landestypischen Namenstraditionen («Labrador» im Spanischen und Portugiesischen, «New Britain» im Englischen). An der Westküste Neufundlands gibt es neben dem «Cap de Raye» an seiner gewohnten Position ein «Cap Roy» (Cap St. George) an der nordwestlichen Spitze der Baye de St. George sowie noch weiter nördlich ein «Cape du Roy», eine Konfusion, die sich in anderer Form bei HERMAN MOLL und nachfolgenden Kartographen durch die Vermischung des Cape Ray mit der Pointe Riche fortsetzt.

Die rechts oben auf dem Kartenfeld nordöstlich von Cap Gamay zu lesende Notation stellt in der Chronologie der Entdecker der Nouvelle-France die Bretonen (1504) und den aus Rouen stammenden Kapitän THOMAS AUBERT den Forschungsreisenden GIOVANNI DA VERRAZANO («Jean Verazzan») und JACQUES CARTIER («Jacques Quartier») voran. AUBERT war Anfang 1508 mit dem Reeder JEAN ANGO dem Älteren (*1480, †1551) aus Dieppe zusammengekommen und erkundete als

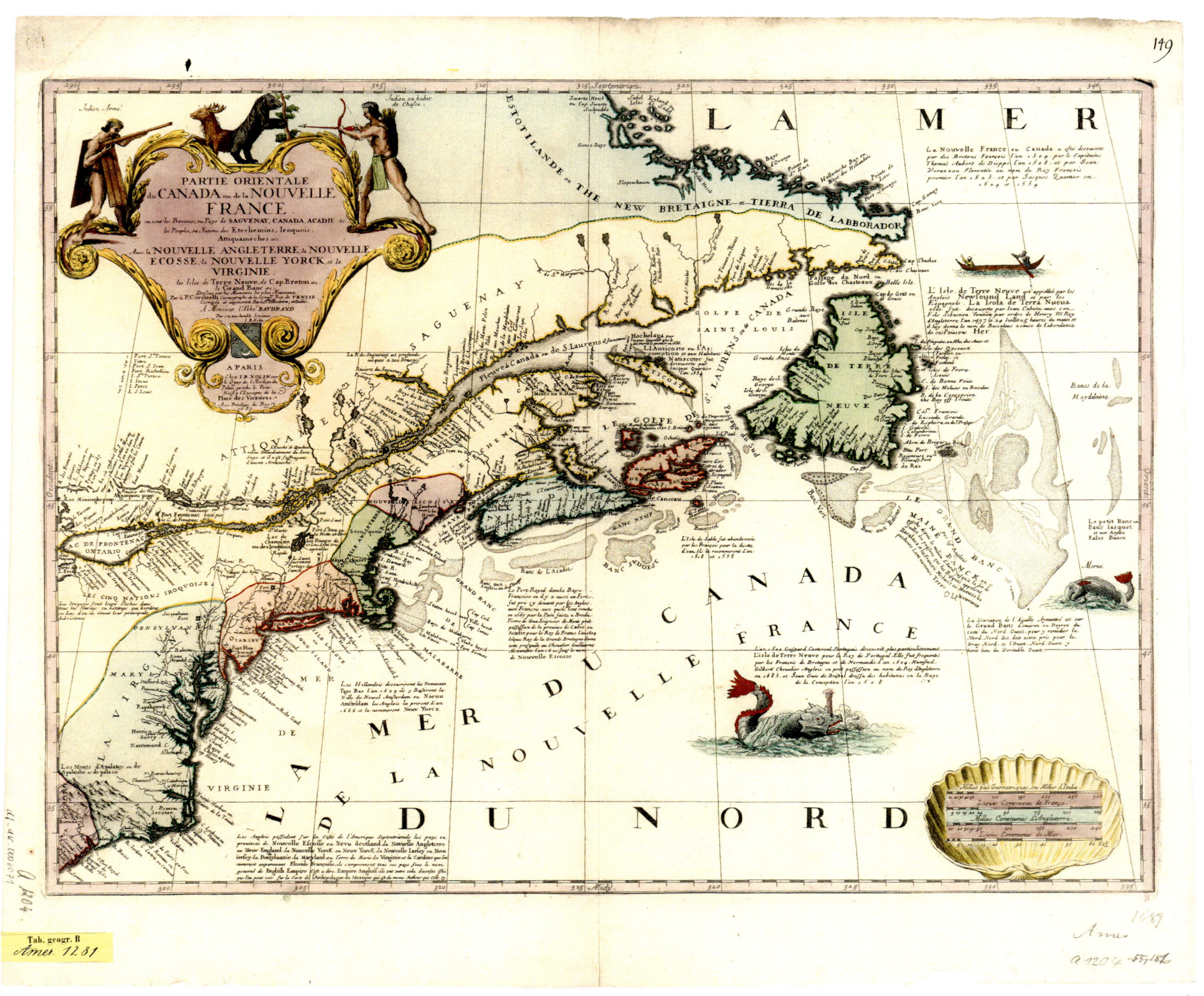

Ausgewählte Land- und Seekarten im kartenhistorischen und politischen Kontext | 113

A 1204

Kapitän der «Pensée» zusammen mit VERRAZZANO Teile der neufundländischen Küste und die Mündung des St. Lorenz-Stroms. Gemäß den *Mémoires Chronologiques pour servir à L'Histoire de Dieppe* (I: 100) haben diese beiden – und nicht CARTIER – am Tag des hl. Laurentius dem St. Lorenz-Strom den Namen gegeben. Ausgangspunkt war vermutlich die St. Lorenz-Bai, ursprünglich die Mündungsbucht des von Norden kommenden Flusses St. Jean. Es handelte sich hier um die zweite offiziell dokumentierte französische Expedition in diese Gewässer nach der Reise von JEHAN (JEAN) DENYS aus Honfleur mit seinem Piloten CAMART (1506). AUBERT brachte auf seiner Rückfahrt (1509) sieben Mi'kmaq, ihre Kanus, typische Kleidungsstücke und Waffen mit, die 1512 in Rouen präsentiert wurden, und übermittelte den einheimischen Neufundlandfahrern nützliche Informationen für die Küstenfischerei nördlich des Kap Bonavista.

Genau positioniert und nomenklatorisch differenziert werden auch die für die Wirtschaft bedeutenden Fischgründe in den küstennahen Gewässern südlich von Neufundland, Cape Breton Island und der Acadie. Bezüglich Form und Lage der Großen Neufundlandbank und seiner östlich benachbarten Nebenbänke markiert die Karte von CORONELLI, die für diese auch die zeitgenössischen Alternativbezeichnungen nennt («Bancs de la Magdelaine» einerseits, «Le petit Banc ou Banc Iascquet [recte: Iacquet] et aux Anglois Falss Banck» andererseits), einen Wendepunkt. Als Modell gilt von nun an die Darstellung der Neufundlandbank von GEORGES BOISSAYE DU BOCAGE (GEORGES LE BOCAGE BOISSAIE) sen. auf dessen Karte von 1673 bzw. auf dem auf dieser Grundlage angefertigten Dokument von VAN KEULEN (1684); auch wird dieses Areal, wie auf der separaten Bearbeitung *Canada Orientale nell' America Settentrionale* (A 1232), die u.a. im *Corso Geografico Universale* und im *Isolario* des *Atlante Veneto* abgedruckt ist, nach dem Vorbild von BOISSAIE DU BOCAGE mit Tiefenangaben versehen. Darüber hinaus erscheinen die bis heute unter den Seefahrern üblichen Bezeichnungen («Banc Vert», «Banc aux Balenes», «Banquerel», «Banqueraux» etc., vgl. A 1230) und zahlreiche Erläuterungen dazu in entsprechenden Notationen. Diese Bezeichnungen sind noch auf den modernen Seekarten überwiegend in diesen oder ganz ähnlichen französischen Formen präsent (z.B. Banquereau 'petit bas ou bas-fond [...]', 'il s'applique plus pariculièrement à deux bancs situées à l'ouest du grand banc de Terre-Neuve [...]' [TLF]), und werden inzwischen außerdem in den offiziellen Registern der undersea features geführt. Dennoch sind deren Lage und Form naturgemäß weniger stabil: die hier unter den Namen Iacquet- und Magdelaine-Bank zu sehenden Fragmente, kurze Zeit später

auch als zusammenhängender, langgestreckter Außenposten der Großen Bank (A 1177), sind heute ein kompaktes, annähernd rundes Plateau von ca. 58.000 km². Die moderne Bezeichnung Flemish Cap/Bonnet Flamand ist offensichtlich eins von mehreren möglichen Ergebnissen der englischen und niederländischen Tradition, die diesen Bereich u.a. als «False Bank» bzw. «Valsche Bank» genannt haben, und erscheint zunehmend im letzten Drittel des 18. Jahrhunderts, zunächst noch als alternative Bezeichnung, so z.B. auf den Seekarten A 1291 und A 1292. Auch weiter westlich kommen nun neue differenzierende Bezeichnungen hinzu (BANC NEUF, Banc Canceau, BANC SVDOEST als Teile der akadischen Bänke, Banc aux Anglois, ou de Sᵗ George neben der GRAND BANC DE MALABARRE vor Neuengland).

Die Karte ist mit zahlreichen farbigen Illustrationen ausgestattet, so z.B. von zwei indianischen Küstenbewohnern im Kanu (querab Cap Charles), eines «Indien Armé», eines «Indien en habit de Chafse» (diese als linke bzw. rechte Flanken der Titelkartusche). Die Abbildungen des Kabeljau («Morue») am rechten Kartenrand unterhalb der Mitte, der von Mitte April bis Ende Juli auf der Großen Neufundland-Bank gefischt wird, fällt ähnlich wie die des mittelalterlich-fabulös anmutenden Wal weiter unten wegen der geringen Originaltreue auf.

Die Maßstabskartusche unten rechts gibt neben den auf der Karte A 1203 u.a. verwendeten italienischen und englischen Meilen sowie französischen Lieües «Lieü[e]s Communes de Mer» ohne weitere Spezifizierung an. Hier ist bereits nicht mehr die alte «Lieue marine» (20. Teil des Äquatorgrades, ca. 2853 toises, vgl. A 1230), sondern die neue zu 1.852 m gemeint, die sowohl auf französischen als auch englischen Schiffen (hier als «Marine Leagues» bzw. «Nautical Leagues») gebräuchlich wurde und aus der die moderne Seemeile hervorgegangen ist. Die früheren Maße wurden in Großbritannien und Kanada noch in den 1960er Jahren allgemein verwendet.

A 1174

NOVA CANADÆ SIVE NOVÆ FRANCIÆ IN AMERICA SEPTENTRIONALI TABULA, AD USUM SERENISSIMI BURGUNDIÆ DUCIS. | LE CANADA | OU PARTIE DE LA | NOUVELLE FRANCE | Dans l'Amerique Septentrionale, Contenant | la TERRE DE LABRADOR, la NOUVELLE | FRANCE, les ISLES DE TERRE | NEUVE, de NOSTRE DAME. etc. | á l'Usage de Monseigneur | le DUC DE | BOURGOGNE. | Par son tres Humble et tres Obeisfant | Serviteur H. IAILLOT. | PARIS 1696.

Das hauptsächliche Interesse dieser Arbeit besteht in einer möglichst genauen Dokumentation der französischen Kolonialpräsenz südlich und westlich der Baye de Hudson bzw. Baye du Nord, deren Zukunft von der kontinuierlich wachsenden Konkurrenz der Briten gefährdet und vom Landesinnern her von indianischen Angriffen bedroht ist. Es handelt sich hier um eine umgewidmete, im Kartenfeld jedoch weitgehend übereinstimmende Version der *Partie de la Nouvelle France* von HUBERT ALEXIS JAILLOT (*ca. 1632, †1712) aus dem Jahr 1685 mit leicht veränderter und seitenverkehrt projizierter Blattwerkkartusche. Die Karte ist nun als Bestandteil des *Atlas françois à l'Usage de Monseigneur le Duc de Bourgogne* dem Dauphin LOUIS, Herzog von Burgund (*1682, †1712), ältester Enkel des Königs und ältester Sohn des Thronfolgers, gewidmet, der ab 1702 in den «Conseil d'en-haut» berufen wurde. Diese Dedikation wird auf jeder einzelnen Karte dieses Kartenkonvoluts, von dem in der SLUB Dresden ein Exemplar mit dem Imprint Nicolas de Fer 1699 vorhanden ist, separat wiederholt. Die vorliegende Karte erschien ferner in der aus dem Atlas ausgegliederten *Nouvelle Introduction à la Géographie* sowie 1756 in einer bearbeiteten Version im *Atlas Minor* der Amsterdamer Firma R. & J. OTTENS.

Insbesondere hinsichtlich der Dichte der geographischen Nomenklatur gehört diese Karte wie ihre unmittelbare Vorlage (A 1173) nicht zu der Kategorie der enzyklopädischen Dokumente von CORONELLI/TRAL(L)AGE. Eine untergeordnete Rolle spielen eindeutig die atlantischen Regionen, das Hinterland des St. Lorenz-Unterlaufs, Neufundland und die Acadie. Dafür werden die Küstenlinien und eine beachtliche Anzahl vorgelagerter kleiner Inseln in unterschiedlichen Farben («Konfetti»-Manier) mit erstaunlicher Genauigkeit wiedergegeben. Im Zentrum der Nouvelle-France bzw. westlich und südlich der Hudson Bay (deren genaue Konturen und die Lage der vorgelagerten Inseln aus englischen Quellen übernommen wurden) wird großen Wert auf den genauen Verlauf der fließenden bzw. die genaue Lage der stehenden Gewässer gelegt. Neu hinzugekommen ist der LAC DES POUX westlich der Buttons Bay, der nun auch

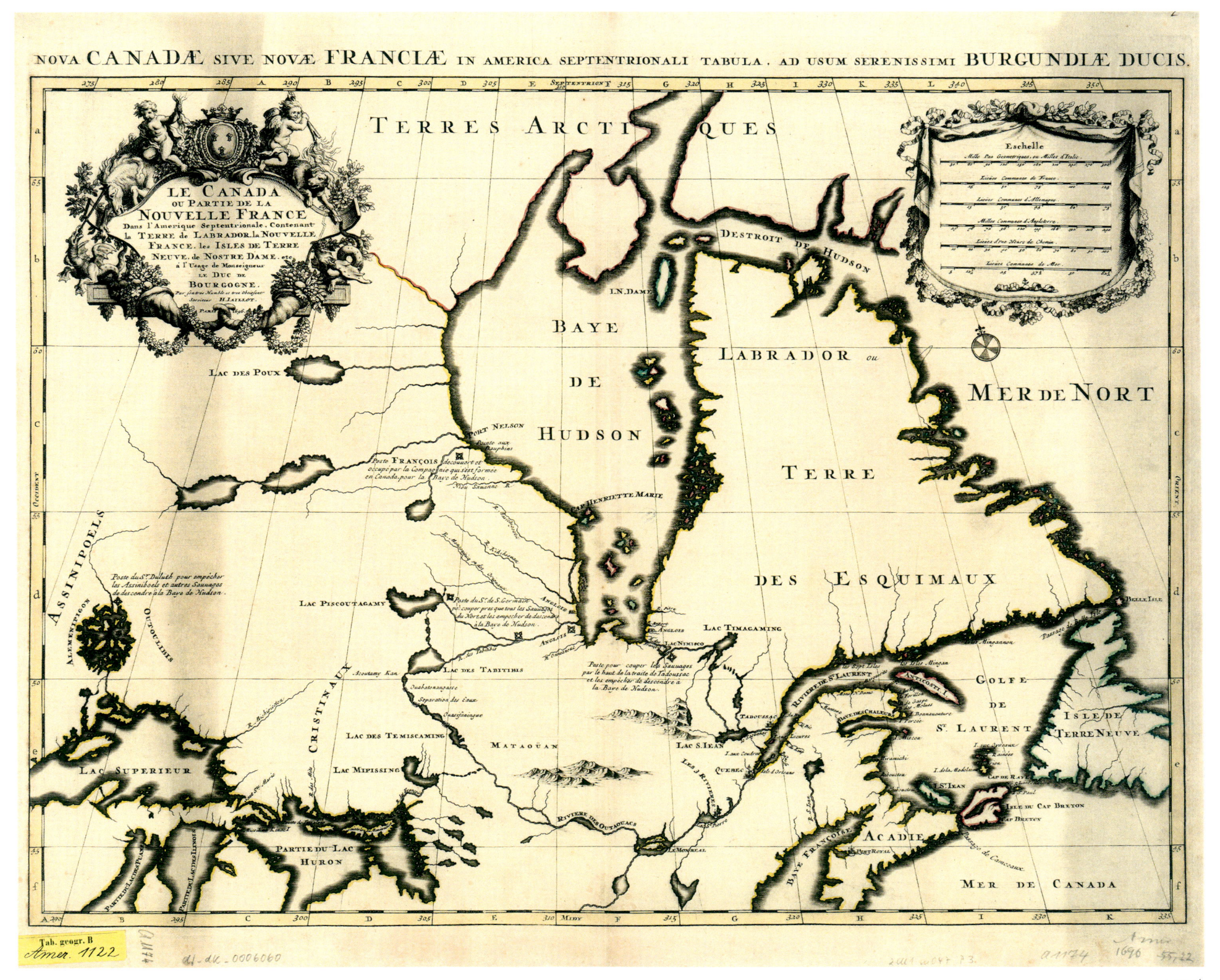

Ausgewählte Land- und Seekarten im kartenhistorischen und politischen Kontext | 115

auf anschließenden Darstellungen (wie z.B. von Franquelin) erscheint; das Gleiche gilt für einige Partien südwestlich der Bay. Markiert und gegebenenfalls erläutert – allerdings nicht namentlich bezeichnet – sind die Positionen der strategischen Niederlassungen Frankreichs und Englands westlich und südlich der Bay sowie der von Forschungsreisenden bzw. Pelzhändlern eingerichteten «postes», die bestimmte Indianergruppen («sauvages») von der Hudson Bay abschneiden sollten («pour les empêcher [...] de descendre à la Baye de Hudson»). Zur Sicherung des frankokanadischen Handels sind vier größere «postes» errichtet worden, darunter einer am Ostufer der als Lac Piscoutagamy bezeichneten nördlichen Partie des Lac Abitibi, einer südöstlich davon an der rivière Abitibi («R. des Tabitibis»), sowie je einer am Lac Nemiscau (Lac Nimisco) und am Lac Nipigon (Alemenipigon), um eine möglichst effektive Kontrolle der Handelswege zu gewährleisten. Bei den englischen Niederlassungen wird sich lediglich auf die Spezifizierung Anglois beschränkt; diejenige am Südostufer der James Bay beispielsweise ist Charles Fort, das 1671 von dem jesuitischen Missionar Charles Albanel (*1614, †1696) verlassen vorgefunden worden war. Die Handelsinteressen wurden inzwischen von der 1682 gegründeten «Compagnie de la Baie du Nord» verfolgt, einem Konkurrenzunternehmen zur Hudson's Bay Company und sozusagen bereits eine «kanadische» Institution, der 1685 das Monopol für den Pelzhandel übertragen wurde, allerdings mit einer hohen Besteuerung um ein Viertel der Einkünfte.

Der sichtbare Teil des Nordatlantiks erscheint vor den Küsten Labradors traditionell als Mer de Nort und südlich von Neufundland und südöstlich der Acadie als Mer de Canada. Ab ca. 1685 wird von Jaillot und ein Jahr später auf den Nordamerikakarten von Jean-Baptiste Louis Franquelin (*ca. 1651) mit Terre des Esquimaux eine neue, sozusagen von den europäischen Kolonialnachbenennungen unabhängige Bezeichnung für die Labrador-Halbinsel eingeführt, die von nun an neben den anderen Alternativen (z.B. bei Brion de la Tour 1784 als contrée des Esquimaux) angeführt wird. Die im Titel angekündigte Isle de Nostre Dame am nordöstlichen Eingang der Hudson Bay ist die 1613 so benannte Mansel Island bzw. Île Mansel; für «Assomption» wird wieder der ursprüngliche Name Anticosti I. eingesetzt.

In der rechten oberen Ecke befinden sich in einer mit Blattwerk verzierten Vorhangkartusche Maßstabsleisten zu sechs verschiedenen Einheiten der Epoche, die größtenteils auch auf den Karten A 1203 und A 1204 angeführt wurden; anstelle der spanischen «legua» erscheinen hier jedoch die größeren «Lieües Communes d'Allemagne» (vgl. A 1230).

3. Der Kampf um die wirtschaftliche und militärische Vorherrschaft in Nordamerika

A 1255

Quebec, | Ville de l'Amerique | Septentrionale, dans | la Nouvelle France | avec Titre d' Eveché | Située sur la Fleuve de | S. Laurent a 310. Degr. | 17 Minutes de Longit. | et 46 Degrez 55. Min. | de Latitude; elle fut | Assiegée par les Anglois | sur les François, par | qui elle est encore | possedée l'an 1670. | depuis le 16.e Octobre | jusqu'a 22. du meme | mois. Mons. de Fronte= | nac estant pour lors | Gouverneur du Païſ, | qui leur fit honteuse | ment lever le Siege. [1695.]

Ein Textblock zwischen dem linken Kartenrand und einer Girlande mit landwirtschaftlichen Motiven enthält im oberen Teil die Titulatur für den ursprünglich 1694 von Herman van Loon gestochenen Plan, die in eine kurze topographische Beschreibung der Stadt Québec (ab 1674 Sitz der gleichnamigen Erzdiözese) zur Zeit des zweiten Gouvernements von Louis de Buade, Comte de Frontenac et de Palluau (*1622, †1698) übergeht, dabei 46°55′ nördliche Breite und 310°17′ östliche Länge von Hierro als geographische Koordinaten angibt – dieser letzte Wert wird auf einer späteren Reproduktion in 308°17′ E korrigiert (siehe A 1208) –, und den historischen Anlass für den vorliegenden Plan erläutert. Dabei handelt es sich um die viertägige Belagerung der Stadt Québec durch englische Streitkräfte unter Sir William Phips im Rahmen der Kampagne gegen die Nouvelle-France vom 16. bis 22. Oktober 1690 – nicht 1670, wie im Titel angegeben –, nach dem Angriff von 1628 die bereits zweite militärische Bedrohung und unmittelbare Reaktion auf die Verletzungen englischer Grenzen und militärischer Einrichtungen durch die französische Seite. Die typographisch zur Serie *Plans des Villes & Places importantes [...] Levez par M. de Vauban* (die z.B. in den *Atlas françois* von Hubert Jaillot eingearbeitet ist) gehörende zweite Version des Plans befindet sich in dem zunächst von Nicolas de Fer herausgegebenen Atlas *Les forces de l'Europe Asie, Afrique et Amerique, ou description des principales villes, avec leurs fortifications* (im fünften Band als Nr. 23), 1702 erneut aufgelegt von Pieter Mortier (im konsultierten Exemplar der SLUB im Band VII als Nr. 160) und schließlich von Pieter van der Aa. Diser übernahm den Plan außerdem in seine *Galerie agréable du Monde*, in der er im zweiten «tome d'Amérique» je nach Exemplar an unterschiedlichen Stellen zu finden ist. Bei den vielfach handkolorierten Exemplaren ist die frühere Variante von 1694, die noch unter der *Introduction a la Fortification* genannten «Partie» abgedruckt war, an dem Imprint des Verlegers de Fer im Textblock (der hier in einem eigentlichen Textkasten ohne Girlande untergebracht ist) unterhalb der Erklärung der Signaturen 1–17 für die Gebäudekennzeichnung, sowie an dem Vermerk «H. v. Loon fecit» in der Ecke links unten unterhalb des Kartenrandes zu erkennen. Es existieren ferner leichte Unterschiede in den von de Fer und Mortier verwendeten Platten. Eine englische Bearbeitung ist als Nebenkarte z.B. auf dem Plan A 1258 zu sehen. Das Kartenfeld ist nach Osten ausgerichtet, so dass sich Beauport am linken und die Île d'Orléans am oberen Kartenrand befinden.

Einschließlich vieler topographischer Details – jedoch mit Ausnahme einiger namentlich bezeichneter «fermes» – stellt sich dieses Dokument als Bearbeitung der auch jeweils mit einem Text- bzw. Legendenblock links ausgestatteten Manuskriptkarten des königlichen ingénieur Robert de Villeneuve von 1690 heraus, von denen *Quebéc [sic] Et ſes Environs en la Nouvelle France Assiegé par les Anglois le 16 Octobre 1690 [...]* in der Bibliothèque nationale de France (Département des Cartes et Plans, CPL Ge DD-2987 (8674)) und u.a. auch im Dépôt géographique du Ministère des Affaires Étrangères und in den Archives nationales d'outre-mer in Aix-en-Provence nachgewiesen ist.

Gezeigt wird die noch vergleichsweise spärliche Bebauung innerhalb und in unmittelbarer Nähe der ersten, bereits durch Erdwerk verstärkten provisorischen Stadtmauer, die kurz vor dem Überfall 1690 als Palisadenzaun fertiggestellt worden war (Ziffern 1–15 der Legende); sie musste nach dem englischen Angriff erheblich verbessert werden. Beim Brand vom 4. August 1682 waren bereits 55 Häuser zerstört worden. Im südöstlichen Teil stehen das Fort Saint Louis (Ziffer 1 der Legende), die von Champlain angelegte Keimzelle der Stadt und ab 1646 Sitz des Gouvernements der Nouvelle-France, für das im Innern des Forts das Château Saint Louis entstand (ab 1663 Versammlungsort des «Conseil souverain»). Außerhalb davon sind zu sehen die Kirche Notre Dame de la Paix (1647 errichtet, seit 1664 erste Pfarrkirche in der Nouvelle-France unter dem Namen Notre Dame de l'Immaculée Conception und seit 1674 Kathedrale), ein erstes Seminaire (1663), das Ursulinen- und Jesuitenkloster sowie ein Hospiz der Récollets in der Basse-Ville (also Gebäude solcher Orden, die missionarisch tätig waren und als Verwalter von seigneuries auch außerhalb der Stadt fungierten), der Évêché, erster Sitz des Erzbischofs sowie das Hospital, dessen erster Arzt ab 1640 Robert Giffard wurde. 1686 ließ der Indentant Champigny eine Büste des «Sonnenkönigs» Louis XIV. auf der seither Place Royale genannten Place du Marché errichten (Ziffer 10).

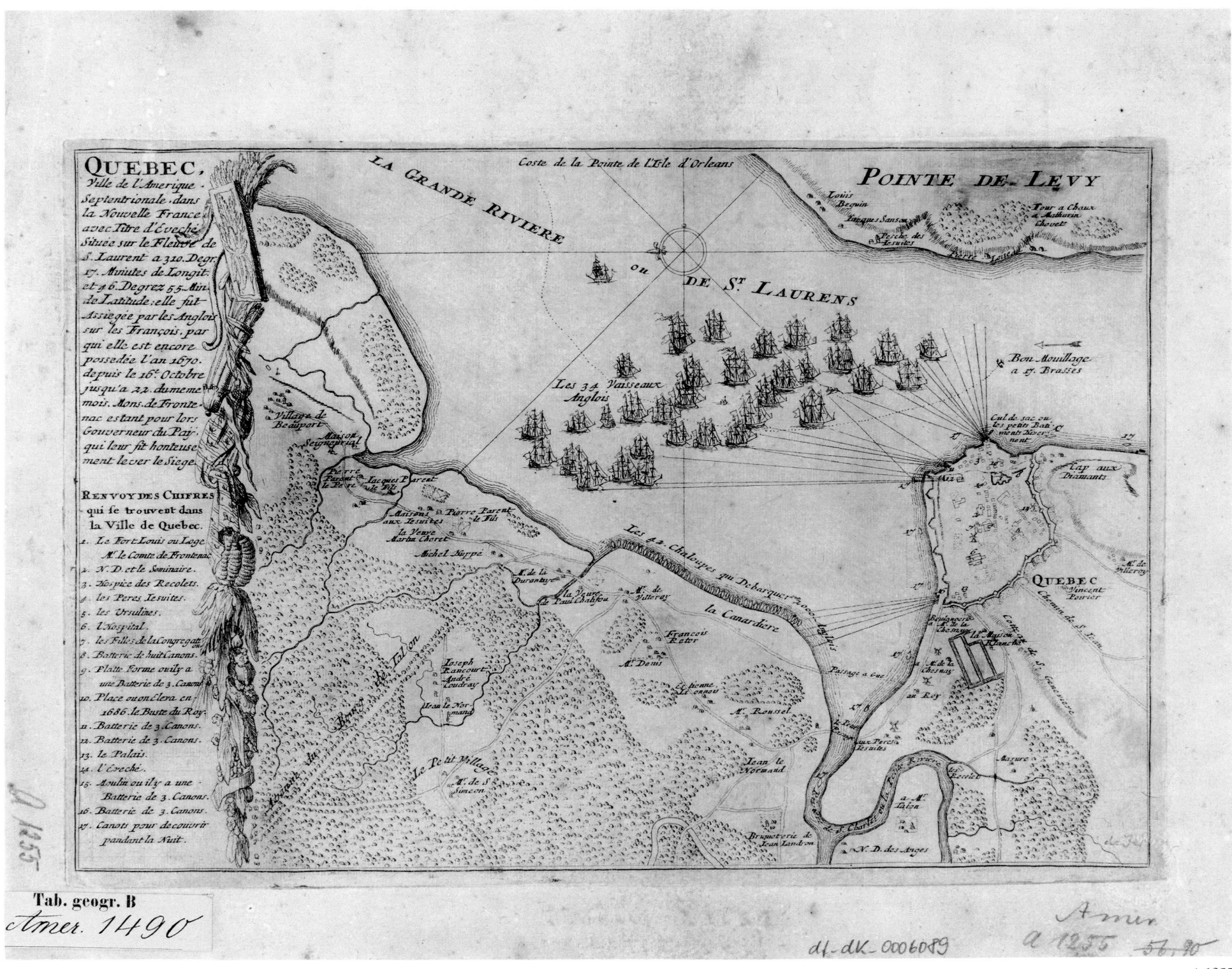

Ausgewählte Land- und Seekarten im kartenhistorischen und politischen Kontext | 117

An der gegenüberliegenden Uferpartie der Pointe de Lévy sowie zwischen der späteren Haute-Ville und dem village de Beauport an der Mündung der rivière Montmorency, der aus der 1634 an ROBERT GIFFARD übertragene seigneurie hervorgegangenen war, werden herrschaftliche Anwesen ihrem jeweiligen Eigentümer zugeordnet. Dabei handelt es sich um Namenträger noch heute hier lebender Familien, darunter MICHEL HUPPÉ (*1607, †1691), der aus Alençon (Orne) und PAUL CHALIFOU (*1612, †1678/1680), der aus Périgny (Charente-Maritime) eingewandert war. Eine Uferpartie des St. Lorenz-Stroms, die in das linke Ufer der Rivière St. Charles übergeht, hat aus dieser Zeit aus naheliegenden Gründen den Namen «la Canardière» erhalten, der u.a. auf den landwirtschaftlichen Betrieb des Seminars übertragen wurde. Von den beiden Bezeichnungen, die CARTIER dem Fluss gab, ist noch «la Petite Rivière» (gegenüber LA GRANDE RIVIERE OU DE St. LAURENS) dokumentiert. Die Ländereien an dieser Flussmündung der Rivière St. Charles waren 1615 den Récollets übergeben worden, die sie nach einer zwischenzeitlichen Verwaltung durch die Jesuiten 1670 wieder erhielten. Von ihnen wurde der moderne Name des Flusses nach CHARLES DE BOVES, Großvikar der Diözese Rouen sowie nach dem Heiligen KARL BORROMÄUS vergeben. Die Bezeichnung Notre Dame des Anges stammt aus der jesuitischen Epoche (1626).

Vom «Cotteau de S. Genevieve» im Südwesten der Stadt sind in jener Zeit Landparzellen unterschiedlicher Größe von Privatleuten erworben worden, davon 1659 eine beträchtliche Partie (70 arpents) von CHARLES AUBERT DE LA CHESNAYE (*1632, †1702), «le plus riche homme d'affaires de la Nouvelle France», dessen Anwesen einschließlich seiner Boulangerie neben der Maison Blanche eingezeichnet sind. Die «Avenue du Bourg de Talon» weist auf die eine der drei bourgs, die JEAN TALON nach seiner Ankunft 1665 im Rahmen seiner Enteignungspolitik gegen die Jesuiten gründete; aus ihnen ging später die paroisse (heute arrondissement) Charlesbourg hervor. Anhand der Zeichnung des Weges von dieser Avenue zum «Petit Village» sowie seiner entlang dieses Weges gelegenen fermes ist zu erkennen, dass dieser Abzug des Plans von der von MORTIER verwendeten Platte hergestellt wurde (KERSHAW I: 249).

Eindeutig im thematischen Zentrum des Dokuments sind allerdings die Verteidigungsanlagen zu Land und zu Wasser, insbesondere die hauptsächlich auf die Zitadelle konzentrierten Batterien zu je 3 Kanonen und die direkt vor dem städtischen Ufer sowie in der Rivière St. Charles positionierten «canots» für die nächtliche Erkundung der aus Norden oder Nordosten ankommenden Gefahren, sowie einige Landverkehrswege einschließlich zweier Durchquerungen der Rivière St. Charles in dessen Trichtermündung («Le Petit Passage» und «Passage à Gue»), die natürlich zunächst einmal zivile Bedeutung haben. Zu Wasser ist mit 34 Schiffen (überwiegend Dreimaster mit Tonnenheck; überliefert sind 32 Schiffe mit insgesamt ca. 2.000 Mann Besatzung, nicht 10.000, wie oft angegeben wird) sowie zwei kleinen Booten die britische Flottille unter dem Kommando von SIR WILLIAM PHIPS präsent, die zum Angriff auf die Stadt in Position gebracht wird. Gerade Linien, die überwiegend auf diese Schiffe gerichtet sind, markieren die Schussrichtungen von den Geschützstellungen an Land.

Ein Gesandter übermittelte Gouverneur FRONTENAC die Aufforderung des britischen Kommandanten, sich per Trompetensignal zu ergeben, worauf der Gouverneur mit den Worten geantwortet haben soll: «Je ne connais pas le roi Guillaume [...]; quant à votre général, qu'il sache que je n'ai point de réponse à lui faire que par la bouche de mes canons et à coups de fusils». Das danach erfolgte Bombardement und die Landung von PHIPS in Beauport am 18. September hatten allerdings kaum nachhaltige politische Folgen für die Stadt, da sich die englische Flotte nach dem Scheitern einer Landung und dem Verlust einiger Schiffe auf Grund mangelnder Rückendeckung wegen nahezu aufgebrauchtem Proviant und einer allgemeinen Angst vor dem nahenden Winter mit gefährlichem Eisgang bald zurückzog.

Auch die nächste Invasion von 1711 während des Spanischen Erbfolgekriegs («Queen Anne's War») mit immerhin 98 Schiffen und 12.000 Mann, dem Zehnfachen der erwachsenen Bevölkerung der Stadt, blieb für die englische Seite letztendlich erfolglos. Die ab 1687 erbaute Kirche Notre Dame, die anlässlich des Rückzuges Notre Dame de la Victoire getauft worden war, erhielt 1711 die Bezeichnung Notre Dame des Victoires. Erst die Bombardierung vor der Schlacht auf den Plaines d'Abraham im Jahr 1759, die auch diese Kirche nicht überlebte, brachte dann die schicksalhafte Kapitulation und damit auch das Ende der Nouvelle-France (siehe A 1257).

Eine der während der Belagerung gesunkenen englischen Kriegsschiffe, die «Elizabeth and Mary», wurde im Jahr 1994 in der Anse aux Bouleaux vor Baie-Trinité gefunden.

A 1201

CARTE GENERALE | DE CANADA. | DEDIÉE AU ROY DE DANEMARK Par | son tres humble et tres obeissant et tres | fidele serviteur Lahontan [1703].

Zwischen der mittleren und südlichen Hudson Bay, dem Mississippi, dem westlichen St. Lorenz-Golf und dem Lake Erie verzeichnet diese *Carte generale* die Wasserstraßen, also die Hauptkommunikationswege der Nouvelle-France in einer im Verhältnis zum Maßstab der Karte viel zu breiten Ausführung (wie es noch heute zwecks besserer Sichtbarkeit für bestimmte Verkehrswege praktiziert wird), sowie die mit ihnen verbundenen geographischen Charakteristika, wie die «saults ou cataractes», «portages», «villes», «villages» (darunter solche der «sauvages»), sowie «Forts»; daneben, in Form ovaler oder rechteckiger Bezirke, die «Chasses» bzw. «Chasses de castor». Dabei wird eine bemerkenswerte Detailfülle verarbeitet – dies betrifft, um nur ein Beispiel zu nennen, die einzelnen von den Irokesen vernichteten Ethnien –, die sich nur durch die Verwendung auch altamerikanischer Vorlagen erklären lässt, entweder von namentlich genannten oder als «amis des Francois» bezeichneten indianischen Gruppen, mit denen der Baron enge freundschaftliche Beziehungen unterhielt. Ohnehin steht dieses Dokument, das auch in anderen Publikationen des Autors verwendet wurde (A 1202), nicht wie gewöhnlich inhaltlich oder kartographisch in irgendeiner Beziehung zu anderen während der gleichen Zeit produzierten Arbeiten, das heißt es lässt sich ad hoc keine unmittelbare Vorlage ermitteln, doch sind kategorielle Ähnlichkeiten mit den SANSON/JAILLOT-Karten (A 1173, A 1174) auffällig. Neben den dauerhaften Niederlassungen einheimischer Gruppen sowie englischer und französischer Kolonialisten hatten einige der mit den oben rechts auf der Karte erklärten Piktogrammen eingezeichneten Forts (darunter viele «postes de traite») die Funktion, den Zugang bestimmter feindlicher Gruppen zu strategisch wichtigen Positionen abzusperrren (vgl. A 1174) oder die Grenze der Nouvelle-France zum englischen Einflussbereich und gleichzeitig zu den Irokesen zu sichern, wie Fort (de) Frontenac (ab Juli 1673 begonnen) oder Fort de Niagara (ex Fort Conti, 1678); auf einigen von ihnen hat sich LAHONTAN dienstlich aufgehalten, so in Frontenac (1684, 1687) und in Chambly («Chambli», 1685). Verlassene Anlagen haben unter dem jeweiligen Signum ein kleines Kreuz, doch sind nicht nur diese Klassifizierung, sondern auch viele andere Angaben zur Militärgeographie wiederum wenig verlässlich. So ist die Bezeichnung «FORT tantost aux Anglois tantost aux Francois» für die beiden «postes de traite» an den beiden Flussmündungen in die James Bay

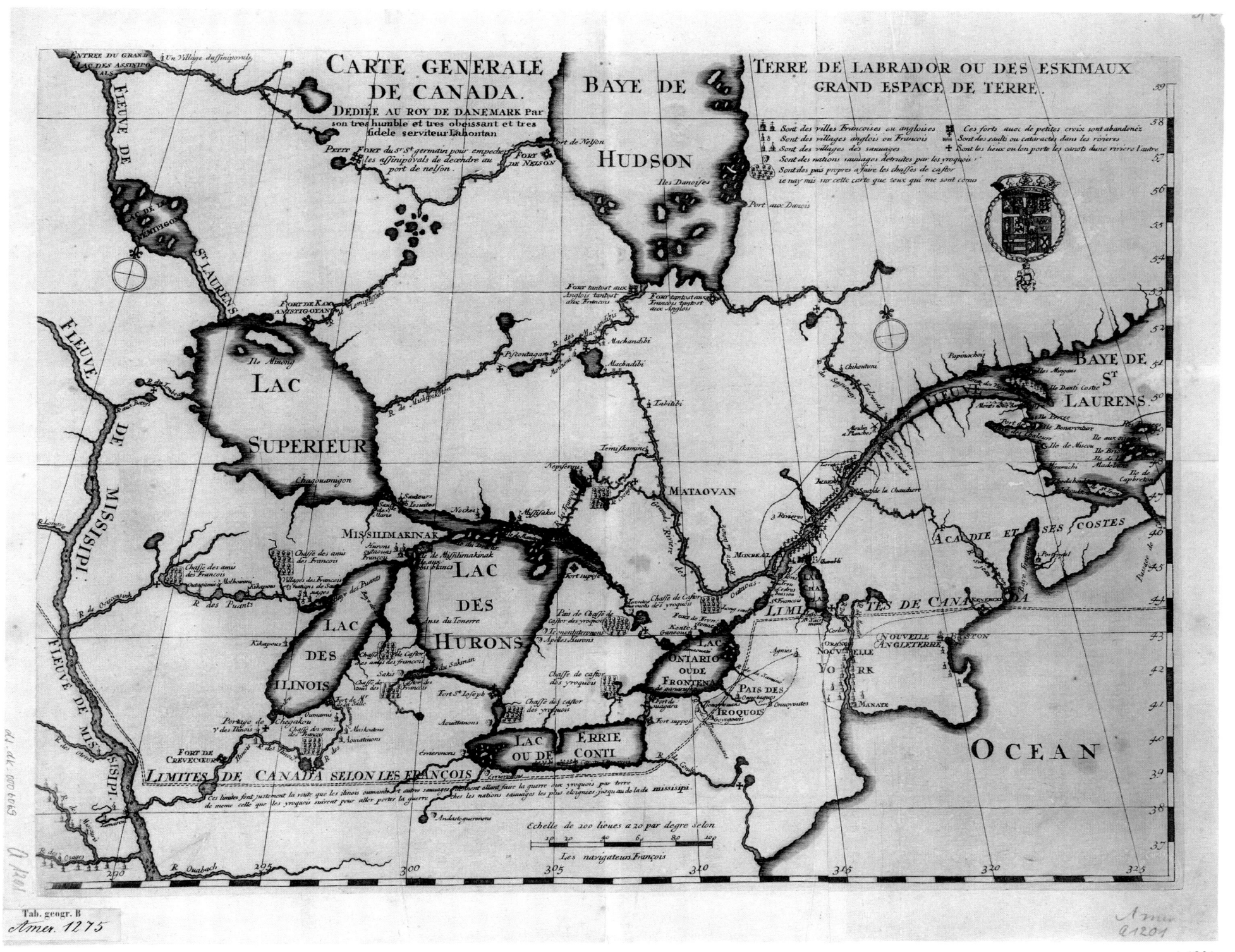

Ausgewählte Land- und Seekarten im kartenhistorischen und politischen Kontext | 119

genau genommen auch für andere zutreffend; das seit 1684 und wieder 1694 französische Fort Bourbon bzw. Fort Bourbon Nord beispielsweise wird hier unter seinem ersten englischen Namen Fort de Nelson aufgeführt; es musste bereits 1699 wieder evakuiert werden und fiel im Utrechter Frieden endgültig an die Engländer. Fort de Crevecœur am Illinois hatte nur nur wenige Monate bis zum 16. April 1680 existiert und war durch das Fort St. Louis ersetzt worden. Doch allein dessen Theatralik war offenbar Grund genug, den – übrigens auch andernorts, z.B. im nördlichen Brabant an der Maas beliebten – Namen der auf der Reise des literarisch ambitionierten Barons wichtigen Unterwegsstation beizubehalten.

Wie bereits die vorausgehenden Dokumente der Sanson/Jaillot-Gruppe zeigt auch diese Karte eine zunehmend südwestliche Orientierung der französischen Expansion (insbesondere des Pelzhandels) und bei der Suche einer schiffbaren Westpassage. Damit ist der Nordwesten des Areals auch hier – ob aus Unkenntnis oder aus mangelndem Interesse – nur sehr ungenau dargestellt. Abgesehen von einem viel zu geringen Abstand des Lac Supérieur vom Mississippi ist ein höchst eigenwilliger Oberlauf des St. Lorenz-Stroms (Fleuve de S.t Laurens) zu nennen, der den (offensichtlich als sein Quellort angenommenen) Grand Lac des Assinipovals direkt mit dem Lac Superieur verbindet und auf diesem Weg den Lac de le Nemipigon durchläuft (dies ist ganz offensichtlich eine nomenklatorische Zwischenstufe zwischen «Lac Alemenipigon» der Karte A 1174 und heutigem Lac Nipigon, das sich damit als Resultat einer Aphärese erklären würde). Immerhin ist die auf der Karte A 1174 präsentierte direkte Wasserstraßenverbindung zwischen Montréal und der Hudson Bay über den Ottawa und der «R. des Tabitibis» (hier «R. des Machandibis») am Nordufer des gleichnamigen Sees durch einen portage unterbrochen.

Eine gestrichelte Doppellinie markiert die südliche Grenze der Nouvelle-France (Limites de Canada bzw. Limites de Canada selon les François); sie verläuft zunächst von Osten nach Westen südlich der Acadie etwas unterhalb des 44. Breitengrades, erreicht südlich der Mündung des R. St. Jean das Festland (das «Fort Kenebeki» liegt direkt auf dieser Grenzlinie), biegt vor dem Ausfluss des St. Lorenz-Stroms aus dem Lac Ontario nach Südwesten ab bis zum Lake Erie (Lac Errie ou de Conti), den sie südlich umläuft und sich weiter in westlicher Richtung ungefähr auf der Höhe des 39. Breitengrades bis zum Mississippi, dann in nunmehr nordwestlicher Richtung zunächst an dessen linkem Ufer fortsetzt, ihn etwas südlich der Einmündung des Wisconsin («R. de Oyisconsink») überquert und in Richtung Nordwesten aus dem Kartenfeld herausläuft. Gemäß den darunter befindlichen Textzeilen erklärt sich diese Linie durch die Hauptrichtung der Kriegsführung der Irokesen gegen die zu den Miami gehörenden Oumami (die sprachlich zur Miami-Illinois-Gruppe gehören) und gegen andere; sie ist gleichzeitig die temporäre Grenze der Süd- und Westexpansion der Irokesen, die um die Mitte des 17. Jahrhunderts den Illinois direkt gegenüberstanden. Die so genannte Beaver Wars, die die zweite Hälfte des 17. Jahrhunderts bestimmt hatten und zu den blutigsten jemals in Nordamerika geführten Auseinandersetzungen gehören, endeten erst mit den Friedensschlüssen von 1700 und 1701. Am Ostufer des Lac des Hurons sowie am West- und Südufer des Lac Errie ou de Conti sind die von den Irokesen vernichteten Ethnien mit Piktogrammen gekennzeichnet, die kleinen Masken ähneln. «Limite [...] selon les François» entspricht der für den Baron typischen allgemeinen Distanzierung von der französischen Kolonialpolitik, könnte aber auch darauf hinweisen, dass die englische Seite Ansprüche auf genau diese Territorien zwischen den Großen Seen und um diese herum erhob, zumal sie sich im so genannten Nanfan Treaty vom 19. Juli 1701 von ihren irokesischen Alliierten nominell ein riesiges Gebiet des Mittleren Westens nördlich des Ohio einschließlich des südlichen Ontario hatten überschreiben lassen.

Bemerkenswert sind typographische Besonderheiten wie die Buchstaben-Ziffer-Kombination «3 Rivieres» für Trois Rivières und die Schreibung Kebek, eventuell in Analogie zu Kenebeki. Im Verlauf des Mississippi ist nördlich des Wisconsin die Mündung der umstrittenen Rivière Longue zu erkennen, Gegenstand einer zentralen Streitfrage, die zu einer völlig unterschiedlichen Beurteilung der Leistungen des Barons Lahontan geführt hat (siehe dazu Teil II, Kapitel 17).

Der Katalog der SLUB datierte die Karte mit der Angabe «17. Jahrhundert» sehr ungenau, aber auch eindeutig zu früh. Abgesehen von der Legende Nouvelle York am unteren Hudson, die das Jahr 1664 zumindest als terminus post quem bestimmt, und von den oben erwähnten Hinweisen auf die 1680er Jahre gibt es keine sicheren Anzeichen dafür, dass diese Karte oder auch das Dokument A 1202 lange vor dem Erscheinen der *Nouveaux Voyages de Mr. Le Baron de Lahontan dans L'Amerique Septentrionale* entstanden ist. Sie wurde abgedruckt in der Erstausgabe Den Haag 1703 (1. Band) sowie in den nachfolgenden Auflagen unter dem Titel *Voyages du Baron de La Hontan dans l'Amerique Septentrionale* [...]. Kershaw (I: 254–257) unterscheidet neben dem vorliegenden Original drei weitere «states», die gegenüber diesem u.a. nicht über die charakteristische Dedikation verfügen und zwischen 1703 und 1741 abgedruckt wurden. Als *Carte Generale de Canada a petit point* bzw. *Carte générale du Canada en petit point* (in deutscher Übersetzung *General=Carte von Canada*) wurde sie mit – insbesondere im Norden ab ca. 50° N – reduziertem Kartenfeld und deutlich vereinfachter Piktographie an das Format einer Buchillustration angepasst. Später fand sie erneut, umgewidmet zur *Carte particuliere du Fleuve Saint Louis* (A 1205), im *Atlas Historique* von Châtelain und Guedeville Verwendung.

Die entsprechende tirage für die u.a. auch in Dresden vorhandenen Bände der *Nouveaux Voyages* ist wie das Werk selbst dem amtierenden Monarchen Frederik IV. (*1671, †1730, König von Dänemark, Island und Norwegen ab 1699) gewidmet. Persönlich kennengelernt hatte der Baron allerdings im Jahr 1694 dessen Vorgänger, Christian V. (*1646, †1699, König von Dänemark und Norwegen ab 1670). Oben rechts ist auf der freien Landfläche der Labrador-Halbinsel unterhalb der Zeichenerklärung ein großes dänisches Königswappen (in seitenverkehrter Darstellung) mit der offenen Zwei-Bügel-Krone und einer Ordenskette des Elefantenordens zu sehen, der gemäß der Legende auf eine Bruderschaft aus dem 12. Jahrhundert zurückgeht und von Christian I. neu gestiftet wurde: ein turmbewehrter Elefant (allerdings noch ohne den spätestens ab 1617 dazugehörigen Kornak bzw. Mahout mit Speer), sowie darunter eine Banderole mit den Buchstaben PEP und ein gesichtsförmiges Medaillon. Das gezeigte Wappen stammt offensichtlich aus einer älteren Quelle; es entspricht der späteren, bei Lauterbach 1592 abgebildeten Zusammenstellung für Frederik II. (*1534, †1588, König von Dänemark und Norwegen ab 1559). Der Dithmarscher Reiter für die Bauernrepublik Dithmarschen, die 1599 unterworfen wurde und nur teilweise an den dänischen König fiel, erscheint nun im Herzschild. Frederik II. vollzog auch die äußerliche Reformation des Elefantenordens, indem er anstelle der aus einander abwechselnden goldenen Elefanten mit blauer Decke und goldenen Türmen bestehenden Kette eine einfache Goldkette einführte und die unterschiedlich großen Scheiben mit dem Marienbildnis und der Nägel des Kreuzes Christi durch einen Elefanten mit Namenchiffre ersetzte. Er ließ ferner auf Vorder- und Rückseite jeweils eine Wortdevise in Abkürzung darunter setzen (Berlien 1846: 26 und Tafel 2). Für die hier zu sehende Abkürzung kommt jedoch allenfalls das um 1627 in Stammbuchblättern nachgewiesene «Pietate et Prudentia» (oder auch «Pie et Prudenter») in Frage, das allerdings keinem der hier genannten Herrscher zugeordnet werden kann, auch wenn diese mehrere Devisen führten. Der königliche Wahlspruch CHRISTIANS V. lautete «Pietate et Iustitia» (der auch bei anderen europäischen Regenten des 17. Jahrhunderts beliebt war). Deshalb könnte hier auch eine typographisch verunglückte Reprise der in der Tat ab 1620 in der Bau- und Inventardekoration sowie auf Münzen verwendeten Abkürzung RFP für «Regna Firmat Pietas», der königlichen Devise CHRISTIANS IV. (*1577, †1648, König von Dänemark und Norwegen ab 1588), dem unmittelbaren Nachfolger FREDERIKS II., vorliegen. Während seiner Regierungszeit wurde der Norweger JENS MUNK mit der Nordamerikaexpedition beauftragt.

Genau auf dem Hinterland des von JENS MUNK während seiner unglücklichen Reise (1619–1620) besuchten westlichen Küstenabschnitts der Hudson Bay, also dem «Nouveau Danemarc» zeitgenössischer Karten, ist – direkt unterhalb des Titels – die Widmung des Barons LAHONTAN angebracht. Doch liegt der «Port aux Danois» auf der von MUNK nicht besuchten Seite der Hudson Bay, ebenso sind die «Iles Danoises» (entweder für die diesem Hafen direkt vorgelagerten Inseln oder auch für solche in der Mitte der James Bay) kartographische Unikate, die sich nur hier bei LAHONTAN finden.

A 1181

CARTE | DU CANADA | OU DE LA | NOUVELLE FRANCE | et des Decouvertes qui y ont été faites | Dresſée sur plusieurs Observations | et sur un grand nombre de Relations imprimées ou manuſcrites | Par Guillaume Del'Isle | de L'Academie Royale des Sciences | et Premier Geographe du Roy | A PARIS | Chez l'Auteur sur le Quai de l'Horloge a lAigle dOr | avec Privilege de sa Ma.^{te} pour 20. ans | 1703.

Nach dem Willen COLBERTS war die Kartographie Frankreichs unter die zentrale Aufsicht der Académie Royale des Sciences gestellt worden, in die GUILLAUME DE L'ISLE (DEL'ISLE, DELISLE) (*1675, †1726) im März 1702 als «élève» der Astronomie aufgenommen wurde (er wurde 1716 «adjoint» und 1718 «associé»). Dank seiner Autorität auf geodätischem Gebiet galten seine Karten als besonders fortschrittlich bezüglich der Lagegenauigkeit. Der vorliegende Stich A 1181 ist der kolorierte Prototyp seiner auf speziell auf die Nouvelle-France zugeschnittenen und von ihm selbst korrigierten Bearbeitung der unmittelbaren Vorläuferkarte *L'Amerique Septentrionale*, die während des gesamten 18. Jahrhunderts ohne nennenswerte Modifikationen erstaunlich oft neu aufgelegt wurde, dabei sowohl die Französische als auch die Amerikanische Revolution überlebte und noch im Jahr 1783, inzwischen unter dem neuen Titel *Carte du Canada Qui Comprend la Partie Septentrionale des Etats Unis d'Amerique*, in den Verhandlungen der Grenzen zwischen den englischen, französischen und spanischen Territorien noch immer als wichtiges Hilfsmittel herangezogen wurde. Zuvor hatte sie während des Streits um Akadien und Neu-Schottland zu den Dokumenten gehört, die wiederum von den britischen Kommissaren mit besonderem Nachdruck empfohlen worden wareb (WALLIS 1985: 23; vgl. *The Memorials of the Engliſh and French Commissaries Concerning the Limits of Nova Scotia or Acadia*: 69; 272–273). Nach der Übernahme der Kartenrechte durch JEAN-ANDRÉ DEZAUCHE erfolgten außer in der erwähnten Neuauflage von 1783 nochmals im Jahr 1798 Änderungen im Kartenfeld. Mit der Französischen Revolution wurde die Tilgung der Worte «Royale» und «du Roy» (der dadurch entstandenen Freiraum wurde durch eine Doppellinie überbrückt) sowie die Rudimentierung des königlichen Wappenmedaillons erforderlich.

Die internationale Bedeutung der Karte über ein ganzes Jahrhundert ist angesichts des vorliegenden Exemplars umso erstaunlicher, denn DELISLE präsentiert den gesamten nordamerikanischen Raum ab der Nordwestspitze Labradors bzw. dem «Port de Iean Munck» mit einem einheitlichen (auf diesem Exemplar roséfarbenen) Flächenkolorit als zusammenhängendes französisches Territorium – CANADA OU NOUVELLE FRANCE –, das nach Süden nach Westen hin (hier offensichtlich sogar noch über den legendären «Lac d'eau falée» hinaus) offen bleibt; die englischen Gebiete, die von der Mündung des «Kinibeki» bzw. dem Lac Champlain nur bis maximal 293°30′ E sichtbar sind, erscheinen in dieser Darstellung als völlig unbedeutend. Dafür ist die westliche bzw. südwestliche Expansion des französischen Kolonialbesitzes infolge der Erweiterung der Louisiane durch entsprechende Kartensignaturen jenseits des Mississippi und Missouri sowie durch entsprechendes Überschreiben der südlichen Meridianskala am 39. Breitengrad (ungefähr in der Mitte) eindrucksvoll vorprogrammiert. Auf seiner im Jahr 1718 erschienenen Karte *Carte de la Louisiane et du Cours du Mississipi* zeichnete DELISLE ein noch deutlicheres Bild; das französische Territorium reicht mit Einschluss der CAROLINE nun bis zum Río Bravo – die vier späteren Staaten der USA am Ostrand erwecken den Anschein einer minutiösen Enklave.

Nach GUILLAUME DELISLE hat kein Kartograph eine solche ostentative kartographische Machtdemonstration mehr gewagt. Allerdings war er nicht der erste, vielmehr ist die vorliegende Karte eine Bearbeitung der *Amerique Septentrionale Divisée en ses Principales Parties* von NICOLAS SANSON von 1694 (bzw. ihrer Version von 1696), auf der die Nouvelle-France noch kohärenter als ein westlich teilweise bis ca. 293° E reichendes Territorium dargestellt war, das direkt an Nouveau Mexique und Florida grenzte. Doch zeigen wiederum die Konturierungen und Kolorierungen auf den ab jetzt nachfolgenden, insbesondere auf den bis um die Mitte des 18. Jahrhunderts bei PHILIPPE BUACHE und PIETER MORTIER bzw. COVENS & MORTIER – also nicht mehr in unmittelbarer Nähe zum französischen Hof – erschienenen Auflagen eine immer deutlichere Relativierung des expansionsmotivierten Kartenbildes: auf dem Dokument A 1186 beispielsweise liegen außerhalb des einheitlich kolorierten Gebiets neben der TERRE DE LABRADOR OU DES ESKIMAUX – entsprechend der Regelungen des Utrechter Friedes – Neufundland und die Acadie beiderseits der Baye Françoise; die Hudson Bay-Länder waren bereits auf der Karte A 1182 deutlich mit einer Grenzlinie versehen und Nouveau Danemarc reichte nun weiter bis zur Rivière Bourbon.

Auf die Vorlage von SANSON weist auch der Name NOUVEAU GROENLAND für das südliche «GROENLAND OU TERRE VERTE nommée Secanunga par ceux du pays», doch hatte dieser beiderseits des Polarkreises wiederum «Vieil Groneland»

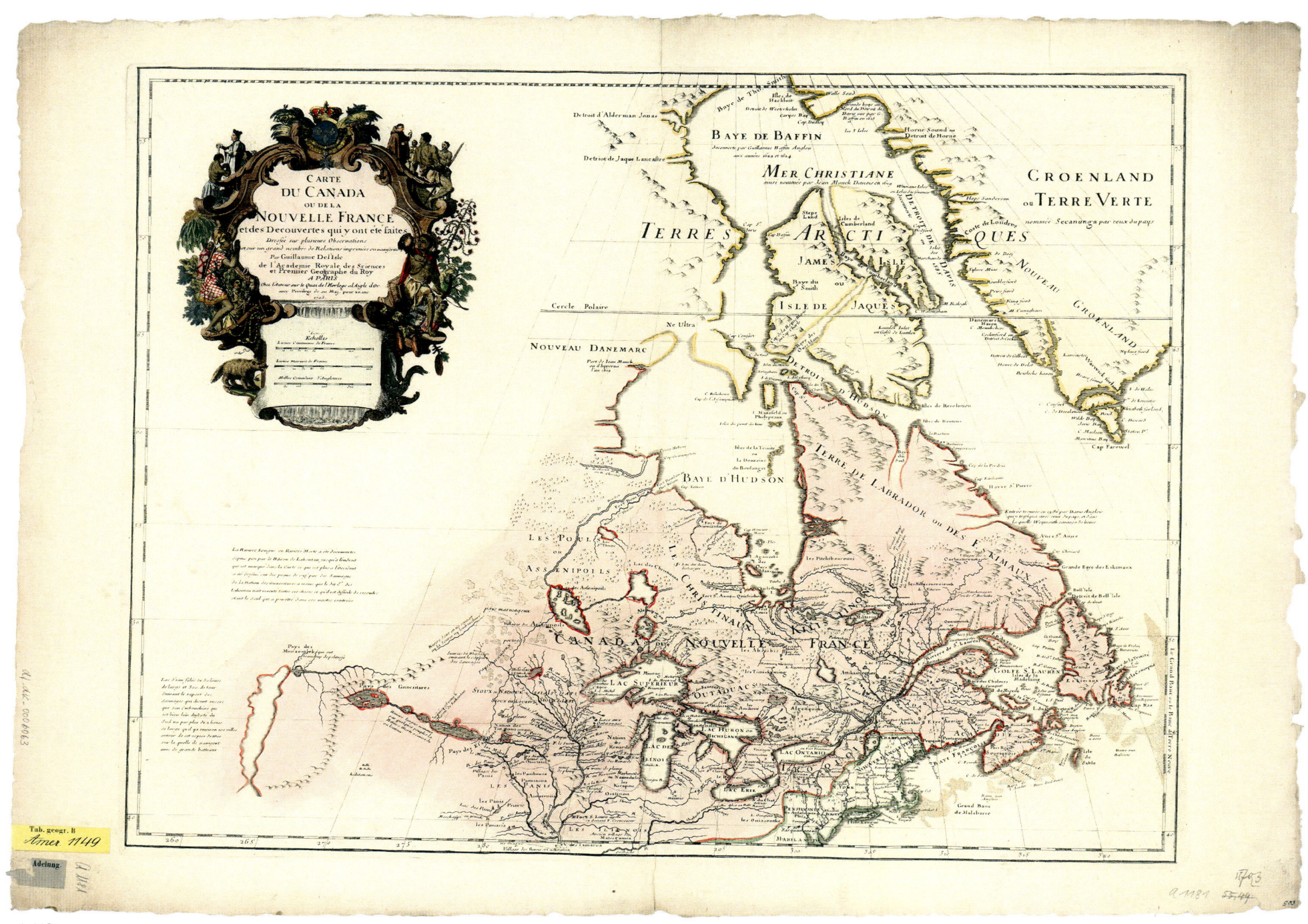

A 1181

(1650) bzw. «Vieux Gronelande» (1694) lokalisiert, «Nouveau Groneland(e)» dafür an der mittleren Ostküste nördlich des 70. Breitengrades. CORONELLI (*Terre artiche* [1692]), bei dem «Groenlandia Vecchia» zwischen 70° N und 75° N, «Groenlandia Nuoua» zwischen dem Polarkreis und dem 70. Breitengrad eingetragen ist, und z.B. HEINRICH SCHERER, der die Differenzierung übrigens auch im Titel seiner Karte von 1701 vornimmt, gehören dagegen wie DELISLE wiederum zu den Kartographen, die das «neue» Grönland in den Süden versetzten. Für die erste, insbesondere auf den SANSON-Karten und ihren Derivaten dokumentierte Variante spricht eine allmähliche Migration des Namens nach Nordosten und Norden analog der kartographischen Verlängerung der Ostküste Grönlands, die im 17. und in der ersten Hälfte des 18. Jahrhunderts noch im Nichts endete oder aber mit Spitzbergen verbunden bzw. beinahe verbunden wurde. Daher wurde die Spitzbergen-Gruppe auch alternativ – entweder nicht oder nur leicht disambiguiert – als «Groenland», («Nieuw Groenland» unter den holländischen Nordfahrern), «Greenland», «Grenlant» usw. bezeichnet. Explizit stellen ZORGDRAGER (1727) und MOLL (ca. 1729) «Oud Groenland» bzw. «Groenland or Old West Greenland» im südlichen Teil «Nieuw Groenland» bzw. «New or East Greenland» im Nordosten gegenüber, das bei MOLL sogar über Spitzbergen hinaus in die Arktis reicht. Der Name wurde auch von den Pomoren aufgegriffen und hat die noch heute geläufige Bezeichnung russ. «Грумант» 'Spitzbergen' hinterlassen.

Bemerkenswert sind ferner JAMES ISLE OU ISLE DE JAQUES für die in drei große Inselblöcke geteilte Baffin Island. Zahlreiche Namen am Rand der Hudson Bay sind nun nicht mehr ausschließlich englisch; die Mansel Island erhält eine Alternative («I. Mansfeld ou Phelypeaux»), «Port Nelson» wird beispielsweise «Port Bourbon» vorangestellt und der hier einmündende Fluss «Rivière Bourbon» genannt. In der dem gegenüberliegenden Ufer vorgelagerten Inselgruppe «Iſles de la Trinité ou la Douzaine du Boulanger» kehrt das «Bakers Dozen» der Karte von ROBERT MORDEN (A 1175) und anderer wieder. Bei einigen Signaturen an der grönländischen Westküste mit «-fiord» gilt die nordgermanische Herkunft nur für das Generikum. Die Insel ist Teil der den Norden ausfüllenden TERRES ARCTIQUES, die mit einer gelben Küstenkontur versehen ist, einschließlich des auf den späteren Auflagen der Karte weiterhin als NOUVEAU DANEMARC geführten Hinterlands des «Port de Iean Munck»; dies geschah ganz offensichtlich auf Grund der noch im gesamten 18. Jahrhundert bestehenden Handelsmonopole für halbstaatliche dänische Gesellschaften für die betreffenden arktischen bzw. subarktischen Regionen.

Die ACADIE erstreckt sich – ganz ähnlich wie beim Baron LAHONTAN unter dem Begriff ACADIE ET SES COSTES – nun auch auf die festländische, ansonsten u.a. «Etchemins» genannte Region des späteren Neu-Braunschweig. Die Nordhälfte Neufundlands ist noch immer auffällig nach Nordwesten ausgerichtet und die charakteristische Küstenlinie der später mit der Legende «Petit Nord» bezeichneten Halbinsel (eigentlich ein französischer Terminus für die French Shore) damit noch nicht erkennbar. Der Südwesten der Insel wird ab jetzt häufiger «Grands Eskimaux» genannt, gegenüber «Petits Eskimaux» für den Südosten der Labrador-Halbinsel. Gemäß J. GARTH TAYLOR wurde die Bezeichnung «petits eskimaux» für bestimmte Algonquin-Indianer und «grands eskimaux» für die eigentlichen Inuit verwendet, die im 17. Jahrhundert im Sommer nach Neufundland kamen. Weniger plausibel erscheint eine Beziehung dieser Termini zu den Namen «Petit Nord» auf Neufundland und «Grand Nord» für die gegenüberliegende Küstenpartie zwischen Blanc Sablon und Kegashka (siehe auch unter A 1208). In Gegenden mit traditionell englischer bzw. englisch-niederländischer Toponymie kommen zuweilen korrumpierte Namen vor. Erneut wird – wie auf der Karte A 1201 – auf Buchstaben-Namen-Kombinationen («les 7 Iſles, les 3 Isles») zurückgegriffen.

Der wesentliche historische Wert dieser Karte liegt – zumindest in ihren frühen Auflagen – in der zügigen Umsetzung aktueller Informationen über die Erkundung des Westens. Hier wird beispielsweise mit «le Detroit» erstmals auf die 1701 erfolgte Neugründung von ANTOINE LAUMET, SIEUR DE LAMOTHE-CADILLAC (*1658, †1730) hingewiesen. Die Integration der 1702 erschienenen Karte des Barons LAHONTAN von der «Riviere Longue» (A 1202) ermöglicht DELISLE eine Verlängerung des Kartenfeldes in der unteren Hälfte nach Westen bis zu den Rocky Mountains und darüber hinaus, geht damit allerdings gleichzeitig auch zur Verarbeitung spekulativer Informationen über, die in einer begleitenden Notation als mögliche Erfindungen relativiert werden und von denen er sich auf späteren Karten wieder distanziert. Auf dieser Karte fließt die «Riviere Longue» nicht geradlinig nach Osten wie bei LAHONTAN, sondern wird mit der nördlich vor dem Missouri in den Mississippi einmündenden «R. des Moingona» verbunden, die schließlich relativ konstant nach Süden fließt. Für eine mögliche Identifikation der «Riviere Longue ou Riviere Morte» sind – mit Vorbehalten – der Minnesota und der St. Peter's River vorgeschlagen worden; zur allgemeinen Diskussion siehe Teil II, Kapitel 17.

Ein durch den «Pays des Moozemlek» weiter nördlich laufender zweiter hypothetischer Fluss ohne direkte Verbindung zur «Riviere Longue» mündet in den dreißig mal dreihundert lieues messenden «Lac d'eau ſalée», der einen unmittelbaren Zugang zum Golf von Mexiko ermöglichen und mit Seeschiffen befahrbar sein soll. Das zweite Becken des sich hier ungefähr zwischen 263° E–265° E und 41° N–48° N erstreckenden Fantasiegebildes – ein «grand lac» von 300 lieues Länge war bereits am westlichen Rand der Karte von CHAMPLAIN/PELLETIER 1612 kartographiert worden – wird nach Süden hin offen gelassen.

A 1176 (nördlicher Teil)

A 1176,1 – A 1176,2
A New and Exact Map of the Dominions | of the King of Great Britain | on y̑ Continent of north america. | Containing | Newfoundland, New Scotland, New Eng= | land, New York, New Jersey, Pensilvania | Maryland, Virginia and Carolina. | According to the Newest and most Exact Observations By | Herman Moll Geographer. [1715.]

Herman Moll ist seit 1678 als Kupferstecher für verschiedene Londoner Verleger (insbesondere Moses Pitt) nachgewiesen, doch konnte seine ursprüngliche Herkunft (aus Bremen, den nördlichen Niederlanden oder vom Niederrhein) bisher nicht einwandfrei geklärt werden. Zu seinen größeren Atlaswerken gehören der *Atlas Geographus: or, a compleat System of Geography* (1711–1717, 5 Bände), *The World defcribed* (1715), das mit der vorliegenden Karte und der so genannten «Codfish Map» zwei monumentale Werke des Kartographen enthält, sowie der *Atlas Minor* (1719; zahlreiche Auflagen bis 1781). Zu seinen näheren Bekannten zählten u.a. auch William Dampier, Daniel Defoe und Jonathan Swift, deren Bestseller er kartographisch illustrierte. Diese Karten trugen sehr zum Erfolg der Romane *Robinson Crusoe* und *Gulliver's Travels* bei und sind seit ihrem ersten Erscheinen bis heute stets wiederaufgelegt worden.

Von seiner erstmals 1715 erschienenen Karte – Moll verwendete in seinen Titeln gern die Attribute «new», «exact» und «correct» – sind in der SLUB das obere und das untere Blatt zunächst an unterschiedlichen Orten eingeordnet worden. Allen konsultierten Exemplaren dieses überaus wichtigen Dokuments für die Epoche der anglofranzösischen Grenzstreitigkeiten ist gemeinsam, dass sie zwar den Ländern westlich des St. Lorenz-Stroms, (hier Part of Canada genannt), des Frontignac Lake und des Errie Lake eine einheitliche Flächenfarbe bzw. Umrisskontur geben (hier gelb, auf anderen, z.B. in Litalien/Palomino et al. 2007: 160 grün), die Regionen hinter dem gegenüberliegenden Flussufer aber gleichfalls einheitlich kolorieren (bis zum «R. Puate»/«R. St. Francois» hier violett, sonst gelb) und damit als ein zusammenhängendes Territorium unter britischer Hoheit darstellen, das wiederum die Gaspésie umfasst und bis an den St. Lorenz-Strom reicht sowie darüber hinaus auch die Cape Breton-Insel (Île Royale, hier «Iſle C. Breton»), Anticosti («Anticoste»), Prince Edward Island (Île St. Jean, hier «Sᵗ Johns I.»), und sämtliche kleineren Inseln im St. Lorenz-Golf. Diese Inseln verblieben wie auch der größte Teil von Neu-Schottland (etwa zwischen der eigentlichen Acadie und der Baie des Chaleurs) infolge der Friedensschlüsse von Utrecht, Rastatt und Baden (1713/1714) weiterhin unter französischer Verwaltung, weshalb auf anderen Abzügen dieses Kupferstichs farblich zwischen Festland und Inseln differenziert wurde. Diese Bestimmungen werden vom Autor in einer Notation unten rechts unterhalb der Legende The Fishing Banks of Newfound-Land (zwischen dem 64. und dem 59. Meridian) zwar erwähnt, aber kartographisch lediglich in Form des Zusatzes «to French» hinter den Namen der Insel Anticosti und der Cape Breton Island umgesetzt.

Moll verbindet auf seiner Karte somit tatsächlich existierende britische «colonies» bzw. «dominions» mit den britischen claims. Dieses kartographische Manifest ist zusammen mit der einige Jahre später nachfolgenden «Codfish Map» eine politische Antwort auf die *Carte du Canada ou de la Nouvelle France et des Decouvertes qui y ont été faites* von Delisle aus dem Jahr 1703, auf der fast ganz Nordostamerika mit einem Roséfarbton als französisches Herrschaftsgebiet ausgewiesen war. Diese vermeintliche politische Einheit wird auch auf anderen, vollständig erhaltenen Exemplaren der Karte deutlich, auch wenn eine andere Kolorierung und Konturierung vorliegt, doch wurden die Cape Breton-Insel und die Inseln des St. Lorenz-Golfs meist farblich vom Festland differenziert. Definitiv an England abgetreten werden musste die Insel Neufundland sowie das besetzte Gebiet an der Hudson Bay – hier ist lediglich die James Bay zu sehen –, das hier wie auf den meisten eingesehenen Exemplaren wiederum nicht entsprechend gekennzeichnet ist. Die im Friedensvertrag konzessionierten französischen Rechte der Fischerei und Fischtrocknung an der sogenannten French Shore vom Cap Bonavista an der Ostküste über die Nordspitze zur Pointe Riche werden ebenfalls erwähnt, doch erscheint dieses Kap an der Position des Cape Ray, der Südwestspitze Neufundlands. 1708 war diese – auf seiner Neufundlandkarte im *Atlas Geographus*, Vol. 5 (1717) sowie in *The British Empire in America* von John Oldmixon – zwar als «C. Ray» verzeichnet gewesen, auf der Karte *New Found Land, Sᵗ Laurens Bay, The Fifhing Banks, Acadia, and Part of New Scotland* (im Atlas *The World defcribed* an anderer Stelle) dagegen bereits als «Point Raye, or Riche as some» und auf der vorliegenden Karte schließlich nur noch als «Point Riche», also mit dem Namen eines Kaps in der Nähe des heutigen Port-au-Choix im Petit Nord. Diese «flexible position of Point Riche» (Kershaw) führt hier – sehr zum Nachteil des politischen Auftrags der Karte – zu einer viel zu großen Ausdehnung der French Shore, die von französischer Seite offenbar bereitwillig aufgegriffen (in den Karten des *Dépôt des Cartes et Plans de la Marine*, z.B. auf A 1279) und als Argument in den Friedensverhandlungen von 1763 verwendet werden konnte, jedoch erst mit dem Frieden von Versailles (1783) staatsoffizielle Realität werden sollte. In der Literatur bzw. in elektronischen Quellen ist die fehlerhafte Rückdatierung der Ausdehnung der French Shore bis zum Cape Raye noch immer präsent.

Wie auch auf anderen zeitgenössischen Darstellungen sind die Inseln St. Pierre und Miquelon (bei Moll «Maynelon») jeweils noch in drei Teile geteilt. Im Fall von Miquelon geht die heutige Gestalt der Insel auf eine Verbindung der ehemals selbständigen Inseln Le Cap, Miquelon (Grande Miquelon) und Langlade (Petite Miquelon) mittels sogenannter tomboli zurück. Der Isthmus zwischen Miquelon und Langlade begann im 18. Jahrhundert landfest zu werden. Hier befindet sich am mittleren Teil der späteren Insel die Signatur «Dunes».

In der Nomenklatur führt Moll eine lexikalische und syntaktische Normalisierung durch; die geographischen Eigennamen werden überwiegend in englischer oder anglisierter Form bzw. Graphie wiedergegeben, wobei u.a. -k- anstelle von -q- verwendet wird. In Zusammensetzungen steht regelmäßig der Name – außer in Verbindung mit den abgekürzten Zusätzen I. [Isle, Island] und C. [Cape] – dem jeweiligen generischen Element voran, auch in solchen Fällen, in denen später wieder die Nachstellung zur Regel wurde («Champlain Lake», «Huron Lake», Errie Lake, Fundi Bay etc.). Im Einzugsgebiet des St. Lorenz-Stroms ist die französische Toponymie entweder stehen geblieben oder kommt wie auf Neufundland in hybriden Formen («Trois Rivers», «Terra Basse», «Bay Noterdam» usw.) zum Vorschein. Als weitere kleinere Überraschung präsentiert die Karte ein «R. Sᵗ Iuan», ein Hinweis auf eine entsprechende frühere Vorlage, für die ihrerseits ein Gemisch aus den Sprachen der jeweiligen Entdeckernation typisch gewesen war (vgl. A 1195, A 1230).

Die untere Hälfte der Karte konnte im August 2008 am vorübergehend ausgestellten Exemplar der Grande Bibliothèque in Montréal eingesehen werden, da sich das entsprechende Exemplar der SLUB derzeit noch unter der Signatur A 1450 an einem anderen Ort befand. Es existieren insgesamt sieben «states» dieser Karte, die sich allein durch die jeweiligen, auf der unteren Hälfte befindlichen Imprints zuordnen lassen. Für eine sichere Datierung der oberen Hälfte allein fehlten daher zuächst Unterscheidungsmerkmale; nach der Zusammenführung der beiden Kartenteile unter einer gemeinsamen Signatur konnte das Dresdner Exemplar der frühen Version bzw. dem «State A» (Kershaw II: 8–9) von 1715 bzw. «1715 [i.e. 1731]» zugeordnet werden.

Die untere Hälfte enthält drei Detailausschnitte, eine kleine Überblickskarte über Nordamerika sowie oben rechts (also rechts unterhalb der Mitte des Gesamtdokuments) eine größere Vignette, die in seitenverkehrter Darstellung auf die erstmals 1698 (und danach mehrfach bis 1739/1740) veröffentlichte Wandkarte *L'Amerique, divisee selon Letendue de ses Principales Parties* aus vier Blättern von Nicolas de Fer zurückgeht. Sie stammt wie die weiteren dekorativen Illustrationen des Kartenrands mit großer Wahrscheinlichkeit von Nicolas Guérard (*1648, †1719), der als Hintergrund eine der ersten gedruckten Ansichten der Niagara-Fälle benutzte, die zusammen mit deren Beschreibung in Kapitel VII (Seite 44) des Reiseberichts *Nouvelle découverte d'un très grand pays situé dans l'Amérique* (Utrecht 1697, 1. Auflage unter dem Titel *Description de la Louisiane* [...]) von Jean-Louis Hennepin (*1626, †ca. 1705) erschienen war. Sie zeigte im Vorder- und Mittelgrund eine große Anzahl kanadischer Biber mit bemerkenswert menschenähnlichen Zügen, deren typische Aktivitäten im Rahmen des Dammbaus individuell zugeordnet werden (Buchstabe A bis M der Legende) und in einer geradezu militärischen Ordnung erscheinen lassen. In der englischen Version sind die einzelnen Vorgänge in einem Textkasten erklärend zusammengefasst. Offensichtlich sollten Illustrationen dieses Typs auf englischer wie auch französischer Seite die dringend benötigten Siedler für die neuen Kolonien motivieren und dabei die Tatsache verschleiern, dass beispielsweise die Überlebensrate im sumpfigen Südwesten von Carolina sehr gering war. Die Biber-Vignette wurde noch weitere Male (nun wieder in der ursprünglichen Seitenrichtung) 1713 von de Fer auf seiner *Carte de la Mer du Sud et des costes d'Amerque* [sic] *et d'Asie, situées sur cette mer* || *Carte de la Mer du Nord et des costes d'Amerique, d'Europe et d'Afrique, situées sur cette mer* in 10 Blättern verwendet sowie auf deren Kopie *Carte tres curieuse de la Mer du Sud, contenant des Remarques nouvelles et tres utiles non seulement sur les ports et iles de cette Mer* [...] im Band VI des *Atlas Historique* des Konsortiums Châtelain-L'Honoré (Amsterdam 1719 und später).

Wegen der Seltenheit insbesondere der Originalausgabe von de Fer, der «Beaver Map» im eigentlichen Sinn, ist diese Bezeichnung allmählich auf die Karte von Herman Moll übergegangen, von der noch immer Exemplare in beachtlicher Anzahl bekannt sind. Sowohl im Titel als auch in den Texten des Kartenfelds wird das Zeichen «y» für 'the' verwendet. Die Graphie «y» für den altenglischen Buchstaben *Thorn* hatte sich im Buchdruck als formeller Ersatz eingebürgert, zumal kontinentaleuropäische Schriftsätze kein *Thorn* enthielten.

Für die Einteilung der Längengrade auf der in London verlegten Karte erscheint die Zählung westlich von London bzw. Greenwich, Sitz des Royal Observatory. Die Festlegung auf diesen Nullmeridian, der 2°20′14.025″ westlich von Paris liegt, setzte sich bei den seefahrenden Nationen gegenüber den beiden französischen Hauptvarianten allmählich durch und wurde 1884 auf dem Kongress von Washington schließlich verbindlich festgelegt.

Einmal abgesehen von ihrem politischen Charakter sind auch andere Aspekte der Karte von Moll durchaus erwähnenswert. Die südliche Anschlussnebenkarte zum «Improved Part» von Carolina gibt erstmals eine Verwaltungsgliederung in counties und parishes wieder. Von Moll stammen auch Karten mit dem Titel *Carolina* in Band 1 von Oldmixons *The British Empire in America* (1708) sowie aus dem Jahr 1729, abgedruckt in den zahlreichen Auflagen des *Atlas Minor*. Bereits hier auf dieser Nebenkarte sind die wichtigsten Straßenverbindungen eingezeichnet, die als Handelsrouten von der Küste ins Landesinnere fungierten. Die benachbarte inset map über den äußersten Süden (Louisiana und ein Teil von Carolina) basiert auf einem Dokument von Thomas Nairne, einem wichtigen Agenten für den Handel zwischen Kolonien und Indianern.

In der rechten oberen Ecke des Gesamtdokuments informiert eine ausführliche Notation über den genauen Fahrplan der zur Zeit der Komposition der Karte bestehenden Landpostverbindungen im nordöstlichen Nordamerika sowie über die Standorte der «offices» und «Great Offices». Daher gilt die «Beaver Map» auch als «the first American postal map».

A 1208

LA FRANCE OCCIDENTALE DANS | L'AMERIQUE SEPTENTRIONAL | OU LE COURS DE LA RIVIERE DE S.ᵗ LAURENS | Aux Environs de la quelle se Trouvent | LE CANADA, L'ACADIE, ET LA GASPASIE | Les Esquimaux, Les Hurons, Les Iroquois, les Illinois & | LA VIRGINIE, LA MARIE-LANDE, | LA PENSILVANIE, LE NOUVEAU JERSAY, LA | NOUVELLE YORCK, LA NOUVELLE ANGLETERRE | et l'Isle de Terre-Neuve. | Par N. de Fer Geographe de sa Majesté Catolique 1718.

Das Blatt entstammt einer insgesamt 1.020 × 930 mm messenden Karte von Nicolas de Fer, die mit einer Darstellung gleichen Maßstabs unter dem Titel *Le Cours du Missisipi, ou de S.ᵗ Louis* aus dem Jahr 1713 verbunden ist; durch das nicht akkurate Aneinanderkleben der einzelnen Bögen sind die Anschlüsse der Segmente auf einigen Exemplaren stark verzerrt. Den nordöstlichen Teil des Gesamtdokuments füllt eine Nebenkarte zum Mündungsgebiet des Mississippi und der Küste der Louisiane aus, von der auf dem vorliegenden östlichen Blatt lediglich Teile der in die Hudson Bay reichenden Umrandung mit Blattwerk, die mit landestypischen Illustrationen verziert ist, sichtbar ist. Die Archivierung des östlichen, individuell betitelten Blattes als Einzelkarte ist somit durchaus sinnvoll, zumal es auch separate westliche Blätter mit eigenem Rahmen gibt. Beide Teile wurden als Nr. 23 im *Atlas Historique, ou Nouvelle Introduction A l'Histoire & et à la Géographie Ancienne & Moderne* von Guedeville und Châtelain unter dem Titel *Carte de la Nouvelle France, où se voit le cours des Grandes Rivieres, de S. Laurens & de Mississipi Aujourd'hui S. Louis* [...] reproduziert.

Das dargestellte Areal umfasst die küstennahen Gebiete des nordöstlichen Nordamerika vom «Cap Charles ou de S.ᵗ Loüis» am Übergang der Hudson-Straße in die Hudson Bay bis zum «Fort de Santé» südwestlich des «Cap Cartaret» (Cape Carteret, North Carolina); darüber hinaus einen großen Teil der Bahama-Gruppe bis zur «I. Verte» an der Südspitze der Großen Bahama-Bank sowie einige südöstliche Nachbarinseln der der heutigen Turks and Caicos Islands bis zur unterseeischen Erhebung «Ouvre l'oeil [span. *abrojos* < port. *abrolhos* oder lat. *aperi oculos*] ou Mouchoir Quarré» und zur «I. Caico de Plata» (1798 Caye d'Argent); für die Darstellung der Bermudas schließlich sind Titelkartusche und Nebenkarten entsprechend nach innen geformt worden. Der auf der unteren Hälfte sichtbare Teil des Atlantischen Ozeans führt die Bezeichnung GRANDE MER DU NORD. Am Rand sei erwähnt, dass seit 1917 mehrfache Versuche unternommen wurde, die Turks and Caicos Islands in das kanadische Dominion zu integrieren. Im Jahr 2004 wurde immerhin für eine Aufnahme in die Provinz Nova Scotia votiert.

Ausgewählte Land- und Seekarten im kartenhistorischen und politischen Kontext | 127

A 1208

Im Zentrum des Kartenthemas stehen jeweils mit hellgrünen Innengrenzen markierte französische Besitzungen mit ihrem jeweiligen Hinterland bis etwas über das Fort de Frontenac hinaus; der Lac Ontario ist nur noch teilweise zu sehen. Dazu gehören die Region SAGUENAY bis gegenüber den «7 Isles», an die sich nordwestlich das Land der CHRISTIANAUX OU KILISTINONS anschließt, das kleinere CANADA nördlich der Stadt Québec zu beiden Seiten des St. Lorenz-Stroms wie auf der Karte A 1181 – hier als VRAY CANADA –, die GASPASIE sowie die NATION DES IROQUOIS, die sich ab oberhalb der Mündung des Ottawa jeweils als Gebietsstreifen zu beiden Seiten des St. Lorenz-Stroms bzw. des auf diesem Fragment nur teilweise zu sehenden Lac Ontario «ou de FRONTENAC» erstreckt. Dadurch bedingt erhält der Lac Champlain den alternativen Namen MER DES IROQUOIS und der St. Lorenz-Strom die Bezeichnung Rivière des Iroquois. Die ACADIE einschließlich der «Nation des Etechemins» und TERRE NEUVE sind gemäß der Bestimmungen des Utrechter Vertrages farblich der NOUVELLE ANGLETERRE und den daran anschließenden englischen Territorien angepasst, nicht entsprechend berücksichtigt sind jedoch weder die French Shore noch die Frankreich zugesprochenen Inseln im St. Lorenz-Golf.

Kartusche, Kartenfeld und die Umrandung der in die Hudson Bay ragenden Nebenkarte im Nordwesten sind mit zahlreichen Szenen aus dem Leben der Eingeborenen und Kolonialisten, einzelnen, mit Pfeil und Bogen jagenden und fischenden menschlichen Figuren sowie zahlreichen Tiermotiven illustriert. Auch der Atlantik ist ungewöhnlich belebt mit mehreren Fischfangszenen, einem Wal, einem Schwertfisch, einem Eingeborenen im Kajak (zwischen der Labrador- und der grönländischen Küste), mit drei Fischenden im Kanu (zwischen der Südspitze von Anticosti und Neufundland), sowie europäischen Schiffen mit ausfahrenden Tochterbooten, deren unterschiedliche Herkunft durch ihre jeweiligen Heckflaggen kenntlich gemacht wurde.

Durch eine durchgängige Verlängerung der «Grande Baye des Esquimaux» in ein kreuzförmiges Wasserstraßensystem mit Zugang sowohl westlich zur Hudson Bay als auch nördlich zur Hudson-Straße besteht Labrador hier sowohl aus einer Halbinsel (TERRE DES PETITS ESQUIMAUX) auch aus zwei Inseln, TERRE DE LABRADOR im Nordwesten (für das LABORADOR als spanische, NOUVELLE BRETAGNE als englische und ESTOTILANDE als dänische Bezeichnung – vgl. A 1200 – angegeben wird), und TERRE DES GRANDS ESQUIMAUX im Nordosten. Diese Unterscheidung ist durchaus wörtlich in Bezug auf von früheren Besuchern festgestellte unterschiedliche Körpergröße zu verstehen, wenn auch eine genaue ethnische Zuordnung und Lokalisierung unklar bleibt. Bereits um die Mitte des 17. Jahrhunderts waren einem englischen Fischereikapitän auf der Höhe von ca. 72° N hochgewachsene hellhäutige Eingeborene aufgefallen, die ganz offensichtlich auf eine Vermischung mit Skandinaviern zurückgingen. Das könnte eventuell ihren choronymischen Bezug zu Nord-Labrador auf dieser Karte erklären, während bei DELISLE, MOLL usw. die «großen» Eskimos dagegen im Südwesten Neufundlands kartographisch fixiert werden.

Rechts oben erscheinen in einer Maßstabskartusche unter der Angabe der Reduktion in «Heures de Chemin» die geographischen Koordinaten von Québec, Port Royal, Bristol, Pomejock und «jamstoun» mit der jeweiligen Längenangabe östlich von Hierro. Eine Koordinatenskala, allerdings ohne die erforderlichen Zahlenwerte, ist auf diesem Exemplar – bedingt durch eine Kombination auch des östlichen Blattes aus zwei heterogenen Hälften – lediglich in der unteren Hälfte am rechten und unteren Kartenrand sichtbar, wobei sie unten auch noch von der überhängenden Kartusche verdeckt wird.

Die Titelkartusche rechts unten besteht aus dem Titelblock mit Maßstab, sowie zwei kleinen, jeweils durch Roll- bzw. Blattwerk umschlossenen Einlegekarten, einer Stadtansicht von Québec (ganz unten) und eine im Areal verkleinerte und von Osten nach Norden gedrehte Version (ohne den Textkasten) des Plans *Quebec, Ville de l'Amerique Septentrionale* […] (A 1255), der 1694 noch unter dem unmittelbaren Eindruck der englischen Belagerung erschienen und bereits mehrfach wieder aufgelegt worden war (z.B. 1696, 1705). Dem ursprünglichen Titel ist «Les Environs de […]» vorangestellt, die geographische Länge ist von ursprünglich 310°17′ E in Übereinstimmung mit den Angaben oben rechts auf der Hauptkarte in 308°17′ E korrigiert und die «Ville de l'Amerique Septentrionale dans la Nouvelle France avec Titre d'Eveché» zur «Ville Capitale de la Nouvelle France avec Titre d'Évêché» erweitert. Aus dem Sitz des Gouverneurs ist die Hauptstadt der Nouvelle-France geworden. Die einzelnen Gebäude innerhalb der Zitadelle sowie die sichtbaren Häuser bzw. «fermes» außerhalb sind – mit Ausnahme zweier geistlicher Gebäude – nicht bezeichnet; der sichtbare Teil der Segelschiffe befindet sich nicht in Angriffsstellung, wie auch auf sonstige militärische Angaben der Vorlage von 1694 verzichtet wurde.

A 1205

CARTE PARTICULIERE DU FLEUVE SAINT LOUIS DRESSEE SUR LES LIEUX AVEC LES NOMS DES SAUVAGES DU PAÏS, | DES MARCHANDISES QU'ON Y PORTE & QU'ON EN REÇOIT & DES ANIMAUX, INSECTES POISSONS, OISEAUX, ARBRES & FRUITS DES PARTIES SEPTENTRIO:ES & MERIDION:ES DE CE PAÏS. [1719.]

Im *Atlas Historique, ou Nouvelle Introduction A l'Histoire à la Chronologie & et à la Géographie Ancienne & Moderne* der Gebrüder CHÂTELAIN (bzw. ab 1715 von ZACHARIE CHÂTELAIN allein) in Zusammenarbeit mit NICOLAS GUEDEVILLE (1705–1720) erschien diese enzyklopädische Bearbeitung der *Carte generale de Canada* des Barons LAHONTAN (A 1201). HENRI ABRAHAM CHÂTELAIN, ein hugenottischer Geistlicher aus Paris, der sich zunächst in London, ab ca. 1721 in Den Haag und ab ca. 1728 in Amsterdam niederließ, hatte zusammen mit seinem Vater ZACHARIE sen. und seinem gleichnamigen Bruder den Typus des historisch-enzyklopädischen Atlas entwickelt, in dem er neben der eigentlichen Geographie u.a. die Geschichte, Genealogie, Ethnologie und Heraldik einbezog. Veröffentlicht wurde er in Zusammenarbeit mit FRANÇOIS L'HONORÉ, der gleichfalls über Den Haag nach Amsterdam gekommen war und die Schwester von ZACHARIE CHATELAIN jun. geheiratet hatte.

Die in den 1719 veröffentlichten Band VI des *Atlas Historique* – wie in diesem Werk allgemein üblich – ohne Autorenangabe übernommene Karte untersucht den französischen Handelsraum in Nordamerika zwischen der Hudson Bay, dem St. Lorenz-Golf, dem mittleren Mississippi (der zur Zeit der französischen Exploration auch «Fleuve Saint Louis» genannt wurde) und den «Limites de Canada selon les François» im Süden (vgl. A 1201), die den Lake Erie, den Lake Ontario und den Lac Champlain umschließen. Die militär- und verkehrsgeographischen Angaben des Kartenfeldes, wie etwa die genaue Lage der französischen und feindlichen «Chasses (de castor)», der Forts, von denen einige am Südufer der Hudson Bay abwechselnd englisch und französisch sind, werden ergänzt durch die Namen der hier heimischen Ethnien und ihrer spezifischen Eigenschaften, insbesondere ihrer Sprache und Kriegsbereitschaft, die wichtigsten pflanzlichen und tierischen Ressourcen sowie die Waren des transatlantischen Verkehrs. Diese Daten sind um das Kartenfeld herum systematisch in Tabellen aufgelistet, die dem zweiten Band der Reisebeschreibung des Barons LAHONTAN entnommen sind. Auf der rechten Seite erscheinen zunächst die Waren, die für den Tauschhandel nach Nordamerika eingeführt werden; dabei handelt es sich überwiegend um französische Haushalts- und Luxusgüter, aber wiederum z.B. auch um

Carte Particuliere du Fleuve Saint Louis

dressée sur les lieux avec les noms des Sauvages du Païs, des Marchandises qu'on y porte & qu'on en reçoit & des Animaux, Insectes, Poissons, Oiseaux, Arbres & Fruits des Parties Septentrion.les & Meridion.les de ce Païs.

Tabak aus Brasilien. Daran schließt eine Aufstellung der eintauschbaren nordamerikanischen Tierhäute bzw. -felle und einiger Tierorgane an, mit der jeweiligen Angabe des entsprechenden Handelswerts in «l[ivre]» und «s[ous]». Ferner werden nordamerikanische Bäume und Nutzpflanzen aufgelistet, von denen einige nach Ausweis der Zusätze «comme en Europe», «comme en Savoie», «comme en Espagne» den europäischen Spezies sehr ähnlich sind, sowie Fische und Schalentiere (davon die des St. Lorenz-Stroms in einer separaten Tabelle), Vögel, Säugetiere («animaux») und Insekten.

Auf der linken Seite sind die einheimischen Ethnien, angeordnet in sechs geographischen Gruppen, nach Sprachverwandtschaft und militärischen Eigenschaften klassifiziert. Begonnen wird mit den Bewohnern der Acadie, es folgen die des St. Lorenz-Beckens, der Ufer der südlichen Großen Seen, der Rivière des Outaouas (Ottawa), des nördlichen Mississippi, des Lac Supérieur und schließlich der Baye de Hudson. LAHONTAN hatte in seiner Vorlage zu diesen Textblock auf eine politische Wertung bezüglich der franzosenfreundlichen oder -feindlichen Haltung der jeweiligen Ethnien verzichtet; hier geht es lediglich um die militärische Einschätzung, weshalb etwa einige irokesische Gruppen von Montréal, am Saut St. Louis und am Lac des Hurons eher politisch neutral als «(braves &) bons guerriers» gelten. In der großen Mehrheit handelt es sich jedoch um Indianer der Algonquin-Sprachfamilie oder – wie im Fall Akadien – um deren nahe Verwandte. Die Akadier sind immerhin weniger grausam als die Irokesen, die Indianer am Outaouas sogar «peuples poltrons». Die Huronen und die «Outaoua», die wiederum zur Ojibwe-Sprachfamilie gehören, sind traditionelle Bündnispartner der Franzosen und selbst heftig von den Irokesen attackiert und dezimiert worden, wobei auch französische Jesuiten ums Leben kamen.

In der überwiegenden Mehrheit sind die hier angegebenen Bezeichnungen die indigenen Namen oder solche, die direkt von autochthonen geographischen Bezeichnungen abgeleitet wurden. Eine wichtige Ausnahme ist das Ethnonym Hurons, eine offensichtlich französische Bildung, die, sofern keine Interferenz oder Umdeutung eines Algonquin-Terminus stattgefunden hat, wegen der Frisuren bzw. des Kopfschmucks der angetroffenen männlichen Stammesmitglieder, die denen der Mohawks ähnlich war, gewählt wurde. Sie erinnerten insbesondere an den Kopf eines Wildschweins (frz. *hure*), womit gleichzeitig eine Verbindung zum französischen Übernamen *huron* 'p. ext. aufständische oder wild lebende Person' hergestellt war (heute fr. *Hurons-Wendat*, engl. *Wendat, Wyandot*).

Die mit einer gepunkteten Grenzlinie eingefassten Verwaltungseinheiten um KEBEK, der PAIS DES IROQUOIS sowie die NOUVELLE ANGLETERRE sind auf den kolorierten Versionen der Karte als eigenständige Territorien markiert. An der Stelle der Mündung der umstrittenen «Rivière Longue» in den Mississippi fehlt im Unterschied zum Original des Barons LAHONTAN die entsprechende Signatur.

A 1187

CANADA | ou | NOUVELLE FRANCE. | Suivant les | Nouvelles Obſervations | de | Meſsrs de l'Academie Royale | des Sciences, etc. | Augmentées de Nouveau. | A LEIDE. | Chez PIERRE VANDER AA. | Avec Privilege. [1729.]

Der schwarze Kupferstich gibt eine im Norden und Osten etwas verkleinerte, im Süden dafür um ca. 10° erweiterte Version der *Carte du Canada ou de la Nouvelle France et des Decouvertes qui y ont été faites* von DELISLE wieder (vgl. insbesondere A 1184 und A 1186), die über ein dreiviertel Jahrhundert als Standardwerk galt. Er steht in einem unten gewissermaßen als Postament ausgestalteten architektonischen Rahmen, der den Effekt einer räumlichen Tiefe vermittelt. Dieses Verfahren hat der Leidener Verleger PIETER VAN DER AA bei zahlreichen Nachstichen oder Nachdrucken renommierter Karten angewendet. Diese erhielten einen jeweils unterschiedlich ausgestalteten Plattenrand nach Art eines Bilderrahmens – der des hier verwendeten Typs erschien u.a. auch bei den Karten 4 und 5 im entsprechenden Exemplar der SUB Hamburg) – sowie jeweils eine eigene Kartusche. Somit wurde der dekorative Charakter dieser Nachstiche hervorgehoben, während ihr Inhalt nur sehr geringfügig oder gar nicht modifiziert wurde. Schwerwiegend waren jedoch Eingriffe des Verlegers auf die Projektion des Originals: um mehrere Karten auf einem Blatt unterzubringen, stauchte er die Abstände zwischen den Breitenkreisen und deformierte so das Kartenbild (KOEMAN I: 2). Bemerkenswert war daher das von ihm zwischen 1682 und 1733 herausgegebene und verlegte Karten- und Ansichtenmaterial weniger in qualitativer als vielmehr in quantitativer Hinsicht. Das 1729 in Leiden erschienene Monumentalwerk *Galerie agréable du Monde* fasste in 66 Teilen zu 22 bzw. 27 Bänden rund 3.000 Karten, Pläne und Ansichten zusammen, die überwiegend bereits in seinen früheren Werken verwendet worden waren, und gilt damit als der größte jemals gedruckte «Atlas», obwohl die aufgenommenen Kupfer größtenteils Ansichten von Städten, Skizzen von Pflanzen, Tieren bzw. «monstres» oder Darstellungen landestypischer Szenen waren, und es sich daher vielmehr um eine Art Bildenzyklopädie (FRANZ WAWRIK: «illustrierte Gesamtschau der Welt») handelt. Die Gesamtauflage beschränkte sich nach eigener Auskunft (im Vorwort des ersten Bandes) allerdings nur auf einhundert Exemplare, von denen vermutlich nur wenige auch wirklich gebunden, der Rest dagegen offensichtlich manuell zusammengestellt wurde, wodurch einzelne Blätter zuweilen an völlig unterschiedlichen Stellen zu finden sind; KOEMAN (I: 15–29) sind weltweit lediglich elf Bibliotheksnachweise

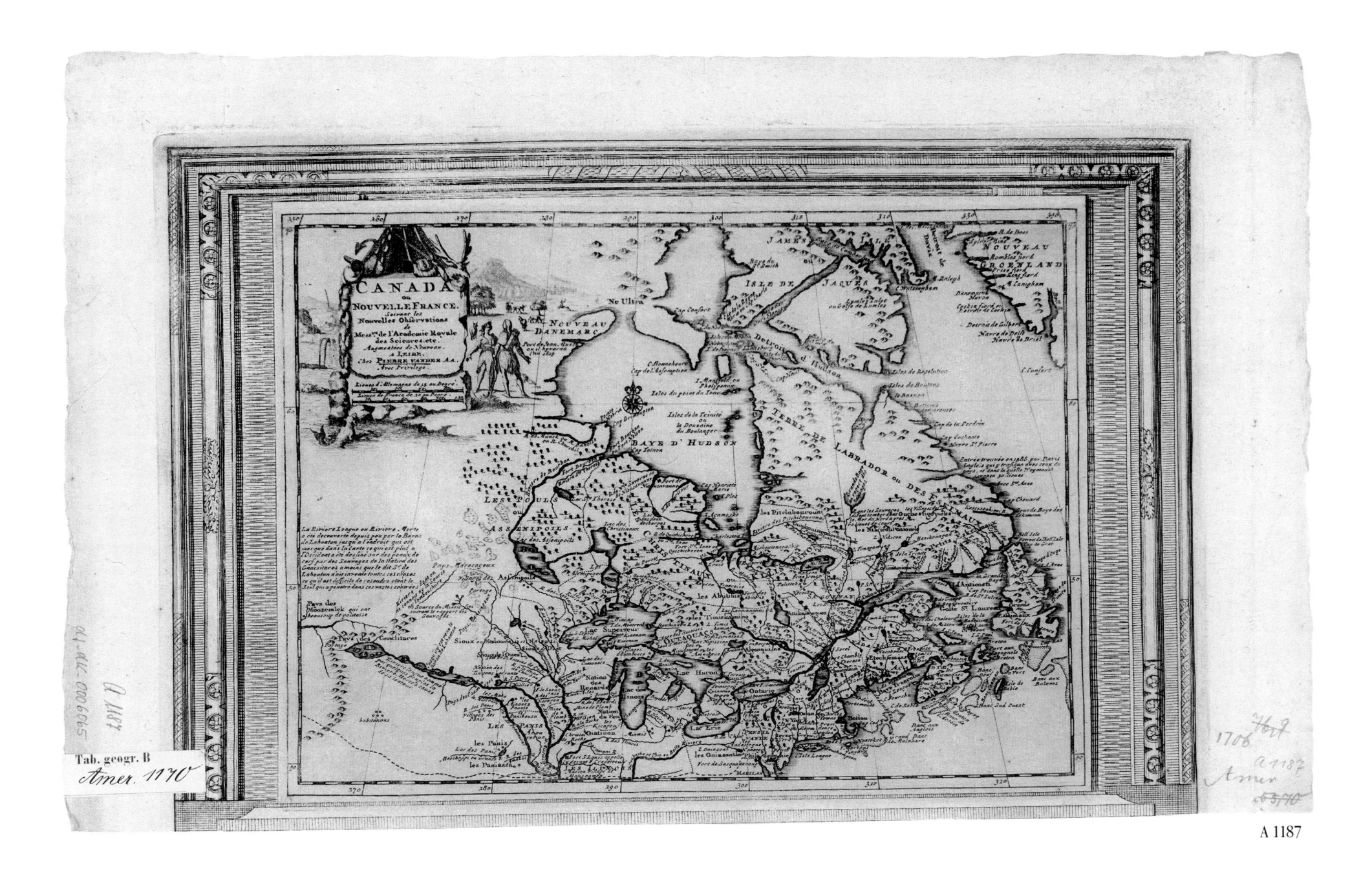

Ausgewählte Land- und Seekarten im kartenhistorischen und politischen Kontext | 131

des Werkes bekannt gewesen; für die vorliegende Untersuchung wurde vom Exemplar der Kartensammlung der SUB Hamburg das Konvolut zugrundegelegt, das die Teile 60 bis 66 enthält (Signatur KS 191/900: 60/66).

Zusammen mit einer «courte Description» führen die Karten in das jeweilige geographische Thema – wie hier das nördliche Amerika – ein, das mit zahlreichen Bilddokumenten zu den prominenten Bauwerken, zu Kleidung, traditionellen Gebräuchen, weltlichen und religiösen Zeremonien usw. vertieft wird. Zahlreiche dieser Dokumente werden entweder konsequent zweisprachig französisch-niederländisch oder auch gemischtsprachig erklärt (Titel lateinisch, Erklärungen französisch bzw. Titel französisch, Legenden oder Erklärungen niederländisch usw.), ganz ähnlich hatte van der Aa seinen Verlagskatalog von 1729 redigiert, in dem die Titel französisch oder niederländisch waren, die Inhaltsangabe jedoch nur niederländisch.

Abgesehen von der schwarzen Ausführung und einem anderen projektionsbedingten Gradnetz beschränken sich die Modifikationen gegenüber dem Original von Delisle auf eine Kompassrose, die auf die Hudson Bay nordöstlich der «Pointe Hebrin» und des Cap Grimengton aufgelegt ist und einige Vereinfachungen wie das Weglassen des nördlichen Polarkreises, die ein markantes Charakteristikum der Vorlage gewesen war. Von den Kartenlegenden für kleinere geographische Objekte (wie z.B. «les 7 Ifles») wurden einige – wiederum offensichtlich aus Platzgründen – nicht übernommen.

Für das Original wie für den Nachdruck gilt, dass die u.a. auf von Hubert Jaillot (A 1173, A 1174) alternativ zu Labrador verwendete Bezeichnung Terre des Eskimaux (also mit -k-) geschrieben wird.

A 1221
Nouvelle Carte Particulière de l'Amérique ou font exactement marquées la Nouvelle Bretagne, le Canada ou Nouvelle France, | la Nouvelle Ecosse, la Nouvelle Angleterre, la Nouvelle York, la Pensilvanie, Mary-Land, la Caroline Septentrionale l'Ile de Terre Neuve, le Grand Banc &c. || I. Condet f. [1737.]

Der großzügige Titel über dem oberen Kartenrand verhüllt die Tatsache, dass es sich hier um ein Separatum von Henry Popples *A Map of the British Empire in America with the French and Spanish Settlements adjacent thereto* handelt, die als Atlas in zwanzig Karten und zugleich als «carte d'assemblage» mit vier integrierten Stadtansichten und 18 Fortplänen in London 1733 erschien. Das Amsterdamer Haus Covens & Mortier versah dieses – von Edmund Halley (*1656, †1742) kommentierte – erste großformatige englischsprachige Dokument des 18. Jahrhunderts, das in der Mississippi-Region eindeutig von den Karten Delisles inspiriert war, in der auf dem südwestlichen Blatt platzierten Kartusche mit der Titelerweiterung «and Dutch settlements» bzw. «and Hollandish Settlements» und verkaufte es als Konvolut oder in Einzelblättern, mit jeweils spezifischen Leistentitel in französischer Sprache. Eine französische Edition im eigentlichen Sinn erfolgte jedoch erst 1742 durch Georges-Louis Le Rouge sowie 1762 mit der Aufnahme in seinen *Atlas Général*. Während die Gesamtkarte südlich bis 5° N und westlich bis 107° W reicht und damit ganz Mittelamerika, die Karibik und einen Streifen Südamerikas zeigt, erstreckt sich dieses Kartenfragment vom C. Chouard (55° N) oberhalb der Bay[e] des Esquimaux – dieser Anfangspunkt war auch für genuin frankophone Karten der Epoche nicht ungewöhnlich – bis nach Süden über das Cape Fear hinaus (33°50′ N), so dass große Partien der englischen Küstenprovinzen einschließlich eines Teils von North Carolina zu sehen sind. Damit ist die englische Provenienz auch ohne Kenntnis des entstehungsgeschichtlichen Hintergrunds eindeutig zu erkennen; außerdem ist die überwiegend englische Nomenklatur (beispielsweise auch auf der Ebene der Landschaftsnamengebung) unverändert übernommen worden. In östlicher Richtung reichte das Original übrigens bis zum 47. Längengrad und nahm so noch zwei Stadtansichten von Québec und New York (oben rechts) sowie einen Randstreifen mit Detailkarten und -plänen (von rechts oberhalb der Mitte bis rechts unten) auf; die westliche Hälfte verfügte oben links über je eine Vignette zu den Niagara-Fällen und der Stadt México. Die zahlreichen maritimen Illustrationen auf dem abgebildeten Teil des Western [or Atlantick Ocean] sind jedoch auf dem vorliegenden Dokument – zumindest im Umfang der Nordhälfte des Originals – uneingeschränkt zu sehen.

Das Original existiert in mehreren Varianten und vor allem in unterschiedlichen Flächenkolorierungen, die – ganz ähnlich wie bei Moll 1715/1731 – alle ein kohärentes englisches Territorium südlich des St. Lorenz-Stroms und Neufundland in gleicher Tingierung mit einschließen. Hier wird diese Manifestation englischer Territorial- und Handelsinteressen in einer Epoche wachsender Konflikte, nun insbesondere im Mittleren Westen, gleichfalls deutlich, wenn auch weniger prägnant anhand von einfachen Grenzlinien, die gerade am Übergang Neuengland–Neuschottland nicht gerade eindeutig sind. Auf dem Original, dessen Veröffentlichung vom Board of Trade and Plantations, für das Popple 1727 arbeitete, finanziell unterstützt worden war, sollten auch die englischen Gebiete auf die andere Seite der Appalachen übergreifen; darüber hinaus sollte ein differenziertes Bild über die Zugehörigkeit der einzelnen westindischen Inseln vermittelt werden.

Das Dresdner Exemplar zeichnet sich dafür durch den nicht auf allen Versionen gleichen nomenklatorischen Reichtum des Originals aus, so dass nicht nur die zahlreichen Toponyme, sondern auch die Bezeichnungen kleinerer Klippen und Sandbänke (z.B. im St. Lorenz-Golf) übernommen werden; vgl. dazu den Hinweis auf «Old Brazeel» («Bresil») vor der Südwestspitze Akadiens in Teil II, Kapitel 3. Eine weitere Besonderheit ist die Wiederaufnahme des Namens «Bacalao» für Cape Breton Island, die bei Lescarbot (1609), danach vereinzelt noch bis zur Mitte des 18. Jahrhunderts praktiziert wurde, wie z.B. auf der *Carte d'une Partie de l'Amérique Septentrionale* von 1755 (A 1215); das Allonym «Gaspee [Islands]» ist ebenfalls ein Einzelfall.

Auch Landschaftssignaturen sind in großer Anzahl auf das Kartenfeld verteilt. Der St. Lorenz-Strom ist jetzt mittels farbiger Grenzmarkierungen eindeutig als politische, gewissermaßen auch als Sprachgrenze markiert. Nova Scotia bis zum «S! Croix R.» bzw. zum «Milta R:» schließt politisch Akadien und die Gaspésie sowie den nördlichen Küstenstreifen am St. Lorenz-Strom mit ein. Die Zuordnung des daran anschließenden Territoriums zwischen den Mündungen des «S! Croix R.» und bis etwa zum Lake Champlain (Übergang zu New York) und zur Penobscot Bay (Übergang zu New England) ist u.a. wegen nicht eindeutiger Grenzmarkierungen durchaus verwirrend. Erst jenseits davon werden diese wieder klarer, die Territorien von New York, New Jersey, Pennsylvania, Maryland, Virginia und North Carolina sind bereits als zukünftige Staatengebilde erkennbar (1728 war wieder die englische Souveränität über Carolina hergestellt und die Zweiteilung erfolgt); Connecticut, New Hampshire, Massachusets Bay, Rhode

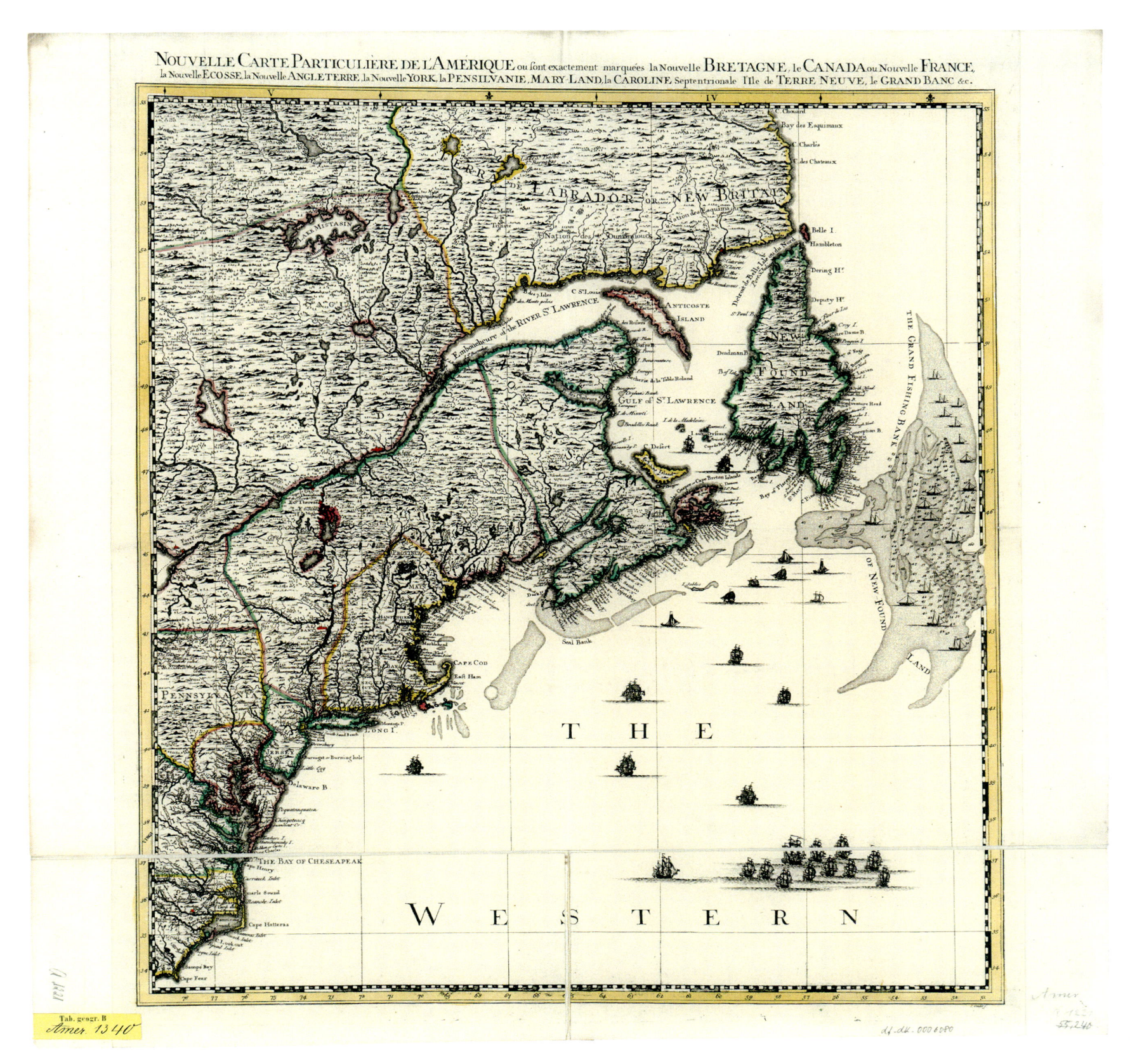

Ausgewählte Land- und Seekarten im kartenhistorischen und politischen Kontext | 133

NOUVELLE CARTE PARTICULIÈRE DE L'AMÉRIQUE ou font exactement marquées la Nouvelle BRETAGNE, le CANADA ou Nouvelle FRANCE, la Nouvelle ECOSSE, la Nouvelle ANGLETERRE, la Nouvelle YORK, la PENSILVANIE, MARY-LAND, la CAROLINE Septentrionale l'Isle de TERRE NEUVE, le GRAND BANC &c.

Island und die Province of Main sind politisch-geographisch allerdings noch unter New England zusammengefasst. Auch dies ist ein Kennzeichen für die englische Provenienz, denn viele frankophone Karten verzichten noch bis zum Ende des 18. Jahrhunderts auf eine entsprechende differenzierte Nomenklatur auf dem Gebiet der späteren USA. Maine, das erst am 15. März 1820 im Anschluss an eine im Jahr zuvor durchgeführte Volksbefragung im Rahmen des Missouri Compromise als dreiundzwanzigster Staat in die Union aufgenommen wurde, geht auf Gebiete zurück, die 1622 Sir Ferdinando Gorges und John Mason übertragen und ab 1629 von Gorges allein verwaltet wurden; das Territorium erstreckt sich hier vom Mündungsgebiet des Piscataqua («Piscatawaq») bis gegenüber der Mündung des Kennebec. Zwischen 1641 und 1658 war es von der Massachusetts Bay Colony annektiert und nach dem Kauf des entsprechenden Rechtstitels von 1677 bis 1680 von ihr verwaltet worden. Analog zu den hier mit roter Farbe ausgefüllten Symbolen für Forts erscheint erstmals eine rote Flächenmarkierung für städtische Agglomerationen, insbesondere für Québec, das noch viel kleinere Montréal, für Tadous[s]ac sowie für einige Städte am mittleren Hudson wie «Philipsburgh» und Albany, noch nicht jedoch für New York, obwohl ihm eine Stadtvignette als Nebenkarte gewidmet war.

Die Karte wurde spätestens ab der Ausgabe ca. 1745 zusammen mit den anderen Blättern der «carte d'assemblage» regulär im Verzeichnis des *Atlas Nouveau* von Covens und Mortier aufgeführt (zunächst als No. 103, in der Ausgabe post 1757 als No. 108) (Koeman II: 54, 60), war jedoch ganz offensichtlich bereits der Auflage von 1741 oder zumindest in einem Teil davon zu sehen (Elkhadem et al. 1994: 74).

A 1212

Partie Orientale | de la | Nouvelle France | ou du | Canada | Par Mr Bellin Jngenieur du Roy et de la Marine | Pour feruir à l'Jntelligence des affaires | et de l'Etat prefent en Amerique communiqueé | au Public par les Heritiers de Homan | en l'an 1755.

Jacques-Nicolas Bellin profitierte in seiner Funktion als Ingénieur hydrographe de la marine, der ein Jahr nach dessen Gründung in den Dépôt des Cartes et Plans de la Marine eintrat (1721), von den nun kontinuierlich in dieser Behörde eingehenden Informationen über neue geographische Erkenntnisse (wie beispielsweise die Manuskripte des Jesuitenpaters Charlevoix), sowie ferner von persönlichen Kontakten zu Kapitänen des Transatlantik-Verkehrs. Somit verfügte Bellin über günstige Voraussetzungen für eine Aktualisierung der offiziellen französischen Karten vom Einzugsgebiet des St. Lorenz-Stroms, bis einschließlich zum Schicksalsjahr 1760/1761, als unter seiner Leitung noch einmal eine große zweiteilige Karte von diesem Hauptschifffahrtsweg erstellt wurde. Mit der 1744 im Dépôt gezeichneten *Partie Orientale de la Nouvelle France ou du Canada* und seinem unmittelbaren Pendant *Partie Occidentale de la Nouvelle France ou du Canada* enstand ein neuer Kartentyp, der erstmals auch für die Seefahrt nützliche Informationen wie insbesondere regelmäßige Tiefenangaben in den küstennahen Gewässern – bisher waren diese lediglich sporadisch erschienen – und die genaue Lage auch der kleineren Häfen, Kanäle und Sandbänke enthielt. Mit ihrer geradezu gedrängten Abfolge verlässlicher geographischer Details sowie größtenteils wörtlichen Entsprechungen der direkt darauf bezogenen Kommentare stellt sich diese Karte von Bellin als die unmittelbare Vorlage der in der SLUB vorhandenen Seutter-Lotterschen Arbeiten (A 1209, A 1210) heraus, die jedoch projektionsbedingt über eine erheblich geringere Lagegenauigkeit und Längentreue gegenüber der Vorlage verfügen. Das Bild Neufundlands ist von der separaten Karte Bellins über diese Insel (z.B. im ersten Band der *Histoire et description generale de la Nouvelle France* von Charlevoix) her bekannt. Augenfällig ist allerdings bereits bei Bellin die ungewöhnliche Drehung des St. Lorenz-Oberlaufs nach Südosten und eine zu weit östliche Position des Lac Ontario bzw. eine zu geringe Entfernung zur atlantischen Küste von nur ca. 3 Grad.

Ein Charakteristikum dieses Exemplars ist die gelbe Umrisskontur für sämtliche Küsten des dargestellten festländischen Areals und Neufundlands wie für die größeren Inseln im St. Lorenz-Golf sowie die Ufer des St. Lorenz-Stroms bis vor der Höhe von Québec und des Saguenay bis etwa unterhalb der Grande Décharge. Es handelt sich um eine Konturierung ohne politisch-geographische Bedeutung, die sich auch auf den englischen Territorien bis zum nördlichen (1°15′ nördlich der I. S. Thomas) bzw. südlichen Kartenrand (Südseite der Cape Cod-Halbinsel) fortsetzt und in der gleichen Farbe auch die Küsten des Festlands an der Labradorküste sowie am sichtbaren Ostufer der Hudson Bay markiert.

Von Bellins Original aus dem Jahr 1744, das im Tome premier der *Histoire et description generale de la Nouvelle France* von Charlevoix abgedruckt und dessen Auftraggeber, Jean Frederic Phelippeux, Comte de Maurepas, gewidmet war, sind mehrere Versionen bekannt, die leichte Modifikationen aufweisen, entweder mit oder ohne den ergänzenden Erscheinungsvermerk der Homann-Erben in der Kartusche. Eine Version von 1751 wurde bereits gleichzeitig in London, Paris (im *Atlas Maritime*) und Nürnberg herausgegeben und erschien als Blatt 282 im 4. Band des *Atlas de géographie ancienne et moderne* von Jean de Beaurain (Paris 1751). Auf ihr sind Labrador, das Gebiet zwischen Rivière St. Jean und Saguenay, die Regionen östlich und westlich des Kennebec, die Acadie sowie die größeren Inseln im St. Lorenz-Golf mit jeweils unterschiedlicher Flächenfärbung versehen. Andere Varianten zeigen die beiden ersten Gebiete westlich des St. Lorenz-Stroms einheitlich koloriert, heben es dafür aber von dem Uferstreifen um die Hudson Bay westlich des Lac des Mistassins ab. Auf einigen Exemplaren ist wiederum die French Shore mit ihrem Hinterland und der an England abgetretene südliche Teil der Halbinsel Acadie mit einer entsprechenden Grenzkontur versehen.

Das vorliegende Beispiel gehört zu den späteren Versionen der Karte, die in den Homann-Atlanten der zweiten Generation, wie dem *Atlas Compendiarius Quinquaginta Tabularum Geographicarum Homanniarum alias in Atlante majori contentarum* (ca. 1755) und dem *Atlas geographicvs maior* (Band I, 1759), veröffentlicht und 1778 im *Atlas Geographique* bei der Firma Lotter erneut abgedruckt wurden. Auf ihnen wird erstmals die 1749 gegründete Siedlung Halifax an der Stelle von Chibouctou in Neuschottland verzeichnet, benannt nach George Montagu-Dunk, 2ⁿᵈ Earl of Halifax, (*1716, †1771), dem Präsidenten des britischen Board of Trade. Ein zweites Halifax erscheint am Zusammenfluss des Kennebec mit dem Sebasticook im heutigen Staat Maine an der Grenze zwischen dem englischen und französischen Einflussbereich. Dabei handelt es sich um ein Fort, das zu Beginn des French and Indian War 1754–1755 unter Major General John Winslow als ein Vorposten gegen Attacken aus dem Norden errichtet wurde und heute als das älteste Blockhaus der USA gilt.

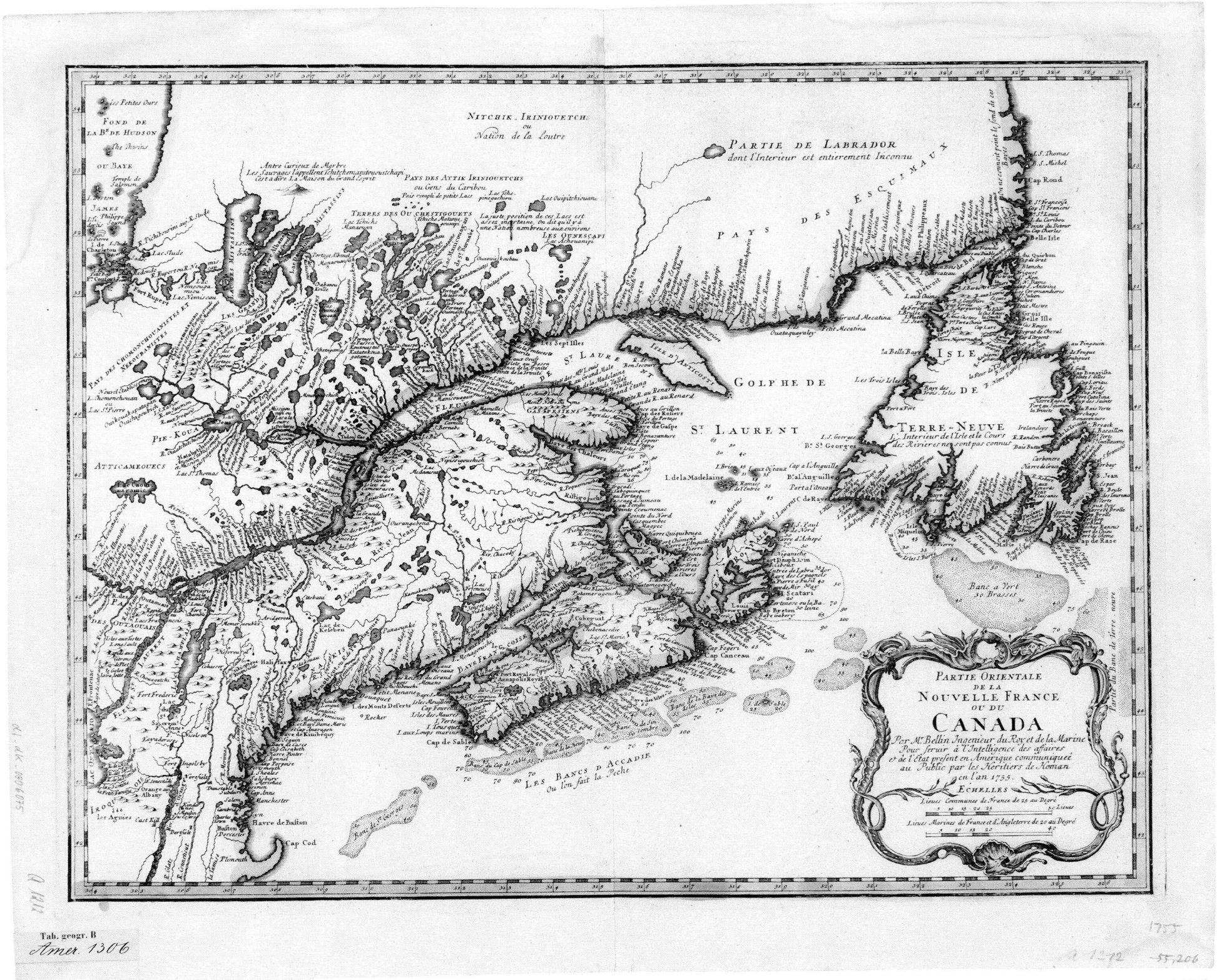

Ausgewählte Land- und Seekarten im kartenhistorischen und politischen Kontext | 135

Ausgewählte Land- und Seekarten im kartenhistorischen und politischen Kontext

A 1215
CARTE D'UNE PARTIE DE | L'AMÉRIQUE SEPTENTRIONALE | Pour servir à l'Intelligence du Mémoire sur les prétentions des | Anglois au sujét des Limites à regler avec la France | dans cette Partie du Monde. | | AMSTELOD. apud J. SCHREUDER & P. MORTIER JUN.ʳ 1755.

Der anonyme schwarze Kupferstich zeigt einen Teil des atlantischen Nordamerika von Belle Isle bis zur Mündung des Roanoke an der Grenze zwischen Virginia und North Carolina und der Appalachenkette. Wie ausdrücklich im Titel vorgegeben, dokumentiert er die größtenteils noch offenen Grenzfragen, die sich nach der politischen Wende 1751, dem Beginn der mehrheitlichen Anglisierung Nordamerikas, ergeben haben, im Jahr 1755 verhandelt wurden und erst im Frieden von Paris (1763) vorläufig beigelegt werden konnten. Entsprechend ihrer Funktion hat die Karte bezüglich der dargestellten Territorien Überblickscharakter und konzentriert sich auf die politisch relevanten Signaturen und Konturen; umso genauer ist dafür die Differenzierung auf der nomenklatorischen Ebene. Vielleicht sind daher auch für die Cap Breton-Insel gleich drei Namensvarianten, einschließlich der noch bei LESCARBOT am Anfang des 17. Jahrhunderts verwendeten («Baccalaos ou I. du Cap Breton, auj. I. ROYALE»), angegeben. Wie hier deutlich wird, betraf der englisch-französische Streit insbesondere die Gebiete südlich des unteren St. Lorenz-Stroms, die ab 1602 französisch besiedelt worden waren. Im Utrechter Frieden wurde lediglich die Acadie «conformement à ses anciennes limites» bzw. der südliche Teil der akadischen Halbinsel sowie die vorgelagerten Gewässer an England abgetreten. Die entsprechende Grenzlinie verlief südlich des Cap Fourchu in einem Bogen bis zum Cap Canseau und umschloss die küstennahen Gewässer bis um die I. de Sable (Sable Island) und die «Bancs d'Acadie». Darüber hinaus wurde – hier durch eine durchgezogene Linie markiert – ein etwa rechteckiger Distrikt um Hafen und Stadt Port-Royal (das bereits nach der Eroberung der Acadie durch die Engländer Ende September 1710 in Annapolis Royal umbenannt worden war) ebenfalls von Frankreich abgegeben. Am 10. September 1621 hatte JAMES I. das gesamte festländische Gebiet Akadiens von der Baye Françoise an der Mündung der R. S. Croix bis an die untere Rivière du Loup und dem Cap des Rosiers mit Ausnahme eines Streifens am St. Lorenz-Strom als Neu-Schottland an WILLIAM ALEXANDER übereignet, ab dem Cap des Rosiers verlief die Grenzlinie um die Inseln des Golfs einschließlich der I. aux Oiseaux und der Cap Breton-Insel herum und dann etwa parallel zur Utrechter Linie über die akadischen Bänke zurück zur Isle Longue und zur Rivière S. Croix. Im Jahr 1638 verwalteten CHARLES DE SAINT-ÉTIENNE DE LA TOUR (*1593, †1666, Gouverneur der Acadie 1631–1642 und 1653–1657), dessen Vater noch Erbrechte von WILLIAM ALEXANDER besessen hatte, und CHARNIZAI (CHARLES DE MENOU D'AULNAY, ca. 1604–1650, Gouverneur der Acadie 1638–1650) von diesen Ländern die Halbinsel sowie den hier wie auf zahlreichen Karten COSTE DES ETCHEMINS genannten südlichen Teil des späteren Neu Braunschweig bis zu einer Linie zwischen der «R. de Kinibeki» und der «R. Sagahadock». Teilweise östlich an diese Gebiete schließt der Küstenstreifen an, den NICOLAS DENYS (*1598, †1688[?]) im Jahr 1632 erhalten hatte und der 1653 erweitert wurde. Er reichte vom Cap Canseau bis zur Mündung des St. Lorenz-Stroms nordwestlich des Cap des Rosiers auf der Gaspé-Halbinsel. Der Südwesten, das Gebiet von CHARNIZAI bzw. die «Coste des Etchemins», verdeutlicht die Acadie in ihrer größten jemals erreichten Ausdehnung bis an die Mündung des hier «Sagahadock» genannten Flusses. Daran schließen sich – ähnlich wie im Fall A 1221, jedoch anders als auf vielen, insbesondere frankophonen Karten der Epoche – die genau differenzierten englisch verwalteten Territorien an: PROV.ᶜᴱ DE MAINE, NEW HAMPSHIRE, PROV.ᶜᴱ DE MASSACHUSET, RHODE ISLAND, CONNECTICUT etc.; außerhalb der NOUV.ᴸᴱ ANGLETERRE liegt der Staat NOUVELLE YORCK (mit der noch die an die niederländische Herrschaft erinnernden Alternative «NOUV. BELGIQUE») mit der Stadt New York, deren Signatur der frühere einheimische Name «Manate» (Manhattan) angefügt ist; vgl. u.a. A 1201 und A 1181 («Mahate ou N. York»).

Der Westen der Halbinsel Acadie etwa zwischen Mirligueche und dem Isthmus sowie die COSTE DES ETCHEMINS und deren Hinterland etwa bis zur Höhe von Natschouak/Naxoat an der «R. S. Jean» waren von CROMWELL in einer Charta vom 9. August 1656 an LA TOUR, WILLIAM CROWNE (*1617, †1682) und SIR THOMAS TEMPLE, 1ˢᵀ BARONET OF STOWE, BARONET OF NOVA SCOTIA (*1613, †1674) übereignet worden, von denen die letzten beiden nach dem gemeinsamen Kauf des Rechtstitels von LA TOUR alleinige Besitzer wurden. Bei einer Aufteilung des Gebiets im Februar 1658 übernahm CROWNE den westlichen Teil. Bei der nominellen Rückgabe dieser Gebiete an Frankreich zusammen mit dem daran anschließenden Südosten der akadischen Halbinsel zwischen Mirligueche und dem Cap Canseau im Frieden von Breda (1667) war das Besitzrecht von CROWNE ignoriert worden; die vertragsgemäße Übergabe an Frankreich erfolgte erst 1670.

Auf Grund ihrer wirtschaftlichen Bedeutung spielten auch die der Acadie vorgelagerten fischreichen Bänke eine Rolle bei den Verhandlungen zwischen den beiden Großmächten. Am rechten Kartenrand ist ein Teil der Großen Neufundland-Bänke als kohärenter Streifen in Nord-Süd-Ausrichtung zu erkennen.

Das Dokument A 1215 wurde als Faltkarte in den ersten Band der *Memoires des Commissaires de Sa Majesté très-chrétienne et de ceux de Sa Majesté britannique, sur les possessions & les droits respectifs des deux couronnes en Amérique* im Anschluss an die Vorrede und das Inhaltsverzeichnis eingearbeitet. Im Umfang von drei Bänden erschienen diese *Memoires* 1755 gleichzeitig in Amsterdam/Leipzig, Kopenhagen und Paris, daneben auch in einer italienischen Version (für die auch die Karte übersetzt wurde, siehe KERSHAW III: 17); weitere Bände der Pariser Edition folgten. Mit der Autorenangabe des Lütticher Graveurs JOSEPH DREPPE (*1737, †1810) versehen existiert eine Variante des Originals für den *Journal Encyclopédique* (bzw. – ab 1775 – *Journal Encyclopédique ou Universel*); mit dem Imprint «T. Jefferys sculpsit Londini» ein nicht übersetzter, auf 1756 datierter Nachstich (KERSHAW III: 52). Eine Version von BELLIN enthält unten rechts eine dem üblichen Muster seiner Karten entsprechende – zweite – ovale Rokoko-Kartusche, in die der Titel und der Notationsblock mit den Erklärungen der Grenzzeichen gesetzt wurden.

In Anwendung kommen gleich zwei neue Systeme der geographischen Längenangabe. Unten sind die Grade westlich des Observatoire Royal de Paris, oben diejenigen westlich von London angegeben. Der relativ geringe Unterschied von 2°20′ hat zumindest auf dieser Karte wenig praktische Bedeutung, zumal nur ein einziger durchgehender Meridian eingezeichnet ist, der u.a. die Mündung der R. S. Jean etwas östlich von Fort Sault passiert. Er liegt auf 68° W nach Pariser Zählung bzw. ungefähr auf 65°40′ W westlich von London bzw. dem Royal Observatory in Greenwich.

A 1256

Plan de la Ville de | Quebec. || vue de quebec, | Capitale du Canada. [1755.]

Auf diesem Blatt sind zwei von George-Louis Le Rouge verlegte Illustrationen – ein häufig reproduzierter Plan der Stadt Québec sowie eine Ansicht der Stadt von Südosten – abgedruckt, die die «Capitale du Canada» vor dem englischen Bombardement von 1759 zeigen; die Kennzeichnung bestimmter Plätze und Gebäude erfolgt anhand von kleinen (oben) bzw. großen Buchstaben (unten) zugeordneten Signaturen, die nicht aufeinander abgestimmt sind.

Die obere Hälfte erschien bereits 1744 im dritten Band der *Histoire* von Jean-François-Xavier de Charlevoix (*Journal d'un Voyage fait par ordre du Roi dans L'Amerique septentrionale*) und wurde seitdem an unterschiedlichen Stellen reproduziert, sie ist sowohl in englisch- und deutschsprachige Kartenwerke integriert (A 1191, A 1192), als auch als eigene englischsprachige Bearbeitung (A 1258) aufgelegt worden. So ist sie u.a., zusammen mit zwei weiteren Plänen, auf dem Blatt *Vorstellung einiger Gegenden und Plaetze in Nord-America unter Franzoesisch und Englische Jurisdiction gehoerig* (A 1192) mit dem Imprint der Homännischen Erben von 1756 zu finden. Es existiert eine typographisch modifizierte Version mit links und oben etwas erweitertem Kartenbild und der Legende in einem separaten Kasten rechts der Rivière St. Charles, die gleichfalls in zahlreichen Neuauflagen übrigens noch bis 1764, also fünf Jahre nach dem Verlust Québecs an die Briten, reproduziert wurde (zusammen mit einem *Prospect der Stadt Quebec* beispielsweise im 8. Teil des *Schau Platz des gegenwaertigen Kriegs* von Gabriel Nikolaus Raspe, der auf das Jahr 1762 datiert wird). Neben anderen wurde sie (zusätzlich mit einem Text im Legendenblock) von Jefferys ediert und war als *Plan of y Town of Quebec* u.a. im *Magazine of Magazines*, Vol. 1 (Nov. 1750, an S. 398) zu finden.

Ähnlich wie auf der Karte A 1257 von Jefferys sind genau genommen jeweils zwei Uferlinien der Flüsse St. Lorenz und St. Charles dargestellt, die eigentliche Uferkante bei Hochwasser, die mit Küstenschraffuren versehen ist, und die nach Ablaufen des Wassers verbleibende Linie des freigelegten Watts. Links und rechts der beiden Flüsse ist dieses Watt durch je einen punktierten Streifen ungefähr gleicher Breite angedeutet. Der dargestellte Bereich (von der Chapelle St. Roch am rechten oberen Kartenrand bis jenseits der Cape Diamond-Bastion, hier «Demi Bastion de Joubert») stimmt ungefähr mit dem des detaillierteren Plans von Jefferys in größerem Maßstab überein. Das Dokument geht auf einen Festungsplan von Jacques Levasseur de Néré (Neré) (*ca. 1662, †ca. 1723) zurück, der ab 1694 mit Unterbrechungen als ingénieur du roi in Québec tätig war. Es befindet sich zum Zeitpunkt seiner Veröffentlichung 1744 hinsichtlich der Stadtbildentwicklung daher über dreißig Jahre im Rückstand. Nach 1693 war mit dem Ersatz der provisorischen Befestigung (A 1255) durch eine neue begonnen worden, die die Stadt in eine riesige Baustelle verwandelte, bis 1720 ein Baustopp zugunsten Montréal und Louisburg verhängt wurde. Die auf einer Version des Plans als «la Vieille Enceinte» bezeichnete innere Festungsmauer um die Haute-Ville von der Redoute du Cap au Diamant bis zur Redoute au Boureau existierte seit 1712 nicht mehr; bis 1720 wurde daher die äußere Befestigungskette zwischen den Bastionen Joubert («v») und la Glacière («t») mit der Errichtung einer «demi-bastion du Cap» als Vorposten verstärkt; der Freiraum vor dem Fort St. Louis hat hier noch den Charakter einer Wegekreuzung und ist noch nicht zur Place d'Armes ausgebaut (Elkhadem et al. 1994: 52). Wegen der Kapitulation vom 19. Juni 1745 ließ der Gouverneur Charles de la Boische, Marquis de Beauharnais den Bau der geplanten massiven Mauer zur Abwehr der Angriffe von der Landseite beginnen. Das gesamte Konzept der nunmehr dritten Befestigung von Gaspard-Joseph Chaussegros de Léry (*1682, †1756) konnte jedoch erst in der Zeit von 1825 bis 1830 durch die englische Verwaltung realisiert werden.

Auf dem Plan ist der ursprüngliche Charakter der Basse-Ville als Niederlassung von Handwerkern und Händlern noch gut zu erkennen, die nun allerdings militärische Anlagen aufnehmen muss. Im Fall eines Angriffs ist sie besonders exponiert; 1759 wurden hier sämtliche Öffnungen der dort befindlichen Häuser zugemauert und zusätzlich eine Palisade zwischen dem Haus Chevalier und dem Ausrüstungskai Cul-de-Sac errichtet. Die Kirche Notre Dame de la Victoire, ab 1711 Notre Dame des Victoires, die ursprünglich dem Jesuskind geweiht war, wird neben zwei Batterien, der Batterie Royale und der Batterie Dauphine unter den namentlich bezeichneten Gebäuden als «Eglise de la basse Ville» aufgeführt; sie existiert übrigens noch zu Beginn der Belagerung 1759 und daher auf dem Plan von Jefferys. Das unmittelbar östlich neben der Kirche gelegene zweistöckige Haus von Jean-Louis Fornel, der in der Labrador-Fischerei tätig war, wurde im Rahmen des Rekonstruktionsprogramms 1964 wieder aufgebaut. Die Haute-Ville hat sich an das Fort St. Louis angeschlossen und ist der Sitz der militärischen, zivilen und kirchlichen Verwaltung sowie ihrer Funktionäre. Das Ensemble der späteren Place de l'Hôtel de Ville ist bereits gut zu erkennen. Von den beiden Befestigungsabschlüssen ist «la Vieille Enceinte» auf dem Plan noch vollständig, die neuere dagegen lediglich bis einschließlich der Bastion St. Louis dargestellt. Ihr weiterer Verlauf ist jedoch entlang der «Anciens Retranchemens» über die Redoute Ste. Ursule («x»), vorgezeichnet und auf dem Plan von Jefferys (A 1257) schließlich vollständig dokumentiert.

Zu den wichtigsten Gebäuden gehören das Seminar, das Kolleg und die Konvente (der Jesuiten, Récollets und Urselinen), die säkulare Verwaltung (Intendance) sowie das 1693 von drei Augustinern aus Dieppe gegründete zentrale Hôtel-Dieu für die Nouvelle-France, dem ältesten Krankenhaus Nordamerikas, auf dem Plan A 1255 noch «l'Hospital» genannt. Die Bezeichnung Hôtel-Dieu erinnert an ihre ursprüngliche Funktion als bischöfliches Pilgerhospiz in der Regel in der Nachbarschaft einer Kathedrale. Der zwischen 1682 und 1686 amtierende Intendant Jacques de Meulles hatte im Industriegebiet an der Rivière St. Charles eine Brauerei gekauft und sie zu seiner Residenz umgestalten lassen, ab 1715 wurde der Palast vergrößert. Ganz ähnlich wie auf dem späteren Plan von Jefferys sind die wichtigsten an den Flussseiten aufgestellten Batterien namentlich bezeichnet. Die Furt zwischen dem Werftgelände und der anderen Seite der Rivière St. Charles ist wie allgemein im Fall einiger Straßen oder Wege durch eine punktierte Linie angedeutet.

Die Perspektive der Ansicht in der unteren Hälfte des Blattes passt zu dem nach Westen orientierten Stadtplan darüber. Die Legende in der linken oberen Ecke enthält mit den Signaturen A bis K lediglich die wichtigsten kirchlichen und militärischen Einrichtungen und verzichtet z.B. auf die Erklärung der einzelnen Batterien und Bastionen. Buchstabe E ist der Kathedrale mit ihrem charakteristischen Zentralturm mit Laterne und flèche zugewiesen. Neben dem Hôtel-Dieu ist als «L'Hopital» das 1692 vom zweiten Bischof von Québec, Jean-Baptiste de La Croix de Chevrières de Saint-Vallier (*1653, †1727), auf dem alten Récollets-Gelände gegründete Hôpital général de Québec zu sehen, das durch An- und Umbau der Kapelle des Konvents, dessen «clocher» gut sichtbar ist, entstand. Die Wasserflächen sind unten durch einen breiten Streifen waagerechter Linien dargestellt, die oben rechts gleichzeitig auch für den leeren Hintergrund bzw. Horizont des Bildes verwendet werden. Auf dem St. Lorenz-Fluss befinden sich vier Segler in der Nähe der Basse-Ville, darunter ein Dreimaster im Vordergrund rechts mit offensichtlich einer der für französische Handelsschiffe noch weiterhin üblichen blau-weißen Flaggen an Bug und Heck. Ein weiteres Schiff legt gerade an der «Platte forme» an.

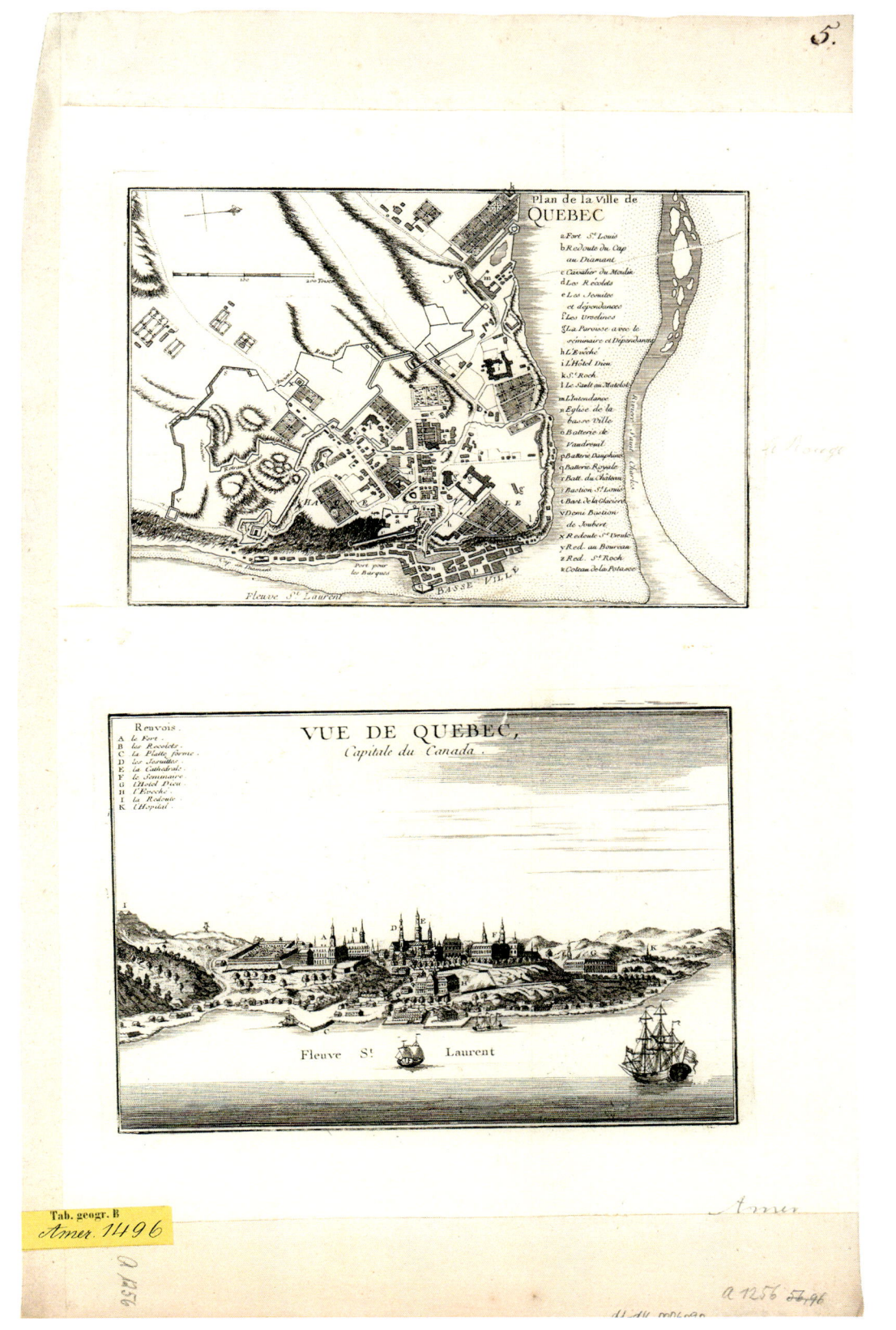

Ausgewählte Land- und Seekarten im kartenhistorischen und politischen Kontext | 139

4. Der St. Lorenz-Strom auf nautischen Karten

A 1243–A 1244

A NEW CHART | OF THE | RIVER S.ᵀ LAURENCE, | FROM THE | ISLAND of ANTICOSTI | To the | FALLS of RICHELIEU: | WITH ALL THE | ISLANDS, ROCKS, SHOALS, and SOUNDINGS. | ALSO | PARTICULAR DIRECTIONS | For NAVIGATING the RIVER with SAFETY. | Taken by ORDER of | CHARLES SAUNDERS, Esq.ʳ | Vice-Admiral of the BLUE, and Commander in Chief | of His MAJESTY'S SHIPS in the | Expedition againſt QUEBEC in 1759. | Engraved by THOMAS JEFFERYS, | Geographer to his Royal Highneſs the Prince of WALES. | Publiſhed by COMMAND of | The Right Honourable the LORDS COMMISIONERS of the | ADMIRALTY. [1760.]

Die beiden aus jeweils zwölf nebeneinander geklebten Blättern bestehenden Seekarten A 1243 und A 1244 mit einer Gesamtgröße von 841 x 2.350 mm stellen – in mehreren separaten Teilen – den St. Lorenz-Seeweg erstmals in entsprechend großem Maßstab (1:150.000) dar. Sie nahmen die im Winter und Frühjahr 1758/1759 im Rahmen einer Expeditionsreise begonnenen Erhebungen auf dem St. Lorenz-Strom von JAMES COOK, SAMUEL HOLLANDT und anderen auf und wurden zunächst 1760 im Auftrag der Admiralität sowie wieder 1779 am Ende des bei R. SAYER und J. BENNETT erschienenen *North American Pilot for Newfoundland, Labradore, the Gulf and River St. Laurence* zusammen mit weiteren von JAMES COOK und MICHAEL LANE erstellten Küstenlinienkarten veröffentlicht. Wie im Fall der Kartierung der Gewässer vor der Südküste Neufundlands kamen diese Erhebungen außerdem in Textform unter den *Sailing Directions for the First Part of the North-American Pilot* heraus. Nach 1763 gewannen solche amtlichen Unterlagen noch mehr an Bedeutung, da die abgebildeten Ufer nun offiziell Bestandteile des britisch-nordamerikanischen Territoriums wurden. Abgesehen von der in einem Erläuterungstext (A 1244, Mitte der linken Hälfte) spezifizierten britischen «Draughts» ist die französische kartographische Basis wegen der über weite Strecken unverändert frankophonen Toponymie unübersehbar, so etwa im gesamten rechten Teil von A 1244 (Les Bergeronnes–Mingan Islands) oder stromaufwärts von Québec. Als Grundlage, in die die aktuellen britischen Vermessungsergebnisse eingearbeitet wurden, kommt in erster Linie die Karte des ab 1685 in Québec tätigen königlichen Hydrographen JEAN DESHAYES *La grande riviere de Canada Appellée par les Europeens de S.ᵗ Laurens* (erschienen 1702 und 1715) in Frage (vgl. PRITCHARD 2004: 17).

Das für die Abbildung ausgewählte obere linke Viertel umfasst den westlichen Teil zwischen den Richelieu Falls und dem Goose Cape am linken bzw. den Kamourasca Islands vor dem rechten Ufer. Eine Seekarte wie diese beschränkt sich jenseits der Uferlinie auf die wichtigsten, für den Schiffsverkehr relevanten Landmarken wie Häuser, Kirchen, Windmühlen usw., beschreibt dafür umso ausführlicher die Seestraßen mit möglichst genauer Angabe von Lage und Umfang sämtlicher Inseln, frei oder unter der Wasserlinie liegender Klippen («rocks») sowie anderer undersea features. Wassertiefen werden insbesondere in Hafeneinfahrten, in der Nähe von Sandbänken oder Inseln (z.B. im NORTH ~ und SOUTH CHANNEL zu beiden Seiten der Île d'Orléans) stromaufwärts immer gedrängter. Neben einem dichten Netz von Rumbenlinien werden zusätzlich doppelte Peilungslinien mit bestimmten Landmarken verbunden, die an der entsprechenden Stelle auf der Karte mit kleinen Silhouetten des entsprechenden Uferabschnitts korrespondieren. Die in freien Segmenten des Kartenfeldes untergebrachten, insgesamt 17 Vertonungen («Thus appear(s) […]») umfassen auch Ansichten von längeren Uferstrecken und Inseln und sind teilweise bestimmten Kartensignaturen zugeordnet. Darüber hinaus sind der Karte nützliche Informationen und Segelanweisungen, die die Verkehrssicherheit gewährleisten sollen, beigefügt (diese wurden 2009 für die National Archives des Vereinigten Königreichs transkribiert). Piktographisch gehören dazu kleine Strömungspfeile in Küstennähe, eine gestrichelte Linie zur Bezeichnung des Fahrwassers für größere Schiffe bis zum Hafen von Québec (vgl. A 1245), sowie die Angabe von Positionen, an denen das Ankern nicht zu empfehlen ist, angedeutet durch das Symbol eines kleinen, diagonal stehenden Ankers.

Von den vier Teil- bzw. Nebenkarten in größerem Maßstab ist auf dem hier abgebildeten Teil des Dokuments oben links die Umgebungskarte vom «Bason» zu sehen, dem Flussbecken zwischen der Stadt Québec, der Mündung der Rivière St. Charles, der Île d'Orléans und dem sie umfahrenden NORTH ~ und SOUTH CHANNEL.

Als graphischer Maßstab wird, wie für eine Seekarte typisch, lediglich die Einheit Marine [Nautical] Leagues angegeben, die auf der Hauptkarte mit «20 to a Degree» und auf der Nebenkarte mit «3 Miles» spezifiziert wird, womit nicht das Dreifache einer English mile oder statute mile, sondern einer englischen nautical mile gemeint ist, deren Wert in Großbritannien mit 1.853,181 m traditionell etwas über dem der heute gebräuchlichen Seemeile liegt. Hier beruhte die Definition – anders als bei der internationalen Seemeile – auf dem admiralty knot, dem Quotienten aus imperial nautical mile (bzw. ungefähr 6.080 imperial feet) und einer Stunde. Die Tauch- bzw. Fahrwassertiefen sowie die Länge des Tauwerks (wie auch manchmal kürzere Entfernungen) werden traditionell in der Maßeinheit fathom oder Faden angegeben, die nach neuerer Definition als eintausendster Teil einer Seemeile zu je 1,852 m standardisiert wurde, in England aber auch seine ursprüngliche Basis (6 Fuß) beibehielt, zu je 1,8288 m gerechnet wurde und damit rund 21 cm über der französischen brasse zu 720 lignes lag. Beide Einheiten sind das maritime Gegenstück zum Klafter zu 6 Fuß, der auf der Spannweite zweier ausgestreckter Arme basierte, wie u.a. noch die französische Bezeichnung brasse bzw. ihre romanischen Verwandten zeigen. Der germanische Begriff erinnert dagegen an das Messen der Netzleinen. Die Wertskala der Einheit Faden umfasste wie im Fall der übrigen Längenmaße früher ein weites Spektrum, das u.a. von 1,67 m in Spanien (1,748 m in Portugal) über ca. 1,88 m in Dänemark und Norwegen bis zu 1,919 m in Hamburg reichte.

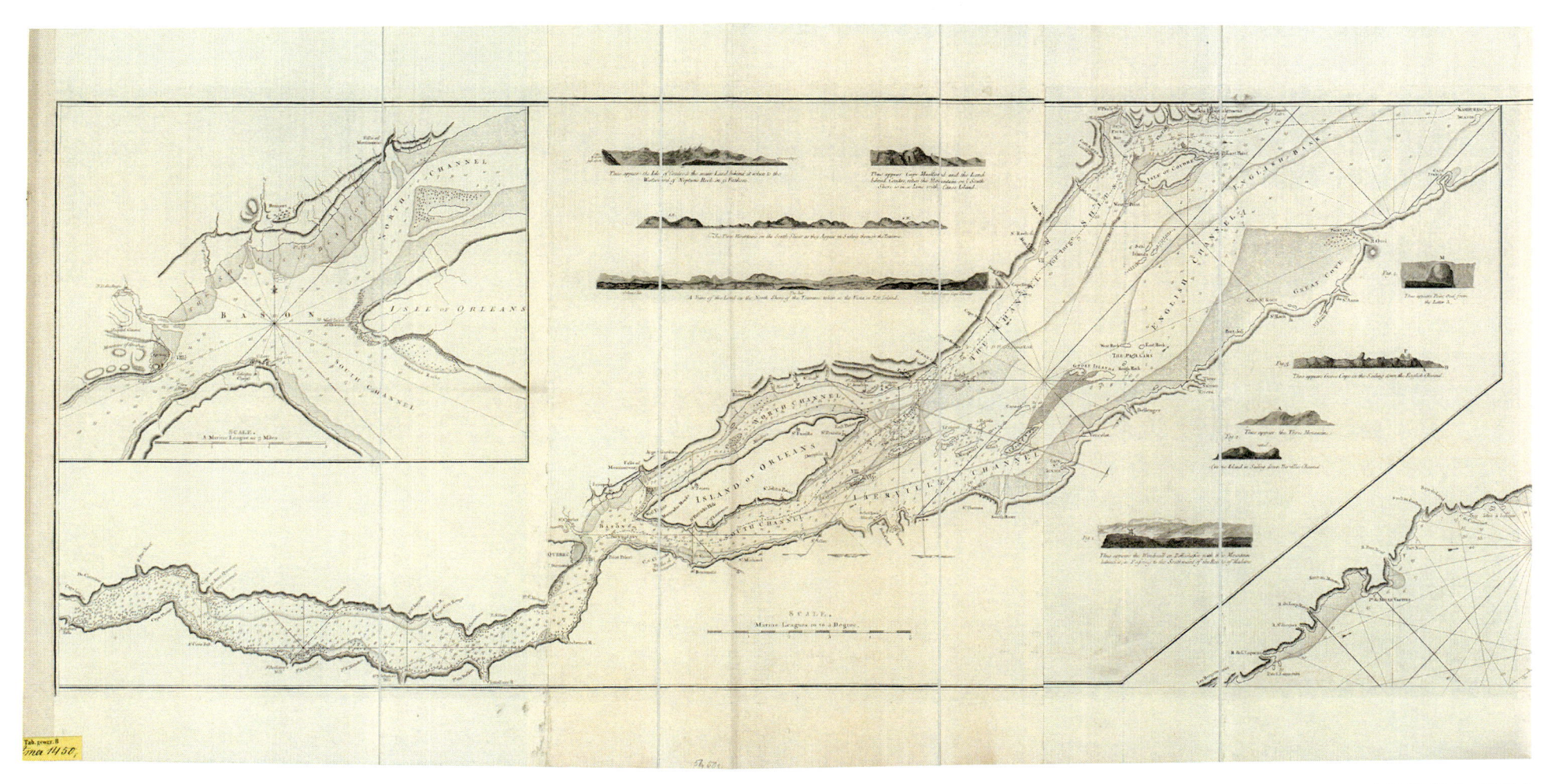

Ausgewählte Land- und Seekarten im kartenhistorischen und politischen Kontext | 141

A 1243 (linke Hälfte)

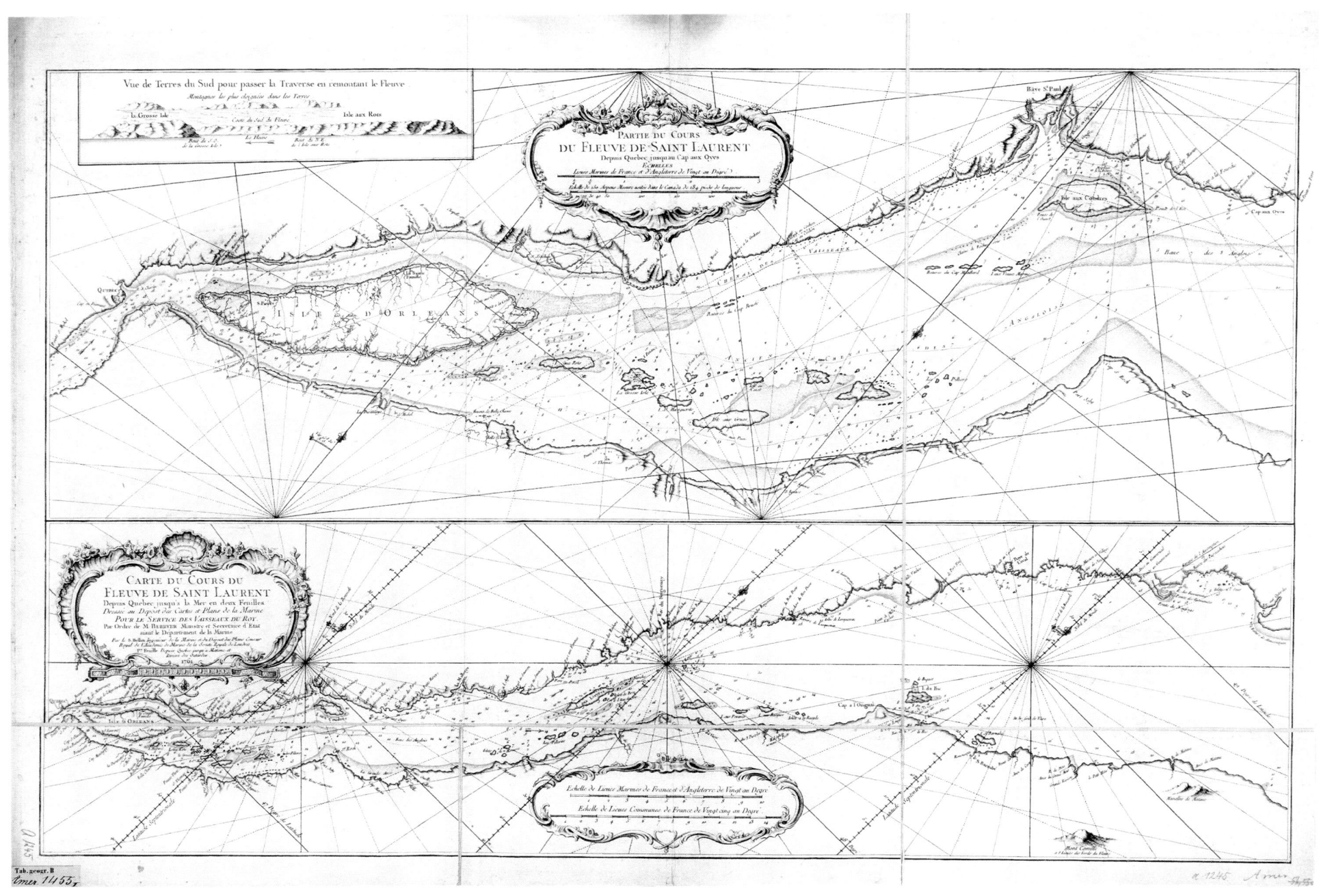

A 1245

A 1245

CARTE DU COURS DU | FLEUVE DE SAINT LAURENT | Depuis Quebec jusqu'a la Mer en deux Feuilles | Dressée au Dépost des Cartes et Plans de la Marine | POUR LE SERVICE DES VAISSEAUX DU ROY. | Par Ordre de M. BERRYER Ministre et Secretaire d'Etat | aiant le Département de la Marine | Par le S. Bellin Ingenieur de la Marine et du Dépost des Plans Censeur | Royal de l'Academie de Marine de la Societé Royale de Londres | I.re Feuille Depuis Quebec jusqu'a Matane et | Riviere des Outardes. | 1761 || PARTIE DU COURS | DU FLEUVE DE SAINT LAURENT | Depuis Quebec jusqu au Cap aux Oyes [1761].

Sozusagen als Pendant zur britischen Admiralitätskarte (A 1243–A 1244) besitzt die Kartensammlung der SLUB die Einzelstücke A 1245 und A 1246 des Dépot des Cartes et Plans de la Marine, die von JACQUES NICOLAS BELLIN in einem Maßstab von ca. 1:650.000 gezeichnet wurden. BELLIN hatte unter dem Titel *Carte du Cours du Fleuve de St. Laurent* bereits seit ca. 1757 ein Überblick über den Lauf des Stroms «Depuis son Embouchure jusqu'au dessus de Quebec» entworfen.

Gegenüber seinen bisherigen Arbeiten widmet sich BELLIN auf nautischen Karten dieses Typs einer noch präziseren kartographischen Darstellung; doch beginnt diese Periode erst zu einer Zeit, als sich bereits das Ende der französischen Herrschaft über den St. Lorenz-Strom abzeichnet. Wie auf dem englischen Gegenstück werden in relativer Dichte die geloteten Tiefen (hier wie allgemein in der vormetrischen Epoche in brasses zu je 1,62 m) und wichtige nautische Informationen z.B. in Form von Küstenansichten (Vertonungen) wiedergegeben. Während auf der britischen *New Chart* überhaupt keine geographischen Koordinaten vorhanden sind, enthält dieses Dokument als Novum Breitenkreise, die – wegen der nordwestlichen Ausrichtung der Karte – diagonal verlaufen, in das Netz der Rumbenlinien integriert sind und von weiteren Linien rechtwinklig geschnitten werden; auf der unteren Hälfte sind die Breitengrade 47° N, 48° N und 49° N jeweils als durchgängige Linien ausgeführt und dazwischen durch Skalen mit Strichen für jede Minute verbunden. Darüber hinaus befinden sich in der Nähe mehrerer Zentralrosen, in denen die Rumbenlinien zusammenlaufen, Hinweise auf die Abweichung (Missweisung, Deviation) der Magnetnadel, die auf den magnetischen Nordpol («Nord de la Boussole») ausgerichtet ist, vom geographischen («Nord du Monde»). Diese beträgt nördlich der Baye St. Paul (47°20′ N) bereits 15 Grad und 36 Minuten, etwas östlicher und nördlicher, querab Cap des Colombiers (48°49′ N), bereits 16 Grad und 30 Minuten nach Nordwesten. Die Deviation oder Deklination kann somit durch eine einfache Kompasslinie ausgedrückt werden, da sie kontinuierlich zunimmt, je weiter nördlich sich die Magnetnadel des Kompasses bewegt. Daneben hat im 18. Jahrhundert auch die so genannte Variation des Kompasses eine Rolle gespielt, die täglich zunimmt. Die erwähnten nautischen Hilfslinien und Angaben einschließlich der diagonalen Breitengradskalen im Kartenfeld gehören bei vielen Seekarten aus dem Dépôt zur Standardausstattung.

Das Fehlen der Längenangaben gerade auf Seekarten diese Epoche ist weiterhin durch das Fehlen sicherer Bestimmungsmethoden auf See bedingt, bis mit Hilfe einer ununterbrochen laufenden Uhr mit großer Gangsicherheit wie dem Modell H 4 von JOHN HARRISON (*1693, †1776), dem Vorläufer des Schiffschronometers, im Jahr 1759 eine erste Lösung gefunden werden konnte. Noch KRUZENŠTERN hatte aber auf seiner Weltreise (1803–1806) in der Regel immer noch ein andere Längenangabe an Bord ermittelt als der Kapitän des Schiffes, das ihm zufällig begegnete.

Die Nomenklatur der Karte A 1245 ist einheitlich französisch, doch, soweit es die Hydrographie betrifft, insgesamt etwas spärlicher als auf der Karte der britischen Admiralität. Dennoch stammen einige Informationen von der auf der Erkundungsreise von JAMES COOK und seinen Begleitern beruhenden *New Chart* von 1760 («la Carte Angloise»), worauf auf dem Kartenfeld des Blattes A 1246 an der Baye de Gaspé sowie in den Titeln der Nebenkarten *Baye des Sept Iles* und *Rade et Isles du Mingan* ausdrücklich hingewiesen wird. Die zuweilen geäußerte Behauptung, die französische Karte sei lediglich eine – wenn auch im Detail schwer zu beweisende – Kopie der *New Chart* von 1760, trifft daher nicht zu. Die neuere und exaktere englische Darstellung der *Baye des Sept Iles* wird synoptisch der ab 1686 von JEAN DESHAYES (†1706) durchgeführten Erhebung gegenübergestellt. Genau genommen war dessen Karte (erschienen 1702 und 1715), die Basis für die *New Chart* (vgl. PRITCHARD 2004: 17).

Die Linienführung des Hauptfahrwassers für größere Schiffe stimmt im Allgemeinen mit der des englischen Pendants überein. Es beginnt hier allerdings erst südlich der «R. a la Fleur» vor der Pointe Saint Jean («St. John's Point») im Kanal südlich der Isle d'Orléans, führt dann alternativ durch die «New Traverse» zwischen zwei größeren Sandbänken hindurch in den CHENAL DES VAISSEAUX (CHANNEL for large SHIPS), der die «Isle aux Coudres» (ISLE OF COUDRE) nordwestlich umfährt. Eine weitere, etwas südlicher verlaufende Leitlinie verzweigt sich unterhalb der I. Madame und führt entweder durch den Chenal d'Iberville oder zwischen der I. aux Rots und der Grosse Isle in den ANCIEN CHENAL DES ANGLOIS und vereinigt sich querab Cap St. Roch wieder. Zur Sicherheit bei der Durchfahrt dieser «Traverse», die auf der französischen Karte etwas weiter östlich verläuft, erscheint zwischen der Île aux Rots und Grosse Île oben links auf der Nebenkarte eine Ansicht der in diesem Fall sichtbar werdenden Insel- und Küstenpartien aus der Schiffsperspektive. In der hydrographischen Nomenklatur der Wasserstraßen sind durchaus Übersetzungsdubletten erkennbar; der englische Begriff «Bason» für das Flussbecken unterhalb der Stadt Québec, eine aussprachebedingte Variante des englischen Wortes *basin*, fehlt dagegen ganz.

Der graphische Maßstab wird auf der unteren Hälfte mit Lieues Marines («de France et d'Angleterre») sowie in Lieues Communes de France und auf der oberen Hälfte zusätzlich zu den letzteren mit «Arpens Mesure usitée dans le Canada de 184 pieds de longueur» angegeben. Der pied (du Roi) oder Pariser Fuß entsprach 32,48 cm; der «arpent» war in Québec ein – analog zum «acre» des anglophonen Kanada – vor allem in der Landwirtschaft eingesetztes Feldmaß. Der Umfang des «arpent» zu 100 «perches carrées» variierte als «arpent de Paris» zwischen 32.400 Pariser Quadratfuß – metrisch ausgedrückt 3.418,969 m², also rund 34,189 a –, 40.000 Pariser Quadratfuß («arpent commune», 42,208 a) und 48.400 Pariser Quadratfuß («arpent d'ordonnance», 51,072 a).

Die auf dieser Karte des Dépot des Cartes et Plans de la Marine angebrachten Kartuschen sind nach Manier des sog. Muschelwerks ausgestaltet und werden daher auch als «Muschelkartuschen» bezeichnet. Typisch ist der wechselnde Übergang zwischen Kunst- und Naturform. So zeigt die Titelkartusche der unteren Teilkarte in der Ausbuchtung oben Mitte eine kleine konkave Klappe der Jakobsmuschel. Die «rocaille» gab der Stilrichtung des Rokoko ihren Namen. Die nautischen Karten des Dépôt wurden in verschiedenen Auflagen der Sammlung *Hydrographie Françoise Recueil des Cartes Marines* bzw. *Recueil des Cartes génerales et particulieres qui ont été faites pour le Service des Vaisseaux du roy* zusammengefasst.

5. Die Nouvelle-France wird britisch

A 1253

PLAN | of the Town and | FORTIFICATIONS | of | MONTREAL | or | VILLE MARIE | in | CANADA. || Published by Thoˢ Jefferys Geographer to His Royal Higneſs the Prince of Wales. at Charing Croſs, Jan. 30. 1758. [1760.]

Ganz offensichtlich mit Blick auf die wachsende strategische Bedeutung der Stadt entstand dieser Plan von THOMAS JEFFERYS, der Montréal und einige seiner nordwestlichen Außenbezirke zwei Jahre vor der Eroberung durch die englische Flotte unter dem Kommando von JAMES MURRAY abbildet. Die *Natural and Civil History of the French Dominions in North and South America* des gleichen Autors, in dem dieser u.a. zusammen mit seinem Plan von Québec (A 1257) abgedruckt wurde, erschien im Jahr der englischen Inbesitznahme und der französischen Generalkapitulation (1760). In dem begleitenden Text beschreibt JEFFERYS die Stadt als ein städtebaulich und verkehrsgeographisch gut durchdachtes, in idyllischer Umgebung gelegenes Rechteck von maximal sechseinhalb mal drei leagues (an der breitesten Stelle) mit dem namengebenden Berg ungefähr in der Mitte, eine halbe league vom Ufer entfernt. Auch Montréal ließe sich in eine «Ober-» und «Unterstadt» einteilen, doch sei deren Höhenunterschied im Vergleich zu Québec sehr viel geringer.

Gezeigt werden deutlich die Umwallung und Festungsmauer, die dieses nach Osten sich verengende Rechteck von allen Seiten und damit auch vom Fluss abriegeln, einschließlich des den drei Landseiten vorgelagerten, trockenen Festungsgrabens mit einer Tiefe von ca. 8 Fuß (zu je 30,47995 cm gemäß britischer bzw. 30,48006 cm nach US-amerikanischer Rechnungsweise). Trotz der Fortschritte in der Stadtbefestigung – die ursprünglich, ähnlich wie in Québec, ausschließlich aus einem Palisadenring bestanden hatte – insbesondere seit dem Gouvernement von DE CALLIÈRES, bemängelt der Autor im Text und auf der Karte das nach eigener Begutachtung noch 1756 lediglich aus einem «cavalier without a parapet» bestehende, unscheinbare Fort (Buchstabe E der Legende), die unzureichende Bestückung mit nicht beweglichen Kanonen sowie die nur vier Fuß starke untere Festungsmauer, und suggeriert somit den englischen Militärs eine ausgezeichnete Überwindbarkeit. Die Festungsmauer ist größtenteils noch heute sichtbar, insbesondere an der südöstlichen flussseitigen Spitze, die das «Arsenal and Yard for Canoes & Batteaux» einfasst, im Bereich der heutigen Place Jacques-Cartier, dem «Market Place» (heute Place Royale) sowie an der nordwestlichen Mauerlinie oberhalb des Ensembles «Jesuits Church and Convent» und «Jesuits Garden», das heute von den Großbauten des Hôtel de Ville de Montréal und des Edifice Lucien-Saulnier ausgefüllt wird. Sieben «gates» ermöglichten den Zugang zur befestigten Stadt, von denen nur die dem Fluss zugewandten sowie das Ausfalltor nach Süden («Recolets Gate») namentlich bezeichnet sind. Die direkt an der Verbindungsstraße (die bereits als die heutige Rue Notre-Dame gut zu erkennen ist) und südöstlich von ihr gelegenen Gebäude deuten den späteren Faubourg des Récollets an, der bereits zur Zeit JEFFERYS als «kind of ſuburb» den Eindruck eines «very fine quarter» machte. An den Konvent des Ordens intra muros erinnert heute noch die Rue des Récollets. Er war größer und hatte mehr Mitglieder als der der Jesuiten im Nordosten der Festungsstadt. Am Ende der westlichen Transversalstraße dominieren bereits als zwei zentrale Gebäude das Seminar der damals die gesamte Isle de Montréal verwaltenden Sulpiziner, ein schlichter, dafür aber solider und zweckmäßiger Bau, und die «Parish Church», Kern der heutigen Basilique Notre-Dame, die schon damals – anders als das entsprechende Gotteshaus in Québec – über den grandeur einer Kathedrale verfügte, von dem das unmittelbar benachbarte, weniger prachtvoll konzipierte Seminar profitierte. Ein noch immer unbebauter Raum hinter dem «Vieux Seminaire de Saint-Sulpice» und der Basilique Notre-Dame mag als Rest der früheren «Gardens of the Seminary» übrig geblieben sein.

Etwas weiter östlich davon erstreckt sich als ein weiterer größerer Komplex das Haus der Schwestern bzw. Töchter der Kongregation, gleichzeitig Sitz der Gemeinschaft, mit den dazu gehörigen Gärten und dem von ihnen betriebenen Hôtel-Dieu bzw. «Nunnery Hoſpital» (vgl. A 1253). Der gleichfalls sehr zahlreichen Ordensgemeinschaft oblag darüber hinaus die Erziehung der weiblichen Jugend. Um die männliche sollten sich zeitweise Schulmeister kümmern, die von einem Personenkreis um den SIEUR DE CHARRON rekrutiert wurden. Auf ihn geht die Gründung des Hôpital Général (mit der benachbarten Kapelle im Südwesten des Plans) zurück.

Nicht weit von dem «Water Gate» im Zug der südöstlichen Festungsmauer, ungefähr an der Stelle, an der sich heute die Place Jacques-Cartier zum Hafen hin öffnet, ist der Sitz des Generalgouverneurs VAUDREUIL markiert, der am 8. September 1760 die Kapitulationsurkunde unterzeichnete. Zwischen ihm und dem Arsenal, unweit vom «Sally Port», ist eine kleine Kapelle eingezeichnet, die – obwohl «burnt down» – die Vorläuferin der heutigen Chapelle-Notre-Dame-du-Bon-Secours ist.

Entsprechend dem für einen Stadtplan typischen Maßstab (ca. 1:3.200 bis 1:3.300) sind als graphische Maßstabseinheiten unten in der Mitte die in Frankreich gebräuchlichen toises sowie englische yards angegeben. Die toise zu 6 pieds parisiens entsprach ungefähr 1,949036 bis 1,949037 m (1895) und war letztendlich, seit Beginn des 17. Jahrhunderts physisch in Form eines «étalon» festgelegt, der am Fuß der Treppe zum Châtelet in Paris eingelassen war, Vorbild für die neuen metrischen Maße.

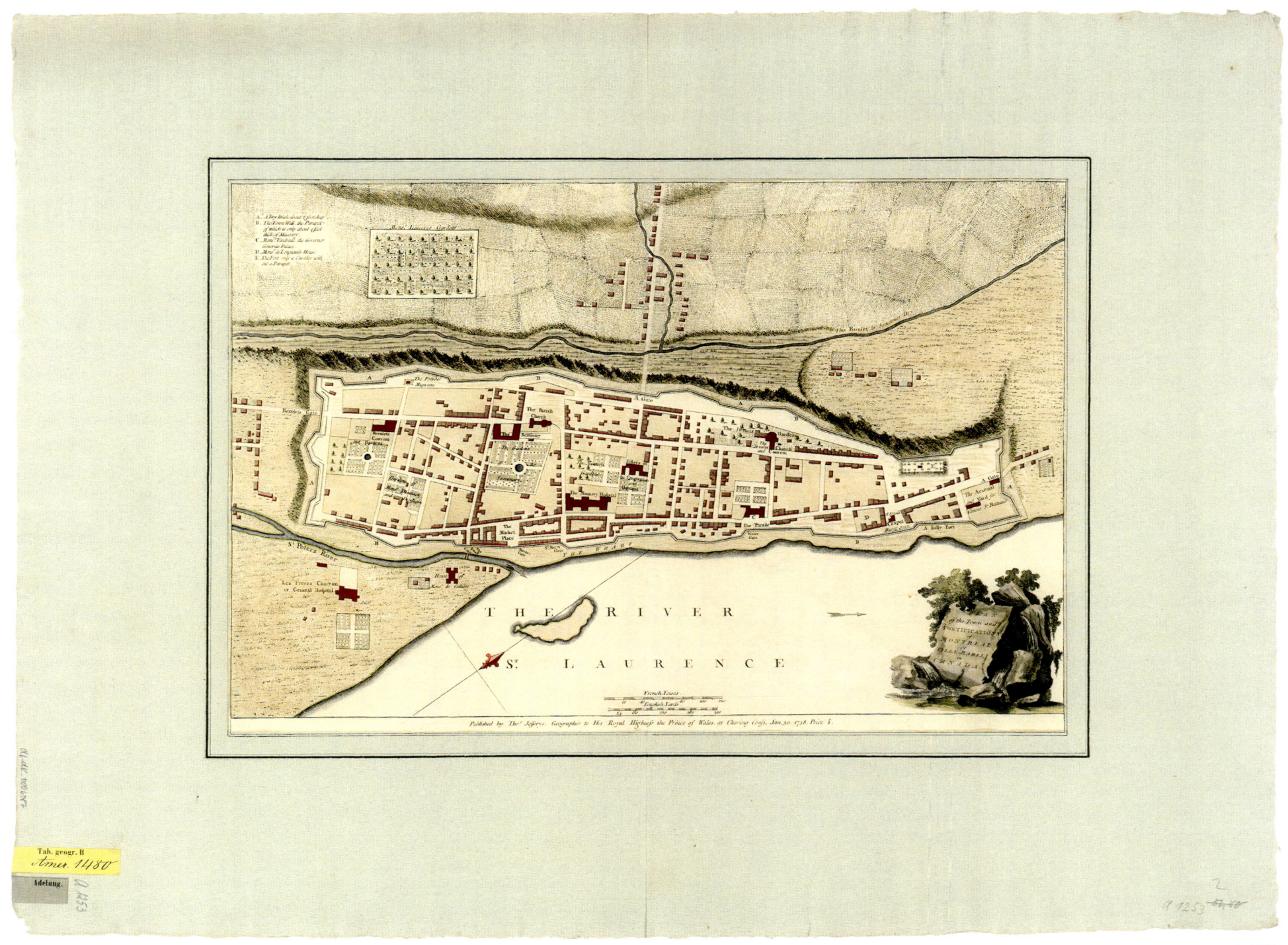

Ausgewählte Land- und Seekarten im kartenhistorischen und politischen Kontext | 145

A 1257
A Plan of the | City of Quebec | the | Capital of Canada. | as it furrender'd 18 Septembr. 1759 to the | British Fleet and Army | Commanded by Vice Adm! Saunders, & Brigadr. Genl. Townshend. || Published According to act of Parliament Jany. 15 1760 by Thos. Jefferys at Charing Crofs.

Der Plan erschien im ersten Teil des Buches *The Natural and Civil History of the French Dominions in North and South America*, der «Canada and Louisiana» gewidmet ist, und gibt gemäß des Titels den Zustand der Stadt nach der Unterzeichnung der Kapitulationsurkunde am 18. September 1759 wieder. Vizeadmiral Charles Saunders war der Befehlshaber der britischen Kriegsflottilie, die am 17. Februar des gleichen Jahres in Spithead ausgelaufen war, seit Juli im St. Lorenz-Strom operierte und ihre Basis auf der Île d'Orléans errichtete. Die entscheidende Schlacht fand am 13. September zwischen den Truppen von Major General Thomas Wolfe und Marquis Louis de Montcalm statt, die beide kurz darauf an den Folgen ihrer Verletzungen starben. Das Bombardement der Stadt erfolgte durch zwölf englische Fregatten am frühen Morgen, gleichzeitig konnte an einer dafür günstigen Stelle, unterhalb der falaise in der Nähe des Cap du Diamant, die amphibische Landung der ca. 8.500 Soldaten vorbereitet werden. Nach deren Aufstieg fanden die eigentlichen Kampfhandlungen auf den über der Stadt gelegenen Plaines d'Abraham statt. Insgesamt fielen mehr als 40.000 Kanonenkugeln und 10.000 Bomben auf die Stadt.

Mit diesem Dokument liegt, abgesehen von seinem dem Zeitgeist entsprechenden militärischen Charakter, gewissermaßen ein erster Stadtplan modernen Typs vor, der Bastionen, Stadttore und einige Gebäude namentlich bezeichnet; bebaute, Nutz- und Grünflächen übersichtlich trennt und vor allem erstmals Straßen – wenn auch noch ohne entsprechende Namen – wie auf A 1253 deutlich als solche wiedergibt, während sie am Anfang des Jahrhunderts (A 1256) noch lediglich durch einfache oder doppelt gestrichelte Linien angedeutet waren. An der Kathedrale wurde seit 1683 bereits in zwei Phasen gearbeitet, zwischen 1744 und 1749 ihr Mittelschiff erhöht, um Seitenschiffe erweitert sowie der Chor verlängert. 1759 wird die Kirche durch Brand stark beschädigt.

Mit Ausnahme der Kirche Notre Dame de la Victoire in der Basse-Ville, die Symbolcharakter besessen hatte, und auf deren Zerstörung in der Legende unter Buchstabe C hingewiesen wird, verschweigt der Plan die Schäden an den zahlreichen Häusern durch Beschuss oder Brand. Einige der gezeigten Gebäude hatten strategische Bedeutung und mussten – wie insbesondere am Hôtel-Dieu – durch bewaffnete Wachposten gesichert werden.

Deutlich gezeigt wird demgegenüber der Stand der Erneuerung und Erweiterung der Befestigungsanlagen nach dem Konzept von Chaussegros de Léry. Die auf dem Plan A 1256 (oben) nur bis einschließlich zur Bastion St. Louis reichende äußere Festungsmauer ist mit der inneren Schanze verbunden, in nördlicher Richtung bis vor den Faubourg du Palais verlängert und hat zwei neue Bastionen aufgenommen. Buchstabe N bezeichnet die neue Redoute Dauphine (erbaut 1712). Die innere Mauer endet nun am Cavalier du Moulin («Cavalier of the Windmill»). Zu den beiden Flussseiten hin wird die Stadt im Wesentlichen verteidigt durch einen «mortar» sowie durch insgesamt dreizehn alte und neue «Batteries» («of 2, 3, 7 Guns»), von denen zwei in der Legende aufgeführt und die am St. Lorenz-Strom gelegenen namentlich bezeichnet sind («The Sailors Leap ~», «Dauphin ~», «Platform or Royal Battery» und «Vaudreuils or Queens Battery»).

Von dem direkt hinter zwei Batterien gelegenen Werftgelände («The Old Dock Yard») führt eine Furt zum Ufer von Beauport, das bei Niedrigwasser durch die beiden wasserführenden Arme der Rivière St. Charles (Petite-Rivière) erreicht werden kann. Sie wird in der Nähe des städtischen Ufers von zwei Holks («Hulks») mit einer Bewaffnung von je 8 «Guns» flankiert, die auch den Flusseingang bewachen. Dieser ist etwas weiter flussabwärts durch den «Boom», der auf jeder Seite von jeweils fünf Ankern in seiner Position gehalten wird, für jeglichen Schiffsverkehr gesperrt. Etwas weiter flussaufwärts, direkt am mittleren oberen Kartenrand, ist eine zweispurige «Bridge of Boats», eine Art Pontonbrücke erkennbar, die von den Einwohnern der Stadt aus logistischen Gründen vor dem erwarteten englischen Angriff ab etwas oberhalb der Chapelle St. Roch zum anderen Flussufer geschlagen wurde.

Erstmals zu sehen und entsprechend bezeichnet sind die drei alten Stadttore von Québec. Die porte Saint Jean und die porte Saint Louis bestanden seit 1693 bzw. 1694, die porte du Palais oder porte Saint Nicolas sogar bereits seit 1690. Durch sie führten die drei Ausfallstraßen, die auf dem Plan A 1256 (oben) durch gestrichelte Linien angedeutet wurden. Im Jahr 1720 waren die porte Saint Jean und 1745 auch die porte Saint Louis abgebrochen und etwas weiter nach Westen verlegt worden.

Ausgewählte Land- und Seekarten im kartenhistorischen und politischen Kontext | 147

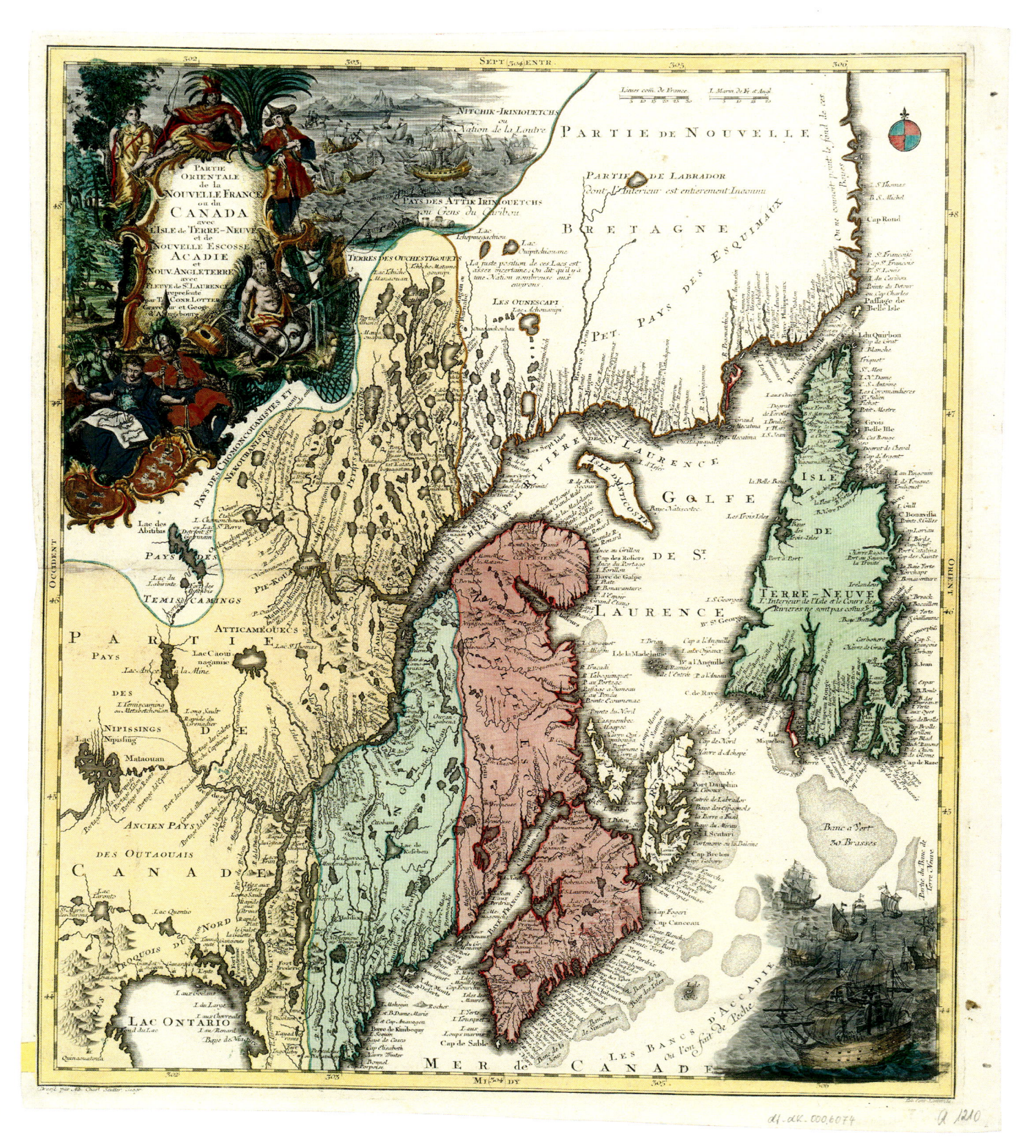

Ausgewählte Land- und Seekarten im kartenhistorischen und politischen Kontext

A 1210

Partie | Orientale | de la | Nouvelle France | ou du | Canada | avec | l'Isle de Terre-Neuve | et de | Nouvelle Escosse, | Acadie | et | Nouv. Angleterre | avec | Fleuve de S.t Laurence | repreſenté | par T. Conr. Lotter, | Graveur et Geogr. | d'Augsbourg. || Dreſsée par Alb: Charl Seutter, Geogr. || Tob. Conrad Lotter, Sc. [ca. 1762.]

Der Augsburger Landkartenverlag Seutter und seinen beiden Nachfolgefirmen verwendeten spezifische Entwicklungen der Marinus-(Rektangular-)Projektion, die meist mit dem spätenstens seit 1740 dort tätigen Graveur Tobias Conrad Lotter (*1717, †1777) in Verbindung gebracht wurden («Lotter projection»). Für die gegenüber herkömmlichen Entwürfen ungewöhnlichen Verzerrungen ist dieses Dokument, «one of the strangest maps of the region of any time» (Derek Hayes), ein anschauliches Beispiel. Das gesamte dargestellte Areal ist in West-Ost-Richtung auffällig gestaucht, in Nord-Süd-Richtung dagegen ebenso auffällig gestreckt und insgesamt nach Südosten gedreht. Dies wird beispielsweise deutlich am mittleren St. Lorenz-Strom und der neufundländischen Ostküste, die beide jeweils gradlinig nach Norden laufen, oder im Fall der Insel Anticosti (Isle d'Anticoste), die bisher überwiegend in West-Ost-Lage abgebildet worden war, nun aber eine übertriebene Krümmung nach Süden mit teilweise fast in Nord-Süd-Richtung liegenden Küstenpartien aufweist.

Anhand der Form des Lac Ontario und seiner Lage relativ zur atlantischen Küste wird als eine weitere Besonderheit die geringe Längentreue dieser Projektion deutlich: Der Abstand zwischen Lac Ontario und der atlantischen Küste beträgt hier lediglich 30 bis 35 Minuten, auf anderen Karten (z.B. A 1204) sind es ca. 8 Grad. Der Lake Ontario erscheint daher in der Tat «placed nearly in the Atlantic» (Hayes 2006: 94).

Pikto- und typographisch ist die Karte, die in der SLUB in zwei unterschiedlich kolorierten Exemplaren als A 1209 und A 1210 vorhanden ist, unmittelbar der *Partie Orientale de la Nouvelle France ou du Canada* von Jacques Nicolas Bellin von 1745 entlehnt, die u.a. in einer Auflage des Nürnberger Verlags Homann unter der Signatur A 1212 geführt wird (siehe dort). Einige der Ungenauigkeiten, insbesondere die viel zu kurzen Längenabstände, gehören daher bereits zu den Kritikpunkten an der Vorlage Bellins. Wie diese verfügen A 1209 und A 1210 über eine Fülle geographischer Namen, insbesondere entlang der atlantischen Küsten und den Ufern des St. Lorenz-Stroms und der größeren Flüsse, u. a. von bisher nicht bezeichneten Häfen, Kaps und kleinen Inseln, sowie über zahlreiche Allonyme für einheimische Bezeichnungen, ebenso über zahlreiche geographische Erläuterungen, zum Teil in Form kurzer Notationen (z.B. unter den Legenden Partie de Labrador und Isle de Terre-Neuve). Pet. Pays des Esquimaux ist offenbar aus «Pays des Petits Esquimaux» umgedeutet worden. Die dargestellte Partie de Canade (diese Form mit -e findet sich mehrfach im Kartenfeld) ist nun ein kompaktes Territorium, das westlich des mittleren St. Lorenz-Stroms, der R. Richelieu und des Lac Champlain bis außerhalb des Kartenareals nach Westen und Süden in das Gebiet der heutigen USA reicht. Es grenzt allerdings bereits am Manicouagan an die Nouvelle Bretagne und nicht wie gewöhnlich an der Rivière St. Jean. Farblich deutlich voneinander abgesetzt erscheinen die Nouvelle Escosse zusammen mit der akadischen Halbinsel (hellrot wie die Konturen der I. Miquelon, aber im Unterschied zu den gelb konturierten I. St. Jean und I. Royale) und Nouv[elle] Angleterre (hellgrün). Anders als bei Bellin wird hier die politisch-geographische Einheit der Acadie mit der Nouvelle Escosse durch die gleiche Flächenfärbung verdeutlicht, wenn auch im Titel der Stiche A 1209 und A 1210 wiederum beide Namen gewissermaßen als eigenständige geographische Begriffe nebeneinander gestellt werden.

Ein weiteres Merkmal der von Matthäus Seutter, seinem Sohn und seinen Schwiegersöhnen Lotter und Probst herausgegebenen Tafeln ist der offensichtlich hohe Stellenwert ihrer künstlerischen Ausgestaltung, die noch immer oder erneut an die Tradition Vallards oder seiner Zeitgenossen der Schule von Dieppe erinnert und eventuell die offensichtlichen kartographischen Mängel kompensieren sollte. So fällt um die Kartusche und in den freien Kartenfeldsegmenten ein reichhaltiges Inventar an figürlichen Dekorationen mit historischen Szenen und allegorischen Darstellungen ins Auge. Für die Gestaltung von Prachtkartuschen und Kartenfeldillustrationen im Stil des «Augsburger Rokoko», die auf diesen Dokumenten in dem Bestreben, den großen französischen Konkurrenten gegenüber Gleichwertiges zu bieten (ohne jedoch über eine entsprechende wissenschaftliche Unterstützung wie im Fall des Hauses Homann zu verfügen), ihren Höhepunkt erreichte, stand ein ganzer Stab von Graphikern und Graveuren wie Elias Baeck, Abraham Drentwett jun., Johann Gottfried Eichler jun., Gottfried Rogg, Jacob Christoph Weyermann u.a. zur Verfügung. Symptomatisch ist hier eine im Vergleich zur Gesamtkarte auffällig große dreieckige Fläche im Zwickel oben links, in deren Zentrum die eigentliche Kartusche integriert ist (vgl. dazu Ritter 2002: 7 Abb. 6). In diesem Fall handelt es sich um das Gebiet jenseits der Grenzen der «Partie de Canade», das mit dicht gedrängten farbigen Szenen ausgefüllt ist. Zu den jeweils als Europäer und Einheimische erkennbaren Personen, die die Titelkartusche einrahmen, gehören – oben direkt auf ihr sitzend – ein Indianer mit Bogen, sowie unten drei Personen – darunter ein Geistlicher – beim gemeinsamen Kartenstudium, außerdem rechts Poseidon/Neptun mit Dreizack und Anker, der auf einem größeren Fisch reitet. Als Hintergrund ist eine Landschaft (links) und der Ozean mit Schiffen üblicher Beflaggung sowie mit Booten (rechts oben) zu erkennen; diese maritime Szenerie wird in der rechten unteren Ecke der Karte südlich der «Banc a Vert» wieder aufgenommen.

Das Dokument wurde zusammen mit der Karte A 1209 von der Dresdner Bibliothek auf ca. 1757 datiert. Als Alleinerbe von Georg Matthäus Seutter (†1757) übernahm dessen Sohn Albrecht Carl die Leitung des Druck- und Verlagshauses bis zu seinem frühen Tod im Jahr 1762. Darauf wurde das Haus in zwei Teilen an Johann Michael Probst sen. (*1727, †1776) und Tobias Conrad Lotter verkauft. Im Gegensatz zu Probst entfernte Lotter nach der Geschäftsübernahme den Namen des Firmengründers in den von ihm übernommenen Originalplatten (Ritter 2002: 4; 6). Dieser erscheint daher im Impressum der Karte A 1209 noch nach «repreſenté par», ist aber an der entsprechenden Stelle auf der Karte A 1210 bereits durch den des Rechtsnachfolgers ersetzt. Eine Datierung dieses zweiten Dokuments auf das Jahr 1762 oder später scheint daher plausibler.

A 1216

A 1216

Partie Orientale | du Canada | Traduitte de l'Anglois de la Carte de Jefferys publiée a Londres | en May 1755. A Paris par Le Rouge Ingenieur Geographe du Roy, Rue des Grands Augustins [1755/1762].

Ganz ähnlich wie die anonyme Karte A 1215, die in mehreren Versionen repliziert worden war, erfüllte dieses Dokument von Thomas Jefferys noch in der nachfolgenden Dekade die Funktion, für die Grenzverhandlungen zwischen den Großmächten England und Frankreich die umstrittenen Territorien sowie die von den englischen Unterhändlern 1750/1751 vorgeschlagenen Grenzverläufe darzustellen. Sie zeigt ihrerseits ein im Vergleich zu A 1215 wesentlich kleineres Areal zwischen den Inseln «Grand ~» und «Petit Mecatina» vor der Labradorküste im Norden, Boston im Süden und Montréal sowie dem Lac Champlain im Westen (von Neufundland ist lediglich eine kleine Partie der Westküste zwischen Cape Ray und Petit Port sichtbar). Dafür ist das Kartenfeld mit sehr viel mehr Namensignaturen, insbesondere der Siedlungen und der kleineren Wasserläufe, ausgestattet. Die Zuordnung der Linien und Schraffuren ist grundsätzlich die gleiche wie auf der anonymen Karte von 1755, doch sind die gestrichelten Grenzen auf dem vorliegenden Exemplar mit türkisfarbenen bzw. roten Linien unterlegt. Auf einer Teilauflage ist die über dem oberen Kartenrand links und rechts angebrachte «Explication» der Linien und Schraffuren auch in einer deutschen Version, aufgeteilt in zwei Blöcke unterhalb sowie oben rechts der Koordinatentabelle («Bericht») zusammengefasst, womit eine Verwendung der Karte bei Verhandlungen mit deutschsprachiger Beteiligung sehr nahe liegt.

Die Westgrenze der französischen Coste des Etchemins, im westlichen Teil als Abenaki, reicht nicht ganz so weit wie auf der Karte A 1215, sondern lediglich bis zu der nach Süden vorspringenden «Est Pointe» jenseits der «Penobscot Baye», ungefähr gegenüber dem heutigen Castine, Maine. Die von Champlain besuchte Halbinsel war seit 1613 zunächst wirtschaftlicher Außenposten der Acadie und wurde nach ersten Grenzkonflikten 1625 von La Tour mit dem Fort Pentagoüet verstärkt. Nach dem Frieden von Breda (1667) unter Jean-Vincent d'Abbadie, 3ᵉ Baron de Saint-Castin (1652–1707) in französischer Hand, war dieses strategisch wichtige Gebiet noch eine Zeit lang ständig englischen und niederländischen Attacken ausgesetzt. Neben ihrer politisch-geographischen legt die Karte besonderen Wert auch auf geodätische Genauigkeit. So werden bestimmte Ortsnamen zweimal unterstrichen, sofern ihre jeweilige geographische Breite und Länge sicher bestimmt wurde, und nur einmal, sofern wenigstens für die jeweilige Breite verlässliche Angaben vorliegen; Punktierungen weisen auf unsichere Koordinaten hin (vgl. «Note» unten rechts). In einer Tabelle (Table Comparative) oben links erscheinen die Parameter von 23 verschiedenen Städten und Landmarken gemäß der jeweiligen Beobachtungen verschiedener Geographen synoptisch aufgelistet. Die Karte verfügt über ein vollständiges Koordinatennetz, die Längengrade werden oben gemäß der auf dem englischen Original von Jefferys verwendeten Zählung westlich von London und unten nach der französischen Tradition, allerdings nun westlich anstatt östlich von der Insel Hierro («Isle de Fer») gezählt. Die Differenz zwischen beiden Systemen beträgt hier (gerundet) 17°35′, die auf den jeweiligen vollen Grad westlich von Hierro bei Zählung von London hinzukommen. In der oberen Skala werden – wie in jener Epoche vielfach üblich – für die entsprechenden Werte für den ersten Teiler der Skala (Grad) das heutige Minutenzeichen (ein hochgestellter, geneigter, Strich) und für den zweiten Teiler das für Sekunden verwendet.

Zu den nomenklatorischen Besonderheiten gehört die «Jeffreys Banck» vor der Küste Neuenglands, die hier etwa zwischen 51°15′ W (von Hierro) 43°40′ N und 52°10′ W 42°30′ N eingezeichnet ist. Wie im Teil II erwähnt handelt es sich um eine zufällige Affinität mit dem Familiennamen des Autors der Vorlage, die sich offenbar für eine vermeintliche Namengeberschaft dienstbar machen ließ und gleichzeitig auf französischen Karten stets unübersetzt blieb. Die Übertragung ins Französische betrifft auf dieser Karte vor allem die Namen zahlreicher Siedlungen und der größeren Gewässer; doch steht etwa die Baye Françoise nun ähnlich wie auf der Karte A 1218 gleichberechtigt neben der Baye de Fundy.

Auf dem erst in Le Rouges *Atlas Général Contenant le Detail des quatre Parties du Monde* (1762) abgedruckten Stich wurde in einer noch späteren Version für den *Atlas Ameriquain Septentrional* (Paris 1778–1779) dem britischen Prätentionsbegriff Neu-Schottland Geltung verschafft, indem über dem oberen Kartenrand Mitte «Nouvelle Ecosse» dem Titel vorangestellt wurde («Nouvelle Ecosse ou Partie Orientale du Canada») und dieser Name als Kartensignatur großzügig über das gesamte Gebiet südlich des unteren St. Lorenz-Stroms einschließlich der Acadie gelegt wurde.

A 1217

partie de | l'Amérique septent? | qui comprend | la nouvelle france | ou le Canada, | Par le Sʳ Robert de Vaugondy Geog? | Ordinaire du Roy. | Avec Privilege 1755. [1763.]

Gilles (*1688, †1766) und Dider Robert (*1725, †1786), direkte Nachkommen von Nicolas Sanson, gestalteten in enger Zusammenarbeit zahlreiche Globen und Karten, die sie zusammen mit dem übernommenen Nachlassmaterial im *Atlas Universel* (108 Karten) zusammenführten. Auf ihren Titeln wurden oft – wie im vorliegenden Fall – einer oder beide ohne Vornamen genannt, dafür mit dem Zusatz «Geographe ordinaire du Roy», den wiederum beide führten. Den Adelstitel de Vaugondy, der regelmäßig mit dem Namen des Vaters verbunden wird, erhielt jedoch erst Didier Robert infolge Verleihung durch Louis XV. (Wawrik 1982: 235). Didier Robert illustrierte für naturwissenschaftliche Werke, für Charles de Brosses' *Histoire des navigations aux termes australes* sowie für *De l'esprit des loix* von Montesquieu. Ebenso war er Beiträger für die *Encyclopédie* und Hofkartograph für Stanisław Bogusław Leszczyński (*1677, †1766), ab 1737 Herzog von Lothringen und Bar, sowie Mitglied der von diesem gegründeten Lothringischen Akademie der Wissenschaften in Nancy.

Die auf dieser Karte dargestellte «Partie» Nordamerikas umfasst die Region des St. Lorenz-Stroms vom Cap Charles am Eingang der Belle Isle-Straße, der James Bay und dem Nordostufer des Lac Huron. Gewissermaßen als eine westliche Anschlusskarte befindet sich in der unteren Hälfte links bis über die Mitte der *Supplement Pour les lacs du Canada*, der in kleinerem Maßstab das Gebiet der Großen Seen sowie westlich davon bis zum «Lac des Bois ou Minittio» abbildet. Das Dokument setzt die Serie von Karten über Kanada fort, deren Prototyp *Carte des Pays connus fous le nom de Canada* (1753) von Didier Robert über ein weiter nach Westen ausgerichtetes Kartenfeld verfügte und anstelle der Großen Seen Neufundland in einer Nebenkarte präsentierte.

Geographische Namen werden in erstaunlichem Umfang verzeichnet, darunter insbesondere Ethnonyme, die von den eigentlichen Landschaftsnamen typographisch meist nicht unterschieden sind. Hier fallen – sowohl in der Haupt- als auch in der Nebenkarte – die Iroquois du Nord im nordwestlichen Hinterland des Lac Ontario auf. Einzelne Flussläufe und ihre Namen sind mit großer Akribie wiedergegeben; daneben erscheinen zahlreiche Forts und z.B. «Mines de Plomb». Bezeichnungen wie «Anciens Algonquins» und «Anciens

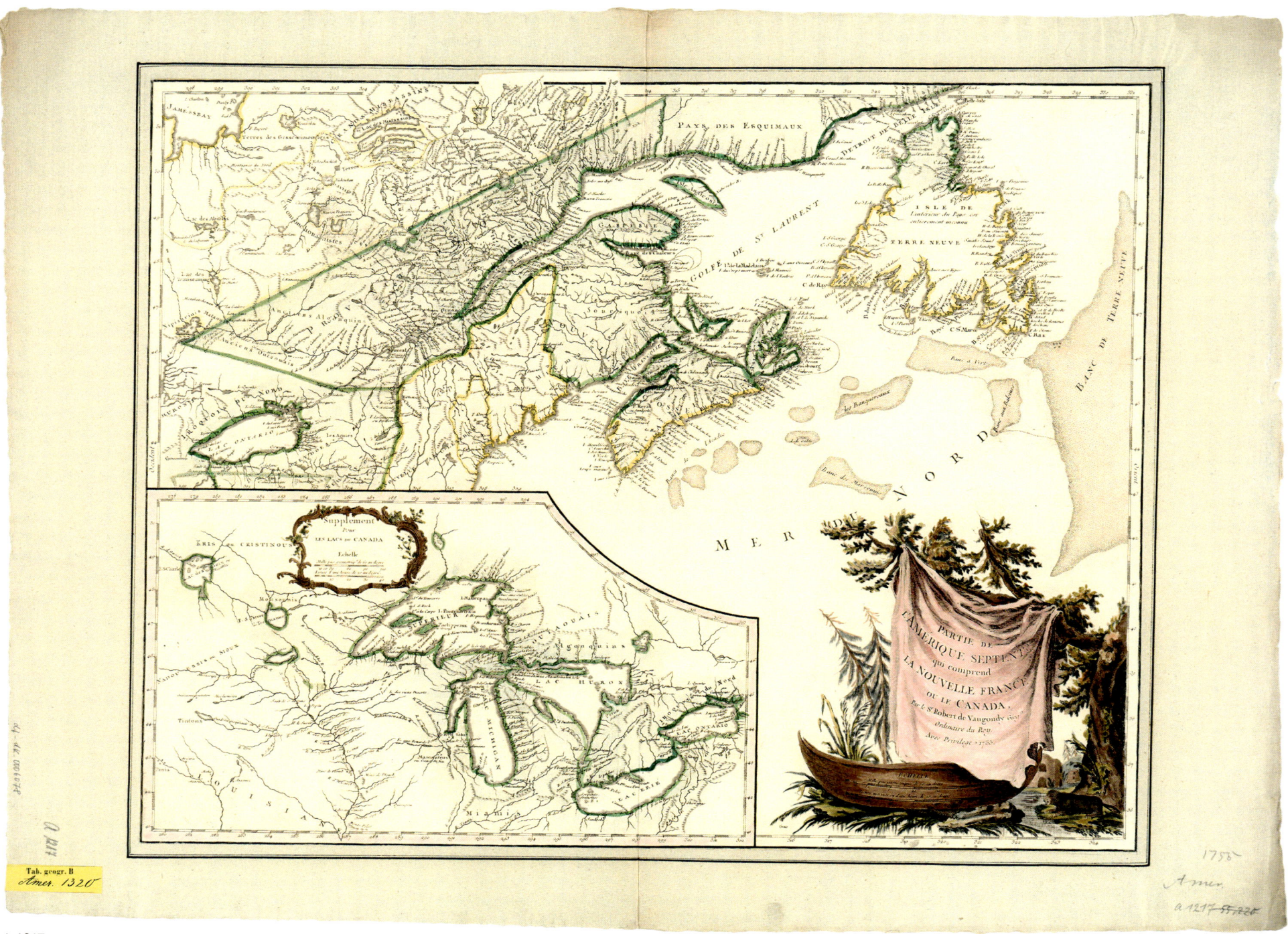

152 | Ausgewählte Land- und Seekarten im kartenhistorischen und politischen Kontext

A 1217

Outaouais» enthalten darüber hinaus historische Hinweise auf Migrationen bestimmter ethnischer Gruppen. Auch auf Neufundland ist die Nomenklatur nun etwas gleichmäßiger verteilt als noch auf vielen Karten der gleichen Epoche und schließt die Westküste der Insel mit ein, die nach PIARRES DETCHEVERRY (1689) wieder lange Zeit weitgehend anonym geblieben war. Weiterhin erscheint jedoch der an BELLIN erinnernde Hinweis: «L'intérieur du Pais est entièrement inconnu».

Als eines der wenigen Beispiele ihrer Epoche dokumentiert diese Karte den hohen Stellenwert einer möglichst genauen politischen Grenzziehung. Die französisch verwalteten Territorien sind mit einer grünen, die englischen mit einer gelben Grenz- bzw. Uferlinie eingefasst (auch im Fall der Großen Seen auf der Nebenkarte), die Flächen dazwischen sind hellgrün koloriert. Eindeutig als englische Territorien gekennzeichnet sind nun die akadische Küste zwischen der Baie S. Marie und dem Cap Canseau sowie das Land der Mi'kmaq westlich einer Linie Rivière Sainte Croix–L. Medaousta». NOUVELLE ANGLETERRE beginnt innerhalb dieser gelben Konturen weiter südwestlich etwa ab 44°30′ N (die mindestens seit 1622 bzw. 1629 bestehenden Namen Maine und New Hampshire sind nicht verzeichnet), allerdings liegt NEW YORK weiterhin im grün tingierten Bereich.

Die grün markierte Küstenlinie der ansonsten gelb eingefassten Insel Neufundland zwischen der Bonne Baye (hier «la Belle Baye») und dem Nordufer der Baye Verte dokumentiert erstmals deutlich die so genannte French Shore, auch wenn sie auch hier wieder nicht exakt den Bestimmungen des Utrechter Vertrages entspricht, nach denen sie an der Ostküste weiter bis zum «C. de Bonne viste» hätte gezogen werden müssen. Zwischen diesen Endpunkten der französischen Fischereirechte ist die Insel mit leichter grüner Flächenschattierung versehen, entsprechend der gegenüberliegenden Küstenregion der Halbinsel Labrador. Der Anspruch Frankreichs auf die Gebiete beiderseits der Belle Isle-Straße gründet sich unmittelbar auf die frankophone Präsenz im südlichen Labrador seit der Entdeckungsreisen der Bretonen und Basken, der Reisen von JEHAN DENYS aus Honfleur (1506), von THOMAS AUBERT aus Rouen (1508) sowie von GIOVANNI DA VERRAZZANO, die alle bereits lange vor CARTIER Ansatzpunkte für eine rege Fischerei- und Handelsaktivität an diesen Küsten waren, die übrigens – sofern es beispielsweise den Walfang betrifft – bereits ein ganzes Jahrhundert der Spitzbergenfahrt vorausging.

Während im Haupttitel LA NOUVELLE FRANCE und LE CANADA als synonyme Begriffe verwendet werden, taucht keiner von ihnen im Kartenbild auf. Dafür ist in der Funktion der politisch-geographischen Einheit nun die PROVINCE DE QUEBEC getreten, die bis zum Westufer der «R. de S. Jean» reicht und dort in den PAYS DES ESQUIMAUX übergeht. Daneben steht NOUVELLE ECOSSE noch für ein größtenteils französisches Territorium auf der rechten Seite des St. Lorenz-Stroms, das lediglich im Süden der Acadie englisch geworden ist.

Unter den östlich in den Lac de Champlain mündenden Flüssen ist eine «R. a la Mouelle» verzeichnet, bei dem es sich um den bei SAMUEL DE CHAMPLAIN «La Mouette» genannten Fluss handelt. Bei JACQUES-NICOLAS BELLIN hatte dieser auf seiner Carte de la Riviere de Richelieu et du Lac Champlain, abgedruckt im ersten Band der Histoire et description generale de la Nouvelle France von CHARLEVOIX, mit der Form «R. a la Moüelle» sein ursprüngliches Benennungsmotiv verloren; doch wurde diese Form mit -ll- auf späteren Karten – vermutlich nicht zuletzt wegen der allgemein anerkannten Autorität von BELLIN und CHARLEVOIX – regelmäßig übernommen (vgl. A 1227).

Die Meridiane werden auf diesem Dokument nach der traditionellen, am 25. April 1634 von Louis XIII. verordneten und später auf Initiative von DELISLE lediglich geringfügig modifizierten Zählung verwendet. Sie umläuft die Erde vom Westende der Insel Hierro aus in östlicher Richtung und erreicht im Lac des Bois 279°, in der James Bay 298°. Sie steigt an bis 303°24′ bzw. 302°04′ östlich des Lac Ontario auf der Nebenkarte und bis 331°10′ in den Großen Neufundland-Bänken am nördlichen bzw. ca. 324°45′ am südlichen Rand der Hauptkarte.

Der Supplement Pour les lacs du Canada ist offenbar eng an BELLINS Carte des lacs du Canada (Paris 1744) angelehnt, von der die beiden auf dem Lac Supérieur zusätzlich verzeichneten Inseln als «I. Pontchartrain» und «I. Phelippeaux ou Minong» – dieser letzte Name war eigentlich für die westlich benachbarte Isle Royale gebräuchlich gewesen – übernommen wurden. Die Darstellung des Erie- und Ontario-Sees als relativ gerade liegende Längsovale in BELLINS erster Version von 1744, die noch charakteristisch war für DIDIER ROBERTS Les Lacs du Canada et Nouvelle Angleterre (1749) in dessen Atlas portatif, ist hier bereits durch eine schräge Südwest-Nordost-Lage abgelöst worden, wie es noch deutlicher in der Version der Carte des Lacs du Canada von BELLIN aus dem Jahr 1767 der Fall sein wird.

Von der in der ersten Auflage des Atlas Universel (1757–1758) abgedruckten Karte sind zwei Versionen bekannt, von denen die erste in der linken oberen Ecke des Kartenfeldes die drei größeren Inseln in der James Bay lediglich mit den Signaturen «Danby I.» und «Red I.», die zweite Version wie hier zusätzlich mit «I. Charlton» versieht. In der Auflage von 1763 werden die Grenzen der infolge der Royal Proclamation geschaffenen Province of Quebec eingefügt und auf der Isle Royale (Cape Breton Island) «Gabary» in «Gabaron» (heute Gabarus) geändert (KERSHAW II: 31–32). Dies ist auf dem vorliegenden Exemplar der SLUB der Fall. Erst in der noch späteren Ausgabe des Atlas von CHARLES FRANÇOIS DELAMARCHE wurden die letzten beiden Zeilen «[Géogr?] | Ordinaire du Roy | Avec Privilege 1755» des Titelblocks entfernt.

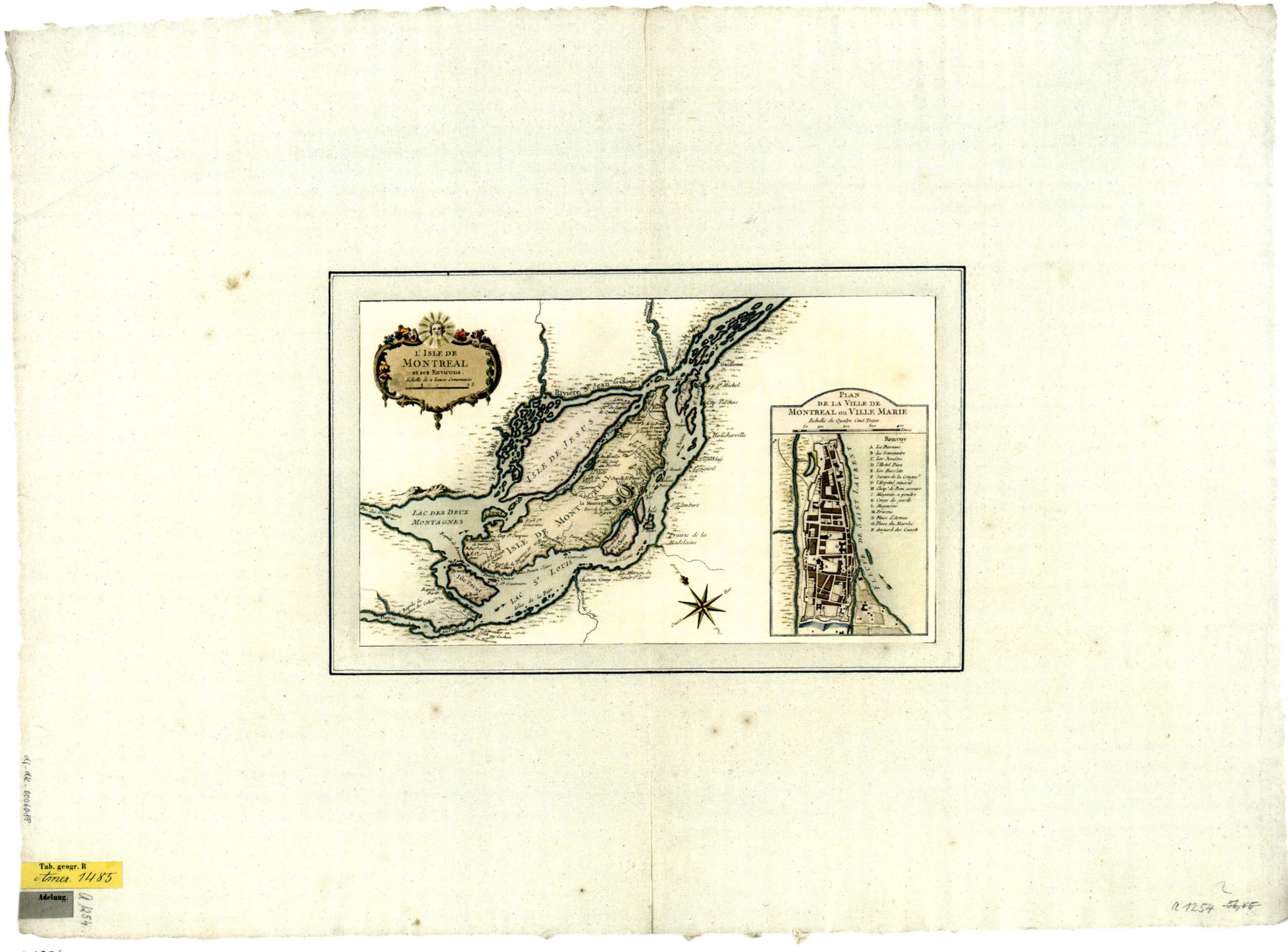

154 | Ausgewählte Land- und Seekarten im kartenhistorischen und politischen Kontext

A 1254

A 1254
L'Isle de | Montreal | et ses Environs. [1764.]

Die als Nr. 11 im *Petit Atlas Maritime* erschienene Karte von Bellin zeigt das Areal des Archipel d'Hochelaga, das ab der Mündung des Ottawa (Riv. des Outaouais) auf den Wasserläufen rund um Montréal insgesamt mehr als 320 Inseln, *îlots* und Klippen umfasst. Die Isle de Montreal im Zentrum des Kartenfelds ist wie die Uferlinie des St. Lorenz-Flusses und einiger kleiner Inseln olivgrün abgesetzt, die Isle de Jesus zusammen mit den Mille Îles, der Île Perot, la Chine und den Inseln und Inselchen im St. Lorenz-Strom von der Longue Pointe flussabwärts dagegen mit einem leichten Rotton koloriert. Auf das jüngere Benennungsmotiv des Lac des Deux Montagnes (ab den 1670er Jahren, davor ab 1612 «lac des Médicis» und ab ca. 1632 «lac de Soissons», daneben auch «Lac Maupas», «Lac de la Chaudière») gemäß einer der beiden Hypothesen wird deutlich mit den beiden vergrößerten Bergsignaturen am Nordufer des Sees hingewiesen, die die beiden Gipfel des Hügelzugs Oka (mont Bleu und calvaire d'Oka) repräsentieren. Hinsichtlich der vier Abflüsse wird auch von einem Mündungsdelta des Ottawa gesprochen: zwei von ihnen umfließen die Île Perot («Iſle Perot»), während nördlich von ihr die Rivière des Milles Îles (hier «Les Milles Isles ou Riviere Sʈ Jean») und die Rivière des Prairies an der Île de Jesus vorbeifließen und sich an der Ostspitze wieder treffen, um gemeinsam in den St. Lorenz-Strom einzumünden. Auf ihrem Weg müssen diese Mündungszuflüsse zum Teil erhebliche Höhenunterschiede überwinden. Zu den spektakulärsten Erscheinungen gehören die rapides de Lachine, hier unter ihrem bis zur Mitte des 19. Jahrhunderts üblichen Namen Sault St. Louis, der von Champlain aus Anlass des Todes seines Begleiters Louis vergeben worden war («Le Grand Sault Saint Louis») und bis zu den jesuitischen Reisebeschreibungen (1656) auch auf den Lac St. Louis erweitert wurde. Lachine selbst, hier noch in getrennter Graphie, war eine eher spöttische Bezeichnung für den Grundbesitz von La Salle gewesen, von dem er 1669 mit überaus großen Erwartungen in Richtung Westen und damit nach Asien aufgebrochen war, aber sehr bald umkehren musste. Verzeichnet ist die 1678 errichtete Paroisse des Saints-Anges de la Chine. Der Name «Canal de la Chine» für einen Stichkanal zum Lac St. Pierre (Lac-à-La-Loutre) nimmt die offizielle Bezeichnung des schließlich zwischen 1821 und 1825 erbauten, 14,5 km langen und mit fünf Schleusen ausgestatteten Verkehrsweges zur Umfahrung der *rapides* voraus.

Die größte der Inseln, die Isle de Montreal, ist geradezu systematisch an den besonders exponierten Uferstellen durch eine erstaunliche Anzahl von Forts gesichert. Als Ausgangspunkt gilt das auf der Landspitze (ab ca. 1695 pointe à Caillère) an der Mündung der «Pet[ite] Riv[ière]» oder Rivière Saint Pierre (die schon von Champlain für eine vorübergehende mit Palisaden befestigte «habitation» genutzt worden war) zwischen 1643 und 1646 errichtete Fort Ville-Marie, das sich wie der Name der Insel von der Marienadvokation der im Mai des Vorjahres angekommenen Kolonisten der Société de Nostre Dame du Montréal herleitet, die als erste mit der Kolonisierungs- und Konvertierungsarbeit begannen. Mit ihnen kam auch Jeanne Mance, die das Hôtel-Dieu mitbegründete, dessen zweiter, erweiterter Bau auf der Nebenkarte mit dem Buchstaben D bezeichnet ist. Die Kapelle Notre Dame de Bon Secours, die ab 1675 als Steinbau existierte, brannte bereits 1754 ab und wurde erst 1771 bis 1773 wieder aufgebaut. Symptomatisch für die erste Phase der urbanen Entwicklung der Metropole ist die enge Funktionseinheit von Fort, Paroisse und Moulin, aus denen eine der urbanen Zellen entsteht, die mit der Zeit zusammenwachsen, wie etwa das Beispiel der nordöstlichen Ecke der Insel zeigt, in der bereits ab den 1660er Jahren die Sulpizianer tätig waren. Dem um ca. 1670 errichteten Fort de Pointe aux Trembles folgte 1674 in unmittelbarer Nähe die zweite paroisse der Insel («l'Enfant Jésus de la Pointe aux Trembles»), so dass eine kleine abgeschlossene Burgsiedlung entstehen konnte. Als drittes kam eine Windmühle (in diesem Fall erst 1719) hinzu. Die Sulpizianer übernahmen am 9. März 1663 die seigneurie über die gesamte Insel. An der gegenüberliegenden Westspitze ließ Jacques Le Ber 1686 ein Fort «de pierre», ein Lager und eine Mühle errichten und benannte es nach seinem Geburtsort Senneville (Eure). Aus der Pfarrei der benachbarten Kirche (1677 Saint Louis du Bout de l'Isle bzw. Saint Louis du Haut de l'Isle), ab 1714 Sainte Anne du Bout de l'Isle, ging ab 1878 die municipalité Sainte Anne de Bellevue hervor.

Am Fuß der von Cartier 1535 «mont Royal» benannten «Montagne» erhielt die ab ca. 1676 tätige erste Sulpizianermission, in der Iroquesen, Algonquins und Huronen in Zelten friedlich miteinander lebten, im Jahr 1694 eine viertürmige Festungsanlage, die niemals militärisch genutzt wurde. Wegen eines Feuers zwei Jahre später wurde die Mission an die Nordseite der Insel verlegt («Sault-du Recolet» bzw. «au Recolet»), und dazu wiederum ein auf diesem Plan noch gleichnamiges Fort errichtet (Fort Lorette).

Bellin differenziert auf der Hauptkarte noch zwischen Montreal für die Insel und Ville-Marie für die befestigte Stadt und gibt auf der Nebenkarte beide Formen als Ortsnamenalternativen an, obwohl in dieser toponymischen Funktion bereits Montréal den früheren Namen Ville-Marie und Hochelaga nachgerückt war, den wiederum noch Lescarbot (1609) verwendet hatte. Ist die Übertragung des Oronyms auf die Insel und sekundär auf die Stadt (deren Fläche sich mittlerweile nahezu über die ganze Insel erstreckt) auch eindeutig, so bleibt die Form Montréal selbst bis heute nicht vollständig geklärt, denn ganz offenbar ist sie nicht unbedingt ein unmittelbarer Reflex von Cartiers «mont Royal». Denkbar wäre immerhin eine Übertragung dieses auf okzitanischem und frankoprovenzalischem Gebiet vorkommenden Toponyms über den Umweg eines Personennamens, wenn nicht überhaupt aus einer anderen romanischen Sprache. Daher ist auch die von Ramusio auf dem im dritten Band seiner *Navigationi et viaggi* erschienenen Hochelaga-Plans im Hintergrund erkennbare, hybride Form monte real als möglicher früher Interenzfaktor angeführt worden. Ville-Marie hat wiederum als Name eines von insgesamt 19 Arrondissements im Stadtzentrum von Montréal überlebt.

In der vorliegenden späteren Version der zuvor in der *Histoire et description generale de la Nouvelle France* erschienenen Umgebungskarte Bellins wurde rechts unten ein Stadtplan eingefügt. Ungefähr im Maßstab 1:12.000 zeigt er das Innere der Stadt; die wichtigen Gebäude und Plätze sind den Buchstabensignaturen A bis P zugeordnet. Wie auf der Karte A 1253 handelt es sich ungefähr je zur Hälfte um militärische Einrichtungen einerseits und um Kapellen, Kirchen, Konvente und angeschlossene Institutionen andererseits. Der neunte Teil des *Schau Platz des gegenwaertigen Kriegs* (ca. 1762) enthält als Nr. 135 eine deutschsprachige Adaptation der Hauptkarte mit überwiegend stereotypen Übersetzungen («Stadt Maria» für Ville-Marie), manchmal aber auch nur partiellen Übertragungen («Fort der Spitze aux Trembles»).

Die «échelle» wird auf der Hauptkarte in lieues communes, auf der Nebenkarte in toises angegeben, von denen 2.280,3 eine lieue commune ausmachen. In der deutschen Version erscheint darüber hinaus der graphische Maßstab der «großen französischen Seemeile» (lieue marine) zu ca. 2853 toises.

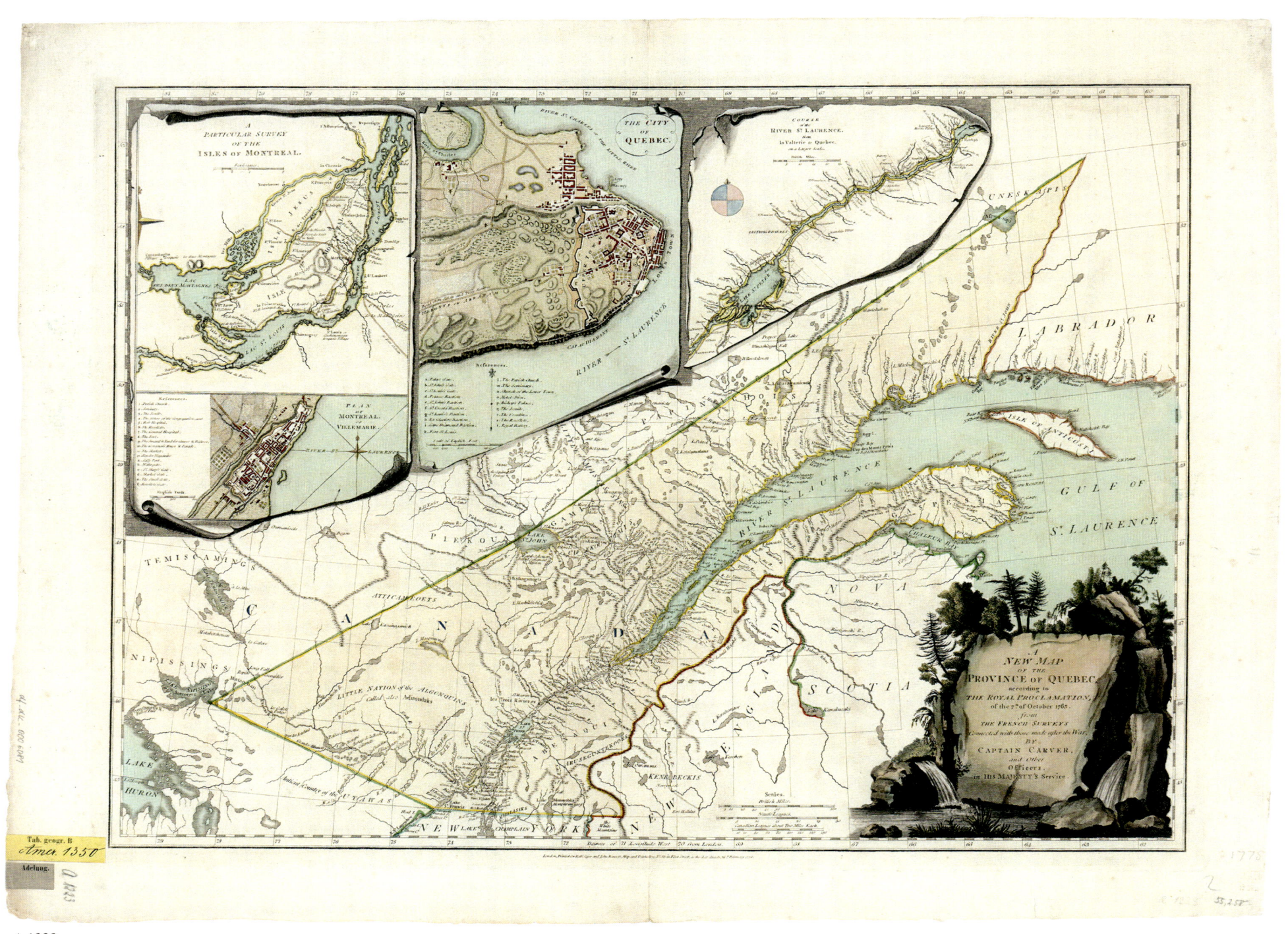

156 | Ausgewählte Land- und Seekarten im kartenhistorischen und politischen Kontext

A 1223

A 1223

A | NEW MAP | OF THE | PROVINCE OF QUEBEC, | according to | THE ROYAL PROCLAMATION, | of the 7.th of October 1763. | from | THE FRENCH SURVEYS | Connected with those made after the War, | BY | CAPTAIN CARVER, | and Other | Officers, | in HIS MAJESTY'S SERVICE. || London. Printed for Rob.$^!$ Sayer and John Bennett, Map and Printsellers N.º 53 in Fleet Street, as the Act directs. 16th February 1776.

Der Frieden von Paris (10. Februar 1763) beendete den Siebenjährigen Krieg bzw. den «French and Indian War» und damit auch endgültig den französischen Traum einer Vorherrschaft in Nordamerika. In der von GEORGE III. erlassenen «Royal Proclamation» vom 7. Oktober des gleichen Jahres wurde neben drei anderen amerikanischen Territorien, darunter East und West Florida, die mehrheitlich französischsprachige St. Lorenz-Region als «Province» nach britischen Vorstellungen konstituiert. Die Karte von JONATHAN CARVER und THOMAS JEFFERYS zeigt das Ergebnis dieser verwaltungsgeographischen Reorganisation. Sie wurde in mehrere Atlanten aufgenommen, 1778 von LE ROUGE übersetzt, und zehn Jahre später sowie schließlich 1794 unter leicht verändertem und verkürztem Titel erneut aufgelegt. JONATHAN CARVER (*1732, †1780) hatte u.a. an der Belagerung von Québec 1759 teilgenommen, nach Kriegsende die englische Armee mit dem Dienstgrad eines Captain verlassen und zwischen 1766 und 1768 das heutige Wisconsin und Minnesota bereist. 1778 erschienen in London (u.a auch mit dieser Karte) seine *Travels through the Interiors Parts of North America in the Years 1766, 1767, and 1768*, die mehrfach wieder aufgelegt und ins Französische und Deutsche übersetzt wurden.

Das Territorium mit dem neuen offiziellen Namen «Province of Quebec» wird im Nordosten ab ca. 61°20′ W (von London) 52°58′ N vom River St. John begrenzt, von dessen Quelle jeweils eine diagonale Grenzlinie durch den nordöstlichen Lake St. John in die Südostecke des Lake Nipissing und von dort aus zum 45. Breitengrad im südlichen Teil des Lake St. Francis im St. Lorenz-Strom verläuft; sie folgt dann diesem Breitengrad bis zu den White Mountains und danach den Bergketten der Highlands (die gleichzeitig Wasserscheide zwischen den Zuflüssen des St. Lorenz-Stroms und des Atlantiks sind) sowie schließlich dem Ristigouche bis in die Chaleur Bay. Je nach Nachbarregion ist auf diesem Exemplar die gelbe Linie durch eine grüne (N, O und S), eine hellblaue (S, Grenze zu New York), eine rote (SO, Grenze zu NEW ENGLAND) und wieder eine grüne Markierung (Grenze zu NOVA SCOTIA) verstärkt.

Mit dem zwei Jahre vor Veröffentlichung der Karte beschlossenen Quebec Act (1774), in dem die frankophone Bevölkerung u.a. ihr eigenes Zivilrecht und die Religionsfreiheit zurück erhielt und vom Treueeid befreit wurde, war eine beachtliche Erweiterung der Grenzen dieser Provinz um das so genannte «Indian Reserve» im Westen – also bis zum Ohio und Mississippi und im Süden bis New York – sowie um das südliche und mittlere Ontario bis zum arktischen Wassereinzugsgebiet (das zum Rupert's Land der Hudson's Bay Company gehörte), und damit ungefähr eine Verdreifachung seiner Fläche erfolgt, die auf dieser Karte jedoch noch nicht zur Geltung kommen kann. Während die Gebiete des «Indian Reserve» im Frieden von Versailles (1783) wiederum an die Vereinigten Staaten abgegeben werden mussten, entsprechen einige der hier dargestellten Grenzen, etwa zu Nova Scotia und zu Neuengland (Maine) bereits annähernd der modernen Situation. Die seit dem Utrechter Frieden bestehenden Unklarheiten über die Grenzen der Acadie (Nova Scotia) waren damit ebenfalls beigelegt, womit für die seither weiterhin erbittert geführte «bataille cartographique» eigentlich kein Anlass mehr bestanden hätte. Schließlich setzt sich seit dieser Neudefinition der Grenzen ein synonymer Gebrauch der Begriffe «Canada» und «(Province of) Quebec» durch, die beispielsweise in der entsprechenden Signatur auf der Karte von SAUTHIER (1776) zum Ausdruck kommt.

Die geographische Nomenklatur der Provinz zeigt insgesamt eine allgemeine Anpassung an syntaktische Gewohnheiten des Englischen, wie die generelle Stellung der Zusätze R. (Rivière bzw. River) und I. (Île/Isle bzw. Island) hinter den jeweiligen Namen, während dagegen C[ape], Fort, L[ake] und P[oin]t, zumal überwiegend mit einheimischen Bezeichnungen kombiniert, demgegenüber regulär voranstehen (vgl. A 1176). Außerhalb der politischen Grenzen der Provinz sind die englische und französische Toponymie noch gemischt, stellenweise hybrid; eine nach wie vor stärkere Konzentration genuin französischer Namen ist im gesamten Flussgebiet des St. Lorenz-Stroms wie auch etwas abseits davon im Einzugsbereich des Ouataouais (Utawas), sowie ganz allgemein auf den Nebenkarten von Montréal und dem Flusslauf zwischen la Valterie und Québec festzustellen. An zumindest einer Stelle wurde an ein französisches Oronym die englische Übersetzung angefügt («Cap des Monts Pelés or Bald Mountains»).

Die britische Verwaltung brachte auch einige kartentechnische Veränderungen bzw. Vereinfachungen in Hinblick auf einen überwiegend anglophonen Benutzerkreis mit sich. Der Maßstab wird unten rechts in British Miles (statute miles, 1,609 km), Nautic[al] Leagues (5,565 km) sowie nun auch in «Canadian Leagues about Two Miles Each», angegeben; die Längengrade werden «West from London», genauer westlich des Royal Observatory von Greenwich, gezählt. Zwischen diesen Werten und denen, die auf der Zählung westlich von Paris beruhen, besteht nur ein relativ geringer Unterschied, so dass beispielsweise «les Trois Rivières» nun nicht mehr auf 75° W, sondern ungefähr auf 72°30″ W liegt.

Auf den vier Nebenkarten werden Montréal und seine isles, Québec sowie der mittlere Sankt Lorenz-Strom zwischen Valterie und Beauport gezeigt. Die ersten beiden sind leicht modifizierte Adaptationen von BELLINS *L'Isle de Montreal et Ses Environs* (A 1254). Auf der letzten ist erstmals das bis 1762 eingerichtete System der seigneuries in überwiegend jeweils quer zur Flussrichtung abgeteilten Parzellen sowie darüber hinaus jeweils eine Uferstraße entlang des Stroms sichtbar.

Die vorliegende erste Ausgabe der Karte, die im Imprintvermerk die nach der Einführung der Hausnummern in London Mitte der 1760er Jahre gültige Adresse der Firma JOHN SAYER (ab 1774 SAYER & BENNETT) enthält, wurde zunächst stückweise verkauft und dann in den *North American Atlas* (1776) von WILLIAM FADEN sowie in den *American Atlas or a Geographical Description of the Whole Continent* von THOMAS JEFFERYS (Ausgaben 1776, 1778 und 1783) übernommen. Im Jahr 1778 erschien sie in den erwähnten Reiseberichten von CARVER und wurde von GEROGE-LOUIS LE ROUGE für seinen *Atlas Ameriquain Septentrional* (ca. 1792) bearbeitet. 1788 kam eine neue Auflage bei ROBERT SAYER & Co. mit dem leicht modifizierten Titel *A New and Correct map of the Province of Quebec* heraus, die auch im *General Atlas* von 1794 enthalten ist. Im gleichen Jahr erlebte sie eine unveränderte Wiederauflage durch ROBERT LAURIE und JAMES WHITTLE, ehemalige Assistenten von ROBERT SAYER, die seine Firma als LAURIE & WHITTLE weiterführten.

A 1227

A Map of the | Inhabited Part | of | Canada, | from the French Surveys; with | the Frontiers of | New York and New England | from the Large Survey | By Claude Joseph Sauthier. | Engraved by Wᴹ Faden, 1777. || London, Publiſhed as the Act directs, Febʸ 25. 1777, by Wᴹ Faden, Corner of S! Martin's Lane, Charing Croſs.

Unter den Signaturen A 1226 und A 1227 werden in der Kartensammlung der SLUB zwei Exemplare einer Arbeit von William Faden (1750–1836) geführt, für deren südlichen Teil als Vorlage Claude Joseph Sauthiers *Map of the Province of New York*, die 1776 ebenfalls bei William Faden verlegt wurde, sowie darüber hinaus weitere Dokumente französischer Provenienz genutzt wurden. Der geborene Elsässer aus Straßburg war von Gouverneur Tryon als surveyor für die Provinz New York engagiert worden und sollte die umstrittenen Grenzen kartographisch festlegen. Nach Ausweis einer im entsprechenden Kartensegment angebrachten Notation sind der Verlauf des River St. Francis und der Oberlauf des Kenebec bis Norridge Walk und seine Verbindungen zu den Quellflüssen des Chaudière aus der dem Gouverneur Thomas Pownall (*1722, †1805) gewidmeten Neuauflage der Karte von Lewis Evans, datiert 25. März 1776, übernommen worden, die die Expeditionsergebnisse von Major Samuel Hollandt im ersten Fall und von Edward Howard im zweiten Fall dokumentiert.

Die von Faden zusammengestellte Karte ist Major General John Bourgoyne (*1722, †1792, «Gentleman Johnny») gewidmet, der – ab 1740 im Dienst der britischen Armee – während des amerikanischen Unabhängigkeitskrieges 1776 zur Verstärkung der Armee von Guy Carleton nach Québec geschickt worden war und von dort aus im darauffolgenden Februar die Leitung einer Invasion in Richtung Lake Champlain gegen die Armee der amerikanischen Konföderation übernehmen sollte, die nach der Eroberung von Fort Ticonderoga jedoch am oberen Hudson mit den Schlachten südlich von Saratoga am 17. Oktober 1777 in einer Katastrophe endete, da er mit seinem gesamten Heer den Streitkräften des Generals Horatio Gates unterlag. Rechts unten auf der Karte sind die genauen Positionen der zuvor in der Province of Quebec überwinternden Regimenter und Corps (einschließlich der Truppenkontingente aus Braunschweig und Hanau), der Royal Artillery sowie des Hauptfeldlazaretts der britischen Armee tabellarisch aufgeführt. Infolge eines mit sich selbst in der Eigenschaft als Kurfürst von Braunschweig-Lüneburg geschlossenen Vertrages konnte George III. auch auf Truppen aus Braunschweig und Hannover und darüber hinaus auch auf solche aus Anhalt-Zerbst, Baden, Hessen und Waldeck zurückgreifen.

Der linke obere Teil des Kartenfeldes wird von einer Illustration dominiert, die den Kartentitel auf einem Felsblock inmitten einer Gebirgslandschaft mit Wasserfall und Tieren präsentiert. Im Vordergrund verhandeln zwei Europäer mit zwei pittoresk ausgestalteten Einheimischen über ein Tierfell. Im Mittelpunkt dieser Szene steht vor einem Warenballen eine etwa bis zur Hüfte der Europäer reichende Tonne, die eindeutig auf deren Rolle als Universalcontainer für Waren aller Art bis ins 19. Jahrhundert anspielt. Darunter, zwischen den graphischen Maßstäben und dem 45. Breitengrad, ist in zeremonieller Kursivschrift mit geschweiften und teilweise am Ende nach innen spiralförmig gedrehten kalligraphischen Linien eine Widmung ausgeführt.

Der «inhabited Part» von Kanada umfasst die Uferstreifen des St. Lorenz-Stroms (einschließlich seiner Inseln) ab dem nordöstlichen Lake Ontario bis nordöstlich von Cap Corbeau und Baye St. Paul (linkes Ufer) bzw. der Pte. Ouel (rechtes Ufer), sowie darüber hinaus seine – südlichen – Zuflüsse, im Wesentlichen der River Chambly/Rivière de Richelieu/R. Sorel/Lake Champlain/Lake George-Korridor, der River St. François und der River Chaudiere; rechts nimmt das Kartenfeld einen Teil des «Kenebec»-Oberlaufs auf. Bei diesen Wasserwegen steht eindeutig der militärische Aspekt als Einfallstraßen von und nach Kanada im Vordergrund. Bei den links in den St. Lorenz-Strom einfließenden Flüssen wird sich dagegen auf die Darstellung jeweils einer kleinen Partie vor der Mündung beschränkt, die mit dem jeweiligen Flussnamen versehen ist. Hydrographisch erfasst werden u.a. gefährliche Stromschnellen «Rapid [...]» oder «very rapid» bzw. «rapides [...]» und Wasserfälle («Fall [...]» bzw. «saut [...]»). Auch auf eine genaue Wiedergabe der gemischt englisch-französischen Nomenklatur wird Wert gelegt; es erscheinen Allonyme und sogar graphische Normalisierungen bzw. Korrekturen («P[oin]t Patterson properly P[oin]t Presentation»).

Die Grenzen von Canada bzw. der Province of Quebec (diese Begriffe sind bei Sauthier synonym) sind lediglich im Zentrum der Karte durch eine zweifarbige (gelb-rote) Linie markiert, die auf dem 45. Breitengrad vom St. Lorenz-Strom südlich gegenüber der «I[le] aux deux Têtes» bis zum Beginn des «Height of the Land» verläuft. Wie auf der Sauthier-Karte von 1776 ist der Oberlauf des St. Lorenz-Stroms südlich dieser Demarkationslinie nun der «River Cadarakui or South West Branch of River S! Laurence» (vgl. A 1218). Im Jahr 1772 war als Grenze zwischen New York und Kanada der 45. Breitengrad bis zum St. Lorenz-Strom bestätigt worden (vgl. A 1229). Später stellte sich heraus, dass dieser an einigen Stellen eine Dreiviertelmeile bis zu 1,1 Meilen zu weit nördlich angenommen worden war und aus diesem Grund im Jahr 1816 sogar ein US-amerikanisches Fort irrtümlich auf kanadischem Territorium in der Nähe von Rouse's Point errichtet wurde. Doch verblieb es durch den Webster-Ashburton Treaty (9. August 1842) bei dem de facto angenommenen Grenzverlauf.

Südlich der Quellen des Connecticut River setzt sich die Grenze zu Neu-England bis zum rechten Kartenrand entlang dem bzw. der «Height(s) of the Land» oder «Land(s) Height» fort. Montréal, Québec und les Trois Rivières sind mit roten Stadtsignaturen gekennzeichnet. Mit doppelt durchgezogenen oder auch gestrichelten Linien erscheinen zu beiden Seiten der größeren Flüsse Landverkehrswege, die zuweilen durch Nebenarme dieser Flüsse unterbrochen sind. Darunter ist entlang des rechten Ufers des Chaudière als «Colonel Arnold's Rout in 1775» die Marschroute der amerikanischen Truppe unter Benedict Arnold (*1740 O.S., †1801) während ihres Zuges nach Québec (11. September – 8. November 1775) markiert, die an Sertigan, der südöstlichsten französischen Niederlassung, vorbeiführte. Wieder erscheint die «R. a la Moelle» gemäß der bei Bellin veränderten Graphie für «La Mouette» Samuel de Champlains (vgl. A 1217), die seitdem beibehalten wurde, in der Zwischenzeit aber auch ihr -u- verloren hat. Die heutige Form Lamoille River (spätestens bei Doolittle 1795) ist zugleich Name eines Sees und der County.

Auf der Seite von New York sind erstmals auch einige townships in ihren – mit jeweils roten Linien eingefassten – rechteckigen oder trapezoidförmigen Bezirken namentlich bezeichnet, insbesondere um den Lake Champlain herum und an seinen Zuflüssen, insbesondere dem Onion – heute Winooski – River. Dabei handelt es sich um eine erste, offensichtlich von New Yorker Seite durchgeführte und daher nicht dauerhafte Benennung, auch wenn einige dieser Namen in der modernen – oft inzwischen städtischen – Nomenklatur wiederzuerkennen sind, allerdings an völlig anderen Positionen, wie beispielsweise in den Fällen Monkton (heute viel weiter nördlich in der Addison County), Newbury (einige Meilen nordwestlich des heutigen Newbury am Connecticut) und Middlesex (Washington Co.), das bei Faden rechts unten südlich von Windham und Leyden gruppiert ist, in der ersten Auflage der Besitzstandskarte von Doolittle (1795), die wie die frühere Erhebung von Hollandt/Jefferys (1768) etwa entlang des Onion River nicht einmal partielle Übereinstimmungen mit dem vorliegenden Dokument zeigt, bereits offensichtlich in seiner heutigen Position rechts des Onion R. nordwestlich der späteren Hauptstadt Montpelier

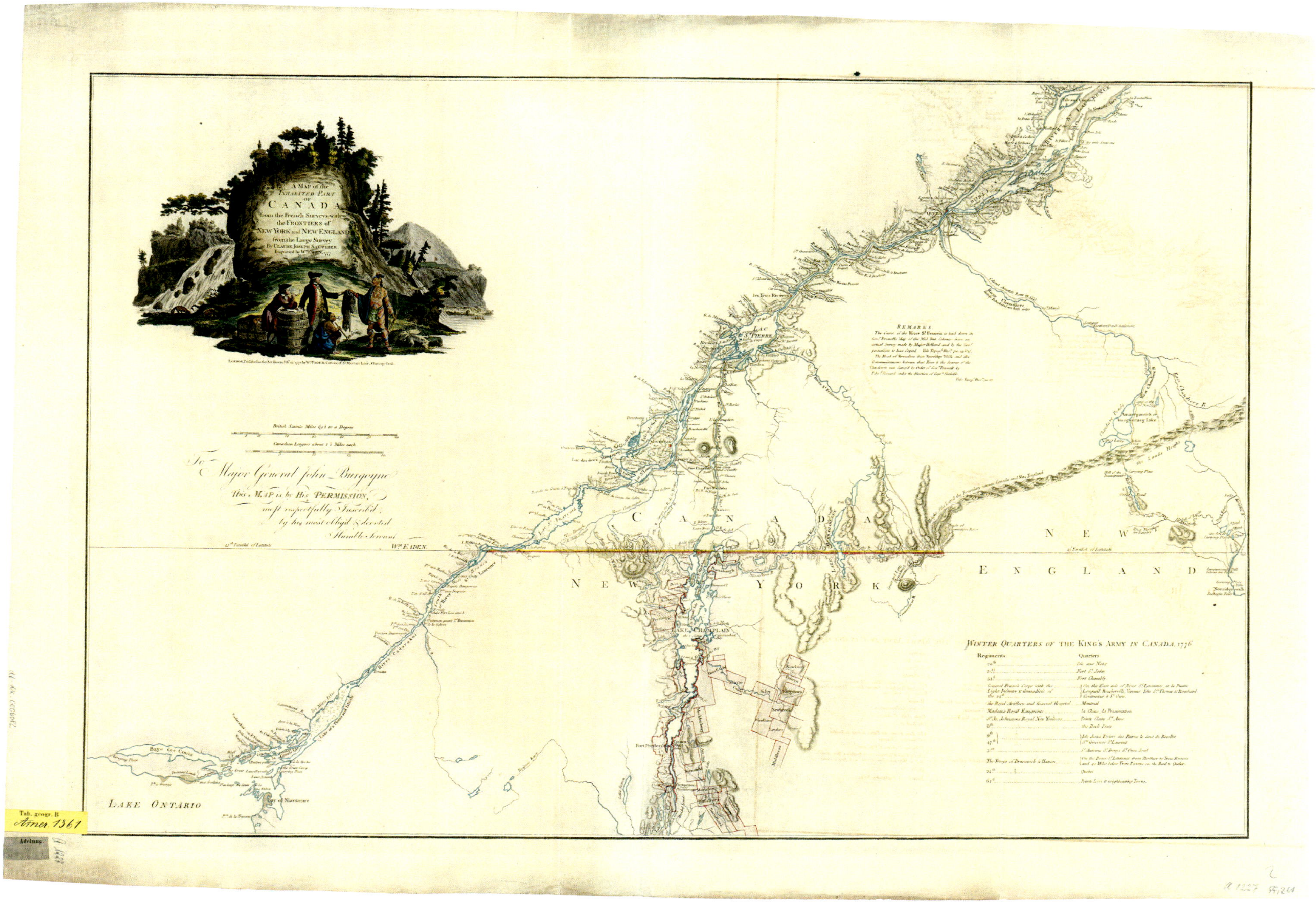
A MAP of the
INHABITED PART
OF
CANADA
from the French Surveys; with
the FRONTIERS of
NEW YORK and NEW ENGLAND
from the Large Survey
By CLAUDE JOSEPH SAUTHIER.
British Statute Miles 69½ to a Degree
Canadian Leagues about 2½ Miles each
To Major General John Burgoyne
This MAP is by His PERMISSION,
most respectfully Inscribed
by his most oblig'd & devoted
Humble Servant
Wm. FADEN.
LAC St. PIERRE
LAKE CHAMPLAIN
LAKE ONTARIO
CANADA
NEW YORK
NEW ENGLAND
WINTER QUARTERS OF THE KINGS ARMY IN CANADA, 1776
Tab. geogr. B
Amer. 1361
Adelung.

A 1227

verzeichnet wird; Windham bezeichnet heute dagegen die County im äußersten Südosten des Staates Vermont und Leyden liegt heute auf dem Gebiet von Massachusetts.

In einem der größeren dieser rot eingefassten Bezirke am Lake Champlain liegt Fort Saint Frédéric («Fort Frederick»), benannt nach dem Staatsminister Jean Frédéric Phélypeaux, Comte de Maurepas (*1701, †1781), das zwischen 1727 bis 1734 zur Sicherung der Südgrenze der Nouvelle-France erbaut und 1759 wegen aktueller englischer Bedrohung wieder zerstört wurde. In unmittelbarer Nachbarschaft wurde darauf das englische Fort Crown Point errichtet, das – ganz ähnlich wie das südlich davon gelegene Fort Ticonderoga (ex Fort Carillon, erbaut ab 1755) – nach 1763 keine wichtige strategische Funktion mehr hatte und zu Beginn des Amerikanischen Unabhängigkeitskrieges im Mai 1775 von den «Green Mountain Boys» eingenommen wurde.

Weitere, insbesondere übergeordnete politische Grenzen jeglicher Art fehlen auf dieser Karte, somit auch Hinweise auf die benachbarten Provinzen Massachusetts Bay und insbesondere New Hampshire für das schon seit 1629 von John Mason verwaltete (und von 1641 bis 1680 zu Massachusetts gehörende) Gebiet östlich des Connecticut (vgl. damit u.a. A 1215, A 1296, A 1302). Anhand der Lage der Signaturen New York und New England wird ersichtlich, dass hier noch die Ostgrenze New Yorks am Westufer des Connecticut River, die durch Royal Order vom 26. Juli 1764 von George III. bestätigt wurde, zugrunde liegt. Die Vorlage von Sauthier zeigte dagegen deutlich die beiden (bis 1777 bestehenden) New Yorker Bezirke Cumberland County und Glo[u]cester County, die 1766 bzw. 1770 aus der Albany County ausgegliedert worden waren und 1777 zusammen als Cumberland County zu Vermont kamen (bis 1781). Das Gebiet zwischen dem Lake Champlain und dem Connecticut war Gegenstand jahrzehntelanger Dispute zwischen New Hampshire, das ab 1749 mit der Verleihung von land grants begann, und New York, das seinerseits mit entsprechenden Titeln auf dem gleichen Territorium antwortete. Der andauernde Streit um die «New Hampshire Grants» führte schließlich über die «Green Mountain Boys» zur Konstituierung von New Connecticut am 15. Januar 1777, das ab Juli des gleichen Jahres Vermont genannt wurde. Der Maßstab der Karte ist wieder in British Statute Miles («69½ to a Degree») sowie in Canadian Leagues angegeben, die jeweils ungefähr 2½ statute miles entsprechen.

A 1218
Carte | du Canada, | de la Nouvelle Ecosse | et de l'Acadie; | d'après les Originaux Anglais [1782].

Ähnlich wie auf der Karte von Robert de Vaugondy von 1755, die unter der unmittelbar vorausgehenden Signatur (A 1217) eingeordnet wurde, handelt es sich hier – in kleinerem Maßstab – um eine Abbildung des Areals zwischen der nordöstlichen Ecke des Lac Ontario und Neufundland bzw. dem Cap de Sable im Süden, doch erstreckt sich das Kartenfeld im Norden noch bis über den 55. Breitengrad, so dass die neue Province de Québec in ihrer teilweise an ein Trapezoid erinnernden Form vollständig gezeigt wird. Sie wird von den benachbarten Territorien durch eine gelbliche Flächenlasur und eine kräftige gelbe Umrisslinie abgehoben und damit auch – gegenüber der Karte A 1217 – von den übrigen französisch verwalteten Teilen Kanadas optisch individualisiert. Ihr ist die Signatur Canada übergeordnet, die hier wieder für die Regionen zwischen dem St. Lorenz-Strom und der südlichen Hudson-Bay steht. Einheitlich tingiert sind einerseits Neufundland (ebenfalls gelb), sowie andererseits Neuschottland und die Acadie (zusammen roséfarben), womit die unterschiedlichen Besitzverhältnisse Frankreichs und Englands nicht sichtbar gemacht wurden. Flüsse und Gebirgszüge sind regelmäßig angedeutet, doch fallen einige Besonderheiten in der geographischen Nomenklatur auf. Der Mittellauf des Sankt Lorenz-Stroms zwischen dem Lac Ontario und Montréal bzw. der Grenze zu Québec heißt «Cadarakuy R.» und wird weiter als «Branche du F. S. Laurent» spezifiziert (vgl. A 1227). Bemerkenswert ist ferner der Begriff «Continent de l'Est très-peu connu» für die gesamte Landmasse zwischen dem Nordatlantik (Mer du Nord) und der Baye d'Hudson, der den zwischenzeitlichen Fortschritt in der Exploration der westlich der Hudson Bay gelegenen Regionen nahelegen könnte, zumindest aber den nordamerikanischen Kontinent in seinen tatsächlichen Dimensionen begreift, während demgegenüber beispielsweise bei Robert Morden ein knappes Jahrhundert vorher mit Bezug auf dieses Territorium noch von *The North Weft Part* anstatt *The North Eaft Part of America* die Rede gewesen war. «Labrador ou N[ouvel]le Bretagne» sowie unmittelbar darunter «Pays des Efquimaux» sind hier einschränkend dem südöstlichen Teil der Labrador-Halbinsel etwa südlich der «B. des Efquimaux» und der Nordostspitze des Quebéc-Trapezoids zugeordnet, eine für das letzte der drei Choronyme ohnehin typische Verwendung.

Neu-England beginnt westlich der nun «Pessamiqudai» genannten Rivière Sainte Croix (vgl. dagegen A 1221 «Pesmequada» für den Unterlauf), besteht aus den Ländern «Sagadahok» östlich und «Main» westlich des «Kennebek R.» (doch verläuft der Fluss Sagadahok selbst allerdings westlich des Kennebek und damit auf dem Gebiet von Maine) und grenzt am Connecticut an N[ouvel]le York, das nördlich vom 45. Breitengrad (Übergang zu Québec) und westlich vom St. Lorenz-Strom bzw. Cadarakuy (Übergang zum Contrée des Six Nations) begrenzt wird. Der Name Maine, der hier wie 1737 (A 1221) und 1755 (A 1216) noch ohne -e am Ende erscheint, war 1620 als «Mainland» und 1622 «The Province of Maine» aufgekommen, so dass die ebenfalls vermutete Namensübertragung von der französischen Landschaft (La) Maine, ihrerseits abgeleitet vom Flussnamen Maine (< Maienne) für den gemeinsamen Unterlauf von Sarthe und Mayenne nicht in Frage kommt. Die ursprüngliche und später wieder aufgegebene Schreibweise «Main» ohne -e ist daher genau genommen die modernere der beiden Formen.

Bemerkenswert selten erscheint die Bezeichnung «Mer Rouge» für den Meeresarm des St. Lorenz-Golfs zwischen der Insel S. Jean und der Nouvelle-Ecosse; in den hier untersuchten Dokumenten ist er ansonsten auf der Karte A 1336 (Dépôt Général de Cartes, Plans, et Journaux de la Marine, 1778), und – als «Red Sea» – auf den Karten von Jefferys (A 1296, Neuauflagen A 1302 und A 1303) zu finden.

Das Koordinatennetz mit jeweils 5-Grad-Intervallen verfügt am oberen Kartenrand über die Skala der Längengrade westlich von Paris und unten über die entsprechende des «Méridien de l'Isle de Fer», allerdings – im Gegensatz etwa zur Karte A 1216 – in der traditionellen Zählung ausgehend von der Insel Hierro in östlicher Richtung, so dass beispielsweise die Lage von (les) Trois Rivières annähernd mit 75° westlich von Paris (obere Skala) oder 305° östlich von Hierro (untere Skala) angegeben wird, und Anticosti sowie der östliche Teil der akadischen Halbinsel einerseits vom 65., andererseits vom 315. Längengrad durchlaufen werden. Die Homologisierung der beiden Wertskalen östlich von Hierro und westlich von Paris für die Darstellung jeweils eines gemeinsamen Meridians im Kartenbild war erst nach 1634 durch eine entsprechende Konvention möglich geworden, durch die nach einem Vorschlag von Guillaume Delisle die tatsächliche Entfernung des Meridians durch das Pariser Observatorium vom Nullmeridian der Insel Hierro von 20°1′45″ auf 20′ abgerundet wurde.

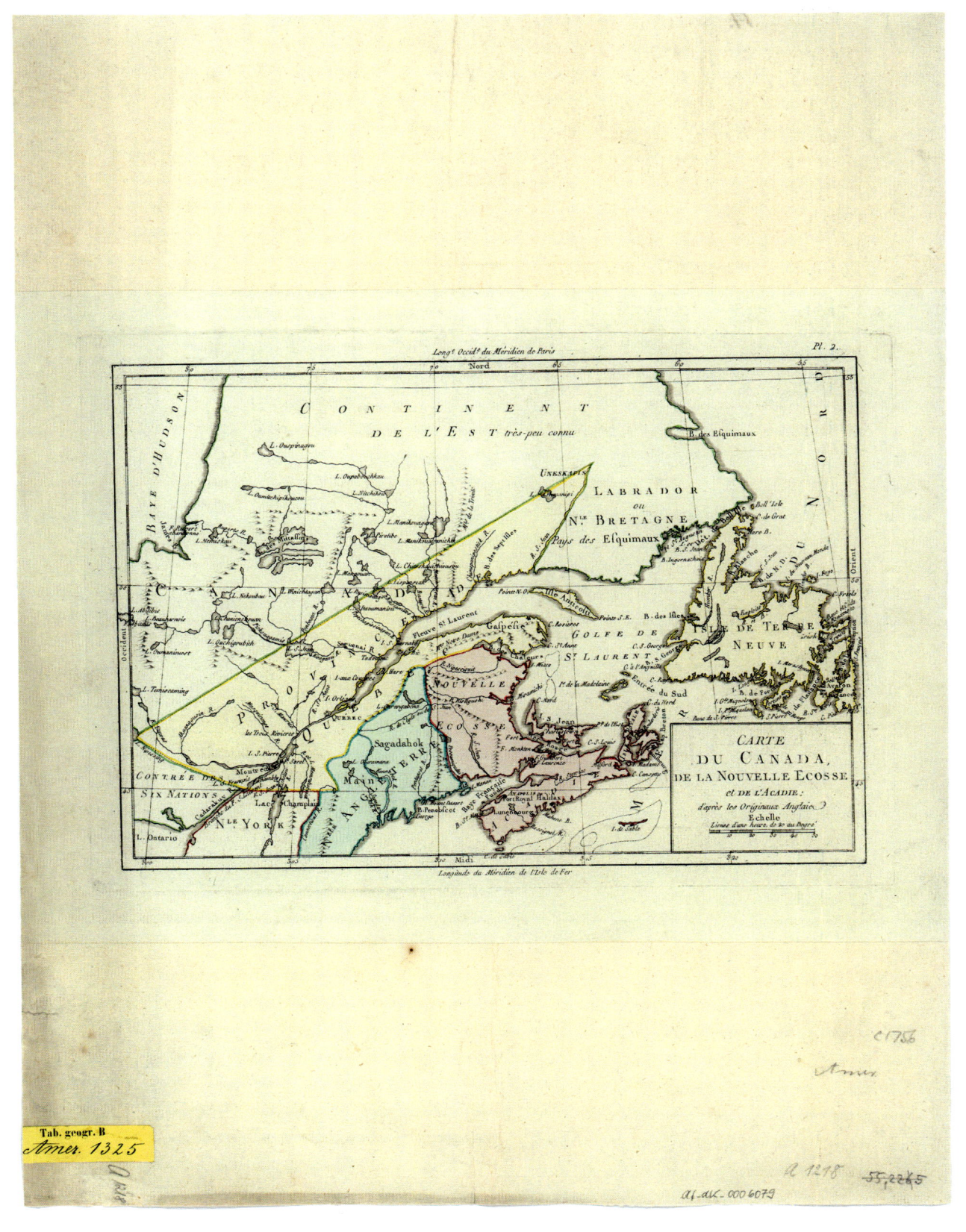

Ausgewählte Land- und Seekarten im kartenhistorischen und politischen Kontext | 161

A 1229

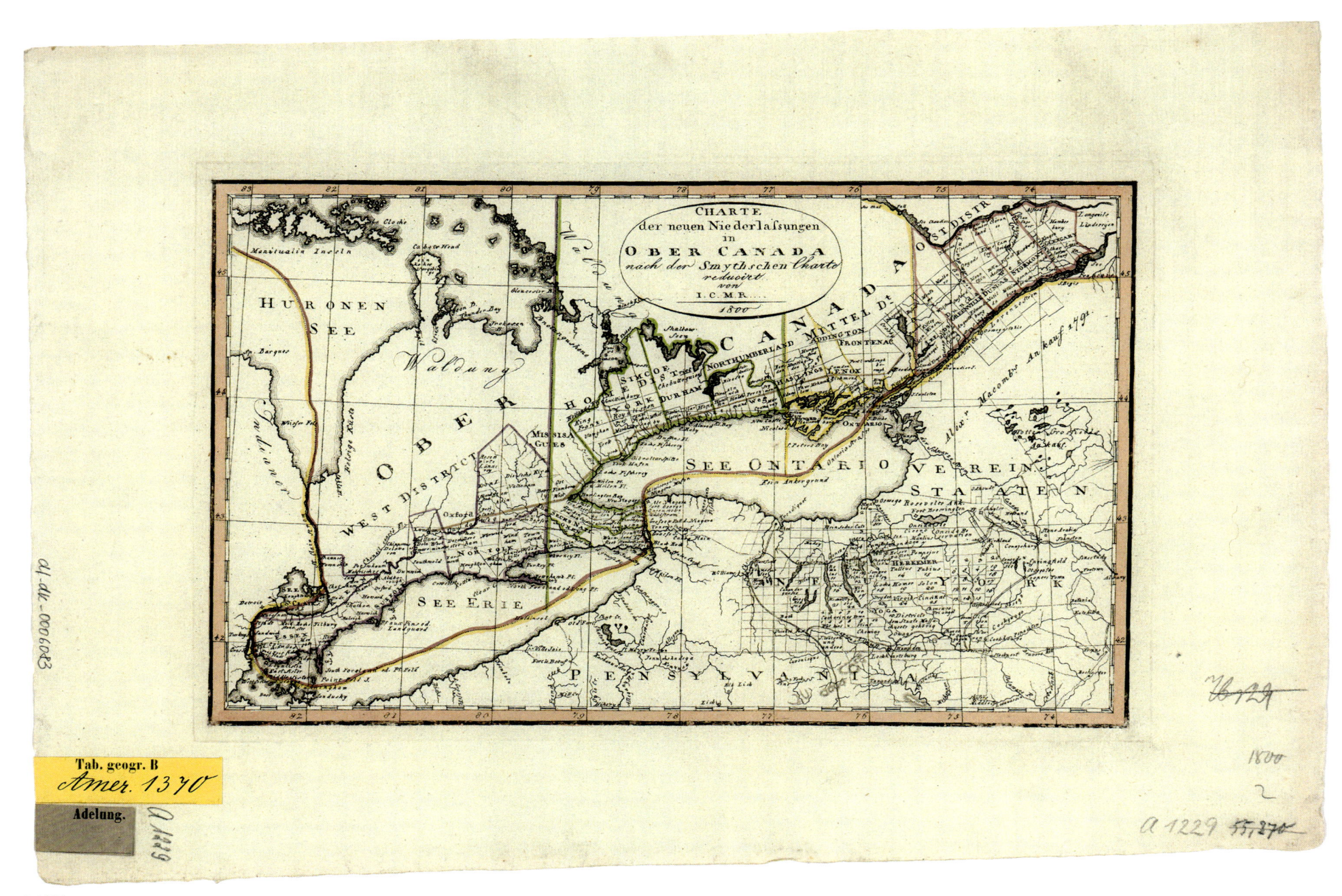

A 1229

Charte | der neuen Niederlaſsungen | in | Ober Canada | nach der Smythschen Charte | reducirt | von | I. C. M. R....| 1800.

Der Universalgelehrte Johann Christoph Matthias Reinecke (*1768, †1818) war in Coburg, Halberstadt und Weimar tätig, dem Sitz des «Landes-Industrie-Comptoirs Weimar» bzw. – ab 1804 – des «Geographischen Instituts», in dem der 1807 vollendete *Allgemeine Hand-Atlas der ganzen Erde* verlegt wurde, und baute seine Arbeit u.a. auf den 1778 veröffentlichten geodätischen Messergebnissen auf, die der Konteradmiral Jean-René de Verdun de la Crenne (*1741, †1805) während seiner Forschungsreise 1771/1772 sammelte.

Die vorliegende Karte ist eine Bearbeitung der Erstausgabe der *Map of the Province of Upper Canada*, die über einen Zeitraum von 58 Jahren dreizehn Neuauflagen erlebte und damit als die am häufigsten reproduzierte Regionalkarte Kanadas überhaupt gilt. Sie wurde im Auftrag des Gouverneurs John Graves Simcoe von David William Smyth (*1764, †1837) in seiner Eigenschaft als Surveyor General of Upper Canada in Zusammenarbeit mit William Chewett (Deputy Surveyor General) erstellt und dokumentiert die neuere Ansiedlung der ab 1783 aus den USA eingewanderten Loyalisten. Die Bearbeitung von Reinecke umfasst ein deutlich kleineres Areal, ohne den Teil von Lower Canada jenseits des Ottawa und die sich dort südlich sowie an Upper Canada westlich anschließenden Territorien der USA. Sie ist gleichzeitig eines der wenigen Beispiele unter den hier untersuchten Kanadakarten, in denen sich ein Kartograph als Übersetzer ins Deutsche betätigt hat. Das wurde dann allerdings in der Folgezeit von einigen Kartenverlagen häufiger praktiziert, wie z.B. im Fall des von Carl Joseph Meyer herausgegebenen *Neuesten Universal-Atlas für Alte und Neue Erdkunde* (1837). Die Platzierung von Autor und Titel auf ovalen (oder auch runden) Scheiben mit Schlagschatten war ebenfalls eine typische Erscheinung der ersten Hälfte des 19. Jahrhunderts, auch auf Karten und Atlanten deutscher Produktion, wie z.B. im *Neuen Hand-Atlas über alle Theile der Erde* von Reichard und Haller von Hallerstein. Sie gehörten zu den äußerlichen Vereinfachungen gegenüber früheren Kartentypen, die u.a. auch mit der Überladung ihrer Kartuschen mit Rokokoelementen gekennzeichnet waren. Waren Rechtecke zur Einfassung von Titeln bereits früher verwendet worden, erscheint die ovale Form zunehmend ab den 1770er Jahren in Frankreich.

Der am 26. Dezember 1791 in Kraft getretene Constitutional Act teilte die Province of Quebec in eine überwiegend englischsprachige westliche Teilprovinz mit britisch basierten Gesetzen und Institutionen, sowie eine östliche, aus dem später das heutige Québec hervorging.

Ganz ähnlich wie auf der Vorlage werden auf der Bearbeitung größtenteils farbige Markierungen (so z.B. eine rote bzw. rot-gelbe für Upper Canada) für die politischen Grenzen der Provinz und der Verwaltungsbezirke auf kanadischer Seite verwendet, im Fall des Midland District (s.u.) sogar deutlicher als auf der Vorlage. Die westliche und südliche Grenze von Upper Canada teilt den Lake Huron (Huronen See) und verläuft entlang des River St. Clair durch den gleichnamigen See und in den Lake Erie, den sie an dessen nordöstlichem Ende wieder verlässt und sich entlang des Niagara, über den «Großen Fall» sowie im Lake Ontario fortsetzt und schließlich in den St. Lorenz-Strom einmündet.

Zahlreiche geographische Generika insbesondere in Namen von Kaps, Gebirgen, Flüssen und Seen, von «Ländereyen» sowie «Ankäufen» erscheinen gegenüber der Karte von Smyth und Chewett nun in deutscher Form («der Schwarze Strom», «See François» usw.); darüber hinaus weist die Nomenklatur hybride, missverstandene oder missverständliche Bezeichnungen («Shallow Seen») auf.

Zwischen 1788 und 1849 existierte eine untere administrative und judikative Ebene in Form von «Districts», in deren Bezeichnungen – von Westen nach Osten «Hesse ~», «Nassau ~», «Mecklenburg ~» und «Lunenburgh District» – sich zunächst Titel der näheren Verwandten des amtierenden Monarchen George III., Kurfürst von Braunschweig-Lüneburg, wiederfanden. Die Karte gibt die Nomenklatur nach der Umbenennung von 1792 wieder: «Western» (West) ~, «Home ~», «Midland» (Mittel) ~ und «Eastern» (Ost) Disctrict, nicht jedoch alle Änderungen der Verwaltungsgliederung von 1798, als u.a. zusätzlich der London, Niagara und der Johnstown Disctrict eingerichtet wurden. Seit 1792 gab es counties auf der mittleren administrativen Ebene, die teilweise noch bis in die jüngste Vergangenheit existierten und zuweilen noch als historische Bezeichnungen nach wie vor beibehealten wurden. Sie sind auf der Karte in kleineren Kapitälchen ausgeführt. Unterteilt werden diese counties wiederum in städtische Bezirke, townships oder boroughs. Bis 1849, als die regionale Verwaltung ausschließlich auf die Ebene der counties verlegt wurde, stieg die Anzahl der Distrikte auf zwanzig an. Vom Home auf den Western District greift das mit der «Haldimand Proclamation» vom 25. Oktober 1784 den Six Nations überlassene Territorium beiderseits des Ouse bzw. Grand River über, das im Mai des gleichen Jahres von den Mississauga erworben worden war und hier wie auf der Vorlage als einziges kohärentes township erscheint. Die auf der Karte von Smyth/Chewett den einzelnen Ethnien zugeordneten villages werden bei Reinecke zu «Jndianische Dörfer» zusammengefasst.

Die propriale Nomenklatur dieser Verwaltungseinheiten zeigt die bis heute für Kanada charakteristische Mischung aus einheimischen Namen mit den direkt von der Toponymie der Britischen Inseln inspirierten Namen. Insbesondere im Western ~ und Home District häufen sich die Übertragungsnamen aus England: unter den counties finden sich Essex, Kent, London, Norfolk, Suffolk, York und Northumberland, unter den townships oder boroughs Colchester, Rochester, Tilbury, Chatham, Harwich, Dunwich, Westminster, Yarmouth, Dorchester, Lincoln, Norwich, Oxford, York, Scarboro[ugh] u.v.a. (diese letzten beiden auf dem Gebiet der heutigen Stadt Toronto). Diese Art der Namensübertragung ist im Fall der Stadt New London (ab 1793 London), der designierten Hauptstadt von Upper Canada, in Form einer kohärenten Namenreihe bis zur Perfektion betrieben worden: sie liegt am Thames River, verfügt über die Vororte Westminster und Hyde Park und wurde 1800 Sitz der Middlesex County sowie 1826 des London District. Darunter mischen sich – nach Osten immer mehr zunehmend und nicht immer eindeutig von den Toponymen zu trennen – Personennamen der Käufer bzw. Besitzer. Auffällig ist hier die Ausführung des Namens Simcoe in Kapitälchen, obwohl es erst ab 1843 einen Disctrict und ab 1850 eine County dieses Namens gab (über «Lake Simcoe» nach John Graves Simcoe, *1752 †1806). Im Osten von Upper Canada direkt am St. Lorenz-Strom sind mit Charlottenburg(h) und Osnabruck noch zwei Hinweise auf das regierende Königshaus deutscher Herkunft (im ersten Fall auf Königin Charlotte, im zweiten Fall auf den Sohn Prince Frederick) erhalten.

Grundsätzlich anders verhält es sich übrigens auf der Seite von New York. Hier erscheinen – zusätzlich zu dem größtenteils wie auf der Karte A 1227 wiedergegebenen townships am Lake Champlain und am Onion River, die vom Areal der deutschen Bearbeitung nicht mehr erfasst werden – weniger systematisch, etwa zwischen 42° N und 43°10′ N, schachbrettartig angelegte land grants, von denen im Ostteil zwanzig lediglich nummeriert sind; westlich des Lake Seneca erscheint ein Gitternetz von 7 mal 14 Einheiten ohne jegliche Benennung und im südlichen Teil die «Boston Ten Townships» (230.400 acres bzw. 932 km²), die im Rahmen einer Teilregulierung der sich in den jeweiligen Chartae überschneidenden westlichen Territorien im Treaty of Heartford (1786) dem Commonwealth of Massachusetts abgetreten worden waren, der sie an eine private Investorengemeinschaft weiterveräußerte. In den dazwischenliegenden Landparzellen ist bereits ein völlig neues Benennungsmuster offensichtlich. Abgesehen von den Namen der jeweiligen Käufer oder Besitzer wurde hier als Antwort auf die von den Britischen Inseln und insbesondere vom Königshaus übernommenen Bezeichnungen, die in der Zeit der Province of New York (1664–1775) noch mustergültig gewesen waren (vgl. die ab 1683 bzw. 1772 eingerichteten counties Cornwall, Dutchess, King's, Queen's, Suffolk, Ulster usw.), nach der Amerikanischen Revolution ganz bewusst auf Persönlichkeiten der klassischen Antike, insbesondere auf griechische und römische Dichter und Politiker (Cincinnatus, Cicero, Homer, Sempronius, Scipio, Solon, Virgil), auf Protagonisten der klassischen (auch legendären) Literatur (Romulus, Ulysses), oder aber – nicht unbedingt logisch damit zusammenhängend – auf englische Dichter, Schriftsteller bzw. Philosophen des 17. Jahrhunderts (Dryden, Locke, Milton) zurückgegriffen, die einmal – wenn auch selbst überwiegend im Staatsdienst der Monarchie – aufklärerische und insbesondere prorepublikanische Positionen vertreten hatten. Die townships sind auf der Karte HERKEMER und YOGA [sic] als einzigen verzeichneten Verwaltungsbezirken zugeordnet. Herkimer und Tioga County (Hauptort Owego, hier «Owago») entstanden 1791 zusammen mit Otsego (hier nur als Name des Sees) infolge einer Abspaltung der Montgomery County in Bezirke, die ihrerseits mit der Zeit um Anteile an neu entstehende counties verkleinert wurden. Hier im Staat New York, eines der Gründungsmitglieder der Konföderation, dessen Regierung Ende 1788 seine Arbeit aufnahm, liegt in der Tat der Ausgangspunkt für die ganz allgemein in den USA beliebte, auf die Antike zurückgreifende Namengebung der counties und boroughs. Am 3. Juli 1790 wurde bei einer Sitzung der Commissioners of the Land Office in New York über diese Namensvergabe beraten, die seither als «classical naming» die Nomenklatur des Staates New York bestimmt und von hier aus in andere Teile der USA ausgestrahlt hat. Sie umfasst neben den auf dieser Karte verzeichneten Personennamen, von denen sich viele in der modernen Toponymie wiederfinden (Cicero, Dryden, Homer, Locke, Milton, Ovid, Scipio etc.) in erster Linie auch Ortsnamen (Marathon, Syracuse, etc.).

Zusätzlich zu den bereits partitionierten Ländereien erscheint am rechten Kartenrand das 1771 von JOSEPH TOTTEN and STEPHEN CROSSFIELD mit den Mohawk für EDWARD und EBENEZER JESSUP verhandelte Gebiet («Totten and Crossfield Purchase»: über 1,1 Millionen acres bzw. 4.500 km^2), sowie zwischen diesem, dem Black River und dem St. Lorenz-Strom als «Macomb's Purchase» der größte jemals getätigte Landkauf, durch den im Jahr 1791 eine Fläche von 3.670.715 acres oder 14.855 km^2 vom Staat New York auf den früheren Pelzhändler und Bodenspekulanten ALEXANDER MACOMB (*1748, †1831) zu einem Preis von ungefähr zwölf cents pro acre übertragen wurde, sich dann allerdings nicht wie erhofft weiterverkaufen ließ.

Als Hauptverkehrsweg ist auf kanadischer Seite als hellbraun kolorierte Doppellinie die Trasse der «Dundas Street» verzeichnet, die London mit York (ab 6. März 1834 Toronto) und das Nordufer des Lake Ontario verbindet, und ab nördlich von Kingston offensichtlich als projektierte Trasse weiter in die Stormont County führt. Auch auf New Yorker Seite liegen Verkehrswege, die jedoch nicht weiter spezifiziert sind.

IV

Katalog der erfassten Land- und Seekarten
mit detaillierten kartographischen und
philologischen Kommentaren

Christian Weyers

Katalog der erfassten Land- und Seekarten mit detaillierten kartographischen und philologischen Kommentaren

Christian Weyers

Vorbemerkung

Der folgende Katalog verzeichnet 151 Einzeldokumente aus dem Bestand der Kartensammlung der SLUB, die kartographisch-historisch und philologisch untersucht wurden. Für jede Karte werden tabellarisch in einer an den systematischen Zettelkatalog angelehnten Reihenfolge folgende Daten angeführt:

- die interne laufende Nummer innerhalb dieser Untersuchung;
- die alte und die neue Signatur der Kartensammlung (siehe dazu Teil II, Kapitel 1 und 2);
- die Titulatur der jeweiligen Haupt- sowie eventuell der in ihr enthaltenen Nebenkarte(n) («Inset[s]»), gefolgt – sofern vorhanden – vom Imprint und/oder der Signatur des Graveurs; wiedergegeben in möglichst originalgetreuer Schreibweise, in der die verwendeten Abkürzungen und Sonderzeichen übernommen und Zeilenschlüsse durch das Zeichen | markiert werden (bzw. durch dessen Doppelung ||, falls sich die nachfolgenden titelrelevanten Angaben in entfernteren Textkomponenten der jeweiligen Karte befinden), mit Hinweisen auf die jeweilige ornamentale Ausgestaltung des Titels und dessen Platzierung;
- danach der Autor («Zeichner») sowie – soweit zu ermitteln – der Graveur (Stecher des Kartenfeldes – in ganz wenigen Fällen war auch der unabhängige Kartuschenillustrator bekannt –), gefolgt von den – gleichfalls nicht immer gesicherten – Erscheinungsdaten und dem Namen des Verlegers bzw. der Verleger der Karte selbst oder des gedruckten Werkes, in dem sie enthalten ist. Dabei handelt es sich in aller Regel – jedoch keineswegs immer – um Angaben, die auf dem Dokument selbst ablesbar sind und lediglich einer Vervollständigung bedurften. Ein Freibleiben dieser Zeilen kann bedeuten, dass es sich hier um ein Werk eines anonymen Autors bzw. ohne Erscheinungsvermerk handelt bzw. dass diese Daten bisher nicht ermittelt werden konnten;
- in den unmittelbar folgenden Datensätzen sowohl Parameter, die direkt aus dem Katalog der Dresdner Kartensammlung übernommen wurden (Projektion, Format – Höhe mal Breite des Kartenfeldes, also ohne Rand und Koordinatenskalen, Angaben in Millimetern – und Maßstab), als auch solche, die vom Autor dieser Untersuchung im Rahmen von Kartenautopsien und Quellenanalysen erarbeitet wurden. Das betrifft die Anordnung der graphischen Maßstäbe (in der Zeile «Maßstab»), den Umfang des geographischen Areals der Karte, ausgedrückt entweder durch den jeweiligen Umfang der Koordinatenskalen – hier stehen entgegen der traditionellen Gewohnheit die Angaben der geographischen Länge vor der denen der Breite – oder, falls die entsprechenden Skalen nicht oder nur teilweise vorhanden sind, durch die dem Kartenrand nächstgelegenen kartographischen Legenden (jeweils nach dem Schema links oben/links unten–rechts oben/rechts unten). Eckige Klammern weisen ganz allgemein auf zusätzliche Informationen hin, die ausschließlich vom Bearbeiter stammen. Dazu gehören insbesondere die Positionsangaben im Rahmen der systematischen Segmentierung der Karte. In den Zeilen Projektion und Maßstab waren eckige Klammern bereits in den entsprechenden Katalogeinträgen der Kartensammlung verwendet worden.
- Die Zeile «Bemerkungen» vereinigt eine Auswahl der auffälligsten Charakteristika von *pictura* und *scriptura* der jeweiligen Karte, unter der Kategorie «Textelemente» wird auf längere Textblöcke bzw. Notationen und/oder umfangreichere Tabellen auf dem Kartenfeld hingewiesen.
- Der «Bibliographische Kommentar» gibt exemplarisch über die bisher ermittelte Verwendung der Karte in wichtigen Atlaswerken bzw. als Buchillustration Auskunft, mit besonderer Berücksichtigung der Buchbestände der SLUB. Analog den Titulaturen der Karten wurde auch für die betreffenden Buchtitel eine diplomatisch genaue Wiedergabe gewählt, die allerdings nur im Fall einer jeweiligen Autopsie des Titelblattes gewonnen werden konnte. Diese Schreibweise berücksichtigt u.a. den Einsatz von Kapitalschriften sowie die jeweiligen Zeilenschlüsse, die durch das Symbol | (bzw. das Symbol || analog den Kartentiteln) mit vorhergehendem und nachfolgendem Spatium ausgedrückt wird; in deutlichem Unterschied zur Virgel, die durch einen Schrägstrich ohne Zwischenraum an das vorangehende Wort angeschlossen wird (vgl. z.B. A 1197, A 1198, A 1276).
- In der letzten Zeile «Herkunft» schließlich werden die aus dem privaten Fundus des Philologen, Bibliothekars und Kartensammlers Johann Christoph Adelung in den Bestand der SLUB übernommenen Werke als solche ausgewiesen. Diese Dokumente sind – in der Regel in der linken unteren Ecke – mit einem kleinen aufgeklebten Fähnchen in grauer Farbe mit der Aufschrift «Adelung.» versehen.

Sämtliche Karten können im elektronischen Recherchekatalog der SLUB (http://www.slub-dresden.de/recherche/datenbanken) aufgerufen werden. Bereits digitalisierte Dokumente sind durch einen entsprechenden Link zur Deutschen Fotothek der SLUB in einem weiteren Fenster darstellbar. Die Angaben zum Kartenformat wurden im elektronischen Katalog inzwischen generell an das bibliothekarische Muster Breite mal Höhe angepasst und jeweils auf volle Zentimeter gerundet.

Abb. 1
Extrema Americæ Versus Boream, ubi Terra Nova Nova Francia, Adjacentiaq, veröffentlicht im Blaeu-Atlas ab der Ausgabe 1662. Die u.a. auf Champlain und de Laet basierende Darstellung befand sich zu dieser Zeit bereits um ca. 30 Jahre im Rückstand.

Laufende Nummer	**1**	Laufende Nummer	**2**
Alte Katalogsignatur	**Tab. geogr. B Amer. 1110**	Alte Katalogsignatur	**Tab. geogr. B Amer. 1112**
Neue Katalogsignatur	**A 1170**	Neue Katalogsignatur	**A 1171**
Titel	[illustrierte Kartusche oben rechts mit Putte (oben), Fischern (oben links und rechts), Fischen (unten) und Anker (oben):] EXTREMA AMERICÆ | **Verſus Boream, ubi** | TERRA NOVA | NOVA FRANCIA, **Adjacentiaq**$_3$. [illustrierte Kartusche mit Putten und Fischen unten rechts:] **Amstelędami Io: Blaeu Exc.**	Titel	[illustrierte Kartusche oben rechts:] EXTREMA AMERICÆ | **Verſus Boream, ubi** | TERRA NOVA | NOVA FRANCIA, **Adjacentiaq**$_3$. [illustrierte Kartusche unten rechts:] **Amstelędami P Mortier Exc.**
Zeichner	**Ioannes Blaeu [1596–1673]**	Zeichner	**Ioannes Blaeu [1596–1673]**
Erscheinungsort und -jahr	**Amsterdam [ca. 1662]**	Erscheinungsort und -jahr	**Amsterdam [vor 1691]**
Herausgeber bzw. Verleger	**Ioannes Blaeu**	Herausgeber bzw. Verleger	**Pieter [Pierre] Mortier sen. [1661–1711]**
Projektion	[Delisle]	Projektion	[Delisle]
Format	427 x 546	Format	427 x 546
Maßstab	[ca. 1:5.400.000]	Maßstab	[ca. 1:5.400.000]
Areal	Hope Advanced/Chouacoet–C. Goede hoepe [sic]/C. de Raze ca. 40°09′ N–59°42′ N	Areal	Hope Advanced/Chouacoet–C. Goede hoepe [sic]/C. de Raze ca. 40°09′ N–59°42′ N
Nomenklatur	französisch, englisch, spanisch, portugiesisch, niederländisch, lateinisch [Choronymie, FRETVM DAVIS, Fretum Hudſon]	Nomenklatur	französisch, englisch, spanisch, portugiesisch, niederländisch [Toponymie und Hydronymie nördlich 55° N], lateinisch [Choronymie, FRETVM DAVIS, Fretum Hudſon]
Bemerkungen	Synthetische Bearbeitung von [IOANNES DE LAET:] NOVA FRANCIA | ET | REGIONES ADAICENTES. [um 1630] und **Carte de la nouuelle france […] || Faicte l'an 1632 par le ſieur de Champlain** [Neuauflage **1662**]; niederländische Toponymie und Hydronymie nördlich 55° N aus [JAN JANSZOON:] POLI ARCTICI, | ET CIRCUMIACENTIUM | TERRARUM DESCRIPTIO | NOVISSIMA. | **Sumptibus Henrici Hondÿ [1636]**; schwarz, Gradnetz, Piktogramme [Gebäude- und Baumsignaturen, Bergkreuze, Fahnen für Stützpunkte], Bergreliefs, Vignetten [2 Zwei- und 2 Dreimaster mit niederländischer Trikolore auf dem Atlantik]	Bemerkungen	entspricht **A 1170**; Konturen- und Flächenkolorit, Kartuschen, Vignetten und Rahmen koloriert
Bibliographischer Kommentar	Version u.a. in: AMERICA, | QVÆ EST | GEOGRAPHIÆ | BLAVIANÆ | PARS QVINTA; | LIBER VNVS. | VOLUMEN VNDECIMVM. | AMSTELÆDAMI, | **Labore & Sumptibus** IOANNIS BLAEV, | MDCLXII. [auf den Rückseiten von S. 21 und S. 22] und in DOVZIÉME VOLVME | DE LA | GEOGRAPHIE | BLA-VIANE, | CONTENANT | L'AMERIQVE, | QVI EST | LA V. PARTIE | DE LA TERRE. | A AMSTERDAM, | CHEZ JEAN BLAEU. | MDCLXIII. [auf den Rückseiten von S. 1 und S. 2]	Bibliographischer Kommentar	Reproduktion in: **Haack Geographisch-Kartographischer Kalender 1992** [Blatt Mai]

Laufende Nummer	3	Laufende Nummer	4
Alte Katalogsignatur	**Tab. geogr. B Amer. 1114**	Alte Katalogsignatur	**Tab. geogr. B Amer. 1120**
Neue Katalogsignatur	**A 1172**	Neue Katalogsignatur	**A 1173**
Titel	[illustrierte Kartusche oben rechts:] Extrema Americæ | **Verſus Boream, ubi** | Terra Nova | Nova Francia, **Adjacentiaq**₃. [illustrierte Kartusche unten rechts:] **Amstelędami Cóvens et Mortier Exc.**	Titel	[illustrierte Kartusche oben links mit Putten, Wappenmedaillon (oben), Füllhörnern (unten), Hund (oben links) sowie Einhorn (oben rechts:)] Partie de la | **Nouvelle France,** | Dedié | a **Monseigneur le Marquis de Seignelay, et Lonré,** | **Baron de Sceaux, Conseiller du Roy; en tous ses Conseils** | **Commandeur, et Grand Tresorier desdes Ordres,** | **Ministre. Secretaire d'Estat —** | **et des Commandements de ſa Majesté.** | **Par son tres-humble, et tres-Obeissant Seruiteur** | Hubert Iaillot. [Kartusche oben rechts, unter den Maßstäben:] **A Paris, Chez H. Iallot,** | **proche les Grands Augustins, aux 2. Globes. Avec Privilege de S. Maj^te 1685** [durch Nachstich retuschiert: **1695**] [zwischen den unteren Zierbändern der Titelkartusche:] **Simonneau f**
Zeichner	**Ioannes Blaeu [1596–1673]**		
Erscheinungsort und -jahr	**Amsterdam [ca. 1711]**		
Herausgeber bzw. Verleger	**Jan [Johannes, Jean] Covens sen. [1697–1774]** **Cornelis Mortier [1699–1783]**		
Projektion	[Delisle]		
Format	427 x 546		
Maßstab	[ca. 1:5.400.000]		
Areal	Hope Advanced/Chouacoet–C. Goede hoepe [sic]/C. de Raze ca. 40°09′ N–59°42′ N	Zeichner	**Alexis-Hubert Jaillot [ca. 1632–1712]** **Charles-Louis Simonneau [1645–1728]**
Nomenklatur	französisch, englisch, spanisch, portugiesisch, niederländisch [Toponymie und Hydronymie nördlich 55° N], lateinisch [Choronymie, Fretvm Davis, Fretum Hudſon]	Erscheinungsort und -jahr	**Paris [1685]**
		Herausgeber bzw. Verleger	**Alexis-Hubert Jaillot**
		Format	440 x 632
Bemerkungen	entspricht **A 1170**; typographische Modifikationen	Maßstab	ca. 1:6.200.000 [Verlegerkartusche oben rechts:] Milles Pas Geometriques, ou Milles d'Italie. Lieuës Communes de France. Lieuës Communes d'Allemagne. Milles Communs d'Angleterre. Lieuës d'vne Heure de Chemin. Lieuës Communes de Mer.
		Areal	ca. 266°09′ E–354°51′ E [oben] ca. 286°14′ E–335° E [unten] 43°06′ N–67°19′ N
		Nomenklatur	französisch
		Bemerkungen	schwarz, Piktogramme, Bergreliefs, Küsten- bzw. Uferschraffuren, Erläuterungen der «Postes»

Abb. 2
Partie de la Nouvelle France, Dedié a Monseigneur le Marquis de Seignelay […] mit Original-Imprint in der Maßstabskartusche, also mit der Jahreszahl 1685 ohne Retuschierung, Konturenkolorit und hellolivgrün tingierten Meeresflächen.

Bibliographischer Kommentar	in: ATLAS FRANÇOIS,	CONTENANT LES CARTES GÉOGRAPHIQUES	**dans lesquelles sont tres exactement remarquez**	LES EMPIRES, MONARCHIES,	ROYAUMES ET ESTATS	DE L'EUROPE, DE L'ASIE, **de** L'AFRIQUE	ET DE L'AMÉRIQUE:	AVEC LES TABLES ET CARTES PARTICULIERES,	DE FRANCE, DE FLANDRE, D'ALLEMAGNE	D'ESPAGNE ET D'ITALIE.	DÉDIÉ AU ROY,	**Par son humble, tres-obeissant, tres-fidele Sujet et Serviteur**	HUBERT IAILLOT, **Geographe ordinaire de fa Majefté.**	A PARIS, **Chez le S.ʳ** IAILLOT, **Geographe du Roy, joignant les grands Augustins, aux deux Globes, avec Privilege, 1695.** [No. 14]
Laufende Nummer	**5**
Alte Katalogsignatur	**Tab. geogr. B Amer. 1122**
Neue Katalogsignatur	**A 1174**
Titel	[über dem oberen Kartenrand:] NOVA CANADÆ SIVE NOVÆ FRANCIÆ IN AMERICA SEPTENTRIONALI TABULA, AD USUM SERENISSIMI BURGUNDIÆ DUCIS. [leicht modifizierte Kartusche von **A 1173** oben links, seitenverkehrt, mit bekröntem Lilienschild oben:] LE CANADA	OU PARTIE DE LA	NOUVELLE FRANCE	**Dans l'Amerique Septentrionale, Contenant**	**la** TERRE **de** LABRADOR, **la** NOUVELLE	FRANCE, **les** ISLES DE TERRE	NEUVE, **de** NOSTRE DAME. etc.	á l'Usage de Monseigneur	le DUC DE	BOURGOGNE.	Par fon tres Humble et tres Obeiſfant	Serviteur H. IAILLOT.	PARIS 1696.
Zeichner	Alexis-Hubert Jaillot [ca. 1632–1712] Charles-Louis Simonneau [1645–1728]
Erscheinungsort und -jahr	**Paris 1696**
Herausgeber bzw. Verleger	**Nicolas de Fer [1646–1720]**
Projektion	[Delisle]
Format	445 x 596
Maßstab	ca. 1:6.200.000 [Kartusche oben rechts:] Eschelle Milles Pas Geometriques, ou Milles d'Italie. Lieües Communes de France. Lieües Communes d'Allemagne. Milles Communes d'Angleterre. Lieües d'vne Heure de Chemin. Lieües Communes de Mer.
Areal	ca. 271°30′ E–355° E [oben] ca. 289°09′ E–335° E [unten] ca. 43° N–67°37′ N 285° E–340° E: Suchnetz A–L ca. 43° N–67°37′ N: Suchnetz f–a
Nomenklatur	französisch
Bemerkungen	entspricht **A 1173**; typographische Modifikationen, Gradnetz, Konturenkolorit, Kompasskreis mit 8 Strichen und Lilie

Bibliographischer Kommentar	Version u.a. in: ATLAS MINOR. | ad Usum Serenissimi | BURGUNDIÆ | DUCIS. || ATLAS FRANÇOIS à l'Usage de MONSEIGNEUR le DUC de BOURGOGNE | Contenant les Cartes, et Tables Geographiques. | DES EMPIRES, MONARCHIES, ROYAUMES, et ETATS. | DU MONDE. || ATLAS ROYAL | A L'USAGE | DE MONSEIGNEUR | LE DUC | DE | BOURGOGNE, | Contenant les Cartes Geographiques de toutes les Parties du Monde. Où l'on voit le Plan de l'un & de l'autre continent, des Mers & Golfes, | qui les environnent, des Isles & Presqu'Isles qui se trouvent sur leurs Côtes, | & de la situation des Empires, Royaumes & Estats qui sont dans l'un & l'autre | hemisphere. | Reveuës, corrigées & enrichies des découvertes des nouveaux Geographes de | l'Académie Royale des Sciences, suivant les Relations des derniers Voyageurs. | Fait par Ordre du Roy. | A PARIS, | Chez NICOLAS DE FER. | M. DC. XCVIIII. | AVEC PRIVILEGE DU ROY. [Doppelblatt 14]
Laufende Nummer	**6**
Alte Katalogsignatur	**Tab. geogr. B Amer. 1124**
Neue Katalogsignatur	**A 1175**
Titel	[Kartusche oben links:] **Partie de | L'AMERIQVE | Septentrionale | Par R. Morden** [über dem oberen Kartenrand rechts:] **p. 303**
Zeichner	**Robert Morden [ca. 1650–1703]**
Erscheinungsort und -jahr	**Amsterdam 1688**
Herausgeber bzw. Verleger	**Abraham Wolfgang [1634–1733]**
Projektion	[Donis]
Format	103 x 116
Maßstab	ca. 1:38.300.000
Areal	92° W–40° W [unten] ca. 36°30′ N–72°40′ N
Nomenklatur	englisch, französisch [am Nordufer des St. Lorenz-Stroms], lateinisch [«Fretum Davis», «Ne Vltra»]
Bemerkungen	Bearbeitung von **The North West | Part of | AMERICA | by | Rob! Morden**; Modifikationen, schwarz, Gradnetz, Küsten- bzw. Uferschraffuren, punktierte Grenzlinie
Bibliographischer Kommentar	in: L'AMERIQUE | ANGLOISE, | OU | DESCRIPTION | DES | ILES ET TERRES | DU ROI D'ANGLETERRE, | DANS | L'AMERIQUE. **Avec de nouvelles Cartes de cha= | que Isle & Terres. | Traduit de l'Anglois.** | A AMSTERDAM, | **Chez ABRAHAM WOLFGANG;** | **prés la Bourse.** | M.DC.LXXVIII. [nach S. 302]

Laufende Nummer	7
Alte Katalogsignatur	**Tab. geogr. B Amer. 1130; Tab. geogr. B Amer. 2610**
Neue Katalogsignatur	**A 1176,1–A 1176,2**
Titel	[kolorierte Kartusche oben Mitte:] **A New and Exact Map of the Dominions	of the King of Great Britain	on ẙ Continent of north america.	Containing	Newfoundland, New Scotland, New Eng=	land, New York, New Jersey, Pensilvania	Maryland, Virginia and Carolina.	According to the Newest and most Exact Observations By	Herman Moll Geographer.** [unteres Blatt:] [links unterhalb der Mitte, über No. **7-1**, unter den Maßstäben:] **Sold by H. Moll over against Deverux** [sic] **Court in the Strand.** [oberhalb der Mitte: Wappen mit Motto sapientia et virtus, darunter illustrierte kolorierte Kartusche mit Dedikation:] **To the Honourable	walter dowglass Esq.ʳ	Constituted Captain General and Chief	Governor of all ẙ Leeward Iflands in America	by her late Majesty Queen Anne in ẙ Year 1711.	This Map is most Humbly Dedicated by your	most Humble Servant Hermann Moll Geogʳ.	1715.**
Insets	[unteres Blatt:] [unten links, Textschild unten links, No. **7-1**:] **The Design of this Map is to shew the South Part of	Carolina, and the East Part of Florida, possess'd	since September 1712 by the French and called Loui=	siana; together with some of the principal Indian Set=	tlements and the Number of the Fighting Men Accor=	ding to the account of Capᵗ. T. Nearn and others.** [unten links der Mitte bis rechts der Mitte, Textschild unten rechts, No. **7-2**:] **A Map of the Improved Part of	carolina	with the Settlements &c.	By Her. Moll Geographer.** [oben rechts, Textschild unten, No. **7-3**:] **A View of ẙ Industry of ẙ Beavers of Canada in making Dams to stop ẙ Course of a Rivulet, in order to form a great Lake, about wᶜʰ	they build their Habitations. To Effect this: they fell large Trees with their Teeth, in such a manner as to make them come Crofs ẙ Rivu=	let, to lay ẙ foundation of ẙ Dam: they make Mortar, work up, and finish ẙ whole with great order and wonderfull Dexterity.	The Beavers have two Doors to their Lodges, one to the Water and other to the Land side. According to ẙ French Accounts.** [rechts unterhalb der Mitte, unter No. **7-3**, Titel oben rechts, No. **7-4**:] **A Draught of ẙ Town and Harbour of	Charles-town.** [unten rechts, unter No. **7-4**, Titel unter dem unteren Kartenrand, No. **7-5**:] **A Map of the	Principal part of North	America.**
Zeichner	**Herman Moll [ca. 1654–1732]**
Erscheinungsort und -jahr	**London 1715**
Herausgeber bzw. Verleger	**Hermann Moll**
Projektion	Delisle
Format	508 x 610 [oberes Blatt] 1010 x 612 [Gesamtkarte]
Maßstab	1:3.600.000 [unteres Blatt, links unterhalb der Mitte, über No. **7-1**:] Miles of Great Britain English and French Leagues 20 in One Degree [No. **7-1**, unten links:] Miles of Great Britan 60 to one D. [No. **7-2**, oben links:] Miles of Great Britan [No. **7-4**, unter dem Titel:] A Scale of 120 Paces or 3 Furlongs
Areal	ca. 85°37′ W–52°20′ W «Deg. West from London» [oben] ca. 78°56′ W–59°04′ W [unten] ca. 22°59′ N–55° N
Nomenklatur	englisch, französisch, Hybridae
Bemerkungen	**A 1176,2 ex A 1450** Gradnetz, Konturen- und Flächenkolorit, Piktogramme, Bergreliefs, Kompassrose mit 8 Pfeilen, 8 Strichen, Lilie und Kreuz in 40° N 59° W, historisch-geographische Erklärungen, Legende «Point Riche» für «Cape Ray» [No. **7-1**:] Konturen- (Grenz-) und Flächenkolorit, Piktogramme, Bergreliefs, Landverkehrswege [No. **7-2**:] Konturen- (Grenz-), Flächen- und Gebäudekolorit, Piktogramme, Bergsignaturen, Kompassrose mit 8 Pfeilen, 24 Strichen, Lilie und Kreuz, Lotungen, Landverkehrswege [rechts Mitte bis rechts unten:] Explanation a.–z.; 1.–10. [No. **7-4**:] Westen oben, Konturen- und Flächenkolorit, Piktogramme, Kompassrose mit 8 Pfeilen, 8 Strichen, Lilie und Kreuz [links:] Explanation 1.–20. [No. **7-5**:] Gradnetz, Konturen- und Flächenkolorit, «The Tropick of Cancer» kolorierte Doppellinie

Textelemente	[Notationen:] [oben rechts:] An Account of y̆ᵉ Poſts of y̆ᵉ Continent of Nᵗʰ America | [...] [vgl. Teil II, Abb. 26]. [unten rechts:] The French by the Treaty of Utrecht are allowed to – | catch Fish, and to dry them on land, in that Part only, | and no other, of the Iſland of Newfound-Land, which | stretches from Cape Bonavista to the Northern Point | of the Iſland, and from thence running down by the | Western side, reaches as far as Point Riche : But the | Iſland Cape Briton, as also all others both in y̆ᵉ mouth | of the River S.ᵗ Laurens and the Gulph of the – | same name, are given by the same Treaty to the | French, with all manner of Liberty, to Fortify any | Place, or Places, there.
Bibliographischer Kommentar	Version u.a. in: **The world deſcribed: | or, a | New and Correct Sett of maps. | shewing, | The Kingdoms and States in all the known Parts of the Earth, with the principal Cities, and moſt confiderable | Towns in the World. Wherein the Errors of the ancient Geographers are corrected accordinng to the lateſt Ob- | ſervations of Travellers, as communicated to the Royal Society of London, and the Royal Academy of Paris. Each | Map is neatly engraved on Copper by Herman Moll, Geographer, and printed on two sheets of Elephant-Paper; | ſo that the Scale is large enough to ſhew the chief Cities and Towns, as well as Provinces, without appearing in | the leaſt confus'd. And to render theſe Maps the more acceptable, there is engraved on ſeveral of them what is moſt remarkable in thoſe Countries.** [ca. 1731] [No. VIII]

Laufende Nummer	**8**
Alte Katalogsignatur	**Tab. geogr. B Amer. 1135**
Neue Katalogsignatur	**A 1177**
Zeichner	**Herman Moll [ca. 1655–1732]**
Erscheinungsort und -jahr	**London 1719**
Herausgeber bzw. Verleger	**Hermann Moll** **John Bowles [1701?–1779]** **Thomas Bowles jun. [ca. 1695–1767]** **Philip Overton [nachgewiesen 1707–†1745]** **John King [1698–1748]**
Projektion	Delisle
Format	572 x 482
Maßstab	[ca. 1:11.100.000]
Areal	260° E–357° E «Degrees Eaſt from London» [oben] 100° W–33° W «Deg. West from London» [unten] ca. 03°40′– N–52°48′ N
Nomenklatur	englisch, französisch, spanisch
Bemerkungen	[östliche Hälfte von:] **To the Right Honourable | john Lord sommers | Baron of Evesham in y̆ᵉ County of Worcester | President of Her Majesty's most | Honourable Privy Council &c. | This Map of | north America | According to y̆ᵉ Newest and most Exact Observa | tions is most Humbly Dedicated by your Lordship's | most Humble Servant | Herman Moll Geographer. || Sold by H. Moll over against Deverūx Court in y̆ᵉ Strand | Printed for I. Bowles Print & Mapseller at the | Black Horse in Cornhill and T. Bowles Print | and Mapseller next to the Chapter house in S.ᵗ | Pauls Church yard, and over against Devereux | Court, without Temple Bar. And by P. Overton Map | and Printseller near S.ᵗ Dunſtans Church Fleetstreet. | and by Iohn King at the Globe in the Poultry** Gradnetz, Konturen- (Grenz-) und Flächenkolorit, Piktogramme, Bergsignaturen, Nördlicher Polarkreis und «The Tropick of Cancer» jeweils rote Doppellinie, Kompassrose mit 8 Pfeilen, 8 Strichen, Lilie und Kreuz in 50° N 330° E, Windstriche, Windpfeile, gestrichelte bzw. gepunktete Markierung der Reiserouten:

Abb. 3
Version der «Codfish Map» Herman Molls. Das Blatt A 1177 der SLUB entspricht der östlichen Hälfte dieser Karte, ist jedoch unterschiedlich koloriert.

	«Cap.! James set out from Briftol May. 3. 1631»,
	«Cap.! James Return»,
	«Cap.! Hudsons set out from y̆ R. Thames April 17. 1610. 3.ᵈ voyage.»,
	«Cap.! Hudsons going out»,
	«Cap.! Hudsons Return» «Cap.! Hud. crew Return»
	sowie Routen der spanischen Flotte, Legenden WESTERN OCEAN, SEA of the BRITISH EMPIRE [zwischen Neufundland und den Bahamas], «New Ultra» für «Ne Ultra»
Textelemente	[Textschild unten rechts:]
	«Explanation» A. [...] | B. [...]
	[Notation:]
	[rechts über «The Tropick of Cancer»:]
	NB You will find Florida in this Map called Louisiana; The R. Misi: | sipi R. S.! Louis; Massacre Port & Haven of y̆ Isl. Dauphine ; le Missi: | ours R. R. S.! Philip; Ouabach R. R. S.ᵗ Jerom; For thus y̆ French have altered | y̆ Names in y̆ King's Grant of those Countries to Monſ̄. Crozat, dated Sep.! 14, 1712.
Bibliographischer Kommentar	Version u.a. in: **The WORLD deſcribed: | OR, A | New and Correct Sett of MAPS. | SHEWING, | The KINGDOMS and STATES in all the known Parts of the Earth, with the principal Cities, and moſt conſiderable | Towns in the World. Wherein the Errors of the ancient Geographers are corrected accordinng to the lateſt Ob- | ſervations of Travellers, as communicated to the Royal Society of London, and the Royal Academy of Paris. Each | MAP is neatly engraved on Copper by HERMAN MOLL, Geographer, and printed on two sheets of Elephant-Paper; | ſo that the Scale is large enough to ſhew the chief Cities and Towns, as well as Provinces, without appearing in | the leaſt confuſ'd. And to render theſe MAPS the more acceptable, there is engraved on ſeveral of them what is moſt remarkable in thoſe Countries.** [ca. 1730] [No. VII]

Laufende Nummer	**9**
Alte Katalogsignatur	**Tab. geogr. B Amer. 1140**
Neue Katalogsignatur	**A 1178**
Titel	[Textschild oben links:]
	CARTE NOUVELLE DE | L'AMERIQUE | ANGLOISE | CONTENANT | **La Virginie, Mary-Land, Caroline, | Penſylvania Nouvelle Iorck. N: Iarſey | N: France, et Les Terres | Nouvellement Decouerte** [sic] | **Dreſſe ſur les Relations le Plus Nouvelles | PAR LE SIEUR S | A AMSTERDAM | Chez PIERRE MORTIER Libraire | Avec Privilege de nos Seigneurs les Etats**
	[oben rechts:]
	PARTIE ORIENTALE | DE | L AMERIQUE | ANGLOISE | A AMSTERDAM | **Chez PIERRE MORTIER Libraire | Avec Privilege de nos Seigneurs les Etats.**
Inset	[links oberhalb der Mitte, unter der Maßstabskartusche, No. 9-1:]
	[Küstenabschnitt Malden–Concuſſet]
Zeichner	**Robert Morden [ca. 1650–1703]**
	Guillaume Sanson [1633–1703]
Erscheinungsort und -jahr	**Amsterdam [ca. 1700]**
Herausgeber bzw. Verleger	**Pieter [Pierre] Mortier sen. [1661–1711]**
Projektion	[Delisle]
Format	584 x 903
Maßstab	[ca. 1:6.500.000]
	[Kartusche oben links zwischen Titelkartusche und Inset:]
	Milles Pas Geometriques, ou Milles d'Italie.
	Lieues Communes de France.
	Lieues Communes d'Allemagne.
	Milles Communes d'Angleterre.
Areal	ca. 252°49′ E–366°42′ E [oben]
	ca. 278°50′ E–341°11′ E [unten]
	ca. 24°49′ N–56°51′ N
Nomenklatur	englisch, französisch, niederländisch, Allonyme, Hybridae
Bemerkungen	Wiedergabe des bekannten Areals bis «R. Mitchiſipi ou Rio Grande»; Gradnetz, Konturen- und Flächenkolorit,

	Piktogramme, Geländestriche, Bergreliefs, Kompassrose mit 8 Pfeilen, Lilie und Kreuz in 55° N 340° E, Erläuterungen der «Postes»
Bibliographischer Kommentar	Version in: SUITE │ DU │ NEPTUNE FRANCOIS, │ OU │ ATLAS NOUVEAU │ DES │ CARTES MARINES. │ LEVEÉS PAR ORDRE EXPRES DES ROYS DU PORTUGAL. │ Sous qui on a fait la Découverte de L'AFRIQUE &c. │ Et doneés au Public par les foins de Feu │ MONSIEUR D'ABLANCOURT· │ Dans lequel on voit la defcription exacte de toutes les Côtes du Monde, du Détroit de Gibraltar, de la │ Mer Oceane Meridionale ou Ethiopiene, de la Mer des Indes, Orientales, & Occidentales &c. Où font │ exactement marquées les routes qu'il faut tenir, les Bancs de fables, Rochers & Brasses d'eau; │ & generalement tout ce qui concerne la Navigation. │ Le tout fait fur les Obfervations & l'experience des plus habiles Ingenieurs & Pilotes. │ A AMSTERDAM,│ Chez PIERRE MORTIER, Libraire. │ M· D· CC· │ AVEC PRIVILEGE DES NOS SEIGNEURS LES ETATS. [No. 27]

Laufende Nummer	10
Alte Katalogsignatur	Tab. geogr. B Amer. 1145
Neue Katalogsignatur	A 1179
Titel	[über dem oberen Kartenrand:] LE CANADA ou Partie DELA NOUVELLE FRANCE, CONTENANT LA TERRE DE LABRADOR LA NOUVELLE FRANCE, Les Isles DE TERRE NEUVE, de NOSTRE DAME &c: [Textschild oben links, unter Schild mit Maßstäben links:] A AMSTERDAM │ Chez PIERRE MORTIER │ Avec Privilege.
Erscheinungsort und -jahr	Amsterdam 1700
Herausgeber bzw. Verleger	Pieter [Pierre] Mortier sen. [1661–1711]
Projektion	[Marinus]
Format	531 x 771
Maßstab	[ca. 1:5.300.000] [Schild oben links:] Milles Pas Geometriques ou Milles d'Italie. Lieües Communes de France. Lieües Communes d'Allemagne Milles Communes d'Angleterre Lieües d'Vne Heure de Chemin Lieües Communes de Mer
Areal	ca. 287°20′ E–349° E ca. 41° N–66°29′ N
Nomenklatur	englisch, französisch, niederländisch [Ostküste nördlich 54°30′ N]
Bemerkungen	schwarz, Geländestriche, Bergreliefs, Kompassrose mit 16 Pfeilen und Lilie, Kompassrose mit 8 Pfeilen, 8 Strichen und Lilie, 3 Rosetten, Grenzlinie, geographische Erklärungen, Erläuterungen der «Postes»
Textelemente	[oberhalb der Nordspitze der GRAND BANC:] Depuis le 29 Auril jusqu'a la fin de Juillet, │ plusieurs Nations Viennent sur le Grand Banc │ a la Pesche des Morues Vertes. [südöstlich der GRAND BANC:] La Variation de l'Aiguille Aimanteé │ est sur le Grand Banc d'Enuiron 22 │ Degrez du Costé du Nord ouest

Abb. 4
Spätere Ausgabe (ca. 1710) der französischen Adaptation von Robert Mordens *A New Map of the English Empire in America* [...], der auch das Blatt A 1185 entnommen ist.

Bibliographischer Kommentar

Version in: SUITE | DU | NEPTUNE FRANÇOIS, OU | ATLAS NOUVEAU | DES | CARTES MARINES. | LEVEÉS PAR ORDRE EXPRES DES ROYS DU PORTUGAL. | Sous qui on a fait la Découverte de L'AFRIQUE &c. | Et doneés au Public par les foins de Feu | MONSIEUR D'ABLANCOURT· | Dans lequel on voit la defcription exacte de toutes les Côtes du Monde, du Détroit de Gibraltar, de la | Mer Oceane Meridionale ou Ethiopiene, de la Mer des Indes, Orientales, & Occidentales &c. Où font | exactement marquées les routes qu'il faut tenir, les Bancs de fables, Rochers & Brasses d'eau; | & generalement tout ce qui concerne la Navigation. | Le tout fait fur les Obfervations & l'experience des plus habiles Ingenieurs & Pilotes. | A AMSTERDAM, | Chez PIERRE MORTIER, Libraire. | M· D· CC· | AVEC PRIVILEGE DES NOS SEIGNEURS LES ETATS. [NO. 34]

Laufende Nummer	**11**
Alte Katalogsignatur	**Tab. geogr. B Amer. 1148**
Neue Katalogsignatur	**A 1180**
Titel	[illustrierte Kartusche oben links bis links Mitte u.a. mit Szenen der Missionierung, einem Irokesen mit Skalp (rechts), bekröntem Lilienmedaillon (oben) und Tieren (unten):] **Carte	du Canada	ou de la	Nouvelle France	et des Decouvertes qui y ont été faites	Dresſée sur plusieurs Observations	et sur un grand nombre de Relations imprimées ou manuſcrites	Par Guillaume Del'Isle Geographe	de L'Academie Royale des Sciences	a paris	Chez L'Auteur sur le Quai de l'Horloge a lAigle dOr	avec Privilege de sa Ma.te por 20. ans	1703.** [Nebenkartusche darunter, vor einem Wasserfall:] **et se trouve a Amsterdam chez	L. Renard Libraire prez de la	Bourse.**
Zeichner	**Guillaume Del'Isle [Delisle] [1675–1726]** **Nicolas Guérard [1648–1719]**
Erscheinungsort und -jahr	**Paris 1703 [1708]**
Herausgeber bzw. Verleger	**Guillaume Del'Isle [Delisle]** **Louis Renard [nachgewiesen 1715–1745]**
Projektion	Delisle
Format	468 x 552
Maßstab	[ca. 1:9.300.000] [Nebenkartusche unter dem Titelblock, vor einem Wasserfall:] Lieües Communes de France Lieües Marines de France Milles Communs d'Angleterre
Areal	ca. 257°13′ E–324° E [unten] ca. 39°05′ N–77°50′ N
Nomenklatur	französisch, englisch, Allonyme
Bemerkungen	schwarz, Gradnetz, Piktogramme, Bergreliefs, Küsten- bzw. Uferschraffuren, Polarkreis Doppellinie, geographische bzw. historisch-geographische Erklärungen, hydrographische Angaben
Textelemente	[Notationen:] [links unterhalb der Mitte:] La Riviere Longue ou Riviere Morte a été découverte	depuis peu par le Baron de Lahontan jusqu'a léndroit [sic]	qui est marqué dans la Carte ce qui est plus a l'Occident	a été desſiné sur de peaux de cerf par des Sauvages	de la Nation des Gnacsitares a moins que de dit S.r de	Lahontan n'ait inventé toutes ces choses ce qu'il est difficile de resoudre	etant le Seul qui a penetré dans ces vastes contrées [unten links, westlich des «Lac d'eau ſalée»:] Lac d'eau ſalée de 30 lieües	de large et 300. de tour	Suivant le raport des	Sauvages qui disent encore	que son Embouchure qui	est bien loin du coté du	Sud na pas plus de 2 lieües	de large qu'il ya environ 100 villes	autour de cet espece de Mer	sur la quelle ils navigent	avec des grands batteaux

Laufende Nummer	**12**
Alte Katalogsignatur	**Tab. geogr. B Amer. 1149**
Neue Katalogsignatur	**A 1181**
Titel	[illustrierte Kartusche oben links bis links Mitte u.a. mit Szenen der Missionierung, einem Irokesen mit Skalp (rechts), bekröntem Lilienmedaillon (oben) und Tieren (unten):] **Carte	du Canada	ou de la	Nouvelle France	et des Decouvertes qui y ont été faites	Dresſée sur plusieurs Observations	et sur un grand nombre de Relations imprimées ou manuſcrites	Par Guillaume Del'Isle	de L'Academie Royale des Sciences	et Premier Geographe du Roy	a paris	Chez l'Auteur sur le Quai de l'Horloge a lAigle dOr	avec Privilege de sa Ma^te pour 20. ans	1703.** [Nebenkartusche darunter, vor einem Wasserfall: radiert, nur noch »**Bourse**« lesbar:] **et se trouve a Amsterdam chez	L. Renard Libraire prez de la	Bourse.**
Zeichner	**Guillaume Del'Isle [Delisle] [1675–1726]** **Nicolas Guérard [1648–1719]**
Erscheinungsort und -jahr	**Paris 1703 [1708–1712?]**
Herausgeber bzw. Verleger	**Guillaume Del'Isle [Delisle]** **Louis Renard [nachgewiesen 1715–1745]**
Projektion	Delisle
Format	468 x 552
Maßstab	[ca. 1:9.300.000] [Nebenkartusche unter dem Titelblock, vor einem Wasserfall:] Lieües Communes de France Lieües Marines de France Milles Communs d'Angleterre
Areal	257°13′ E–324° E [unten] ca. 39°05′ N–77°50′ N
Nomenklatur	französisch, englisch, Allonyme
Bemerkungen	entspricht **A 1180**; Konturen- und Flächenkolorit [gelb: Terres Arctiques, rosé: Canada ou Nouvelle France, Terre de Labrador ou des Eskimaux, Terre Neuve, Acadie, grün: Nouvelle Angleterre, N. York, N. Jersey, Pensilvanie, Mariland]
Textelemente	[Notationen wie auf **A 1180**]
Herkunft	Adelung

Laufende Nummer	**13**
Alte Katalogsignatur	**Tab. geogr. B Amer. 1150**
Neue Katalogsignatur	**A 1182**
Titel	[illustrierte Kartusche oben links bis links Mitte u.a. mit Szenen der Missionierung, einem Irokesen mit Skalp (rechts), bekröntem Lilienmedaillon (oben) und Tieren (unten):] **Carte	du Canada	ou de la	Nouvelle France	et des Découvertes qui y ont été faites	Dresſée sur plusieurs Observations	et sur un grand nombre de Relations imprimées ou manuſcrites	Par Guillaume Del'Isle	de L'Académie Royale des Sciences	et Premier Géographe du Roy.	à paris,	Chez L'Auteur sur le Quai de l'Horloge à lAigle dOr	avec Privilege de sa Ma^te pour 20. ans	1703.** [über dem unteren Kartenrand links:] **Ph. Buache P. G. d. R. d. l'A. R. d. S. Gendre de l'Auteur. Avec Privilege du 30 Av. 1745.**
Zeichner	**Guillaume Del'Isle [Delisle] [1675–1726]**
Erscheinungsort und -jahr	**Paris 1745 [1755?]**
Herausgeber bzw. Verleger	**Philippe Buache [1700–1773]**
Projektion	Delisle
Format	468 x 552
Maßstab	[ca. 1:9.300.000] [Nebenkartusche unter dem Titelblock, vor einem Wasserfall:] Lieües Communes de France Lieües Marines de France Milles Communs d'Angleterre
Areal	ca. 257°40′ E–324° E [unten] ca. 39°05′ N–77°50′ N
Nomenklatur	französisch, englisch, Allonyme
Bemerkungen	entspricht **A 1180** bzw. **A 1181**; typographische Modifikationen, Konturenkolorit [gelb: Hudson-Bay-Länder, Terre Neuve, Acadie südlich des Isthmus, Nouvelle Angleterre, N. York, N. Jersey, Pensilvanie, Mariland, hellgrün: Terre Arctiques, grün: Canada ou Nouvelle France, Terre de Labrador ou des Esquimaux]
Textelemente	[Notationen:] [links unterhalb der Mitte:] La Riviére Longue ou Riviere Morte a été découverte	depuis peu par le Baron de Lahontan jusqu'à léndroit [sic]	qui est marqué dans la Carte ce qui est plus à l'Occident	a été desſiné sur de peaux de cerf par des Sauvages	de la Nation des Gnacsitares à moins que de dit S.^r de	Lahontan n'ait inventé toutes ces choses ce qu'il est difficile de résoudre	étant le Seul qui a pénétré dans ces vastes contrées. [unten links, westlich des «Lac d'eau ſalée»:] Lac d'eau ſalée de 30. lieües	de large et 300. de tour	Suivant le raport des	Sauvages qui disent encore	que son Embouchure	qui est bien loin du côté du	Sud n'a pas plus de 2. lieües	de large qu'il ya environ 100 villes	autour de cet espece de Mer	sur la quelle ils navigent	avec des grands batteaux.

Laufende Nummer	14
Alte Katalogsignatur	**Tab. geogr. B Amer. 1152**
Neue Katalogsignatur	**A 1183**
Titel	[Textleiste über dem inneren oberen Kartenrand:] Carte du Canada ou de la Nouvelle France, & des découvertes qui y ont été faites, **| Dresſée ſur les obſervations les plus Nouvelles, & sur divers Mémoires tant Manuscrits qu'imprimez.** [Textleiste unten, rechts neben der zweiten Zeile:] **Tom: VI. N:° 20. Pag: 82.**
Zeichner	**Guillaume Del'Isle [Delisle] [1675–1726]**
Erscheinungsort und -jahr	**Amsterdam 1719**
Herausgeber bzw. Verleger	**Henri Abraham Châtelain [1684–1743]** **Zacharie Châtelain jun. [1690–1754]** **François L'Honoré [1673?–1748?]**
Projektion	Sanson/Flamsteed
Format	402 x 520
Maßstab	[ca. 1:12.100.000] [oben rechts:] Lieües Communes de France. Lieües Marines de France. Milles Communs d'Angleterre.
Areal	256° E–325°43′ E [unten] ca. 38°40′ N–78°27′ N
Nomenklatur	französisch; englisch, Allonyme
Bemerkungen	Bearbeitung der Karte Carte **|** du Canada **|** ou de la **| Nouvelle France | et des Decouvertes qui y ont été faites [...]** [**A 1180**]; reduziertes Format, typographische Modifikationen, Gradnetz, Piktogramme, Bergreliefs, Polarkreis Doppellinie
Textelemente	[links unterhalb der Mitte:] La Riviére Longue ou Riviere Morte a été decouverte **|** depuis peu par le Baron de Lahontan jus qu'a l'endroit **|** qui est marqué dans la Carte, ce qui est plus a l'Occident **|** a été dessiné sur de peaux de cerf par des Sauvages de la **|** Nation des Gnacsitares a moins que de dit S.ʳ de Lahontan **|** nait inventé toutes ces chosses ce qu'il est difficile de resoudre **|** etant le Seul qui a penetré dans ces vastes contrées [unten links, westlich des «Lac d'eau ſalée»:] Lac d'eau ſalée de 30 lieües de large et 300 **|** de tour Suivant le raport des Sauvages **|** qui disent encore que son Embouchure **|** qui est bien loin du coté du Sud na pas **|** plus de 2 lieües de large, qu'il ya environ **|** 100 villes autour de cet espece de Mer sur la= **|** quelle ils navigent avec des grands batteaux [Textschild oben links bis oben links der Mitte bzw. links Mitte:] Remarque Historique. **|** [...] [vgl. Teil II, Abb. 5]
Bibliographischer Kommentar	in: atlas **|** historique, **|** ou **|** nouvelle **|** introduction **| A l'Hiſtoire, à la Chronologie & et à la Géographie | Ancienne & Moderne; | Repréſentée dans de |** nouvelles cartes, **|** [...] **Par M.ʳ C.*** |** Avec des dissertations **ſur l'Histoire de chaque Etat, | Par M.ʳ** guedeville. **|** tome **VI. | Qui comprend.**l'afrique **& l'**amerique **Septentrionale & Meridionale, | tant en général qu'en particulier, l'Egypte, la Barbarie, la Nigritie, la Guinée, l'Ethiopie, le | Congo, la Cafrerie & le Cap de Bonne Eſperance; le Canada ou la Nouvelle France, la Louïſiane | ou le Miſſiſſipi, la Virginie, la Floride, le Mexique, le Perou, le Chili & le Breſil; avec | les Iles de Madagaſcar, les Philippines, les Moluques, les Antilles & l'Ile de Ceylan. ||** a amsterdam, **| Chez** l'honore' & châtelain **Libraires. |** m. dcc xix. [No. 20 zwischen S. 82 und S. 83] — seconde edition, corrigée et augmentée. **|** a amsterdam, **| Chez** zacharie châtelain. **|** m. dcc. xxxii. [No. 20 zwischen S. 82 und S. 83]

Laufende Nummer	**15**
Alte Katalogsignatur	**Tab. geogr. B Amer. 1155**
Neue Katalogsignatur	**A 1184**
Titel	[illustrierte Kartusche oben links bis links Mitte u.a. mit Szenen der Missionierung, einem Irokesen mit Skalp (rechts), bekröntem Lilienmedaillon (oben) und Tieren (unten):] **Carte │ du Canada │ ou de la │ Nouvelle France │ et des Decouvertes qui y ont été faites │ Dresſée sur plusieurs Observations │ et sur un grand nombre de Relations imprimées ou manuſcrites │ Par Guillaume Del'Isle Geographe │ de l'Academie Royale des Sciences │ a Amsterdam │ Chez Pierre Mortier Geographe Avec Privilege**
Zeichner	**Guillaume Del'Isle [Delisle] [1675–1726]**
Erscheinungsort und -jahr	**Amsterdam [ca. 1708]**
Herausgeber bzw. Verleger	**Pieter [Pierre] Mortier sen. [1661–1711]**
Projektion	Delisle
Format	480 x 560
Maßstab	[ca. 1:9.300.000] [Nebenkartusche unter dem Titelblock, vor einem Wasserfall:] Lieües Communes de France Lieües Marines de France Milles Communs d'Angleterre
Areal	ca. 264°33′ E–324°07′ E [unten] [265° E–324°07′ E [unten]: Suchnetz A–M] [265° E–345° E [oben]: Suchnetz A–Q] ca. 39°05′ N–78°20′ N [40° N–78°20′ N: Suchnetz h–a]
Nomenklatur	französisch; englisch, Allonyme
Bemerkungen	entspricht **A 1180** bzw. **A 1181**; im Westen reduziertes Areal, typographische Modifikationen, Konturen- (Grenz-) und Flächenkolorit [gelb: Les Pouls ou Assenipoils, Nouveau Danemarc, Terre de Labrador ou des Eskimaux, les Ilinois, hellrot: Les Cristinaux ou Kilistinons, Ile de Jaoues [sic], I. Mansfeld ou Phelypeaux, Terre Neuve, Länder westlich des Mississippi, grün: südlicher Teil von Canada ou Nouvelle France, Nouvelle Angleterre, N. York, N. Jersey, Pensilvanie, Mariland], Kompassrose mit 8 Pfeilen, Lilie und Kreuz in 55° N 270° E
Textelemente	[Notationen:] [links unterhalb der Mitte, um ca. 5° östlicher als auf **A 1180**–**A 1182**:] La Rivire [sic] Longue ou Riviere Morte a été découverte │ depuis peu par le Baron de Lahontan jusqu'a l'endroit [sic] │ qui est marqué dans la Carte ce qui est plus a l'Occident │ a été desſiné sur de peaux de cerf par des Sauvages │ de la Nation des Gnacsitares a moins que de dit S^r de │ Lahontan n'ait inventé toutes ces choses ce qu'il est difficile de │ resoudre │ étant le Seul qui a penetré dans ces vastes contrées [unten links, östlicher als auf **A 1180**–**A 1182** zwischen «Lac d'eau ſalée» und Bergkette:] Lac d'eau ſalée de 30 lieues │ de large et 30 [sic] de tour │ Suivant le raport des │ Sauvages qui disent encore │ que son Embouchure qui │ est bien loin du coté du │ Sud na pas plus de 2 lieües │ de large qu'il ya environ 100 villes │ autour de cet espece de Mer │ sur la quelle ils navigent │ avec des grands batteaux

Laufende Nummer	**16**		Laufende Nummer	**17**
Alte Katalogsignatur	**Tab. geogr. B Amer. 1160**		Alte Katalogsignatur	**Tab. geogr. B Amer. 1165**
Neue Katalogsignatur	**A 1185**		Neue Katalogsignatur	**A 1186**
Titel	[oben rechts:] **Partie Orientale │ de │ l Amerique │ Angloise │ a Amsterdam │ Chez Jean Cóvens et Corneille Mortier. │ Avec Privilege de nos Seigneurs les Etats.** [über dem unteren Kartenrand rechts:] **81**		Titel	[illustrierte Kartusche oben links bis links Mitte u.a. mit Szenen der Missionierung, einem Irokesen mit Skalp (rechts), bekröntem Lilienmedaillon (oben) und Tieren (unten):] **Carte │ du Canada │ ou de la Nouvelle France │ et des Decouvertes qui y ont été faites │ Dresſée sur plusieurs Observations │ et sur un grand nombre de Relations imprimées ou manuſcrites │ Par Guillaume Del'Isle Geographe │ de l'Academie Royale des Sciences │ a Amsterdam │ Chez Iean Cóvens et Corneille Mortier │ Geographes Avec Privilege.**
Zeichner	**Robert Morden [ca. 1650–1703]** **Guillaume Sanson [1633–1703]**		Zeichner	**Guillaume Del'Isle [Delisle] [1675–1726]**
Erscheinungsort und -jahr	**Amsterdam [nach 1711]**		Erscheinungsort und -jahr	**Amsterdam [ca. 1730]**
Herausgeber bzw. Verleger	**Jan [Johannes, Jean] Covens sen. [1697–1774]** **Cornelis Mortier [1699–1783]**		Herausgeber bzw. Verleger	**Jan [Johannes, Jean] Covens sen. [1697–1774]** **Cornelis Mortier [1699–1783]**
Projektion	[Delisle]		Projektion	Delisle
Format	580 x 447		Format	468 x 552
Maßstab	[ca. 1:6.500.000]		Maßstab	[ca. 1:9.300.000] [Nebenkartusche unter dem Titelblock, vor einem Wasserfall:] Lieües Communes de France Lieües Marines de France Milles Communs d'Angleterre
Areal	310° E–366°42′ E [oben] 310° E–341°11′ E [unten] ca. 30°19′ N–67° N links] 24°49′ N–56°51′ N [rechts]		Areal	ca. 264°33′ E–324°07′ E [unten] [265° E–324°07′ E [unten]: Suchnetz A–M] [265° E–345° E [oben]: Suchnetz A–Q] ca. 39°05′ N–78°20′ N [40° N–78°20′ N: Suchnetz h-a]
Nomenklatur	französisch, englisch, niederländisch, Allonyme, Hybridae		Nomenklatur	französisch, englisch, Allonyme
Bemerkungen	entspricht der östlichen Hälfte der **Carte Nouvelle de │ l'Amerique │ Angloise […] [A 1178]** [zur Verwendung im **atlas nouveau**]; eigener Rahmen links, Konturen- (Küsten-)kolorit, Kompassrose schwarz		Bemerkungen	entspricht **A 1184**; unterschiedliches Konturen- (Grenz-) und Flächenkolorit [gelb: Canada ou Nouvelle France, Ile de Jaoues [sic], hellgrün: Terre de Labrador ou des Eskimaux, Acadie südlich des Isthmus, Nouvelle Angleterre, N. York, N. Jersey, Pensilvanie, Mariland, grün: Terre Neuve, weiß: Nouveau Danemarc], Kartusche und Kompassrose koloriert, Polarkreis rote Doppellinie

Textelemente	[Notationen wie auf **A 1184**]
Bibliographischer Kommentar	Version in: ATLAS NOVUS. | ad Usum Serenissimi | BURGUNDIÆ | DUCIS. || ATLAS FRANÇOIS. à l'Usage de MONSEIGNEUR le DUC de BOURGOGNE | Contenant les Cartes, etc. | DES EMPIRES, MONARCHIES, ROYAUMES, et ETATS | DU MONDE. ||A AMSTERDAM chez IEAN CÓVENS et CORNEILLE MORTIER AVEC PRIVIL.' || ATLAS | NOUVEAU, CONTENANT TOUTES | LES PARTIES DU | MONDE, | Ou font exactement Remarquées les | EMPIRES, | MONARCHIES, | ROYAUMES, | Etats, Republiques &c. | Par Guillaume de l'Ifle. | Premier Géographe de fa Majefté. | A AMSTERDAM, | Chez JEAN CÓVENS & CORNEILLE MORTIER. | fur le Vygendam. | MDCCXXX. | [No. 46] [KOEMAN II: 53] Reproduktion in: **Haack Geographisch-Kartographischer Kalender 1974** [Blatt August]

Laufende Nummer	**18**
Alte Katalogsignatur	**Tab. geogr. B Amer. 1170**
Neue Katalogsignatur	**A 1187**
Titel	[illustrierte Kartusche auf Felsblock oben links mit Zelt (oben) in belebter Landschafts- (rechts) und Küstenszene (links):] CANADA | ou | NOUVELLE FRANCE. | **Suivant les** | **Nouvelles Obfervations** | **de** | **Mess.ᵣˢ de l'Academie Royale** | **des Sciences, etc.** | **Augmentées de Nouveau.** | A LEIDE. | **Chez** PIERRE VANDER AA. | **Avec Privilege.**
Zeichner	**Guillaume Del'Isle [Delisle] [1675–1726]**
Erscheinungsort und -jahr	**Leiden [1729]**
Herausgeber bzw. Verleger	**Pieter van der Aa [1659?–1733]**
Projektion	[Donis]
Format	211 x 287
Maßstab	[ca. 1:15.900.000] [Felsblock unter der Titelkartusche:] Lieues d'Allemagne de 15 au Degré. Lieues de France de 20 au Degrè.
Areal	250° E–340° E [oben] 265° E–325° E [unten] 39° N–70° N
Nomenklatur	französisch, englisch, Allonyme
Bemerkungen	Nachstich der CARTE | DU CANADA | OU DE LA | NOUVELLE FRANCE | **et des Decouvertes qui y ont été faites** [A 1181]; im Südwesten um ca. 8° reduziertes Areal, schwarz, typographische Modifikationen, architektonischer Rahmen, Gradnetz, Piktogramme, Bergreliefs, Küsten- bzw. Uferschraffuren, Kompassrose mit 8 Pfeilen, 8 Strichen, Lilie und Kreuz, historisch-geographische Erklärungen
Textelemente	[Notation:] [links unterhalb der Mitte:] La Riviére Longue ou Riviere Morte | a été découverte depuis peu par le Baron | de Lahontan jusqu'a l'endroit qui est | marqué dans la Carte ce qui est plus a | l'Occident a été desfiné sur de peaux de | cerf par des Sauvages de la Nation des | Gnacsitares a moins que de dit S.ᵣ de | Lahontan n'ait

	inventé toutes ces choses | ce qu'il est difficile de résoudre etant le | Seul qui a penetré dans ces vastes contrées.
Bibliographischer Kommentar	u.a. in: LE NOUVEAU | THEATRE | DU | MONDE, | OU LA | GEOGRAPHIE ROYALE, | COMPOSÉE DE NOUVELLES CARTES TRES-EXACTES, | **Dreſſés ſur les Obſervations de Meſſieurs de l'Academie Royale des | Sciences à Paris, ſur celles des plus celebres Geographes, ſur de | nouveaux Memoires, & rectifiées ſur les Relations les plus | recentes des plus fidéles Voyageurs. | Avec une** | DESCRIPTION GEOGRAPHIQUE ET HISTORIQUE | DES QUATRE PARTIES DE L'UNIVERS, | **Deſquelles** L'EUROPE **en detail eſt écrite | Par** Mr GUEDEVILLE. **& les trois autres Parties | Par** Mr FERRARIUS. **| Ouvrage qui donne une idée claire & facile de la Terre, et de ce qu'elle comprend | de plus conſiderable. |** A LEIDE, **| Chez** PIERRE **vander** AA, **Marchand Libraire. |** MDCCXIII. — LA | GALERIE AGREABLE | DU | MONDE, | **Où l'on voit en un grand nombre de** | CARTES TRES-EXACTES ET DE BELLES TAILLES-DOUCES, | **Les principaux** | EMPIRES, ROÏAUMES, REPUBLIQUES, PROVINCES, VILLES, | BOURGS ET FORTERESSES, | **avec leur Situation, & ce qu'Elles ont de plus remarquable; | Les** ILES, CÔTES, RIVIERES, PORTS DE MER, **& autres Lieux conſiderables de l'ancienne & nouvelle Géographie; | Les** ANTIQUITEZ, **les** ABBAYES, EGLISES, COLLEGES, BIBLIOTHEQUES, | PALAIS, ET AUTRES EDIFICES, TANT PUBLICS QUE PARTICULIERS; | **Comme auſſi | Les** MAISONS DE CAMPAGNE, | LES HABILLEMENS ET MOEURS DES PEUPLES, **leur** RELIGION, **Les** JEUX, **Les** FE'TES, **Les** CEREMONIES, **Les** POMPES & **les** MAGNIFICENCES; | **Item les** ANIMAUX, ARBRES, PLANTES, FLEURS, **quelques** TEMPLES & IDOLES DES PAÏENS | **& autres Raretez dignes d'être vuës. | Dans les** QUATRE PARTIES DE L'UNIVERS; | DIVISE'E EN LXVI. TOMES. [...] **Cette Partie comprend le** TOME SECOND D'AMERIQUE. **| Le tout mis en ordre & executé | à** LEIDE, **| Par** PIERRE VANDER AA, **Marchand Libraire, | Imprimeur de l'Univerſité & de la Ville.** [Tome LXIV, No. 30]
Laufende Nummer	**19**
Alte Katalogsignatur	**Tab. geogr. B Amer. 1175**
Neue Katalogsignatur	**A 1188**
Titel	[über dem oberen Kartenrand:] **Karte des** NORDENS **von** AMERICA, **Zur Beurtheilung der Wahrſcheinlichkeit einer nord=weſtlichen Durchfahrt; gezeichnet von G. Forster, 1791.** [unter dem unteren Kartenrand links:] **gestochen von Carl Jäck Berlin 1791.**
Zeichner	**Georg Forster [1754–1794]**
Graveur	**Carl Jäck [Jaeck] [1763–1808]**
Erscheinungsort und -jahr	**Berlin 1791**
Projektion	Mercator
Format	453 x 616
Maßstab	[1:16.000.000] [Diagramm oben links bis letztes Drittel rechts:] MAASSTAB von Hundert Seemeilen (deren 20 einen Æquatorsgrad machen) für jeden Parallell der Breite zwischen 40° und 80°.
Areal	176° E–300° E «öſtliche Länge von Greenwich.» 40° N–79°30′ N
Nomenklatur	deutsch, englisch; Übersetzungen englischer Generika ins Deutsche
Bemerkungen	Gradnetz, Konturenkolorit [gelb: Amerika, grün: Asien], Bergreliefs, Geländestriche
Bibliographischer Kommentar	Version in: **Geſchichte der Reiſen, | die ſeit Cook | an der | Nordweſt= und Nordoſt=Kü͡ſte | von Amerika | und in dem | nördlichſten Amerika ſelbſt | von | Meares, Dixon, Portlock, Coxe, Long u.a.m. | unternommen worden ſind. | Mit vielen Karten und Kupfern. | Aus dem Engliſchen, | mit Zuziehung aller anderweitigen Hülfsquellen, ausgearbeitet | von Georg Forſter. | Erſter Band. | Berlin, 1791. | In der Voſſiſchen Buchhandlung.** [nach S. 130 am Schluss des separat paginierten Kapitels I]
Herkunft	Adelung

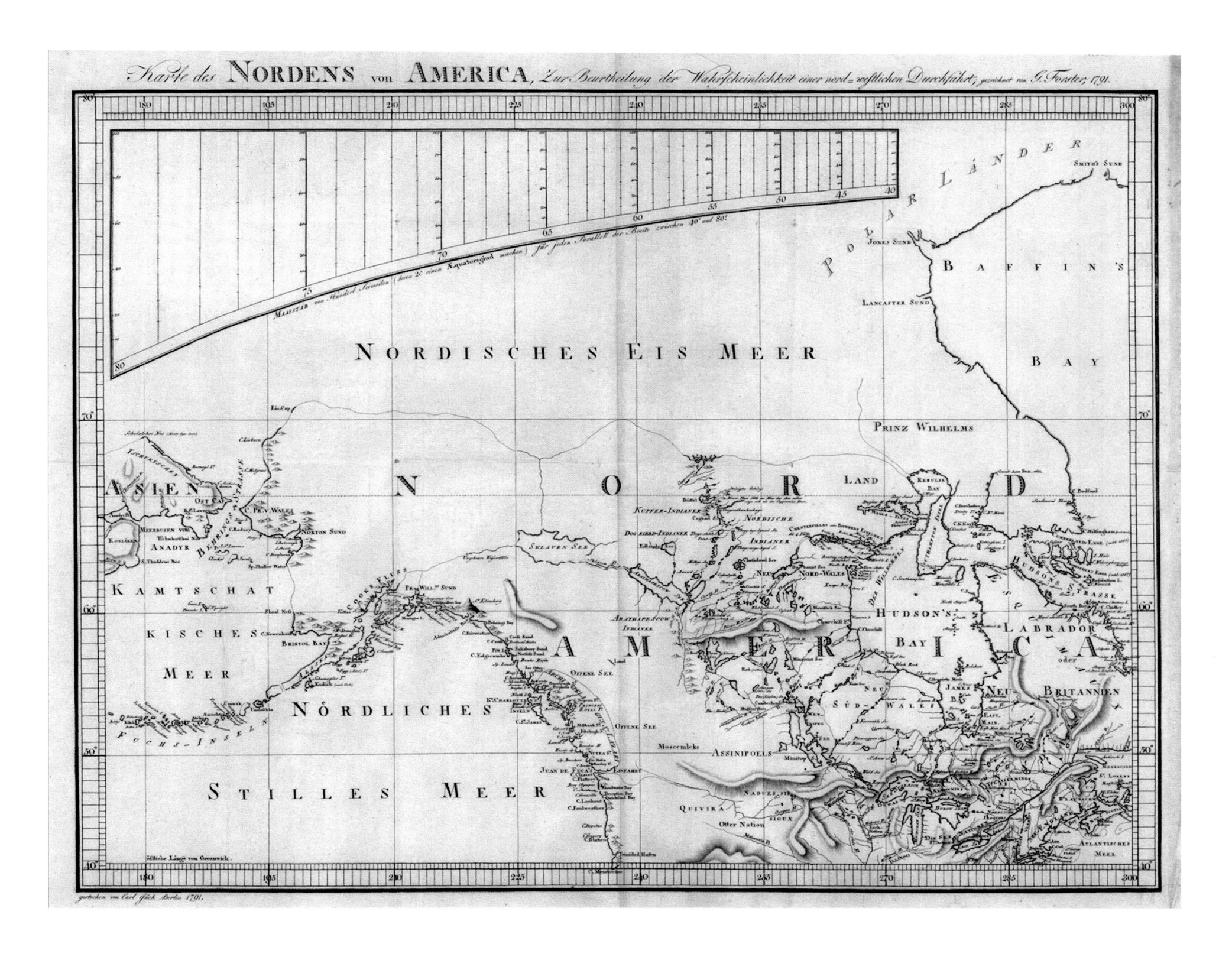

Abb. 5
Karte A 1188: nicht koloriertes Exemplar.

Laufende Nummer	**20**
Alte Katalogsignatur	**Tab. geogr. B Amer. 1180**
Neue Katalogsignatur	**A 1189**
Titel	[halbrunder Ausschnitt oben Mitte zwischen innerem und äußerem Kartenrand:] **Karte des nördlichſten America,	nach der zweiten Ausgabe von Arrowſmiths	groſser	Mercators-Karte in acht Blatt	gezeichnet von	D. F. Sotzmann	1791.	Kanada ist nach Long's kleiner Karte eingetragen.	Herrn Mac Kenzie's Entdeckungen hat Herr Arrowsmith nach defsen	eigenhändigem Tagebuche vom Jahre 1789 gezeichnet.	gestochen von Carl Jäck Berlin 1791.**
Zeichner	**Aaron Arrowsmith [1750–1823]** **John Long [nachgewiesen 1768–1791]** **Daniel Friedrich Sotzmann [1754–1840]**
Graveur	**Carl Jäck [Jaeck] [1763–1808]**
Erscheinungsort und -jahr	**Berlin 1791**
Projektion	[Delisle]
Format	391 x 467
Maßstab	[ca. 1:11.100.000]
Areal	ca. 173° W–37°10′ W [oben] ca. 133°27′ W–76°37′ W «Westliche Länge von Greenwich» [unten] ca. 35° N–66°06′ N [links] ca. 35° N–66°19′ N [rechts]
Nomenklatur	deutsch, englisch; Übersetzungen englischer Generika ins Deutsche
Bemerkungen	Gradnetz, Konturen- (Küsten- bzw. Ufer-, Grenz)kolorit, Geländestriche, geographische bzw. historisch-geographische Erklärungen, Koordinaten-Hilfslinie entlang 105° W
Bibliographischer Kommentar	Version u.a. in: **Reisen	eines Amerikaniſchen Dolmetſchers und Pelzhåndlers,	welche eine	Beſchreibung der	Nordamerikaniſchen Eingebornen,	und einige	Nachrichten von den Poſten	am	St. Lorenz=Fluſse, dem See Ontario u.ſ.w.	enthalten.	Herausgegeben	von	J. Long.	Aus dem Engliſchen überſetzt.	Nebſt einer	vorläufigen Schilderung des Nordens von Amerika	von	Georg Forſter.	Mit einer neuen Karte und einem Kupfer.	Berlin, 1792.	In der Voſſiſchen Buchhandlung.** [nach S. 88 am Schluss des separat paginierten Kapitels I]
Herkunft	Adelung

Laufende Nummer	**21**
Alte Katalogsignatur	**Tab. geogr. B Amer. 1185**
Neue Katalogsignatur	**A 1190**
Titel	[mittleres Blatt oben Mitte, halbrunder Ausschnitt zwischen innerem Kartenrand und 70° N, mit geschweiften kalligraphischen Linien:] **A Map	Exhibiting all the New Difcoveries,	in the Interior Parts of	North America,	Inscribed by Permifsion	To the Honorable Governor and Company of Adventurers of England	Trading into Hudsons Bay.	In testimony of their liberal Communications	To their most Obedient	and very Humble Servant, A. Arrowsmith.** [links neben den beiden letzten Zeilen:] **Charles Street. Soho,	January 1ˢᵗ 1795** [in der kalligraphischen Schlusslinie von «Arrowsmith»:] puke sc. [unter dem unteren Kartenrand, jeweils in der Mitte des linken, mittleren und rechten Blattes:] **London, Published Janʳʸ 1ˢᵗ 1795, by A. Arrowsmith, Charles Street, Soho Square.**
Zeichner	**Aaron Arrowsmith [1750–1823]**
Graveur	**John Puke**
Erscheinungsort und -jahr	**London 1795**
Herausgeber bzw. Verleger	**Aaron Arrowsmith**
Projektion	[Delisle]
Format	885 x 1660
Maßstab	[ca. 1:4.400.000] [unten rechts, entlang dem 65. Längengrad, zwischen 35° N und 40° N:] Scale of Geometrical Miles Scale of Britih Miles 69¼ nearly to a Degree
Areal	ca. 144°34′ W–64°44′ W [unten] ca. 32°54′ N–58°04′ N [links] ca. 32°24′ N–57°25′ N [rechts]
Nomenklatur	englisch
Bemerkungen	Composite map aus 3 Blättern, Gradnetz, Konturen- (Küsten-) und Teilflächenkolorit [Wasserflächen, Inseln], Piktogramme, Bergreliefs, Lotungen [Binnengewässer], farbige Markierung der Küsten nach den jeweilgen Entdeckungsreisen gemäß Explanation unten links, Markierung von Reiserouten, historisch-geographische Erklärungen, aufgeklebtes Kartensegment mit «Additions» zwischen ca. 54° N–70° N und ca. 95° W–115° W [unten links:] Explanation
Textelemente	[Textbeilage mit blauem Papierumschlag:] result	of	astronomical obeservations,	made in the	interior parts	of	north america.	London:	printed for a. arrowsmith, charles street, soho square	by c. buckton, great pulteney street, golden square.	1794. [16 S.]
Herkunft	[Textbeilage:] Adelung

Laufende Nummer	22
Alte Katalogsignatur	**Tab. geogr. B Amer. 1220**
Neue Katalogsignatur	**A 1191**
Titel	[oben rechts, Titel auf Textschild rechts mit Legende, No. **22-1**:] **Plan	de la Ville de	Quebec** [rechts Mitte, Titel auf Textschild über dem oberen Rand mit Legende, No. **22-2**:] **Plan du Port et Ville de Louisbourg, dans l'Isle Royale** [unten, No. **22-3**:] **[Umgebung von Halifax]**
Inset	[in No. **22-3** unten links bis unten links der Mitte, Titel oben, No. **22-4**:] **Plan of the Town of Halifax	in Nova Scotia**
Zeichner	**John Mitchell [1711–1768]** [No. **22-1**:] **Jacques Levasseur de Néré [ca. 1662–ca. 1723]** [No. **22-1**, No. **22-2**:] **Jacques Nicolas Bellin sen. [1703–1772]**
Erscheinungsort und -jahr	**Amsterdam 1755**
Herausgeber bzw. Verleger	**Jan [Johannes, Jean] Covens sen. [1697–1774]** **Cornelis Mortier [1699–1783]**
Format	680 x 488
Maßstab	[No. **22-1**:] [ca. 1:7.000] [oben links:] **Echelle de 200 Toises** [No. **22-2**:] [ca. 1:18.000] [rechts Mitte:] Echelle de Cinq Cens Toises [No. **22-3**:] [ca. 1:8.000] [No. **22-4**:] [unten links der Mitte:] Scale of English Feet. [No. **22-4**:] [unten rechts:] Echelle de Toises
Areal	ca. 68°55′ W–59° 15′ W ca. 28°18′ N–40°24′ N
Nomenklatur	[No. **22-1**, No. **22-2**:] französisch [No. **22-3**, No. **22-4**:] englisch
Bemerkungen	südöstliches Blatt von: **A Map of the	British and French Dominions in	North America, with the	Roads, Distances, Limits, and Extent of the	Settlements.	By Jnº Mitchell D.F.	at Amsterdam	Printed for I. Covens and C. Mortier. [1755]** [ca. 1:2.000.000]; Gradnetz [No. **22-1**:] modifizierte Version des **Plan de la Ville de	Quebec** [A 1256, obere Hälfte, No. 82-1]; schwarz, WzN oben, Piktogramme, Geländestriche, Ufer- und Gebäudeschraffuren, Kompassrose mit 8 Pfeilen und Lilie, Strömungspfeile, Landverkehrswege [Titelschild, unter dem Titel: Legende] a.–z.; &. [No. **22-2**:] NWzN oben, Konturenkolorit [gelb], Piktogramme, Geländestriche, Uferschraffuren, Kompassrose mit 8 Pfeilen und Lilie, Ankerpositionen, hydrographische Angaben, «Ance où l'on peut carener» [Titelschild, unter dem Titel: Legende] A.–M. [No. **22-3**:] südlicher Teil der **Carte du Havre de Chibucto avec le Plan de la Ville de Halifax fur la Cofte de l'accadia ou Nova Scotia Latitude 44°. 31′.	Publié par Hautorité, par Jean Rocque, Charing Cross 1750.		Publish'd by Authority by John Rocque at Charing Cross 1750.** Teilkonturen- und Teilgebäudekolorit, Piktogramme, Geländestriche, Uferschraffuren, Kompassrose mit 8 Pfeilen, 24 Strichen und Lilie, Lotungen, Ankerpositionen [**No 22-4**:] schwarz, WzS oben, Piktogramme, Uferschraffuren, Kompasskreuz, Landverkehrswege [oben links: Legende] A.–I.
Textelemente	[links oberhalb der Mitte:] This Map was Undertaken with the Approbation and at the Request	of the Lords Comifsioners for Trade and Plantations; and is Chiefly composed from Draughts, Charts and Actual Surveys of different	parts of His Majesties Colonies & Plantations in America; Great	Part of which have been lately taken by their Lordships Orders,	and transmitted to this Office by the Governors of the said Colonies	and others. Plantation Office Feb.ʳ 13ᵗʰ 1755. John Pownall Secretary.
Bibliographischer Kommentar	No. **22-1** mit typographischen Modifikationen in: **Journal	d'un	voyage	fait par ordre du roi	dans	l'Amérique septentrionnale;	Adressé a Madame la Duchesse	de Lesdiguieres.	Par le P. De Charlevoix, de la Compagnie de Jesus.	Tome troisie'me.	a paris,	Chez pierre-françois giffart, rue Saint Jacques,	à Sainte Therefe. m. dcc. xliv.** [nach S. 72] No. **22-2** mit typographischen Modifikationen in: **Histoire	et	description generale	de la	nouvelle france,	avec	le journal historique	d'un Voyage fait par ordre du Roi dans	l'Amérique Septentrionnale.	Par le P. De Charlevoix, de la Compagnie de Jesus.	tome second	a paris,	Chez pierre-françois giffart, rue Saint Jacques,	à Sainte Thérefe. m. dcc. xliv.** [nach S. 386] — **tome quatrie'me	a paris,	Chez pierre-françois giffart, rue Saint Jacques,	à Sainte Thérefe. m. dcc. xliv.** [nach S. 142]

Laufende Nummer	**23**
Alte Katalogsignatur	**Tab. geogr. B Amer. 1222**
Neue Katalogsignatur	**A 1192**
Titel	[über dem oberen Kartenrand:] **Vorstellvng einiger Gegenden und Plaetze in Nord-America unter Franzoefisch und Englische Jurisdiction gehoerig.	zu finden bey den Homaennischen Erben in Nürnberg. A.° 1756.** [obere Hälfte, Textschild über dem oberen Kartenrand links bis rechts der Mitte, No. **23-1**:] **Plan du Port et Ville de Louisbourg, dans l'Isle Royale** [obere Hälfte, Textschild über dem oberen Kartenrand rechts der Mitte bis rechts, No. **23-2**:] **Plan de la Ville de Quebec** [untere Hälfte, No. **23-3** [Umgebung von Halifax]**
Inset	[in No. **23-3** unten links bis links der Mitte, Titel oben, No. **23-4**:] **Plan of the Town of Halifax	in Nova Scotia**
Zeichner	[No. **23-1**, No. **23-2**:] **Jacques Nicolas Bellin sen. [1703–1772]** [No. **23-2**:] **Jacques Levasseur de Néré [ca. 1662–ca. 1723]**
Erscheinungsort und -jahr	**Nürnberg 1756**
Herausgeber bzw. Verleger	**Johann Georg Ebersberger [Ebersperger] [1695–1760]** **Johann Michael Franz [Frantz] [1700–1761]**
Format	392 x 503
Maßstab	[No. **23-1**:] [ca. 1:18.000] [Mitte rechts:] Echelle de Cinq Cens Toifes [No. **23-2**:] [ca. 1:7.000] [oben links:] Echelle de 200 Toifes [No. **23-3**:] [ca. 1:8.000] [No. **23-4**:] [unten links:] Scale of English Feet. [No. **23-4**:] [unten rechts:] Echelle de Toifes
Nomenklatur	[No. **23-1**, No. **23-2**:] französisch [No. **23-3**, No. **23-4**:] englisch
Bemerkungen	[No. **23-1**:] entspricht No. **22-2**; Teilflächen- und Teilgebäudekolorit [Legende «L»] [Titelschild, unter dem Titel: Legende] A.–M. [No. **23-2**:] entspricht No. **22-1**; Teilflächen- und Teilgebäudekolorit [Legenden a, b, g, i, p, q, v], Kompassrose koloriert [Titelschild, unter dem Titel: Legende] a.–z.; &. [No. **23-3**:] entspricht No. **22-3** mit östlich und westlich etwas erweitertem Areal; Teilflächen- und Teilgebäudekolorit, Kompassrose koloriert [**No 23-4**:] entspricht No. **22-4**; Teilflächen- und Gebäudekolorit [oben links: Legende] A.–I.
Bibliographischer Kommentar	Version u.a. in: **Städt-Atlas,	oder:	Schauplatz berühmter Städte,	Veftungen, Profpeckte, Gegenden,	Grundriffe, Belagerungen, etc	welche beÿ denen	Homännifchen Erben	in Nürnberg zu finden find. 1762.** [No. 30 «**Halifax, Quebeck und Luisburg, Gegend**»]

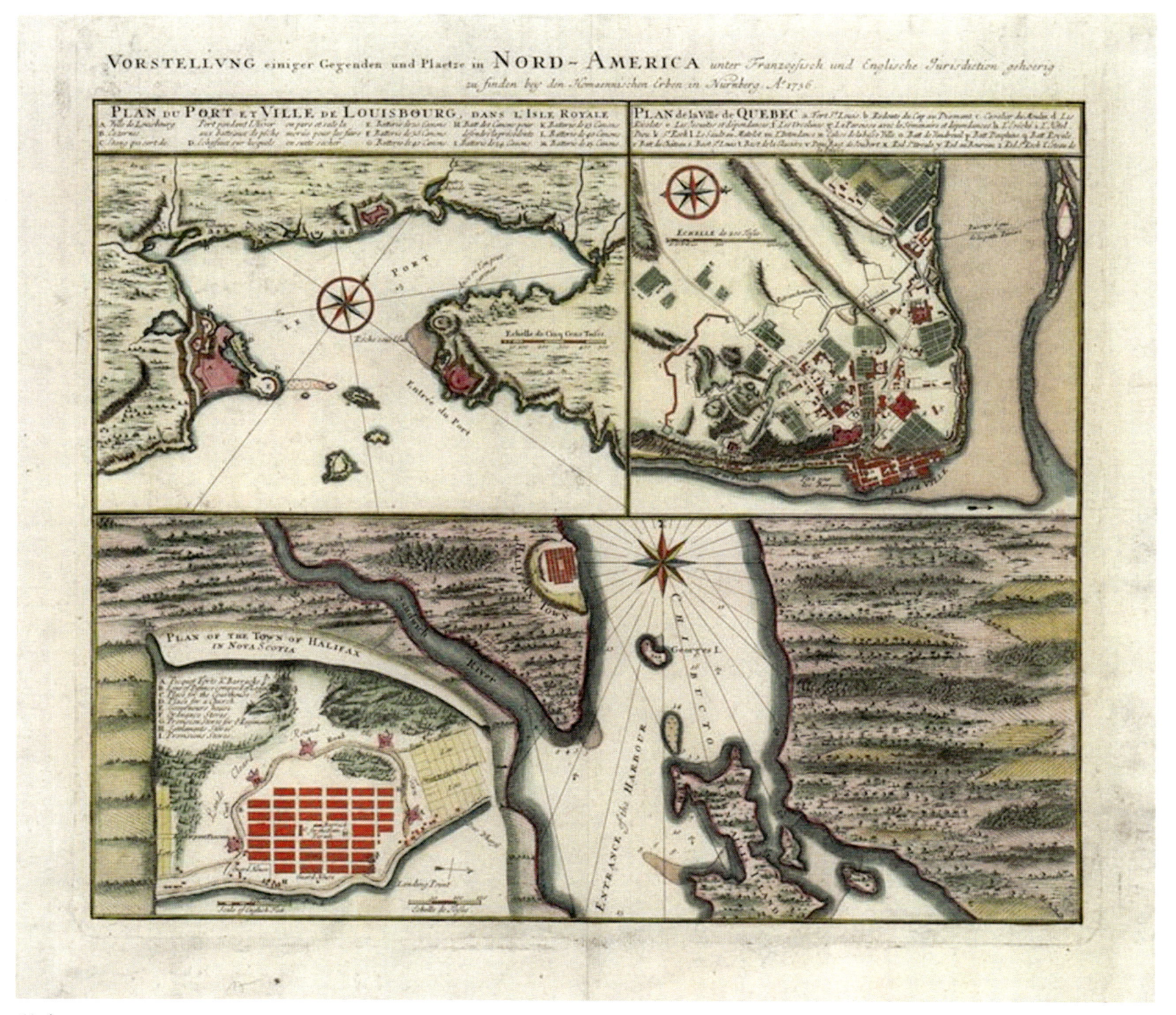

Abb. 6
Variante des Dokuments A 1192 mit stärkerer Hervorhebung der bebauten Flächen durch mehr Kolorit. Dieses Blatt erschien in Band III (1762) des *Atlas geographicvs maior* (Sandler 2006: 34), der auch unter dem separaten Titel *Städt Atlas, oder: Schauplatz berühmter Städte, Veſtungen, Proſpeckte, Gegenden, Grundriſſe, Belagerungen, etc:* […] herausgegeben wurde. Dieser Atlasband ist nur in wenigen Bibliothekskatalogen nachgewiesen, in noch selteneren Fällen auch wirklich vorhanden. Dafür ist das abgebildete Blatt an unterschiedlichen Stellen des *Atlas geographicvs maior* anzutreffen (so z.B. im Exemplar der Universitätsbibliothek Eichstätt-Ingolstadt im Band I als Nr. 87).

Laufende Nummer	**24**		Laufende Nummer	**25**
Alte Katalogsignatur	**Tab. geogr. B Amer. 1250**		Alte Katalogsignatur	**Tab. geogr. B Amer. 1252**
Neue Katalogsignatur	**A 1193**		Neue Katalogsignatur	**A 1194**
Titel	[über dem oberen Kartenrand Mitte:] TIERRA NVEVA		Titel	[über dem oberen Kartenrand Mitte:] TIERRA NVEVA
Zeichner	**Girolamo Ruscelli [ca. 1518–1566]**		Zeichner	**Girolamo Ruscelli [ca. 1518–1566]**
Erscheinungsort und -jahr	**Venedig 1562**		Erscheinungsort und -jahr	**Venedig 1574**
Herausgeber bzw. Verleger	**Willibald Pirckheimer [1470–1530] [Übersetzer]** **Giuseppe Moleti [1531–1588] [Herausgeber]** **Vincenzo Valgrisi [nachgewiesen 1540–1572] [Verleger]**		Herausgeber bzw. Verleger	**Girolamo Ruscelli [Übersetzer]** **Giovanni Malombra [2. Hälfte 16. Jh.] [Herausgeber]** **Giordano Ziletti [15..?–158.?] [Verleger]**
Projektion	Marinus		Projektion	Marinus
Format	162 x 226		Format	163 x 227
Maßstab	[ca. 1:2.000.000]		Maßstab	[ca. 1:2.000.000]
Areal	ca. 290° E–350° E ca. 34° N–61° N		Areal	290° E–350° E ca. 34° N–61° N
Nomenklatur	italienisch [Ozeane, Inseln], spanisch [Länder, Inseln], französisch [Orte], portugiesisch, lateinisch		Nomenklatur	italienisch [Ozeane, Inseln], spanisch [Länder, Inseln], französisch [Orte], portugiesisch, lateinisch
Bemerkungen	Bearbeitung der Küstenkarte GIACOMO GASTALDI [ca. 1500–1566]: TERRA NVEVA [1548]; schwarz, Bergsignaturen, Meeresflächen punktiert anstelle der Wellenschraffuren bei GASTALDI; Inseln «Orbellanda», «Y: Verde», «Maida», «ISOLA DE DEMONI», Ostspitze von Labrador auf 345° E und somit 5° weiter östlich als die Azoreninsel Flores		Bemerkungen	entspricht **A 1193**
Textelemente	[Buchtext auf der Rückseite, rechte Hälfte:] NOVÆ GALLIÆ, SIVE LABO-	rum & Baccalaos terræ noua Tabula.	Trigesimasecunda additarum, &	59. in ordine.	HAEC pars terræ, eo quia a Gallis (ut aiunt) primum adinuen-	ta fuit, noua dicitur Gallia. [...]		Textelemente	[Buchtext auf der Rückseite:] TIERA [sic] NVEVA,	DE LOS BACALAOS	TAVOLA PRIMA DEL MONDO NVOVO.	BACALAOS, ò Bacallaos è una forte de pesci molto grandi, i quali si pescano da quei d'Irlanda, & dagl'	Inglesi. [...]
Bibliographischer Kommentar	in: GEOGRAPHIA	CL· PTOLEMAEI	**Alexandrini**	**Olim a Bilibaldo Pirckheimerio translata, at nunc multis co-**	**dicibus græcis collata, pluribusque in locis ad pri-**	**stinam ueritatem redacta**	A IOSEPHO MOLETIO MATHEMATICO.	[...]	VENETIIS,	APUD VINCENTIVM VALGRISIVM. M D LXII. [Tabula No. 59]		Bibliographischer Kommentar	in: LA	GEOGRAFIA	DI CLAVDIO TOLOMEO	ALESSANDRINO,	**Già tradotta di Greco in Italiano da M. GIERO. RVSCELLI:**	**& hora**	**in questa nuoua editione da GIO. MALOMBRA**	**ricorretta, & purgata d'infiniti errori:**	[...]	IN VENETIA, **Appresso Giordano Ziletti.**	M D LXXIIII. [Tavola No. 31]

Laufende Nummer	**26**		Laufende Nummer	**27**
Alte Katalogsignatur	**Tab. geogr. B Amer. 1255**		Alte Katalogsignatur	**Tab. geogr. B Amer. 1256**
Neue Katalogsignatur	**A 1195**		Neue Katalogsignatur	**A 1196**
Titel	[Kartusche links Mitte:] Nova	Francia	et	Canada	1597. [oben rechts in den Koordinatenskalen:] **18**		Titel	[Textschild mit Rahmen oben links:] Norvmbega	et	Virginia.	1597. [oben rechts in den Koordinatenskalen:] **17**
Zeichner	**Cornelis van Wytfliet [†1597]**		Zeichner	**Cornelis van Wytfliet [† 1597]**
Erscheinungsort und -jahr	**Löwen 1597**		Erscheinungsort und -jahr	**Löwen 1597**
Herausgeber bzw. Verleger	**Cornelis van Wytfliet [†1597]** **Johannes Bogardus [Jean Bogard]** **[nachgewiesen ca. 1564–1600, † ca. 1634] [Drucker]**		Herausgeber bzw. Verleger	**Cornelis van Wytfliet [† 1597]** **Johannes Bogardus [Jean Bogard]** **[nachgewiesen ca. 1564–1600, † ca. 1634] [Drucker]**
Projektion	Marinus		Projektion	Marinus
Format	217 x 276		Format	217 x 279
Maßstab	[ca. 1:9.200.000]		Maßstab	[ca. 1:5.000.000]
Areal	280° E–340° E 45° N–63° N		Areal	ca. 303° E–331° E 37°N–47° N
Nomenklatur	französisch, spanisch, portugiesisch, italienisch, lateinisch, Allonyme		Nomenklatur	spanisch, portugiesisch, italienisch, lateinisch
Bemerkungen	schwarz, Piktogramme [Wald- und Gebäudesignaturen], Bergreliefs, Küsten- bzw. Uferschraffuren, Meeresflächen punktiert, Legenden mit kalligraphischen Ober- und Unterlängen		Bemerkungen	schwarz, Piktogramme [Wald- und Gebäudesignaturen], Bergreliefs, Meeresflächen in Zickzackschraffur, große Kompassrose mit 32 Pfeilen und Lilie sowie kleinem Kompass mit Kompassnadel in der Mitte, Vignette, Legenden mit kalligraphischen Ober- und Unterlängen, «Norumbega» [Region] südlich von «Novæ Franciæ pars», «Norombega» [Stadt] am «R. grande», Insel «Aredonda» auf ca. 42°40′ N 324° W
Bibliographischer Kommentar	Version in: Descriptionis	Ptolemaicæ	Avgmentvm. siue	Occidentis Notitia	Breui commentario	illustrata	STudio et opera Cornely wytfliet	Louaniensis.	Lovanii	Typis Iohannis Bogardi	Anno Domini m.d.xcvii. [Tabula No. 18.]		Bibliographischer Kommentar	Version in: Descriptionis	Ptolemaicæ	Avgmentvm. siue	Occidentis Notitia	Breui commentario	illustrata	STudio et opera Cornely wytfliet	Louaniensis.	Lovanii	Typis Iohannis Bogardi	Anno Domini m.d.xcvii. [Tabula No. 17]

Laufende Nummer	**28**		Laufende Nummer	**29**
Alte Katalogsignatur	**Tab. geogr. B Amer. 1260**		Alte Katalogsignatur	**Tab. geogr. B Amer. 1261**
Neue Katalogsignatur	**A 1197**		Neue Katalogsignatur	**A 1198**
Titel	[Kartusche links Mitte:] NOVA | FRAN | CIA | ET | CANADA		Titel	[Textschild mit Rahmen oben links:] NORVM | BEGA | ET | VIRGINIA
Zeichner	**Johannes Matalius Metellus [Natalius Metellus Sequanus] [Jean-Natale Matal] [ca. 1517–1597]**		Zeichner	**Johannes Matalius Metellus [Natalius Metellus Sequanus] [Jean-Natale Matal] [ca. 1517–1597]**
Erscheinungsort und -jahr	**Ursel 1605**		Erscheinungsort und -jahr	**Ursel 1605**
Herausgeber bzw. Verleger	**José de Acosta [Herausgeber] [ca. 1539–1600]** **Cornelius Sutor [Drucker] [nachgewiesen 1598–1606]**		Herausgeber bzw. Verleger	**José de Acosta [Herausgeber] [ca. 1539–1600]** **Cornelius Sutor [Drucker] [nachgewiesen 1598–1606]**
Format	178 x 225		Format	175 x 222
Maßstab	[ca. 1:9.200.000]		Maßstab	[ca. 1:7.000.000]
Areal	Faga/Chilaga–Rio Escuro/C S Maria		Areal	Norombega/Buelta de Arenas–R. Primero/Aredonda
Nomenklatur	französisch, spanisch, portugiesisch, italienisch, lateinisch, Allonyme		Nomenklatur	spanisch, portugiesisch, italienisch, lateinisch
Bemerkungen	Nachstich von **A 1195**; keine Koordinatenskalen		Bemerkungen	Nachstich von **A 1196**; keine Koordinatenskalen, Meeresflächen punktiert
Textelemente	[Buchtext auf der Rückseite, rechts:] New Franckreich […]		Textelemente	[Buchtext auf der Rückseite:] Norumbega und Virginia […]
Bibliographischer Kommentar	u.a. in: AMERICA, | **Oder wie mans zu Teutſch nennet** | **Die Neuwe Welt/ oder Weſt** | **Jndia.** | **Von Herrn** IOSEPHO DE ACOSTA **in Sieben Büchern/ eins** | **theils in Lateiniſcher/ und eins theils in Hiſpaniſcher** | **Sprach/ Beſchrieben** | **[…] Gedruckt zu Vrsel/ Durch Cornelium** | **Sutorium.** | **Im Jahr M. DC. V** [No. 5] — **Geographiſche vnd** | **Hiſtoriſche Beſchreibung der vber=** | **auß groſſer Landſchafft America: welche auch** | **Weſt Jndia/ und ihrer gröſſe halben die New Welt genennet wirt.** | **Gar artig/ vnd nach der kunst in XX. Mappen oder Land=** | **taffeln verfaſſet/ vnd jetzt newlich in Kupffer ge=** | **ſtochen/ vnd an tag gegeben.** […] **Erſtlich durch einen Hochgelehrten und deß Landes wolerfahrnen Mann/** | **in Lateiniſcher Spraach gar herrlich beſchrieben. Nun aber durch ein Liebhaber** | **der Hiſtorien und Landesbeſchreibungen dem gemeinen Teutſchen** | **Mann zu gutem/ gar trewlich vbergeſetzt/** | **vnd ins Teutſch bracht. Gedruckt zu Cölln/** | **Bey Johann Chriſtoffel/ auff S. Marcellenſtraß** | **Im jahr M.D. XCVIIJ.** [No. 5]		Bibliographischer Kommentar	u.a. in: AMERICA, | **Oder wie mans zu Teutſch nennet** | **Die Neuwe Welt/ oder Weſt** | **Jndia.** | **Von Herrn** IOSEPHO DE ACOSTA **in Sieben Büchern/ eins** | **theils in Lateiniſcher/ und eins theils in Hiſpaniſcher** | **Sprach/ Beſchrieben** | **[…] Gedruckt zu Vrsel/ Durch Cornelium** | **Sutorium.** | **Im Jahr M. DC. V** [No. 6] — **Geographiſche vnd** | **Hiſtoriſche Beſchreibung der vber=** | **auß groſſer Landſchafft America: welche auch** | **Weſt Jndia/ und ihrer gröſſe halben die New Welt genennet wirt.** | **Gar artig/ vnd nach der kunst in XX. Mappen oder Land=** | **taffeln verfaſſet/ vnd jetzt newlich in Kupffer ge=** | **ſtochen/ vnd an tag gegeben.** […] **Erſtlich durch einen Hochgelehrten und deß Landes wolerfahrnen Mann/** | **in Lateiniſcher Spraach gar herrlich beſchrieben. Nun aber durch ein Liebhaber** | **der Hiſtorien und Landesbeſchreibungen dem gemeinen Teutſchen** | **Mann zu gutem/ gar trewlich vbergeſetzt/** | **vnd ins Teutſch bracht. Gedruckt zu Cölln/** | **Bey Johann Chriſtoffel/ auff S. Marcellenſtraß** | **Im jahr M.D. XCVIIJ.** [No. 6]

Laufende Nummer	**30**	Laufende Nummer	**31**
Alte Katalogsignatur	**Tab. geogr. B Amer. 1265**	Alte Katalogsignatur	**Tab. geogr. B Amer. 1270**
Neue Katalogsignatur	**A 1199**	Neue Katalogsignatur	**A 1200**
Titel	[Kartusche unten rechts:] Le Canada, ou │ Nouvelle France, &c │ Tirée de diverses Relations des. │ Francois Anglois Hollandois, &c │ Par. N. Sanfon de Abb.' Geogr' Ord.ᵣᵉ du Roy [unter dem unterem Kartenrand rechts:] **A. d. Winter Schulp:** [oben rechts in der Koordinatenskala:] **260**	Titel	[achteckige Kartusche mit dekoriertem Doppelrahmen unten rechts:] Le Canada, ou │ Nouvelle France, &c. │ Ce qui est le plus advancé vers le Septentrion │ est tiré de diverfes Relations des Anglois, Danois, &c., │ Vers le Midy les Costes de Virginie, Nouv:ˡˡᵉ Suede, │ Nouveau Pays Bas, et Nouvelle Angleterre │ Sont tirées de celles des Anglois, Hollandois, &c. La Grande Riviere de Canada ou de Sᵀ Laurens, et │ tous les environs font fuivant les Relations des Francois. │ Par N. Sanson d'Abbeville Geographe ordinaire du Roy. │ A Paris. │ Chez Pierre Mariette Rue S Iacque a l'Efperance │ Avecq Privilege du Roy, pour vingt Ans. │ 1656. [unten rechts, in der Koordinatenskala zwischen 325° E und 329° E:] **I. Somer Sculpfit**
Zeichner	**Nicolas Sanson d'Abbeville [1600–1667]**		
Graveur	**Antony [Antoine] de Winter [†1683]**		
Erscheinungsort und -jahr	**Paris [ca. 1650]**		
Herausgeber bzw. Verleger	**Nicolas Sanson d'Abbeville [1600–1667]**		
Projektion	Donis	Zeichner	**Nicolas Sanson d'Abbeville [1600–1667]**
Format	191 x 286	Graveur	**Jan van Somer [ca. 1645–nach 1699]**
Maßstab	[ca. 1:13.000.000]	Erscheinungsort und -jahr	**Paris 1656**
Areal	ca. 279°34' E–325°34' E [unten] ca. 33°37' N–57° N	Herausgeber bzw. Verleger	**Pierre Mariette sen. [1603–1657]**
Nomenklatur	französisch, niederländisch [Ostküste nördlich 55° N]	Format	383 x 526
Bemerkungen	schwarz, Gradnetz, Piktogramme, Bergreliefs, Küsten- bzw. Uferschraffuren, Grenzlinien, obere Längengradskala fehlerhaft	Maßstab	[ca. 1:10.000.000]
		Areal	ca. 251°18' E–357°36' E [oben] ca. 278°30' E–331°18' E [unten] ca. 32°40' N–65°07'30'' N
		Nomenklatur	französisch, englisch, niederländisch, Allonyme, Hybridae
		Bemerkungen	Konturen- (Grenz)kolorit, Piktogramme, Bergreliefs, Küsten- bzw. Uferschraffuren
Bibliographischer Kommentar	erster Abzug mit Imprint **A Paris Chez L'Auteur** in: l'ameriqve │ en plvsievrs cartes & │ en divers traitte's │ de geographie, et d'histoire. │ Là où font defcripts fuccinctement, & avec │ vne belle Methode, & facile │ ses empires, ses pevples, ses colonies, │ levrs moevrs, langves, religions, │ richesses &c. │ Et ce qu'il y a de plus beau, & de plus rare dans toutes fes │ Parties, & dans les Ifles. │ dedie'e a monseignevr monseignevr fovcqvet [...] │ Par N. Sanson d'Abbeville, Geographe Ordinaire du Roy. │ A paris, │ chez l'avthevr, │ Dans le Cloiftre de Sainct Germain l'Auxerrois │ joignant la grande Port du Cloiftre. │ CIƆ· IƆCLVII. │ Avec Privilege pour vingt Ans. [vor Fol. 3]	Bibliographischer Kommentar	u.a. in: cartes │ generales │ de tovtes les parties │ dv monde, │ ov les empires, monarchies, │ Republiques, Eftats, Peuples, &c. │ de l'asie, de l'africqve, de l'evrope, │ & de l'amerique, tant Anciens que Nouveaux, │ font exactement remarqués, & diftingués │ fuivant leur eftenduë. │ Par le Sieur Sanson d'Abbeville, Geographe │ ordinaire du

Roy. | A Paris, | **Chez l'Autheur et chez** Pierre Mariette. | m. dc. lviii. [**1659?**]

—a paris, | **Chez** pierre mariette, **rue Saint Iacques,** | **à l'Eſperance.** m. dc. lxiv. | avec privilege dv roy povr vingt ans.

Laufende Nummer	**32**
Alte Katalogsignatur	**Tab. geogr. B Amer. 1275**
Neue Katalogsignatur	**A 1201**
Titel	[oben links der Mitte, links neben der Baye de Hudson:] Carte generale	de canada.	**Dediée au roy de danemark Par**	**son tres humble et tres obeissant et tres**	**fidele serviteur Lahontan**
Zeichner	**Louis Armand de Lom d'Arce, Baron de Lahontan [1666–ca. 1716]**
Erscheinungsort und -jahr	**Den Haag 1703**
Herausgeber bzw. Verleger	**François L'Honoré [1673?–1748?]** **Jonas L'Honoré**
Projektion	Donis
Format	407 x 445
Maßstab	[ca. 1:6.500.000] [unten Mitte:] Echelle de 100 lieues a 20 par degre selon	Les navigateurs François
Areal	ca. 287°34′ E–326°56′ E [unten] 36° N–59°49′ N [rechts]
Nomenklatur	französisch
Bemerkungen	schwarz, Gradnetz, Piktogramme [«villes», «villages», «chasses», «forts»], Küsten- bzw. Uferschraffuren, 2 Kompasskreise mit jeweils 4 Strichen und Lilie, historisch-geographische Erklärungen, doppelt gestrichelte Grenzlinie Limites de Canada selon les françois im Westen und Süden, weiter als Limites de Canada ab Long saut über Kenebeki bis an den rechten Kartenrand [oben rechts unter der Zeichenerklärung:] bekröntes dänisches Unionswappen mit Kette des Elefantenordens
Bibliographischer Kommentar	in: nouveaux	voyages	de	mr. le baron de lahontan,	dans	l'amerique septentrionale,	**Qui contiennent une rélation des différens Peuples**	**qui y habitent**	**[...]**	tome premier.	a la haye,	**Chez les Fréres l'**Honoré**, Marchands Libraires,**	m.dcciii. [nach S. 280 bzw. vor S. 1] — voyages du	baron	de la hontan	dans	l'amerique septentrionale,	**Qui contiennent une Rélation des**

différens Peuples | qui y habitent | [...] | TOME PREMIER. | **Seconde Edition, revuë et corrigé, & augmentée.** | A LA HAYE, | Chez CHARLES DELO, fur le Singel. | MDCCVI. [vor S. 5] Verkleinerte und vereinfachte Version der Karte unter dem Titel CARTE GENERALE DE CANADA A PETIT POINT bzw. CARTE GÉNÉRALE DU CANADA EN PETIT POINT in: TOME PREMIER [1703] [vor S. 1]; TOME PREMIER, **Seconde edition** [1706] [nach S. 48]

Laufende Nummer	**33**
Alte Katalogsignatur	**Tab. geogr. B Amer. 1276**
Neue Katalogsignatur	**A 1202**
Titel	[oben links bis oben linls der Mitte:] CARTE QUE LES GNACSITARES ONT DESSINÉ SUR	**des peaux de cerfs m'ayant fait conoistre a 30 minutes prés les latitudes**	**des tous les lieux qui y sont marqués, en me montrant la partie du ciel**	**vers laquelle gisent les uns et les autres, apres m'en auoir donné les**	**distances par tazouz, qui sont trois grandes lieues de France selon ma supputation** [oben links der Mitte bis oben rechts der Mitte:] CARTE DE LA RIVIERE LONGUE ET DE QUELQUES AUTRES.	**qui se dechargent dans le grand fleuve de Missisipi, en le petit espace de ce fleuve**	**marqué sur cette carte** || CETTE CARTE SE RAPORTE A' LA LETTRE **16**^eme
Zeichner	**Louis Armand de Lom d'Arce, Baron de Lahontan [1666–ca. 1716]**
Erscheinungsort und -jahr	**Den Haag 1703 [1702]**
Herausgeber bzw. Verleger	**François L'Honoré [1673?–1748?]** **Jonas L'Honoré**
Projektion	[Donis]
Format	254 x 651
Maßstab	[ca. 1:6.250.000] [unten Mitte:] Echelle des lieues de deux Cartes a	20 par degré
Areal	ca. 252° E–297° E [unten] ca. 35°49′ N–51°32′ N [rechts]
Nomenklatur	französisch
Bemerkungen	2 Karten nebeneinander auf 1 Blatt, getrennt durch eine gestrichelte Doppellinie [SEPARATION DE CES DEUX CARTES] sowie westlicher Teil der CARTE GENERALE	DE CANADA [**A 1201**]; schwarz, Gradnetz, Piktogramme, Bergreliefs, Uferschraffuren, 2 Kompasskreise mit jeweils 4 Strichen und Lilie, Halbkreis mit 2 Sonnensymbolen, Markierung der Route und der Wendepunkte des Autors

	[Abbildungen:]
	[links bzw. oberhalb der Mitte, No. **33-1**:]
	**Canots des gnacsitares	et des essanapes**
	[links bzw. unterhalb der Mitte, No. **33-2**:]
	Batimens de TAHUGLAUK ou 200 hommes penvent [sic] **ramér s'ils sont	tels que quelques MOZEEMLEK me les sont depeints sur des ecorces d'arbre.	Jestime quun tel batiment doit auoir 130 pieds	de longueur de	prou a poupe**
	[unter No. **33-2**, No. **33-3**:]
	**MAISONS des TAHUGLAHUK de 80 pas de longueur	telles que des Esclaues MOZEEMLEK me les ont depeintes sur des ecorces d'arbre.**
	[rechts bzw. unterhalb der Mitte, No. **33-4**:]
	**MEDAILLE des TAHVGLAHVK	dunespece de metal couleur de roze semblable au cuiure**
Bibliographischer Kommentar	in: NOUVEAUX	VOYAGES	DE	MR. LE BARON DE LAHONTAN,	DANS	L'AMERIQUE SEPTENTRIONALE,	**Qui contiennent une rélation des différens Peuples	qui y habitent |** […] **| TOME PREMIER.	A LA HAYE,	Chez les Fréres l'HONORÉ, Marchands Libraires,	M.DCCIII.**
	[nach S. 280 bzw. S. 136]
	— MEMOIRES	DE	L'AMERIQUE	SEPTENTRIONALE,	OU LA SUITE	DES VOYAGES DE Mr. LE BARON DE LA HONTAN	[…] **| TOME SECOND.	Seconde Edition, augmentée des CONVERSATIONS	de l'Auteur avec un Sauvage diſtingué.	A LA HAYE,	Chez CHARLES DELO, fur le Singel. MDCCVI.**
	[zwischen S. 24 und S. 25]

Laufende Nummer	**34**
Alte Katalogsignatur	**Tab. geogr. B Amer. 1280**
Neue Katalogsignatur	**A 1203**
Titel	[illustrierte Kartusche unten rechts in Landschaft und Jagdszenen integriert:]
	**PARTIE OCCIDENTALE	du CANADA ou de la NOUVELLE	FRANCE	ou sont les Nations des ILINOIS, de TRACY, les	IROQUOIS, et plusieurs autres Peuples;	Auec la LOUISIANE Nouvellement decouverte etc.	Dreſsée sur les Memoires les plus Nouveaux.	Par le P. Coronelli Cosmographe de la Ser^{me} Repub. de VENISE	Corrigée et augmentée Par le Sr Tillemon; et Dediée	A Monsieur l'Abbé BAUDRAND.	A PARIS	Chez J B Nolin Sur le Quay de l'Horloge du Palais Vers le	Pont Neuf a l'Enseigne de la Place des Victoires.	Auec Priuilege du Roy.	1688.**
Zeichner	**Vincenzo Maria Coronelli [1650–1718]**
	Jean Nicolas du Tralage [Trallage], Sieur de Tillemon[t] [†1699]
Graveur	**Jean Baptiste Nolin sen. [1657–1708]**
Erscheinungsort und -jahr	**Paris 1688**
Herausgeber bzw. Verleger	**Jean Baptiste Nolin sen.**
Projektion	[Donis]
Format	430 x 579
Maßstab	[ca. 1:5.000.000]
	[illustrierte Kartusche oben rechts mit Fischen (links und rechts) und einer kannibalisischen Szene (unten):]
	Milles d'Italie, ou Milles Pas Geometriques.
	Lieües Communes de France.
	Lieües Communes d'Espagne.
	Milles Communs d'Angleterre.
	Lieües d'une Heure de Chemin.
Areal	ca. 259°40′ E–308° E [oben]
	267°05′ E–300°23′ E [unten]
	ca. 33°50′ N–52°13′ N
Nomenklatur	französisch, Allonyme

Bemerkungen	Gradnetz, Konturen- und Flächenkolorit, Piktogramme, Bergreliefs, Uferschraffuren, kolorierte Grenzlinien, geographische bzw. historisch-geographische Erklärungen, Vignetten [Bewohner, landestypische Tätigkeiten], zahlreiche Notationen
Laufende Nummer	35
Alte Katalogsignatur	**Tab. geogr. B Amer. 1281**
Neue Katalogsignatur	**A 1204**
Titel	[illustrierte Kartusche oben links mit Tieren (oben), «Indien Armé» (oben links) und «Indien en habit de Chaſse» (oben rechts):] PARTIE ORIENTALE | du CANADA **ou de la** NOUVELLE | **FRANCE.** | **ou sont les Provinces, ou Pays de** SAGVENAY, CANADA, ACADIE **etc.** | **les Peuples, ou Nations des Etechemins, Iroquois,** | **Attiquameches etc.** | **Auec la** NOUVELLE ANGLETERRE, **la** NOUVELLE | ECOSSE, **la** NOUVELLE YORCK, **et la** | VIRGINIE. | **les Isles de Terre Neuve, de Cap Breton etc.** | **le Grand Banc etc.** | **Dreſsee sur les Memoires les plus Nouveaux** | **Par le P. Coronelli Cosmographe de la Serenis**ᵐᵉ **Rep. de** VENISE. | **Corrigée et augmentée Par le S**ʳ **Tillemon; et Dediée** | **A Monsieur l'Abbe'** BAVDRAND | **Par son humble Serviteur** | **I. B. Nolin.** [Nebenkartusche, darunter:] A PARIS | **Chez** I.B. NOLIN **sur** | **le Quay de l Horloge du** | **Palais, proche le Pont** | **Neuf à l'Enseigne de la** | **Place des Victoires.** | **Avec Privilege du Roy** | **1689.**
Zeichner	**Vincenzo Maria Coronelli [1650–1718]** **Jean Nicolas du Tralage [Trallage], Sieur de Tillemon[t] [†1699]**
Graveur	**Jean Baptiste Nolin sen. [1657–1708]**
Erscheinungsort und -jahr	**Paris 1689**
Herausgeber bzw. Verleger	**Jean Baptiste Nolin sen.**
Projektion	[Donis]
Format	430 x 579
Maßstab	[ca. 1:7.000.000] [Kartusche in Form einer gelben Muschel unten rechts:] Milles pas Geometriques, ou Milles d'Italie. Lieües Communes de France. Milles Communes [sic] d'Angleterre. Lieüs [sic] Communes de Mer.
Areal	ca. 289° E–341°49′ E [oben] ca. 295°52′ E–335°12′ E [unten] ca. 32°24′ N–58°41′ N

Nomenklatur	englisch, französisch, niederländisch, portugiesisch, Allonyme, Hybridae
Bemerkungen	Gradnetz, Konturen- und Flächenkolorit, Küsten- bzw. Uferschraffuren, kolorierte Grenzlinien, geographische bzw. historisch-geographische Erklärungen, Vignetten [Kanus, Kabeljau, Wal], zahlreiche Notationen, z.B. zur Kompassmissweisung auf der Grand Banc [links neben der Nebenkartusche Legende:] 1–8

Laufende Nummer	**36**
Alte Katalogsignatur	**Tab. geogr. B Amer. 1281**
Neue Katalogsignatur	**A 1205**
Titel	[Textleiste über dem oberen Kartenrand:] Carte particuliere du Fleuve Saint Louis dressee sur les lieux avec les noms des sauvages du païs, │ des Marchandises qu'on y porte & qu'on en reçoit & des Animaux, insectes poissons, oiseaux, Arbres & fruits des parties septentrio:^{es} & meridion:^{es} de ce Païs. [oben rechts über dem Titel:] **Tome VI. N:° 21 Pag: 90**
Zeichner	**Louis Armand de Lom d'Arce, Baron de Lahontan [1666–ca. 1716]**
Erscheinungsort und -jahr	**Amsterdam 1719**
Herausgeber bzw. Verleger	**Henri Abraham Châtelain [1684–1743]** **Zacharie Châtelain jun. [1690–1754]** **François L'Honoré [1673?–1748?]**
Projektion	Donis
Format	367 x 460
Maßstab	ca. 1:11.100.000 [unten Mitte:] Echelle de 20 lieues a 20 par degre selon │ Les navigateurs François
Areal	ca. 276° E–339°12′ E [oben] ca. 287°22′ E–326°15′ E [unten] 35°N–62°N
Nomenklatur	französisch
Bemerkungen	Nachstich der Carte generale │ de canada [A 1201]; typographische Modifikationen, Einfassung des Kartenfeldes links, rechts und unten durch erklärende Texttabellen, gestrichelte Doppellinie Limites de Canada selon les francois im Westen, Süden und Osten bis Kenebeki
Textelemente	[Tabelle links, von oben nach unten, vgl. memoires de l'amerique septentrionale, ou la suite des voyages de Mr. le baron de la hontan […], tome second [1703], S. 36–38:] Nations sauvages du │ Canada Sauvages de l'Acadie Sauvages du fleuve S.^{t} laurent │ depuis la mer jusques à │ Monreal

Sauvages du Lac des Hurons
Sauvages du Lac des Ilinois | & des environs
Sauvages des environs du | lac de Frontenac
Sauvages de la Riviere des | Outaouas
Sauvages du Nord de Missisipi | des Environs du Lac Superieur | & de la Baie de Hudson
[Tabelle rechts, von oben nach unten, vgl. memoires de l'amerique septentrionale, ou la suite des voyages de Mr. le baron de la hontan [...], tome second [1703], S. 57–72:]
Liste des Marchandises | qu'on porte aux sauvages | du Canada.
Noms des Peaux qu'ils donnent | en Echange avec leur valeur
Arbres & fruits des | païs meridionaux | du Canada.
[unter dem unteren Kartenrand, vgl. memoires de l'amerique septentrionale, ou la suite des voyages de Mr. le baron de la hontan [...], tome second [1703], S. 38–58:]
Animaux des païs | septentrionaux. | Insectes |
Animaux des pais | meridionaux. | Oiseaux. |
Poissons du Fleuve S.t Laurent
Poissons des lacs | & rivieres. | Coquillages |
Arbres & fruits septentrionaux

Bibliographischer Kommentar	in: atlas	historique,	ou	nouvelle	introduction	A l'Hiftoire, à la Chronologie & et à la Géographie	Ancienne & Moderne;	Repréfentée dans de	nouvelles cartes,	[...] Par. M.r C.***	Avec des dissertations fur l'Histoire de chaque Etat,	Par M.r guedeville.	tome VI	Qui comprend l'afrique & l'amerique Septentrionale & Meridionale,	tant en général qu'en particulier, l'Egypte, la Barbarie, la Nigritie, la Guinée, l'Ethiopie, le	Congo, la Cafrerie & le Cap de Bonne Efperance; le Canada ou la Nouvelle France, la Louïfiane	ou le Miffiffipi, la Virginie, la Floride, le Mexique, le Perou, le Chili & le Brefil; avec	les Iles de Madagafcar, les Philippines, les Moluques, les Antilles & l'Ile de Ceylan	a amsterdam,	Chez l'honore' & châtelain Libraires.	m. dccxix. [No. 21 nach S. 90]
	— seconde edition, corrigée et augmentée.	a amsterdam,	Chez zacharie châtelain.	m. dcc. xxxii. [No. 21 nach S. 90]
Laufende Nummer	37
Alte Katalogsignatur	**Tab. geogr. B Amer. 1290**
Neue Katalogsignatur	**A 1206**
Titel	[Textschild über dem oberen Kartenrand:] **Carte Nouvelle contenant la partie d'Amerique la plus Septentrionale, ou sont exactement décrites	les Provinces Suivantes comme le Canada ou Nouvelle France, la Nouvelle Ecosse, la Nouvelle Angleterre, les Nouveaux Païs Bas, la	Pensylvanie, la Virginie, la Caroline et l'Jle de Terre Neuve avec les profondeuis** [sic] **le long des côtes et Sur les bancs. Par Nicolas Visscher Avec Privilege des Etats Géneraux.** [No. **37-1**, unten rechts:] **Nunc apud Petrum Schenk Junior.**
Inset	[unten links, bis rechts der Mitte, Titel auf Textschild über dem oberen Kartenrand, No. **37-1**:] **Plan des Fortifications de la Ville de Louisbourg dans l'Isle de Cap-Breton.**
Zeichner	**Nicolaes Visscher sen. [1618–1679?]**
Erscheinungsort und -jahr	**Amsterdam [ca. 1718]**
Herausgeber bzw. Verleger	**Pieter Schenk [Schenck] jun. [1693–1775]**
Format	550 x 452
Maßstab	[ca. 1:3.300.000–1:4.400.000] [Diagramme unten rechts:] 20 Milliaria Anglica et Gallica. 20 Engelfe en France mylen. 15 Milliaria Germanica communia. 15 Gemeene Duitfe mylen. [No. **37-1**, unten rechts:] Een Engelfe Myl.
Areal	ca. 316°19′ E–339° E ca. 33° N–52°30′ N
Nomenklatur	französisch, englisch, niederländisch, lateinisch [Maßstab]
Bemerkungen	Konturen- (Grenz)kolorit, Piktogramme, Bergreliefs, Küsten- bzw. Uferschraffuren, Lotungen [No. **37-1**:] schwarz, perspektivische Zeichnungen, Kompassrose mit 16 Pfeilen, 16 Strichen und Lilie [Textschild unten links:] Explication	A.–M.

Laufende Nummer	**38**	Laufende Nummer	**39**
Alte Katalogsignatur	**Tab. geogr. B Amer. 1290**	Alte Katalogsignatur	**Tab. geogr. B Amer. 1295**
Neue Katalogsignatur	**A 1207**	Neue Katalogsignatur	**A 1208**

Nr. 38:

Titel [Textschild über dem oberen Kartenrand:] Carte Nouvelle contenant la partie d'Amerique la plus Septentrionale, ou Sont exactement décrites | les Provinces Suivantes comme le Canada ou Nouvelle France, la Nouvelle Ecosse, la Nouvelle Angleterre, les Nouveaux Païs Bas, la | Pensylvanie, la Virginie, la Caroline et l'Jle de Terre Neuve avec les profondeuis [sic] le long des côtes et Sur les bancs. Par Nicolas Visscher Avec Privilege des Etats Géneraux.
[unten links:] L: van Anfe Schulp:

Zeichner Nicolaes Visscher sen. [1618–1679?]

Graveur Luggert van Anse [nachgewiesen 1690–1716]

Erscheinungsort und -jahr Amsterdam [nach 1739]

Herausgeber bzw. Verleger Pieter Schenk [Schenck] jun. [1693–1775]

Format 550 × 452

Maßstab [ca. 1:3.300.000–1:4.400.000]
[unten rechts:]
20 Milliaria Anglica et Gallica. 20 Engelfe en France mylen.
15 Milliaria Germanica communia. 15 Gemeene Duitfe mylen.

Areal ca. 316°19′ E–339° E
ca. 33° N–52°30′ N

Nomenklatur französisch, englisch, niederländisch, lateinisch [Maßstab]

Bemerkungen entspricht **A 1206** ohne Inset; typographische Modifikationen, Konturen- und Flächenkolorit, Kompasskreis mit 4 Strichen, Lilie und Kreuz

Nr. 39:

Titel [illustrierte Kartusche rechts unterhalb der Mitte, konkave Einbuchtung unten links, mit bekrönten Lilienschild (oben), Tieren (links) und Jagdszenen (oben):] La France Occidentale dans | l'Amerique Septentrional | ou le cours de la Riviere de St. Laurens | Aux Environs de la quelle se Trouvent | le Canada, l'Acadie, et la Gaspasie | Les Esquimaux, Les Hurons, Les Iroquois, les Illinois & | la Virginie, la Marie-Lande, | la Pensilvanie, le Nouveau Jersay, la | Nouvelle Yorck, la Nouvelle Angleterre | et l'Ifle de Terre-Neuve. | Par N. de Fer Geographe de sa Majesté Catolique 1718.

Insets [Nebenkartusche darunter, Titel in Textfeld oben, No. **39-1**:] Les Environs de Quebec, Ville Capitale de la Nouvelle | France avec Titre d'Evêché, Située sur la Riviere de St. Laurens a | 308. degrez 17. Minutes de Longitude, et a 46. degrez 55. Minutes de | Latitude Septentrionale.
[darunter, Titel oben Mitte, No. **39-2**:]
Veüe de Quebec.

Zeichner Nicolas de Fer [1646–1720]
[No. **39-1**:] Robert de Villeneuve [ca. 1642–nach 1692]

Erscheinungsort und -jahr Paris 1718

Projektion [Marinus]

Format 953 × 409

Maßstab [ca. 1:5.100.000]
[kolorierte Kartusche oben rechts, über den Koordinaten:]
Cinquante Heures de Chemin
[Titelkartusche, unter dem Titelblock:]
Cinquante Lieuës d'vne heure de Chemin

Areal Isle de Mansfeld/I. Verte–Cap Farewel/I. Caico de Plata

Nomenklatur französisch, Hybridae

Bemerkungen inkohärente östliche Fragmente der gleichnamigen 4-Blatt-Karte [ca. 1020 × 930 mm] unter dem weiteren Titel [westlicher Teil]
Le Cours du | Missisipi, | ou de St. Louis | Fameuse Riviere de l'Amerique | Septentrionale | aux Environs

de laquelle se | trouve le Païs appelle' | LOUISIANE | [...] | A PARIS | **Chez l'Auteur Isle du Palais | a la Sphere Royale 1713.**
Konturen- (Grenz)kolorit, Piktogramme, Bergreliefs, Küsten- bzw. Uferschraffuren, Kompassrose mit 16 Pfeilen, Lilie und Kreuz, historisch-geographische Erklärungen, Vignetten [Kajaks, Schiffe, Land- und Meerestiere, Bewohner mit typischen Tätigkeiten]
[Maßstabskartusche oben rechts, unter Maßstab: Noms | de Ville. Longitude. Latitude. | QUEBEC [...] | Port Royal [...] | Bristol [...] | Pomejock [...] | jamestoun [...]
[No. **39-1:**] Bearbeitung des Plans QUEBEC, | **Ville de l'Amerique | Septentrionale** [...] [A 1255]; reduziertes Format, genordet, Kompassrose mit 8 Strichen, Lilie und Kreuz, Strömungspfeile, Landverkehrswege, Vignetten [Dreimaster und Boote], «Bon Mouillage | a 17. Brasses»
[No. **39-2:**] Geländestriche, Uferschraffuren, perspektivische Zeichnungen, Strömungspfeil
[Textfeld unten: Legende] I.-18.

Laufende Nummer	**40**
Alte Katalogsignatur	**Tab. geogr. B Amer. 1300**
Neue Katalogsignatur	**A 1209**
Titel	[illustrierte Kartusche oben links in Landschafts- und Meeresszenen mit stilisiertem französischen und englischen Wappenschild (unten):] **PARTIE	ORIENTALE	de la	NOUVELLE FRANCE	ou du	CANADA	avec	L'ISLE de TERRE-NEUVE	et de	NOUVELLE ESCOSSE,	ACADIE	et	NOUV. ANGLETERRE	avec	FLEUVE DE S.ᵗ LAURENCE	reprefenté	par MATH. SEUTTER,	Geogr. de S. M. Imper.	d'Augsbourg.** [unter dem unteren Kartenrand rechts:] **Tob. Conrad Lotter, Sc.**
Zeichner	**Georg Matthaeus Seutter [1678–1757]**
Graveur	**Tobias Conrad Lotter [1717–1777]**
Erscheinungsort und -jahr	**Augsburg [ca. 1757]**
Herausgeber bzw. Verleger	**Georg Matthaeus Seutter**
Projektion	[Marinus]
Format	558 x 474
Maßstab	[ca. 1:1.000.000] [oben rechts der Mitte:] Lieues com. de France. L. Marin. de Fr. et Angl.
Areal	ca. 301°11′ E–306°37′ E [oben] ca. 301°15′ E–306°39′ E [unten] ca. 43°38′ N–48°41′ N
Nomenklatur	französisch
Bemerkungen	Konturen- (Grenz)kolorit [türkis: I. S.ᵗ JEAN, ISLE ROYALE], Flächenkolorit [gelb: NOUV. ANGLETERRE, grün: PARTIE DE CANADE], Piktogramme, Bergreliefs, Küsten- bzw. Uferschraffuren, Kompasskreis mit 4 Strichen und Lilie, geographische bzw. historisch-geographische Erklärungen, Illustrationen oben um die Titelszenerie und unten rechts [u.a. Personen, Poseidon/Neptun, Schiffe]

Laufende Nummer	**41**
Alte Katalogsignatur	**Tab. geogr. B Amer. 1302**
Neue Katalogsignatur	**A 1210**
Titel	[illustrierte Kartusche oben links in farbigen Landschafts- und Meeresszenen mit stilisiertem französischen und englischen Wappenschild (unten):] Partie	Orientale	de la	Nouvelle France	ou du	Canada	avec	l'Isle de Terre-Neuve	et de	Nouvelle Escosse,	Acadie	et	Nouv. Angleterre	avec	Fleuve de S.t Laurence	reprefenté	par T. Conr. Lotter,	Graveur et Geogr.	d'Augsbourg. [unter dem unterem Kartenrand links:] **Dresfé par Alb: Charl Seutter, Geogr:** [unter dem unteren Kartenrand rechts:] **Tob. Conrad Lotter, Sc.**
Zeichner	**Albrecht Carl Seutter [1722–1762]**
Graveur	**Tobias Conrad Lotter [1717–1777]**
Erscheinungsort und -jahr	**Augsburg [ca. 1762]**
Herausgeber bzw. Verleger	**Tobias Conrad Lotter**
Projektion	[Marinus]
Format	558 x 474
Maßstab	[ca. 1:1.000.000] [oben rechts der Mitte:] Lieues com̅. de France. L. Marin. de Fr. et Angl.
Areal	ca. 301°11′ E–306°37′ E [oben] ca. 301°15′ E–306°39′ E [unten] ca. 43°38′ N–48°41′ N
Nomenklatur	französisch, Allonyme
Bemerkungen	entspricht **A 1209**; Konturen- (Grenz)kolorit [gelb: I. S.t Jean, Isle Royale], Flächenkolorit [gelb: Partie de Canade, grün: Nouv. Angleterre, rot: Nouvelle Escosse, Acadie], Illustrationen farbig

Laufende Nummer	**42**
Alte Katalogsignatur	**Tab. geogr. B Amer. 1305**
Neue Katalogsignatur	**A 1211**
Titel	[Kartusche oben rechts der Mitte:] Partie Occidentale	de la	Nouvelle France	ou du	Canada	Par M.r Bellin Ingenieur du Roy et de la Marine	Pour feruir à l'Intelligence des Affaires	et de l'Etat	prefent en Amerique, communiquée au Public par	les Heritiers de Homan, en l'an 1755.
Zeichner	**Jacques Nicolas Bellin sen. [1703–1772]**
Erscheinungsort und -jahr	**Nürnberg 1755**
Herausgeber bzw. Verleger	**Johann Georg Ebersberger [Ebersperger] [1695–1760]** **Johann Michael Franz [Frantz] [1700–1761]**
Projektion	[Donis]
Format	406 x 519
Maßstab	[ca. 1:3.500.000] [Titelkartusche, unter dem Titelblock:] Lieues Communes de France de 25. au Degré Lieues Marines de France et d'Angleterre de 20. au Degré
Areal	ca. 280°39′ E–306°38′ E [oben] ca. 282° E–303°25′ E [unten] 38°26′N–51°18′N
Nomenklatur	französisch, Allonyme
Bemerkungen	Konturenkolorit [gelb], Piktogramme, Bergreliefs, Uferschraffuren, «Isle Philippeaux	Aut. I. Minang» [mit 2 islots] und «I. Pontchartrain»
Bibliographischer Kommentar	u.a. in: atlas	geographicvs	maior	**exhibens tellurem seu Globum	terraqueum	in mappis generalibus & specialibus	per** iohannem baptistam homannvm	**ejusque Heredes	editis	Praemifsa Introductione Geographica	mathematico-phyfico-historica |** Tomvs I.	**qui, exclusa Germania, quatuor mundi partes,	Regna & Status repraesentat.	Curantibus Homannianis Heredibus.	Norimbergae A.** mdcclix. [No. 146] [Sandler 2006: 30]

Laufende Nummer	**43**
Alte Katalogsignatur	**Tab. geogr. B Amer. 1306**
Neue Katalogsignatur	**A 1212**
Titel	[Kartusche unten rechts:] PARTIE ORIENTALE | DE LA | NOUVELLE FRANCE | OU DU | CANADA | Par M.ʳ Bellin Jngenieur du Roy et de la Marine | Pour ſeruir à l'Jntelligence des affaires | et de l'Etat preſent en Amerique communiqueé [sic] | au Public par les Heritiers de Homan | en l'an 1755.
Zeichner	**Jacques Nicolas Bellin sen. [1703–1772]**
Graveur	**Guillaume Dheulland [1700–1770]**
Erscheinungsort und -jahr	**Nürnberg 1755**
Herausgeber bzw. Verleger	**Johann Georg Ebersberger [Ebersperger] [1695–1760]** **Johann Michael Franz [Frantz] [1700–1761]**
Projektion	[Donis]
Format	411 x 524
Maßstab	[ca. 1:3.500.000] [Titelkartusche, unter dem Titelblock:] Lieues Communes de France de 25 au Degré Lieues Marines de France et d'Angleterre de 20 au Degré
Areal	ca. 300°43′ E–330° E [oben] ca. 303°52′ E–326°37′ E [unten] ca. 41°25′ N–54°27′ N
Nomenklatur	französisch, Allonyme
Bemerkungen	Konturenkolorit [gelb], Piktogramme, Bergreliefs, Küsten- bzw. Uferschraffuren, Lotungen, geographische bzw. historisch-geographische Erklärungen
Bibliographischer Kommentar	u.a. in: ATLAS | GEOGRAPHICVS | MAJOR | **exhibens tellurem seu Globum** | **terraqueum** | **in mappis generalibus & specialibus** | **per** | IOHANNEM BAPTISTAM HOMANNVM | **ejusque Heredes** | **editis** | **Praemiſsa Introductione Geographica** | **mathematico-phyſico-historica** | TOMVS I. | **qui, exclusa Germania, quatuor mundi partes,** | **Regna & Status repraesentat. Curantibus Homannianis Heredibus.** | **Norimbergae A.** MDCCLIX. [No. 145] [SANDLER 2006: 30] Version mit REMARQUE oben rechts der Mitte, «Longitude Occidentale du Méridien de Paris» und Titel auf Textschild als CARTE | DE LA PARTIE ORIENTALE | DE LA NOUVELLE FRANCE | OU DU CANADA | DÉDIÉE | **A Monseigneur le Comte de Maurepas** | **Ministre et Secretaire d'Etat,** | **Commandeur des Ordres du Roy** | **Par N. Bellin Ingénieur de la Marine 1744** || **Desbrulins ſculpsit,** in: HISTOIRE | ET | DESCRIPTION GENERALE | DE LA | NOUVELLE FRANCE, | AVEC | LE JOURNAL HISTORIQUE | **d'un Voyage fait par ordre du Roi dans** | **l'Amérique Septentrionnale.** | **Par le P. DE CHARLEVOIX, de la Compagnie de JESUS.** | TOME PREMIER | A PARIS, | **Chez** PIERRE-FRANÇOIS GIFFART, **ruë Saint Jacques,** | **à Sainte Théreſe.** | M. DCC. XLIV. [nach S. 438]

Laufende Nummer	**44**	Laufende Nummer	**45**
Alte Katalogsignatur	**Tab. geogr. B Amer. 1307**	Alte Katalogsignatur	**Tab. geogr. B Amer. 1308**
Neue Katalogsignatur	**A 1213**	Neue Katalogsignatur	**A 1214**
Titel	[Kartusche oben rechts der Mitte:] PARTIE OCCIDENTALE | de la | NOUVELLE FRANCE | ou du | CANADA | Par M.ʳ Bellin Ingenieur du Roy et de la Marine | Pour ſeruir à l'Intelligence des Affaires | et de l'Etat | preſent en Amerique, communiquée au Public par | les Heritiers de Homan en l'an 1755.	Titel	[Kartusche unten rechts:] PARTIE ORIENTALE | DE LA | NOUVELLE FRANCE | OU DU | CANADA | Par M.ʳ Bellin Jngenieur du Roy et de la Marine | Pour ſeruir à l'Jntelligence des affaires | et de l'Etat preſent en Amerique communiqueé [sic] | au Public par les Heritiers de Homan | en l'an 1755.
Zeichner	Jacques Nicolas Bellin sen. [1703–1772]	Zeichner	Jacques Nicolas Bellin sen. [1703–1772]
Erscheinungsort und -jahr	**Nürnberg 1755**	Erscheinungsort und -jahr	**Nürnberg 1755**
Herausgeber bzw. Verleger	**Johann Georg Ebersberger [Ebersperger] [1695–1760]** **Johann Michael Franz [Frantz] [1700–1761]**	Herausgeber bzw. Verleger	**Johann Georg Ebersberger [Ebersperger] [1695–1760]** **Johann Michael Franz [Frantz] [1700–1761]**
Projektion	[Donis]	Projektion	[Donis]
Format	404 x 518	Format	410 x 520
Maßstab	[ca. 1:3.500.000] [Titelkartusche, unter dem Titelblock:] Lieues Communes de France de 25. au Degré Lieues Marines de France et d'Angleterre de 20. au Degré	Maßstab	[ca. 1:3.500.000] [Titelkartusche, unter dem Titelblock:] Lieues Communes de France de 25 au Degré Lieues Marines de France et d'Angleterre de 20 au Degré
Areal	ca. 280°39′ E–306°38′ E [oben] ca. 282° E–303°25′E [unten] 38°26′N–51°18′N	Areal	ca. 300°43′ E–330° E [oben] ca. 303°52′ E–326°37′ E [unten] ca. 41°25′ N–54°27′ N
Nomenklatur	französisch, Allonyme	Nomenklatur	französisch, Allonyme
Bemerkungen	entspricht **A 1211**; schwarz	Bemerkungen	entspricht **A 1212**; schwarz

Laufende Nummer	46
Alte Katalogsignatur	**Tab. geogr. B Amer. 1310**
Neue Katalogsignatur	**A 1215**
Titel	[unten Mitte bis unten rechts:] **Carte d'une Partie de	l'Amérique Septentrionale	Pour servir à l'Intelligence du Mémoire sur les prétentions des	Anglois au sujét des Limites à regler avec la France	dans cette Partie du Monde.** [unter dem unteren Kartenrand links:] **Memoires fur les Limites de l'Acadie Tom. 1. Page 1.** [unter dem unteren Kartenrand rechts:] **Amstelod. apud J. Schreuder & P. Mortier Junr 1755.**
Erscheinungsort und -jahr	**Amsterdam 1755**
Herausgeber bzw. Verleger	**Jan Schreuder [nachgewiesen bis ca. 1762]** **Pieter Mortier jun. [1704–1754]**
Projektion	[Donis]
Format	321 x 426
Maßstab	[ca. 1:5.300.000] [Kartusche mit «Avertissement» links oberhalb der Mitte:] Lieues Marines de France et d'Angleterre du 20 au Deg.
Areal	ca. 83°20′ W–47°45′ W «Longitude Occidentale du Meridien de Londres» [oben] ca. 81°17′ W–54°41′ W «Longitude Occidentale de l'Obfervatoire de Paris» [unten] ca. 35°46′ N–51°53′ N
Nomenklatur	französisch, englisch, Allonyme
Bemerkungen	schwarz, Gradnetz, Piktogramme, Bergreliefs, Küsten- bzw. Ufer- und Territorialschraffuren, Grenzlinien, Kompassrose mit 8 Pfeilen und Lilie, Legende «Baccalaos	ou	I. du Cap Breton	auj. I. Royale»
Textelemente	[Kartusche links oberhalb der Mitte:] Avertissement	 Les Limites de Provinces Angloises soit	entre elles, soit du côté du Canada ont été prises sur des	Cartes Angloises, et sont ici sans conséquence.	Par la même raison, on n'a point timbré Nouvelle France	ce qui l'auroit du l'être. [unter dem Titel Erklärungen zu Grenzzeichen:] Les Limites proposées dans les Mémoires de M.M. les Commissaires Anglois des 21 Septembre et 11 Janvier 1751.	sont entourées des gros points: Mais suivant eux l'Isle du Cap Breton en est exceptée. [Zeichen]	 Les Limites de l'Acadie et de ses Bancs suivant le Traité d'Utrecht sont marquées ainsi. [Zeichen]	 La Banlieue du Port Royal cédée par le même Traité d'Utrecht est entourée d'un gros trait. [Zeichen]	 Les Limites de la Nouvelle Ecosse suivant la concession faite par Jacques Ier en faveur de Guillaume Alexandre	le 10 Septembre 1621. sont entourées de petits points. [Zeichen] Le Pais concédé par Cromwel aux S.^r la Tour, Crowne et Temple le 9 Aoust 1656. est entouré d'un double trait fin [Zeichen]	 Le Pais restitué par le Traité de Breda est le même que celui qui avoit été concédé par Cromwel, et en outre le	Pais depuis Mirligueche jusquà Canseau.	 Le Gouvernement du Sr Denis en 1654. est ombré ou haché horisontalement [Zeichen]	 Le Gouvernement du Sr Charnizai en 1638. est ombré Diagonalement [Zeichen]	 Le Gouvernement du S.^r la Tour en 1638. est ombré Perpendiculairement. [Zeichen]
Bibliographischer Kommentar	in: **Memoires	des	commissaires	de sa majesté tres-chretienne	et de ceux de sa majesté	brittannique,	Sur les poffeffions & les droits refpectifs des deux	couronnes en amerique;	Avec les Actes publics & Piéces juftificatives.	tome premier.	Contenant les Mémoires fur l'Acadie & fur l'ifle de	Sainte-Lucie.	a amsterdam et a leipzig,	Chez J. schreuder	& pierre mortier le jeune.	MDCCLV.** [vor Seite 1] — **mémoires	des	commissaires du roi	et de ceux	de sa majesté britannique,	Sur les poffeffions & les droits refpectifs des	deux Couronnes en Amérique;	Avec les Actes publics & Piéces juftificatives.	tome premier,	Contenant les Mémoires fur l'Acadie & fur l'ifle de	Sainte-Lucie.	a paris,	de l'imprimerie royale.	M.DCCLV.** [vor Seite j]

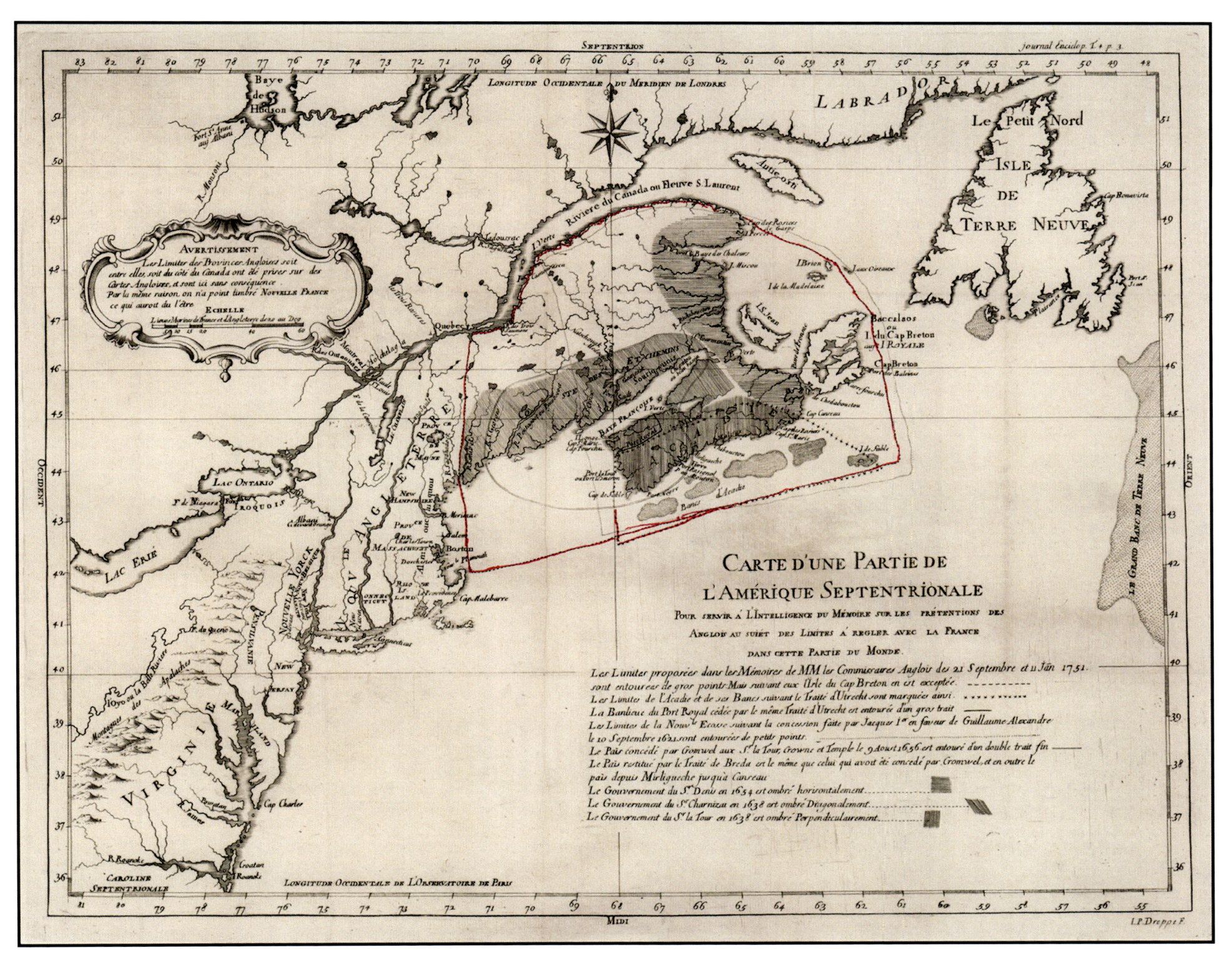

Abb. 7
Eine der drei typographischen Versionen der Karte A 1215 mit der Unterschrift «I.P. Dreppe F[ecit].»

Laufende Nummer	47
Alte Katalogsignatur	**Tab. geogr. B Amer. 1315**
Neue Katalogsignatur	**A 1216**
Titel	[über dem oberen Kartenrand Mitte:] **Partie Orientale	du Canada	Traduitte de l'Anglois de la Carte de Jefferys publiée a Londres	en May 1755. A Paris par Le Rouge Ingenieur Geographe du Roy, Rue des Grands Augustins**
Zeichner	**Thomas Jefferys [ca. 1719–1771] Georges-Louis Le Rouge [1712–1775]**
Erscheinungsort und -jahr	**Paris [1755]**
Herausgeber bzw. Verleger	**Georges-Louis Le Rouge**
Projektion	[Delisle]
Format	436 x 577
Maßstab	[ca. 1:1.900.000] [unten rechts:] Lieues Marines de 20 au Degré Miles d'Angleterre de 69½ au Degré.
Areal	ca. 74°29′ W–58°22′ W [von London] [oben] ca. 55°24′ W–41°39′ W «Longitudes Occidentales de l'Isle de Fer» [unten] ca. 42°18′ N–49°58′ N [links] ca. 42°38′ N–50°19′ N [rechts]
Nomenklatur	französisch, englisch
Bemerkungen	Adaptation der Karte **A Map,	Exhibiting a View of the	English Rights, relative to the	Ancient limits of Acadia;	as Supported by Express & inconteftable Authorities, in	Opposition to that of y̌ French	1755**, in: **remarks	on the French Memorials concerning the	limits of Acadia [...] london:	Printed for T. Jefferys, at the Corner of St. Martin's Lane, in the Strand. mdcclvi.** [vor S. 1]; schwarz, Gradnetz, Piktogramme, Bergreliefs, Geländestriche, Territorialschraffuren, teilweise kolorierte Grenzlinien, Kompassrose mit 4 Pfeilen und Lilie, Lotungen, Landverkehrswege, Vignette im Golfe de S.t Laurent zwischen ca. 48° N–49° N und ca. 62°35′ W–59°35′ W/45° W–42° W [Poseidon/Neptun mit zwei Seerossen, signiert unten links: «Le Rouge	pour Essai.»]
Textelemente	[über dem oberen Kartenrand links vom Titel:] Explication	Les limites proposées dans les Mémoires de M.rs les Commissaires Anglois des 21. Sep.bre 1750. et 11. Janvier 1751.	sont entourées des gros points, mais suivant eux l'Isle du Cap Breton en est exceptée. [Zeichen]	Les Limites de l'Acadie et de ses Bancs suivant le traité d'Utrecht sont marquée [sic] ainsi. [Zeichen]	La Banlieue du port Royal cedée par le même traité d'Utrecht est entourée d'un gros trait. [Zeichen]	Les limites de la nouvelle Ecosse suivant la Concession faite par Jacques I.er en faveur de Guillaume	Alexandre le 10. septembre 1621. sont entourées de petits points. [Zeichen] [über dem oberen Kartenrand rechts vom Titel:] Explication	Le pais Concedé par Cromwel aux S.t la Tour, Crowne et temple le 9. Aoust 1656. est entouré d'un double trait fin. [Zeichen]	Le pais restitué par le traité de Breda est le même que celui qui avoit été Concedé par Cromwel et en	outre le pais depuis Merligueche jusqu'a Canseau.	Le Gouvernem.t du S.t Denis en 1654. est haché horisontalement [Zeichen]	Le Gouvernem.t du S.t Charnizai en 1638. est haché diagonalem.t [Zeichen]	Le Gouvernem.t du S.t la Tour en 1638. est haché perpendiculairem.t [Zeichen] [Textschild mit floralem Rahmen oben links:] Table Comparative Lieux	observes Latitides	Longitudes Observateurs [...] [...] [oben, rechts neben der Tabelle und darunter:] Bericht. [Übersetzung der «Explication» der Linien und Schraffuren ins Deutsche] [unten rechts:] Note	Les Lieux ou la Latitude a eté observée	sont souslignés d'un simple trait. [Zeichen] les	[Zeichen] doubles traits marquent Longitude et Latitude, les lignes ponctuées [Zeichen] denotent	les observations douteuses.
Bibliographischer Kommentar	u.a. in: **atlas	général	Contenant le Detail	des quatres parties du monde	principalement	celui de l'europe	par lerouge	Ingénieur Géographe du Roi et de	S.A.S.M. le Comte de Clermont	Avec Privilege du Roi.	A Paris chez le f.r Le Rouge Ing.r Géographe du Roi, Rue des Gr.ds Augustins.** [nach 1764] [No. 142]

Laufende Nummer	**48**	Nomenklatur	französisch, englisch, Allonyme
Alte Katalogsignatur	**Tab. geogr. B Amer. 1320**	Bemerkungen	Konturen- (Grenz-) und Flächenkolorit [gelb: englische Verwaltung, grün: französische Verwaltung], Piktogramme, Bergreliefs, Küsten- bzw. Uferschraffuren, «I. Phelippeaux | ou Minong» [mit 2 islots] und «I. Pontchartrain»
Neue Katalogsignatur	**A 1217**		
Titel	[unten rechts auf Vorhang in farbiger Flusslandschaft u.a. mit Biber und Bootsrumpf:] PARTIE DE | L'AMÉRIQUE SEPTENT? | qui comprend | LA NOUVELLE FRANCE | OU LE CANADA, | Par le Sr Robert de Vaugondy Geog? | Ordinaire du Roy. | Avec Privilege 1755. [darunter links:] **Groux**	Bibliographischer Kommentar	Originalversion ohne Grenzmarkierung der PROVINCE DE QUEBEC in: ATLAS | UNIVERSEL, | **Par** M. ROBERT **Geographe ordinaire du Roy** | ET | **Par** M. ROBERT DE VAUGONDY **son fils Geographe ord? du Roy, et de** | **S. M. Polonoise Duc de Lorraine et de Bar, et Associé de** | **L'Academie Royale des Sciences et belles Lettres de Nancy.** | AVEC PRIVILEGE DU ROY. | **1757.** | A PARIS | **Chez Les** AUTEURS **Quay de l'Horloge du Palais.** | BOUDET **Libraire Imprimeur du Roi, rue St Jacques.** [No. 98]
Inset	links Mitte bis unten links und unten Mitte, konkave Einbuchtung oben rechts, Titel in illustrierter Kartusche oben links der Mitte, No. **48-1**:] **Supplement** | **Pour** | LES LACS DU CANADA		
Zeichner	**Gilles Robert [1688–1766]** **Didier Robert de Vaugondy [ca. 1723–1786]**		
Graveur	**Charles-Jacques Groux [17..?–18..?]**		
Erscheinungsort und -jahr	**Paris 1763**		
Herausgeber bzw. Verleger	**Gilles Robert** **Didier Robert de Vaugondy** **Antoine-Chrétien Boudet [1715?–1787]**		
Format	457 x 585		
Maßstab	[ca. 1:4.000.000] [unten rechts auf Bootsrumpf unter dem Titelblock:] Milles pas géometriques de 60 au dégré. Lieues marines ou d'une heure, de 20 au dégré. [No. **48-1**:] 1:5.000.000 [Titelkartusche, unter dem Titel:] Milles pas géometriq? de 60 au dégré. Lieues d'une heure de 20 au dégré.		
Areal	ca. 267°10′ E–331°10′ E [oben] ca. 35°26′ N–51°44′ N [rechts] ca. 41° N–52°30′ N [links] [No. **48-1**:] ca. 277°29′ E–303°24′ E [oben] ca. 259°36′ E–302°04′ E [unten] ca. 40°56′ N–50°39′ N [links] ca. 40°54′ N–47° N [rechts]		

Laufende Nummer	**49**		Laufende Nummer	**50**
Alte Katalogsignatur	**Tab. geogr. B Amer. 1325**		Alte Katalogsignatur	**Tab. geogr. B Amer. 1330**
Neue Katalogsignatur	**A 1218**		Neue Katalogsignatur	**A 1219**
Titel	[Textschild unten rechts:] Carte	du Canada,	de la Nouvelle Ecosse	et de l'Acadie;	d'après les Originaux Anglais [über dem oberen Kartenrand rechts:] **Pl. 2**.		Titel	[unten links:] **A Map of	Canada	and	the North Part of	Louisiana	with the	Adjacent Countrys.	By Thoˢ Jefferys, Geographer	to His Royal Highneſs the	Prince of Wales.** [unter dem unteren Kartenrand links:] **1760 Published by Thoˢ. Jefferys near Charing Croſs London.** [unter dem unteren Kartenrand rechts:] **T Jefferys sculp.**
Zeichner	**Louis Brion de la Tour [ca. 1765–1823]**		Zeichner	**Thomas Jefferys [ca. 1719–1771]**
Erscheinungsort und -jahr	**Brüssel 1782**		Graveur	**Thomas Jefferys**
Herausgeber bzw. Verleger	**Michel René Hilliard d'Auberteuil [1751–1789]**		Erscheinungsort und -jahr	**London 1760**
Projektion	[Donis]		Herausgeber bzw. Verleger	**Thomas Jefferys**
Format	215 x 311		Projektion	[Mercator]
Maßstab	[ca. 1:5.500.000] [Titelkartusche, unter dem Titel:] Lieues d'une heure, de 20 au Degre'		Format	300 x 511
Areal	ca. 82°36' W–53°18' W «Long.ᵉ Occid.ᵉ du Méridien de Paris» [oben] ca. 299°36' E–324°12' E «Longitude du Méridien de l'Isle de Fer» [unten] ca. 43°20' N–55°10' N		Maßstab	[ca. 1:6.200.000–1:9.300.000] [Maßstabsleiste entlang der linken Koordinatenskala innen:] Britiſh and French Leagues 20 to a Degree.
Nomenklatur	französisch, englisch, Allonyme		Areal	ca. 98°40' W–40°30' W «Degˢ of Long. from Ferro I.» 40° N–60°17' N
Bemerkungen	Gradnetz, Konturen- (Grenz-) und Flächenkolorit, Piktogramme, Bergreliefs, Legende Province de Quebec		Nomenklatur	englisch, französisch, Allonyme
Bibliographischer Kommentar	in: essais	historiques	et politiques	sur les	anglo-américains,	**Par M. Hilliard d'Auberteuil.**	tome premier.	seconde partie.	a bruxelles.	m. dcc. lxxxii. [Pl. 2 nach S. 294]		Bemerkungen	Gradnetz, Konturen- (Grenz-) und Flächenkolorit, Piktogramme, Bergreliefs, Küsten- bzw. Uferschraffuren
			Bibliographischer Kommentar	Version in: **The natural and civil	history	of the	frenchdominions	in	North and South America.	Giving a particular Account of the	Climate,	Soil,	Minerals,	Animals,	Vegetables,	Manufactures,	Trade,	Commerce,	and	Languages,	together with	The Religion, Government, Genius, Character, Manners and	Cuſtoms of the Indians and other Inhabitants.	illustrated by	Maps and Plans of the principal Places,	Collected from the beſt Authorities, and engraved by	T. Jefferys, Geographer to his Royal Highness the Prince of Wales.	Part I. Containing	A Deſcription of Canada and Louiſiana.	london,	Printed for Thomas Jefferys at Charing-Croſs. |** mdcclx. [vor S. 1]

Laufende Nummer	**51**
Alte Katalogsignatur	**Tab. geogr. B Amer. 1335**
Neue Katalogsignatur	**A 1220**
Titel	[Kartusche oben links:] **An Accurate Map of	Canada,	— with the adjacent —	Countries;	Exhibiting the late Seat of War between	the Englifh & French in those Parts.	Univerf. Mag. J. Hinton, Newgate Street.** [unter dem unterem Kartenrand rechts:] **R. W. Seale del. et sculp.**
Zeichner	**Richard William Seale [1732–1785]**
Graveur	**Richard William Seale**
Erscheinungsort und -jahr	**London [1760]**
Herausgeber bzw. Verleger	**John Hinton [nachgewiesen 1745–1781]**
Projektion	[Mercator]
Format	347 x 331
Maßstab	[ca. 1:6.000.000]
Areal	ca. 92°28′ W–67°30′ W «Degrees West from London» ca. 40° N–52°14′ N
Nomenklatur	englisch, französisch, Allonyme
Bemerkungen	Gradnetz, Flächenkolorit, Piktogramme, Bergreliefs, Geländestriche, Küsten- bzw. Uferschraffuren, Grenzlinien, «I. Pontchartrain»
Bibliographischer Kommentar	in: **The Univerfal Magazine	of	Knowledge and Pleafure […] and other Arts and Sciences […], Vol. XXVIII, for February, 1761** [vor S. 57]

Laufende Nummer	**52**
Alte Katalogsignatur	**Tab. geogr. B Amer. 1340**
Neue Katalogsignatur	**A 1221**
Titel	[über dem oberen Kartenrand:] **Nouvelle Carte Particulière de l'Amérique ou font exactement marquées la Nouvelle Bretagne, le Canada ou Nouvelle France,	la Nouvelle Ecosse, la Nouvelle Angleterre, la Nouvelle York, la Pensilvanie, Mary-Land, la Caroline Septentrionale l'Ile de Terre Neuve, le Grand Banc &c.** [unter dem unteren Kartenrand rechts:] **I. Condet f.**
Zeichner	**Henry Popple [†1743]**
Graveur	**William Henry T[h]oms [nachgewiesen 1723–1758]** **Richard William Seale [1732–1785]** **Johannes Condet [1711–1781]**
Erscheinungsort und -jahr	**Amsterdam [ca. 1737]**
Herausgeber bzw. Verleger	**Jan [Johannes, Jean] Covens sen. [1697–1774]** **Cornelis Mortier [1699–1783]**
Projektion	Mercator
Format	546 x 502
Maßstab	[1:5.000.000] [34° N–35° N]
Areal	ca. 79°23′ W–51° W [unten] [77° W–57° W [oben]: Suchnetz V-IV] ca. 33°31′ N–55° N
Nomenklatur	englisch, französisch, Allonyme, Hybridae
Bemerkungen	nordöstliches Blatt eines Nachstiches, mit separierten Nebenkarten und leichten Modifikationen, von: **A map	of the british empire in	america	with the french and spanish	settlements adjacent thereto.	by Henry Popple. London: Engrav'd by Willm. Henry Toms and R.W. Seale, 1733**, unter dem Titel: **A Map	of the British Empire in	America	with the french Spanish	and Hollandish Settlements	adjacent thereto by Henry Popple	at Amsterdam	Printed for Iohn Covens and Cornelius Mortier.**

Laufende Nummer	**53**
Alte Katalogsignatur	**Tab. geogr. B Amer. 1345**
Neue Katalogsignatur	**A 1222**
Titel	[illustrierte Kartusche oben rechts der Mitte u.a. mit Krone (oben):] CARTE	DES CINQ GRANDS LACS	DU CANADA
Zeichner	**Jacques Nicolas Bellin sen. [1703–1772]**
Erscheinungsort und -jahr	**Paris 1764**
Herausgeber bzw. Verleger	**Jacques Nicolas Bellin sen. [1703–1772]**
Projektion	[Donis]
Format	202 x 318
Maßstab	[ca. 1:5.100.000] [Titelkartusche, unter dem Titel:] Echelle de Cinquante Lieues Communes
Areal	ca. 99°22′ W–75°40′ W [oben] ca. 97°43′ W–77°10′ W «Longitude Occidentale du Merdien de Paris» [unten] ca. 41° N–50°19′ N
Nomenklatur	französisch
Bemerkungen	Bearbeitung einer Handzeichnung von LOUIS JOLIET [JOLLIET] von **1673** und Manuskripten von GASPARD-JOSEPH CHAUSSEGROS DE LÉRY mit Korrektur von Gewässer- und Inselkonturen; Konturenkolorit, Piktogramme, Bergreliefs, Geländestriche, Strömungspfeile, «Isle Phelippeaux» [mit 2 islots], «I. Pontchartrain» sowie Hochplateau auf der Michigan-Halbinsel
Bibliographischer Kommentar	Version in: LE PETIT ATLAS MARITIME	RECUEIL DE	CARTES ET PLANS	DES QUATRE PARTIES DU MONDE.	**en Cinq Volumes.**	I. VOLUME.	**Amerique Septentrionale et Isles Antilles.**	[...] **Par Ordre de M. le Duc de Choiseul Colonel Général**	**des Suisses et Grisons Ministre de la Guerre et de la Marine**	**Par le S. Bellin Ingenieur de la Marine 1764.** [No. 6] Reproduktion in: **Haack Geographisch-Kartographischer Kalender 1992** [Blatt Juni]
Herkunft	Adelung

Gradnetz, Konturen- (Grenz-) und Gebäudekolorit, Piktogramme, Bergreliefs, Küsten- bzw. Uferschraffuren, Lotungen, Vignetten [Zwei- und Dreimaster sowie Boote auf dem Atlantik und dem GULF OF ST. LAWRENCE, Neufundland-Schoner auf der GRAND FISHING BANK OF NEW-FOUND LAND]

Bibliographischer Kommentar: u.a. in einer Teiledition von: ATLAS NOVUS. | **ad Usum Serenissimi** | BURGUNDIÆ | DUCIS. || ATLAS FRANÇOIS. à l'Usage de MONSEIGNEUR le DUC de BOURGOGNE | **Contenant les Cartes, etc.** | DES EMPIRES, MONARCHIES, ROYAUMES, et ETATS | DU MONDE. || A AMSTERDAM chez IEAN CÓVENS et CORNEILLE MORTIER AVEC PRIVIL'. || ATLAS | NOUVEAU, | CONTENANT TOUTES | LES PARTIES DU | MONDE, | **Ou font exactement Remarquées les** | EMPIRES, | MONARCHIES, | ROYAUMES, | **Etats, Republiques &c.** | **Par Guillaume de l'Ifle.** | **Premier Géographe de fa Majefté.** | A AMSTERDAM, | Chez JEAN CÓVENS & CORNEILLE MORTIER. | fur le Vygendam. | MDCCXXXIII. [1741] [ELKHADEM et al. 1994: 74] [sowie in den nachfolgenden Auflagen, u.a. **ca. 1745** [No. 103], **nach 1757** [No. 108] [KOEMAN II: 55, 60].

Laufende Nummer	**54**
Alte Katalogsignatur	**Tab. geogr. B Amer. 1350**
Neue Katalogsignatur	**A 1223**
Titel	[unten rechts auf Felsblock in Waldlandschaft mit Waserfällen und Wasserfläche:] **A	New Map	of the	Province of Quebec,	according to	the Royal Proclamation,	of the 7ᵗʰ of October 1763.	from	the French Surveys	Connected with those made after the War.	By	Captain Carver,	and Other	Officers,	in His Majesty's Service.** [unter dem unteren Kartenrand Mitte:] **London. Printed for Robt Sayer and John Bennett, Map and Printsellers No. 53 in Fleet Street, as the Act directs. 16ᵗʰ February 1776.**
Insets	[oben links, Titel oben Mitte, No **54-1**:] **A	Particular Survey	of the	Isles of Montreal.** [darunter, Titel oben rechts, No. **54-2**:] **Plan	of	Montreal,	or	Villemarie.** [oben links der Mitte, rechts neben No. 54-1 und No. 54-2, Titel in Oval oben rechts, No. **54-3**:] **The City	of	Quebec.** [oben rechts der Mitte, rechts neben No. 54-3, Titel oben links der Mitte, No. **54-4**:] **Course	of the	River Sᵀ Laurence,	from	la Valterie to Quebec.	on a Larger Scale**
Zeichner	**Jonathan Carver [1710–1780] [et al.]** **Thomas Jefferys [ca. 1719–1771]**
Erscheinungsort und -jahr	**London 1776**
Herausgeber bzw. Verleger	**Robert Sayer [1725–1794]** **John Bennett [†1787]**
Projektion	[Delisle]
Format	**474 × 656**
Maßstab	[ca. 1:2.500.000] [unten, links der Titelszenerie:] British Miles.	Nautic Leagues.	Canadian Leagues about Two Miles Each. [No. **54-1**:] [ca. 1:200.000] [unter dem Titel:] Sea Leagues. [No. **54-2**:] [ca. 1:18.000] [unten links, Schild mit Legende, unten:] English Yards. [No. **54-3**:] [ca. 1:12.000] [unten links, unter der Legende:] Scale of English Feet. [No. **54-4**:] [ca. 1:100.000] [unter dem Titel:] Britiſh Miles.
Areal	ca. 81°43′ W–59°19′ W [oben] ca. 79°35′ W–61°25′ W «Degrees of Longitude West from London. [unten] ca. 44°16′ N–53°33′ N
Nomenklatur	englisch, französisch, Allonyme, Hybridae
Bemerkungen	Gradnetz, Konturen- (Grenz-) und Flächenkolorit, Piktogramme. Bergreliefs, Küsten- bzw. Uferschraffuren, Landverkehrswege [No. **54-1**:] Konturen- und Wasserflächenkolorit, Geländestriche, halbe Kompassrose mit drei [zwei zur Hälfte] sichtbaren Pfeilen und halber Lilie [No. **54-2**:] Konturen-, Flächen- und Gebäudekolorit, Kompassrose mit 4 Pfeilen und Lilie, Strömungspfeil [Textschild links:] References.	1.–12.; a.–f. [No. **54-3**:] Konturen-, Flächen- und Gebäudekolorit, Geländestriche, Lilienpfeil, Strömungspfeil [unten links, links und rechts des Lilienpfeils:] References.	a.–k.; l.–t. [No. **54-4**:] Konturen- und Wasserflächenkolorit, Kompasskreis mit 4 Strichen und Lilie, Strömungspfeil, gestrichelte Markierungen der seigneuries
Bibliographischer Kommentar	Version u.a. in: **the	american atlas:	or,	A Geographical Defcription	of the	whole continent of America;	wherein are delineated at large, its	several regions, countries, states, and islands;	and chiefly	the british colonies,	Compoſed from numerous Surveys, ſeveral of which were made by	Order of Government.	by	Capt. holland, Capt. carver, lewis evans, william scull, henry mouzon, Lieut. ross,	j. cook, michael lane, joseph gilbert, gardner, hillock, &c. &c.	engraved on	forty-eight copper-plates,	by	The Late Mr. thomas jefferys, Geographer to the King, and Others.	london,	Printed and Sold by r. sayer and j. bennett, Map and Print Sellers, No. 53, Fleet-Street	mdcclxxvi. [No. 18 u.a.]** No. **54-1–54-3**: verkleinerte Reproduktion in: **Haack Geographisch-Kartographischer Kalender 1992** [Blatt Juli]
Herkunft	Adelung

Laufende Nummer	**55**
Alte Katalogsignatur	**Tab. geogr. B Amer. 1351**
Neue Katalogsignatur	**A 1224**
Titel	[unten rechts auf Felsblock in Waldlandschaft mit Wasserfällen und Wasserfläche:] **A	New Map	of the	Province of Quebec,	according to	the Royal Proclamation,	of the 7th of October 1763.	from	the French Surveys	Connected with those made after the War.	By	Captain Carver, and Other	Officers, in His Majesty's Service.** [unter dem unteren Kartenrand Mitte:] **London. Printed for Robt. Sayer and John Bennett, Map and Printsellers No. 53 in Fleet Street, as the Act directs. 16th February 1776.**
Insets	[oben links, Titel oben Mitte, No **55-1**:] **A	Particular Survey	of the	Isles of Montreal.** [darunter, Mitte, Titel oben rechts, No. **55-2**:] **Plan	of	Montreal, |or	Villemarie.** [oben links der Mitte, rechts neben No. **55-1** und No. **55-2**, Titel in Oval oben rechts, No. **55-3**:] **The City	of	Quebec.** [oben rechts der Mitte, rechts neben No. **55-3**, Titel oben links der Mitte, No. **55-4**:] **Course	of the	River St. Laurence,	from	la Valterie to Quebec.	on a Larger Scale**
Zeichner	**Jonathan Carver [1710–1780] [et al.]** **Thomas Jefferys [ca. 1719–1771]**
Erscheinungsort und -jahr	**London 1776**
Herausgeber bzw. Verleger	**Robert Sayer [1725–1794]** **John Bennett [†1787]**
Projektion	[Delisle]
Format	474 x 654
Maßstab	[ca. 1:2.500.000] [unten, links der Titelszenerie:] British Miles.	Nautic Leagues.	Canadian Leagues about Two Miles Each. [No. **55-1**:] [ca. 1:200.000] [unter dem Titel:] Sea Leagues. [No. **55-2**:] [ca. 1:18.000] [unten links, Schild mit Legende, unten:] English Yards. [No. **55-3**:] [ca. 1:12.000] [unten links, unter der Legende:] Scale of English Feet. [No. **55-4**:] [ca. 1:100.000] [unter dem Titel:] Britiſh Miles.
Areal	ca. 81°43′ W–59°19′ W [oben] ca. 79°35′ W–61°25′ W «Degrees of Longitude West from London. [unten] ca. 44°16′ N–53°33′ N
Nomenklatur	französisch, englisch, Allonyme, Hybridae
Bemerkungen	entspricht **A 1223**; mehr Flächenkolorit und unterschiedliches Grenzkolorit [No. **55-1**–**55-4**:] schwarz mit leichtem Wasserflächenkolorit, keine Tinktur der Symbole

Laufende Nummer	**56**		Vignette [Zweimaster auf dem LAKE ONTARIO]
Alte Katalogsignatur	**Tab. geogr. B Amer. 1355**	Textelemente	[unter der Titelkartusche rechts:] Note.	The Coast of Labrador, with the Isle	of Anticosti and Magdalen Islands, are	under the Government of Newfoundland.	Those of S. John and Cape Breton, are	under that of Nova Scotia.	The Isles of Miquelon and S. Peters,	belong to the French.
Neue Katalogsignatur	**A 1225**		
Titel	[über dem oberen Kartenrand:] **The SEAT of WAR, in the NORTHERN COLONIES, containing the Province of QUEBEC, NEWFOUNDLAND, NOVA-SCOTIA, NEW-ENGLAND, NEW-YORK, NEW-JERSEY, PENNSYLVANIA, &ca.** [Kartusche oben rechts mit Biber in Flusslandschaft (oben):] **A GENERAL MAP OF THE	NORTHERN BRITISH COLONIES	IN AMERICA.| which comprehends	THE PROVINCE OF QUEBEC,	THE GOVERNMENT OF NEWFOUNDLAND,	NOVA-SCOTIA,	NEW-ENGLAND AND NEW-YORK.	from the Maps Published by the Admiralty and Board of Trade,	Regulated by the Astronomic and Trigonometric Observations of MAJOR HOLLAND,	and Corrected from GOVERNOR POWNALL's Late Map 1776.** [unter dem unteren Kartenrand Mitte:] **London. Printed for Rob. Sayer and Jn. Bennett, Map & Sea Chartsellers, N.º 53, Fleet Street, as the Act directs. 14th August 1776.**	Bibliographischer Kommentar	Version in: THE	AMERICAN	**Military Pocket Atlas;**	BEING	**An approved Collection of Correct MAPS,**	BOTH GENERAL AND PARTICULAR,	OF	**THE BRITISH COLONIES;	Especially thofe which now are, or probably may be**	THE THEATRE OF WAR:	**Taken principally from the actual Surveys and judicious Obfer-**	**vations of Engineers DE BRAHM and ROMANS; COOK,**	**JACKSON, and COLLET, Maj. HOLLAND, and other Officers,**	EMPLOYED IN	HIS MAJESTY'S FLEETS AND ARMIES.	LONDON:	**Printed for R. SAYER and J. BENNET, Map and Print-Sellers,**	**(No. 53) Fleet-ftreet.** [No. 3]
		Herkunft	Adelung
Zeichner	**Lewis Evans [ca. 1700–1756]** **Samuel Jan Hollandt [1728–1801]** **Thomas Pownall [1722–1805]**		
Erscheinungsort und -jahr	**London 1776**		
Herausgeber bzw. Verleger	**Robert Sayer [1725–1794]** **John Bennett [†1787]**		
Format	462 x 646		
Maßstab	[ca. 1:3.700.000] [unten Mitte:] British Statute Miles.		
Areal	ca. 82°05′ W–44°45′ W [oben] ca. 77°10′ W–48°44′ W «Degrees of Longitude West from London.» [unten] 38°28′ N–54°05′ N [links] 38°39′N–54°09′ N [rechts]		
Nomenklatur	englisch, französisch, Allonyme		
Bemerkungen	Gradnetz, Konturen- (Grenz-) und Flächenkolorit, Piktogramme, Bergreliefs, Küsten- bzw. Uferschraffuren, geographische bzw. geographisch-historische Erklärungen,		

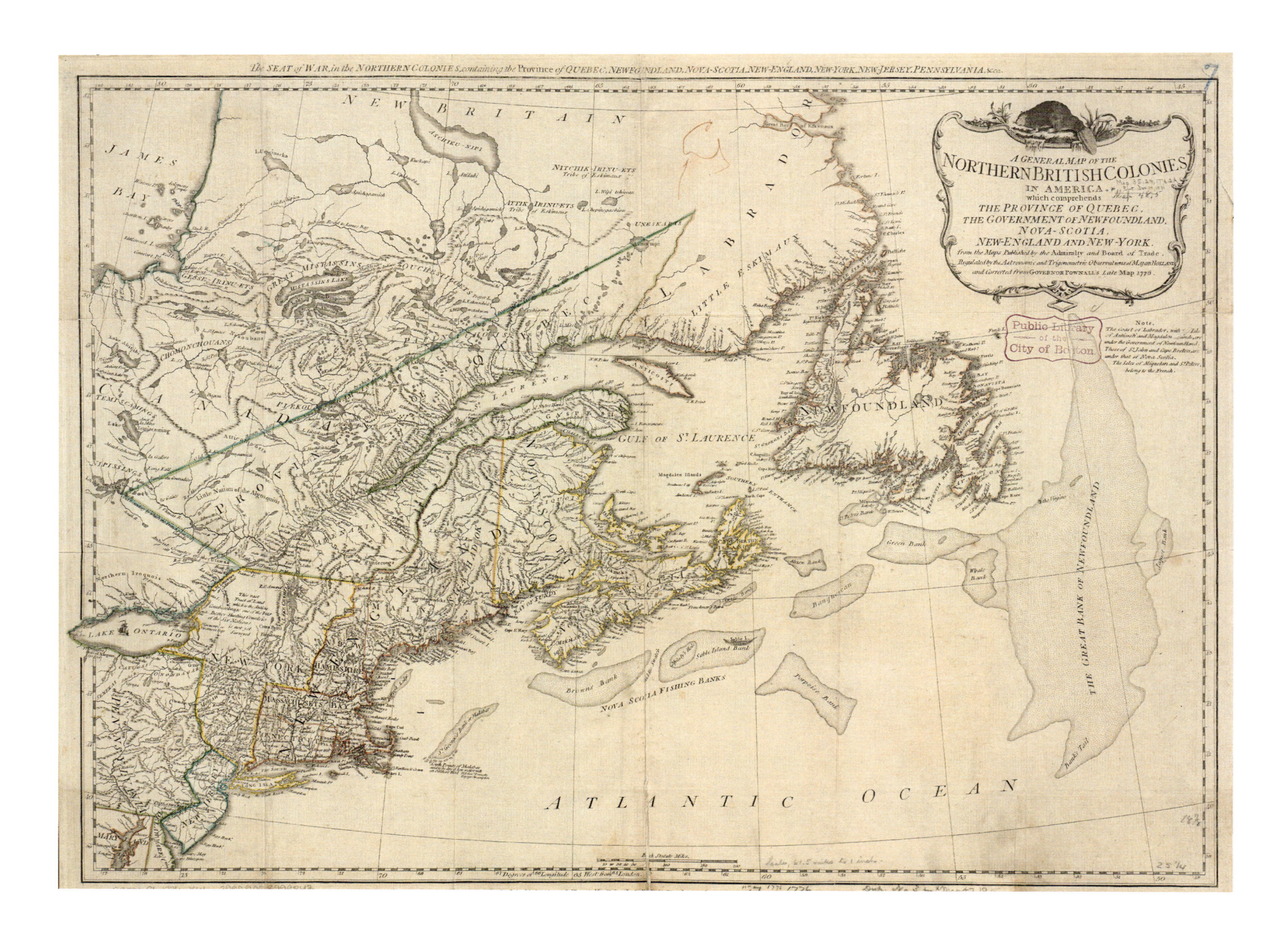

Abb. 8
A 1225 ohne Flächenkolorit aus dem Norman B. Leventhal Map Center.

Laufende Nummer	**57**
Alte Katalogsignatur	**Tab. geogr. B Amer. 1360**
Neue Katalogsignatur	**A 1226**
Titel	[oben links, auf Felsbblock in Felslandschaft mit Wasserfällen und Szene mit 4 Personen, Warenballen und Tonne im Vordergrund:] **A Map of the	Inhabited Part	of	Canada,	from the French Surveys; with	the Frontiers of	New York and New England,	from the Large Survey	By Claude Joseph Sauthier.	Engraved by W.M Faden, 1777.** [unter der Titelszenerie:] **London, Published as the Act directs, Feb.Y 25. 1777. by W.M Faden, Corner of S.t Martin's Lane, Charing Crofs.** [darunter, zwischen dem graphischen Maßstab und dem 45. Breitengrad, in Kursivschrift mit geschweiften kalligraphischen Linien:] **To	Major General John Bourgoyne	This Map, is, by His Permission,	moft respectfully Inscrib'd,	by his most oblig'd & devoted	Humble Servant	W.M Faden.**
Zeichner	**Claude Joseph Sauthier [1736–1802]** **Lewis Evans [ca. 1700–1756]** **Thomas Pownall [1722–1805]**
Graveur	**William Faden [1749–1836]**
Erscheinungsort und -jahr	**London 1777**
Herausgeber bzw. Verleger	**William Faden**
Format	**559 x 843**
Maßstab	**[ca. 1:8.000.000]** [links Mitte, über der Dedikation:] **British Statute Miles 69½ to a Degree.** **Canadian Leagues about 2½ Miles each.**
Areal	**Baye des Couis/P.te de la Traverse–** **Les Eboulemens/Norridgewalk**
Nomenklatur	**englisch, französisch, Allonyme, Corrigata**
Bemerkungen	**Konturen- (Grenz-) und Flächenkolorit [gelb: Canada; rosé: New York], Piktogramme, Geländestriche, Bergreliefs, 45.th Parallel of Latitude, Landverkehrswege, Markierung und namentliche Bezeichnung der Verwaltungsdistrikte mit Namen [New York]**
Textelemente	[rechts zwischen River Chaudiere und River S.t François:] **Remarks.	** **The Course of the River S.t Francis is laid down in	Gov.r Pownalls Map oft he Mid. Brit. Colonies from an	actual Survey made by Major Holland and by the Gov.s	permifsion is here Copied. Vide Topog.l Des.n pa. 14 & 15.	The Head of Kennebec from Norridge Walk and the	Communications between that River & the Sources of the	Chaudiere were Survey'd by Order of Gov.r Pownall by	Edw.d Howard under the direction of Cap.t Nicholls.	Vide Topog.l Desc.n pa. 22.** [Tabelle unten rechts:] **Winter Quarters of the King's Army in Canada, 1776.	** **Regiments. Quarters	** **[...]**

Laufende Nummer	**58**
Alte Katalogsignatur	**Tab. geogr. B Amer. 1361**
Neue Katalogsignatur	**A 1227**
Titel	[oben links, auf Felsbblock in Felslandschaft mit Wasserfall und Szene mit 4 Personen, Warenballen und Tonne im Vordergrund:] **A Map of the	Inhabited Part	of	Canada,	from the French Surveys; with	the Frontiers of	New York and New England,	from the Large Survey	By Claude Joseph Sauthier.	Engraved by W.M Faden, 1777.** [unter der Titelszenerie:] **London, Publifhed as the Act directs, Feb.y 25. 1777. by W.M Faden, Corner of S.t Martin's Lane, Charing Crofs.** [darunter, zwischen dem graphischen Maßstab und dem 45. Breitengrad, in Kursivschrift mit geschweiften kalligraphischen Linien:] **To	Major General John Bourgoyne	This Map, is, by His Permission,	moft respectfully Inscrib'd,	by his most oblig'd & devoted	Humble Servant	W.M Faden.**
Zeichner	**Claude Joseph Sauthier [1736–1802]** **Lewis Evans [ca. 1700–1756]** **Thomas Pownall [1722–1805]**
Graveur	**William Faden [1749–1836]**
Erscheinungsort und -jahr	**London 1777**
Herausgeber bzw. Verleger	**William Faden**
Format	**555 x 834**
Maßstab	**[ca. 1:8.000.000]** [links Mitte, über der Dedikation:] British Statute Miles 69½ to a Degree. Canadian Leagues about 2½ Miles each.
Areal	Baye des Couis/P.te de la Traverse– Les Eboulemens/Norridgewalk
Nomenklatur	englisch, französisch, Allonyme, Corrigata
Bemerkungen	entspricht **A 1226**; unterschiedliches Konturen- (Grenz-) und Flächenkolorit
Bibliographischer Kommentar	Version in: **the	north american	atlas,	selected	From the most authentic	maps, charts, plans, &c.	Hitherto publifhed.	london:	Printed for william faden, Succeffor to the late Mr. Thomas Jefferys, Geographer to the king,	the Corner of St. Martin's-Lane, Charing-Crofs.	m dcc lxxvii.** [No. 3]
Herkunft	Adelung

Laufende Nummer	**59**	Laufende Nummer	**60**
Alte Katalogsignatur	**Tab. geogr. B Amer. 1365**	Alte Katalogsignatur	**Tab. geogr. B Amer. 1370**
Neue Katalogsignatur	**A 1228**	Neue Katalogsignatur	**A 1229**

Titel	[oben rechts der Mitte:] **A Map	of the Province of	Upper Canada,	describing	all the New Settlements, Townships, &c.	with the Countries Adjacent, from	Quebec to Lake Huron.	Compiled, at the Request of	His Excellency Major General John G. Simcoe,	First Lieutenant Governor,	By David William Smyth Esqr.	Surveyor General.	London, Published by W. Faden. Geographer to his Majesty	and to h.r.h. the Prince of Wales.	Charing Cross, April 12th 1800.	Accompanied with a topographical Description	price 10^s. & 6^d.**
Zeichner	**William Chewett [1753–1849]** **David William Smyth [Smith], 1st Baronet [1764–1837]**
Graveur	**William Faden [1749–1836]**
Erscheinungsort und -jahr	**London 1800**
Format	441 x 833
Maßstab	ca. 1:2.400.000
Areal	ca. 85°52′ W–69°42′ W [oben] ca. 84° 57′ W–70°37′ W «Longitude West from Greenwich» [unten] 41°15′ N–48°10′ N
Nomenklatur	englisch, französisch [Lower Canada], Allonyme
Bemerkungen	Gradnetz, Konturen- (Grenz)kolorit [rot/gelb: Grenze USA–Canada], Piktogramme, Geländestriche, Uferschraffuren, Landverkehrswege [Hauptkonzessionsstraßen: Yonge Street York–Gwillimsbury, Dundas Street London–York–Kingston–Grenze zu Lower Canada], Markierung der Distrikte, Townships und Counties [Upper Canada, New York, Vermont] sowie namentliche [Upper Canada] bzw. teilweise namentliche Kennzeichnung [New York, Vermont]
Bibliographischer Kommentar	komplementäre Publikation: **a short	topographical description	of	his majesty's province	of	upper canada,	in	north america.	to which is annexed	a provincial gazetteer.	london:	published by w. faden, geographer to his	majesty, and to his royal hghness the prince	of wales, charing-cross,	1799.	Printed by W. Bulmer and Co. Russel-court, Cleveland Row,	St. James's.**
Herkunft	Adelung

Titel	[ovales Textschild oben Mitte:] **Charte	der neuen Niederlaſsungen	in	Ober Canada	nach der Smythschen Charte	reducirt	von	I. C. M. R….	1800**
Zeichner	**William Chewett [1753–1849]** **David William Smyth [Smith], 1st Baronet [1764–1837]** **Johann Christoph Matthias Reinecke [1769–1818]**
Erscheinungsort und -jahr	**[Weimar] 1800**
Projektion	[Delisle]
Format	178 x 299
Maßstab	[ca. 1:2.600.000]
Areal	ca. 83°14′ W–73°03′ W [oben] ca. 82°51′ W–73°26′ W [unten] ca. 41°29′ N–45°38′ N
Nomenklatur	deutsch, englisch, französisch, Allonyme, Hybridae
Bemerkungen	Teilbearbeitung der Karte **A Map	of the Province of	Upper Canada,	describing	all the New Settlements, Townships, &c.** [...] [A 1228]; Gradnetz, Konturen- (Grenz-) kolorit, Piktogramme, Geländestriche, Uferschraffuren, Landverkehrswege, Markierung der Distrikte, Townships und Counties [Ober Canada, Neu York] sowie Kennzeichnung mit Namen [Ober Canada] bzw. teilweise mit Namen und/oder Nummern [Neu York]
Herkunft	Adelung

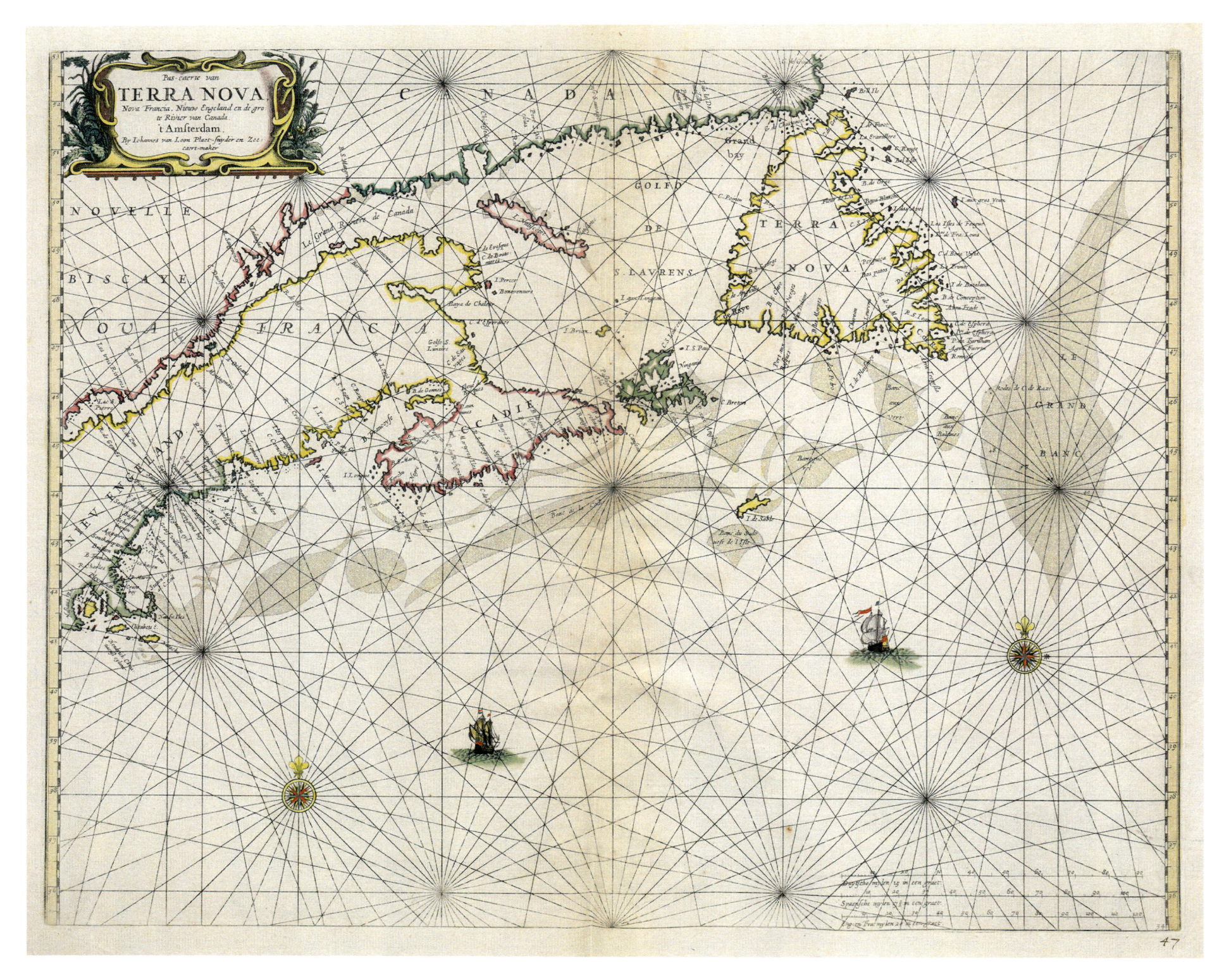

Abb. 9
Kolorierte Ausführung der Karte A 1230 in der Neuauflage 1666 des Seeatlas von
Jan van Loon, in der der Name des Bruders Gieles [Gielis, Gilles] nicht mehr erscheint.

Laufende Nummer	**61**		Laufende Nummer	**62**
Alte Katalogsignatur	**Tab. geogr. B Amer. 1410**		Alte Katalogsignatur	**Tab. geogr. B Amer. 1415**
Neue Katalogsignatur	**A 1230**		Neue Katalogsignatur	**A 1231**
Titel	[illustrierte Kartusche oben links:] **Pas-caerte van** | TERRA NOVA, | **Nova Francia, Nieuw Engeland en de gro: | te Rivier van Canada. | 't Amſterdam, | By Iohannes en Gieles van Loon Plaetſnyder en Zee: | caert-maker.** [über dem unteren Kartenrand rechts:] **34**		Titel	[illustrierte Kartusche in Meeres- und Küstenlandschaft unten rechts mit Putten, mythologischen Meerwesen und Fisch (rechts):] **A Chart of the | Coaſt of | AMERICA | from New found Land to Cape | Cod by Iohn Seller Hyrographer** [sic] **| to the king**
Zeichner	**Jan Janszoon van Loon [ca. 1611–1686]**		Zeichner	**John Seller sen. [ca. 1630–1697]**
Erscheinungsort und -jahr	**Amsterdam [1661]**		Erscheinungsort und -jahr	**[London 1671]**
Herausgeber bzw. Verleger	**Jan Janszoon van Loon** **Gieles [Gielis, Gilles] van Loon**		Projektion	[Marinus]
Format	429 x 527		Format	419 x 529
Maßstab	[ca. 1:4.400.000] [unten rechts:] Duytſche mylen 15 in een graet. Spaenſche mylen $17\frac{1}{2}$ in een graet. Engl: en Fra: mylen 20 in een graet.		Maßstab	[ca. 1:5.000.000] [Kartusche oben links der Mitte:] Engliſh and French leagues 20 to one degree Duyſche mylen 15 in een graat Leagues de Spania $17\frac{1}{2}$ un grada
Areal	Lac S. Pierre/Naſsaus Riv.–C. de Games/Le Grand Banc 35°14′ N–53°03′ N		Areal	Les Trois Riviere [sic]/Long Iſland– Bel Iſles/The Great Bank of New Found Land 35° N–53°10′ N
Nomenklatur	englisch, französisch, niederländisch, spanisch, portugiesisch, Allonyme, Hybridae		Nomenklatur	englisch, französisch, Allonyme, Deviata
Bemerkungen	schwarz, Gradnetz, 2 Kompassrosen mit 16 Pfeilen, 16 Strichen und Lilie, davon 1 mit Stern, mehrere Rosetten, Vignetten [2 Zweimaster mit niederländischer Trikolore]		Bemerkungen	Gradnetz, Konturenkolorit, Kompassrose mit 16 Pfeilen, 16 Strichen, Lilie und Kreuz, mehrere Rosetten, Lotungen, Vignetten [2 Dreimaster mit britischen Georgsflaggen, Land- und Meerestiere], Legenden «C. Roy», «Cape Spare», «Charles Streights» für Belle Isle-Straße, «Martins Vineyard» anstelle von Martha's Vineyard u.a. [oben links der Mitte, links neben der Maßstabskartusche:] Kartusche mit bekröntem britischen Königswappen
Bibliographischer Kommentar	u.a. in: **Klaer-Lichtende** | NOORT-STER | **Ofte** | ZEE ATLAS; | **Waer in vertoont wordt | De gelegentheydt van alle de Zee-kuſten | des geheelen Aerdtbodems, | Nieuwelicks uytgegeven door |** JOANNES VAN LOON. **| t'** AMSTERDAM, **| By Ioannes van Loon, Plaet-ſnijder, buyten de | S. Anthonis Poort, achter de Blancken Ham, | in de 3. Vijſels, ofte by Gillis van Loon, | achter de Hal, inde 3. Kemphaentjes, |** ANNO 1661. [No. 34]			

Laufende Nummer	**63**
Alte Katalogsignatur	**Tab. geogr. B Amer. 1420**
Neue Katalogsignatur	**A 1232**
Titel	[illustrierte Kartusche oben rechts mit Maske (oben), Füllhörnern und Fischen (jeweils links und rechts):] Canada	**Orientale nell'	America Settentrionale	defcritta	dal P. Mr͠o Coronelli M C Cosmografo	della Seren Republica di Venetia	dedicata	Alli M.to Reuerendi Padri	Li P. P. Minori Conuentuali	del Monastero insigne	di S. Francesco	di Bologna**
Zeichner	**Vincenzo Maria Coronelli [1650–1718]**
Erscheinungsort und -jahr	**Venedig 1692**
Projektion	[Donis]
Format	430 x 584
Maßstab	[ca. 1:3.700.000] [Kartusche oben links:] Miglia d'Italia Leghe di Francia Leghe di Spagna Leghe d'Alemagna Leghe comuni di Mare
Areal	ca. 307°46′ E–342°07′ E [oben] 312° E–337°55′ E [unten] ca. 41°14′ N–55°38′ N
Nomenklatur	italienisch, französisch, englisch, niederländisch, Allonyme
Bemerkungen	schwarz, Küsten- bzw. Uferschraffuren, Lotungen, Legenden «C. de Grat, ò de Grace», passage du nord ò golfe des chasteaux anstelle von Strait of Belle Isle, «Lascot» anstelle von P. Sascot, Notationen zu «Terra Nuoua» und «Gran Banco»
Bibliographischer Kommentar	Version u.a. in: corso	geographico	universale,	o' sia	la terra	divisa	nelle sue parti,	e svbdistinta	ne' suoi gran regni.	esposta	**In Tavole Geografiche, ricorrette,	Et accrefciute di tutte le nuove fcoperte,**	ad uso	dell'accademia cosmografica	degli argonauti	**Dal Padre Maestro**	vincenzo coronelli m.c.	**Cofmografo della Serenifsima Republica di Venetia.**	dedicata	**Alla Santità di Noftro Signore**	innocenzo xii.	in venetia, mdcxcii	**A fpese dell'Autore.** [No. 164 = P. 2, No. 74] — isolario,	descrittione	**Geografico-Hiftorica, Sacro-Profana, Antico-Moderna,	Politica, Naturale, e Poetica,	Mari, Golfi, Seni, Piagge, Porti, Barche, Pesche,	Promontorj, Monti, Bofchi, Fiumi, Laghi, Stagni, Bagni,	Volcani, Miniere, Gemme, Richezze, e Monete;	Iscrittioni, Linguaggi, Governi, Forze, Armate,	Guerre, Aleanze, Acquisti, Perdite, Tregue, Trattati di Pace,	Religioni Clauftrali, ed Equeftri; Concilj, e Miffioni;	Vescovadi, Arcivescouadi e Patriarcati;	Leggi, Coftumi, Habiti, Blafoni, Accademie, Huomini Illustri,	Ed ogni più esatta notitia**	di tutte l'isole	**Coll'osservationi degli**	scogli sirti, scagni, e secche	del globo terracqueo.	**Aggiuntivi anche i Ritratti de' Dominatori di esse.**	ornato	**Di Trecento-dieci Tavole Geografiche, Topografiche,	Corografiche, Iconografiche, Scenografiche, Idrografiche, e Potamografiche;	A' maggiore dilucidatione, ed uso della Navigatione,	E in Supplimento	Dei xiv Volumi del Bleau.**	tomo ii	dell' atlante	veneto.	**Opera, e Studio	Del P. Maestro Vincenzo Coronelli Min: Conv:	Cosmografo della Serenissima Republica di Venetia, e	Professore di Geografia**	a' spese dell' autore mdclxxxxvi [No. 107]

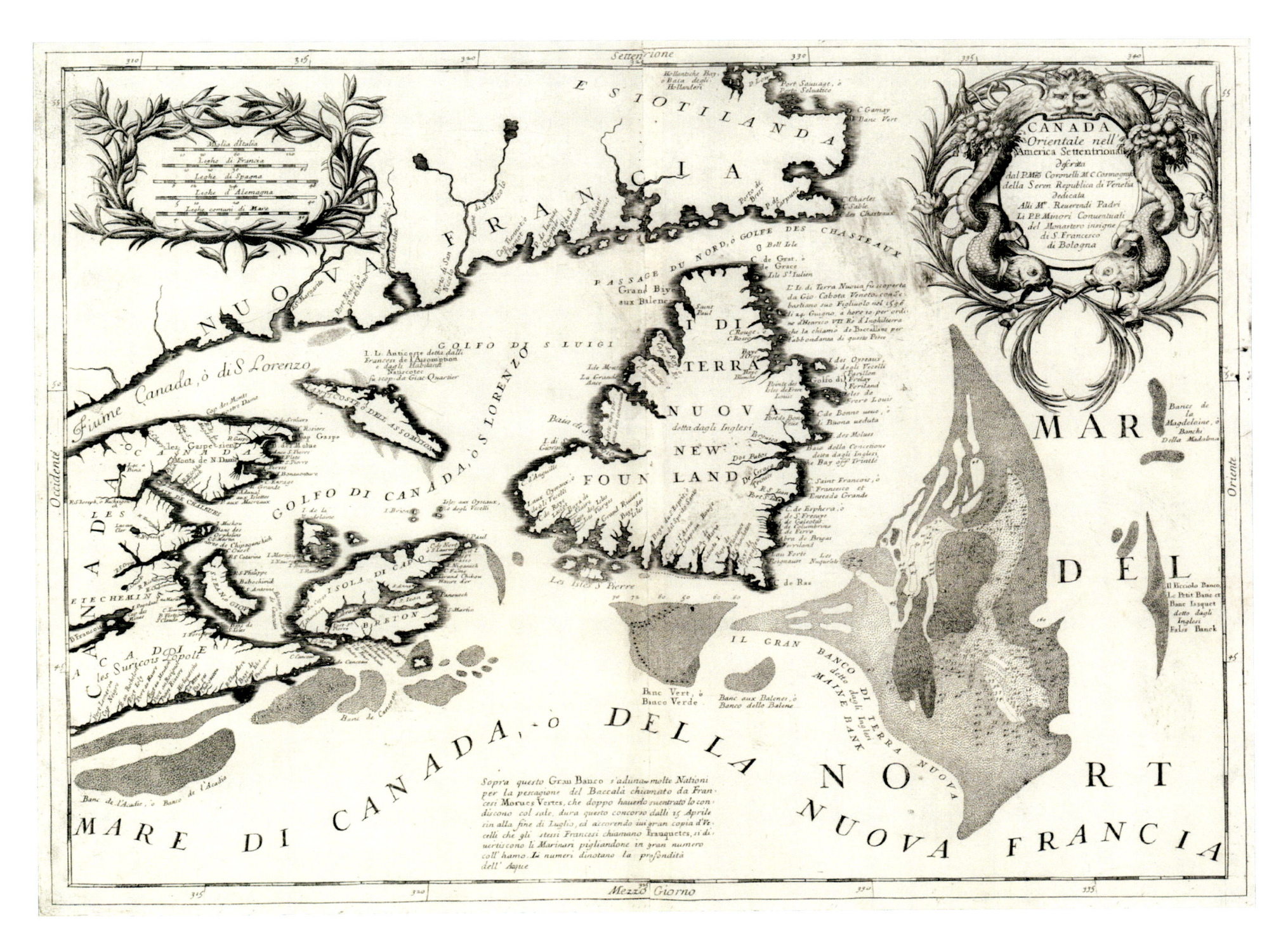

Abb. 10
A 1232, ein illustratives Beispiel für den eigenen Stil des vielseitigen Vincenzo Maria Coronelli. Zu seinen Kennzeichen gehören u.a. das binsenartige Blattwerk der Kartuschen, die Verwendung des Italienischen als Sprache der Nomenklatur und der Notationen bei gleichzeitiger Berücksichtigung zahlreicher anderssprachiger Formen sowie die wellenförmige Ausführung der hydronymischen Legenden (vgl. u.a. auch A 1277).

Laufende Nummer	**64**	Nomenklatur	französisch, Allonyme
Alte Katalogsignatur	**Tab. geogr. B Amer. 1425**	Bemerkungen	schwarz, Geländestriche, Bergreliefs, Kompassrose mit 8 Pfeilen, 24 Strichen und Lilie, 2 Rosetten, geographische bzw. historisch-geographische Erklärungen, hydrographische Angaben
Neue Katalogsignatur	**A 1233**		

Titel [illustrierte Kartusche links oberhalb der Mitte:]
SUITE DE LA CARTE RÉDUITE | DU GOLPHE DE Sᵗ. LAURENT | Contenant | Les Costes de LABRADOR depuis Mecatina jusqu'a la Baye des Esquimaux | LE DÉTROIT DE BELLE-ISLE | Et Partie des Costes de l'Isle de TERRE NEUVE connues sous le Nom | DU PETIT NORD | Dréssée au Dépôt des Cartes Plans et Journaux de la Marine, | POUR LE SERVICE DES VAISSEAUX DU ROY. | Par Ordre de M. ROUILLÉ Chʳ. Comte de Jouy &ᵃ Ministre | et Secretaire d'Etat ayant le Département de la Marine. | M.DCC.LIII. | A PARIS Chez Mʳ. Bellin Ingenieur de la Marine rue du Doyenné | du côté de la rue Sᵗ. Thomas du Louvre.

Auftraggeber **Antoine-Louis Rouillé, Comte de Jouy [1689–1761]**

Zeichner **Jacques Nicolas Bellin sen. [1703–1772]**

Erscheinungsort und -jahr **Paris 1753**

Herausgeber bzw. Verleger **Dépôt des Cartes Plans et Journaux de la Marine**

Projektion Mercator

Format 853 x 517

Maßstab [ca. 1:950.000–1:1.100.000]
[ca. 1:1.000.000 zwischen 49° N und 50° N]
[Skalen neben den Breitengradskalen innen:] Echelle de Lieues Marines de France et d'Angleterre de 20 au Degré.

Areal [auf dem oberen und unteren Kartenrand:]
60°50′ W–53°10′ W
«Longitude Occidentale du Meridien de Paris»
[unter dem oberen Kartenrand:]
ca. 58°20′ W–50°45′ W
«Longitude Occidentale du Meridien de Londres»
[darunter:]
ca. 53°19′ W–45°40′ W «Longitude Occidentale du Cap Lezard»
[über dem unteren Kartenrand:]
ca. 319°11′ E–326°50′ E «Longitude de l'Isle de Fer»
[darüber:] ca. 318° E–325°40′ E «Longitude de Teneriffe»
ca. 48°18′ N–56°06′ N

Laufende Nummer	**65**
Alte Katalogsignatur	**Tab. geogr. B Amer. 1430**
Neue Katalogsignatur	**A 1234**
Titel	[Kartusche oben rechts:] Carte Réduite du	Golphe de St Laurent	Contenant	L'Isle de Terre-Neuve et Partie de la	Coste du Esquimaux	L'Isle Royale, L'Isle St Jean et celle d'Anticosti &^{ca}	Dreſsée au Dépoſt des Cartes Plans et Journaux de la Marine	Pour le Service des Vaisseaux du Roi. Par Ordre de M. Rouillé Ch.^r Comte de Jouy &^{ca} Ministre	et Secretaire d'Etat ayant le Département de la Marine.	m.dcc.liv.
Auftraggeber	**Antoine-Louis Rouillé, Comte de Jouy [1689–1761]**
Erscheinungsort und -jahr	**Paris 1754**
Herausgeber bzw. Verleger	**Dépôt des Cartes Plans et Journaux de la Marine**
Projektion	Mercator
Format	505 x 826
Maßstab	[ca. 1:1.500.000–1:1.600.000] [ca. 1:1.650.000 zwischen 45° N und 46° N] [Skalen neben den Breitengradskalen innen, Legende rechts Mitte:] Echelle de Lieues Marines de France et d'Angleterre de 20 au Degré.
Areal	[auf dem oberen Kartenrand:] ca. 65°46′ W–48°36′ W «Longitude Occidentale du Meridien de Londres» [unter dem oberen Kartenrand:] ca. 60°42′ W–43°42′ W «Longitude Occidentale du Meridien du Cap Lezard» [auf dem unteren Kartenrand:] ca. 68°16′ W–51° W «Longitude Occidentale du Meridien de Paris» [darüber:] ca. 311°49′ E–328°59′ E «Longitude du Merdien de l'Isle de Fer» [darüber:] ca. 310°39′ E–327°49′ E «Longitude du Meridien de Teneriffe» [unter dem unteren Kartenrand:] IV Heures XXXII Minutes [45 Secondes]–Trois Heures Vingt [quatre] Minutes «à l'Occident de l'Observatoire de Paris» ca. 44°27′ N–51°41′ N
Nomenklatur	französisch, Allonyme, Hybridae
Bemerkungen	schwarz, Geländestriche, Bergreliefs, 4 Rosetten, Kompassrose mit 8 Pfeilen, 24 Strichen und Lilie, Lotungen, geographische bzw. historisch-geographische Erklärungen, hydrographische Angaben, Legende «Cap de Raye ou Point Riche»

Laufende Nummer	**66**		Laufende Nummer	**67**
Alte Katalogsignatur	**Tab. geogr. B Amer. 1435**		Alte Katalogsignatur	**Tab. geogr. B Amer. 1436**
Neue Katalogsignatur	**A 1235**		Neue Katalogsignatur	**A 1236**
Titel	[Textschild oben, zwischen dem äußeren und inneren oberen Kartenrand, links der Mitte bis rechts der Mitte, oben abgerundete Ecken:] **A Chart of the Gulf of S.ᵀ Laurence, ǀ Composed from a Great Number of Actual Surveys and other Materials, ǀ Regulated and Connected by Aftronomical Obfervations.** [unter der Tabelle Astronomical Observations:] **London. Printed for & Sold by Rob.ᵗ Sayer & Jn.ᵒ Bennett, N.ᵒ 53, in Fleet Street, as the Act directs. 25.ᵗʰ March 1775.** [unter dem äußeren oberen Kartenrand rechts:] **XI**		Titel	[Textschild oben, zwischen dem äußeren und inneren oberen Kartenrand, links der Mitte bis rechts der Mitte, oben abgerundete Ecken:] **A Chart of the Gulf of S.ᵀ Laurence, ǀ Composed from a Great Number of Actual Surveys and other Materials, ǀ Regulated and Connected by Aftronomical Obfervations.** [unter der Tabelle Astronomical Observations:] **London. Printed for & Sold by Rob.ᵗ Sayer & Jn.ᵒ Bennett, N.ᵒ 53, in Fleet Street, as the Act directs. 25.ᵗʰ March 1775.** [über dem oberen Kartenrand rechts:] **XI**
Erscheinungsort und -jahr	**London 1775**		Erscheinungsort und -jahr	**London 1775**
Herausgeber bzw. Verleger	**Robert Sayer [1725–1794]** **John Bennett [†1787]**		Herausgeber bzw. Verleger	**Robert Sayer [1725–1794]** **John Bennett [†1787]**
Projektion	[Marinus]		Projektion	[Marinus]
Format	551 x 474		Format	553 x 474
Maßstab	[ca. 1:1.500.000] [Titelschild, unter dem Titel Mitte:] Nautic Leagues.		Maßstab	[ca. 1:1.500.000] [Titelschild, unter dem Titel Mitte:] Nautic Leagues.
Areal	ca. 65°44′ W–56°17′ W «Longitude West from London.» ca. 44°49′ N–52°10′ N		Areal	ca. 65°44′ W–56°17′ W «Longitude West from London.» ca. 44°49′ N–52°10′ N
Nomenklatur	englisch, französisch, Allonyme		Nomenklatur	englisch, französisch, Allonyme
Bemerkungen	Konturen- (Küsten)kolorit [gelb: Newfoundland, rot: Nova Scotia, türkis: Labrador, Isle of Anticosti, grün: Cap Breton Island, Island of Saint John], Geländestriche, Rosetten, davon 1 mit Lilie, Peilungslinien, Vignetten [Schiffe] in Verbindung mit Markierung der Reiserouten «French Course in going up», «French Course in coming down», Lotungen, geographische Erklärungen, hydrographische Angaben		Bemerkungen	entspricht **A 1235**; unterschiedliches Konturenkolorit [rot: Nova Scotia und vorgelagerte Inseln, grün: Labrador]
Textelemente	[Tabelle im Kartenfeld oben links der Mitte bis rechts der Mitte:] Astronomical Observations ǀ on which this Chart is Grounded ǀ Names of Places Latitude Longitude Observers ǀ […] [16 Breiten, 4 Längen mit Autoren- und Zeitangabe ihrer Bestimmung]		Bibliographischer Kommentar	Version u.a. in: the ǀ north american pilot ǀ for ǀ newfoundland, labradore, ǀ the ǀ gulf and river St. laurence: ǀ being a collection of ǀ sixty accurate charts and plans, ǀ drawn from original surveys: ǀ taken by ǀ james cook and michael lane, Surveyors ǀ and ǀ joseph gilbert, **and other Officers in the** King's **Service ǀ Publifhed by** permission **of the ǀ Right Hon the** lords commissioners **of the** admiralty: ǀ chiefly engraved by ǀ **The Late** thomas jefferys, Geographer **to the** king. ǀ on thirty-six large copper-plates. ǀ london: ǀ […] ǀ mdcclxxix. [No. XI]
			Herkunft	Adelung

Laufende Nummer	**68**
Alte Katalogsignatur	**Tab. geogr. B Amer. 1440**
Neue Katalogsignatur	**A 1237**
Titel	[Textschild links unterhalb der Mitte:] CARTE	DE LA BAIE DE CHALEURS	A LA CÔTE OCCIDENTALE DU GOLFE	DE ST LAURENT	**Levée en 1724 par MR L'Hermite Ingénieur du Roi	Rédigé au Dépôt Général des Cartes, Plans et Journaux	de la Marine. Par Ordre de M. de Sartine Conseiller d'Etat, Ministre et Secretaire d'Etat	ayant le Département de la Marine.	1780.** [über dem oberen Kartenrand rechts:] **B.3.** [unter dem unteren Kartenrand links:] **No. 2. A.** [unter dem unteren Kartenrand rechts:] **No. 1 A et 2. A. Ensemble Prix Trois Livres.**
Inset	[oben links bis rechts der Mitte, Titel unten Mitte, No. **68-1**:] PLAN	DU HAVRE DE RISTIGOUCHE	**Par le Sieur de Reboul**
Auftraggeber	**Antoine Raymond Juan Gualbert Gabriel de Sartine [Sartines], Comte d'Alby [1729–1801]**
Zeichner	**Jacques L'Hermite [Lhermite, L'Hermitte, Lhermitte] [1659–1725]** [No. **68-1**:] **[…] Reboul**
Erscheinungsort und -jahr	**Paris 1780 [1779?]**
Herausgeber bzw. Verleger	**Dépôt Général des Cartes, Plans et Journaux de la Marine**
Format	**566 x 387**
Maßstab	**[ca. 1:4.700.000]** [Titelschild, unter dem Titelblock:] Echelle de Lieues Marines de 20 au Dégré. [No. **68-1**:] **[ca. 1:6.470]** [No. **68-1**, unter dem Titel:] Toises
Areal	**68°31′ W–66°06′ W** «Longitude Occidentale du Mériden de Paris.» **46°59′ N–49°20′23″ N**
Nomenklatur	**französisch**
Bemerkungen	Konturen- und Flächenkolorit, Piktogramme, Gebäudeschraffuren, halbe Rosette mit halber Lilie, Lotungen [unten rechts: Siegel] DEPOT GENERAL DE LA MARINE [No. **68-1**:] Kompasslinie mit halber Lilie
Bibliographischer Kommentar	Version in: NEPTUNE AMERICO-SEPTENTRIONAL	**Contenant les Côtes, Îles et Bancs,	les Baies, Ports, et Mouillages, et les Sondes des Mers	de cette partie du Monde,	depuis le** GROENLAND **inclusivement,	jusques et compris le** GOLFE **du** MEXIQUE **| avec les** ÎLES **de** SOUS-LE-VENT **et du** VENT, **| accompagné de Plans particuliers des Ports les plus fréquentés.	ou |** RECUEIL DE CARTES HYDROGRAPHIQUES **| à l'usage des Vaißeaux du Roi,	Rédigé d'après les Cartes Françoises et Etrangeres les plus estimées;	Rectifié d'après des Plans Manuscrits authentiques, et aßujetti aux Observations astronomiques.	Dreßé au Dépôt Général	des Cartes, Plans et Journaux de la Marine,	et |** PUBLIÉ PAR ORDRE DU ROI. **[1778–1780]** [Doppelblatt 3, No. 2]

Laufende Nummer	**69**
Alte Katalogsignatur	**Tab. geogr. B Amer. 1445₁–Tab. geogr. B Amer. 1445ɪᴠ**
Neue Katalogsignatur	**A 1238–A 1241**
Titel	[**A 1239**, Kartusche oben links in Fels- und Küstenlandschaft mit tierischen Motiven:] **A	New Chart	of the	Gulf of St. Lawrence,	Compiled from the Original Drawings of	Actual Surveys,	preserving the Natural Configurations of the	Several Coasts & Headlands;	The whole Adjusted by	Astronomical Observations.	By Thoˢ. Wright,	Surveyor General of the Island St. John.	1790.** [unter der Titelszenerie:] **London.	Published by W. Faden, Geographer to the King,	Charing Cross, Sep 1ˢᵗ 1790.** [**A 1238**, unter dem unteren Kartenrand Mitte; **A 1240** und **A 1241**, über dem oberen Kartenrand Mitte:] **Published by W. Faden Charing Cross, Sep 1ˢᵗ 1790.** [**A 1240**, unter dem unteren Kartenrand rechts bis **A 1241**, unter dem unteren Kartenrand links:] **London Published for the Author, as the Act directs, [A 1241] Jan.ʸ 1ˢᵗ 1790, & sold by Wᵐ. Faden, Geographer to the King, Charing Cross.**
Inset	[**A 1238**, oben rechts bis **A 1239**, oben links, No. **69-1**:] **Mingan and Esquimaux Islands Enlarged.**
Zeichner	**Thomas Wright [ca. 1740–1812]**
Erscheinungsort und -jahr	**London 1790**
Herausgeber bzw. Verleger	**William Faden [1749–1836]**
Projektion	[Mercator]
Format	[A 1238–1239:] 621 x 510 [A 1240–1241:] 621 x 510
Maßstab	[ca. 1:540.000] [Skalen neben den Koordinatenskalen: außen, Legende innen:] [**A 1240**, links Mitte:] Scale of Nautical Leagues, Twenty to a Degree. [**A 1241**, rechts Mitte:] Scale of Nautical Leagues, 20 to a Degree [No. **69-1**, oben rechts der Mitte:] Nautical Leagues
Areal	ca. 66° W–58°51′ W [**A 1238–A 1239**, oben] ca. 66°00′ W–58°50′ W «Longitude West from the Royal Observatory at Greenwich.» [**A 1240–A 1241**, unten] 45°00′ N–50°50′ N
Nomenklatur	englisch, französisch
Bemerkungen	schwarz, Gradnetz, Rosetten mit Angaben der Kompassmissweisung, Kompasslinie mit Lilie [**A 1239**], Vertonungen [**A 1238**: 3, **A 1241**: 3], hydrographische Angaben, Lotungen, Strömungspfeile, Landverkehrswege, Legende New Brunswick für den 1784 abgetrennten kontinentalen Teil von Nova Scotia nördlich der Bay of Fundy
Textelemente	[**A 1240**, ovales Schild unten links:] Depth of Water	upon the Bars of the Harbours,	on the North side of the Island St. John.	 […] [6 Positionen mit Erläuterungen] [**A 1241**, unten rechts:] A Table	of Latitudes and Longitudes that have been determined by	Astronomical Observation ____ Reckoned from the Meridian of the	Royal Observatory at Greenwich	 […] [20 Breiten, 3 Längen]

Laufende Nummer	**70**
Alte Katalogsignatur	**Tab. geogr. B Amer. 1448**
Neue Katalogsignatur	**A 1242**
Titel	[unten links der Mitte:] **An Authentic Plan**	of the	**River St Laurence**	from	**Sillery, to the Fall of Montmorenci,**	**with the Operations of the**	**Siege of Quebec**	**under the Command of**	**Vice-Adm.^l Saunders & Major Genl Wolfe**	**down to the 5. Sepr 1759.**	**Drawn by a Captain in his Majesties Navy.** [oben links, außer 3. Zeile in Kursivschrift mit geschweiften kalligraphischen Linien:] **To the Right Honourable William Pitt Esqr**	**One of His Majesties most Honourable Privy Council**	and	**Principal Secretary of State &c**	**This plan is most Humbly Inscribed**	**By his most Obliged**	**and moſt Obedient Humble Servt**	**Thos Jefferys.** [unter dem unteren Kartenrand rechts:] **Price ^s/2**
Insets	[oben Mitte bis rechts der Mitte, No. **70-1**:] **Part of the**	**Upper River of**	**St Laurence.** [oben rechts neben No. **70-1**, No. **70-2**:] **A View of the**	**Action gained by the English Sepr 13. 1759. near**	**Quebec.**	**Brought from thence**	**By an Officer of Diſtinction.**
Zeichner	**Thomas Jefferys [ca. 1719–1771]** [No. **70-2**:] **Richard Gridley [1710–1796]**
Erscheinungsort und -jahr	**London [1760]**
Herausgeber bzw. Verleger	**Thomas Jefferys**
Format	326 x 472
Maßstab	[ca. 1:30.000] [unten links der Mitte, rechts neben dem Titel:] Britiſh Miles [No. **70-1**, unten rechts der Mitte:] British Leagues
Areal	Sillery/Etchemins R.–General Wolf's Camp/Road to St Laurence [No. **70-1**:] De Chambaud/Richilieu Falls–Montmorenci Falls/Iſle of Orleans
Nomenklatur	englisch, französisch, Allonyme
Bemerkungen	NW oben, Konturen- und Flächenkolorit, Piktogramme, taktische Symbole, Geländestriche, Kompasskreuz mit 8 Strichen und Lilie, Strömungspfeil, hydrographische Angaben, Landverkehrswege, Vignetten [Dreimaster, Boote], Markierung der taktischen Positionen und Mittel mit Erläuterung der militärischen Operationen, z.B. links Mitte: Admiral	Holme's	Division [9 Schiffe, davon 3 namentlich benannt, 4 Boote], Mitte: Admiral	Saunder's	Division [12 Schiffe] etc.
Textelemente	[Tabelle links oberhalb der Mitte:] Defences of Quebec. | Batteries N.^o of Gus. [sic] Mort.^{rs} | [A.–M.]
Bibliographischer Kommentar	Version u.a. in: **The natural and civil**	**history**	**of the**	**french dominions**	**in**	**North and South America.**	**Giving a particular Account of the**	**Climate,**	**Soil,**	**Minerals,**	**Animals,**	**Vegetables,**	**Manufactures,**	**Trade,**	**Commerce,**	**and**	**Languages,**	**together with**	**The Religion, Government, Genius, Character, Manners and**	**Cuſtoms of the Indians and other Inhabitants.**	**illustrated by**	**Maps and Plans of the principal Places,**	**Collected from the beſt Authorities, and engraved by**	**T. Jefferys, Geographer to his Royal Highness the Prince of Wales.**	**Part I. Containing**	**A Deſcription of Canada and Louiſiana.**	**London,**	**Printed for Thomas Jefferys at Charing-Croſs.**	mdcclx. [nach S. 130] — **a general**	**topography**	**of**	**north america and the west indies.**	**being a collection of all the**	**maps, charts, plans, and particular surveys,**	**That have been publiſhed of that Part of the World,**	**either in**	**europe or america.**	**engraved by**	**Tho. Jefferys, Geographer to His majesty.**	**london:**	**Printed for Robert Sayer, in Fleet-ſtreet; and Thomas Jefferys, at the Corner of St. Martin's Lane in the Strand.**	mdcclxviii. [No. 10] Version ohne Insets unter dem Titel **An Authentic Plan**	**of the**	**River St Laurence,**	**from Sillery to the**	**Falls of Montmorency** in: **the**	**Gentleman's Magazine**	**and**	**Hiſtorical Chronicle. volume XXIX, November 1759** [nach S. 536] mit Insets unter dem Titel **An**	**Authentic Plan of the**	**River St Laurence,**	**from Sillery to the**	**Fall of Montmorency;**	**with the Operations of the Siege of Quebec,**	**under the Command of**	**Vice-Adm.^l Saunders & Major Genl Wolfe.**	**1759** in: **The Univerſal Magazine**	**of**	**Knowledge and Pleaſure […] and other Arts and Sciences […], Vol. XXV, for December, 1759** [vor S. 281]

Laufende Nummer	**71**
Alte Katalogsignatur	**Tab. geogr. B Amer. 1450₁–Tab. geogr. B Amer. 1450ᵢᵢ**
Neue Katalogsignatur	**A 1243–A 1244**
Titel	[**A 1244**, links:] A NEW CHART	OF THE	RIVER Sᵀ. LAURENCE,	FROM THE	ISLAND of ANTICOSTI	To the	FALLS of RICHELIEU:	WITH ALL THE	ISLANDS, ROCKS, SHOALS, and SOUNDINGS.	ALSO	PARTICULAR DIRECTIONS	For NAVIGATING the RIVER with SAFETY.	Taken by ORDER of	CHARLES SAUNDERS, Eſqʳ.	Vice-Admiral of the BLUE, and Commander in Chief	of His MAJESTY'S SHIPS in the	Expedition againſt QUEBEC in 1759.	Engraved by THOMAS JEFFERYS,	Geographer to his Royal Higneſs the Prince of WALES.	Publiſhed by COMMAND of	The Right Honourable the LORDS COMMISIONERS of the	ADMIRALTY.
Insets	[**A 1243**, oben links, No. **71-1**:] [BASON] [**A 1243**, oben rechts der Mitte, No. **71-2**:] [BAY	OF THE	SEVEN ISLANDS] [**A 1243**, oben rechts, No. **71-3**:] [PAROKETT ISLANDS; MINGAN	ISLAND] [**A 1243**, oben rechts in der Ecke, neben No. **71-3**, No. **71-4**:] [MINGAN HARBOUR] [**A 1244**, rechts der Mitte, No. **71-5**:] [GASPEE	BAY]
Auftraggeber	**Charles Saunders [ca. 1715–1775]**
Zeichner	**James Cook [1728–1779]**
Graveur	**Thomas Jefferys [1719–1771]**
Erscheinungsort und -jahr	**London 1760**
Format	[**A 1243**:] 425 x 2.333 [**A 1244**:] 425 x 2.333
Maßstab	[ca. 1:465.000] [**A 1243**, Mitte der linken Hälfte unten; **A 1244**, linke Hälfte unten links; **A 1244**, rechte Hälfte unten links:] Marine Leagues 20 to a Degree. [No. **71-1**, unten Mitte:] A Marine League or 3 Miles. [No. **71-2**, rechts Mitte:] Scale of Miles [No. **71-3**, unten rechts bzw. No. **71-4**, unten links:] SCALE OF MILES. [No. **71-5**, links unterhalb der Mitte:] Scale of Miles.
Areal	[**A 1243**:] Cape Lauzon/Richelieu Falls–Goose Cape/Kamourasca Islands [links bis Mitte] Les Bergeronnes/Petit Mites–Canatſchou River/Part of Anticosti Island [links der Mitte bis rechts] [**A 1244**:] Cape Lauzon/Richelieu Falls–Moulin Baude/Great Mitis [links bis Mitte] Eaſt Point of Coudre/Oval Point–Bay of Rocks/Green Island [links der Mitte bis rechts der Mitte] Magdalen R.–Gaspee Cape [rechts]
Nomenklatur	englisch, französisch, Hybridae
Bemerkungen	schwarz, Piktogramme, Geländestriche, Rosetten, davon 1 mit Lilie, Peilungslinien, Vertonungen [**A 1243**: 10, **A 1244**: 7], 2 Bergvertonungen [**A 1244**], Küstensilhouetten [**A 1243**: 5, **A 1244**: 8], Lotungen, hydrographische Angaben, Fahrwassermarkierungen, Ankerpositionen, Strömungspfeile [**A 1244**:] Kompassrose mit 8 Pfeilen, 8 Strichen und Lilie, Kompassrose mit 8 Pfeilen, 24 Strichen und Lilie [No. **71-1**–No. **71-5**:] Rosetten mit Lilie
Textelemente	[**A 1244**, Mitte der linken Hälfte, oben:] This CHART was Drawn from particular Surveys of the following	Places, and Published for the Use of the British Navigators, by Com-	mand of the Right Honourable the Lords Comiſsioners of the Admiralty	Pall Mall, May 1ˢᵗ 1760. Charles Saunders. Gaſpee Bay	Mingan Harbour and Islands	Seven Islands, and the Bay	Hare Island	Island of Coudre and Sᵗ Pauls Bay	The Traverſe with the Lines of directions	South Channel of Orleans	North Channel of Orleans	The Baſon of Quebec	The River from Quebec to the Falls of Richelieu	The Diſtances between the Island of Coudre and the Island of Orleans, the Pillar-	Rocks, and Shoals in the South Channel were accurately determined by Triangles.	The other parts of this Chart, were taken from the best French Draughts	of this River.
Bibliographischer Kommentar	Version u.a. in: THE	NORTH AMERICAN PILOT	FOR	NEWFOUNDLAND, LABRADORE,	THE	GULF AND RIVER ST. LAURENCE:	BEING A COLLECTION OF	SIXTY ACCURATE CHARTS AND PLANS,	DRAWN FROM ORIGINAL SURVEYS:	TAKEN BY	JAMES COOK and MICHAEL LANE, SURVEYORS	AND	JOSEPH GILBERT, and other Officers in the KING'S Service	Publiſhed by PERMISSION of the	Right Hon the LORDS COMMISSIONERS of the ADMIRALTY:	CHIEFLY ENGRAVED BY	The Late THOMAS JEFFERYS, GEOGRAPHER to the KING.	ON THIRTY-SIX LARGE COPPER-PLATES.	LONDON:	PRINTED according to Act of Parliament, and Sold by R. SAYER AND J. BENNETT, NO. 53, IN FLEET-STREET.	MDCCLXXIX. [No. XX–XXII]

Laufende Nummer	**72**
Alte Katalogsignatur	**Tab. geogr. B Amer. 1455₁**
Neue Katalogsignatur	**A 1245**
Titel	[untere Hälfte, illustrierte Kartusche mit Muschel oben links:] **Carte du Cours du	Fleuve de Saint Laurent	Depuis Quebec jusqu'a la Mer en deux Feuilles	Dressée au Dépost des Cartes et Plans de la Marine	Pour le Service des Vaisseaux du Roy.	Par Ordre de M. Berryer Ministre et Secretaire d'Etat	aiant le Département de la Marine	Par le S. Bellin Ingenieur de la Marine et du Dépost des Plans Censeur	Royal de l'Academie de Marine de la Societé Royale de Londres	Iʳᵉ Feuille Depuis Quebec jusqu'a Matane et	Riviere des Outardes.	1761** [obere Hälfte, illustrierte Muschelkartusche oben Mitte:] **Partie du Cours	du Fleuve de Saint Laurent	Depuis Quebec jusqu au Cap aux Oyes**
Inset	[obere Hälfte oben links, No. **72-1**:] **Vue de Terres du Sud pour passer la Traverse en remontant le Fleuve.**
Auftraggeber	**Nicolas-René Berryer, Comte de La Ferrière [1703–1762]**
Zeichner	**Jacques Nicolas Bellin sen. [1703–1772]**
Erscheinungsort und -jahr	**Paris 1761 [1766]**
Herausgeber bzw. Verlege	**Dépôt des Cartes et Plans de la Marine**
Projektion	Mercator
Format	562 x 865
Maßstab	[ca. 1:1.650.000 zwischen 45° N und 46° N] [Kartusche unten Mitte:] Echelle de Lieues Marines de France et d'Angleterre de Vingt au Degré Echelle de Lieues Communes de France de Vingt cinq au Degré. [obere Hälfte, Titelkartusche, unter dem Titel:] Lieues Marines de France et d'Angleterre de Vingt au Dégré. Echelle de 250 Arpens Mesure usitée dans le Canada de 184 pieds de longueur.
Areal	Québec–Riv. aux Outardes/Ance de la Matane [obere Hälfte:] Pointe S. Michel–la Pointe aux Peres ca. 46°38'30" N–47°51'30" N [untere Hälfte, linker Meridian] ca. 47°58' N –49°12' N [untere Hälfte, rechter Meridian]
Nomenklatur	französisch
Bemerkungen	NW oben, schwarz, Piktogramme, Geländestriche, Rosetten mit Angaben der Kompassmissweisung [große Lilie: «Nord du Monde», kleine Lilie: «Nord de la Boussole»], 2 schräge Breitengradskalen im Kartenfeld, Lotungen, Fahrwassermarkierungen, Ankerpositionen [obere Hälfte:] 4 Rosetten, davon 2 mit Lilie [untere Hälfte:] 3 Rosetten mit Lilie, Bergvertonungen
Bibliographischer Kommentar	Version in: **l'hydrographie françoise	recueil des	cartes générales et particulieres	qui ont été faites pour le service	des vaisseaux du roy.	Par ordre des Ministres de la Marine depuis 1737, jusqu'en 1765.	Par le S. Bellin Jngenieur de la Marine et du Dépôt des Cartes, Plans et Journaux	de la Marine, Censeur Royal, de l'Académie de Marine et de la Societé Royale de Londres.	seconde partie	Contenant	les cartes marines pour l'afrique et l'amerique	A Paris Chez M. Bellin rue du Doyenné pres Sᵗ Louis du Louvre [1772]**

Laufende Nummer	**73**
Alte Katalogsignatur	**Tab. geogr. B Amer. 1455$_{II}$**
Neue Katalogsignatur	**A 1246**
Titel	[illustrierte Kartusche unten Mitte mit Poseidon-/Neptunfigur (unten):] CARTE DU COURS DU | FLEUVE DE SAINT LAURENT | **Depuis la Mer jusqu'a Quebec,** | **en Deux Feuilles** | **Dressée au Depost des Cartes de la Marine,** | POUR LE SERVICE DES VAISSEAUX DU ROY. | **Par ordre de M.** BERRYER **Ministre et** | **Secretaire d'Etat** | **ayant le Departement** | **de la Marine** | **Par le S. Bellin Ingenieur de** | **la Marine &c.** | **II.ͤ Feuille** | **1761.**
Insets	[links unterhalb der Mitte bis links der Mitte, Titel oben, No. **73-1**:] **Vue des Terres entre la Pointe des Montspelés et celle de Manicouagan étant au Point de Relevement marqué A.** [darunter, Titel auf Textschild unten, No. **73-2**:] BAYE DES SEPT ISLES **Copiée sur la Carte du Fleuve S. Laurent que les Anglois ont publiée en 1760.** [rechts neben No. **73-2**, Titel auf Textschild unten, No. **73-3**:] LES SEPT ISLES **Telles qu'elles ont eté Levées par M.ͬ Deshayes en 1686.** [oben rechts, Titel oben, No. **73-4**:] RADE ET ISLES DU MINGAN | **Suivant la Carte Angloise de 1760.** | **Sur la même Echelle que la Carte Francoise de 1761.**
Auftraggeber	**Nicolas-René Berryer, Comte de La Ferrière [1703–1762]**
Zeichner	**Jacques Nicolas Bellin sen. [1703–1772]**
Erscheinungsort und -jahr	**Paris 1761 [1766]**
Herausgeber bzw. Verleger	**Dépôt des Cartes et Plans de la Marine**
Projektion	Mercator
Format	562 x 865
Maßstab	[ca. 1:1.650.000 zwischen 45° N und 46° N] [Nebenkartusche unter der Titelkartusche:] Echelle de Lieues Marines de France et d'Angleterre de Vingt au Degré Echelle de Lieues Communes de France de Vingt cinq au Degré. [No. **73-2**, No. **73-3**, jeweils Titelschild, unter dem Titel:] Echelle de deux Lieues Marines de France ou six Miles Anglois
Areal	R. aux Outardes/Mamelles de Matane–Isle de Misquinox/Baye de Gaspé ca. 46°47'15" N–50°35' N
Nomenklatur	französisch
Bemerkungen	schwarz, Piktogramme, Geländestriche, Bergreliefs, Uferschraffuren, 3 Rosetten, davon 1 mit Angabe der Kompassmissweisung [große Lilie: «Nord du Monde», kleine Lilie: «Nord de la Boussole»], Rosetten, Kompassrose mit 16 Pfeilen, 16 Strichen, Globus und Lilie, Breitengradskala im Kartenfeld, Bergvertonungen, Lotungen, Ankerpositionen [No. **73-2**, No. **73-3**:] Rosette mit Angabe der Kompassmissweisung [No. **73-4**:] Kompasskreuz mit 8 Strichen

Laufende Nummer	74		Laufende Nummer	75
Alte Katalogsignatur	**Tab. geogr. B Amer. 1460**		Alte Katalogsignatur	**Tab. geogr. B Amer. 1462**
Neue Katalogsignatur	**A 1247**		Neue Katalogsignatur	**A 1248**
Titel	[Kartusche oben Mitte:] Partie du Fleuve St Laurent | avec le Passage de la Traverse | et les Isles Voisines.		Titel	[Kartusche unten links:] Partie du Fleuve de | Saint Laurent | avec le Bassin de Quebec | et l'Isle d'Orleans
Erscheinungsort und -jahr	**Paris 1764**		Erscheinungsort und -jahr	**Paris 1764**
Herausgeber bzw. Verleger	**Jacques Nicolas Bellin sen. [1703–1772]**		Herausgeber bzw. Verleger	**Jacques Nicolas Bellin sen. [1703–1772]**
Format	206 x 298		Format	204 x 296
Maßstab	[ca 1:122.000] [Titelkartusche, unter dem Titel:] Echelle de deux Lieues Communes.		Maßstab	[ca 1:122.000] [Titelkartusche, unter dem Titel:] Echelle d'Une Lieue Commune
Areal	la Grande Riviere/Belle Chasse–Cap Maillard/Islot S. Jean		Areal	Quebec–la Grande Riviere/Bertier
Nomenklatur	französisch		Nomenklatur	französisch
Bemerkungen	NWzN oben, Konturen- und Wasserflächenkolorit, Piktogramme [teilweise koloriert], Geländestriche, Rosette mit Lilie, Lotungen, hydrographische Angaben, Fahrwassermarkierungen, Strömungspfeile		Bemerkungen	ca. NW oben, Konturen- und Flächenkolorit, Piktogramme [teilweise koloriert], Geländestriche, Rumbenlinien, halbe Kompassrose mit 8 Pfeilen [davon 5 sichtbar], 8 Strichen [davon 4 sichtbar] und Lilie, Lotungen, Fahrwassermarkierungen, Strömungspfeile
Bibliographischer Kommentar	Version in: le petit atlas maritime | recueil de | cartes et plans | des quatre parties du monde. | en Cinq Volumes. | i. volume. | Amerique Septentrionale et Isles Antilles. | […] Par Ordre de M. le Duc de Choiseul Colonel Général | des Suisses et Grisons Ministre de la Guerre et de la Marine | Par le S. Bellin Ingenieur de la Marine 1764. [No. 7]		Herkunft	Adelung
Herkunft	Adelung			

Laufende Nummer	**76**
Alte Katalogsignatur	**Tab. geogr. B Amer. 1465**
Neue Katalogsignatur	**A 1249**
Titel	[illustrierte Kartusche links oberhalb der Mitte mit Admiralitätsanker und Ankerleine (in Nebenkartusche oben):] **An Exact Chart	of the	River S.t Laurence,	from Fort Frontenac to the Island of Anticofti	shewing the Soundings, Rocks, Shoals &c	with Views of the Lands	and all necefsary Instructions	for navigating that River to	Quebec.	To the R.t Hon.ble J.No Montagu E.l of Sandwich	First Lord Commifioner [sic]	& to the other Hon.ble Commifsioners for executing the Office of	Lord High Admiral of Great Britain	This Chart is most Humbly Inscribed	By their Lordfhips most Obedient	mosft devoted Humble Serv.t	Tho.s Jeffreys.** [unter dem unteren Kartenrand links der Mitte:] **London. Printed for Rob.t Sayer, Map & Printseller, N.o 53, Fleet Street, as the Act directs. 25. May. 1775.**
Insets	[oben Mitte bis links unterhalb der Mitte, Titel neben No. **76-2**, No. **76-1**:] **A Continuation of the River	from	Quebec to Lake Ontario	Taken from the Original	Publifh'd at Paris by M.r d'Anville	in 1755.** [oben links der Mitte, Titel oben rechts, No. **76-2**:] **The	Seven Islands	Lat. 50:8** [oben Mitte, neben No. **76-1**, Titel links Mitte, No. **76-3**:] **S.t Nicholas or	Englifh Harbor	Lat. 49.32.** [links unterhalb der Mitte, unter No. **76-1**, Titel unten, No. **76-4**:] **A View of the Lands from Cape Torment to the Butt	As it appears in sailing through the Travers into the South Channel.** [unten links der Mitte bis unten Mitte, Titel in Textschild unten rechts, No. **76-5**:] **The Traverse	or Pafsage from	Cape Torment	into	the South Channel of	Orleans Island** [unten Mitte bis rechts der Mitte, Titel links oben, No. **76-6**:] **The Road of	Tadousac**
Zeichner	**Thomas Jefferys [ca. 1719–1771]** [No. **76-1**:] **Jean Baptiste Bourguignon d'Anville [1697–1782]**
Erscheinungsort und -jahr	**London 1775**
Herausgeber bzw. Verleger	**Robert Sayer [1725–1794]**
Projektion	[Mercator]
Format	594 x 933
Maßstab	[ca. 1:600.000] [rechts oberhalb der Mitte zwischen Breitengradskala und rechtem Kartenrand:] Scale of Leagues adapted to each Degree. [unter der Titelkartusche:] Scale of English & French Marine Leagues 20 in a Degree. [No. **76-2**, oben links, No. **76-3**, unter dem Titel, No. **76-5**, unter dem Titelschild, No. **76-6**, links oberhalb der Mitte:] Scale of 1 League.
Areal	Quebec–Eskimaux I./S. John's Isle ca. 04° E–08°12′ E «Degrees of East Longitude from Quebeck.» ca. 46°43′ N–50°26′ N [No. **76-1**:] Toneguignon/R. a M.r le Comte–I. aux Rots/Berthier [No. **76-5**:] S.t John/ S.t Michael–Cape Maillard/The Pillar [No. **76-6**:] Little Bergeronnes/Splinter Port–Green I.
Nomenklatur	englisch, französisch, Allonyme
Bemerkungen	Gradnetz, Konturen- und Flächenkolorit, Piktogramme, Peilungslinien, Kompassrose mit 8 Pfeilen, 24 Strichen und Lilie, Rosetten mit Angaben der Kompassmissweisung, Vertonungen, Lotungen, Fahrwassermarkierungen, Ankerpositionen, geographische Erklärungen, hydrographische Angaben und Segelanweisungen [in No. **76-1**] mit Signaturen für «Anchorages for Ships of large Burthen», «Anchorages for Barks &c.», «Depths above 50 Fathom», «Rocks» [No. **76-2**, No. **76-3**, No. **76-5**, No. **76-6**:] Lotungen, Ankerpositionen [No. **76-2**:] Rosetten, davon 1 mit Lilie [No. **76-3**:] halbe Rosette mit halber Lilie [No. **76-5**, No. **76-6**:] Rosetten, Kompassrose mit 8 Pfeilen, 24 Strichen und Lilie
Textelemente	[No. **76-1**, rechts Mitte bis rechts unten:] The following Account of the Navigation of the River S.t Laurence from Lake	Ontario to the Isle of Anticofti is given by a Gentleman who lately made that Voyage.	[…]
Herkunft	Adelung

Laufende Nummer	77	Erscheinungsort und -jahr	**London 1775**
Alte Katalogsignatur	**Tab. geogr. B Amer. 1466$_I$–Tab. geogr. B Amer. 1466$_{II}$**	Herausgeber bzw. Verleger	**Robert Sayer [1725–1794]**
Neue Katalogsignatur	**A 1250–A 1251**	Projektion	[Mercator]
Titel	[**A 1250:**] [illustrierte Kartusche links oberhalb der Mitte mit Admiralitätsanker und Ankerleine (oben):] **An Exact Chart	of the	River S.T Laurence,	from	Fort Frontenac to the Island of Anticosti	shewing the Soundings, Rocks, Shoals &c	with Views of the Lands	and all necessary Instructions	for navigating that River to	quebec. To the R.t Hon.ble J.No Montagu E.l of Sandwich	First Lord Commissioner	& to the other Hon.ble Commissioners for executing the Office of	Lord High Admiral of Great Britain	This Chart is most Humbly Inscribed	By their Lordships most Obedient	most devoted Humble Serv.t Tho.s Jeffreys.** [unter dem unteren Kartenrand links der Mitte:] **London. Printed for Rob.t Sayer, Map & Printseller, N.o 53, Fleet Street, as the Act directs. 25. May. 1775.**	Format	[A 1250:] 602 x 472 [A 1251:] 602 x 472
		Maßstab	[ca. 1:600.000] [rechts oberhalb der Mitte zwischen Breitengradskala und rechtem Kartenrand:] Scale of Leagues adapted to each Degree. [unter der Titelkartusche:] Scale of English & French Marine Leagues 20 in a Degree. [No. **77-2**, oben links, No. **77-3**, unter dem Titel, No. **77-5**, unter dem Titelschild, No. **77-6**, links oberhalb der Mitte:] Scale of 1 League.
		Areal	Quebec–Eskimaux I./S.t John's Isle ca. 04° E–08°12′ E «Degrees of East Longitude from Quebeck.» [**A 1251**] ca. 46°43′ N–50°26′ N [No. **77-1:**] Toneguignon/R. a M.r le Comte–I. aux Rots/Berthier [No. **77-5:**] S.t John/ S.t Michael–Cape Maillard/The Pillar [No. **77-6:**] Little Bergeronnes/Splinter Port–Green I.
Insets	[**A 1250:**] [oben Mitte bis links unterhalb der Mitte, Titel oben neben No. 77-2, No. 77-1:] **A Continuation of the River	from	Quebec to Lake Ontario	Taken from the Original	Published at Paris by M.r d'Anville	in 1755.** [oben links der Mitte, Titel oben rechts, No. 77-2:] **The Seven Islands	Lat. 50:8** [oben rechts, in No. 77-1, Titel links Mitte, No. 77-3:] **S.t Nicholas or	English Harbor	Lat. 49.32.** [links unterhalb der Mitte, unter No. 77-1, Titel unten, No. 77-4:] **A View of the Lands from Cape Torment to the Butt	As it appears in sailing through the Travers into the South Channel.** [unten links bis unten Mitte, Titel in Textschild unten rechts, No. 77-5:] **The Traverse	or Passage from	Cape Torment	into	the South Channel of	Orleans Island** [**A 1251:**] [unten links bis unten Mitte, Titel links oben, No. 77-6:] **The Road of	Tadousac**	Nomenklatur	englisch, französisch, Allonyme
		Bemerkungen	entspricht **A 1249** in 2 Teilen mit jeweils eigenen Kartenrand; schwarz
		Bibliographischer Kommentar	Version auf einem Blatt zum Ausklappen u.a. in: the	american atlas:	or,	**A Geographical Description**	of the	whole continent of america;	wherein are delineated at large, its	several regions, countries, states, and islands;	and chiefly	the british colonies,	**Composed from numerous Surveys, several of which were made by	Order of Government.**	by	Capt. holland, Capt. carver, lewis evans, william scull, henry mouzon, **Lieut. ross,**	j. cook, michael lane, joseph gilbert, gardner, hillock, &c. &c.	engraved on	forty-eight copper-plates,	by	**The Late Mr.** thomas jefferys, Geographer to the King, and Others.	london,	**Printed and Sold by** r. sayer and j. bennett, **Map and Print Sellers, No. 53,** fleet-street	mdcclxxvi. [No. 9]
Zeichner	**Thomas Jefferys [ca. 1719–1771]** [No. **77-1:**] **Jean Baptiste Bourguignon d'Anville [1697–1782]**		

Laufende Nummer	**78**		Laufende Nummer	**79**
Alte Katalogsignatur	**Tab. geogr. B Amer. 1470**		Alte Katalogsignatur	**Tab. geogr. B Amer. 1480**
Neue Katalogsignatur	**A 1252**		Neue Katalogsignatur	**A 1253**

Nr. 78

Titel: [Textschild oben rechts:] Idee de la Rade | du Mingan | Suivant le Journal de la Fregate du Roy | La Diane en 1755.

Zeichner: Jacques Nicolas Bellin sen. [1703–1772]

Erscheinungsort und -jahr: Paris 1764

Herausgeber bzw. Verleger: Jacques Nicolas Bellin sen.

Format: 198 x 162

Maßstab: [ca 1:21.000] [unten links bis rechts der Mitte:] une Lieue Marine

Areal: La Longue Pointe/Isle du Mingan–Riviere du Mingan/Isle de Tecayaoufkae

Nomenklatur: französisch

Bemerkungen: Konturen- und Wasserflächenkolorit, Piktogramme, Geländestriche, Rosette mit Angabe der Kompassmissweisung [große Lilie: «Nord du Monde», kleine Lilie: «Nord de la Boussole»], Lotungen, hydrographische Angaben, Markierung «Mouillage de | la Diane en | 1755» im Zentrum der Rosette

Bibliographischer Kommentar: Version in: LE PETIT ATLAS MARITIME | RECUEIL DE | CARTES ET PLANS | DES QUATRE PARTIES DU MONDE. | en Cinq Volumes. | I. VOLUME. | Amerique Septentrionale et Isles Antilles. | […] Par Ordre de M. le Duc de Choiseul Colonel Général | des Suisses et Grisons Ministre de la Guerre et de la Marine | Par le S. Bellin Ingenieur de la Marine 1764. [No. 15]

Herkunft: Adelung

Nr. 79

Titel: [Felsplatte in Waldlandschaft mit Wasserfällen unten rechts:] PLAN | of the Town and | FORTIFICATIONS | of | MONTREAL | or | VILLE MARIE | in | CANADA. [Textleiste über dem unteren Kartenrand Mitte:] Published by Thos. Jefferys, Geographer to His Royal Hignefs the Prince of Wales. at Charing Crofs, Jan. 30. 1758. Price ⅖.

Zeichner: Thomas Jefferys [1719–1771]

Erscheinungsort und -jahr: London 1758 [1760]

Herausgeber bzw. Verleger: Thomas Jefferys

Format: 332 x 530

Maßstab: [ca. 1:3.500] [unten Mitte:] French Toises. | English Yards.

Nomenklatur: englisch, französisch, Allonyme

Bemerkungen: NW oben, Konturen-, Flächen- und Gebäudekolorit, Piktogramme, Ufer- und Gebäudeschraffuren, Kompasskreuz mit Lilie, Strömungspfeile [oben links Legende:] A.–E.

Bibliographischer Kommentar: u.a in: The NATURAL and CIVIL | HISTORY | OF THE | FRENCH DOMINIONS | IN | North and South America. | Giving a particular Account of the | CLIMATE, | SOIL, | MINERALS, | ANIMALS, | VEGETABLES, | MANUFACTURES, | TRADE, | COMMERCE, | AND | LANGUAGES, | TOGETHER WITH | The Religion, Government, Genius, Character, Manners and | Cuftoms of the INDIANS and other Inhabitants. | ILLUSTRATED BY | Maps and Plans of the principal Places, | Collected from the beft Authorities, and engraved by | T. JEFFERYS, Geographer to his Royal Highness the Prince of WALES. | PART I. Containing | A Defcription of Canada and Louifiana. | LONDON, | Printed for THOMAS JEFFERYS at Charing-Crofs. | MDCCLX. [nach S. 12]
— A GENERAL | TOPOGRAPHY | OF | NORTH AMERICA AND THE WEST INDIES. | BEING A COLLECTION OF ALL THE | MAPS, CHARTS, PLANS, AND PARTICULAR SURVEYS, | That have been publifhed of that Part

of the World, | EITHER IN | EUROPE or AMERICA. | ENGRAVED BY | THO. JEFFERYS, Geographer to His MAJESTY. | LONDON: | Printed for ROBERT SAYER, in Fleet-ſtreet; and THOMAS JEFFERYS, at the Corner of St. Martin's Lane in the Strand. | MDCCLXVIII. [No. 14]
mit Legende A.–E. auf Schild in: **The Univerſal Magazine | OF | Knowledge and Pleaſure [...] AND OTHER Arts and Sciences [...], VOL. XXV, for November, 1759** [vor S. 225]

Herkunft Adelung

Laufende Nummer	**80**
Alte Katalogsignatur	**Tab. geogr. B Amer. 1485**
Neue Katalogsignatur	**A 1254**
Titel	[illustrierte Kartusche oben links:] L'ISLE DE	MONTREAL	et ses Environs.
Inset	[rechts unterhalb der Mitte bis rechts unten, Titel auf Textschild oben mit konvexer Ausbuchtung oben, No. **80-1**:] PLAN	DE LA VILLE DE	MONTREAL OU VILLE MARIE
Zeichner	**Jacques Nicolas Bellin sen. [1703–1772]**
Erscheinungsort und -jahr	**Paris 1764**
Herausgeber bzw. Verleger	**Jacques Nicolas Bellin sen.**
Format	216 x 342
Maßstab	[ca 1:240.000] [Titelkartusche, unter dem Titel:] Echelle de 2 lieues Communes [No. **80-1**:] [ca. 1:12.000] [Titelschild, unter dem Titel:] Echelle de Quatre Cent Toises.
Areal	Riv de Ouataouais/Rapide du coteau de Cedres–S.̀ Sulpice/Riviere du Loup
Nomenklatur	französisch
Bemerkungen	modifizierte Version [ohne Kartusche und Inset] der CARTE DE	L ISLE DE MONTREAL	ET DES SES ENVIRONS	**Dresſée fur les Manuscrits du Depost des Cartes Plans	et Journaux de la Marine.	Par N Bellin Ingénieur et Hidrographe de la Marine.**	1744, in: HISTOIRE	ET	DESCRIPTION GENERALE	DE LA	NOUVELLE FRANCE,	AVEC	LE JOURNAL HISTORIQUE	**d'un Voyage fait par ordre du Roi dans	l'Amérique Septentrionnale.	Par le P. DE CHARLEVOIX, de la Compagnie de JESUS.**	TOME PREMIER	A PARIS,	**Chez** PIERRE-FRANÇOIS GIFFART, **ruë Saint Jacques,	à Sainte Théreſe.**	M. DCC. XLIV. [nach S. 226]; NOzN oben, Konturen- und Flächenkolorit, Piktogramme, Geländestriche, Bergreliefs, Kompassrose mit 8 Pfeilen, Lilie und Bezeichnung der kardinalen Himmelsrichtungen, Strömungspfeile [No. **80-1**:] Konturen-, Flächen- und Gebäudekolorit, Piktogramme, Geländestriche, Gebäudeschraffuren, Strömungspfeil, [oben rechts bis rechts Mitte:] Renvoy	A–P

Bibliographischer Kommentar	Version in: LE PETIT ATLAS MARITIME | RECUEIL DE | CARTES ET PLANS | DES QUATRE PARTIES DU MONDE. | en Cinq Volumes. | I. VOLUME. | Amerique Septentrionale et Isles Antilles. | [...] Par Ordre de M. le Duc de Choiseul Colonel Général | des Suisses et Grisons Ministre de la Guerre et de la Marine | Par le S. Bellin Ingenieur de la Marine 1764. [No. 11]
Herkunft	Adelung
Laufende Nummer	**81**
Alte Katalogsignatur	**Tab. geogr. B Amer. 1490**
Neue Katalogsignatur	**A 1255**
Titel	[Textfeld links, vom Kartenfeld getrennt durch Festonbordüre mit landwirtschaftlichen Motiven, Titel oben:] **QUEBEC, | Ville de l'Amerique | Septentrionale, dans | la Nouvelle France | avec Titre d'Eveché | Située sur la Fleuve de | S. Laurent a 310. Degr. | 17 Minutes de Longit. | et 46 Degrez 55. Min. | de Latitude; elle fut | Assiegée par les Anglois | sur les François, par | qui elle est encore | possedée l'an 1670. | depuis le 16ᵉ Octobre | jusqu'a 22. du meme | mois. Mons. de Fronte= | nac estant pour lors | Gouverneur du Païſ, | qui leur fit honteuse | ment lever le Siege.**
Zeichner	**Robert de Villeneuve [ca. 1642–nach 1692]**
Graveur	**Herman van Loon [ca. 1649–ca. 1701]**
Erscheinungsort und -jahr	**[Paris 1695]**
Herausgeber bzw. Verleger	**Nicolas de Fer [1646–1720]** **Pieter [Pierre] Mortier sen. [1661–1711]**
Format	**[205 x 295]**
Nomenklatur	französisch
Bemerkungen	Bearbeitung des Manuskriptplans QUEBÉC | Et ſes Environs en la Nouvelle France | Assiegé par les Anglois le 16 Octobre | 1690 [...]; schwarz, Osten oben, Piktogramme, Geländestriche, Uferschraffuren, Kompasskreis mit 8 Strichen, Lilie und Kreuz, Strömungspfeil, Landverkehrswege, namentliche Bezeichnung der «fermes», Schusslinien, Vignetten [Dreimaster und Boote], Markierung der taktischen Positionen und Mittel mit Erläuterungen der militärischen Operationen: «Les 34 Vaisseaux | Anglois», «Bon Mouillage | a 17. Brasses», «Les 42. Chaloupes qui Debarquer⁼ⁿᵗ 2000. Anglois.» [am Ufer von la Canardiere], «Cul de sac ou | les petits Bati= | ments Hiver= | nent» [am städtischen Flussufer] [Titelfeld links, unter dem Textblock:] RENVOY DES CHIFFRES | qui ſe trouvent dans | la Ville de Quebec. | 1.–17.

Laufende Nummer	**82**
Alte Katalogsignatur	**Tab. geogr. B Amer. 1496**
Neue Katalogsignatur	**A 1256**
Titel	[obere Hälfte, Titel oben rechts der Mitte neben der Uferlinie, No. **82-1**:] **Plan de la Ville de** | Quebec [untere Hälfte, Titel oben Mitte, No. **82-2**:] vue de quebec, | **Capitale du Canada.**
Zeichner	[No. **82-1**:] **Jacques Levasseur de Néré [ca. 1662–ca. 1723]** **Jacques Nicolas Bellin sen. [1703–1772]**
Erscheinungsort und -jahr	**Paris [1755]**
Herausgeber bzw. Verleger	**Georges-Louis Le Rouge [1712–1775]**
Format	[No. **82-1**:] 172 x 249 [No. **82-2**:] 170 x 249
Maßstab	[ca. 1:6.470] [No. **82-1**, oben links, unter dem Kompasskreuz:] 200 Toises
Nomenklatur	französisch
Bemerkungen	schwarz [No. **82-1**:] Bearbeitung eines Manuskriptplans von Jacques Levasseur de Néré; WzN oben, Piktogramme, Geländestriche, Ufer- und Gebäudeschraffuren, Kompasskreuz mit Lilie, Strömungspfeile, Landverkehrswege [No. **82-2**:] Uferschraffuren, perspektivische Zeichnungen, Vignetten [Dreimaster, Boot mit zwei Masten], [No. **82-1**, unter dem Titel, Legende:] a.–z.; &. [No. **82-2**, oben links:] Renvois. | A.–K.
Bibliographischer Kommentar	auf zwei separaten Blättern in: Recueil | des Plans | de | L'Amerique | Septentrionale | a paris | Chez Le S.^r Le Rouge | **Ingenieur Geographe du Roy,** | **Et de S.A.S.M. le Comte de Clermont,** | **Ruë des Augustins.** | **1755.** [Erweiterte Neuauflage **1777**[?], No. 2–3] No. **82-1** mit typographischen Modifikationen, Kompassrose sowie Unterschrift **Dheulland Sculp**. in: journal | d'un | voyage | fait par ordre du Roi | dans | l'amerique septentrionnale; | Adressé a Madame la Duchesse | de Lesdiguieres. | **Par le P. De Charlevoix, de la Compagnie de Jesus.** | Tome troisie'me. | a paris, Chez pierre-françois giffart,

Bibliographischer Kommentar

Version u.a. in: les forces \| de l'europe \| asie, afrique et amerique, \| ou description des principales villes, \| Avec \| leurs fortifications. \| **Deffignées par les meilleurs Ingenieurs, particulierement celles qui font fous la domination de la France, dont** \| **les Plans ont efté levez par Monfieur de** Vauban, **avec la defcription de tous les Inftrumens fervans à la** \| **Fortification, à l'attaque & deffenfe des Places, enfemble ceux qui fervent pour l'Artillerie, des Magafins;** \| **la maniere de dreffer un Camp devant une Ville affiegée, &c.** \| **Et ornées de plufieurs fuperbes Edifices.** \| ouvrage necessaire pour toutes sortes de personnes. \| **Le tout mis en ordre par les foins de** Pierre Mortier. \| […] tome. vii \| a amsterdam. \| **Chez** Pierre Mortier, **fur le Vygendam.** \| avec privilege [No. 160]
— la \| galerie agreable \| du \| monde, \| **Où l'on voit en un grand nombre de** \| cartes tres-exactes et de belles tailles-douces, \| **Les principaux** \| empires, roïaumes, republiques, provinces, villes, \| bourgs et forteresses, \| **avec leur Situation, & ce qu'Elles ont de plus remarquable;** \| Les iles, côtes, rivieres, ports de mer, \| **& autres Lieux confiderables de l'ancienne & nouvelle Géographie;** \| Les antiquitez, les abbayes, eglises, colleges, bibliotheques, \| palais, et autres edifices, tant publics que particuliers; \| **Comme auffi** \| Les maisons de campagne, \| Les habillemens et moeurs des peuples, **leur** religion, Les jeux, Les fe'tes, Les ceremonies, Les pompes & les magnificences; \| **Item les** animaux, arbres, plantes, fleurs, **quelques** temples & idoles des païens \| **& autres Raretez dignes d'être vuës.** \| Dans les quatre parties de l'univers; \| divise'e en lxvi. tomes. […] **Cette Partie comprend le** tome second d'Amerique. \| **Le tout mis en ordre & executé** \| à leide, \| **Par** pierre vander **Aa, Marchand Libraire,** \| **Imprimeur de l'Univerfité & de la Ville.** [Tome LXIV, No. 30.a]

ruë Saint Jacques, | à Sainte Thérefe. M. DCC. XLIV.
[nach S. 72]
Version mit typographischen Modifikationen, Titel, Legende und Maßstab in separatem Textschild rechts, Kompassrose mit 8 Pfeilen und Lilie in: LE PETIT ATLAS MARITIME | RECUEIL DE | CARTES ET PLANS | DES QUATRE PARTIES DU MONDE. | en Cinq Volumes. | I. VOLUME. | **Amerique Septentrionale et Isles Antilles.** | [...] **Par Ordre de M. le Duc de Choiseul Colonel Général** | **des Suisses et Grisons Ministre de la Guerre et de la Marine** | **Par le S. Bellin Ingenieur de la Marine 1764.** [No. 9]

Laufende Nummer	**83**
Alte Katalogsignatur	**Tab. geogr. B Amer. 1498**
Neue Katalogsignatur	**A 1257**
Titel	[Textschild oben links:] **A PLAN of the	CITY OF QUEBEC	the	CAPITAL of CANADA.	as it furrender'd 18 Septembr. 1759 to the	BRITISH FLEET and ARMY	Commanded by Vice Adm! SAUNDERS, & Brigad! Gen! TOWNSHEND.** [unter dem unteren Kartenrand rechts der Mitte bis rechts:] **Published According to act of Parliament Janr. 15 1760 by Tho: Jefferys at Charing Crofs. Price ½.**
Zeichner	**Thomas Jefferys** [ca. 1719–1771]
Erscheinungsort und -jahr	**London 1760**
Herausgeber bzw. Verleger	**Thomas Jefferys**
Format	329 x 476
Maßstab	[ca 1:3.500] [unten rechts der Mitte:] British Yards
Nomenklatur	englisch
Bemerkungen	NW oben, Konturen-, Flächen- und Gebäudekolorit, Piktogramme, Geländestriche, Ufer- und Gebäudeschraffuren, Kompassrose mit 4 Pfeilen, Lilie und Kreuz, Strömungspfeil, Vignetten [Schiffe und Boote], Markierung der Bastionen sowie der taktischen Positionen und Mittel im R. S! CHARLES OR THE LITTLE RIVER [Titelschild, unter dem Titel: Legende] A.–R. Legende S! LAURENCE or the GREAT RIVER called by the INDIANS HOSHELAGA or CANADA RIVER
Bibliographischer Kommentar	unter dem Titel **A PLAN of the	CITY OF QUEBEC	the	CAPITAL of CANADA** in: The NATURAL and CIVIL	HISTORY	OF THE	FRENCH DOMINIONS	IN	**North and South America.**	**Giving a particular Account of the**	CLIMATE,	SOIL,	MINERALS,	ANIMALS,	VEGETABLES,	MANUFACTURES,	TRADE,	COMMERCE,	AND	LANGUAGES,	TOGETHER WITH	**The Religion, Government, Genius, Character, Manners and**	**Cuftoms of the** INDIANS **and other Inhabitants.**	ILLUSTRATED BY	**Maps and Plans of the principal Places,**	**Collected from the beft Authorities, and engraved by**	T. JEFFERYS, **Geographer to his Royal Highness the Prince of** WALES.	PART I.

Containing | A Defcription of Canada and Louifiana. | London, | Printed for Thomas Jefferys at Charing-Crofs. | MDCCLX. [nach S. 4]

Herkunft   Adelung

Laufende Nummer	**84**
Alte Katalogsignatur	**Tab. geogr. B Amer. 1499**
Neue Katalogsignatur	**A 1258**
Titel	[Textschild links neben dem Kartenfeld, Titel oben:] **A Plan of	Quebec** [unter dem Kartenrand Mitte:] **Publish'd according to Act of Parliam! Octob: 1759 by E. Oakley & Sold by J. Rocque near Round Court in** [nicht lesbar:] **the Strand**
Insets	[oben links, Titel in Textleiste über dem oberen Kartenrand links bis Mitte, No. **84-1**:] **The Port & Environs of Quebec.	as it was when Attack'd by the English** [oben rechts. Titel unten links bis unten rechts der Mitte, No. **84-2**:] **A Draught of part of the River S! Laurence**
Zeichner	**Jacques Levasseur de Néré [ca. 1662–ca. 1723] Jacques Nicolas Bellin sen. [1703–1772]** [No. **84-1**:] **Robert de Villeneuve [ca. 1642–nach 1692]**
Erscheinungsort und -jahr	**1759**
Herausgeber bzw. Verleger	**Edward Oakley [Ockley, Okley] [1721–ca. 1766] Jean [John] Rocque [*1704?]**
Format	ca. 350 x 510
Maßstab	[ca. 1:4.000] [unten rechts:] Scale of 300 Yards [No. **84-1**, im unteren Kartenrand Mitte:] 400 Toises
Areal	[No **84-2**:] S. Augustin/S. Nicolas–Havre à Gribane/C. S. Ignace
Nomenklatur	englisch, französisch [No. **84-2**:] französisch
Bemerkungen	Bearbeitung des **Plan de la Ville de	Quebec** [A 1256, obere Hälfte, No. **82-1**]; W oben, Konturen-, Flächen- und Gebäudekolorit, Kompasskreuz mit Lilie [Titelschild, unter dem Textblock:] References.	A.–G. [No. **84-1**:] Bearbeitung des Plans **Quebec,	Ville de l'Amerique	Septentrionale [...]** [A 1255]; Konturen-, Flächen- und Gebäudekolorit, Piktogramme, Ufer- und Gebäudeschraffuren, Kompasskreis mit 8 Strichen und Lilie,

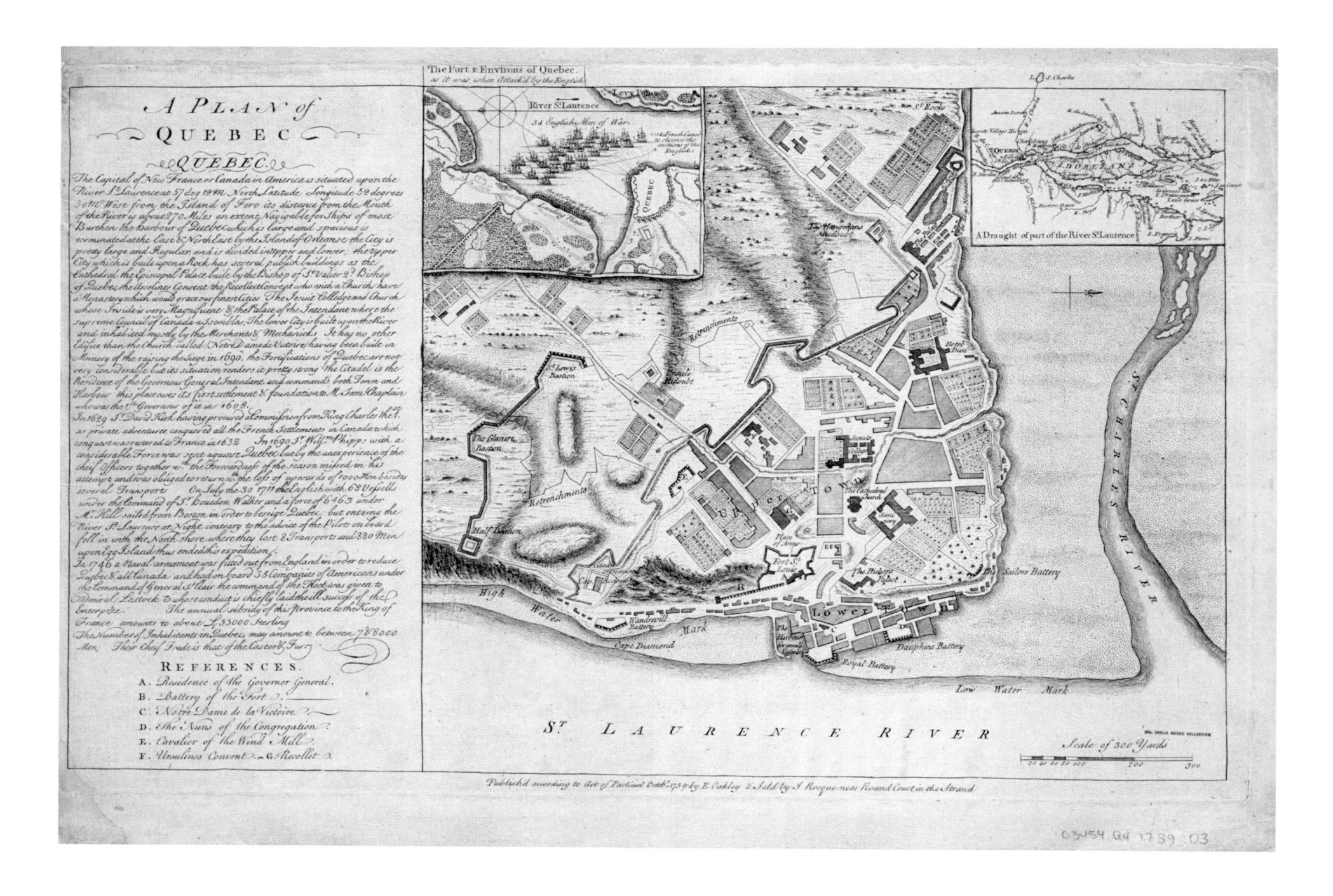

Abb. 11
Exemplar des *Plan of Quebec* (A 1258) aus den Harvard Map Collection digital maps.

	Strömungspfeil, Landverkehrswege, Schusslinien, Vignetten [Dreimaster und Boote], Markierung der taktischen Positionen und Mittel mit Erläuterungen der militärischen Operationen: «34 English Men of War», «1.1.1 &c. French Cano's | to observe the | motions of the | English.», «the 42 Sloops that Landed | 2000 English» [am Ufer von la Canardière] [No. **84-2**:] schwarz, Piktogramme, Geländestriche, Kompasslinie mit Lilie
Textelemente	[Textschild, unter dem Titel:] Quebec. | The Capital of New France or Canada in America is situated upon the | River S! Lawrence 57 deg 12 M North Latitude Longitude 52 degrees | 30 M West from the Island of Fero […]
Bibliographischer Kommentar	Version mit Textschild rechts, No. **84-2** oben links und ohne No. **84-1** in: a general | topography | of | north america and the west indies. | being a collection of all the | maps, charts, plans, and particular surveys, | That have been publiſhed of that Part of the World, | either in | europe or america. | engraved by | Tho. Jefferys, Geographer to His majesty. | london: | Printed for Robert Sayer, in Fleet-ſtreet; and Thomas Jefferys, at the Corner of St. Martin's Lane in the Strand. | mdcclxviii. [No. 11] ohne Textschild und No. **84-2** in: The Univerſal Magazine | of | Knowledge and Pleaſure […] and other Arts and Sciences […], Vol. XXIV, for February, 1759 [nach S. 92; References A.–G. außerhalb der Karte am Ende des Begleittextes, S. 93]

Laufende Nummer	**85**
Alte Katalogsignatur	**Tab. geogr. B Amer. 1502**
Neue Katalogsignatur	**A 1259**
Titel	[Textschild oben rechts:] **Plan | of the | City and Environs | of | Quebec, | with its Siege and Blockade | by | the Americans, | from the 8th of December 1775 to the 13th of May 1776.** [Titelschild, unter «References»:] **Engraved by W.m Faden.** [unten über dem unteren Kartenrand Mitte:] **London, Publiſhed as the Act directs 12 Septemr. 1776, by W.m Faden (Succeſor to the late M.r Tho.s Jefferys) Corner of S.t Martin's Lane.**
Graveur	**William Faden [1749–1836]**
Erscheinungsort und -jahr	**London 1776**
Herausgeber bzw. Verleger	**William Faden**
Format	440 x 614
Maßstab	[ca. 1:7.000] [Titelschild, unten:] Scale of 600 Yards.
Nomenklatur	englisch, französisch, Hybridae
Bemerkungen	Flächen- und Gebäudekolorit, Piktogramme, Geländestriche, Ufer- und Gebäudeschraffuren, Kompassrose mit 8 Pfeilen und halber Lilie, Strömungspfeil, Landverkehrswege, Schusslinien [Titelschild, unter dem Titel:] References. | A.–M.
Herkunft	Adelung

Laufende Nummer	**86**		Laufende Nummer	**87**
Alte Katalogsignatur	**Tab. geogr. B Amer. 1504**		Alte Katalogsignatur	**Tab. geogr. B Amer. 1540**
Neue Katalogsignatur	**A 1260**		Neue Katalogsignatur	**A 1270**
Titel	[Textschild oben rechts:] **Environs**	DE QUEBEC,	**Bloque.**	**par les Americains**	**du 8. Décembre 1775.**	**au 13. Mai 1776.**	**A Paris**	**Chez le Rouge rue des grands**	**Augustins.**	**1777.**		Titel	[illustrierte Kartusche oben rechts:] BAYE	DE HUDSON	**et Pays Voisins**	**1763.**
			Zeichner	**Jacques Nicolas Bellin sen. [1703–1772]**
Erscheinungsort und -jahr	**Paris 1777**		Erscheinungsort und -jahr	**Paris 1763**
Herausgeber bzw. Verleger	**George-Louis Le Rouge [1712–1775]**		Herausgeber bzw. Verleger	**Jacques Nicolas Bellin sen.**
Format	227 x 299		Format	200 x 319
Maßstab	[ca. 1:13.000] [unten, rechts der Mitte:] 600. Perches		Maßstab	[ca. 1:9.300.000] [Titelkartusche, zwischen Titel und Erscheinungsjahr:] Echelle de Cent Lieues Communes
			Areal	ca. 109°53′ W–40° W [oben] ca. 100°09′ W–57°17′ W «Longitude Occidentale du Meridien de Paris» [unten] ca. 50°23′ N–67°36′30″ N
Nomenklatur	französisch		Nomenklatur	französisch
Bemerkungen	schwarz, Piktogramme, Geländestriche, Kompassrose mit 8 Pfeilen und halber Lilie, Strömungspfeil, Landverkehrswege, Schusslinien [unter Titelschild: Legende] a.–y.		Bemerkungen	Aktualisierung mit Erweiterung des Areals der **Carte de la**	BAYE DE HUDSON	[...] **1744**, in: HISTOIRE	ET	DESCRIPTION GENERALE	DE LA	NOUVELLE FRANCE,	AVEC	LE JOURNAL HISTORIQUE	**d'un Voyage fait par ordre du Roi dans**	**l'Amérique Septentrionale.**	**Par le P. De** CHARLEVOIX, **de la Compagnie de** JESUS.	TOME PREMIER	A PARIS,	**Chez** PIERRE-FRANÇOIS GIFFART, **ruë Saint Jacques,**	**à Sainte Thérèfe.**	M. DCC. XLIV. [nach S. 472] sowie nachfolgender Versionen; Gradnetz, Konturen- und Flächenkolorit, Piktogramme [rote Quadrate: Forts], Geländestriche, Bergreliefs, geographische bzw. historisch-geographische Erklärungen, Legende LABRADOR	nommée anciennem¹ par les Francois	Nouvᴱ BRETAGNE
Bibliographischer Kommentar	in: RECUEIL	DES PLANS	DE	L'AMERIQUE	SEPTENTRIONALE	A PARIS	**Chez** LE Sᴿ. LE ROUGE	**Ingenieur Geographe du Roy,**	**Et de S.A.S.M. le Comte de Clermont,**	**Ruë des Augustins.**	**1755.** [Erweiterte Neuauflage 1777[?], No. 1]		Bibliographischer Kommentar	Version in: LE PETIT ATLAS MARITIME	RECUEIL DE	CARTES ET PLANS	DES QUATRE PARTIES DU MONDE.	**en Cinq Volumes.**	I. VOLUME.	**Amerique Septentrionale et Isles Antilles.**	[…] **Par Ordre de M. le Duc de Choiseul Colonel Général**	**des Suisses et Grisons Ministre de la Guerre et de la Marine**	**Par le S. Bellin Ingenieur de la Marine 1764.** [No. 3]
			Herkunft	Adelung

Laufende Nummer	**88**
Alte Katalogsignatur	**Tab. geogr. B Amer. 1572**
Neue Katalogsignatur	**A 1271**
Titel	[über dem oberen Kartenrand Mitte:] **I.ᵉ**
Inset	[oben links bis oben rechts der Mitte, Titelschild oben links, No. **88-1**:] N%OUVELLE% C%ARTE% | %DE LA% B%AYE% | D'H%UDSON% | et de | L%ABRADOR% | **selon les derniers Cartes** | **Levées sur les lieux.**
Zeichner	**John Mitchell [1711–1768]**
Erscheinungsort und -jahr	**Paris 1756**
Herausgeber bzw. Verleger	**Georges-Louis Le Rouge [1712–1775]**
Format	[650 x 479]
Maßstab	[ca. 1:2.100.000] [No. **88-1**, oben links der Mitte, neben Titelschild unten rechts:] Milles selon les Ordōnances | d'Angleterre
Areal	ca. 107°07′ W–93°12′ W [oben] ca. 40°20′ N–52°07′ N [links] [No. **88-1**:] ca. 111° W–36° W [oben] ca. 93°30′ W–54°57′ W [unten] ca. 50° N–73°06′ N
Nomenklatur	englisch, französisch, Allonyme
Bemerkungen	nordwestliches Blatt des achtteiligen Nachstichs A%MERIQUE% | S%EPTENTRIONALE% | **avec les Routes, Distances en miles, Limites** [spätere Ausgabe: **Villages**] **et** | E%TABLISSEMENTS% | **François et Anglois.** | **Par le Docteur Mitchel** | **Traduit de l'Anglois** | A P%ARIS% | **Par le Rouge Ing.ʳ Geographe du Roy rue des Grand Augustins 1756.** [vgl. **A 1191**]; Gradnetz, kolorierte Grenzlinien [gelb/grün], Piktogramme, Bergreliefs, Uferschraffuren, geographische bzw. geographisch-historische Erklärungen, Markierung «Route des François aux Indiens de l'Ouest» [rechts unter dem 48. Breitengrad:] Limites Septentrionales de la Nouvelle Angleterre | par Lettres Patentes de 3 Novembre 1600. jusques a la Mer du Sud. [No. **88-1**:] Gradnetz, Konturen- (Grenz)kolorit [gelb/grün], Küsten- bzw. Uferschraffuren, Kompassrose mit 8 Pfeilen und Lilie
Bibliographischer Kommentar	u.a. in: A%TLAS% | G%ÉNÉRAL% | **Contenant le Detail** | %DES QUATRE PARTIES DU MONDE% | **principalement** | %CELUI DE L'EUROPE% | %PAR LEROUGE% | **Ingenieur Géographe du Roi et de** | **S.A.S.M. le Comte de Clermont** | **Avec Privilege du Roi.** | **Ecrit par Petit** | **A Paris chez le f.ᵉ** L%E% R%OUGE% **Ing.ʳ Géographe du Roy Rue des Gr.ᵈˢ Augustins.** [nach **1764**] [No. 143]

Laufende Nummer	**89**
Alte Katalogsignatur	**Tab. geogr. B Amer. 1580**
Neue Katalogsignatur	**A 1272**
Titel	[oben links bis oben Mitte:] **A Chart	of part of the	Coast of Labradore,	from	Grand Point to Shecatica.	Surveyed by Michael Lane in 1768.	and	Engraved by Thomas Jefferys Geographer to the King.	Publiſhed by Permission of the	Right Honourable the Lords Commissioners of the	Admiralty.	London, Printed for Robert Sayer N⁰. 53 Fleet Street, 1 Augt 1786** [unter dem unteren Kartenrand rechts:] **T. Jefferys Sculp.** [über dem oberen Kartenrand rechts:] **XIX**
Insets	[links oberhalb der Mitte unter dem Titelblock der Hauptkarte, Titel oben, No. **89-1**:] **Plan of Mecatina Harbour** [oben rechts der Mitte, Titel oben, No. **89-2**:] **Plan of St Augustine** [oben rechts, rechts neben No. 89-2, Titel oben, No. **89-3**:] **Plan of Cumberland Harbour.**
Zeichner	**Michael Lane [nachgewiesen 1768–1784]**
Graveur	**Thomas Jefferys [ca. 1710–1771]**
Erscheinungsort und -jahr	**London 1786**
Herausgeber bzw. Verleger	**Robert Sayer [1725–1794]**
Format	496 x 575
Maßstab	[ca. 1:220.000] [unten rechts der Mitte:] Engliſh and French Leagues 20 to a Degree. [No. **89-1**, unten Mitte bis rechts; No. **89-2**, unten links der Mitte bis rechts der Mitte; No. **89-3**, unten Mitte bis unten rechts:] Scale of One Mile.
Areal	Grand Point–Bay of Petit Pene
Nomenklatur	englisch
Bemerkungen	Konturen-und Flächenkolorit, Piktogramme, Geländestriche, Rosette mit Angabe der Kompassmissweisung [große Lilie: Kartennord, kleine Lilie: Kompassnord], Lotungen, Ankerpositionen, hydrographische Angaben [No. **89-1**:] Gebäudekolorit, Peilungslinie [No. **89-1**–No. **89-3**:] Kompasskreuz mit 8 Strichen und Lilie, Lotungen
Bibliographischer Kommentar	Version u.a. in: **the	north american pilot	for	newfoundland, labradore,	the	gulf and river st. laurence:	being a collection of	sixty accurate charts and plans,	drawn from original surveys:	taken by	james cook and michael lane, Surveyors	and	joseph gilbert, and other Officers in the King's Service	Publiſhed by permission of the	Right Hon the lords commissioners of the admiralty:	chiefly engraved by	The Late thomas jefferys, Geographer to the king.	on thirty-six large copper-plates.	london:	printed according to Act of Parliament, and Sold by r. sayer and j. bennett, No. 53, in Fleet-Street.	mdcclxxix.** [No. XIX]
Herkunft	Adelung

Laufende Nummer	**90**
Alte Katalogsignatur	**Tab. geogr. B Amer. 1582**
Neue Katalogsignatur	**A 1273**
Titel	[oben links:] A Chart	of part of the	Coast of labradore,	from the Straights of	Bell Isle, to Cape Bluff.	Surveyed by Joseph Gilbert in 1767.	and	Engraved by Thomas Jefferys **Geographer to the** King.	**Published by** Permission **of the**	**Right Honourable the** Lords Commissioners **of the**	Admiralty.	**London, Printed for Robert Sayer N°. 53 Fleet Street 1 Aug.t 1786.** [über dem unteren Kartenrand rechts:] **T. Jefferys Sculp.**
Insets	[links oberhalb der Mitte, Titel oben links der Mitte, No. **90-1**:] Petty Harbour [links unterhalb der Mitte, Titel oben links, No. **90-2**:] The	Three Harbours	of	Sophia Charlotte	and	Mecklenburg
Zeichner	**Joseph Gilbert [ca. 1733–ca. 1824]**
Graveur	**Thomas Jefferys [ca. 1719–1771]**
Erscheinungsort und -jahr	**London 1786**
Herausgeber bzw. Verleger	**Robert Sayer [1725–1794]**
Format	540 x 446
Maßstab	[ca. 1:5.000.000] [links oberhalb der Mitte:] Engliſh & French Leagues 20 to a Degree. [No. **90-1**, unten links bis unten Mitte:] Scale of 2 Miles [No. **90-2**, links oberhalb der Mitte:] Scale of 1 Mile.
Areal	Cape Bluff–York or Chateau Bay/Bell Isle 51°54′30″ N–53° N [rechts]
Nomenklatur	englisch
Bemerkungen	Konturenkolorit, Kompassrose mit 8 Pfeilen, 24 Strichen und Lilie, Peilungslinen, Lotungen, hydrographische Angaben [No. **90-1**, No. **90-2**:] Kompasskreuz mit 8 Strichen und Lilie
Bibliographischer Kommentar	Version in: the	north american pilot	for	newfoundland, labradore,	the	gulf and river st. laurence:	being a collection of	sixty accurate charts and plans,	drawn from original surveys:	taken by	james cook and michael lane, Surveyors	and	joseph gilbert, **and other Officers in the** King's Service	Publiſhed by permission **of the**	**Right Hon the** lords commissioners **of the** admiralty:	chiefly engraved by	**The Late** thomas jefferys, Geographer **to the** king.	on thirty-six large copper-plates.	london:	printed **according to Act of Parliament, and Sold by** r. sayer and j. bennett, No. 53, in Fleet-Street.	mdcclxxix. [No. XVIII]
Herkunft	Adelung

Laufende Nummer	**91**	Bemerkungen	Konturenkolorit, Peilungslinien, Lotungen, hydrographische Angaben
Alte Katalogsignatur	**Tab. geogr. B Amer. 1584–Tab. geogr. B Amer. 1586**		[**A 1274**, rechter Kartenrand:] halbe Rosette mit halber Lilie und Angabe der Kompassmissweisung
Neue Katalogsignatur	**A 1274–A 1275**		[**A 1275**:] Rosette mit Lilie
			[No. **91-1**:] Kompasskreuz mit Lilie, Lotungen
Titel	[**A 1275**, links bzw. unterhalb der Mitte bis unten links der Mitte:]	Bibliographischer Kommentar	Version von **A 1274** [Ausgabe 1777] in: THE	NORTH AMERICAN	ATLAS,	SELECTED	From the MOST AUTHENTIC	MAPS, CHARTS, PLANS, &c.	Hitherto publiſhed.	LONDON:	**Printed for** WILLIAM FADEN, **Succeſſor to the late Mr.** THOMAS JEFFERYS, **Geographer to the** KING,	**the Corner of St. Martin's-Lane, Charing-Croſs.**	M DCC LXXVII. [No. 2]
	By Permiſſion	of the Rt. Honble the Lords Comiſsioners of the ADMIRALTY.	A	CHART	of PART of the	COAST OF LABRADOR,	from	CAPE CHARLES to SANDWICH BAY.	Survey'd by Order of	the Honble COMMODORE BYRON,	Governor of Newfoundland, Labrador &c:. in the Years 1770 and 1771.	By	MICHAEL LANE,	SURVEYOR.	Engrav'd by Wm. Faden, Geogr. to the KING.	LONDON. **Publiſh'd according to Act of Parliament. by** Wm. **Faden, Corner of** St. **Martin's Lane, Charing Croſs 1792**		
		Herkunft	Adelung
Insets	[**A 1274**, links oberhalb bis unterhalb der Mitte, No. **91-1**:] [MECKLENBURG HARBOUR, PORT CHARLOTTE, SOPHIA HARBOUR]		
	[auf dem unteren Kartenrand Mitte:]		
	Published by W. Faden Geogr. to the KING **Charing Cross May 1st 1792.**		
Auftraggeber	**John Byron [1723–1786]**		
Zeichner	**Michael Lane [nachgewiesen 1768–1784]**		
Graveur	**William Faden [1749–1836]**		
Erscheinungsort und -jahr	**London 1792**		
Herausgeber bzw. Verleger	**William Faden**		
Projektion	[Marinus]		
Format	[**A 1274**:] 448 x 584		
	[**A 1275**:] 421 x 584		
Maßstab	[ca. 1:220.000]		
	[No. **91-1**, unten Mitte:] 1 Mile		
Areal	ca. 60°27′ W–54°53′ W «Long. West from Lond.»		
	[**A 1275**, oben]		
	ca. 60°28′ W–54°53′ W «Long. West from London»		
	[**A 1274**, unten]		
	ca. 52°16′ N–54°01′ N		
Nomenklatur	englisch		

Laufende Nummer	**92**
Alte Katalogsignatur	**Tab. geogr. B Amer. 1610**
Neue Katalogsignatur	**A 1276**
Titel	[über dem oberen Kartenrand Mitte:] **Terra Nova.** [Kartusche unten rechts:] **Terra │ nova** [oben rechts:] **749**
Zeichner	**Jan van Doetecom [Doetecum] [ca. 1530–1604]** **Petrus Plancius [Pieter Platevoet] [1552–1622]** **Barent Langenes [nachgewiesen 1598–1610]**
Erscheinungsort und -jahr	**Amsterdam 1609**
Herausgeber bzw. Verleger	**Jacob van de Vivere [Jacobus Viverius] [1572–ca. 1640]** **Cornelis Claeszoon [Cornelius Nicolai] [1546?–1609]**
Projektion	[Marinus]
Format	84 x 122
Maßstab	[ca. 1:12.000.000]
Areal	Baja dos Condos/Rio de S: Miguel–C. Blanco/I. dos Arnes ca. 44°13′ N–53°30′ N [links]
Nomenklatur	portugiesisch, spanisch, französisch, lateinisch
Bemerkungen	Bearbeitung eines Segments der Karte **Nova Francia, alio nomine dicta Ter: │ ra nova […] ‖ Joannes à Duetecom │ iunior fecit. ‖ t' Amſterdam gedruckt bij Dauit de meÿne inde werrelt cart.** [ca. 1592–1594]; schwarz, Piktogramme, Geländestriche, Bergreliefs, Vignette [Kabeljau], Westküste von Neufundland ohne geograpahische Namen, Große Neufundland-Bank stabförmig in NO-SW-Ausrichtung dargestellt
Bibliographischer Kommentar	u.a. in: **Hand-boeck; │ Of │ Cort begrijp der Caerten │ Ende │ Beschryvinghen van alle Landen des Werelds. │ Van nieuvvs overſien ende vermeerdert. ‖ t' Amſtelredam by Cornelis Claeſz. op 't Water/in 't Schrijf-boeck. 1609.** [Seite 749] [neu bearbeitete und erweiterte Ausgabe von:] **CAERT-THRESOOR, │ Inhoudende de tafelen des gant= │ ſche Werelts Landen/ met besſchryvingen verlicht/ tot luſt vanden Leſer/ nu alles van nieus met groote coſten en arbeyt toegereet. ‖ Tot Middelburgh/ by Barent Langenes/ ende men vintſe te coop by Cornelis Claeſsz** [**1599**] [2. Auflage, S. 183]

Abb. 12
Koloriertes Exemplar der Karte A 1276. Die häufige Autorenangabe
Petrus Bertius (Pieter de Bert[s], *1565, †1629) erklärt sich allein aus
der Tatsache, dass diese Karte in seinem Atlas zu finden ist.

Laufende Nummer	**93**
Alte Katalogsignatur	**Tab. geogr. B Amer. 1615**
Neue Katalogsignatur	**A 1277**
Titel	[oben links, unten umgeben von einem grünen Zweig mit Schleife und Quasten:] ISOLA DI TERRA NUOVA | **Scoperta da** | **Gio: Cabota Veneto con suo Figliuolo Sebastiano** | **l'an: 1596.** [sic] **24 Giugno á hore 12** | **Descritta, e Dedicata** | **Dal P. Cofmografo Coronelli**
Zeichner	**Vincenzo Maria Coronelli [1650–1718]**
Erscheinungsort und -jahr	**Venedig 1692**
Projektion	[Marinus]
Format	216 x 291
Maßstab	[ca. 1:3.400.000] [oben rechts:] Miglia d'Italia Leghe d'un hora di camino Leghe di Francia Leghe d'Inghilterra Leghe di Germania
Areal	ca. 315° E–332° E ca. 46° N–52°21′ N
Nomenklatur	italienisch, englisch, französisch, italienisch, portugiesisch, Allonyme
Bemerkungen	Konturenkolorit [rosé: Neufundland (Küsten), hellgrün: Neufundland (Baumsignaturen, Bergreliefs)], Flächenkolorit [rot: ISOLA ANTICOSTA, Ostspitze Gaspé-Halbinsel und Inseln (teilweise), gelb: Cap Breton I., ocker: Inseln (teilweise)], Piktogramme, Bergreliefs, Küstenschraffuren, geographische Erklärungen [italienisch] ohne Kolorit auch auf dem Blatt **Tab. Geogr. B Amer. 875 / A 1134**, unten rechts
Bibliographischer Kommentar	Version in: CORSO | GEOGRAPHICO | UNIVERSALE, | O' SIA | LA TERRA | DIVISA | NELLE SUE PARTI, | E SVBDISTINTA | NE' SUOI GRAN REGNI. | ESPOSTA | **In Tavole Geografiche, ricorrette,** | **Et accrefciute di tutte le nuove fcoperte,** | AD USO | DELL'ACCADEMIA COSMOGRAFICA | DEGLI ARGONAUTI | **Dal Padre Maestro** | VINCENZO CORONELLI M.C. | **Cofmografo della Serenifsima Republica di Venetia.** | DEDICATA | **Alla Santità di Noftro Signore** | INNOCENZO XII. | IN VENETIA, MDCXCII | **A fpese dell'Autore.** [No. 168 = P. 2, No. 77, rechte Seite unten] — ISOLARIO, DESCRITTIONE | **Geografico-Hiftorica, Sacro-Profana, Antico-Moderna,** | **Politica, Naturale, e Poetica,** | **Mari, Golfi, Seni, Piagge, Porti, Barche, Pesche,** | **Promontorj, Monti, Bofchi, Fiumi, Laghi, Stagni, Bagni,** | **Volcani, Miniere, Gemme, Richezze, e Monete;** | **Iscrittioni, Linguaggi, Governi, Forze, Armate,** | **Guerre, Aleanze, Acquisti, Perdite, Tregue, Trattati di Pace,** | **Religioni Clauftrali, ed Equeftri; Concilj, e Miffioni;** | **Vescovadi, Arcivescouadi e Patriarcati;** | **Leggi, Coftumi, Habiti, Blafoni, Accademie, Huomini Illustri,** | **Ed ogni più esatta notitia** | DI TUTTE L'ISOLE | **Coll'osservationi degli** | SCOGLI SIRTI, SCAGNI, E SECCHE | DEL GLOBO TERRACQUEO. | **Aggiuntivi anche i Ritratti de' Dominatori di esse.** | ORNATO | **Di Trecento-dieci Tavole Geografiche, Topografiche,** | **Corografiche, Iconografiche, Scenografiche, Idrografiche, e Potamografiche;** | **A' maggiore dilucidatione, ed uso della Navigatione,** | **E in Supplimento** | **Dei** XIV **Volumi del Bleau.** | TOMO II | DELL' ATLANTE | VENETO. | **Opera, e Studio** | **Del P. Maestro Vincenzo Coronelli Min: Conv:** | **Cosmografo della Serenissima Republica di Venetia, e** | **Professore di Geografia** | A' SPESE DELL' AUTORE MDCLXXXXVI [No. 117] Reproduktion in: **Haack Geographisch-Kartographischer Kalender 1992** [Blatt März]

Laufende Nummer	**94**
Alte Katalogsignatur	**Tab. geogr. B Amer. 1615**
Neue Katalogsignatur	**A 1278**
Titel	[Kartusche oben links:] **Nieuwe Kaart van	Terre Neuf	en	Nieuw Schotland	mitsgaders de eilanden van	Breton, Anticoste,	S! Johns.	als mede de platen, daar	gevischt word.	door	H. Mol.** [über dem unteren Kartenrand rechts:] **J. Kyfer fecit** [über dem oberen Kartenrand rechts:] **I. Deel, Bladz. 1**
Zeichner	**Herman Moll [ca. 1655–1732]**
Graveur	**Jacob Keizer [Keyser, Kyser] [nachgewiesen 1. Hälfte 18. Jh.]**
Erscheinungsort und -jahr	**Amsterdam [1721]**
Herausgeber bzw. Verleger	**Gerard Wetstein [Wetistejn] [1679–1742]** **Rudolf Wetstein [Wetistejn] [1680–1755]**
Format	180 x 250
Maßstab	[oben rechts:] Engelsche Mylen
Areal	ca. 309°40′ E–329°45′ E [oben] ca. 311°56′ E–327°32′ E [unten] ca. 43°16′ N–51°48′ N
Nomenklatur	niederländisch, englisch, französisch, Allonyme, Hybridae
Bemerkungen	niederländische Bearbeitung von **A New Map of	Newfound	land,	new scotland	The Ifles of Breton, Anti=	cofte, S! Iohns &c. Together	with the Fifhing Bancks.	By H. Moll Geographer**; schwarz, Küsten- bzw. Uferschraffuren, Kompasskreis mit 16 Strichen, Lilie und Kreuz
Bibliographischer Kommentar	in: **het britannische ryk	in	amerika,	Zynde eene Befchryving van de Ontdekking, Be-	volking, Inwoonders, het Klimaat, den Koop-	handel, en tegenwoordigen Staat van	alle Britannifche Coloniën,	in dat gedeelte der Wereldt.	I. Deel,	Vervattende	Terre-Neuf, Nieu-Schotlandt, Nieu-Engelandt,	Nieu-Jork, Nieu-Jerse, Penfylvanië, Ma-	rilandt, Virginie, Carolina en Hud-	fons-baai.	Met eenige nieuwe** **Kaarten van de voornaamfte	Kuften en Eilanden	Uit het Engelfch,	Als mede een omftandig Berecht aangaande de Koffy en Koffy-plantery,	Uit het Franfch vertaald.	Te amsterdam, By rudolf en gerhard wetstein,	mdccxxi.** [vor S. 1]

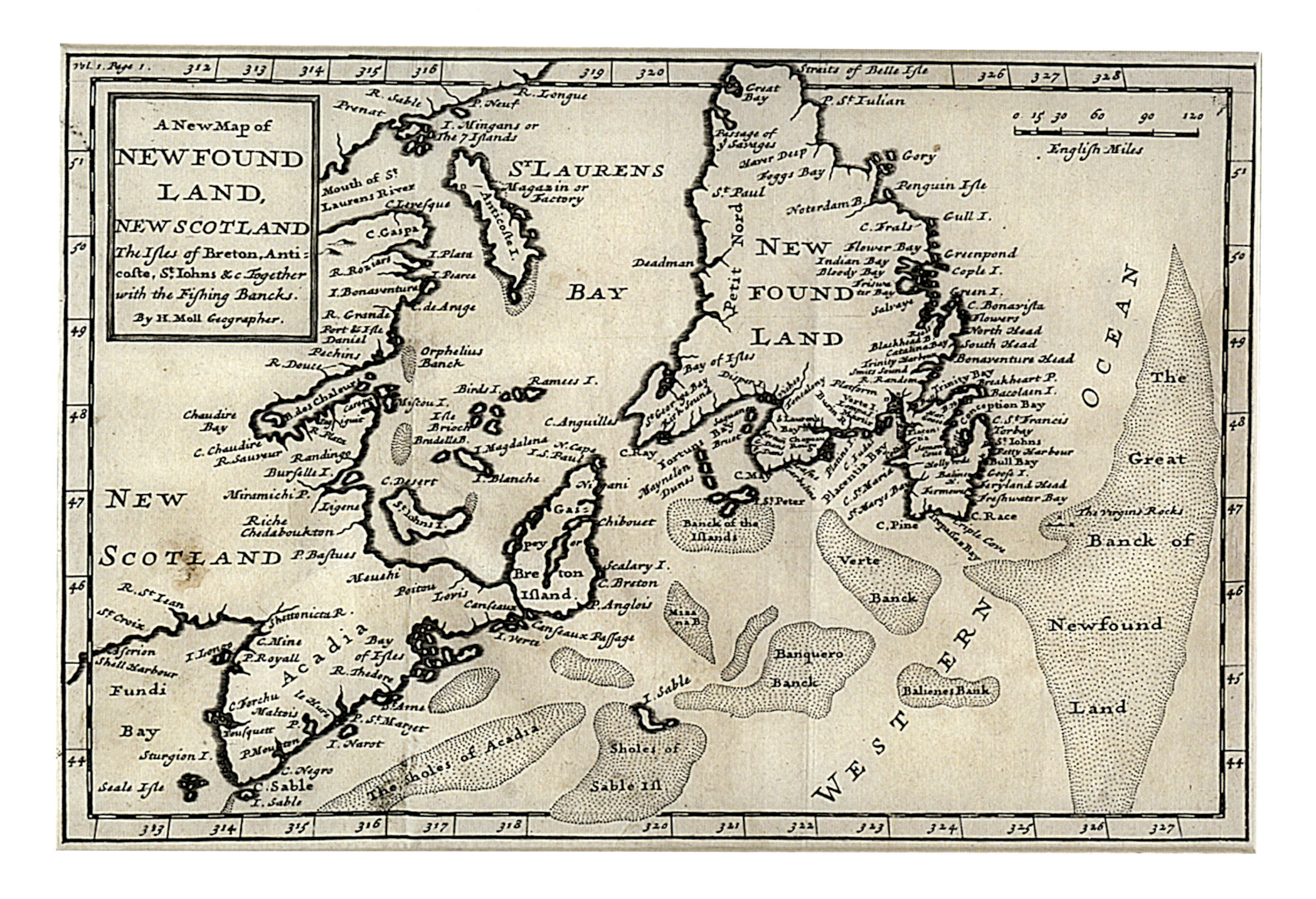

Abb. 13
Originalvorlage zur Karte A 1278 von HERMAN MOLL. Sie erschien im *Atlas Geographus*, Vol. 5 [1717] und in *The British Empire in America* von JOHN OLDMIXON [1708].

Laufende Nummer	**95**	Laufende Nummer	**96**
Alte Katalogsignatur	**Tab. geogr. B Amer. 1625**	Alte Katalogsignatur	**Tab. geogr. B Amer. 1626**
Neue Katalogsignatur	**A 1279**	Neue Katalogsignatur	**A 1280**
Titel	[Kartusche unten rechts mit bekröntem Lilienschild (oben):] **CARTE REDUITE DU GRAND BANC	ET D'UNE PARTIE DE L'ISLE DE TERRE NEUVE	Dressée au Depôt des Cartes Plans et Journaux de la Marine	POUR LE SERVICE DES VAISSEAUX DU ROY	Par Ordre de M. LE DUC DE CHOISEUL Colonel General des	Suisses et Grisons Ministre de la Guerre et de la Marine.	Par le S. Bellin Ingénieur et du Depost des Plans Censeur	Royal de l'Académie de Marine et de la Société Royale de Londres.** [Nebenkartusche darunter, Mitte:] **M. DCC LXIV.**	Titel	[Kartusche oben links mit Lilienschild (oben):] **CARTE RÉDUITE	DE LA PARTIE SEPTENTRIONALE	DE L'ISLE DE TERRE NEUVE	Dressée au Depost des Cartes et Plans de la Marine.	Par ordre de M. LE DUC DE CHOISEUL Colonel général	des Suisses et Grisons Ministre de la Guerre et de la Marine.	Par le S. Bellin Ingénieur de la Marine.	M. DCC LXIV.	Corrigé en 1767. sur les Rem^{s} des Navig.**
Auftraggeber	**Étienne-François Duc de Choiseul-Stainville [1719–1785]**	Auftraggeber	**Étienne-François Duc de Choiseul-Stainville [1719–1785]**
Zeichner	**Jacques Nicolas Bellin sen. [1703–1772]**	Zeichner	**Jacques Nicolas Bellin sen. [1703–1772]**
Erscheinungsort und -jahr	**Paris 1764 [1766]**	Erscheinungsort und -jahr	**Paris 1764 [1767]**
Herausgeber bzw. Verleger	**Dépôt des Cartes Plans et Journaux de la Marine**	Herausgeber bzw. Verleger	**Dépôt des Cartes et Plans de la Marine**
Projektion	Mercator	Projektion	Mercator
Format	495 x 776	Format	557 x 752
Maßstab	[ca. 1:7.000.000] [42° N–43°N] [Skalen neben den Breitengradskalen innen:] Echelle de Lieues Marines de France et d'Angleterre de 20 au Degré	Maßstab	[ca. 1:8.000.000] [48° N–49° N] [Skalen neben den Breitengradskalen innen:] Echelle de Lieues Marines de France et d'Angleterre de Vingt au Degré
Areal	ca. 63°10′ W–46°50′ W «Longitude Occidentale du Meridien de Paris» ca. 41°47′ N–49°07′ N	Areal	ca. 61°40′30″ W–53°50′ W «Longitude Occidentale du Méridien de Paris» ca. 47°54′30″ N–51°42′30″ N
Nomenklatur	französisch, Allonyme	Nomenklatur	französisch, Allonyme
Bemerkungen	schwarz, Geländestriche, Bergreliefs, 6 Rosetten, Lotungen, hydrographische Angaben	Bemerkungen	schwarz, Geländestriche, 3 Rosetten, davon 2 mit Angaben der Kompassmissweisung [große Lilie: Kartennord, kleine halbe Lilie: Kompassnord], hydrographische Angaben, obere Längengradskala fehlerhaft

Laufende Nummer	**97**
Alte Katalogsignatur	**Tab. geogr. B Amer. 1630**
Neue Katalogsignatur	**A 1281**
Titel	[Kartusche oben links:] LE GOLPHE DE SAINT LAURENT | ET L'ISLE DE TERRE-NEUVE
Zeichner	**Jacques Nicolas Bellin sen. [1703–1772]**
Erscheinungsort und -jahr	**Paris 1764**
Herausgeber bzw. Verleger	**Jacques Nicolas Bellin sen.**
Format	203 x 334
Maßstab	[ca. 1:5.500.000] [48° N–49° N] [Titelkartusche, unter dem Titel:] Echelle de Lieues Communes de France
Areal	ca. 68° W–53°50′ W «Longitude Occidentale du Méridien de Paris» [oben] ca. 46° N–51°36′ N [rechts]
Nomenklatur	französisch
Bemerkungen	Konturen- und Flächenkolorit, Piktogramme, Geländestriche, Bergreliefs, Rosette mit Lilie, Lotungen, Ankerpositionen, hydrographische Angaben
Bibliographischer Kommentar	Version in: LE PETIT ATLAS MARITIME | RECUEIL DE | CARTES ET PLANS | DES QUATRE PARTIES DU MONDE. | **en Cinq Volumes.** | I. VOLUME. | **Amerique Septentrionale et Isles Antilles.** | […] **Par Ordre de M. le Duc de Choiseul Colonel Général** | **des Suisses et Grisons Ministre de la Guerre et de la Marine** | **Par le S. Bellin Ingenieur de la Marine 1764.** [No. 13]
Herkunft	Adelung

Laufende Nummer	**98**
Alte Katalogsignatur	**Tab. geogr. B Amer. 1632**
Neue Katalogsignatur	**A 1282**
Titel	[illustrierte Kartusche unten rechts:] CARTE DES | BAYES, RADES, ET PORT | DE PLAISANCE | **dans l'Isle de Terre-Neuve.**
Zeichner	**Jacques Nicolas Bellin sen. [1703–1772]**
Graveur	**Jean-Baptiste Croisey [nachgewiesen 1760–1807]**
Erscheinungsort und -jahr	**Paris 1764**
Herausgeber bzw. Verleger	**Jacques Nicolas Bellin sen.**
Format	214 x 347
Maßstab	[ca. 1:60.000] [Titelkartusche, unter dem Titel:] Echelle de Mille Toises.
Areal	Pointe au Normand/Pointe noire–Baye de Plaisance [Ende]
Nomenklatur	französisch
Bemerkungen	modifizierte Version [mit Kompassrose und Unterschrift **Dheulland Sculp.**] der gleichnamigen Karte [1744], in: HISTOIRE | ET | DESCRIPTION GENERALE | DE LA | NOUVELLE FRANCE, | AVEC | LE JOURNAL HISTORIQUE | **d'un Voyage fait par ordre du Roi dans** | **l'Amérique Septentrionnale.** | **Par le P. DE CHARLEVOIX, de la Compagnie de JESUS.** | TOME PREMIER | A PARIS, | **Chez** PIERRE-FRANÇOIS GIFFART, **ruë Saint Jacques,** | **à Sainte Thérefe.** | M. DCC. XLIV. [vor S. 419] [siehe auch **A 1286**]; Konturen- und Flächenkolorit, Piktogramme, Geländestriche, Rosette mit Lilie, Lotungen, Ankerposition, hydrographische Angaben
Bibliographischer Kommentar	Version in: LE PETIT ATLAS MARITIME | RECUEIL DE | CARTES ET PLANS | DES QUATRE PARTIES DU MONDE. | **en Cinq Volumes.** | I. VOLUME. | **Amerique Septentrionale et Isles Antilles.** | […] **Par Ordre de M. le Duc de Choiseul Colonel Général** | **des Suisses et Grisons Ministre de la Guerre et de la Marine** | **Par le S. Bellin Ingenieur de la Marine 1764.** [No. 20]
Herkunft	Adelung

Laufende Nummer	**99**	Laufende Nummer	**100**
Alte Katalogsignatur	**Tab. geogr. B Amer. 1634**	Alte Katalogsignatur	**Tab. geogr. B Amer. 1636**
Neue Katalogsignatur	**A 1283**	Neue Katalogsignatur	**A 1284**
Titel	[Kartusche oben links:] CARTE DU HAVRE | DE | SAINT JEAN | **dans l'Isle de Terre-neuve.**	Titel	[Kartusche oben links:] LE DÉTROIT DE | BELLE-ISLE.
Zeichner	**Jacques Nicolas Bellin sen. [1703–1772]**	Zeichner	**Jacques Nicolas Bellin sen. [1703–1772]**
Erscheinungsort und -jahr	**Paris 1764**	Erscheinungsort und -jahr	**Paris 1764**
Herausgeber bzw. Verleger	**Jacques Nicolas Bellin sen.**	Herausgeber bzw. Verleger	**Jacques Nicolas Bellin sen.**
		Projektion	[Marinus]
Format	205 x 158	Format	200 x 148
Maßstab	[ca. 1:9.000] [Titelkartusche, unter dem Titel:] Echelle de 300 Toises	Maßstab	[ca. 1:1.300.000] [Titelkartusche, unter dem Titel:] Echelle de Lieues Communes.
		Areal	ca. 58°04′ W–55°20′ W «Longitude Occidentale du Meridien de Paris» [oben] ca. 50°42′ N–53°04′ N [links]
Nomenklatur	französisch	Nomenklatur	französisch
Bemerkungen	Osten oben, Konturen-, Flächen- und Gebäudekolorit [«Forts», «Echafauts», «Habitations»], Piktogramme, Geländestriche, Bergreliefs, Rosette mit Lilie, Lotungen, Ankerposition, hydrographische Angaben	Bemerkungen	Konturen- und Flächenkolorit, Piktogramme, Geländestriche, Bergreliefs, Rosette mit Lilie, Lotungen, hydrographische Angaben
		Textelemente	[zwischen den Zeilen der Legende TERRE DES ESKIMAUX | OU LABRADOR:] Le Cours des Rivieres et l'Interieur du Pays ne sont pas connus
Bibliographischer Kommentar	Version in: LE PETIT ATLAS MARITIME | RECUEIL DE | CARTES ET PLANS | DES QUATRE PARTIES DU MONDE. | **en Cinq Volumes.** | I. VOLUME. | **Amerique Septentrionale et Isles Antilles.** | [...] **Par Ordre de M. le Duc de Choiseul Colonel Général | des Suisses et Grisons Ministre de la Guerre et de la Marine | Par le S. Bellin Ingenieur de la Marine 1764.** [No. 21]	Bibliographischer Kommentar	Version in: LE PETIT ATLAS MARITIME | RECUEIL DE | CARTES ET PLANS | DES QUATRE PARTIES DU MONDE. | **en Cinq Volumes.** | I. VOLUME. | **Amerique Septentrionale et Isles Antilles.** | [...] **Par Ordre de M. le Duc de Choiseul Colonel Général | des Suisses et Grisons Ministre de la Guerre et de la Marine | Par le S. Bellin Ingenieur de la Marine 1764.** [No. 14]
Herkunft	Adelung	Herkunft	Adelung

Laufende Nummer	**101**
Alte Katalogsignatur	**Tab. geogr. B Amer. 1640**
Neue Katalogsignatur	**A 1285**
Titel	[Kartusche oben links:] CARTE VON DER INSEL	TERRE-NEUVE	**entworfen von Bellin** [unter dem unteren Kartenrand rechts:] **Nürnberg in der Raspiſchen Handlung**
Zeichner	**Jacques Nicolas Bellin sen. [1703–1772]**
Erscheinungsort und -jahr	**Nürnberg [ca. 1763]**
Herausgeber bzw. Verleger	**Gabriel Nikolaus Raspe [1712–1785]**
Format	223 x 225
Maßstab	[ca. 1:2.500.000] [über dem unteren Kartenrand links bis links de Mitte:] Franzöſiſche und Engländiſche Seemeilen 20 auf einen Grad
Areal	C de Raye–I. Quirpou [sic]/Cap de Raze
Nomenklatur	deutsch, englisch, französisch, Allonyme, Hybridae
Bemerkungen	Adaptation der CARTE DE	L'ISLE DE TERRE-NEUVE	**Dresſée par N. B. Ingenieur au Dépoſt	des Cartes et Plans de la Marine.**	1744, in: HISTOIRE	ET	DESCRIPTION GENERALE	DE LA	NOUVELLE FRANCE, AVEC	LE JOURNAL HISTORIQUE	**d'un Voyage fait par ordre du Roi dans	l'Amérique Septentrionnale.**	Par le P. DE CHARLEVOIX, **de la Compagnie de JESUS.**	TOME PREMIER	A PARIS,	**Chez** PIERRE-FRANÇOIS GIFFART, **ruë Saint Jacques,	à Sainte Thérefe.**	M. DCC. XLIV. [nach S. 418]; Konturen- und Wasserflächenkolorit, Küstenschraffuren, Übersetzungen geographischer Erklärungen und hydrographischer Angaben ins Deutsche, Legende DER KLEINE NORD wie auf der Vorlage auch für den südwestlichen Teil von Neufundland
Textelemente	[Mitte:] Der Lauf der Flüſſe das Ende vieler Bayen	wie auch das Innere der Inſel find gänzlich	unbekant.
Bibliographischer Kommentar	Version in: SCHAU PLATZ	**des gegenwaertigen Kriegs	durch accurate Plans	von den wichtigſten	** BATAILLEN UND BELAGERUNGEN	**im Jahre 1762.	Zehender und letzter Theil.**	NÜRNBERG	**auf Koſten der Raſpiſchen Buchhandlung** [ca. 1763] [No. 147]

Laufende Nummer	**102**		Laufende Nummer	**103**
Alte Katalogsignatur	**Tab. geogr. B Amer. 1645**		Alte Katalogsignatur	**Tab. geogr. B Amer. 1650**
Neue Katalogsignatur	**A 1286**		Neue Katalogsignatur	**A 1287**

Titel [unten rechts:]
Cartes des | Bayes, Rades et Port | de Plaisance. | dans l'Isle de Terre-Neuve. | Dressé par M. Bellin | Pour l'Histoire du Canada | Par le P. Charlevoix

Zeichner **Jacques Nicolas Bellin sen. [1703–1772]**

Erscheinungsort und -jahr **Paris [1777]**

Herausgeber bzw. Verleger **Georges-Louis Le Rouge [1712–1775]**

Format 172 x 252

Maßstab [ca. 1:60.000]
[oben rechts der Mitte:] 2000 Toises

Areal P.^te au Normand/P.^te noire–Baye de Plaifance [Ende]

Nomenklatur französisch

Bemerkungen vereinfachte Version der gleichnamigen Karte von **1744** bzw. **1764 [A 1282]**; reduziertes Format, typographische Modifikationen, Wasserflächenkolorit, Geländestriche, Kompasskreuz mit Lilie, Lotungen, hydrographische Angaben

Bibliographischer Kommentar in: **Recueil | des Plans | de | L'Amerique | Septentrionale | a paris | Chez Le S.^r Le Rouge | Ingenieur Geographe du Roy, | Et de S.A.S.M. le Comte de Clermont, | Ruë des Augustins. | 1755.** [Erweiterte Neuauflage **1777**[?], No. 7]

Titel [Oval oben links, flankiert von zwei Personen in Küstenlandschaft:]
A chart | of the straights of bellisle | with part of the coast of | newfoundland and labradore | from actual surveys | Taken by order of | commodore pallisser | governor of newfoundland, labradore &c.^a | By | James cook | surveyor | 1766.
[Nebenkartusche unter dem Titeloval Mitte, rechts neben einer Vertonung der Landmarken «Our Ladies Bubbies:»]
Publifhed by Permifsion, | of the Right Honourable the Lords | Commifsioners of the Admiralty, by | Iames Cook, | and Sold with a Book of Directions, by | I·Mount & T·Page, on Tower Hill, London. | Price 4 Shill.^s
[unter der Nebenkartusche Mitte:] **Larken fculp.^t**

Insets [oben rechts der Mitte, No. **103-1**:] **[Red Bay]**
[links unterhalb der Mitte bis unten links der Mitte, oben angepasst an die Küstenlinie von Neufundland, Titel oben rechts, No. **103-2**:]
York, or Chateaux Bay
[über der rechten Hälfte von No. **103-2**, No. **103-3**:]
[Old | Ferolle Harbour]
[rechts neben No. **103-2** und der oberen Hälfte von No. **103-3**, No. **103-4**:]
[Quirpon Harbour, Griguet Bays]
[rechts neben No. **103-2** und unter No. **103-4**, No. **103-5**:]
[Croque Harbour]

Auftraggeber **Hugh Pallisser, 1st Baronet [1723–1796]**

Zeichner **James Cook**

Graveur **James Larken [nachgewiesen 1766–1777]**

Erscheinungsort und -jahr **London 1766**

Herausgeber bzw. Verleger **John Mount [nachgewiesen ca. 1748–†1786]**
Thomas Page jun. [†1787]

Format 602 x 773

Maßstab	[ca. 1:225.000]	Laufende Nummer	**104**
	[No. **103-1**, unten:] A Scale of Miles	Alte Katalogsignatur	**Tab. geogr. B Amer. 1655**
	[No. **103-2**:] [ca. 1:75.000]	Neue Katalogsignatur	**A 1288**
	[Kartusche über dem Titel:]	Titel	[mittleres Blatt, Oval oben Mitte, 1., 5.–7. und 11. Zeile mit kalligraphischen Linien, Ober- und Unterlängen:]
	A Scale of Miles to York, or Chateaux Bay, | Harbour of Old Ferolle, Quirpon & Griguet Bays.		**A | Chart of Part | of the south coast of | Newfoundland | including the islands | St. Peters and Miquelon | with the Southern Entrance into the Gulph of S.! Laurence | from actual Surveys Taken by Order of | commodore pallisser | governor of newfoundland, labradore, &c. | by | James Cook | Surveyor. |**
	[No. **103-5**, unten rechts der Mitte:] Scale of one Mile.		
Areal	Labrador H. or Bay of Phillipeaux/P.! Ferolle–		
	I. Providence/Groais Island		
	ca. 51°01′05″ N–52°11′ 62″ N [rechte Breitengradskala]		[darunter, im unteren Ovalrand:] **Larken sculp. 1767.**
	[No. **103-2**:] Temple Bay–Bad Bay		[rechtes Blatt, oben Mitte:]
	[No. **103-4**:] Flat I./White Cape–Split P.!/White Islands		**Published by Permission, | of the Right Hon.ble the Lords Commissioners of the Admiralty | by James Cook | and Sold by I. Mount and T. Page on Tower Hill, | Tho.s Jefferys the corner of S.! Martins Lane, in y͡e Strand, | And.w Dury in Dukes Court, near S.! Martins Church | and Carrington Bowles in S.! Pauls Church Yard. | london. | 1767. | Price Six Shillings. | NB. With a Book of Directions.**
	[No. **103-5**:] N.o Head/Brewery–S.o Head		
Nomenklatur	englisch, französisch		
Bemerkungen	NNW bzw. Kompassnord oben, Konturenkolorit, Geländestriche, 2 Rosetten mit schrägen Breitengradskalen im Kartenfeld, Kompassrose mit 16 Pfeilen, 16 Strichen und Angabe der Kompassmissweisung [große Lilie: Kartennord, kleine Lilie: Kompassnord], Lotungen, Ankerpositionen, hydrographische und Gezeitenangaben, Strömungspfeile		
	[oben rechts der Mitte:] references. | [...] |	Insets	[linkes Blatt oben rechts, No. **104-1**:]
	The Roman Figures shew the Hour of High Water. | or the end of the stream on the Day of the New and full Moon | [...]		**[Port aux Basque]** [sic]
			[rechtes Blatt oben links der Mitte, No. **104-2**:]
	[No. **103-1**:] Kompassrose mit 4 Pfeilen und Lilie, Lotungen, hydrographische Angaben		**[Great Jervis Harbour.]**
	[No. **103-1**–No. **103-4**:] NNW oben		[rechtes Blatt oben rechts, No. **99-3**:]
	[No. **103-2**:] Peilungslinien		**[Harbour Briton]**
	[No. **103-2**–**103-5**:] Kompassrosen mit 4 Pfeilen und Lilie		[rechtes Blatt rechts unterhalb der Mitte, No. **104-4**:]
	[No. **103-5**:] Osten oben		**[Har | -bour of S.! Laur | -ence]**
		Auftraggeber	**Hugh Pallisser, 1st Baronet [1723–1796]**
		Zeichner	**James Cook [1728–1779]**
		Graveur	**James Larken [nachgewiesen 1766–1767]**
		Erscheinungsort und -jahr	**London 1767**
		Herausgeber bzw. Verleger	**James Cook**
			John Mount [nachgewiesen ca. 1748–†1786]
			Thomas Page jun. [†1787]
			Thomas Jefferys [1719–1771]
			Andrew Dury [nachgewiesen 1742–1778]
			Carrington Bowles [1724–1793]

Format	630 x 1715 [zusätzlicher ausklappbarer Abschnitt rechtes Blatt oben rechts: 213 x 207]		

Maßstab	[ca. 1:225.000] [unter der Titelkartusche:] Scale of English and French Leagues, 20 to a Degree. [No. **104-1**, unten; No. **104-2**, unten:] Scale of one Mile. [No. **104-3**, oben; No. **104-4**, oben:] Scale of 2 Miles
Areal	Cape Anguille/Cape North–Flahartys I./Grand L' Pierre/ Sauker Head ca. 46°40′46″ N–47°56′28″ N
Nomenklatur	englisch, Hybridae
Bemerkungen	schwarz, Rumbenlinien, Rosetten mit Angaben der Kompassmissweisung, 2 Kompassrosen mit 8 Pfeilen, 24 Strichen, Kreuz und Angabe der Kompassmissweisung [große Lilie: Kartennord, kleine Lilie: Kompassnord], Vertonungen entlang der neufundländischen Küstenlinie, Lotungen, Ankerpositionen, hydrographische Angaben, Strömungspfeile, [rechtes Blatt oben rechts der Mitte:] REFERENCES	[…] [No. **104-1**–**104-4**:] Geländestriche, Kompassrose mit 4 Pfeilen, 4 Strichen und Lilie, Lotungen [No. **104-1**–**104-3**:] Peilungslinien [No. **104-4**:] Bergvertonung

Laufende Nummer	**105**
Alte Katalogsignatur	**Tab. geogr. B Amer. 1660**
Neue Katalogsignatur	**A 1289**
Titel	[mittleres Blatt links bzw. oberhalb der Mitte unter Vertonung der Position D, 2. und 4. Zeile mit kalligraphischen Ober- und Unterlängen:] A CHART OF THE WEST COAST OF NEWFONDLAND,	Surveyed **by Order of Commodore Pallifser,**	GOVERNOR OF NEWFOUNDLAND, LABRADORE **&c. &c.**	By **James Cook, Surveyor.** [mittleres Blatt rechts bzw. oberhalb der Mitte, 9. und 10. Zeile mit geschweiften kalligraphischen Linien:] **Publifhed by Permifsion,**	**of the Right Hon**^ble **the Lords Commifsioners**	**of the Admiralty, By**	JAMES COOK,	**And Sold with a Book of Directions,**	**By J. Mount, and T. Page, on Tower-Hill,**	**Tho**.^s **Jefferys, the corner of S**.^t **Martin's Lane, in the Strand,**	**and And**.^w **Dury, in Duke's Court, near S**.^t **Martin's Church.**	LONDON.	**1768.**
Insets	[linkes Blatt oben rechts der Mitte, Titel oben links, No. **105-1**:] **A Plan of**	HAWKES HARBOUR,	PORT SAUNDERS	AND	KEPPEL HARBOUR. [rechtes Blatt oben links, Titel oben, No. **105-2**:] **A Plan of** YORK **and** LARK **Harbours,**	**In the Bay of Iflands.**
Zeichner	**James Cook [1728–1779]**
Erscheinungsort und -jahr	**London 1768**
Herausgeber bzw. Verleger	**James Cook** **John Mount [nachgewiesen ca. 1748–†1786]** **Thomas Page jun. [†1787]** **Thomas Jefferys [ca. 1719–1771]** **Andrew Dury [nachgewiesen 1742–1778]**
Format	**488 x 1738**
Maßstab	[ca. 1:225.000] [mittleres Blatt, unter dem Titel:] Englifh and French Leagues, 20 to a Degree. [No. **105-1**, unter dem Titel:] Scale of 3 Miles. [No. **105-2**, unter dem Titel:] Scale of Miles.
Areal	P.^t Ferolle–Cape Anguille ca. 50°08′15″ N–47°42′ N [rechte Breitengradskala]

Nomenklatur	englisch
Bemerkungen	schwarz, Piktogramme, Geländestriche, Rosetten, davon 2 mit schrägen Breitengradskalen im Kartenfeld, Angaben der Kompassmissweisung [große Lilie: Kartennord, kleine Lilie: Kompassnord] und Kreuz, Bergvertonung, Lotungen, hydrographische Angaben [linkes Blatt oben bis rechtes Blatt oben links der Mitte:] Vertonungen, Vignetten [jeweils Zweimaster an den Vertonungspositionen A–E] [No. **105-1**:] Osten oben, Rosette mit 8 Strichen und Lilie [No. **105-2**:] Osten oben, Rosette mit 16 Strichen und Lilie

Laufende Nummer	**106**
Alte Katalogsignatur	**Tab. geogr. B Amer. 1665**
Neue Katalogsignatur	**A 1290**
Titel	[oben Mitte:] **A Chart	of the	Bay of Placentia,	on the South Coast of	Newfoundland.	Surveyed by Order of	Commodore Shuldham,	Governor of Newfondland, Labradore, &c.	By Mich: Lane, 1772.	Engraved by Faden, & Jefferys Geographer to the King.	Published by Permifsion of the Right Honourable the Lords Commifsioners of the	Admiralty.	london. Publish'd according to Act of Parliament, June 25th 1773. by Jefferys & Faden Corner of S! Martins Lane, Charing Crofs.**
Insets	[oben links bis links oberhalb der Mitte, Titel oben, No. **106-1**:] **Burin Harbours.** [darunter, No. **106-2**, Titel oben rechts:] **Harbour of Placentia	Surveyed by James Cook.** [in No. **106-2** unten links, No. **106-3**:] **Section of the Channel	going into the	Harbour.**
Auftraggeber	**Molyneux Shuldham, 1st Baron [ca. 1717–1798]**
Zeichner	**Michael Lane [nachgewiesen 1768–1784]**
Graveur	**Thomas Jefferys jun. [*1755, nachgewiesen bis ca. 1783]** **William Faden [1749–1836]**
Erscheinungsort und -jahr	**London 1772**
Herausgeber bzw. Verleger	**Thomas Jefferys jun.** **William Faden**
Projektion	**[Marinus]**
Format	**725 x 600**
Maßstab	**[ca. 1:650.000]** [Skala neben den Breitengradskalen rechts, innen zwischen 46°46′ N und 47°01′ N:] Scale of Leagues 20 to a Degree [No. **106-1**:] [ca. 1:70.000] [oben, unter dem Titel:] 1 League [No. **106-2**, oben rechts, unter dem Titel:] 2 Miles [No. **106-3**, unter dem Titel:]: 300 Feet

Areal	Pipers Hole/Little Laun P.t – Come by Chance/Point Lance ca. 46°34′15″ N–48°00′45″ N [links] ca. 46°34′15″ N–48°00′52″ N [rechts]	Laufende Nummer	**107**
		Alte Katalogsignatur	**Tab. geogr. B Amer. 1670**
Nomenklatur	englisch, französisch	Neue Katalogsignatur	**A 1291**
Bemerkungen	schwarz, Piktogramme, Geländestriche, Rosette mit Angabe der Kompassmissweisung [große Lilie: Kartennord, halbe kleine Lilie: Kompassnord], Lotungen, Ankerpositionen, hydrographische Angaben [No. **106-1**:] Kompasskreuz mit 8 Strichen und Lilie, Peilungslininen, Lotungen [No. **106-2**:] NOzO oben, Kompassrose mit 4 Pfeilen, 4 Strichen und Lilie, Lotungen [No. **106-3**:] Querschnittszeichnung	Titel	[oben rechts:] **A Chart	of the	Banks of Newfoundland,	Drawn	from a Great Number of	Hydrographical Surveys,	Chiefly from thofe of	Chabert, Cook and Fleurieu,	Connected and Ascertained by	Aftronomical Obfervations.** [darunter, unter dem Maßstab:] **London. Printed for & Sold by Rob.t Sayer and Jn.o Bennett,	N.o 53, in Fleet Street, as the Act directs. 25.th March 1775.**
		Zeichner	**Joseph-Bernard Chabert de Cogolin, Marquis de Chabert [1724–1805]** **James Cook [1728–1779]** **Charles Pierre d'Eveaux, Comte Claret de Fleurieu [1738–1810]**
		Erscheinungsort und -jahr	**London 1775**
		Herausgeber bzw. Verleger	**Robert Sayer [1725–1794]** **John Bennett [†1787]**
		Projektion	[Marinus]
		Format	476 x 648
		Maßstab	[ca. 1:2.100.000] [oben rechts, unter dem Titelblock:] Nautic Leagues.
		Areal	ca. 60°49′ W–44°33′ W [oben] ca. 60°52′ W–44°33′ W «Longitude West from London.» [unten] ca. 40°54′ N–50°01′ N [links] 40°51′ N–50°03′ N [rechts]
		Nomenklatur	englisch, französisch
		Bemerkungen	Konturenkolorit [gelb: Cape Breton Island, grün: Part of Newfoundland], Geländestriche, 4 Rosetten, davon 1 mit Lilie, Lotungen, hydrographische Angaben, Vignetten [Zweimaster] in Verbindung mit Markierung der Reiserouten durch Zickzacklinien, von Nord nach Süd: «Coming from England in June 1746», «Chabert's Track in July 1750 coming from France»,

Laufende Nummer	**108**
Alte Katalogsignatur	**Tab. geogr. B Amer. 1671**
Neue Katalogsignatur	**A 1292**
Titel	[oben rechts:] A Chart	of the	Banks of Newfoundland,	Drawn	from a Great Number of	Hydrographical Surveys,	Chiefly from thofe of	Chabert, Cook and Fleurieu,	Connected and Ascertained by	Aftronomical Obfervations. [darunter, unter dem Maßstab:] London. Printed for & Sold by Robt. Sayer and Jno. Bennett,	No. 53, in Fleet Street, as the Act directs. 25th. March 1775.
Zeichner	Joseph-Bernard Chabert de Cogolin, Marquis de Chabert [1724–1805] James Cook [1728–1779] Charles Pierre d'Eveaux, Comte Claret de Fleurieu [1738–1810]
Erscheinungsort und -jahr	**London 1775**
Herausgeber bzw. Verleger	Robert Sayer [1725–1794] John Bennett [†1787]
Projektion	[Marinus]
Format	476 x 648
Maßstab	[ca. 1:2.100.000] [oben rechts, unter dem Titelblock:] Nautic Leagues
Areal	ca. 60°49′ W–44°33′ W [oben] ca. 60°52′ W–44°33′ W «Longitude West from London» [unten] ca. 40°54′ N–50°01′ N [links] ca. 40°51′ N–50°03′ N [rechts]
Nomenklatur	englisch, französisch
Bemerkungen	entspricht **A 1291**; unterschiedliches Konturenkolorit [gelb: Cape Breton Island, rot: Part of Newfoundland]
Bibliographischer Kommentar	Version in: the	american atlas:	or,	A Geographical Defcription	of the	whole continent of america;	wherein are delineated at large, its	several regions, countries, states, and islands;	and chiefly	the british colonies,	Compofed from numerous Surveys, feveral of which were made by	

«Fleurieu's Track in July 1769. | coming from S. Domingo», Legende Outer Bank | or | False Bank | a~~t~~s the Flemifh Cap

Textelemente [Tabelle auf Textschild unten rechts:]
Astronomical Observations on which This Chart is Grounded [Koordinaten von 11 Positionen mit Autoren- und Zeitangabe ihrer Bestimmung (11 Breiten, 5 Längen)]

Bibliographischer Kommentar Version u.a. in: the | north american pilot | for | newfoundland, labradore, | the | gulf and river st. laurence: | being a collection of | sixty accurate charts and plans, | drawn from original surveys: | taken by | james cook and michael lane, Surveyors | and | joseph gilbert, and other Officers in the King's Service | Publifhed by permission of the | Right Hon the lords commissioners of the admiralty: | chiefly engraved by | The Late thomas jefferys, Geographer to the king. | on thirty-six large copper-plates. | london: | printed according to Act of Parliament, and Sold by r. sayer and j. bennett, No. 53, in Fleet-Street. | MDCCLXXIX. [No. II] östlich bis ca. 45° 15′ W verkürzte und westlich bis 66° 15′ W erweiterte Version mit nach Westen verschobener Lilie u.a. in: the american pilot, | containing, | the Navigation of the Sea Coafts of north america, from the Streights of Belle-Ifle to Cayenne, including the Ifland | and Banks of Newfoundland, the West-India Iflands, and all the iflands on the Coaft. | with, | Particular Directions for Sailing to, and entering the Principal Harbours, Rivers, &c., | describing also, | The Capes, Head-Lands, Rivers, Bays, Roads, Havens, Harbours, Straits, Rocks, Sounds, Shoals, Banks, Depths of Water, and | Anchorage. | shewing, | The Courfes and Diftances from one Place to another, the Ebbing of the Sea, the Setting of the Tides and Currents, &c. With many | other things neceffary to be known in Navigation. | likewise, | Neceffary Directions for thofe who are not fully acquainted with the Ufe of Charts. | [...] | boston. | Printed and Sold by john norman, at his Office No. 75, Newbury-ftreet MDCCXCI. [No. 2]

Order of Government. | by | **Capt.** holland, **Capt.** carver, lewis evans, william scull, henry mouzon, **Lieut.** ross, | j. cook, michael lane, joseph gilbert, gardner, hillock, **&c. &c.** | engraved on | forty-eight copper-plates, | by | **The Late Mr.** thomas jefferys, Geographer to the King, **and Others.** | london, | **Printed and Sold by** r. sayer **and** j. bennett, **Map and Print Sellers, No. 53,** Fleet-Street | mdcclxxvi. [No. 13]

Herkunft	Adelung
Laufende Nummer	109
Alte Katalogsignatur	**Tab. geogr. B Amer. 1675**
Neue Katalogsignatur	**A 1293**
Titel	[oben links:] A General Chart	of the Island of	Newfoundland	with the Rocks and Soundings.	Drawn from Surveys taken by	Order of the Right Honourable the	Lords Commissioners of the Admiralty.	By	**James Cook and Michael Lane Surveyors**	**and Others.**	London	Publiſh'd according to Act of Parliament. 10th May 1775.	By Thomas Jefferys Geographer to the King.	Printed for Robt Sayer & and Jno Bennett,	N° 53 in Fleet Street.
Zeichner	**James Cook [1728–1779]** **Michael Lane [nachgewiesen 1768–1784]**
Erscheinungsort und -jahr	**London 1775**
Herausgeber bzw. Verleger	**Thomas Jefferys jun. [*1755, nachgewiesen bis ca. 1783]** **Robert Sayer [1725–1794]** **John Bennett [†1787]**
Projektion	[Marinus]
Format	526 x 538
Maßstab	[ca. 1:1.300.000] [Skala neben der Breitengradskala links, innen:] Marine Leagues 20 in a Degree
Areal	60°20′ W–51°10′ W «Longitude West from London» 46°35′ N–52°43′ N
Nomenklatur	englisch, französisch
Bemerkungen	Gradnetz, Konturenkolorit [gelb: Labrador, grün: Newfoundland], Bergreliefs, Rosetten, davon 1 mit Lilie, Lotungen, hydrographische Angaben
Bibliographischer Kommentar	Version u.a. in: the	american atlas:	or,	**A Geographical Defcription**	of the	whole continent of america;	wherein are delineated at large, its	several regions, countries, states, and islands;	and chiefly	the british colonies,	**Compoſed from numerous Surveys, ſeveral of which were made by**	**Order of Government.**	by	**Capt.** holland, **Capt.**

CARVER, LEWIS EVANS, WILLIAM SCULL, HENRY MOUZON, Lieut. ROSS, | J. COOK, MICHAEL LANE, JOSEPH GILBERT, GARDNER, HILLOCK, &c. &c. | ENGRAVED ON | FORTY-EIGHT COPPER-PLATES, | BY | The Late Mr. THOMAS JEFFERYS, GEOGRAPHER to the KING, and Others. | LONDON, | Printed and Sold by R. SAYER and J. BENNETT, Map and Print Sellers, No. 53, FLEET-STREET | MDCCLXXVI. [No. 12]

— THE | NORTH AMERICAN | ATLAS, | SELECTED | From the MOST AUTHENTIC | MAPS, CHARTS, PLANS, &c. | Hitherto publiſhed. | LONDON: | Printed for WILLIAM FADEN, Succeſſor to the late Mr. THOMAS JEFFERYS, Geographer to the KING, | the Corner of St. Martin's-Lane, Charing-Croſs. | M DCC LXXVII. [No. 5]

— THE | NORTH AMERICAN PILOT | FOR | NEWFOUNDLAND, LABRADORE, | THE | GULF AND RIVER ST. LAURENCE: | BEING A COLLECTION OF | SIXTY ACCURATE CHARTS AND PLANS, | DRAWN FROM ORIGINAL SURVEYS: | TAKEN BY | JAMES COOK and MICHAEL LANE, SURVEYORS | AND | JOSEPH GILBERT, and other Officers in the KING's Service | Publiſhed by PERMISSION of the | Right Hon the LORDS COMMISSIONERS of the ADMIRALTY: | CHIEFLY ENGRAVED BY | The Late THOMAS JEFFERYS, GEOGRAPHER to the KING. | ON THIRTY-SIX LARGE COPPER-PLATES. | LONDON: | PRINTED according to Act of Parliament, and Sold by R. SAYER AND J. BENNETT, No. 53, IN FLEET-STREET. | MDCCLXXIX. [No. I]

Laufende Nummer	**110**
Alte Katalogsignatur	**Tab. geogr. B Amer. 1680**
Neue Katalogsignatur	**A 1294**
Titel	[oben rechts:] THE	ISLAND OF	NEWFOUNDLAND,	LAID DOWN FROM SURVEYS TAKEN	By Order of	The Right Honorable the Lords Commiſsioners of Admiralty,	By LIEU.ᵗ MICHAEL LANE	Principal Surveyor of the said Island	1790.	LONDON:	Published by Wᵐ. FADEN Geographer to the KING,	Charing Croſs Janʸ 1ˢᵗ 1791.
Zeichner	**Michael Lane** [nachgewiesen 1768–1784]
Erscheinungsort und -jahr	**London 1791**
Herausgeber bzw. Verleger	**William Faden** [1749–1836]
Projektion	[Mercator]
Format	710 x 575
Maßstab	[Skalen neben den Breitengradskalen innen, Legende rechts:] Scale of Leagues 20 to a Degree.
Areal	ca. 59°30' W–52°06' W [oben] ca. 59°29' W–52°05' W «Long. West from London.» [unten] 46°30' N–52°31' N
Nomenklatur	englisch, französisch, Allonyme
Bemerkungen	Gradnetz, Konturenkolorit [stark gelb: White Cape–Cape Ray–C. Bonavista], Kompassrose mit 8 Pfeilen, 8 Strichen und Lilie, Lotungen
Textelemente	[Tabelle rechts oberhalb der Mitte bis Mitte, unter dem Titelblock:] THE POPULATION OF NEWFOUNDLAND	in the Year 1789.	N°. of Families in Private Houses [...]	Public Houses [...]	Winter Habitants, viz! [...]	Summer Inhabitants [...]	Total [...]

	[oben links bis links der Mitte:] Remarks.	The present Limits of the French Fishery on the Coast of Newfoundland are	from Cape S.t John to Cape Ray, together with the Islands of S.t Pierre & Miquelon.	That part of the Coast laying between Cape Bonavista and Cape S.t John was ceded	to Great Britain by the Crown of France at the Treaty of Versailles 1783. — in which	space about Eight Thousand Inhabitants and Fishermen are employed annually.
Herkunft	Adelung

Laufende Nummer	**111**
Alte Katalogsignatur	**Tab. geogr. B Amer. 1700**
Neue Katalogsignatur	**A 1295**
Titel	[Kartusche unten rechts:] **Charte	von der Provintz Akadien	in Nord-Amerika.**
Erscheinungsort und -jahr	[ca. 1750]
Projektion	[Marinus]
Format	157 x 189
Maßstab	[ca. 1:5.600.000] [Titelkartusche, unter dem Titel:] Franz. u. Engl. See Meilen, 20 auf 1 Gr.
Areal	ca. 71°33′ W–53°50′ W «Longit. Occid. Meridiani Lond.» [oben] 72°49′ W–60°22′ W «Longitudo Occid. Observat. Paris.» [unten] ca. 41°47′ N–49°57′ N
Nomenklatur	deutsch, französisch, Allonyme, Hybridae
Bemerkungen	Teilbearbeitung der **Carte d'une Partie de	l'Amérique Septentrionale	Pour servir à l'Intelligence du Mémoire sur les prétentions des	Anglois au sujét des Limites à regler avec la France	dans cette Partie du Monde** [**A 1215**]; schwarz, vereinfachtes Gradnetz aus 1 Meridian [68° W von Paris] und zwei Breitenkreisen [45° N und 46° N], Piktogramme, Küsten- bzw. Ufer- und Territorialschraffuren, Grenzlinien, Kompassrose mit 8 Pfeilen und Lilie, Legende «I. Neuland»
Textelemente	[Textschild rechts: neben dem Kartenfeld:] «Erklärung der Linien» [Acadie, von Engländern beansprucht; Acadie gemäß dem Vertrag von Utrecht; Portroyal; Neu-Schottland; Cromwell's Grant an de la Tour, Crowne, Temple [1656]; Gouvernement Denys; Gouvernement Charnifsay; Gouvernement de la Tour] [vgl. **A 1215**]

Laufende Nummer	**112**
Alte Katalogsignatur	**Tab. geogr. B Amer. 1705**
Neue Katalogsignatur	**A 1296**
Titel	[illustrierte Kartusche oben links mit 3 Windköpfen (oben Mitte) und pflanzlichen Motiven (unten):] **A new Map	of	Nova Scotia,	and	Cape Britain.	with the adjacent parts of	new England and Canada,	Composed	from a great number of actual Surveys;	and other materials	Regulated	by many new Aſtronomical Obſervations	of the Longitude as well as Latitude;	with an Explanation.** [auf dem unteren Kartenrand rechts der Mitte:] **1755. Publiſhed according to Act of Parliament by Thoˢ Jefferys the Corner of Sᵗ Martins Lane Charing Croſs.**
Zeichner	**Thomas Jefferys [ca. 1719–1771]**
Erscheinungsort und -jahr	**London 1755**
Herausgeber bzw. Verleger	**Thomas Jefferys**
Projektion	[Delisle]
Format	451×596
Maßstab	[ca. 1:1.900.000] [unten rechts der Mitte:] English Marine Leagues 20 to a Degree. English Miles 69½ to a Degree.
Areal	ca. 74°36′ W–58°22′ W «Weſt Longitude from London» [oben] ca. 55°25′ W–41°39′ W «Weſt Longitude from Ferro» [unten] ca. 42°19′ N–50° N [links] ca. 42°37′ N–50°19′ N [rechts]
Nomenklatur	englisch, französisch, Allonyme
Bemerkungen	schwarz, Gradnetz, Piktogramme, Bergreliefs, Küsten- bzw. Uferschraffuren, Kompassrose mit 4 Pfeilen, 4 Strichen und Lilie, Lotungen, hydrographische Angaben, Landverkehrswege, geographische Erklärungen, Vignette [Schiff] rechts neben der Titelkartusche, gestrichelte Grenzlinie «Cromwells Grant of Nova Scotia in 1655 extends to this line», Legende **Cape	Britain	or	Isle Royal**
Textelemente	[unten rechts:] Explanation	A Single Stroke under the Name of a place denotes	the Latitude being Observed, 2 Lines both Latitude &	Longitude: a dotted line shews y̆ᵉ Observation doubtfull. [Tabelle unter der Titelkartusche links:] Observations on which this Map is Grounded	 Places Latitude Longitude Observers Quebeck […]	Boston […]	Cape Sable […]	Cape Canso […]	Grande Anse […]	Louisburg or	English Harbour […]
Bibliographischer Kommentar	Version in: **the memorials	of the	Engliſh and French	commissaries	Concerning the	limits	of	Nova Scotia	or	Acadia.	london:	Printed in the Year M DCC LV.** — **The natural and civil	history	of the	french dominions	in	North and South America.	Giving a particular Account of the	Climate,	Soil,	Minerals,	Animals,	Vegetables,	Manufactures,	Trade,	Commerce,	and	Languages,	together with	The Religion, Government, Genius, Character, Manners and	Cuſtoms of the Indians and other Inhabitants.	illustrated by	Maps and Plans of the principal Places,	Collected from the beſt Authorities, and engraved by	T. Jefferys, Geographer to his Royal Highness the Prince of Wales.	Part I. Containing	A Deſcription of Canada and Louiſiana.	london,	Printed for Thomas Jefferys at Charing-Croſs.	mdcclx.** [Nach S. 118.]

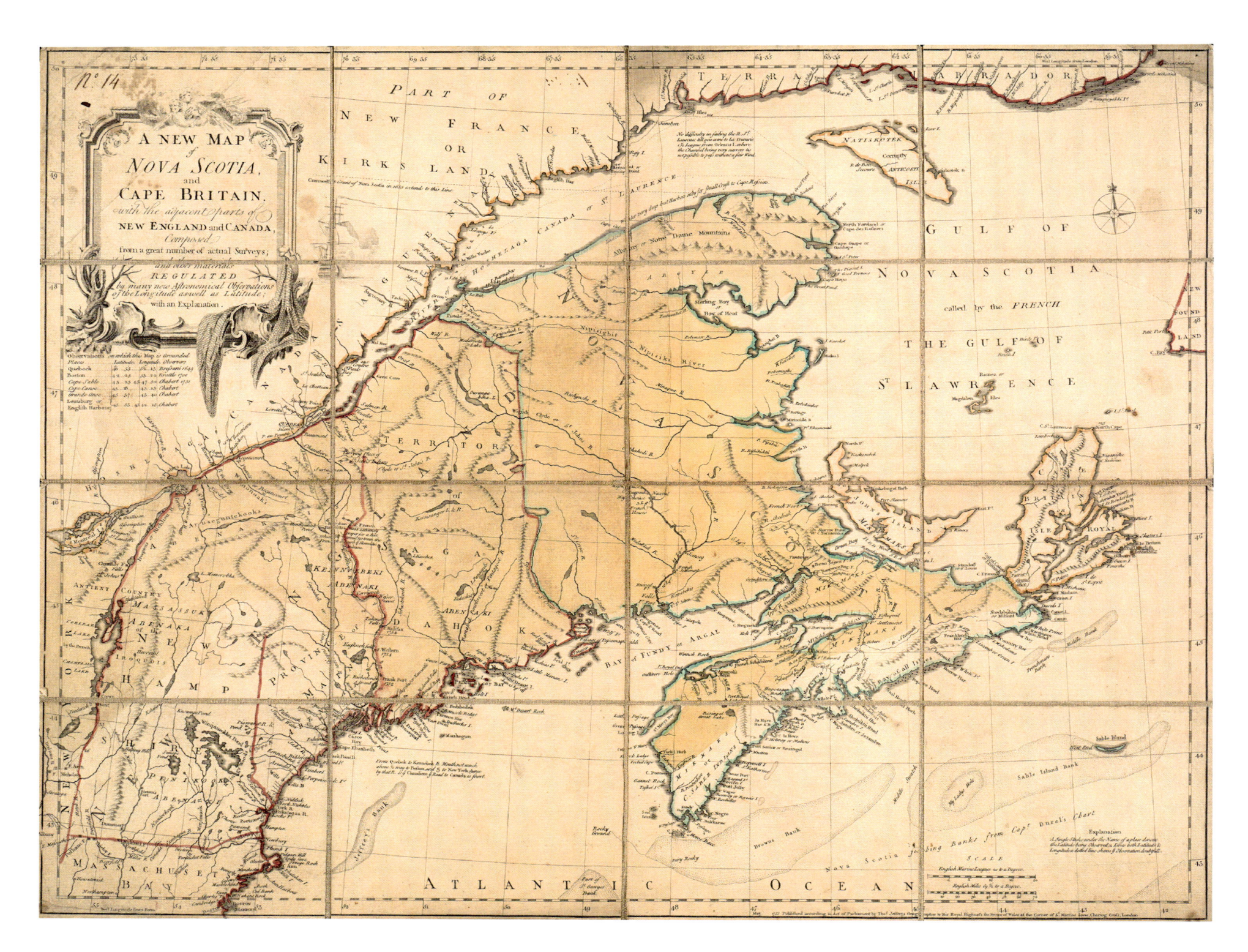

Abb. 14
A New Map of Nova Scotia […] (Typ A 1296) von Thomas Jefferys von 1755 vor der Reduzierung der dritten Namensalternative «Ramafsok» für den «Penobscot or Pentagoet R.», die auf dem Exemplar der SLUB vorliegt. Im 4th state erfolgte die Änderung von «Cape Britain» in «Cape Breton».

Laufende Nummer	**113**
Alte Katalogsignatur	**Tab. geogr. B Amer. 1710**
Neue Katalogsignatur	**A 1297**
Titel	[Kartusche unten rechts:] **L'Isthme	de l'Acadie,	Baye	du Beaubassin,	en Anglois	Shegnekto,	Environs du Fort	Beausejour.	à Paris chez le Rouge	rüe des Augustins	levé en juin 1755.** [unter der Titelkartusche links, auf dem unteren Kartenrand:] **Totum Opus Aqua forti	pro Conatu Le Rouge.**
Graveur	**George Louis Le Rouge [1712–1775]**
Erscheinungsort und -jahr	**Paris 1755**
Herausgeber bzw. Verleger	**George Louis Le Rouge [1712–1775]**
Format	295 x 437
Maßstab	[ca. 1:150.000] [links unterhalb der Mitte:] 2 Lieues
Areal	Shepody/Rocq de Charbon–Baye Verte
Nomenklatur	französisch, englisch, Allonyme
Bemerkungen	schwarz, NW oben, Piktogramme, Geländestriche, Küsten- bzw. Uferschraffuren, Kompasskreuz mit Lilie, Lotungen, hydrographische Angaben, Landverkehrswege

Laufende Nummer	**114**
Alte Katalogsignatur	**Tab. geogr. B Amer. 1715**
Neue Katalogsignatur	**A 1298**
Titel	[Kartusche oben links mit bekröntem Lilienschild (oben):] CARTE REDUITE DES	COSTES ORIENTALES DE	L'AMERIQUE SEPTENTRIONALE	I.re Feuille contenant	L'ISLE ROYALE, L'ACCADIE, LA BAYE FRANÇOISE,	LA NOUVELLE ANGLETERRE ET LA NOUVELLE YORC.	Dressée au Depost des Cartes et Plans de la Marine	Pour le Service des Vaisseaux du Roy.	Par Ordre de M. DE MACHAULT Garde de Sceaux de France	Ministre et Secretaire d'Etat ayant le Departement	de la Marine	M. DCC. LVII	Par M. Bellin Ing.r de la Marine et du Depost	des Plans, de l'Academie de Marine et de	la Societé Royale de Londres.
Inset	[unten rechts, obere Hälfte des Rahmens nach Art der Haupttitelkartusche dekoriert, Titel in Kartusche unten links, No. **114-1**:] PLAN DU	HAVRE DE BASTON	Tiré d'un Plan Anglois fort exact.
Auftraggeber	**Jean-Baptiste de Machault, Seigneur d'Arnouville [1701–1794]**
Zeichner	**Jacques Nicolas Bellin sen. [1703–1772]**
Erscheinungsort und -jahr	**Paris 1757**
Herausgeber bzw. Verleger	**Dépôt des Cartes et Plans de la Marine**
Projektion	Mercator
Format	520 x 862
Maßstab	[ca. 1:2.300.000] [Skalen neben den Breitengradskalen innen:] Echelle de Lieues Marines de France et d'Angleterre de Vingt au Degré [No. **114-1**:] [ca. 1:140.000] [Titelkartusche, unter dem Titel:] Milles d'Angleterre. Une Lieue Marine de France
Areal	[im oberen und auf dem unteren Kartenrand:] ca. 77°38′ W–59°31′ W «Longitude Occidentale du Meridien de Paris» [unter dem oberen Kartenrand:] ca. 75°15′ W–57°03′ W «Longitude du Meridien de Londres» [darunter:] ca. 70° W–51°49′ W «Longitude du Meridien du Cap Lezard» [über dem unteren Kartenrand:] ca. 302°22′ E–320°29′ E «Longitude du Meridien de l'Isle de Fer» [darüber:] 301°11′ E–319°20′ E «Longitude du Meridien de Teneriffe» [links und rechts:] ca. 39°27′ N–47°18′ N [No. **114-1**:] Cambridge/Riviere Smelt–Roche Nahant/Roches de Konohasset
Nomenklatur	französisch, englisch, Allonyme
Bemerkungen	schwarz, Piktogramme, Bergreliefs, Rosetten, Kompassrose mit 8 Pfeilen, 24 Strichen und Lilie, Lotungen, Strömungspfeil [No. **114-1**:] Kompassrose mit 8 Pfeilen und Lilie
Bibliographischer Kommentar	Version in: NEPTUNE AMERICO-SEPTENTRIONAL	**Contenant les Côtes, Îles et Bancs,	les Baies, Ports, et Mouillages, et les Sondes des Mers	de cette partie du Monde,	depuis le GROENLAND inclusivement,	jusques et compris le GOLFE du MEXIQUE	avec les ÎLES de SOUS-LE-VENT et du VENT,	accompagné de Plans particuliers des Ports les plus fréquentés.	OU	RECUEIL DE CARTES HYDROGRAPHIQUES	à l'usage des Vaiβeaux du Roi,	Rédigé d'après les Cartes Françoises et Etrangeres les plus estimées;	Rectifié d'après des Plans Manuscrits authentiques, et aβujetti aux Observations astronomiques.	Dreβé au Dépôt Général	des Cartes, Plans et Journaux de la Marine,	et**	PUBLIÉ PAR ORDRE DU ROI. [1778–1780] [Doppelblatt 1]

Laufende Nummer	**115**		Laufende Nummer	**116**
Alte Katalogsignatur	**Tab. geogr. B Amer. 1720**		Alte Katalogsignatur	**Tab. geogr. B Amer. 1725₁–Tab. geogr. B Amer. 1725ᵢᵢ**
Neue Katalogsignatur	**A 1299**		Neue Katalogsignatur	**A 1300–A 1301**

115

- **Titel**: [Kartusche unten links:]
  Carte | de l'Acadie | et Pays Voisins
- **Zeichner**: **Jacques Nicolas Bellin sen. [1703–1772]**
- **Erscheinungsort und -jahr**: **Paris 1763**
- **Herausgeber bzw. Verleger**: **Jacques Nicolas Bellin sen.**
- **Format**: 191 x 298
- **Maßstab**: [ca. 1:2.300.000]
  [Titelkartusche, unter dem Titel:]
  Echelle | de Lieues communes de France
- **Areal**: ca. 69°48′ W–62°07′ W [oben]
  ca. 69°34′ W–61°23′ W
  «Longitude Occidentale du Méridien de Paris» [unten]
  ca. 43°11′ N–47°04′ N
- **Nomenklatur**: französisch
- **Bemerkungen**: Konturen- und Flächenkolorit, Piktogramme, Bergreliefs, Küsten- bzw. Uferscharaffuren, Strömungspfeil
- **Bibliographischer Kommentar**: Version in: le petit atlas maritime | recueil de | cartes et plans | des quatre parties du monde. | en Cinq Volumes. | i. volume. | Amerique Septentrionale et Isles Antilles. | […] Par Ordre de M. le Duc de Choiseul Colonel Général | des Suisses et Grisons Ministre de la Guerre et de la Marine | Par le S. Bellin Ingenieur de la Marine 1764. [No. 26]
- **Herkunft**: Adelung

116

- **Titel**: [A 1300, rechte Hälfte, Kartusche oben rechts:]
  Map | of | Nova Scotia, | or | Acadia; | with the | Islands of Cape Breton | and | Sᵗ John's, | From Actual Surveys, by | Captⁿ Montresor, Engiʳ | 1768.
  [A 1300, linke Hälfte oben links, in Küstenlandschaft und Stilleben mit Fischereiutensilien, mit geschweiften kalligraphischen Linien, Ober- und Unterlängen:]
  To the most Noble John Manners | Marquis of Granby, | Field Marshal & Commander in Chief of all | His Majesty's Forces | Master General of the Ordnance, Colonel of | His Majesty's Royal Regimᵗ of Horſe Guards Blue, | and one of the Lords of His Majesty's moſt | Honourable Privy Council: | This Map, with all Submiſsion ist most humbly inscribed | by Your Lordship's most dutiful most obedient, and | devoted Servant | John Montresor, | Engineer.
  [darunter links:] **J. Caldwall sculp**
  [A 1301, unter dem unteren Kartenrand rechts:]
  London, Printed & Sold by A. Dury in Dukes Court Sᵗ Martin Lane
- **Zeichner**: **John Montresor [1736–1799]**
- **Graveur**: **James Caldwell [1739–1822]**
- **Erscheinungsort und -jahr**: **London 1768**
- **Herausgeber bzw. Verleger**: **Andrew Dury [nachgewiesen 1742–1778]**
- **Projektion**: [Marinus]
- **Format**: 488 x 1372
- **Maßstab**: [ca. 1:450.000]
  [A 1301, rechte Hälfte, rechts oberhalb der Mitte:]
  A Scale of 60 Miles to a Degree.
- **Areal**: ca. 49°06′30″ W–42°37′30″ W
  «Longitude West from Ferro» [A 1301, unten]
  ca. 43°27′15″ N–45°22′15″ N
- **Nomenklatur**: englisch, französisch, Allonyme

Bemerkungen	schwarz, Piktogramme, Geländestriche, Bergreliefs, Gebäudeschraffuren, Rosette mit Lilie [**A 1300**], 3 Rosetten mit Lilie [**A 1301**], Lotungen, geographische Erklärungen, hydrographische Angaben, Markierung der Counties, Parishes und Townships und Bezeichnung mit Nummern auf Sᵗ. Jᴏʜɴ's Iꜱʟᴀɴᴅ [**A 1300**]
Herkunft	Adelung

Laufende Nummer	**117**
Alte Katalogsignatur	**Tab. geogr. B Amer. 1730**
Neue Katalogsignatur	**A 1302**
Titel	[illustrierte Kartusche oben links mit Windköpfen (oben) und pflanzlichen Motiven (unten):] **A Nᴇᴡ Mᴀᴘ	of	Nᴏᴠᴀ Sᴄᴏᴛɪᴀ,	and	Cᴀᴘᴇ Bʀᴇᴛᴏɴ Iꜱʟᴀɴᴅ	with the adjacent parts of	ɴᴇᴡ Eɴɢʟᴀɴᴅ and Cᴀɴᴀᴅᴀ,	Composed	from a great number of actual Surveys;	and other materials	Rᴇɢᴜʟᴀᴛᴇᴅ	by many new Aſtronomical Obſervations	of the Longitude as well as Latitude;	by	Tʜᴏᴍᴀꜱ Jᴇꜰꜰᴇʀʏꜱ,	Geographer	ᴛᴏ ᴛʜᴇ Kɪɴɢ.** [auf dem unteren Kartenrand rechts der Mitte:] **Publiſhed according to Act of Parliament by Thoˢ. Jefferys, Geographer to the King.** [darunter, unter dem unteren Kartenrand:] **London. Printed & Sold by. R. Sayer & J. Bennet, №. 53, in Fleet Street. 15 June 1775.** [über dem oberen Kartenrand rechts:] **VII**
Zeichner	**Thomas Jefferys [ca. 1719–1771]**
Graveur	**Thomas Jefferys**
Erscheinungsort und -jahr	**London 1775**
Herausgeber bzw. Verleger	**Thomas Jefferys jun. [*1755, nachgewiesen bis ca. 1783]** **Robert Sayer [1725–1794]** **John Bennett [†1787]**
Projektion	[Delisle]
Format	450 x 594
Maßstab	[ca. 1:1.900.000] [unten rechts der Mitte:] English Marine Leagues 20 to a Degree. English Miles 69½ to a Degree.
Areal	ca. 74°36′ W–58°22′ W [oben] ca. 55°25′ W–41°39′ W «Weſt Longitude from Ferro» [unten] ca. 42°19′ N–50° N [links] ca. 42°37′ N–50°19′ N [rechts]
Nomenklatur	englisch, französisch, Allonyme, Hybridae

Bemerkungen	Bearbeitung von A NEW MAP	of	NOVA SCOTIA,	and	CAPE BRITAIN.	with the adjacent parts of	NEW ENGLAND and CANADA [...] [A 1296]; typographische Modifikationen [insbesondere CAPE BRETON ISLAND anstelle von CAPE BRITAIN OR ISLE ROYAL], Konturen- (Grenz)kolorit, keine Kompassrose
Bibliographischer Kommentar	in: THE	AMERICAN ATLAS:	OR,	A Geographical Defcription	OF THE	WHOLE CONTINENT OF AMERICA;	WHEREIN ARE DELINEATED AT LARGE, ITS	SEVERAL REGIONS, COUNTRIES, STATES, AND ISLANDS;	AND CHIEFLY	THE BRITISH COLONIES,	Compofed from numerous Surveys, feveral of which were made by	Order of Government.	BY	Capt. HOLLAND, Capt. CARVER, LEWIS EVANS, WILLIAM SCULL, HENRY MOUZON, Lieut. ROSS,	J. COOK, MICHAEL LANE, JOSEPH GILBERT, GARDNER, HILLOCK, &c. &c.	ENGRAVED ON	FORTY-EIGHT COPPER-PLATES,	BY	The Late Mr. THOMAS JEFFERYS, GEOGRAPHER to the KING, and Others.	LONDON,	Printed and Sold by R. SAYER and J. BENNETT, Map and Print Sellers, No. 53, FLEET-STREET	MDCCLXXVI. [No. 14] — THE	NORTH AMERICAN	ATLAS,	SELECTED	From the MOST AUTHENTIC	MAPS, CHARTS, PLANS, &c.	Hitherto publifhed.	LONDON:	Printed for WILLIAM FADEN, Succeffor to the late Mr. THOMAS JEFFERYS, Geographer to the KING,	the Corner of St. Martin's-Lane, Charing-Crofs.	M DCC LXXVII. [No. 7]

Laufende Nummer	**118**	Laufende Nummer	**119**
Alte Katalogsignatur	**Tab. geogr. B Amer. 1731**	Alte Katalogsignatur	**Tab. geogr. B Amer. 1735**
Neue Katalogsignatur	**A 1303**	Neue Katalogsignatur	**A 1304**
Titel	[illustrierte Kartusche oben links mit Windköpfen (oben) und pflanzlichen Motiven (unten):] **A New Map	of	Nova Scotia,	and	Cape Breton Island	with the adjacent parts of	new England and Canada,	Composed	from a great number of actual Surveys;	and other materials	Regulated	by many new Aftronomical Obfervations	of the Longitude as well as Latitude;	by	Thomas Jefferys,	Geographer	to the King.** [auf dem unteren Kartenrand rechts der Mitte:] **Publifhed according to Act of Parliament by Thoˢ Jefferys, Geographer to the King.** [darunter, unter dem unteren Kartenrand:] **London. Printed & Sold by. R. Sayer & J. Bennet, Nº.53, in Fleet Street. 15 June 1775.** [über dem oberen Kartenrand rechts:] **VII**	Titel	[unten rechts:] **plan de l'isthme de l'acadie	comprenant le beau-bassin	avec une Partie	de la baie verte,	Dressé au Dépôt Général des Cartes, Plans et Journaux	de la Marine,	d'après un Plan Manufcrit de ce Dépôt,	Par Ordre de M. de Sartine,	Conseiller d'Etat, Ministre et Secretaire d'Etat	au Département de la Marine.	1779.** [rechts neben dem rechten Kartenrand unten:] **Petit Sculp.**
Zeichner	**Thomas Jefferys [1719–1771]**	Auftraggeber	**Antoine Raymond Juan Gualbert Gabriel de Sartine [Sartines], Comte d'Alby [1729–1801]**
Erscheinungsort und -jahr	**London 1775**	Graveur	**[...] Petit [17..?–1799?]**
Herausgeber bzw. Verleger	**Robert Sayer [1725–1794]** **John Bennett [† 1787]**	Erscheinungsort und -jahr	**Paris 1779**
Projektion	[Delisle]	Herausgeber bzw. Verleger	**Dépôt Général des Cartes, Plans et Journaux de la Marine**
Format	450 x 594	Projektion	[Marinus]
Maßstab	[ca. 1:1.900.000] [unten rechts der Mitte:] English Marine Leagues 20 to a Degree. English Miles 69½ to a Degree.	Format	373 x 564
Areal	ca. 74°36′ W–58°22′ W «Weft Longitude from London» [oben] ca. 55°25′ W–41°39′ W «Weft Longitude from Ferro» [unten] ca. 42°19′ N–50° N [links] ca. 42°37′ N–50°19′ N [rechts]	Maßstab	[ca. 1:160.000]
Nomenklatur	englisch, französisch, Allonmye, Hybridae	Areal	66°47′41″ W–65°39′ W «Longitude Occidentale du Meridien de Paris.» 45°30′ N–46°01′50″ N
Bemerkungen	entspricht **A 1302**; Konturen- (Grenz-) und Flächenkolorit	Nomenklatur	französisch
Herkunft	Adelung	Bemerkungen	Konturen- und Teilflächenkolorit, Piktogramme, Geländestriche, Rosette mit Lilie, Lotungen, Landverkehrswege, geographische Erklärungen [unten rechts unter dem Titelblock Mitte: Siegel] depot general de la marine
		Herkunft	Adelung

Laufende Nummer	**120**
Alte Katalogsignatur	**Tab. geogr. B Amer. 1740**
Neue Katalogsignatur	**A 1305**
Titel	[oben bis oberhalb der Mitte, Titel oben links bis links oberhalb der Mitte, No. **120-1**:] PLAN	DU PORT	DE LA RIVIERE S.ᵗ JEAN	**Situé à la Côte Septentrionale**	DE LA BAIE FRANÇOISE DE L'ACADIE, **Tiré des Plans Manuscrits, du Dépôt Général des Cartes**	**et Journaux de la Marine.**	DRESSÉ, POUR LE SERVICE DES VAISSEAUX DU ROI,	**Par Ordre de M.** DE SARTINE, **Conseiller d Etat, Ministre et Secretaire d'Etat**	**au Département de la Marine.**	**1779.** [links oberhalb der Mitte bis unten, Titel oben rechts, No. **120-2**:] PLAN	DU PORT	DE LA HEVE	**à la Côte Méridionale**	DE L'ACADIE [rechts oberhalb der Mitte bis unten, Titel oben links bis rechts der Mitte, No. **120-3**:] PLAN	DU	PORT ROCHELOIS **à la Côte Meridionale**	DE L'ACADIE [unter dem unteren Kartenrand links:] **N. 2. C.** [unter dem unteren Kartenrand rechts:] **Nº. 1. C. et 2. C. Ensemble** PRIX **Trois Livres.**
Auftraggeber	**Antoine Raymond Juan Gualbert Gabriel de Sartine [Sartines], Comte d'Alby [1729–1801]**
Erscheinungsort und -jahr	**Paris 1779**
Herausgeber bzw. Verleger	**Dépôt Général des Cartes, Plans et Journaux de la Marine**
Format	563 x 369
Maßstab	[No. **120-1**–**120-3**:] [ca. 1:55.000] [No. **120-1**, unten links bis rechts der Mitte:] Echelle de Toiſes commune aux trois Plans. Echelle de mille Marins de 60 au Dégré.
Areal	[No. **120-1**:] ca. 68°10′26″ W–67°55′36″ W «Longitude Occidentale du Méridien de Paris.» [oben] ca. 45°02′04″ N–45°08′44″ N [No. **120-2**:] ca. 66°41′32″ W–66°34′07″ W «Longitude Occidentale du Méridien de Paris.» [unten] ca. 44°14′53″ N–44°24′15″ N [links] [No. **120-3**:] ca. 67°43′56″ W–67°36′36″ W «Longitude Occidentale du Méridien de Paris» [unten] ca. 43°33′48″ N–43°43′07″ N [rechts]
Nomenklatur	französisch
Bemerkungen	Konturen- und Teilflächenkolorit, Geländestriche, Rosetten mit Lilie [No. **120-1**] bzw. halber Lilie [No. **120-2**, No. **120-3**], Lotungen, hydrographische Angaben [No. **120-2**, unter dem Titel Mitte: Siegel] DEPOT GENERAL DE LA MARINE
Bibliographischer Kommentar	Version in: NEPTUNE AMERICO-SEPTENTRIONAL	**Contenant les Côtes, Îles et Bancs,**	**les Baies, Ports, et Mouillages, et les Sondes des Mers**	**de cette partie du Monde,**	**depuis le** GROENLAND **inclusivement,**	**jusques et compris le** GOLFE **du** MEXIQUE	**avec les** ÎLES **de** SOUS-LE-VENT **et du** VENT,	**accompagné de Plans particuliers des Ports les plus fréquentés.**	OU	RECUEIL DE CARTES HYDROGRAPHIQUES	**à l'usage des Vaiſseaux du Roi,**	**Rédigé d'après les Cartes Françoises et Etrangeres les plus estimées;**	**Rectifié d'après des Plans Manuscrits authentiques, et aſsujetti aux Observations astronomiques.**	**Dreſsé au Dépôt Général**	**des Cartes, Plans et Journaux de la Marine,**	et	PUBLIÉ PAR ORDRE DU ROI. [1778–1780] [Doppelblatt 8, No. 2]
Herkunft	Adelung

Laufende Nummer	**121**		Laufende Nummer	**122**
Alte Katalogsignatur	**Tab. geogr. B Amer. 1750**		Alte Katalogsignatur	**Tab. geogr. B Amer. 1752**
Neue Katalogsignatur	**A 1306**		Neue Katalogsignatur	**A 1307**
Titel	[Kartusche unten rechts, Titel an einer Mauer in Küstenlandschaft:] **Plan	des	Havens von Chebucto	und der Stadt	Halifax.** [über dem oberen Kartenrand links:] **N. I.** [über dem oberen Kartenrand rechts der Mitte bis rechts:] **zum Januario Monath 1751, des Hamb. Correspondenten** [unter dem unteren Kartenrand:] **geftochen von J. Haas. in Hamburg.**		Titel	[illustrierte Kartusche unten rechts:] **Plan	de la Baye de Chibouctou	nommé par les Anglois	Halifax	1763.**
			Inset	[oben links bis links Mitte, Titel in Textschild oben, No. **122-1**:] **Plan de la Ville d'Halifax**
Inset	[unten, Titel oben auf Banderole, No. **121-1**:] **Prospect der Neuen Westmünfter Brücke von der Nord Seite**		Zeichner	**Jacques Nicolas Bellin sen. [1703–1772]**
			Erscheinungsort und -jahr	**Paris 1763**
Graveur	**Jonas Haas [1720–1775]**		Herausgeber bzw. Verleger	**Jacques Nicolas Bellin sen.**
Erscheinungsort und -jahr	**Hamburg 1751**		Format	221 x 349
Format	177 x 249		Maßstab	[ca. 1:100.000] [Titelkartusche, unter dem Titel:] Echelle d'Une Lieue Commune. [No. **122-1**, Titelschild, unter dem Titel:] Echelle de Deux Cent Toises.
Maßstab	[oben rechts der Mitte:] Mastab [sic] nach Engl. Meilen.		Areal	Cap S.t Cendre–Riviere Sommer
Nomenklatur	deutsch, Allonyme		Nomenklatur	französisch, Allonyme
Bemerkungen	schwarz, Piktogramme, Geländestriche, Ufer- und Gebäudeschraffuren, Lotungen, Landverkehrswege, oben links Wappen von Nova Scotia von 1625 mit Schildhaltern, Helm, Helmzier und Devisenbanderole [No. **121-1**, Titelbanderole, unter dem Titel: Legende] 1.–5.		Bemerkungen	Bearbeitung des **Plan du Port de Chibouctou	à la Coste de l'Acadie	Levé en 1746. par M. de Chabert**, in: **voyage	fait par ordre du roi	en 1750 et 1751, dans l'ame'rique	septentrionale,	Pour rectifier les Cartes des Côtes de l'Acadie,	de l'Isle Royale & de l'Isle de Terre-	neuve; Et pour en fixer les principaux points	par des Observations Astronomiques.	Par M. de Chabert	Enfeigne des Vaiffeaux du Roi,	Membre de l'Academie de Marine, de celle de Berlin, et de l'Inftitut de Bologne.	a paris,	de l'imprimerie royale.	m. dccliii.** [nach S. 122]; WSW oben, Konturen-, Teilfächen- und Gebäudekolorit [Halifax], Piktogramme, Geländestriche, Rosette mit Lilie, Lotungen, Ankerpositionen [No. **122-1**:] Konturen-, Flächen- und Gebäudekolorit, Piktogramme, Geländestriche, Gebäudeschraffuren [Titelschild, links und rechts des Titels: Legende] A.–D.
Bibliographischer Kommentar	Erste monatliche Beilage zu: **Anno 1751. Num. 5	Staats- und Gelehrte	Zeitung	Des Hamburgifchen unpartheyifchen	Correspondenten** u.a. in: **Hamburgischer unpartheyischer Correspondent von 1751 (Bibliothek der Deutschen Sprache Serie 2: Periodica) (Olms Microform)** [zwischen Num. 5 **Am Freytage, den 8. Januar 1751** und Num. 6 **Am Sonnabend, den 9. Januar 1751**]			

Bibliographischer Kommentar	Version in: LE PETIT ATLAS MARITIME | RECUEIL DE | CARTES ET PLANS | DES QUATRE PARTIES DU MONDE. | en Cinq Volumes. | I. VOLUME. | Amerique Septentrionale et Isles Antilles. | [...] Par Ordre de M. le Duc de Choiseul Colonel Général | des Suisses et Grisons Ministre de la Guerre et de la Marine | Par le S. Bellin Ingenieur de la Marine 1764. [No. 28]
Herkunft	Adelung

Laufende Nummer	123
Alte Katalogsignatur	Tab. geogr. B Amer. 1754
Neue Katalogsignatur	A 1308
Titel	[oben links der Mitte bis rechts der Mitte:] PLAN | DU PORT DE CHIBOUCTOU | à la Côte de l'Acadie avec les Côtes voiſines. | La plus grande partie a été Levée par M. le Mis de Chabert, et l'autre est Extraite des meilleurs Plans Anglois. | Par Ordre de M. DE SARTINE, | Conseiller d'Etat, Ministre et Secrétaire d'Etat au Département de la Marine. | 1779. [rechts neben dem rechten Kartenrand unten:] Gravée par Petit.
Auftraggeber	Antoine Raymond Juan Gualbert Gabriel de Sartine [Sartines], Comte d'Alby [1729–1801]
Zeichner	Joseph-Bernard Chabert de Cogolin, Marquis de Chabert [1724–1805]
Graveur	[...] Petit [17..?–1799?]
Erscheinungsort und -jahr	Paris 1763
Herausgeber bzw. Verleger	Dépôt Général des Cartes, Plans et Journaux de la Marine
Format	380 x 563
Maßstab	[ca. 1:100.000] [oben Mitte, unter dem Titel:] Echelle de 9 Milles de 60 au Dégré.
Areal	ca. 66°04′18″ W–65°19′48″ W ca. 44°23′52″ N–44°45′24″ N
Nomenklatur	französisch, Allonyme, Hybridae
Bemerkungen	Konturen-, Teilflächen- und Gebäudekolorit, Piktogramme, Geländestriche, Rosette mit Lilie, Lotungen, Fahrwassermarkierungen, Ankerpositionen, hydrographische Angaben, Landverkehrswege [links unterhalb der Mitte: Siegel] DEPOT GENERAL DE LA MARINE

Laufende Nummer	**124**
Alte Katalogsignatur	**Tab. geogr. B Amer. 1760**
Neue Katalogsignatur	**A 1309**
Titel	[Kartusche unten rechts:] **Carte des Havres	de Kingstown et de Port Royal.**
Zeichner	**Jacques Nicolas Bellin sen. [1703–1772]**
Erscheinungsort und -jahr	**Paris 1764**
Herausgeber bzw. Verleger	**Jacques Nicolas Bellin sen.**
Format	190 x 292
Maßstab	[ca. 1:65.000] [Titelkartusche, unter dem Titel:] Echelle d'une Lieue Marine de France de 2853 Toises.
Areal	Riviere Cobre ou du Cuivre/Marais de Modyfort–Fort Rock
Nomenklatur	französisch, Allonyme, Hybridae
Bemerkungen	Konturen-, Flächen- und Gebäudekolorit, Piktogramme. Geländestriche, Rosette mit Lilie, Lotungen, Ankerpositionen, Landverkehrswege
Bibliographischer Kommentar	Version in: le petit atlas maritime	recueil de	cartes et plans	des quatre parties du monde.	en Cinq Volumes.	i. volume.	**Amerique Septentrionale et Isles Antilles.**	[…] **Par Ordre de M. le Duc de Choiseul Colonel Général	des Suisses et Grisons Ministre de la Guerre et de la Marine	Par le S. Bellin Ingenieur de la Marine 1764.** [No. 57]
Herkunft	Adelung
Bibliographischer Kommentar	Version in: neptune americo-septentrional	**Contenant les Côtes, Îles et Bancs,	les Baies, Ports, et Mouillages, et les Sondes des Mers	de cette partie du Monde,	depuis le groenland inclusivement,	jusques et compris le golfe du mexique	avec les îles de sous-le-vent et du vent,	accompagné de Plans particuliers des Ports les plus fréquentés.**	ou	recueil de cartes hydrographiques	**à l'usage des Vaißeaux du Roi,	Rédigé d'après les Cartes Françoises et Etrangeres les plus estimées;	Rectifié d'après des Plans Manuscrits authentiques, et aßujetti aux Observations astronomiques.	Dreßé au Dépôt Général	des Cartes, Plans et Journaux de la Marine,**	et	publié par ordre du roi. [1778–1780] [Doppelblatt 8, No. 1]
Herkunft	Adelung

Laufende Nummer	**125**	Laufende Nummer	**126**
Alte Katalogsignatur	**Tab. geogr. B Amer. 1762**	Alte Katalogsignatur	**Tab. geogr. B Amer. 1764**
Neue Katalogsignatur	**A 1310**	Neue Katalogsignatur	**A 1311**
Titel	[Kartusche unten rechts:] PLAN DU | PORT ROYAL | dans l'Acadie, | Appellé Aujourd'. par les Anglois | ANNAPOLIS ROYAL	Titel	[Kartusche oben links:] PLAN DE LA VILLE | DE PORT ROYAL
Zeichner	**Jacques Nicolas Bellin sen. [1703–1772]**	Zeichner	**Jacques Nicolas Bellin sen. [1703–1772]**
Erscheinungsort und -jahr	**Paris 1764**	Erscheinungsort und -jahr	**Paris 1764**
Herausgeber bzw. Verleger	**Jacques Nicolas Bellin sen.**	Herausgeber bzw. Verleger	**Jacques Nicolas Bellin sen.**
Format	197 x 336	Format	195 x 149
Maßstab	[ca. 1:70.000] [Titelkartusche, unter dem Titel:] Echelle d'Une Lieue commune.	Maßstab	[ca. 1:3.500] [Titelkartusche, unter der Legende:] Echelle de Cent Toises
Nomenklatur	französisch, englisch, Allonyme	Nomenklatur	französisch
Bemerkungen	modifizierte Version des PLAN DU | PORT ROYAL | dans l'Accadie, | Appellé aujourd'. par les Anglois | ANNAPOLIS ROYALE | [...] | 1744, in: HISTOIRE | ET | DESCRIPTION GENERALE | DE LA | NOUVELLE FRANCE, | AVEC | LE JOURNAL HISTORIQUE | d'un Voyage fait par ordre du Roi dans | l'Amérique Septentrionnale. | Par le P. DE CHARLEVOIX, de la Compagnie de JESUS. | TOME SECOND | A PARIS, | Chez PIERRE-FRANÇOIS GIFFART, ruë Saint Jacques, | à Sainte Thérefe. M. DCC. XLIV. [nach S. 496]; Konturen-, Flächen- und Gebäudekolorit, Piktogramme, Geländestriche, Kompassrose mit 8 Pfeilen, 8 Strichen und Lilie, Lotungen, Ankerpositionen	Bemerkungen	Konturen-, Flächen- und Gebäudekolorit, Geländestriche, Küsten- und Gebäudeschraffuren, Kompassrose mit 8 Pfeilen, 8 Strichen und Lilie [Titelkartusche, unter dem Titel: Legende] A.–C.
Bibliographischer Kommentar	Version u.a. in: LE PETIT ATLAS MARITIME | RECUEIL DE | CARTES ET PLANS | DES QUATRE PARTIES DU MONDE. | en Cinq Volumes. | I. VOLUME. | Amerique Septentrionale et Isles Antilles. | [...] Par Ordre de M. le Duc de Choiseul Colonel Général | des Suisses et Grisons Ministre de la Guerre et de la Marine | Par le S. Bellin Ingenieur de la Marine 1764. [No. 27] — RECUEIL | DES PLANS | DE | L'AMERIQUE | SEPTENTRIONALE | A PARIS | Chez LE Sr. LE ROUGE | Ingenieur Geographe du Roy, | Et de S.A.S.M. le Comte de Clermont, | Ruë des Augustins. | 1755. [Erweiterte Neuauflage 1777[?], No. 8]	Bibliographischer Kommentar	Version in: LE PETIT ATLAS MARITIME | RECUEIL DE | CARTES ET PLANS | DES QUATRE PARTIES DU MONDE. | en Cinq Volumes. | I. VOLUME. | Amerique Septentrionale et Isles Antilles. | [...] Par Ordre de M. le Duc de Choiseul Colonel Général | des Suisses et Grisons Ministre de la Guerre et de la Marine | Par le S. Bellin Ingenieur de la Marine 1764. [No. 58]
Herkunft	Adelung	Herkunft	Adelung

Laufende Nummer	**127**
Alte Katalogsignatur	**Tab. geogr. B Amer. 1766**
Neue Katalogsignatur	**A 1312**
Titel	[oben links bis links oberhalb der Mitte:] PLAN	DU BASSIN ET DE LA RIVIERE	DU PORT ROYAL	OU ANNAPOLIS,	**dans l'Acadie, fur la Côte Orientale de la Baie Françoife.**	**Extrait des Manuscrits du Dépot Genéral [sic] des Cartes Plans et	Journaux de la Marine.**	**Par Ordre de M.** DE SARTINE, **Conseiller d'Etat, Ministre et Secretaire d'Etat	au Département de la Marine.**	**1779.** [unter dem unteren Kartenrand links:] **Petit Sculp.**
Auftraggeber	**Antoine Raymond Juan Gualbert Gabriel de Sartine [Sartines], Comte d'Alby [1729–1801]**
Graveur	**[...] Petit [17..?–1799?]**
Erscheinungsort und -jahr	**Paris 1779**
Herausgeber bzw. Verleger	**Dépôt Général des Cartes, Plans et Journaux de la Marine**
Format	371 x 558
Maßstab	[ca. 1:55.000] [unten links bis links der Mitte:] Echelle de 5 Milles de 60 au Degré.
Areal	ca. 67°35'16" W–67°58'15" W «Longitude Occidentale du Meridien de l'Obfervatoire Royal de Paris.» ca. 44°52'27" N–44°41'28" N
Nomenklatur	französisch
Bemerkungen	Süden oben, Konturen-, Teilflächen- und Gebäudekolorit, Piktogramme, Geländestriche, Rosette, davon 1 mit Lilie, Lotungen, Ankerpositionen [unten links: Siegel] DEPOT DE LA MARINE
Bibliographischer Kommentar	Version in: NEPTUNE AMERICO-SEPTENTRIONAL	**Contenant les Côtes, Îles et Bancs,	les Baies, Ports, et Mouillages, et les Sondes des Mers	de cette partie du Monde,	depuis le** GROENLAND **inclusivement,	jusques et compris le** GOLFE **du** MEXIQUE	**avec les** ÎLES DE SOUS-LE-VENT **et du** VENT,	**accompagné de Plans particuliers des Ports les plus fréquentés.**	OU	RECUEIL DE CARTES HYDROGRAPHIQUES	**à l'usage des Vaißeaux du Roi,	Rédigé d'après les Cartes Françoises et Etrangeres les plus estimées;	Rectifié d'après des Plans Manuscrits authentiques, et aßujetti aux Observations astronomiques.**	**Dreßé au Dépôt Général	des Cartes, Plans et Journaux de la Marine,**	**et**	PUBLIÉ PAR ORDRE DU ROI. **[1778–1780]** [Blatt 10]
Herkunft	Adelung

Laufende Nummer	**128**
Alte Katalogsignatur	**Tab. geogr. B Amer. 1780**
Neue Katalogsignatur	**A 1313**
Titel	[illustrierte Kartusche unten Mitte mit Lilienschild (oben):] CARTE DES ISLES DE	SAINT PIERRE ET MIQUELON	**Levée par Ordre de M. le Duc Choiseul Colonel Général des	Suisses et Grisons Ministre de la Guerre et de la Marine 1763.	Reduite et assujetie au Ciel par le Service des Vaisseaux du Roy.	Par le S.ʳ Bellin Ingenieur de la Marine.** [Nebenkartusche, darunter:] **Levé sur les Lieux	a 6. lignes pour Cent	Toises. par le S.ʳ Fortin	Ingenieur Géographe.**
Inset	[oben rechts, Titel rechts daneben, No. **128-1**:] **Sur cet alignement E.$\frac{1}{4}$ SE.	et O.$\frac{1}{4}$ N.O. 6000. Toises ou	Deux Lieues deux tiers de L'Isle	environ il y a deux Roches et	une basse dont le Plan est cy	a coté.**
Auftraggeber	**Étienne-François Duc de Choiseul-Stainville [1719–1785]**
Zeichner	**Jacques Nicolas Bellin sen. [1703–1772]** **Jean Fortin [1750–1831]**
Erscheinungsort und -jahr	**Paris 1763**
Format	550 x 855
Maßstab	[ca. 1:50.000] [Schild unten rechts:] Echelle de Deux Lieues Communes de France de Vingtcinq au Degré Echelle de Deux Mille Cinq cent Toises [No. **128-1**, unten:] Echelle de 400 Toises
Areal	ca. 58°43′46″ W–58°22′17″ W «Degrés de Longitude Occidentale du Meridien de Paris	Parallel a l'Equateur par le 47 Degré de Latitude» [Skala im Kartenfeld, Mitte des ersten Viertels von links] ca. 46°57′27″ N–47°21′19″ N [im Kartenfeld, unterhalb der Mitte]
Nomenklatur	französisch
Bemerkungen	Westen oben, Konturen- und Flächenkolorit, Piktogramme, Geländestriche, Bergreliefs, Rosetten mit Längengradskala, davon 1 mit mit Angabe der Kompassmissweisung [große Lilie: Kartennord, kleine Lilie: Kompassnord], Lotungen, Ankerpositionen, hydrographische Angaben [No. **128-1**:] Westen oben, Kompasskreuz mit Lilie
Textelemente	[Kartusche oben Mitte:] Remarque.	Ces Deux Isles n'en faisoient	qu'une seule autrefois, qui a été séparée	en Deux par la violence de la Mer, la Partie	du Nord a été nomée la Grande Isle Miquelon	et celle du Sud la Petite Miquelon
Herkunft	Adelung

Laufende Nummer	**129**		«Longitude a l'Occident du Meridien de Paris» [unten] ca. 47°12′30″ N–48°08 N [links]
Alte Katalogsignatur	**Tab. geogr. B Amer. 1785**	Nomenklatur	französisch [No. **129-1**:] französisch, Allonyme
Neue Katalogsignatur	**A 1314**	Bemerkungen	NWzN oben, schwarz, Piktogramme, Geländestriche, Kompassrose mit 16 Pfeilen, 16 Strichen und Angabe der Kompassmissweisung [große Lilie: Kartennord, kleine Lilie: Kompassnord], Lotungen [No. **129-1**:] Rosette mit Lilie
Titel	[Kartusche unten links:] CARTE DE L'ISLE SAINT-PIERRE	**Dressée au Dépost des Cartes et Plans de la Marine	Pour le Service des Vaisseaux du Roy.	Par Ordre de M. Le Duc de Choiseul Colonel-général des Suiffes	et Grisons, Ministre de la Guerre et de la Marine	Par le S. Bellin Jngenieur de la Marine et du Depost.**	M. DCC. LXIII. [Maßstabskartusche unten rechts, unter den Maßstäben:] **Le Plan de l'Isle est conforme a l'Original Levé par le Sr Fortin Ing.^r Geographe.**		
Inset	[oben links, Titel in Kartusche oben rechts der Mitte, No. **129-1**:] CARTE D'UNE PARTIE DE L ISLE DE TERRE NEUVE	**Et les Ifles de St Pierre et Miquelon**	Bibliographischer Kommentar	ohne Inset unter dem Titel PLAN DE L' ÎLE DE SAINT PIERRE,	**au Sud de** TERRE-NEUVE,	**Levé en 1763 par le Sr Fortin Ingénieur Géographe,	et Publié au Dépôt Général des Cartes, Plans et Journaux de la Marine	Pour le service des Vaiſseaux du Roi,	Sous le Ministère de M. le Duc de Choiseul, Ministre et	Secrétaire d'Etat de la Guerre et de la Marine. |** 1763, in: LE PILOTE DE TERRE-NEUVE	OU	RECUEIL DE PLANS	DES CÔTES ET DES PORTS DE CETTE ÎLE.	**Pour l'usage des Vaisseaux du Roi,	et des Navires de Commerce destinés à la Pêche.	D'après les Plans levés par MM.** JAMES COOK* **et** MICHAEL LANE **Jngénieurs Géographes Anglois.	Précédé	De Deux Cartes Réduites, l'une de Terre-neuve avec les Bancs et Côtes voisines,	l'autre de cette Île en particulier; drefsées sur les mêmes Plans et afsujetties aux Observations Astronomiques	de MM. le Mis de Chabert en 1750 et 1751, J. Cook et autres Officiers Anglois en 1766,	le Mis de Verdun, le le Ch^{er} de Borda et Pingré en 1772.	Publié par Ordre du** ROI,	**au Dépôt général des Cartes, Plans et Journaux de la Marine.	Sous le Ministère de M.** LE MARÉCHAL DE CASTRIES, **Comte d'Alais,	Premier Baron né des Etats de Languedoc, Chevalier des Ordres du Roi, Commandant général	du Corps de la Gendarmerie, Ministre et Secrétaire d'Etat, ayant le Département	de la Marine et des Colonies |** 1784. [No. 11]
Auftraggeber	Étienne-François Duc de Choiseul-Stainville [1719–1785]		
Zeichner	**Jacques Nicolas Bellin sen. [1703–1772] Jean Fortin [1750–1831]**		
Erscheinungsort und -jahr	**Paris 1763 [1784]**		
Herausgeber bzw. Verleger	**Dépôt Général des Cartes, Plans et Journaux de la Marine**		
Projektion	[Marinus]		
Format	557 x 862		
Maßstab	[ca. 1:150.000] [Kartusche unten rechts:] Echelle de Douze Cent Toises. Echelle d'une Demie Lieue Commune [No. **129-1**:] [ca. 1:1.600.000] [Skala am rechten Kartenrand innen:] Echelle de Cinquante Lieues Communes	Herkunft	Adelung
Areal	Pointe aux Seches/Cap Bernice– Le Petit Colombier/le Petit Rocher noir [No. **129-1**:] ca. 59°38′ W–53°44′ W		

Laufende Nummer	**130**		Laufende Nummer	**131**
Alte Katalogsignatur	**Tab. geogr. B Amer. 1790**		Alte Katalogsignatur	**Tab. geogr. B Amer. 1792**
Neue Katalogsignatur	**A 1315**		Neue Katalogsignatur	**A 1316**
Titel	[Kartusche oben links:] CARTE DES ISLES DE | MIQUELON ET DE S.ᵗ PIERRE | et la Coste de Terre-neuve voisine.		Titel	[illustrierte Kartusche oben rechts:] CARTE DES ISLES | DE S.ᵗ PIERRE ET DE MIQUELON
Zeichner	**Jacques Nicolas Bellin sen. [1703–1772]**		Zeichner	**Jacques Nicolas Bellin sen. [1703–1772]**
Erscheinungsort und -jahr	**Paris 1764**		Erscheinungsort und -jahr	**Paris 1764**
Herausgeber bzw. Verleger	**Jacques Nicolas Bellin sen.**		Herausgeber bzw. Verleger	**Jacques Nicolas Bellin sen.**
Format	212 x 151		Format	208 x 162
Maßstab	[ca. 1:540.000] [Titelkartusche, unter dem Titel:] Echelle. | de Cinq Lieues Communes		Maßstab	[ca. 1:220.000] [Titelkartusche, unter dem Titel:] Echelle de Deux Lieues Communes.
Areal	ca. 58°32′ W–57°28′ W «Longitude Occidentale du Méridien de Paris» [unten] ca. 46°57′ N–48°01′N [links]		Areal	la Grande Miquelon, la Petite Miquelon, Isle S.ᵗ Pierre, Isle Verte
Nomenklatur	französisch, Allonyme		Nomenklatur	französisch
Bemerkungen	Konturen- und Wasserflächenkolorit, Geländestriche, Bergreliefs, Rosette mit Lilie, Lotungen, Ankerpositionen		Bemerkungen	Konturen- und Flächenkolorit, Piktogramme, Geländestriche, Rosette mit Lilie, Lotungen
			Textelemente	[unten links:] La Grande et la Petite Miquelon | ne faisoient qu'une seule Isle qui | a eté [sic] separée en deux par la Mer.
Bibliographischer Kommentar	Version in: LE PETIT ATLAS MARITIME | RECUEIL DE | CARTES ET PLANS | DES QUATRE PARTIES DU MONDE. | **en Cinq Volumes.** | I. VOLUME. | **Amerique Septentrionale et Isles Antilles.** | [...] **Par Ordre de M. le Duc de Choiseul Colonel Général** | **des Suisses et Grisons Ministre de la Guerre et de la Marine** | **Par le S. Bellin Ingenieur de la Marine 1764.** [No. 16]		Bibliographischer Kommentar	Version in: LE PETIT ATLAS MARITIME | RECUEIL DE | CARTES ET PLANS | DES QUATRE PARTIES DU MONDE. | **en Cinq Volumes.** | I. VOLUME. | **Amerique Septentrionale et Isles Antilles.** | [...] **Par Ordre de M. le Duc de Choiseul Colonel Général** | **des Suisses et Grisons Ministre de la Guerre et de la Marine** | **Par le S. Bellin Ingenieur de la Marine 1764.** [No. 17]
Herkunft	Adelung		Herkunft	Adelung

Laufende Nummer	**132**		Laufende Nummer	**133**
Alte Katalogsignatur	**Tab. geogr. B Amer. 1794**		Alte Katalogsignatur	**Tab. geogr. B Amer. 1796**
Neue Katalogsignatur	**A 1317**		Neue Katalogsignatur	**A 1318**
Titel	[Kartusche oben rechts:] CARTE DE | L'ISLE S.ᵗ PIERRE		Titel	[Kartusche unten rechts der Mitte:] PLAN | DE LA RADE ET PORT | DE L'ISLE S.ᵗ PIERRE.
Zeichner	**Jacques Nicolas Bellin sen. [1703–1772]**		Zeichner	**Jacques Nicolas Bellin sen. [1703–1772]**
Erscheinungsort und -jahr	**Paris 1764**		Erscheinungsort und -jahr	**Paris 1764**
Herausgeber bzw. Verleger	**Jacques Nicolas Bellin sen.**		Herausgeber bzw. Verleger	**Jacques Nicolas Bellin sen.**
Format	205 x 160		Format	212 x 326
Maßstab	[ca. 1:53.000] [Titelkartusche, unter dem Titel:] Echelle d'une demie Lieue Commune.		Maßstab	[ca. 1:15.000] [Titelkartusche, unter dem Titel:] Echelle de cinq cent Toises.
Areal	Isle S.ᵗ Pierre, le Grand Colombier, Iſle aux Chiens, I. aux Bours		Areal	le Bourg/Teste de Galantry–Rocher de S.ᵗ Pierre/Isle aux Bours
Nomenklatur	französisch		Nomenklatur	französisch
Bemerkungen	Westen oben, Konturen- und Flächenkolorit, Piktogramme, Geländestriche, Rosette mit Lilie, Lotungen, hydrographische Angaben		Bemerkungen	NWzN oben, Konturen- und Flächenkolorit, Piktogramme, Geländestriche, Rosette mit Lilie, Lotungen
Bibliographischer Kommentar	Version in: LE PETIT ATLAS MARITIME | RECUEIL DE | CARTES ET PLANS | DES QUATRE PARTIES DU MONDE. | **en Cinq Volumes.** | I. VOLUME. **Amerique Septentrionale et Isles Antilles.** | […] **Par Ordre de M. le Duc de Choiseul Colonel Général** | **des Suisses et Grisons Ministre de la Guerre et de la Marine** | **Par le S. Bellin Ingenieur de la Marine 1764.** [No. 18]		Bibliographischer Kommentar	Version in: LE PETIT ATLAS MARITIME | RECUEIL DE | CARTES ET PLANS | DES QUATRE PARTIES DU MONDE. | **en Cinq Volumes.** | I. VOLUME. **Amerique Septentrionale et Isles Antilles.** | […] **Par Ordre de M. le Duc de Choiseul Colonel Général** | **des Suisses et Grisons Ministre de la Guerre et de la Marine** | **Par le S. Bellin Ingenieur de la Marine 1764.** [No. 19]
Herkunft	Adelung		Herkunft	Adelung

Laufende Nummer	**134**	Laufende Nummer	**135**
Alte Katalogsignatur	**Tab. geogr. B Amer. 1800**	Alte Katalogsignatur	**Tab. geogr. B Amer. 1805**
Neue Katalogsignatur	**A 1319**	Neue Katalogsignatur	**A 1320**
Titel	[Kartusche unten rechts:] **L'Isle Royale ∣ Située à l'Entrée du Golphe ∣ de Saint Laurent**	Titel	[Textschild oben rechts bis rechts oberhalb der Mitte mit konkaven Einbuchtungen unten links und unten rechts:] **Carte réduite ∣ de ∣ l'île royale, ∣ Aßujettie aux obſervations Aſtronomiques et Nautiques, ∣ aux operations Géodésiques, à différentes Routes et à leur direction, ∣ Faites par M. le Marquis de Chabert. ∣ Avec lesquelles on a accordé, nombre de Plans Manuscrits Généraux, ∣ et les Plans particuliers. ∣ de MM. l'Hermite, Boucher, l'Etanduere, Macarthy, &c. ∣ Dressé au Dépôt Général des Cartes, Plans et Journaux ∣ de la Marine. ∣ Par Ordre de M. de Sartine, ∣ Conseiller d'Etat Ministre et Secrétaire d'Etat, ∣ ayant le Département de la Marine. ∣ 1780.**
Zeichner	**Jacques Nicolas Bellin sen. [1703–1772]**	Auftraggeber	**Antoine Raymond Juan Gualbert Gabriel de Sartine [Sartines], Comte d'Alby [1729–1801]**
Erscheinungsort und -jahr	**Paris 1764**	Zeichner	**Jacques L'Hermite [Lhermite, L'Hermitte, Lhermitte] [1659–1725]** **Pierre-Jérôme Boucher [ca. 1688–1753]** **Henri-François des Herbiers, Marquis de l'Estenduère [l'Etenduère, l'Etanduère] [1682–1750]** [et al.]
Herausgeber bzw. Verleger	**Jacques Nicolas Bellin sen.**		
Format	202 x 293	Erscheinungsort und -jahr	**Paris 1780**
Maßstab	[ca. 1:100.000] [Titelkartusche, unter dem Titel:] Echelle de Dix Lieues Communes	Herausgeber bzw. Verleger	**Dépôt Général des Cartes, Plans et Journaux de la Marine**
Areal	ca. 64°53′ W–61°22′ W «Longitude Occidentale du Méridien de Paris.» [unten] ca. 45°09′30″ N–47°04′30″ N [rechts]	Projektion	Mercator
		Format	376 x 566
Nomenklatur	französisch	Maßstab	[ca. 1:600.000]
Bemerkungen	Konturen- und Flächenkolorit, Piktogramme, Geländestriche, Bergreliefs, Rosette mit Lilie, Lotungen	Areal	ca. 65°07′30″W–60°45′ W «Longitude Occidentale du Méridien de Paris» ca. 45°12′ N–47°15′ N
Bibliographischer Kommentar	Version in: **le petit atlas maritime ∣ recueil de ∣ cartes et plans ∣ des quatre parties du monde. ∣ en Cinq Volumes. ∣ i. volume. ∣ Amerique Septentrionale et Isles Antilles. ∣ […] Par Ordre de M. le Duc de Choiseul Colonel Général ∣ des Suisses et Grisons Ministre de la Guerre et de la Marine ∣ Par le S. Bellin Ingenieur de la Marine 1764.** [No. 22]	Nomenklatur	französisch, englisch
Herkunft	Adelung		

Bemerkungen	Konturen-, Flächen- und Gebäudekolorit [Sᵗ George Town], Piktogramme, Geländestriche, Rosetten, davon 1 mit Lilie, Lotungen, Ankerpositionen, hydrographische Angaben [unten links: Siegel] DEPOT GENERAL DE LA MARINE
Bibliographischer Kommentar	Version in: NEPTUNE AMERICO-SEPTENTRIONAL | **Contenant les Côtes, Îles et Bancs, | les Baies, Ports, et Mouillages, et les Sondes des Mers | de cette partie du Monde, | depuis le** GROENLAND **inclusivement, | jusques et compris le** GOLFE **du** MEXIQUE **| avec les** ÎLES **de** SOUS-LE-VENT **et du** VENT, **| accompagné de Plans particuliers des Ports les plus fréquentés.** | OU | RECUEIL DE CARTES HYDROGRAPHIQUES | **à l'usage des Vaißeaux du Roi, | Rédigé d'après les Cartes Françoises et Etrangeres les plus estimées; | Rectifié d'après des Plans Manuscrits authentiques, et aßujetti aux Observations astronomiques. | Dreßé au Dépôt Général | des Cartes, Plans et Journaux de la Marine, |** et | PUBLIÉ PAR ORDRE DU ROI. **[1778–1780]** [Doppelblatt 4, No. 2]
Herkunft	Adelung
Laufende Nummer	**136**
Alte Katalogsignatur	**Tab. geogr. B Amer. 1810**
Neue Katalogsignatur	**A 1321**
Titel	[Textleiste über dem oberen Kartenrand Mitte:] PLANS PARTICULIERS DÉPENDANS DE L'ÎLE ROYALE. [oben links, Titel in Textschild unten rechts, No. **136-1**:] PLAN | DU PORT ET DES ILES | AU | JUSTE AU CORPS [oben links der Mitte bis rechts, neben No. **136-1** mit Zwischenraum, Titel in Textschild oben Mitte, No. **136-2**:] PLAN | DE LA RADE ET DE LA BAIE | DE | CHETECAN [unten links, Titel in Textschild oben rechts mit Legende, No. **136-4**:] PLAN | DE LA BAIE | DE | MORIENNE. | **Etabliffement XI$^{h}\frac{1}{4}$** [unten Mitte, neben No. **136-4** mit Zwischenraum, Titel in Textschild links Mitte, No. **136-5**:] PLAN | DE LA BAIE | DES ESPAGNOLS [unten rechts der Mitte bis rechts, neben No. **136-5** mit Zwischenraum, Titel in Textschild oben links, No. **136-6**:] PLAN | DU HAVRE | D'ASPÉ [rechts neben dem rechten Kartenrand unten:] **Petit Sculp.**
Inset	[in No. **136-2** oben rechts bis rechts Mitte, Titel in Textschild unten rechts, No. **136-3**:] PLAN | DE L'ENTREE DE LA RIV. | AU | SAUMON
Graveur	**[...] Petit [17..?–1799?]**
Erscheinungsort und -jahr	**Paris 1780**
Herausgeber bzw. Verleger	**Dépôt Général des Cartes, Plans et Journaux de la Marine**
Format	395 x 582
Maßstab	[No. **136-1**:] [ca. 1:17.000] [Titelschild, unter dem Titel:] Echelle d'un tiers de Lieue Marine [mit Angabe der toises unten] [No. **136-2**:] [ca. 1:19.500] [unten Mitte:] Echelle de deux Lieues Marines. [mit Angabe der Milles unten] [No. **136-3**:] [Titelschild, unter dem Titel:] Echelle de cinq cents Toifes. [No. **136-4**:] [ca. 1:50.000] [unten links bis unten Mitte:] Echelle de deux tiers de Lieue Marine [mit Angabe der toises oben]

	[No. **136-5**:] [ca. 1:15.000] [Titelschild, unter dem Titel:] Echelle d'une Lieue Marine.
Nomenklatur	französisch
Bemerkungen	Konturen- und Flächenkolorit, Piktogramme, Rosetten mit Lilie, Lotungen [No. **136-2**, No. **136-3**:] Osten oben [No. **136-4**, No. **136-6**:] Westen oben [No. **136-5**:] SW oben [No. **136-1**, No. **136-2**:] Ankerpositionen [No. **136-3**, No. **136-4**, No. **136-6**:] hydrographische Angaben [No. **136-3**: Legende] B. Ne couvre que dans les vives Eaux. [über dem unteren Kartenrand, zwischen No. **136-4** und No. **136-5**: Siegel] DEPOT GENERAL DE LA MARINE
Bibliographischer Kommentar	Version in: NEPTUNE AMERICO-SEPTENTRIONAL | Contenant les Côtes, Îles et Bancs, | les Baies, Ports, et Mouillages, et les Sondes des Mers | de cette partie du Monde, | depuis le GROENLAND inclusivement, | jusques et compris le GOLFE du MEXIQUE | avec les ÎLES de SOUS-LE-VENT et du VENT, | accompagné de Plans particuliers des Ports les plus fréquentés. | OU | RECUEIL DE CARTES HYDROGRAPHIQUES | à l'usage des Vaißeaux du Roi, | Rédigé d'après les Cartes Françoises et Etrangeres les plus estimées; | Rectifié d'après des Plans Manuscrits authentiques, et aßujetti aux Observations astronomiques. | Dreßé au Dépôt Général | des Cartes, Plans et Journaux de la Marine, | et | PUBLIÉ PAR ORDRE DU ROI. [1778–1780] [Doppelblatt 4, No. 1]
Herkunft	Adelung

Laufende Nummer	**137**
Alte Katalogsignatur	**Tab. geogr. B Amer. 1815**
Neue Katalogsignatur	**A 1322**
Titel	[oben links, Titel unten Mitte bis unten rechts, Rahmen hellgrün, No. **137-1**:] **Anſe Sᵗ David | Sᵗ Davids Bucht** [darunter, bis links unterhalb der Mitte, Titel oben, Rahmen gelb, No. **137-2**:] BAYE DE L'ISLE | DIE INSEL-BAY [oben links der Mitte bis oben Mitte, rechts neben No. **137-1**, Titel unten links, Rahmen weiß, No. **137-3**:] **Havre Swalow | Swallow Hafen** [oben Mitte bis oben rechts der Mitte, rechts neben No. **137-3**, Titel oben, Rahmen grün, No. **137-4**:] **Baye Puzzling** [oben rechts der Mitte bis oben rechts, rechts neben No. **137-4** und dem oberen Teil von No. **137-7**, Titel links der Mitte bis Mitte, Rahmen gelb, No. **137-5**:] BAYE DU CAP UPRIGHT | BAY AM VORGEBÜRGE UPRIGHT [unten links, unter No. **137-2**, Titel unten links, Rahmen rot, No. **137-6**:] [Cap Tamar] [unten links der Mitte bis oben rechts der Mitte, Titel unten links, Rahmen hellgrün, No. **137-7**:] **Cap Providence avec la Baye et les | Mouillages qu'on trouve au N.N.E. de ce Cap | Das Cap Providentz ſamt der Bay | und den N.N.Oſtwärts gelegenen Ankerplätzen** [unten rechts, rechts neben No. **137-6**, unter No. **137-5**, Titel oben, Rahmen rot, No. **137-8**:] BAYE DAUPHIN DELPHIN'S BAY
Erscheinungsjahr	[ca. 1750]
Format	200 x 351
Maßstab	[ca. 1:65.000] [unter dem inneren unteren Kartenrand Mitte:] Echelle de trois Milles A. Maasſtab von drey engliſchen Meilen.
Nomenklatur	französisch-deutsch
Bemerkungen	Konturen- und Flächenkolorit, Piktogramme, Lotungen [No. **137-1**, No. **137-4**:] Kompasskreuz mit Lilie [No. **137-2**, No. **137-3**, No. **137-5**–No. **137-8**:] Kompasskreuz mit 8 Strichen und Lilie [No. **137-1**, No. **137-2**, No. **137-6**, No. **137-7**, No. **137-8**:] Ankerpositionen [No. **137-2**, No. **137-3**, No. **137-7**, No. **137-8**:] hydrographische Angaben [zweisprachig]

Laufende Nummer	**138**
Alte Katalogsignatur	**Tab. geogr. B Amer. 1816**
Neue Katalogsignatur	**A 1323**
Titel	[oben links, Titel oben, Rahmen gelb, No. **138-1**:] **Port Famine der Hav: Famine** [oben links der Mitte, rechts neben No. **138-1**, Titel oben rechts der Mitte, Rahmen grün, No. **138-2**:] **Baye de Wood │ Woods Bay** [links oberhalb der Mitte bis unten, unter No. **138-1** und **138-2**, Titel oben, Rahmen rot, No. **138-3**:] **Port Gallant et Baye Fortescue der Haven Gallant u. die Bay Fortescue** [links der Mitte bis rechts, Titel oben rechts, Rahmen gelb, No. **138-4**:] **Baye et Havre de Cordes │ Cordes-bay- und -Haven**
Erscheinungsjahr	**[ca. 1820]**
Format	200 x 367
Maßstab	[ca. 1:66.000] [unter dem unteren Kartenrand Mitte:] Echelle de trois Milles Anglois Maasſtab von drey engliſchen Meilen
Nomenklatur	französisch-deutsch
Bemerkungen	Konturen- und Teilflächenkolorit, Piktogramme, jeweils Kompasskreuz mit 8 Strichen und Lilie, Lotungen, hydrographische Angaben [zweisprachig] [No. **138-1**, No. **138-2**:] Westen oben [No. **138-1**:] Piktogramme [No. **138-2**–No. **138-4**:] Ankerpositionen

Laufende Nummer	**139**
Alte Katalogsignatur	**Tab. geogr. B Amer. 1820**
Neue Katalogsignatur	**A 1324**
Titel	[Textschild links Mitte bis unten links, konvexe Ausbuchtung oben, Rahmen blau:] **Baye Ste Anne │ ou le port Dauphin │ dans l'Isle Royale.** [unter dem unteren Kartenrand links:] **Croisey Sculp.**
Zeichner	**Jacques Nicolas Bellin sen. [1703–1772]**
Graveur	**Jean-Baptiste Croisey [nachgewiesen 1760–1807]**
Erscheinungsort und -jahr	**Paris 1764**
Herausgeber bzw. Verleger	**Jacques Nicolas Bellin sen.**
Format	203 x 305
Maßstab	[ca. 1:87.000] [Titelkartusche, unter der Legende:] Echelle d'une Lieue commune
Nomenklatur	französisch, Allonyme
Bemerkungen	ca. NW oben, Konturen- und Flächenkolorit, Piktogramme, Geländestriche, Rosette mit Lilie, Lotungen, Ankerpositionen [Titelschild, unter dem Titel: Legende] A.–J.
Bibliographischer Kommentar	in: **le petit atlas maritime │ recueil de │ cartes et plans │ des quatre parties du monde. │ en Cinq Volumes. │ I. volume. │ Amerique Septentrionale et Isles Antilles. │ […] Par Ordre de M. le Duc de Choiseul Colonel Général │ des Suisses et Grisons Ministre de la Guerre et de la Marine │ Par le S. Bellin Ingenieur de la Marine 1764.** [No. 25]
Herkunft	Adelung

Laufende Nummer	**140**
Alte Katalogsignatur	**Tab. geogr. B Amer. 1824**
Neue Katalogsignatur	**A 1325**
Titel	[Textschild oben rechts bis rechts unterhalb der Mitte, abgerundete Ecken links Mitte und links unten sowie konkave Einbuchtung links Mitte bis links unten:] PLAN	DU PORT DAUPHIN,	DE LA RADE DE S^TE ANNE,	DE L'ENTRÉE DE LABRADOR ET DE LA BAIE DE NIGANICHE.	**Dressée au Dépôt Général des Cartes, Plans et Journaux de la Marine,	Par Ordre de M. DE SARTINE,	Conseiller d'Etat, Ministre et Secrétaire d'Etat au Département de la Marine.	1778.	Cette Carte à été dressée d'après les Originaux conservés au Dépôt des Plans de la Marine.	Le Port Dauphin, la Rade de Ste Anne, et la Baye de Niganiche	ont été Levés, en 1733, par M. Boucher Ingeniuer du Roi.	l'Entrée de Labrador l'avoit été, en 1722, par M. le Ch^er de l'Etanduere.	On à réduit ces deux Plans à la même Echelle, pour les présenter ensemble sur une même Feuille.** [unter dem unteren Kartenrand links:] **Petit Sculp.**
Auftraggeber	**Antoine Raymond Juan Gualbert Gabriel de Sartine [Sartines], Comte d'Alby [1729–1801]**
Zeichner	**Pierre-Jérôme Boucher [ca. 1688–1753]** **Henri-François des Herbiers, Marquis de l'Estenduère [l'Etenduère, l'Etanduère] [1682–1750]**
Graveur	**[…] Petit [17..?–1799?]**
Erscheinungsort und -jahr	**Paris 1778**
Herausgeber bzw. Verleger	**Dépôt Général des Cartes, Plans et Journaux de la Marine**
Format	365 x 560
Maßstab	[ca. 1:95.000] [unten rechts:] Echelle de deux Lieues Marines. [mit Angabe der Milles unten]
Areal	ca. 62°22′ W–62°48′29″ W «Longitude Occidentale du Méridien de Paris.» ca. 46°15′57″ N–46°44′ 54″ N
Nomenklatur	französisch
Bemerkungen	Westen oben, Konturen- und Flächenkolorit, Piktogramme, Geländestriche, Rosette mit Lilie, Lotungen, Ankerpositionen, hydrographische Angaben [unten links: Siegel] DEPOT GENERAL DE LA MARINE
Textelemente	[Titelschild Mitte bis unten, unter dem Titelblock:] REMARQUES	[…]
Herkunft	Adelung

Laufende Nummer	**141**
Alte Katalogsignatur	**Tab. geogr. B Amer. 1826**
Neue Katalogsignatur	**A 1326**
Titel	[oben links bis links oberhalb der Mitte:] PLAN	DE LA BAIE	DE GABARUS	SITUÉE A LA CÔTE S.E. DE L'ÎLE ROYALE,	**Dressé au Dépôt Général des Cartes, Plans et Journaux	de la Marine,	d'après un Plan Manuſcrit de ce Dépôt,	Assujeti aux Triangles de M. le Mis de Chabert.	Par Ordre de M.** DE SARTINE, **Conseiller d'Etat, Ministre et Secretaire d'Etat ayant le Département de la Marine.	1779.** [unter dem unteren Kartenrand links:] **Petit Sculp.** [über dem oberen Kartenrand rechts:] **6.** [unter dem unteren Kartenrand rechts:] **N°. 1. A.**
Auftraggeber	**Antoine Raymond Juan Gualbert Gabriel de Sartine [Sartines], Comte d'Alby [1729–1801]**
Graveur	**[...] Petit [17..?–1799?]**
Erscheinungsort und -jahr	**Paris 1779**
Herausgeber bzw. Verleger	**Dépôt Général des Cartes, Plans et Journaux de la Marine**
Format	568 x 375
Maßstab	[ca. 1:70.000]
Areal	ca. 62°12′08″ W–62°22′38″ W «Longitude Occidentale du Méridien de Paris» ca. 45°48′12″ N–45°53′11″ N [unten links bis rechts der Mitte:] Echelle de trois Milles de 60 au Degré
Nomenklatur	französisch
Bemerkungen	Westen oben, Konturen- und Flächenkolorit, Piktogramme, Geländestriche, Rosette mit Lilie, Lotungen, Ankerpositionen [unter dem Titelblock Mitte: Siegel] DEPOT DE LA MARINE
Bibliographischer Kommentar	Version in: NEPTUNE AMERICO-SEPTENTRIONAL	**Contenant les Côtes, Îles et Bancs,	les Baies, Ports, et Mouillages, et les Sondes des Mers	de cette partie du Monde,	depuis le** GROENLAND **inclusivement,	jusques et compris le** GOLFE du MEXIQUE	**avec les** ÎLES DE SOUS-LE-VENT **et du** VENT,	**accompagné de Plans particuliers des Ports les plus fréquentés.**	OU	RECUEIL DE CARTES HYDROGRAPHIQUES	**à l'usage des Vaißeaux du Roi,	Rédigé d'après les Cartes Françoises et Etrangeres les plus estimées;	Rectifié d'après des Plans Manuscrits authentiques, et aßujetti aux Observations astronomiques.	Dreßé au Dépôt Général	des Cartes, Plans et Journaux de la Marine,	et** PUBLIÉ PAR ORDRE DU ROI. **[1778–1780]** [Doppelblatt 6, No. 1]
Herkunft	Adelung

Laufende Nummer	**142**	Laufende Nummer	**143**
Alte Katalogsignatur	**Tab. geogr. B Amer. 1830**	Alte Katalogsignatur	**Tab. geogr. B Amer. 1832**
Neue Katalogsignatur	**A 1327**	Neue Katalogsignatur	**A 1328**
Titel	[oben links:] Port de │ Louisbourg │ Levé par le Ch^{er} de la Rigaudiere │ Lieut^{nt} de Vaisseaux du Roy. │ aparis **Chez le S^r le Rouge rue des gr^{ds} Augustins.**	Titel	[Kartusche unten rechts:] Port de │ Louisbourg │ **dans l'Isle Royale.**
Inset	[unten links der Mitte bis rechts, No. **142-1**:] Veue de Louisbourg	Zeichner	**Jacques Nicolas Bellin sen. [1703–1772]**
Zeichner	**Froger de La Rigaudière [ca. 1710–1756]**	Erscheinungsort und -jahr	**Paris 1764**
Erscheinungsort und -jahr	**[1756]**	Herausgeber bzw. Verleger	**Jacques Nicolas Bellin sen.**
Herausgeber bzw. Verleger	**Georges-Louis Le Rouge [1712–1775]**	Format	203 x 310
Format	498 x 595	Maßstab	[ca. 1:22.000] [Titelkartusche, unter dem Titel:] Echelle de Six Cent Toises
Maßstab	[unten rechts:] 500 Toises:	Nomenklatur	französisch
Nomenklatur	französisch	Bemerkungen	NNW oben, Konturen- und Gebäudekolorit, Piktogramme, Bergreliefs, Geländestriche, perspektivische Zeichnung, Rosette mit Lilie, Lotungen, hydrographische Angaben, Landverkehrswege
Bemerkungen	NzW oben, Konturen-, Flächen- und Gebäudekolorit, Piktogramme, Geländestriche, perspektivische Zeichnungen, Rosette mit halber Lilie, Kompasskreis mit 4 Pfeilen, 4 Strichen und Lilie, Lotungen, Landverkehrswege [No. **142-1**:] Vignette [17 Schiffe auf der Wasserfläche, darunter Dreimaster mit Andreaskreuzflagge (weiß auf blauem Tuch) am Heck im Vordergrund] [oben links, unter dem Titelblock:] Renvoy │ A.–F.	Bibliographischer Kommentar	Version in: le petit atlas maritime │ recueil de │ cartes et plans │ des quatre parties du monde. │ **en Cinq Volumes.** │ i. volume. │ **Amerique Septentrionale et Isles Antilles.** │ [...] **Par Ordre de M. le Duc de Choiseul Colonel Général** │ **des Suisses et Grisons Ministre de la Guerre et de la Marine** │ **Par le S. Bellin Ingenieur de la Marine 1764.** [No. 23]
Herkunft	Adelung	Herkunft	Adelung

Laufende Nummer	**144**		Laufende Nummer	**145**
Alte Katalogsignatur	**Tab. geogr. B Amer. 1834**		Alte Katalogsignatur	**Tab. geogr. B Amer. 1836**
Neue Katalogsignatur	**A 1329**		Neue Katalogsignatur	**A 1330**
Titel	[Textschild links Mitte bis links unten, konvexe Ausbuchtung oben:] Plan de la | Ville de Louisbourg | dans l'Isle Royale		Titel	[Textschild oben rechts:] plan | de la ville et du port | de louisbourg | Levé en 1756. | Suivant l'Original conservé au Dépôt Général des Cartes Plans et | Journaux de la Marine. | pour le service des vaisseaux du roi. | Par Ordre de M. de Sartine | Conseiller d'Etat, Ministre et Secrétaire d'Etat | au Département de la Marine. | 1779. [unter dem unteren Kartenrand links:] **Petit Sculp.**
Zeichner	**Jacques Nicolas Bellin sen. [1703–1772]**			
Erscheinungsort und -jahr	**Paris 1764**			
Herausgeber bzw. Verleger	**Jacques Nicolas Bellin sen.**		Auftraggeber	**Antoine Raymond Juan Gualbert Gabriel de Sartine [Sartines], Comte d'Alby [1729–1801]**
Format	210 x 340		Graveur	**[…] Petit [17..?–1799?]**
Maßstab	[ca. 1:6.000] [Titelschild, unter der Legende:] Echelle de Deux Cent Toises.		Erscheinungsort und -jahr	**Paris 1779**
Areal	Le Fauxbourg–Pointe de Rochefort		Herausgeber bzw. Verleger	**Dépôt Général des Cartes, Plans et Journaux de la Marine**
Nomenklatur	französisch		Format	422 x 582
Bemerkungen	Konturen-, Flächen- und Gebäudekolorit, Piktogramme, Bergreliefs, Geländestriche, Kompassrose mit 8 Pfeilen, 8 Strichen und Lilie [Titelschild, unter dem Titel: Legende] A.–O.		Maßstab	[ca. 1:80.000] [Textschild unten links, unter der Legende:] Echelle de 400 Toiſes.
			Nomenklatur	französisch
Bibliographischer Kommentar	Version in: le petit atlas maritime | recueil de | cartes et plans | des quatre parties du monde. | **en Cinq Volumes.** | i. volume. | **Amerique Septentrionale et Isles Antilles.** | […] **Par Ordre de M. le Duc de Choiseul Colonel Général** | **des Suisses et Grisons Ministre de la Guerre et de la Marine** | **Par le S. Bellin Ingenieur de la Marine 1764. [No. 24]**		Bemerkungen	Westen oben, Konturen-, Flächen- und Gebäudekolorit, Piktogramme, Geländestriche, perspektivische Zeichnungen, 2 Rosetten, davon 1 mit Lilie, Lotungen, Landverkehrswege [Textschild unten links:] renvoi. | A.–K. [über dem unteren Kartenrand, daneben: Siegel] depot de la marine
Herkunft	Adelung		Bibliographischer Kommentar	Version in: neptune americo-septentrional | **Contenant les Côtes, Îles et Bancs,** | **les Baies, Ports, et Mouillages, et les Sondes des Mers** | **de cette partie du Monde,** | **depuis le** groenland **inclusivement,** | **jusques et compris le** golfe du mexique | **avec les** îles de sous-le-vent **et du** vent, | **accompagné de Plans particuliers des Ports les plus fréquentés.** | ou | recueil de cartes hydrographiques | **à l'usage des Vaiſſeaux du Roi,** | **Rédigé d'après les Cartes Françoises et Etrangeres les plus estimées;** |

Rectifié d'après des Plans Manuscrits authentiques, et aßujetti aux Observations astronomiques. | Dreßé au Dépôt Général | des Cartes, Plans et Journaux de la Marine, | et | PUBLIÉ PAR ORDRE DU ROI. [1778–1780] [Blatt 5]

Herkunft Adelung

Laufende Nummer	**146**
Alte Katalogsignatur	**Tab. geogr. B Amer. 1840**
Neue Katalogsignatur	**A 1331**
Titel	[obere Hälfte, Titel auf Textschild oben, No. **146-1**:] PLAN DE LA BAIE DE NÉRICHAC,	A LA CÔTE DU SUD DE L'ÎLE MADAME,	**Dressé au Dépôt Général des Cartes, Plans, et Journaux de la Marine,	d'après un Plan Manufcrit de ce Dépôt,	Par Ordre de M. DE SARTINE,	Conseiller d'Etat, Ministre et Sécrétaire d'Etat ayant le Département de la Marine.	1779.** [untere Hälfte, Titel auf Textschild oben, No. **146-2**:] PLAN DU PORT DE TOULOUSE,	A LA CÔTE DU SUD DE L'ÎLE ROYALE,	**Dressé au Dépôt Général des Cartes, Plans, et Journaux de la Marine,	d'après un Plan Manufcrit de ce Dépôt,	Par Ordre de M. DE SARTINE, Conseiller d'Etat, Ministre et Sécrétaire d'Etat ayant le Département de la Marine.	1779.** [über dem oberen Kartenrand rechts:] **B.6.** [unter dem unteren Kartenrand links:] **N. 2. A.** [unter dem unteren Kartenrand rechts:] **N: 1. A. et 2. A. Ensemble PRIX Trois Livres.**
Auftraggeber	**Antoine Raymond Juan Gualbert Gabriel de Sartine [Sartines], Comte d'Alby [1729–1801]**
Erscheinungsort und -jahr	**Paris 1779**
Herausgeber bzw. Verleger	**Dépôt Général des Cartes, Plans et Journaux de la Marine**
Format	527 x 397
Maßstab	[ca. 1:60.000] [obere und untere Hälfte, jeweils unten rechts:] Echelle d'un Mille de 60 au Dégré
Nomenklatur	französisch
Bemerkungen	Konturen und Flächenkolorit, Piktogramme, Geländestriche, jeweils 1 Rosette mit Lilie, Lotungen, Ankerpositionen [obere und untere Hälfte, jeweils unten rechts in der Ecke: Siegel] DEPOT DE LA MARINE

Bibliographischer Kommentar	Version in: NEPTUNE AMERICO-SEPTENTRIONAL | **Contenant les Côtes, Îles et Bancs,** | **les Baies, Ports, et Mouillages, et les Sondes des Mers** | **de cette partie du Monde,** | **depuis le** GROENLAND **inclusivement,** | **jusques et compris le** GOLFE **du** MEXIQUE | **avec les** ÎLES **du** SOUS-LE-VENT **et du** VENT, | **accompagné de Plans particuliers des Ports les plus fréquentés.** | OU | RECUEIL DE CARTES HYDROGRAPHIQUES | **à l'usage des Vaißeaux du Roi,** | **Rédigé d'après les Cartes Françoises et Etrangeres les plus estimées;** | **Rectifié d'après des Plans Manuscrits authentiques, et aßujetti aux Observations astronomiques.** | **Dreßé au Dépôt Général** | **des Cartes, Plans et Journaux de la Marine,** | **et** | PUBLIÉ PAR ORDRE DU ROI. [1778–1780] [Doppelblatt 6, No. 2]
Herkunft	Adelung

Laufende Nummer	**147**
Alte Katalogsignatur	**Tab. geogr. B Amer. 1850**
Neue Katalogsignatur	**A 1332**
Titel	[illustrierte Kartusche in Küstenszenerie oben rechts der Mitte mit Fischereiutensilien (im Vordergrund) und Schiffen (im Mittel- und Hintergrund):] **A** PLAN | **of the Ifland of** | St JOHN | **with the divisions of the** | **Counties Parifhes** | **& the Lots as granted** | **by Government** | **likewise** | **the Soundings** | **round the Coast** | **and Harbours** | **Survey'd by** | **Capt Holland 1765** [unter dem Kartenrand Mitte:] **Sold by M. A. Rocque West Street Seven Dials. — Jefferys & Faden, the Corner of St Martins Lane Strand.**
Inset	[oben links der Mitte, No. **147-1**:] [GULF OF | St LAURENCE]
Zeichner	**Samuel Jan Hollandt [1728–1801]**
Erscheinungsort und -jahr	**London 1765**
Herausgeber bzw. Verleger	**Mary-Ann Rocque [nachgewiesen 1762–1770]** **Thomas Jefferys jun. [*1755, nachgewiesen bis ca. 1783]** **William Faden [1749–1836]**
Projektion	[No. **147-1**:] Marinus
Format	354 x 697
Maßstab	ca. 1:280.000 [unten rechts:] Scale of Miles [No. **147-1**:] 1:4.000.000
Areal	[No. **147-1**:] ca. 65°40′W–55°30′ W «Longitude West from London» [oben] ca. 45°20′ N– 50°33′ N
Nomenklatur	englisch
Bemerkungen	NOzN oben, Konturen- (Grenz-) und Städtekolorit [gelb: KING'S COUNTY, grün: PRINCE COUNTY, rot: QUEEN'S COUNTY], Kompassrose mit 8 Pfeilen, 8 Strichen, Lilie und Angabe der Kompassmissweisung, Markierung der Counties, Parishes und Lots sowie Bezeichnung mit Namen [Counties, Parishes] bzw. mit Nummern [Lots], Lotungen, geographische Erklärungen, hydrographische Angaben [No. **147-1**:] Gradnetz, Konturenkolorit, Rosette mit Lilie

Laufende Nummer	**148**	Textelemente	[Tabelle oben links:] the Contents of the Respective Divisions of the Island of St John. | Princes County. Queens County. Kings County. | N^o of | Townships Acres […] […]
Alte Katalogsignatur	**Tab. geogr. B Amer. 1852**		
Neue Katalogsignatur	**A 1333**		
Titel	[illustrierte Kartusche in Küstenszenerie oben rechts der Mitte mit Fischereiutensilien (im Vordergrund) und Schiffen (im Mittel- und Hintergrund):] **A Plan | of the Island of | St John | with the divisions of the | Counties Parishes | & the Lots as granted | by Government | likewise | the Soundings | round the Coast | and Harbours | Survey'd by | Capt Holland 1775** [unter dem unteren Kartenrand Mitte:] **Printed & Sold by A. Dury Dukes Court St Martins Lane London.**	Bibliographischer Kommentar	Version in: the | north american | atlas, | selected | **From the** most authentic | maps, charts, plans, &c. | **Hitherto published.** | london: | **Printed for** william faden, **Succeffor to the late Mr.** Thomas Jefferys, **Geographer to the** king, | **the Corner of St. Martin's-Lane, Charing-Crofs.** | m dcc lxxvii. [No. 6]
		Herkunft	Adelung
Inset	[oben links der Mitte, No. **148-1**:] [Gulf of | St Laurence]		
Zeichner	**Samuel Jan Hollandt [1728–1801]**		
Erscheinungsort und -jahr	**London 1775**		
Herausgeber bzw. Verleger	**Andrew Dury [nachgewiesen 1742–1778]**		
Projektion	[No. **148-1**:] Marinus		
Format	354 x 697		
Maßstab	ca. 1:280.000 [unten rechts:] Scale of Miles [No. **148-1**:] 1:4.000.000		
Areal	[No. **148-1**:] ca. 65°40′W–55°30′ W «Longitude West from London» [oben] ca. 45°20′ N– 50°33′ N		
Nomenklatur	englisch		
Bemerkungen	entspricht **A 1332**; zusätzlich Konturen-(Grenz)kolorit [Lots] und Flächenkolorit [Parishes] [leicht gelb: North ~, Halifax ~, Greenville ~, Bedford ~, St Andrew's ~, East Parish, rosé: Egmont ~, St David's ~, Charlotte ~, St John's ~, St Patricks Parish, hellgrün: Richmond ~, Hillsborough ~, St George's Parish] [No. **148-1**:] Lilie koloriert, Konturen- und Teilflächenkolorit		

Laufende Nummer	**149**
Alte Katalogsignatur	**Tab. geogr. B Amer. 1854**
Neue Katalogsignatur	**A 1334**
Titel	[unten links:] **A Map	of the	Island of	S.̱ John	In the Gulf of S.̱ Laurence	Divided	Into Counties & Parishes	And the Lots, as granted by Government.	to which are added	The Soundings round the Coast & Harbours,	Improv'd from the late Survey of	Captain Holland.	Published as the Act direct** [sic] **April 6. 1775.** [über dem oberen Kartenrand rechts:] **XIII**
Inset	[oben links der Mitte, No. **149-1**:] [Gulf of	S.̱ Laurence]
Zeichner	**Samuel Jan Hollandt [1728–1801]**
Erscheinungsort und -jahr	**London 1775**
Projektion	[No. **149-1**:] Marinus
Format	350 x 684
Maßstab	ca. 1:280.000 [unten rechts:] Scale of Miles [No. **149-1**:] 1:4.000.000
Areal	[No. **149-1**:] ca. 65°40′ W–55°30′ W «Longitude West from London» [oben] ca. 45°20′ N– 50°33′ N
Nomenklatur	englisch
Bemerkungen	entspricht **A 1333** ohne Kartusche; typographische Modifikationen, unterschiedliches Konturen- (Grenz)kolorit [gelb, grün, rot: Counties und Parishes, grün: Küsten], kein Flächen- und Städtekolorit [No. **149-1**:] Teilkonturenkolorit
Textelemente	[Tabelle oben links:] the Contents of the Respective Divisions of the Island of S.̱ John.	N.º of	Townships Acres Parishes Acres	in each Kings County	[...] Queens County	[...] Princes County	[...] [Textschild oben Mitte bis rechts der Mitte:] A List of Lots and Proprietors Names	[...] [1–67]
Bibliographischer Kommentar	Version in: THE	AMERICAN ATLAS:	OR,	**A Geographical Description**	OF THE	WHOLE CONTINENT OF AMERICA;	WHEREIN ARE DELINEATED AT LARGE, ITS	SEVERAL REGIONS, COUNTRIES, STATES, AND ISLANDS;	AND CHIEFLY	THE BRITISH COLONIES,	**Composed from numerous Surveys, several of which were made by**	**Order of Government.**	BY	**Capt.** HOLLAND, **Capt.** CARVER, LEWIS EVANS, WILLIAM SCULL, HENRY MOUZON, LIEUT. ROSS,	J. COOK, MICHAEL LANE, JOSEPH GILBERT, GARDNER, HILLOCK, &C. &C.	ENGRAVED ON	FORTY-EIGHT COPPER-PLATES,	BY	**The Late Mr.** THOMAS JEFFERYS, GEOGRAPHER **to the** KING, **and Others.**	LONDON,	**Printed and Sold by** R. SAYER **and** J. BENNETT, **Map and Print Sellers, No. 53,** FLEET-STREET	MDCCLXXVI. [No. 11] — THE	NORTH AMERICAN PILOT,	FOR	NEWFOUNDLAND, LABRADORE,	THE	GULF AND RIVER ST. LAURENCE:	BEING A COLLECTION OF	SIXTY ACCURATE CHARTS AND PLANS,	DRAWN FROM ORIGINAL SURVEYS:	TAKEN BY	JAMES COOK **and** MICHAEL LANE, SURVEYORS	AND	JOSEPH GILBERT, **and other Officers in the** KING's Service	Published BY PERMISSION **of the**	Right Hon the LORDS COMMISSIONERS **of the** ADMIRALTY:	CHIEFLY ENGRAVED BY	**The Late** THOMAS JEFFERYS, GEOGRAPHER **to the** KING.	ON THIRTY-SIX LARGE COPPER-PLATES.	LONDON:	PRINTED **according to Act of Parliament, and Sold by** R. SAYER AND J. BENNETT, **No. 53,** IN FLEET-STREET.	MDCCLXXIX. [No. XIII]

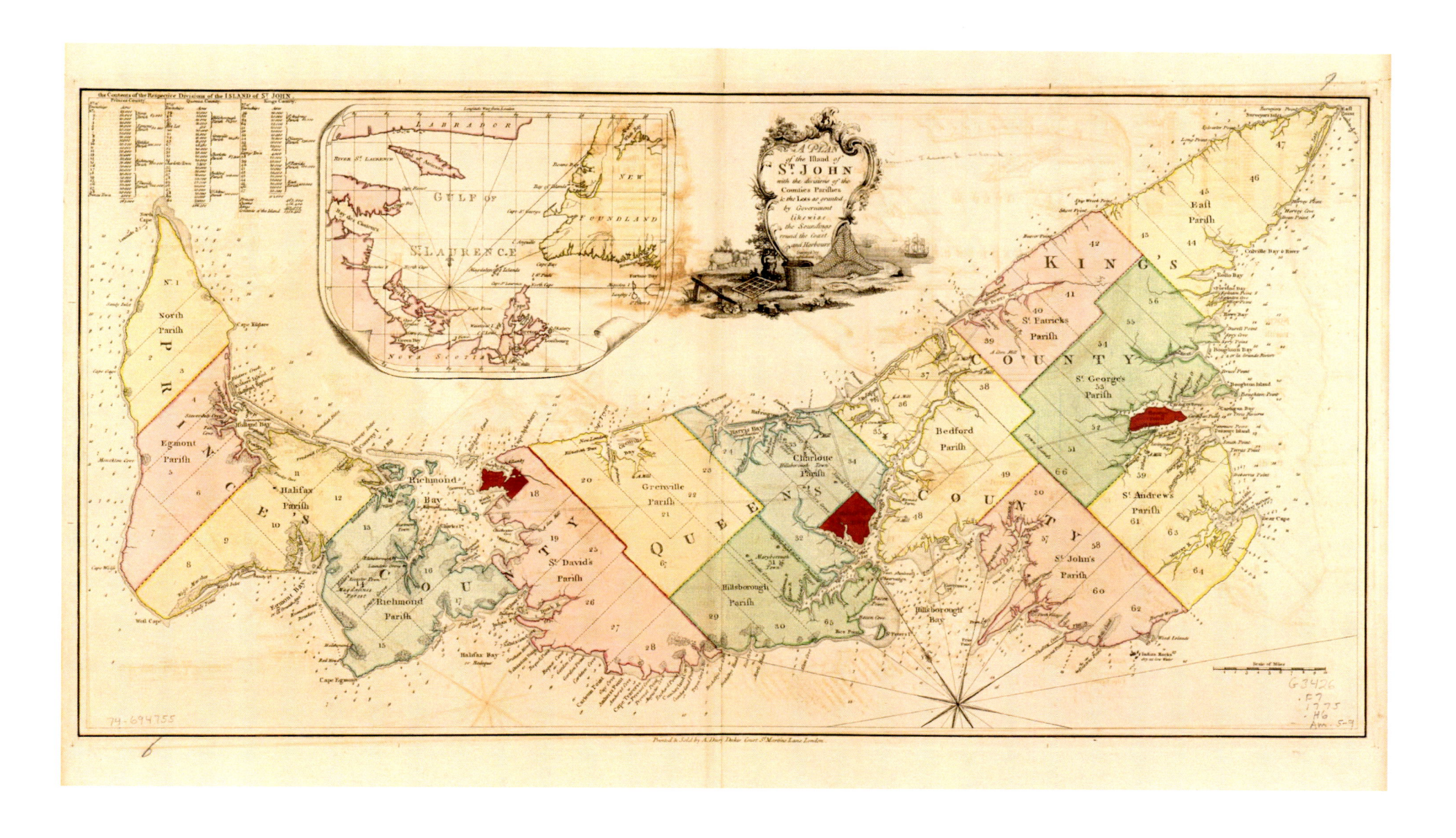

Abb. 15
A Plan of the Island of S.ͭ John with the divisions of the Counties Parishes & the Lots […], Variante der Ausgabe Andrew Dury 1775 (A 1333).

Laufende Nummer	**150**		Laufende Nummer	**151**
Alte Katalogsignatur	**Tab. geogr. B Amer. 1856**		Alte Katalogsignatur	**Tab. geogr. B Amer.**
Neue Katalogsignatur	**A 1335**		Neue Katalogsignatur	**A 1336**
Titel	[unten links:] A Map | of the | Ifland of | S⸳ John | In the Gulf of S⸳ Laurence | Divided | Into Counties & Parifhes | And the Lots, as granted by Government. | to which are added | The Soundings round the Coast & Harbours, | Improv'd from the late Survey of | Captain Holland. | Published as the Act direct [sic] **April 6. 1775.** [über dem oberen Kartenrand rechts:] **XIII**		Titel	[Textschild oben rechts:] plan | de | l'île de s⸳ jean | au Nord de l'Acadie, et dans de Sud | du Golfe de S⸳ Laurent. | Suivant l'Arpentage du Capitaine Anglois Holland. | Redigé au au Dépôt Général des Cartes, Plans et Journaux de la Marine, | Par Ordre de M. de Sartine, | Conseiller d'Etat, Ministre et Secretaire d'Etat | au Département de la Marine. | **1778.** [rechts neben dem rechten Kartenrand unten:] **Petit Sculp.**
Inset	[oben links der Mitte, No. **150-1**:] [Gulf of | S⸳ Laurence]		Auftraggeber	**Antoine Raymond Juan Gualbert Gabriel de Sartine [Sartines], Comte d'Alby [1729–1801]**
Zeichner	**Samuel Jan Hollandt [1728–1801]**		Zeichner	**Samuel Jan Hollandt [1728–1801]**
Erscheinungsort und -jahr	**London 1775**		Graveur	**[…] Petit [17..?–1799?]**
Projektion	[No. **150-1**:] Marinus		Erscheinungsort und -jahr	**Paris 1778 [nach 1779]**
Format	350 x 684		Herausgeber bzw. Verleger	**Dépôt Général des Cartes, Plans et Journaux de la Marine**
Maßstab	ca. 1:280.000 [unten rechts:] Scale of Miles [No. **150-1**:] 1:4.000.000		Format	430 x 586
Areal	[No. **150-1**:] ca. 65°40′W–55°30′ W «Longitude West from London« [oben] ca. 45°20′ N– 50°33′ N		Maßstab	[ca. 1:350.000] [Titelschild, unter dem Titelblock:] Echelle de Cinq Lieues Marines.
Nomenklatur	englisch		Areal	ca. 66°41′15″ W–64°04′26″W «Longitude Occidentale du Méridien de Paris» ca. 45°51′ N–47°08′ N
Bemerkungen	entspricht **A 1334**; leicht modifiziertes Konturen- (Grenz)kolorit [Counties und Parishes] [No. **150-1**:] Konturenkolorit		Nomenklatur	französisch, englisch [Counties], Allonyme, Hybridae
Textelemente	[Tabelle oben links:] the Contents of the Respective Divisions of the Island of S⸳ John. | N⸰ of | Townships Acres Parishes Acres | in each Kings County | […] Queens County | […] Princes County | […] [Textschild oben Mitte bis rechts der Mitte:] A List of Lots and Proprietors Names | […] [1–67]		Bemerkungen	Konturen- (Grenz-), Flächen- und Städtekolorit, Piktogramme, Geländestriche, 2 Rosetten, davon 1 mit Lilie, Lotungen, hydrographische Angaben, Legende Mer Rouge [unten links in der Ecke: Siegel] depot general de la marine
Herkunft	Adelung			

Bibliographischer Kommentar	Version in: NEPTUNE AMERICO-SEPTENTRIONAL	**Contenant les Côtes, Îles et Bancs,**	**les Baies, Ports, et Mouillages, et les Sondes des Mers**	**de cette partie du Monde,**	**depuis le** GROENLAND **inclusivement,**	**jusques et compris le** GOLFE du MEXIQUE	**avec les** ÎLES de SOUS-LE-VENT **et du** VENT,	**accompagné de Plans particuliers des Ports les plus fréquentés.**	OU	RECUEIL DE CARTES HYDROGRAPHIQUES	**à l'usage des Vaißeaux du Roi,**	**Rédigé d'après les Cartes Françoises et Etrangeres les plus estimées;**	**Rectifié d'après des Plans Manuscrits authentiques, et aßujetti aux Observations astronomiques.**	**Dreßé au Dépôt Général**	**des Cartes, Plans et Journaux de la Marine,**	**et**	PUBLIÉ PAR ORDRE DU ROI. **[1778–1780]** [Doppelblatt 3, No. 1]
Herkunft	Adelung

V Literaturverzeichnis

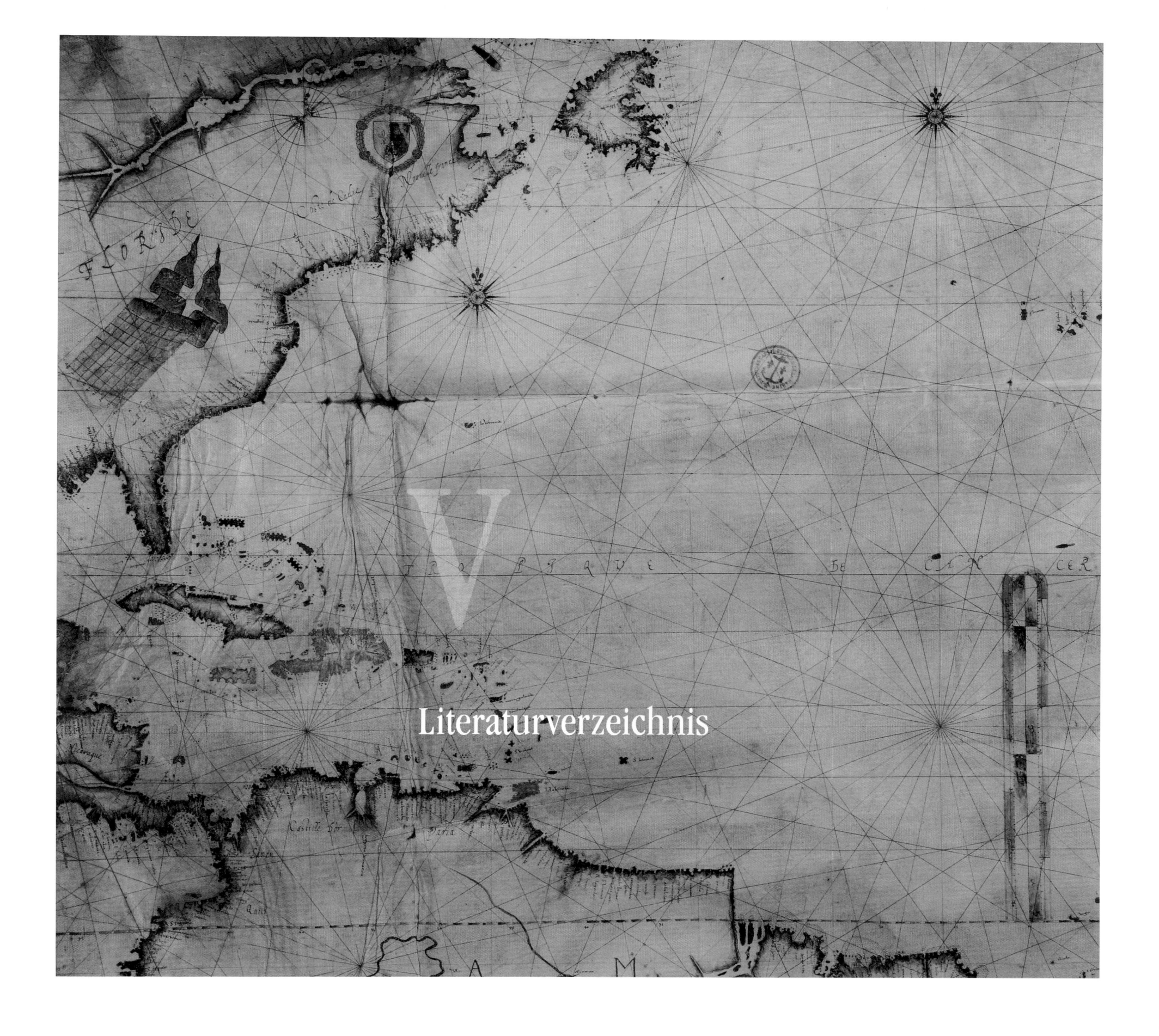

Internetportale / Internetadressen / Suchwerkzeuge

Academic dictionaries and encyclopedias [http://www.deacademic.com] [http://de.academic.ru].

L'aménagement linguistique dans le monde. Auteur: Jacques Leclerc, membre associé au TLFQ [http://www.axl.cefan.ulaval.ca].

The Project for American and French Research on the Treasury of the French Language (ARTFL). ARTFL Encyclopédie Project. Robert Morrissey, General Editor; Glenn Roe, Assoc. Editor. *Encyclopédie, ou dictionnaire raisonné des sciences, des arts et des métier, etc.* Denis Diderot & Jean le Rond d'Alembert. Department of Romance Languages and Literatures, University of Chicago [http://encyclopedie.uchicago.edu].

Association of Canadian Map Libraries and Archives | Association des cartothèques et archives cartographiques du Canada [http://www.acmla.org].

The Atlas of Canada | L'Atlas du Canada [http://atlas.nrcan.gc.ca].

Barry Lawrence Ruderman Antique Maps [http://www.raremaps.com].

Beinecke Rare Book and Manuscript Library, Yale University [http://beinecke.library.yale.edu].

Bibliothèque et Archives nationales du Québec (BAnQ). Collections. Collection numérique de cartes et plans [http://services.banq.qc.ca/sdx/cep/accueil.xsp].

Biographie sommaire des Géographes, Hydrographes et Cartographes [http://cartes-martinique.pagesperso-orange.fr/biographie.htm].

BnF Bibliothèque nationale de France. Gallica Bibliothèque numérique. Cartes [http://gallica.bnf.fr/html/editorial/cartes].

bpi1700. British Printed Images to 1700 [http://www.bpi1700.org.uk/index.html].

Brookhaven National Laboratory [http://www.bnl.gov/world].

Archive of Early American Images. The John Carter Brown Library, Brown University [http://jcb.lunaimaging.com/luna/servlet/JCBMAPS.~1~1]

Canada's History | Histoire Canada [http://canadashistory.ca; http://histoirecanada.ca].

The Canadian Encyclopedia | L'Encyclopédie canadienne [http://www.thecanadianencyclopedia.com].

CartoTalk. A Public Forum for Cartography and Design [http://www.cartotalk.com].

Centre de Recherche sur la Littérature des Voyages [http://www.crlv.org/search/node/Nouvelle-France].

Centre for Newfoundland Studies. Memorial University of Newfoundland - Digital Archives Initiative [http://collections.mun.ca/cdm/landingpage/collection/maps].

CTRDV Centre Technique Régional pour la Déficience Visuelle [http://www.ctrdv.fr].

David Rumsey Historical Map Collection [http://www.davidrumsey.com].

Deutsche Fotothek. Kartenforum [http://www.deutschefotothek.de/db/apsisa.dll/ete?action=queryInfo&index=area&desc=Kartenforum].

Deutsche Gesellschaft für Kartographie e.V. (DGfK). Gesellschaft für Kartographie und Geomatik [http://www.dgfk.net].

Dictionary of Canadian Biography | Dictionnaire biographique du Canada [http://www.biographi.ca].

DIGMAP Discovering our Past World with Digitised Maps [http://portal.digmap.eu].

Les éditions du Septentrion. Banque d'images [http://www.septentrion.qc.ca/banque-images].

Encyclobec. Les régions du Québec: un passé et un présent à découvrir [http://www.encyclobec.ca].

Encyclopédie du patrimoine culturel de l'Amérique française [http://www.ameriquefrancaise.org].

Érudit. Promouvoir et diffuser la recherche et la création [http://www.erudit.org].

Festival du Voyageur [http://festivalvoyageur.mb.ca].

France in America. Bilingual digital library made available by the Library of Congress | La France en Amérique. Site bilingue de la Bibliothèque nationale de France [http://international.loc.gov/intldl/fiahtml/fiahome.html | http://gallica.bnf.fr/dossiers/html/dossiers/FranceAmerique/fr].

Geographicus Rare Antique Maps – New York Gallery [http://www.geographicus.com].

Glossardatenbank. MLU Serviceportal Geoinformation [http://mars.geographie.uni-halle.de/mlucampus/geoglossar/searchterme.php].

GeoDZ.com. GeoDataZone. Das Lexikon der Erde [http://www.geodz.com].

Harvard Library [http://library.harvard.edu].

Huntigton Digital Library. Maps [http://hdl.huntington.org/cdm/landingpage/collection/p15150coll4].

IKAR Altkartendatenbank. Datenbank der Landkartendrucke vor 1850 beim GBV | Database of printed maps before 1850 | Base de données de cartes imprimées d'avant 1850 [http://ikar.sbb.spk-berlin.de; www.gbv.de/cgi-bin/nph-ikar].

Institut de la statistique Québec [http://www.stat.gouv.qc.ca].

Institut national du patrimoine. Médiathèque Numérique [http://mediatheque-numerique.inp.fr].

ICA International Cartographic Association | ACI Association Cartographique Internationale [http://icaci.org].

kartengeschichte.ch. Gemeinsames Portal von Cartographica Helvetica, SGK-Arbeitsgruppe für Kartengeschichte (Schweiz), DGfK-Kommission «Geschichte der Kartographie» (Deutschland), ÖKK-Arbeitskreis «Geschichte der Kartographie» (Österreich), D-A-CH-Arbeitsgruppe (übergreifend) [http://www.kartengeschichte.ch].

Le Havre dans l'épopée transatlantique [http://premiumorange.com/de-verrazano-au-france/index.htm].

Library and Archives Canada. Maps, Charts and Architectural Plans | Bibliothèque et Archives Canada. Cartes et plans architecturaux [http://www.collectionscanada.gc.ca/cartes-plans].

Library of Congress. American Memory [http://memory.loc.gov/ammem/index.html].

MapHist. Forum on the history of cartography [http://www.maphist.nl].

MapHist.com. Open information project for Map History [http://www.maphist.com].

MapRecord Publications. Software solutons for collectors. International Map Dealers [http://www.maprecord.com/Dealers_International.html].

The Map Room. A blog about maps by Jonathan Crowe [March 2003–June 2011] [http://www.maproomblog.com].

Memorial University of New Newfoundland. Memorial University Libraries [http://www.library.mun.ca].

NDB ADB Deutsche Biographie [http://www.deutsche-biographie.de/index.html.

Newberry Library Cartographic Catalog: map catalog and bibliography of the history of cartography [http://www.biblioserver.com/newberry/index.php]

Old World Auctions. Antique Maps, Globes, Charts, Atlases & Vintage Graphics [http://www.oldworldauctions.com].

The Osher Map Library. Smith Center for Cartographic Education, University of Southern Maine [http://oshermaps.org].

Parcs Canada | Parks Canada [http://www.pc.gc.ca].

Paulus Swaen old Map auction and galleries [http://www.swaen.com].

Project MUSE. Produced by The Johns Hopkins University Press in collaboration with The Milton S. Eisenhower Library [http://muse.jhu.edu].

Ressources naturelles Canada | Atlas du Canada [http://atlas.nrcan.gc.ca].

Sächsische Landesbibliothek – Staats- und Universitätsbibliothek Dresden (SLUB). Karten [http://www.slub-dresden.de/sammlungen/karten].

Sächsische Landesbibliothek – Staats- und Universitätsbibliothek Dresden (SLUB). Karten. Kartenkunde im Internet [http://www.slub-dresden.de/sammlungen/karten/kartenkunde-im-internet].

Septentrion. Banque d'images [http://www.septentrion.qc.ca/banque-images].

Staats- und Universitätsbibliothek Hamburg Carl von Ossietzky. Kartensammlung [http://www.sub.uni-hamburg.de/bibliotheken/sammlungen/sondersammlungen/kartensammlung.html].

Store norske leksikon [http://snl.no].

Technische Universität Dresden. Institut für Kartographie [http://kartographie.geo.tu-dresden.de].

Tooley Adams & Co. Antiquarian Maps and Atlases [http://www.tooleys.co.uk].

University of Toronto Libraries [www.onsesearch.library.utoronto.ca].

Wyman Laliberte. Manitoba Historical Maps [https://www.flickr.com/people/manitobamaps].

The W.H. Pugsley Collection of Early Canadian Maps | La Collection W.H. Pugsley de Cartes Anciennes du Canada. Université McGill University [http://digital.library.mcgill.ca/pugsley].

Yale University Library. The Map Collection [http://www.library.yale.edu/MapColl/index.html].

Zeitschriften

Association of Canadian Map Libraries and Archives | Association des cartothèques et archives cartographiques du Canada. Bulletin [http://www.acmla.org/bulletin.php].

Astronomía Digital. La revista internacional de astronomía en español [http://www.astro-digital.com].

Comité Français de Cartographie. Bulletin. Paris [http://www.lecfc.fr].

Naval Marine Archive. The Canadian Collection. The Canadian Geographical Journal. Markham (Ontario) [http://navalmarinearchive.com/collections/canadian_geographical_journal.html].

Canadian Geographic Magazine [http://www.canadiangeographic.ca]

The Canadian Historical Review. Toronto [http://muse.jhu.edu/journals/can].

Cap-aux-Diamants. La revue d'histoire du Québec. Québec (Québec) [https://capauxdiamants.org].

Cartographica Helvetica. Fachzeitschrift für Kartengeschichte. Murten [http://www.kartengeschichte.ch/ch/d-main.html].

The Cartographic Journal. Published by Maney on behalf of The British Cartographic Society. Leeds [http://www.editorialmanager.com/caj].

GEO.de. GEO EPOCHE. Das Magazin für Geschichte. Hamburg [http://www.geo.de/GEO/heftreihen/geo_epoche].

The Huntington Library, Art Collections, and Botanical Gardens. Huntington Library Quarterly. [http://www.huntington.org/huntingtonlibrary_03.aspx?id=2988].

KN Kartographische Nachrichten. Journal of Cartography and Geographic Information. Herausgegeben von der Deutschen Gesellschaft für Kartographie e.V. Bonn [http://www.dgfk.net/index.php?do=pub&do2=kna].

The Map Collector. Quarterly magazine for map collectors [1977–1996]. Tring (Hertfordshire, England).

MapForum.com. Specialist Antique Map Magazine. London.

NLS Newfoundland and Labrador Studies. St. John's (Newfoundland) [http://www.mun.ca/nls].

Papers of The Bibliographical Society of Canada | Cahiers de la Société bibliographique du Canada. Toronto (Ontario) [http://jps.library.utoronto.ca/index.php/bsc/issue/archive].

Recherches sociographiques. Québec (Québec) [http://www.erudit.org/revue/rs/2012/v53/n3/index.html].

Revue d'histoire de l'Amérique française. Montréal (Québec) [http://www.erudit.org/revue/haf/2010/v64/n1/index.html].

Revue historique des armées. Revue trimestrielle à caractère scientifique. Paris [http://rha.revues.org].

The Scottish Historical Review. Edinburgh [http://www.euppublishing.com/journal/shr].

Société des Dix. Les Cahiers des dix. Explorer la mémoire et l'histoire. Sainte-Foy (Québec) [http://www.er.uqam.ca/nobel/sodix1/?q=node/31].

Terrae Incognitae. The Journal of the Society for the History of Discoveries (1969–2005). Leeds [http://www.sochistdisc.org/terraeincognitaeindex.htm].

Le Tour du monde. Nouveau Journal des voyages publié sous la direction de M. Édouard Charton et illustré par nos plus célèbres artistes [1857-1914]. Paris [http://gallica.bnf.fr/ark:/12148/cb32878283g/date].

Wissenschaftliche Zeitschrift der Technischen Universität Dresden. Dresden [http://tu-dresden.de/die_tu_dresden/rektoratskollegium/stk/sg57/wz/ausgaben].

Atlanten, Karten, geographische oder historisch-geographische Werke mit kartographischen Dokumenten, Kartenbegleittexte

An Account of the Country, at prefent the Seat of War in North-America, and of the Original Inhabitants of it, generally called Indians. Illustrated with a new and accurate Map of the prefent Seat of War in North-America, finely coloured. *The Univerfal Magazine of Knowledge and Pleafure* [...] *and other Arts and Sciences* [...] XX, for May, 1757. S. 193–202.

An Account of the Englifh Colonies on the Continent in North America, and of the original Inhabitants of that Country. Illustrated with an accurate Map of thofe Colonies which border on the River Ohio, where the late Action happened between the English and French. (See page 138, Vol. XV.) *The Univerfal Magazine of Knowledge and Pleafure* [...] *and other Arts and Sciences* [...] XV, for December, 1754. S. 241–248. The Supplement to the Universal Magazine. S. 301–310.

An Account of the French and Englifh Colonies in North America (Vol. XVII. Page 117.) continued. With a correct Map of both the Englifh and French Settlements, finely coloured; by which Means the feveral Boundaries of thefe Colonies, together with all the Forts built by the French on the Ohio, Miffiffippi, &c. are rendered confpicuous at one View. *The Univerfal Magazine of Knowledge and Pleafure* [...] *and other Arts and Sciences* [...] XVII, for October, 1755. S. 145–152.

An accurate whole-fheet Plan of the Town and Fortifications of Montreal, or Ville-Marie, in Canada; with an exact Defcription of the fame, the Manner of Trading therein with the Indian Natives, and a general Idea of the Commerce carried on between France and Canada. *The Univerfal Magazine of Knowledge and Pleafure* [...] *and other Arts and Sciences* [...] XXV, for November, 1759. S. 225–227.

Acosta, José de: *America, Oder wie mans zu Teutfch nennet Die Neuwe Welt/ oder Weft India.* Von Herrn Iofepho de Acosta/ in Sieben Büchern eins theils in Lateinifcher/ und eins theils in Hifpanifcher Sprach/ Befchrieben [...] Gedruckt zu Vrsel/ Durch Cornelium Sutorium. Im Jahr M. D. C. V.

Adelung, Johann Christoph: *Geschichte der Schiffahrten und Verfuche welche zur Entdeckung des Nordöftlichen Weges nach Japan und China von verfchiedenen Nationen unternommen wurden. Zum Behufe der Erdbefchreibung und Naturgefchichte diefer Gegenden entworfen von Johann Chriftoph Adelung Herzoglich Sächfifchem Rat.* Halle bey Johann Juftinus Gebauer, 1768.

—*Neue Charte des aufserften Theils der Nördlichen Halbkugel.* In: *Geschichte der Schiffahrten und Verfuche welche zur Entdeckung des Nordöftlichen Weges nach Japan und China von verfchiedenen Nationen unternommen wurden* [...] [Tafel A bzw. I].

Allgemeine Geographifche Ephemeriden, Verfaffet von einer Gefellfchaft Gelehrten, und herausgegeben von A[dam] C[hristian] Gaspari und F[riedrich] J[ustin] Bertuch. Neunter Band. Weimar, im Verlage des Induftrie-Comptoirs 1802.

America Septentrionalis in suas Præcipuas Partes Divisa, ad Usum Serenissimi Burgundiæ Ducis. Amérique Septentrionale, Divisée en Ses Principales Parties. Prefenté a Monseigneur le Duc de Bourgogne Par Son Tres-humb: et tres Obeiffa.~ Seruiteur H. Iaillot. A Paris 1694. In: *Atlas Minor, ad Usum Serenissimi Burgundiæ Ducis. Atlas françois à l'Usage de Monseigneur le Duc de Bourgogne* [...] [No. 11].

The American Atlas: or, A Geographical Defcription of the Whole Continent Of America; wherein are delineated at large, its several Regions, Countries, States, and Islands; and chiefly The British Colonies, Compofed from numerous Surveys, feveral of which were made by Order of Government. By Capt. Holland, Capt. Carver, Lewis Evans, William Scull, Henry Mouzon, Lieut. Ross, J. Cook, Michael Lane, Joseph Gilbert, Gardner, Hillock, &c. &c. Engraved on Forty-eight Copper-Plates, By The Late Mr. Thomas Jefferys, Geographer to the King, and Others. London, Printed and Sold by R. Sayer and J. Bennett, Map and Print Sellers, No. 53, Fleet-Street MDCCLXXVI.

The American Military Pocket Atlas; being An approved Collection of Correct Maps, both general and particular, of The British Colonies; Efpecially thofe which now are, or probably may be The Theatre Of War: Taken principally from the actual Surveys and judicious Obfervations of Engineers De Brahm and Romans, Cook, Jackson, and Collet, Maj. Holland, and other Officers, employed in His Majefty's Fleets and Armies. London: Printed for R. Sayer and J. Bennet, Map and Print-Sellers, (No. 53) Fleet-ftreet. [1776?]

The American Pilot, containing the Navigation of the Sea Coafts of North America, from the Streights of Belle-Ifle to Cayenne, including the Ifland and Banks of Newfoundland, the West-India Iflands, and all the iflands on the Coaft. With, Particular Directions for Sailing to, and entering the Principal Harbours, Rivers, &c., Describing also, The Capes, Head-Lands, Rivers, Bays, Roads, Havens, Harbours, Straits, Rocks, Sounds, Shoals, Banks, Depths of Water, and Anchorage. Shewing, The Courfes and Diftances from one Place to another, The Ebbing of the Sea, the Setting of the Tides and Currents, &c. With many other things neceffary to be known in Navigation. Likewise, Neceffary Directions for thofe who are not fully acquainted with the Ufe of Charts. [...] Boston. Printed and Sold by John Norman, at his Office No. 75, Newbury-ftreet MDCCXCI.

L'Amerique Septentrionale divisée en ses principales parties, sçavoir les Terres Arcticques, le Canada ou Nouvelle France, le Mexique ou Nouvelle Espagne, le Nouveau Mexique, les Isles de Terre Neuve, de Californie, et Antilles ou sont distinguées les uns des autres, Les Estats, comme il sont possedés presentement par les François, Castillans, Anglois, Suedois, Danois, et par les Estats Generaux des Provinces Vnies ou Hollandois. Tirée des Relations des toutes ces Nations, Par le S.r Sanson Geographe ordinaire du Roy. 1696 [...] Presentée a Monseigneur le Dauphin, Parson tres-humble, tres-obeissant et tres fidele Seruiteur. Hubert Iaillot. A Paris Chez H. Iaillot joignant les grands Augustins, aux deux Globes Auec Privilege du Roy pour Vingt Ans. 1696.

L'Amerique Septentrionale a Nuremberg chez G. N. Raspe. I. M. Dorn Sc. In: *Schau Platz des gegenwaertigen Kriegs durch accurate Plans und Charten von den wichtigsten Batailleln und Belagerungen Sechster Theil* [...] [N.° 97.]

An authentic Plan of the River St. Laurence, from Sillery to below the Fall of Montmorency, with the Operations of the late Siege of Quebec, and a View of the Action on the 13th of September, 1759. To which are added, in order to illustrate our former Accounts of French America, particularly the Plan and Description of Quebec in our Magazine for February, 1759, some Conjectures on the Extant of Canada, with Reflections on the Expediency of preserving our Conquests therein, for the greater Security of our own Colonies. *The Univerfal Magazine of Knowledge and Pleafure* [...] *and other Arts and Sciences* [...] XXV, for December, 1759. S. 281–282.

Atlas contractus five Mapparum Geographicarum Sansoniarum auctarum et correctarum Nova Congeries. Ex Formis Petri Schenck Amstelædami, cum Priv: Ord: Holl: et West-Frifiæ. [1695.]

Atlas François a l'Usage de Monseigneur le Duc de Bourgogne Contenant les Cartes, etc. des Empires, Monarchies, Royaumes, et Etats du Monde. A Amsterdam chez Iean Cóvens et Corneille Mortier avec Privil'. *Atlas Nouveau, contenant toutes les parties du Monde, ou font exactement Remarquées les Empires, Monarchies, Royaumes, Etats, Republiques &c.* Par Guillaume De l'Ifle, Premier Géographe de fa Majefté. A Amsterdam, Chez Jean Cóvens & Corneille Mortier. fur le Vygendam. MDCCXXX.

Atlas françois, contenant les Cartes Géographiques dans lesquelles sont tres exactement remarquez les Empires, monarchies, Royaumes et Estats de l'Europe, de l'Asie, de l'Afrique et de l'Amérique: Avec les Tables et Cartes Particulieres, de France, de Flandre, d'Allemagne d'Espagne et d'Italie. Dédié au Roy, Par son humble, tres-obeissant et tres-fidele Sujet et Serviteur Hubert Iaillot, Geographe ordinaire de fa Majesté. A Paris, Chez le S.r Iaillot, Geographe du Roy, joignant les grands Augustins, aux deux Globes, avec Privilege, 1695.

Atlas Historique, ou Nouvelle Introduction A l'Hiftoire, à la Chronologie & et à la Géographie Ancienne & Moderne; Réprésentée dans de Nouvelles Cartes, Où l'on remarque l'établiffement des Etats & Empires du Monde, leur durée, leur chûte, & leurs differens Gouvernemens; [1:] *La Chronologie des Confuls Romains, des Papes, des Empereurs, des Rois & des Princes; &c., qui ont été depuis le commencement du Monde, jusqu'à présent. Et la Généalogie des Maifons Souveraines de l'Europe.* Par M.r C. *** Avec des Dissertations fur l'Histoire de chaque Etat, Par M.r Gueudeville.

Tome I. [...] A Amsterdam, Chez François Honoré & Compagnie, Près la Maifon de Ville. M DCCV.
Tome II–IV. A Amsterdam, Chez les Freres Châtelain Libraires, Près la Maifon de Ville. M DCCVIII–M.DCC. XVIII.
Tome V. A Amsterdam, Chez l'Honore' & Châtelain Libraires. M. DCC XIX.
Tome VI. *Qui comprend l'Afrique & l'Amerique Septentrionale & Meridionale tant en général qu'en particulier, l'Egypte, la Barbarie, la Nigritie, la Guinée, l'Ethiopie, le Congo, la Cafrerie & le Cap de Bonne Efperance; le Canada ou la Nouvelle France, la Louïfiane ou le Miffiffipi, la Virginie, la Floride, le Mexique, le Perou, le Chili, & le Brefil; avec les Iles de Madagafcar, les Philippines, les Moluques, les Antilles & l'Ile de Ceylan.* A Amsterdam, Chez l'Honore' & Châtelain Libraires. M. DCC XIX. Seconde Edition, corrigée et augmentée. A Amsterdam, Chez Zacharie Châtelain. M. DCC. XXXII.
Nouvelle Edition Revuë & corrigée. Tome I–VII. A Amsterdam, Chez L'Honoré & Châtelain Libraires MDCCXVIII–MDCCXX.

Atlas Minor, ad Usum Serenissimi Burgundiæ Ducis. Atlas François à l'Usage de Monseigneur le Duc de Bourgogne Contenant les Cartes, et Tables Geographiques. des Empires, Monarchies, Royaumes, et Etats du Monde. Atlas royal a l'usage de Monseigneur le Duc de Bourgogne, Contenant les Cartes Geographiques de toutes les Parties du Monde. Où l'on voit le Plan de l'un & l'autre continent; des Mers & Golfes, qui les environnent, des Ifles & presqu'Ifles qui fe trouvent fur leurs Côtes, & la fituation des Empires, Royaumes, & Eftats qui font dans l'un et l'autre hemifphere. Reveüs, corrigées & enrichies des découvertes des nouveaux Geographes de l'Académie Royale des Sciences, fuivant les Relations des derniers Voyageurs. Fait par Ordre du Roy. A Paris, Chez Nicolas de Fer. M.DC.XCVIIII. Avec privilege du Roy.

Atlas moderne ou collection de cartes Sur toutes les parties du Globe Terreſtre Par Plusieurs Auteurs. Avec Approbation et Privilege du Roy. A Paris Chez Lattré Graveur sur S.t Jacques pres la Fontaine S.t Severin à la Ville de Bordeaux/Et Jean Thomas Heriſsant Libraire rue S.t Jacques à S.t Paul et S.t Hilaire.

Atlas Nouveav, Contenant toutes les parties du Monde, ou Sont exactement Remarqués Les Empires, Monarchies, Royaumes, Estats, Republiques & Peuples qui sy trouuent á preſent. Par le S.r Sanson Geographe ordinaire du Roy Presenté a Monsegēur le Dauphin Par ſon tres-humble, tres-obeisſant, et tres-fidele, Seruiteur, Hubert Iaillot Geographe du Roy. A Paris, Chez Hubert Iaillot Ioignant les Grands Auguſtins aux deux Globes Auec priuilege du Roy. M.DC.XCII. [ca. 1696.]

Atlas universel, Par M. Robert Geographe ordinaire du Roy et Par M. Robert de Vaugondy son fils Geographe ord.' du Roy, et de S. M. Polonoise Duc de Lorraine et de Bar, et Associé de L´Academie Royale des Sciences et belles Lettres de Nancy. Avec Privilege du Roy. 1757. A Paris Chez Les Auteurs Quay de l´Horloge du Palais. Boudet Libraire Imprimeur du Roi, rue S.t Jacques.

Bellin, Jacques-Nicolas: *Carte de la Baye de Hudson* Par N. Bellin Ingenieur de la Marine 1744. Desbruslins ſculpsit. In: Charlevoix [Jean-François-Xavier de], *Histoire et description generale de la Nouvelle France, avec le journal historique d'un Voyage fait par ordre du Roi dans l'Amerique Septentrionnale.* Tome premier, nach S. 472.

—*Carte de l'Accadie Dressée sur les Manuscrits du Dépost des Cartes et Plans de la Marine.* Par N. B. Ing.r de la Marine. 1744. In: Charlevoix [Jean-François-Xavier de], *Histoire et description generale de la Nouvelle France, avec le journal historique d'un Voyage fait par ordre du Roi dans l'Amerique Septentrionnale.* Tome premier, nach S. 112.

—*Carte de la Louisiane Cours du Mississippi et pais voisins Dediée à M. le Comte de Maurepas, Miniſtre et Secretaire d'Etat Commandeur des Ordres du Roy.* Par N. Bellin Ingenieur de la Marine. 1744. Dheulland Sculp. In: Charlevoix [Jean-François-Xavier de], *Histoire et description generale de la Nouvelle France, avec le journal historique d'un Voyage fait par ordre du Roi dans l'Amerique Septentrionnale.* Tome second, nach S. xvj.

—*Carte de l'Amerique Septentrionale Por ſervir à l'Hiſtoire de la Nouvelle France.* Dressée par N. B. Ing. du Roy, et Hydrogr. de la Marine. 1743. Dheulland Sculp. In: Charlevoix [Jean-François-Xavier de], *Histoire et description generale de la Nouvelle France, avec le journal historique d'un Voyage fait par ordre du Roi dans l'Amerique Septentrionnale.* Tome premier, nach S. xxvj.

—*Carte de la partie Orientale de la Nouvelle France ou du Canada dédiée A Monseigneur le Comte de Maurepas Ministre et Secretaire d'Etat; Commandeur des Ordres du Roy* Par N. Bellin Ingénieur de la Marine 1744. Desbruslins ſculpsit. In: *Histoire et description generale de la Nouvelle France, avec le journal historique d'un Voyage fait par ordre du Roi dans l'Amerique Septentrionnale.* Tome premier, nach S. 438.

—*Carte de la Riviere de Richelieu et du Lac Champlain, Dressée sur les Manuscrits du Dépost des Cartes, Plans, et Journ.x de la Marine* Par N. B. Ing.r de la Marine. 1744. Desbruslins ſculp. In: Charlevoix [Jean-François-Xavier de], *Histoire et description generale de la Nouvelle France, avec le journal historique d'un Voyage fait par ordre du Roi dans l'Amerique Septentrionnale.* Tome premier, nach S. 144.

—*Carte de l'isle de Montreal et de ses environs Dresſée ſur les Manuscrits du Depost des Cartes Plans et Journaux de la Marine.* Par N. Bellin Ingénieur et Hidrographe de la Marine. 1744. Dheulland Sculp. In: Charlevoix [Jean-François-Xavier de], *Histoire et description generale de la Nouvelle France, avec le journal historique d'un Voyage fait par ordre du Roi dans l'Amerique Septentrionnale.* Tome premier, nach S. 226.

—*Carte de l'Isle de Terre-Neuve* Dresſée par N. B. Ingenieur au Dépoſt des Cartes et Plans de la Marine. 1744. In: Charlevoix [Jean-François-Xavier de], *Histoire et description generale de la Nouvelle France, avec le journal historique d'un Voyage fait par ordre du Roi dans l'Amerique Septentrionnale.* Tome premier, nach S. 418.

—*Carte de l'isle d'Orleans et du passage de la traverse dans le Fleuve S.t Laurent Dressée sur les Manuscrits du Dépôt des Cartes Plans et Journaux de la Marine.* Par N. Bellin Ing. et Hidrographe de la Marine. 1744. Dheulland Sculp. In: Charlevoix [Jean-François-Xavier de], *Journal d'un Voyage fait par ordre du Roi dans L'Amerique Septentrionnale; Adressé a Madame la Duchesse de Lesdiguieres.* Tome troisie'me, nach S. 66.

—*Carte de l'Isle Royale* Dressée par N. Bellin Ingenieur de la Marine 1744. In: Charlevoix [Jean-François-Xavier de], *Histoire et description generale de la Nouvelle France, avec le journal historique d'un Voyage fait par ordre du Roi dans l'Amerique Septentrionnale.* Tome second, nach S. 384; Tome quatrie'me, nach S. 124.

—*Carte de l'Ocean Occidental et Partie de l'Amérique Septentrionale Dressée pour L'intelligence du Journal du Voyage. Que le R. P. de Charlevoix de la Compagnie de Jesus a fait en 1730. au Canada, à la Louisiane, & à S.t Domingue.* Par N. Bellin Ingénieur de la Marine. 1744. Desbruslins ſculpsit. In: Charlevoix [Jean-François-Xavier de], *Journal d'un Voyage fait par ordre du Roi dans L'Amerique Septentrionnale; Adressé a Madame la Duchesse de Lesdiguieres.* Tome troisie'me, nach S. xiv.

—*Cartes des Bayes, Rades et Port de Plaisance dans l'Isle de Terre Neuve Dressée sur les Manuscrits du Dépôt des Cartes, Plans et Journaux de la Marine* Par N.B Ingénieur du Roy et de la Marine, 1744. Dheulland Sculp. In: Charlevoix [Jean-François-Xavier de], *Histoire et description generale de la Nouvelle France, avec le journal historique d'un Voyage fait par ordre du Roi dans l'Amerique Septentrionnale.* Tome premier, nach S. 418.

—*Carte des costes de la Floride françoise. Suivant les premieres découvertes.* Dressée par N. Bellin Ing.r de la Marine. In: Charlevoix [Jean-François-Xavier de], *Histoire et description generale de la Nouvelle France, avec le journal historique d'un Voyage fait par ordre du Roi dans l'Amerique Septentrionnale.* Tome premier, nach S. 24.

—*Carte des embouchures du Mississipi Sur les Manuscrits du Depôt des Cartes et Plans de la Marine.* Par N. B. Ing.r de la Marine. 1744. Dheulland Sculp. In: Charlevoix [Jean-François-Xavier de], *Journal d'un Voyage fait par ordre du Roi dans L'Amerique Septentrionnale; Adressé a Madame la Duchesse de Lesdiguieres.* Tome troisie'me, nach S. 442.

—*Carte des lacs du Canada. Dressée sur les Manuscrits du Depost de Cartes, Plans et Journaux de la Marine et sur le Journal du RP. de Charlevoix.* Par N. Bellin Ingenieur et Hydrographe de la Marine 1744. In: Charlevoix [Jean-François-Xavier de], *Journal d'un Voyage fait par ordre du Roi dans L'Amerique Septentrionnale; Adressé a Madame la Duchesse de Lesdiguieres.* Tome troisie'me, nach S. 276.

—*Carte du Cours de la Riviere du Saguenay appellée par les Sauvages Pitchitaouichetz Dressèe sur les Manuscrits du Dépost des Cartes, et Plans de la Marine.* 1744. Par N. Bellin Ingénieur de la Marine. Dheulland Sculp. In: Charlevoix [Jean-François-Xavier de], *Journal d'un Voyage fait par ordre du Roi dans L'Amerique Septentrionnale; Adressé a Madame la Duchesse de Lesdiguieres.* Tome troisie'me, nach S. 64.

—*Carte du De'troit entre le Lac Superieur et le Lac Huron, avec le Sault Sainte Marie et le Poste de Michillimakinac, Dressée sur les Manuscrits du Dépôt des Cartes et Plans de la Marine* 1744. Par N. B. Ingénieur de la Marine. Desbruslins ſculpſit. In: Charlevoix [Jean-François-Xavier de], *Journal d'un Voyage fait par ordre du Roi dans L'Amerique Septentrionnale; Adressé a Madame la Duchesse de Lesdiguieres.* Tome troisie'me, nach S. 280.

—*Carte du Fonds de la Baye de Hudson que les Anglois appellent Baye James.* Par N. Bellin Ing.r de la Marine 1744. Desbruslins Sculpſit. In: Charlevoix [Jean-François-Xavier de], *Histoire et description generale de la Nouvelle France, avec le journal historique d'un Voyage fait par ordre du Roi dans l'Amerique Septentrionnale.* Tome premier, nach S. 504.

—*Carte reduite de la Mer du Nord Pour joindre à la Relation des Voyages de M. Kerguelen Lieut. des V.x du Roi, Aux Coſtes d'Iſlande Norvege &c.* Par le S. Bellin Ingenieur de la marine. *Zusammengezogene Karte des Nordmeeres Zu der Beſchreibung der Reiſen des Hrn. Kerguelen, Lieut. der Kön. Schiff an den Küsten von Iſland Norwegen u.a.* Durch den Hr. Bellin, Ing. de la Marine. [1774.]

—*Karte von der Insel Montreal und den Gegenden umher nach den Manuſcripten der Karten, Grundriſſe und Tagebücher beÿ der Marine entworfen,* Von N. Bellin Ingénieur und Hidrographen der Marine. ward von den Englændern erobert, im Auguſt 1760. Nürnberg un der Raſpiſchen Handlung. In: *Schau Platz des gegenwaertigen Kriegs Neunter Theil* [...] N.o 135.

—*Partie de la Coste de la Louisiane et de la Floride depuis le Mississipi Jus qua S.t Marc d'Apalache Dressée sur les Manuscrits du Depost des Plans de la Marine.* Par N. B. Ing.r du Roy et de la Marine. 1744. In: Charlevoix [Jean-François-Xavier de], *Journal d'un Voyage fait par ordre du Roi dans L'Amerique Septentrionnale; Adressé a Madame la Duchesse de Lesdiguieres.* Tome troisie'me, nach S. 468.

—*Plan de la Baye de Chedabouctou aujourd'hui Havre de Milfort* Par N. B. Ingénieur de la Marine 1744. Dheulland ſculpsit. In: Charlevoix [Jean-François-Xavier de], *Histoire et description generale de la Nouvelle France, avec le journal historique d'un Voyage fait par ordre du Roi dans l'Amerique Septentrionnale.* Tome second, nach S. 362.

—*Plan de la Baye de Pansacola* Par N. B. Ingénieur de la Marine. 1744. Dheulland Sculp. In: Charlevoix [Jean-François-Xavier de], *Journal d'un Voyage fait par ordre du Roi dans L'Amerique Septentrionnale; Adressé a Madame la Duchesse de Lesdiguieres.* Tome troisie'me, nach S. 480.

—*Plan de la Nouvelle-Orleans Sur les Manuscrits du Dépôt des Cartes de la Marine.* Par N. B. Ing.r de la M. 1744. Dheulland ſculpsit. In: Charlevoix [Jean-François-Xavier de], *Histoire et description generale de la Nouvelle France, avec le journal historique d'un Voyage fait par ordre du Roi dans l'Amerique Septentrionnale.* Tome second, nach S. 432.

—*Plan de la Ville de Quebec.* Dheulland ſculp. In: Charlevoix [Jean-François-Xavier de], *Journal d'un Voyage fait par ordre du Roi dans L'Amerique Septentrionnale; Adressé a Madame la Duchesse de Lesdiguieres.* Tome troisie'me, nach S. 72.

—*Plan du Bassin de Quebec et de ses environs.* Par N. B. Ingénieur de la Marine. 1744. Dheulland Sculp. In: Charlevoix [Jean-François-Xavier de], *Journal d'un Voyage fait par ordre du Roi dans L'Amerique Septentrionnale; Adressé a Madame la Duchesse de Lesdiguieres.* Tome troisie'me, nach S. 70.

—*Plan du Port Dauphin et de sa rade Avec L'Entrée de Labrador.* Par N. B. Ing. au D. de la M. 1744. [Nebenkarte oben links:] *Fort Projetté pour défendre l'Entreé du Port Dauphin.* In: Charlevoix [Jean-François-Xavier de], *Histoire et description generale de la Nouvelle France, avec le journal historique d'un Voyage fait par ordre du Roi dans l'Amerique Septentrionnale.* Tome second, nach S. 388; Tome quatrie'me, nach S. 144.

—*Plan du Port de la Haive Situé à la Côte d'Accadie* Par N. B. Ing. de la M. 1744. Dheulland Sculp. In: Charlevoix [Jean-François-Xavier de], *Histoire et description generale de la Nouvelle France, avec le journal historique d'un Voyage fait par ordre du Roi dans l'Amerique Septentrionnale.* Tome second, nach S. 342; Tome quatrie'me, nach S. 56.

—*Plan du Port et Ville de Louisbourg dans l'Isle Royale.* P. N. B. Ing. de la M. 1744. Dheulland Sculpsit. In: Charlevoix [Jean-François-Xavier de], *Histoire et description generale de la Nouvelle France, avec le journal historique d'un Voyage fait par ordre du Roi dans l'Amerique Septentrionnale.* Tome second, nach S. 386; Tome quatrie'me, nach S. 142.

—*Plan du Port Royal dans l'Accadie Appellée aujourd'. par les Anglois Annapolis Royale* Par N. B. Ing. de la M. 1744. Dheulland Sculp. In: CHARLEVOIX [JEAN-FRANÇOIS-XAVIER DE], *Histoire et description generale de la Nouvelle France, avec le journal historique d'un Voyage fait par ordre du Roi dans l'Amerique Septentrionnale.* Tome second, nach S. 496.

—*Remarques de M. Bellin, Ingenieur de la Marine, sur les cartes et les plans, qu'il a été chargé de dresser, pour joindre à L'Histoire générale de la Nouvelle France du Révérend Père de Charlevoix, de la Compagnie de Jesus: Et au Journal de son Voyage dans cette Partie du Monde.* In: CHARLEVOIX [JEAN-FRANÇOIS-XAVIER DE], *Journal d'un Voyage fait par ordre du Roi dans L'Amerique Septentrionnale; Adressé a Madame la Duchesse de Lesdiguieres.* Tome troisie'me, S. i–xix.

P[ETRI] BERTII *Tabvlarvm geographicarvm contractarvm Libri Quinque, Cum luculentis singularum Tabularum explictionibus.* Editio tertia. Amstelodami, Apud Cornelium Nicolaij, Anno 1606.

BLAEU, JOAN: *America, qvæ est Geographiæ Blavianæ pars qvinta; liber vnvs. Volvmen vndecimvm.* Amstelædami, Labore & Sumptibus Ioannis Blaev, MDCLXII.

—*Dovziéme Volvme de la Geographie Blaviane, contenant l'Ameriqve, qvi est la V. Partie de la Terre.* A Amsterdam, chez Jean Blaeu. MDCLXIII.

—*Atlas Maior of 1665. "The greatest and finest atlas ever published."* [...] Introduction and texts by [...] Peter van der Krogt. Based on the copy in the [...] Österreichische Nationalbibliothek, Vienna. With a selection of original texts by [...] JOAN BLAEU. Directed and produced by Benedikt Taschen. Köln/London/Los Angeles/Madrid/Paris/Tokyo: Taschen 2005.

BLOME, RICHARD: *L'Amerique Angloise, ou Description des Isles et Terres du Roi d'Angleterre, dans l'Amerique. Avec de nouvelles Cartes de chaque Isle & Terres.* Traduit de l'Anglois. A Amsterdam, Chez Abraham Wolfgang, prés la Bourse. M.DC. LXXXVIII.

—*The Present State Of His Majesties Isles and Territories in America, viz. Jamica, Barbadoes, S. Christophers, Mevis, Antago, S. Vincent, Dominica, New=Jersey, Pensilvania, Monserat, Anguilla, Bermudas, Carolina, Virginia, New=England, Tobago. New=Found=Land. Mary=Land, New York. With New Maps of every Place. Together with Astronomical Tables, Which will serve as a constant Diary or Calendar, for the use of the English Inhabitants in those Islands; from the Year 1686, to 1700. Also a Table by which, at any time of the Day or Night here in England, you may know what Hour it is in any of those parts. And how to make Sun-Dials fitting for all those places.* Licens'd, July 20. 1686. Roger L'Estrange. London: Printed by H. Clark, for Dorman Newman, at the Kings-Arms in the Poultrey, 1687.

BOISSAYE DU BOCAGE (LE BOCAGE BOISSAIE), GEORGES: *Partie de terre neuue.* Se vendent Au Havre de Grace, Chez I. Gruchet, Imprim! et Libraire de M. le duc de S! Aignan, et de la ditte ville. 1678. [i.e. 1673]

BRION DE LA TOUR, LOUIS: *Carte du Canada et des contrées limitrophes, formant la suite du Théatre de la Guerre dans l'Amérique septentrionale.* Par M. Brion de la Tour, Ingénieur-Géographe du Roy. A Paris Chez Esnauts et Rapilly, Rue S. Jacques, à la Ville de Coutances A.P.D.R. 1784.

DE BRY, THEODORE/WHITE, JOHN: *Americæ pars, Nunc Virginia dicta; primum ab Anglis inuenta sumtibus Dn·Walteri Raleigh, Equestris ordinis Viri Ann Dn̄i·M·D LXXXV regni Vero Serenis. nostræ Reginæ Elisabethæ XXVII Hujus vero Historia peculiari Libro descripta est, additis etiam Indigenarum Iconibus.* Autore Ioanne With Sculptore Theodoro de Brÿ, Qui et excud [Frankfurt 1590].

BUACHE, PHILIPPE: *Carte de la Manche faite par ordre du Roy pour le service de ses Armées de Mer.* Reveue et Corrigée Par le S! Sanson. A Paris Chez Hubert Jaillot. 1692.

—*Carte des Nouvelles Découvertes au Nord de la Mer du Sud, Tant à l'Est de la Siberie et du Kamtchatka, Qu'à l'Ouest de la Nouvelle France.* Dressée Sur les Mémoires de M! Del'Isle Professeur Royal et de l'Académie des Sciences. Par Philippe Buache de la même Académie et Présentée à l'Académie, dans son Assemblée publique du 8. Avril 1750. Par M! De l'Isle. Publié sous le Privilége de l'Académie des Sciences. Se vend à Paris, Quai de l'Horloge du Palais, avec les Cartes de Guill. Delisle et de Phil. Buache.

—*Carte des nouvelles découvertes* dressée par Phil. Buache P! Geogr? du Roi présentée à l'Acad? des Sciences le 9 Aoust 1752 et approuvée dans son assemblée du 6 Septembre suivant *Extrait d'une Carte Japonoise de l'Univers apporté en Europe par Kæmpfer et déposée dans le Cabinet de feu M! Han Sloane president de la Societé royale de Londre.*

—*Carte tres curieuse de la Mer du Sud, contenant des Remarques nouvelles et tres utiles non seulement sur les Ports et Iles de Cette Mer, Mais aussy sur les principaux Pays de l'Amerique tant Septentrionale que Meridionale, Avec les Noms & la Route des Voyageurs par qui la decouverte en a été faite. Le tout pour l'intelligence Des Dissertations suivantes.* [1719.] In: *Atlas Historique, ou Nouvelle Introduction A l'Histoire à la Chronologie & et à la Géographie Ancienne & Moderne* [...]. Tome VI, N° 30 [nach S. 116 und No. 29.]

—*Carte réduite des Bancs et de l'Île de Terre-Neuve avec les Côtes du Golfe de S! Laurent et de l'Acadie.* Publiée par Ordre du Roi. au Dépôt général des Cartes Plans et Journaux de la Marine. Sous le Ministère de M. le Maréchal de Castries, Comte d'Alais, Premier Baron né des Etats de Languedoc, Chevalier des Ordres du Roi, Commandant général du Corps de la Gendarmerie, Ministre et Secretaire d'Etat, ayant le Département de la Marine et des Colonies. 1784. In: *Le Pilote de Terre-neuve ou Recueil de Plans des Côtes et des Ports de cette Île. Pour l'usage des Vaisseaux du Roi, et des Navires de Commerce destinés à la Pêche.* [...] [N° 1. (Hyd. N° 57)].

CHABERT [JOSEPH BERNARD, MARQUIS DE]: *Plan du Port de Chiboucton à la Coste de L'Acadie Levé en 1746. par M. de Chabert.* Dheulland Sculp. In: *Voyage fait par Ordre du Roi, en 1750 et 1751, dans l'Amérique Septentrionale* [...] [nach S. 122.]

—*Voyage fait par Ordre du Roi, en 1750 et 1751, dans l'Amérique Septentrionale, Pour rectifier les Cartes des Côtes de l'Acadie, de l'Isle Royale et de l'Isle de Terre-neuve; Et pour en fixer les principaux points par les Observations Astronomiques.* Par M. de Chabert, Enseigne des Vaisseaux du Roi, Membre de l'Académie de Marine, de celle de Berlin, & de l'Institut de Bologne. A Paris, de l'Imprimerie Royale M. DCCLIII.

CHAMPLAIN, SAMUEL DE: *Carte geographiqve de la Novvelle Franse* faicte par le Sievr de Champlain Saint Tongois Cappitaine ordinaire povr le roy en la marine. faict len 1612. David pelletier fecit. Auec pruilege du Roy.

—*Carte geographique de la Nouelle franse en son uray moridiā* [1613.] In: *Les Voyages dv Sievr de Champlain xaintongeois, Capitaine ordinaire pour le Roy, en la marine.*

—*Carte de la nouuelle France, augmentée depuis la derniere, seruant a la navigation faicte en son vray Meridien. par le s! de Champlain Capitaine pour le Roy en la Marine; lequel depuis l'an 1603 jusques en l'année 1629; a descouuert plusieurs costes, terres, lacs, riuieres, et Nations de sauuages, par cy deuant incognuës, comme il se voit en ses relations qu'il a faict Imprimer en 1632. ou il se uoit cette marque* [...] *ce sont habitations qu'ont faict faict les françois.* Faicte l'an 1632 par le sieur de Champlain.

—*Les Voyages dv Sievr de Champlain xaintongeois, Capitaine ordinaire pour le Roy, en la marine. Divisez en deux liures. ou, Journal tres-fidele des obseruations faites és descouuertures de la Nouuelle France: tant en la descriptiō des terres, costes, riuieres, ports, haures, leurs hauteurs, & plusieurs declinaisons de la guide-aymant; qu'en la creāce des Indiens, leur superstition, façon de viure & de guerroyer: enrichi de quantité de figures.* [...]. Paris: Chez Iean Berjon, rue S. Iean de Beauuais, au Cheual volant, & en sa boutique au Palais, à la gallerie des prisonniers. M. DC. XIII. Acec privilege dv Roy.

CHARLEVOIX [JEAN-FRANÇOIS-XAVIER DE]: *Histoire et description generale de la Nouvelle France, avec le journal historique d'un Voyage fait par ordre du Roi dans l'Amérique Septentrionnale.* Par le P. DE CHARLEVOIX, de la Compagnie de JESUS.

Tome premier. Tome second. A Paris, Chez Pierre-François Giffart, ruë Saint-Jacques, à Sainte Thérefe. M. DCC. XLIV. Avec Approbation & Privilege du Roi.

Tome quatrie'me. A Paris, Chez Pierre-François Giffart, rue Saint-Jacques, à Sainte Thérefe. M. DCC. XLV. Avec Approbation & Privilege du Roy.

—*Journal d'un Voyage fait par ordre du Roi dans L'Amerique Septentrionnale; Adressé a Madame la Duchesse de Lesdiguieres.*

Tome troisie'me. A Paris, Chez Pierre-François Giffart, ruë Saint Jacques, à Sainte Thérefe. M. DCC. XLIV. Avec Approbation et Privilege du Roi.

Tome sixie'me. A Paris, Chez Pierre-François Giffart, rue Saint Jacques, à Sainte Thérefe. M. DCC. XLIV. Avec Approbation & Privilege du Roy.

CHIQUET, JACQUES: *Le nouveau et curieux Atlas Geographique et historique, ou Le Divertissement des Empereurs, Roys, et Princes. Tant dans la Guerre que dans la Paix Dedié A Son A.R. Monseigneur le Duc d'Orleans Regent du Roïaume de France. Par son tres humble et tres Obeissant et fidele serui.* Iacq! Chiquet. A Paris rue S! Jaque, chéz Chiquet a Grand S! Henry, prez L'Eglise des Mathurins.

CORONELLI [VINCENZO MARIA]: *America settentrionale Colle Nuoue Scoperte fin all'Anno 1688 Diuisa nelle sue parti Secondo lo Stato presente, e Descritta dal P. M̄ro Coronelli M.C. Cosmografo della Serenis.ma Repub.ca di Venezia, Dedicata All'Ill.mo, et Reū. Monsig. Felic' Antonio Marsilÿ, Archidiacono della Catedrale di Bologna.* In: *Atlante Veneto* [...] Tomo I [No. 24–25]; *Corso Geografico Universale* [...] [No. 160–161 = P. 2, No. 70–71].

—*Atlante Veneto, Nel quale si contiene la Descrittione Geografica, Storica, Sacra, Profana, e Politica, Degl'Imperij, Regni, Provincie, e Stati, dell'Universo, Loro Divisione, e Confini, Coll'aggiunta di tutti li Paesi nouuamente scoperti, Accresciuto di molte Tavole Geografiche, non più publicate,* Opera, e Studio Del Padre Maestro Coronelli Min: Convent; Cosmografo della Serenissima Republica, e Professore di Geografia Nell'Università di Venetia, Ad Uso dell'Accademia Cosmografica degli Argonauti.

Tomo I. In Venetia MDCXCII. Appresso Domenico Padouani, alla Libraria della Geografia. [In fine:] In Venetia, Appresso Girolamo Albrizzi. M.D.C.XCI. A spese dell'Autore con Privilegio dell'Eccellentissimo Senato per anni venticinque.

Tomo I. In Venetia MDCXCV. [In fine:] In Venetia, Appresso Girolamo Albrizzi. M.DC.XCI. A spese dell'Autore con Privilegio dell'Eccellentissimo Senato per anni venticinque.

—*Corso Geografico Universale, o sia la Terra divisa nelle sue parti, e svbdistinta ne' suoi gran Regni. Esposta In Tavole Geografiche, ricorrette, Et accresciute di tutte le nuove scoperte, ad Uso dell'Accademia Cosmografica degli Argonauti Dal Padre Maestro Vincenzo Coronelli M.C. Cosmografo della Serenissima Republica di Venetia. Dedicata Alla Santità di Nostro Signore Innocenzo XII.* In Venetia, MDCXCII A spese dell'autore. [P. 1–P. 2.]

—*Frislanda, Scoperta Da Nicolò Zeno Patritio Veneto Creduta fauolosa, ó nel Mare Somersa,* Descritta Dal P·Cosmografo Coronelli. In: *Corso Geografico Universale* [...] [No. 168 = P. 2, No. 77].

—*Isolario, Descrittione Geografico-Historica, Sacro-Profana, Antico-Moderna, Politica, Naturale, e Poetica, Mari, Golfi, Seni, Piagge, Porti, Barche, Pesche, Promontorj, Monti, Boschi, Fiumi, Laghi, Stagni, Bagni, Volcani, Miniere, Gemme, Richezze, e Monete; Iscrittioni, Linguaggi, Governi, Forze, Armate, Guerre, Aleanze, Acquisti, Perdite, Tregue, Trattati di Pace, Religioni Claustrali, ed Equestri; Concilj, e Missioni; Vescovadi, Arcivescouadi e Patriarcati;*

Leggi, Coſtumi, Habiti, Blaſoni, Accademie, Huomini Illustri, Ed ogni più esatta notitia di tutte l'isole Coll'osservationi degli scogli sirti, scagni, e secche del globo terracqueo. Aggiuntivi anche i Ritratti de' Dominatori di esse. Ornato Di Trecento-dieci Tavole Geografiche, Topografiche, Corografiche, Iconografiche, Scenografiche, Idrografiche, e Potamografiche; A' maggiore dilucidatione, ed uso della Navigatione, E in Supplimento Dei XIV Volumi del Bleau. Tomo II dell' Atlante Veneto. Opera, e Studio Del P. Maestro Vincenzo Coronelli Min: Conv: Cosmografo della Serenissima Republica di Venetia, e Professore di Geografia a' spese dell' autore MDCLXXXXVI.

—*La Lovisiana, Parte Settentrionalle, Scoperta sotto la Protettione di Luigi XIV, Rè di Francia, etc:* Descritta, e Dedicata Dal P. Coſmografo Coronelli, All'Illustriſs; et Eccellentiſs: S. Zaccaria Bernardi, fù dell' Ecc: S. Francesco. In: *Corso Geographico Universale* [...] [No. 165 = P. 2, No. 75].

—*Parte occidentale dell'Europa,* Descritta, e Dedicata Dal P. Cosmografo Coronelli, All'Illustrissimo et Eccellentissimo Signore Giovanni da Mula, Senatore Amplissimo, Nella Serenissima Republica di Venetia etc. In: *Atlante Veneto* [...] [1695] Tomo I [No. 18 = No. 19]; *Corso Geographico Universale* [...] [No. 8 = P. 1, No. 22]

—[*Polo Settentrionale, o Boreale, et Artico.*] In: *Atlante Veneto* [...]. Tomo I [No. 29]; *Corso Geographico Universale* [...] [No. 163 = P. 2, No. 73].

—*Terre artiche* descritte Dal P. M. Coronelli M.C., Cosmografo della Sereniß. Republica die Vinetia, Dedicate All'Illmo et Ecc^mo Sig. Conte Ercole Pepoli, Conte di Castiglione, Bragazza, Sparui, etc. Senatore di Bologna, Nobile Ferarese, e Patritio Veneto. In: *Atlante Veneto* [...]. Tomo I [No. 28]; *Corso Geographico Universale* [...] [No. 162 = P. 2, No. 72].

Delamarche, Félix: *Atlas de la Géographie Ancienne, du moyen âge, et moderne, adopté par le Conseil Royal De L'Instruction Publique, A l'usage des Collèges Royaux et des Maisons d'Education, pour suivre les Cours de géographie et d'histoire*; par Félix Delamarche, Successeur de Robert de Vaugondy, Géographe du Roi. A Paris, Chez Félix Delamarche, Ingénieur-mécanicien pour les globes et sphères, Rue du Jardinet, N° 13. 1831. (Année scolaire).

Delisle, Guillaume: *Carte de La Nouvelle France et des Païs voisins*. 1696.

—*L'Amerique Septentrionale.* Dreſsée ſur les Observations de M^rs de l'Academie Royale des Sciences. & quelques autres, & ſur les Memoires les plus recens. Par G. del'Isle Geographe. A Paris. Chez l'Autheur sur le Quai de l'Horloge. Avec Privilege du Roy pour 20. ans. 1700. N. Guerard inv. et Fec.

—*Les Isles Britanniques ou sont le R^mes d'Angleterre tiré de Sped celuy d'Ecosse tiré de Th. Pont &c. et celuy d'Irlande tiré de Petti Le tout rectifié par diverſes Observations* Par G. De l'Isle Geographe, de l'Academie Royale des Sciences. A Paris Chez lAutheur sur le Quai de l'Horloge à l'Aigle d'or. Avec Privilege du Roy pour 20 ans. Gravée par J. B. Liebaux 1702.

Des Barres, Joseph Frederick Wallet: *A Chart of Nova Scotia* [...] By Order of thr Right Honourable the Lords Commiſsioners of the Admiralty. Publiſh'd according to Act of Parliament, Novr. 1775, by L.F.W. Des Barres Esqr.

—A Description of the annexed accurate Map of Canada and the adjacent Countries, exhibiting the late Seat of War between the Engliſh and French in thoſe Parts. *The Univerſal Magazine of Knowledge and Pleaſure* [...] *and other Arts and Sciences* [...] XXVIII, for February, 1761. S. 57–62.

Detcheverry edo Dorre, Piarres. Faict A' plaiçance par pierre detcheuerry dorre de St Jan de luz pour mons^r. Parat gouuerneur de plesançe et lisle de Terre-Neufe. 1689.

Doetecom, Jan van: *Nova Francia, alio nomine dicta Terra nova, anno 1504. a Britonibus primum detecta circa ſinum S. Lauretij, & anno 1524. à Ioanne Verrazzano Florentino, qui ex portu Diepenſi 17. Martij, ſolvens nomine Franciſci Regis Galliarum ibidem appulit ad gradum 34. circiter latitudinis ſive altitudinis Polus, plenius recognita uſque ad promontorium dictum Cabo de Breton*. Joannes à Duetecom iunior fecit. t' Amſterdam gedruckt bij Dauit de meÿne inde werrelt cart. [ca. 1592–1594.]

Doolittle, Amos: *Vermont From Actual Survey*. Delineated & Engraved by Amos Doolittle N. H. [1795.]

Dudley, Robert: *Carta particolare della Meta Incognita Australe con una parte della America Settentrionale. La longitudine Comincia da l'Isola di Pico d'Asores*. di Europa Carta. LIII. [1646/1647.] In: *Dell'Arcano del Mare* [...], libro Terzo, e Quarto [...] [No. 56].

—*Dell'Arcano del Mare,* di D. Rvberto Dvdleo Dvca di Nortvmbria, e Conte di Warvich, libro Terzo, e Quarto; Nel Terzo, ſi contiene la Diſciplina Marittima, e Militare dell'Autore, E nel Quarto, l'Architettura sua Nautica di Vaſcelli da guerra. Al Serenissimo Ferdinando Secondo Gran Dvca di Toscana suo Signore. In Firenze, Nella Stamperia di Franceſco Onofri. 1646. Con licenza de' SS. Superiori.

Ellis, Heinrich: *Reiſe nach Hudſons Meerbuſen, welche von zweyen Engliſchen Schiffen, der Dobbs=Galley und California, in den Jahren 1746 und 1747. wegen Entdeckung einer nordweſtlichen Durchfahrt in die Süd=See verrichtet worden, nebſt einer richtigen Abzeichnung der Küſte, und einer kurzen Naturgeschichte des Landes, Beſchreibung der Einwohner, auch einer wahren Vorſtellung der Umstände und Gründe, welche die künftige Erfindung einer ſolchen Durchfahrt wahrſcheinlich machen*, beſchrieben von Heinrich Ellis, Agenten der Unternehmer in dieſer Schiffahrt, aus dem Engliſchen überſetzt und mit Anmerkungen aus andern hieher gehörigen Schriftsſtellern verſehen. Mit Kupfertafeln und zwoen neuen Karten von Hudſons Meerbuſen und den angränzenden Ländern. Goettingen Verlegts Abram Vandenhoeck, 1750. Mit Königl. Pohln. und Churf. Sächſ. allergnäd. Privilegio.

Evans, Lewis: *A general Map of the Middle British Colonies, in America; Viz Virginia, Màriland, Dèlaware, Pensilvania, New-Jersey, New-York, Connecticut, and Rhodeisland: Of Aquanishuonigy, the Country of the Confederate Indians; Comprehending Aquanishuonigy proper, their Place of Reſidence, Ohio and Tiiuxsoxrúntie their Deer-Hunting Countries, Couxsaxráge and Skaniadarâde, their Beaver-Hunting Countries; Of the Lakes Erie, Ontário and Champlain, And of Part of New-France: Wherein is alſo ſhewn the antient and preſent Seats of the Indian Nations.* By Lewis Evans. 1755. Engraved by Ja.^s Turner in Philadelphia. Publiſhed according to Act of Parliament, by Lewis Evans, June 23. 1755. and ſold by R. Dodſley, in Pall-Mall. London, & by the Author in Philadelphia.

De Fer, Nicolas: *Carte de la Mer du Sud. et des costes d'Amerque* [sic] *et d'Asie, situées sur cette mer.* Par N. de Fer Geographe de sa Majesté Catolique avec Privilege du Roy 1713. *Carte de la Mer du Nord. et des costes d'Amerique, d'Europe et d'Afrique, situées sur cette mer*. Par N. de Fer Geographe de sa Majesté Catolique, avec Privilege du Roy 1713. A Paris chez l'Auteur dans l'Isle du Palais, sur le quay de l'Orloge a la Sphere Royale avec P. du Roy. 1713. P. Starckman Sculpsit.

—*L'Amerique, divisee selon Letendue de ses Principales Parties, et dont les Points Principaux sont placez sur les Observations de Messsieurs de l'Academie Royale des Sciences*. Dreſsée Par N. de Fer, Geographe de Monseigneur le Dauphin. A Paris, Chez L'Autheur dans l'Isle du Palais sur le Quay de l'Horloge a la Sphere Royale. avec Privilege du Roy. 1705.

Dresſée Par N. de Fer, Geographe sa Majesté Catholique. [...] A Paris chez J.F. Benard [...] sur le Quay de l'Orloge a la Sphère Royale, avec Privilège du Roy. 1717.

—*Le Cours du Missisipi, ou de S^t. Louis Fameuse Riviere de l'Amerique Septentrionale aux Environs de laquelle se trouve le Païs appelle' Louisiane* Dressée ſur les Relations et Memoires du Pere Hennepin et de M^r. de la Salle, Tonti, Laontan, Touſtel, du Hayes, Joliet, et le Maire &c. Par N. de Fer. Geographe de ſa Majesté Catholique [...] A Paris Chez l'Auteur Isle du Palais a la Sphere Royale 1713.

—*Les forces de l'Europe Asie, Afrique et Amerique, ou description des principales villes, Avec leurs fortifications. Deſſignées par les meilleurs Ingenieurs, particulierement celles qui ſont ſous la domination de la France, dont les Plans ont eſté levez par Monsieur de Vauban, avec la deſcription de tous les Instrumens ſervans à la Fortification, à l'attaque & deffenſe des Places, enſemble ceux qui ſervent pour l'Artillerie, des Magaſins; la maniere de dreſſer un Camp devant une Ville aſſiegée, &c. Et ornées de pluſieurs ſuperbes Edifices. Ouvrage necessaire pour toutes sortes de personnes*. Le tout mis en ordre par les ſoins de Pierre Mortier. Voyez la table qui ſuit immediatement. Tome. VII. A Amsterdam, Chez Pierre Mortier, ſur le Vygendam. Avec Privilege.

Forster, Georg (Bearb.): *Geſchichte der Reiſen, die ſeit Cook an der Nordweſt= und Nordost=Küſte von Amerika und in dem nördlichſten Amerika ſelbſt von Meares, Dixon, Portlock, Coxe, Long u.a.m. unternommen worden ſind*. Mit vielen Karten und Kupfern. Aus dem Engliſchen, mit Zuziehung aller anderweitigen Hülfsquellen, ausgearbeitet von Georg Forſter. Erster Band. Berlin, 1791. In der Voſſiſchen Buchhandlung.

Forster, Johann Reinhold: *Geſchichte der Entdeckungen und Schiffahrten im Norden. Mit neuen Originalkarten verſehen.* von Johann Reinhold Forſter. Frankfurt an der Oder, verlegt von Carl Gottlieb Strauß. 1784.

La galerie agréable du Monde, Où l'on voit en un grand nombre de Cartes tres-exactes et de belles Tailles-douces, Les principaux Empires, Roïaumes, Republiques, Provinces, Villes, Bourgs et Forteresses, avec leur Situation, & ce qu'Elles ont de plus remarquable; Les Iles, Côtes, Rivieres, Ports de Mer, & autres Lieux conſiderables del'ancienne & nouvelle Géographie; Les Antiquitez, les Abbayes, Eglises, Colleges, Bibliotheques, Palais, et autres Edifices, tant publics que particuliers; Comme auſſi Les Maisons de Campagne, Les Habillemens et Moeurs des Peuples, leur Religion, Les Jeux, Les Fe'tes, Les Ceremonies, Les Pompes & les Magnificences; Item les Animaux, Arbres, Plantes, Fleurs, quelques Temples & Idoles des Païens & autres Raretez dignes d'être vuës. Dans les quatre Parties de l'Univers; divise'e en LXVI. Tomes. Les Eſtampes aiant été deſſinées ſur les Lieux, & gravées exactement par Les celébres Luyken, Mulder, Goere'e, Baptist, Stopendaal, & par d'autres Maîtres renomez, Avec une courte Deſcription qui précede chaque Empire, Roïaume, &c. & même avec le Sommaire ſous chaque Planche. Le tout recueilli avec beaucoup de ſoin, de travail & de depenſe, pour l'utilité & por le plaiſir des Amateurs de l'Hiſtoire & de la Géographie. Cette Partie comprend le tome second d'Amerique. Le tout mis en ordre & executé à Leide, Par Pierre vander Aa, Marchand Libraire, Imprimeur de l'Univerſité & de la Ville. [1729.]

Gelcich, E[ugen]: *Die Instrumente und die wissenschaftlichen Hülfsmittel der Nautik zur Zeit der grossen Länder-Entdeckung*. In: *Hamburgische Festschrift zur Erinnerung an die Entdeckung Amerika's*, S. 1–90 [= S. 133–222].

A general topography of North America and the West Indies. Being a collection of all the Maps, Charts, Plans, and particular Surveys, That have been publiſhed of that Part of the World, either in Europe or America. Engraved by Tho. Jefferys, Geographer to His Majesty. London: Printed for Robert Sayer, in Fleet-ſtreet; and Thomas Jefferys, at the Corner of St. Martin's Lane in the Strand. MDCCLXVIII.

La geografia di Clavdio Tolomeo Alessandrino, Già tradotta di Greco in Italiano da M. Giero. Rvscelli: et hora in queſta nuoua editione da Gio. Malombra ricorretta, & purgata d'infiniti errori: [...] In Venetia, Appreſſo Giordano Ziletti. M D LXXIIII.

Geographiſche vnd Hiſtoriſche Beſchreibung der vberauß groſſer Landschafft America: welche auch Weſt Jndia/ vnd ihrer groſſe halben die New Welt genennet wirt. Gar artig/ vnd nach der kunst in XX. Mappen oder Landtaffeln verfaſſet vnd jetzt newlich in

Kupffer geſtochen vnd an tag gegeben [...] Erſtlich durch einen Hochgelehrten und deß Landes wolerfahrnen Mann/ in Lateiniſcher Spraach gar herrlich beſchrieben. Nun aber durch ein Liebhaber der Hiſtorien und Landesbeſchreibungen dem gemeinen Teutſchen Mann zu gutem/ gar trewlich vberſetzt/ vnd ins Teutſch bracht. Gedrückt zu Cölln Bey Johann Chriſtoffel auff S. Marcellenſtraß Im jahr M.D. XCVJJJ.

Haack Geographisch-Kartographischer Kalender 1974. Begleittexte: Dr. Werner Horn, Gotha. Gotha/Leipzig: VEB Hermann Haack, Geographisch-Kartographische Anstalt.

—1992. Zusammenstellung und Redaktion: Günter Rennau, Gotha. Erläuterungstexte: Egon Klemp und Gerd Schilling. Gotha: Hermann Haack Verlagsgesellschaft mbH Geographisch-Kartographische Anstalt Gotha.

Hamburgische Festschrift zur Erinnerung an die Entdeckung Amerika's. Herausgegeben vom Wissenschaftlichen Ausschuss des Komités für die Amerika-Feier. Band I. Hamburg: L. Friedrichsen & Cº 1892.

Hamburgischer unpartheyischer Correspondent von 1751. (Bibliothek der Deutschen Sprache Serie 2: Periodica) (Olms Microform). Num. 1–Num. 22 [Microfiche-Reproduktion des Originals der Commerzbibliothek der Handelskammer Hamburg, Staats- und Universitätsbibliothek Hamburg Carl von Ossietzky, Signatur H 62/6].

Hand-Atlas über alle Theile der Erde nach dem neuesten Zustande und über das Weltgebäude. Herausgegeben, und mit Herrn Hofrath C. G. Reichard gemeinschaftlich ausgearbeitet, von Adolf Stieler H[zgl] S[ächs] Legationsrath. Gotha bei Justus Perthes gest. v. Edler in Gotha [1831].

HAYES, DEREK: *Historical Atlas of Canada. Canada's History Illustrated with Original Maps.* Vancouver/Toronto: Douglas & McIntyre/Seattle: The University of Washington Press 2002.
First paperback edition 2006.

HILLIARD D'AUBERTEUIL, [MICHEL RENÉ]: *Essais historiques et politiques sur les Anglo-Américains.*
Tome premier. Premiere Partie. A Bruxelles. M. DCC. LXXXI.
Tome premier. Seconde Partie. A Bruxelles. M. DCC. LXXXII.

—*Essais historiques et politiques sur la révolution de l'Amérique septentrionale.* Tome second. Première Partie. A Bruxelles, Et ſe trouve à Paris, Chez l'Auteur, tue des Bons-Enfans-Saint-Honoré. M DCC. XXXII.

Isolario di Benedetto Bordone nel qval si ragiona di tvtte le Isole Del mondo, con li lor nomi antichi & moderni, hiſtorie, fauole, & modi del loro viuere, & in qual parte del mare ſtanno, & in qual parallelo & clima giacino. Ricorretto et di nvovo ristampato. Con la gionta del Monte del Oro nuouamente ritrovato. In Venetia. [In fine:] [...] in Venetia per Franceſco di Leno [ca. 1540].

Isolario di Benedetto Bordone Nel qual ſi ragiona di tutte l'Iſole del mondo, con li lor nomi antichi & moderni, hiſtorie, fauole, & modi del loro viuere, & in qual parte del mare ſtanno, & in qual parallelo & clima giacino. Ricoreto [sic], & di Nuouo riſtampato. Con la gionta del Monte del Oro nuouamente ritrouato. Con il breve del Papa Et gratia & priuilegio della Illuſtriſſima Signoria de Venetia come in quelli appare. M.D.XLVII. [In fine:] In Vinegia ad inſtantia, & ſpeſe del Nobile huomo M. Federico Toreſano M.D.XLVII.

L'Iſole piv famoſe del Mondo descritte da Thomaso Porcacchi da Castiglione Arretino e intagliate da Girolamo Porro Padovano Con l'Aggiunta di molte Iſole all'Ill[re] S. Conte Georgio Trivltio Dottore, Cavaliere, Conte di Melzo, Regio e Dvcal Senatore. Con Noua Aggiunta. In Vinetia, M D C IIII Appresso gli heredi di Simon Galignani.

L'Iſole piv famoſe del Mondo descritte da Thomaso Porcacchi da Castiglione Arretino e intagliate da Girolamo Porro Padovano con nova aggiunta dedicate all'Illmo et Rev.[mo] Monſ[r] Gio. Francesco Moresini Abbate di Leno etc. In Padova M D C XX. Appresso Paolo et Francesco Galignani.
[In fine:] In Vinetia, appresso Giorgio Angelieri, a instantia di Simon Galignani de Karera, M. D. LXXV.

[JANSZOON, JAN:] *Belgii Novi, Angliæ Novæ, et partis Virginiæ Noviſſima Delineatio.* [1650].

—*Poli Arctici, et circumiacentium terrarum descriptio novissima.* Sumptibus Henrici Hondij. [1636.]

JODE, CORNELIS DE: *Amerciæ pars borealis, Florida, Baccalaos, Canada, Corterealis.* A Cornelio de Iudæis in luc̃e edita. Generoſo, atq[ue] Magnifico D[omi]no, D[omi]no Theodorico Echter, á Meſpelbrū, Sacr. Cæſar. Maies[ti]. et Rever[mo]. Principi, Epiſcopo Herbipolenſi a conſilijs primo &c. Cornelius de Iudæis Antverp. D.D. A[o] MD LXXXXIII.

JOLIET [LOUIS]: *Nouuelle Decouuerte de Plusieurs Nations Dans la Nouuelle France En L'annee 1673 et 1674.* A Monseigneur Le Comte de Frontenac Cons[r] du Roy en ses conseils, Gouuern[r], et Lieutenant g̃nal po~ Sa Maj[té] en Canadas Acadie Iſle Terre neufue & auẽs pays de la nouuelle France [...] Vostre tres humbles et tres obeiſsant Seruiteur, et Subiet Joliet.

LAET, IOANNES DE: *Nieuvve Wereldt Ofte Beſchrijvinghe van West-Indien, Wt veelderhande Schriften ende Aen-teeckeninghen van verſcheyden Natien by een verſamelt Door Ioannes de Laet, Ende met Noodighe Kaerten ende Tafels voorſien.* Tot Leyden, In de Druckerye van Iſaack Elzevier. Anno 1625. Met Privilegie der Ho. Mo. Heeren Staten Generael, voor 12. Iaren.

—*Nova Francia et regiones adaicentes.* [ca. 1630.]

LAHONTAN, BARON DE [LOM D'ARCE, LOUIS ARMAND DE]: *Carte que les Gnacsitares ont deſſiné ſur des peaux de cerfs m'ayant fait conoiſtre a 30 minutes prés les latitudes de tous les lieux qui y ſont marqués, en me montrant la partie du ciel vers laquelle giſent les uns et les autres, apres m'en auoir donné les diſtances par tazouz. qui ſont trois grandes lieues de France ſelon ma ſupputation. Carte de la Riviere Longue et de quelques autres. qui ſe dechargent dans le grand fleuve de Miſſiſipi. en le petit eſpace de ce fleuve marqué ſur cette carte. Cette carte ſe raporte a´ la lettre 16eme.*

—*Carte que les Gnacisatres ont Deſſiné ſur des pe̊aux de Cerfs m'ayant fait conoiſtre à 30 minutes pres les latitudes de tous les lieux qui y ſont marqués, en me montrant la partie du Ciel vers laquelle gisent les uns et les autres, apres m'en auoir donné les distances par tazou[x]. qui ſont trois grandes lieűes de France ſelon ma ſupputation. Cette Carte ſe raporte a la Lettre 16me Carte de la Riviere Longue et de quelque autres. qui ſe dechargent dans le grand fleuve de Miſſiſipi.*

—*Mappa del Miſſiſipi dedicada al Excele[mo] Señor Duque de Jovenazo por Su Servidor don Armando de Arce Baron de lahontan 1699.*

—*Memoires de L'Amerique Septentrionale, ou la Suite des Voyages de Mr. le Baron de Lahontan. Qui contiennent la Deſcription d'une grande étenduë de Païs de ce Continent, l'interêt des François & des Anglois, leurs Commerces, leurs Navigations, les Mœurs et les Coutumes des Sauvages &c. Avec un petit Dictionaire de la Langue du Païs. Le tout enrichi de Cartes & Figures.* Tome second. A La Haye, Chez les Fréres l'Honoré, Marchands Libraires, M. DCCIII. [Angeb.:] *Suite Du Voyage, De l'Amerique, Ou Dialogues de Monſieur le Baron de Lahontan Et d'un Sauvage, Dans L'Amerique. Contenant une deſcription exacte des mœurs & de coutumes de ces Peuples Sauvages. Avec les Voyages du même en Portugal & en Danemarc, dans leſquels on trouve des particularitez trés curieuſes, & qu'on n'avoit point encore remarquées. Le tout enrichi de Cartes et de Figures.* A Amsterdam, Chez la Veuve de Boeteman, Et Se vend A Londres, Chez David Mortier, Libraire dans le Strand, à l'Enſeigne d'Eraſine. M.DCCIV.

—*Memoires de L'Amerique Septentrionale, ou la Suite des Voyages de Mr. le Baron de La Hontan: Qui contiennent la Deſcription d'une grande étenduë de Païs de ce Continent, l'interêt des François & des Anglois, leurs Commerces, leurs Navigations, les Mœurs et les Coutumes des Sauvages &c. Avec un petit Dictionaire de la Langue du Païs. Le tout enrichi de Cartes & Figures.* Tome second. Seconde Edition, augmentée des Conversations de l'Auteur avec un Sauvage diſtingué. A La Haye, Chez Charles Delo, fur le Singel. MDCCVI.

—*Nouveaux Voyages de Mr. Le Baron de Lahontan, dans L'Amerique Septentrionale, Qui contiennent une rélation des différens Peuples qui y habitent; la nature de leur Gouvernement; leur Commerce, leurs Coutumes, leur Religion, & leur manière de faire la Guerre. L'intereṫ des François & des Anglois dans le commerce qu'ils font avec ces Nations, l'avantage que l'Angleterre peut retirer de ce Païs, étant en Guerre avec la France. Le tout enrichi de Cartes & de Figures.* Tome premier. A La Haye, Chez les Fréres l'Honoré, Marchands Libraires, M. DCCIII.

—*Voyages du Baron de La Hontan dans l'Amerique Septentrionale, Qui contiennent une Rélation des différens Peuples qui y habitent; la nature de leur Gouvernement, leurs Coûtumes, leur Religion, & leur manière de faire la Guerre. L'intereṫ des François & des Anglois dans le commerce qu'ils font avec ces Nations, l'avantage que l'Angleterre peut retirer dans ce Païs, étant en Guerre avec la France. Le tout enrichi de Cartes & de Figures.* Tome premier. Seconde Edition, revuë et corrigé, & augmenté. A La Haye, Chez Tome premier. Seconde Edition, revuë, corrigé & augmentée. A La Haye, Chez Charles Delo, fur le Singel. MDCCVI.

LAPIÉ [PIERRE]: *Atlas complet du Précis de la géographie universelle de M. Malte-Brun; dressé conformément au texte de cet ouvrage et sous les yeux de l'auteur,* Par M. Lapie, Capitaine ingénieur géographe. (Cet Atlas est formé de 75 Cartes.) A Paris, chez François Buisson, Libraire-Éditeur, Rue Gilles-Cœur, N° 10. 1812.

LEISTE, CHRISTIAN: *Beſchreibung des Brittiſchen Amerika zur Erſparung der engliſchen Karten. Nebſt einer Special=Karte der mittlern Brittiſchen Colonien.* von Chriſtian Leiſte, Conrector an der Herzoglichen großen Schule zu Wolfenbüttel. Daſelbſt gedruckt mit Bindfeilſchen Schriften, 1778.

LESCARBOT, MARC: *Histoire de la Novvelle-France Contenant les navigations, découvertes, & habitations faites par les François és Indes Occidentales & Nouvelle-France ſouz l'avœu & authorité de noz Roys Tres-Chrétiens, & les diverſes fortunes d'iceux en l'execution de ses choſes, depuis cent ans jusques à hui. En quoy eſt compriſe l'Hiſtoire Morale, Naturele, & Geographique de ladite province:* Avec les Tables & Figures d'icelle. [...] Seconde Edition, reveuë, corrigée, & agmentée par L'Autheur. A Paris Chez Iean Millot, devant S. Barthelemi aux trois Coronnes: Et en ſa boutique fur les degrez de la grand'ſalle du Palais. M. DC. XII.

LITALIEN, RAYMONDE/PALOMINO, JEAN-FRANÇOIS/VAUGEOIS, DENIS: *La mesure d'un continent. Atlas historique de l'Amerique du Nord 1492–1814.* Ouvrage préparé en collaboration avec Bibliothèque et Archives nationales du Québec. Sillery (Québec): Les éditions du Septentrion/Paris: Presses de l'Université Paris-Sorbonne 2007.

LONG, JOHN [Hg.]: *Reisen eines Amerikaniſchen Dolmetſchers und Pelzhändlers, welche eine Beſchreibung der Nordamerikaniſchen Eingebornen, und einige Nachrichten von den Poſten am St. Lorenz=Fluſſe, dem See Ontario u.ſ.w. enthalten.* Herausgegeben von J. Long. Aus dem Engliſchen überſetzt. Nebſt einer vorläufigen Schilderung des Nordens von Amerika von Georg Forſter. Mit einer neuen Karte und einem Kupfer. Berlin, 1792. In der Voſſiſchen Buchhandlung.

LOON, JOANNES VAN: *Klaer-Lichtende Noort-Ster Ofte Zee Atlas; Waer in vertoont wordt De gelegentheydt van alle de Zee-kuſten des geheelen Aerdtbodems,* Nieuwelicks uytgegeven door Joannes van Loon. t' Amsterdam, By Ioannes van Loon, Plaet-ſnijder, buyten de S. Anthonis Poort, achter de Blancken Ham, in de 3. Vijfels, ofte by Gillis van Loon, achter de Hal, inde 3. Kemphaentjes, Anno 1661.

—*Klaer-Lichtende Noort-Star Ofte Zee-Atlas; Waer in vertoont wordt, De gelegentheydt van alle de Zee-kuſten des geheelen Aerdtbodems,* Nieuwelicks uyt-gegeven, door Joannes van Loon. t' Amsterdam, By Joannes van Loon, Plaet-ſnijder en Zee-kaert-maker, buyten de S. Anthonis-Poort. aen't Kerck-hof, in 't Lely-ſtraetje. Anno 1666.

Manesson Mallet, Allain: *Beschreibung des gantzen Welt=Kreisses/ In sich begreiffend Verschiedene Vorstellungen der Welt/ allgemeine und besondere Land=Charten der alten und neuen Erd=Beschreibung; die Grund- und Abrisse der vornehmsten Städte/ und anderer ansehnlichster Oerter des Erdbodens/ sambt den Bildnüssen der Könige und Potentaten/ so dieselbe beherrschen/ ihren Wappen/ Tituln und Libereyen. Ingleichen die Sitten/ Religion/ Regierungs=Formen und unterschiedliche Kleidungs=Arten jeder Nation. In fünff Theile verfasset [...] Von Allain Manesson Mallet. Franckfurt am Mayn/ In Verlegung Johann David Zunners/ Anno 1684 [–1685]. [Band 1–2.]*

—*Das Neue Veste Landt oder America. Nouveau Continent ou Amerique.* [Frankfurt 1686.]

—*Description de l'Univers, contenant les differents Systèmes du Monde, les Cartes generales & particulieres de la Geographie Ancienne & Moderne: Les Plans & les Profils des principales Villes & des autres lieux plus confiderables de la Terre; avec les Portraits des Souverains qui y commandent, leurs Blafons, Titres & Livrées: Et les Mœurs, Religions, Gouvernemens & divers habillemens de Chaque Nation. Dedié e au Roy [...] A Paris, Chez Denys Thierry, ruë S. Jacques, à l'Enfeigne de la Ville de Paris, devant la ruë du Plâtre. M. DC. LXXXIII. Avec Privilege du Roy.*

—*Description de l'Univers contenant les differents Sistemes du Monde, les Cartes generales & particulieres de la Geographie Ancienne & Moderne: Les Plans & les Profils des principales Villes & des autres lieux plus confiderables de la Terre; avec les Portraits des Souverains qui y commandent, leurs Blafons, Titres & Livrées: Et les Mœurs, Religions, Gouvernemens & divers habillemens de chaque Nation. Dedié au Roy. [...] Suivant la Copie Imprimée a Paris. Francfourt fur le Main, Chez Jean David Zunner. M DC LXXXV.*

Tome cinquieme. Suivant la Copie Imprimée a Paris. Francfourt fur le Main. Chez Jean David Zunner. M DC LXXXVI.

Me´moires des Commissaires du Roi et de ceux de Sa Majesté´ Britannique, Sur les possessions & les droits respectifs des deux Couronnes en Amerique; Avec les Actes publics & Piéces justificatives.

Tome premier, *Contenant les Mémoires fur l'Acadie & fur l'isle de Sainte-Lucie.* A Paris, de l'Imprimerie Royale. M. DCCLV.

Tome second, *Contenant les Traités & Actes publics concernant l'Amérique en général, & les Piéces justificatives des Mémoirees fur les limites de l'Acadie.* A Paris, de l'Imprimerie Royale. M. DCCLV.

Tome second, *Contenant les Mémoires fur l'isle de Sainte-Lucie.* A Paris, de l'Imprimerie Royale. M. DCCLVI.

Tome troisiéme, *Contenant les Piéces justificatives concernant la propriété de l'isle de Sainte-Lucie.* A Paris, de l'Imprimerie Royale. M. DCCLV.

Tome quatriéme, *Contenant les derniers Mémoires sur l'Acadie, & un Mémoire des Commissaires du Roi sur l'Isle de Tobago.* A Paris, de l'Imprimerie Royale. M. DCCLVI.

Memoires des Commissaires de Sa Majesté´ tre´s-chretienne et de ceux de Sa Majesté Brittannique, Sur les possessions & les droits respectifs des deux couronnes en Amerique; Avec les Actes publics & Piéces justificatives.

Tome premier. *Contenant les Mémoires fur l'Acadie & fur l'isle de Sainte-Lucie.* A Amsterdam et a Leipzig, Chez J. Schreuder & Pierre Mortier le jeune. MDCCLV.

Tome second, *Contenant les Traités & Actes publics concernant l'Amérique en général, & les Piéces justificatives des Mémoirees fur les limites de l'Acadie.* A Amsterdam et a Leipzig, Chez J. Schreuder & Pierre Mortier le jeune. MDCCLV.

The Memorials of the Englifh and French Commissaries Concerning the Limits of Nova Scotia or Acadia. London: Printed in the Year M DCC LV.

Mercator, Gerardus: *Nova et avcta orbis terrae descriptio ad vsvm nauigantium emendatè accommodata.* Aeditum autem eft opus hoc Duyfburgi an: D: 1569 menfe Augufto.

—*Atlas sive Cosmographicæ Meditationes de Fabrica Mvndi et fabricati Figvra Gerardo Mercatore Rupelmundano, Illuftrißimi Ducis Juliæ Cliviæ & Mõtis &c. Cofmographo Autore. Cum Privilegio. Dvisbvrgi Clivorum.* [1595.]

Meyer, Carl Joseph (Hg.): *Neuester Universal-Atlas für Alte und Neue Erdkunde* [...] Nachdruck der Erstausgabe von 1837 mit 89 handkolorierten Karten. Darmstadt: WBG (Wissenschaftliche Buchgesellschaft) 2012.

Michow, H[einrich]: *Caspar Vopell, ein Kölner Kartenzeichner des 16. Jahrhunderts.* In: Hamburgische Festschrift zur Erinnerung an die Entdeckung Amerika's, S. 1–22 [= S. 481–502].

Moleti, Giuseppe (Hg.): *Geographia Cl· Ptolomaei Alexandrini Olim a Bilibaldo Pirckheimerio traslata, at nunc multis codicibus græcis collata, pluribusque in locis ad priftinam ueritatem redacta. A Iosepho Moletio Mathematico. Addita funt in primum, & feptimum librum amplißima eiufdem commentaria, quibus omnia, quæ ad Geographiam attinent, & quæ prætermiffa sunt a Ptolemæo declarantur: atque nominibus antiquis regionum, ciuitatum, oppidorum, montium, fylvarum, fluuiorum, lacuum, cæterorumque locorum, appofita funt recentiora. Adfunt LXIIII. Tabulæ XXVII. nempe antiquæ, & reliquæ nouæ, quæ totam continent terram noftræ, ac Ptolemæi ætati cognitam, Typisq; æneis excuffa. Indices rerum quæ tractantur copiofißimi. Cum privilegiis. Venetiis, apud Vincentivm Valgrifivm M D LX II.*

Moll, Herman: *A Map drawn upon Stag skins by y Gnacsitares who gave me to know y Latitudes of all y places mark'd in it, by pointing to y respective places of y heavens that one or t'other corresponded to; for by this means I could adjust y Lat: to half a Degree or little more; having first reciv'd from 'em a computation of y distances in Tazous each of wich I compute to be 3 Long French Leagues. – A Map of y Long River and of some others that fall into that small part of y Great River of Mississipi wich is here laid down. This Map Relates to Letter XVI. H. Moll S.* [1703.]

—*A Map of the North Pole With all the Territories that lye near it, known to us &c. According to the latest Discoveries, and most Exact Observations. Agreeable to Modern History. By H. Moll Geographer.* Printed for Tho: Bowles next the Chapter house in St Pauls Church Yard & Iohn Bowles at the Black Horse in Cornhill. [ca. 1729.]

—*A New Map of Newfoundland, New Scotland The Isles of Breton, Anticosti, St Iohns &c. Together with the Fishing Bancks. By H. Moll Geographer.*

—*New Found Land St Laurens Bay, The Fishing Banks, Acadia, and Part of New Scotland. By H. Moll Geographer.* 1729

—*New Found Land St Laurence Bay, The Fishing Banks, Acadia, and Part of New Scotland. By H. Moll Geographer.*

—*To the Right Honourable John Lord Sommers Baron of Evesham in y County of Worcester President of Her Majesty's most Honourable Privy Council &c. This Map of North America According to y Newest and most Exact Observations is most Humbly Dedicated to your Lordship's most Humble Servant Herman Moll Geographer.* Sold by H. Moll over against Deverux Court in y Strand Printed for I. Bowles Print & Mapseller at the Black Horse in Cornhill and T. Bowles Print and Mapseller next to the Chapter house in St Pauls Church yard, and over against Devereux Court, without Temple Bar. And by P. Overton Map and Printseller near St Dunftans Church Fleetstreet. and by Iohn King at the Globe in the Poultry.

—*The World described: or, a New and Correct Sett of Maps. Shewing, The Kingdoms and States in all the known Parts of the Earth, with the principal Cities, and moft confiderable Towns of the World. Wherein the Errors of the ancient Geographers are corrected according to the lateft Obfervations of Travellers, as communicated to the Royal Society of London, and the Royal Academy of Paris. Each Map is neatly engraved on Copper by Herman Moll, Geographer, and printed on two Sheets of Elephant-Paper; fo that the Scale is large enough to fhew the chief Cities and Towns, as well as Provinces, without appearing in the leaft confus'd. And to render thefe Maps the more acceptable, there is engraved on feveral of them what is moft remarkable in thofe Countries.* [ca. 1730.]

Munk, Jens: *Navigatio, Septentrionalis. Det er: Relation Eller Bescriffuelfe/ om Seiglads oc Reyfe/ paa denne Nordvestiske Passagie, fom nu kaldis Nova Dania: Igiennem Fretum Chriftian at Opføge/ Huilcken Reyfe/ Voris Allernaadigfte Herre/ Konning Chriftian den Fierde/ vdi det Aar 1619. Naadigft Berammit/ Oc til det Experientz afferdiget haffuer hans Majeft : Skibs Captein/ Jens Munck oc hans methaffuendis Folck/ fom offuer alt vare 64. Perfoner/ met tuende hans Majeft: Skibe/ Enhiørningen oc Jagten Lamprenen : Samme Seiglads effter metgiffuen Naadigft Inftruction, vdi Vnderdanigft gehørfombed/ faa meget mueligt være kunde/ er Tenteret, Men Capteinen effter høy Perickel vdftanden med Jagten/ er icke vden felfftredie Igien til Norge hiemkommen/ Met Bemelding om alle Circumftantier, Curs, Kaafe oc Tilfald/ det Farevand oc den Reyfis Leilighed anrørendis/ Aff forfkreffne/ Jens Munck Paa Hen oc Hiemfarten met flid Obferveret, Oc paa Høybemelte Kong : Majeft : Naadigfte Behang udi Trcyk Publiceret. [...]* Prentet i Kiøbenhaffn/ hoff Henrich Waldkirch/ Anno M. DC. XXIIII,7.

The Natural and Civil History of the French Dominions in North and South America. Giving a particular Account of the Climate, Soil, Minerals, Animals, Vegetables, Manufactures, Trade, Commerce, and Languages, together with The Religion, Government, Genius, Character, Manners and Cuftoms of the Indians and other Inhabitants. Illustrated by Maps and Plans of the principal Places, Collected from the beft Authorities, and engraved by T. Jefferys, Geographer to his Royal Highness the Prince of Wales. Part I. Containing A Defcription of Canada and Louifiana. London, Printed for Thomas Jefferys at Charing-Crofs. MDCCLX.

Neptune Americo-septentrional Contenant les Côtes, Îles et Bancs, les Baies, Ports, et Mouillages, et les Sondes des Mers de cette partie du Monde, depuis le Groenland inclusivement, jusques et compris le Golfe du Mexique avec les îles de Sous-le-vent et du Vent, accompagné de Plans particuliers des Ports les plus fréquentés. ou Recueil de Cartes hydrographiques à l'usage des Vaiffeaux du Roi, Rédigé d'après les Cartes Françoises et Etrangeres les plus estimées; Rectifié d'après des Plans Manuscrits authentiques, et affujetti aux Observations astronomiques. Dreffé au Dépôt Général des Cartes, Plans et Journaux de la Marine, et publié par Ordre Du Roi. Petit Sculp. [1778–1780.]

Le Neptune François, ou Atlas Nouveau des Cartes Marines. Levées et gravées par Ordre exprés du Roy. Pour l'Usage des Ses Armées de Mer, Dans lequel on voit la defcription exacte de toutes les Côtes de la Mer Oceane, & de la Mer Baltique, depuis la Norwege jufques au Detroit de Gibraltar. Où font exactement marquées les routes qu'il faut tenir, les Bancs de fables, Rochers & Braffes d'eau; & generalement tout ce qui concerne la Navigation. Le tout fait fur les obfervations & l'experience des plus habiles Ingenieurs & Pilotes. Reveu & mis en ordre par les Sieurs Pene, Cassini & autres. A Paris, Chez Hubert Jaillot aux deux Globes. A Paris, Chez Hubert Jaillot aux deux Globes. M. DC. LXXXXIII. Avec Privilege du Roy.

A Paris, Chez Hubert Jaillot aux deux Globes. M. DCC.III. Avec Privilege du Roy.

Suite du Neptune François, ou Atlas Nouveau des Cartes Marines. Levées par ordre expres des Roys du Portugal. Sous qui on a fait la Découverte de l'Afrique &c. Et donées au Public par les foins de Feu Monsieur d'Ablancourt· Dans lequel on voit la defcription exacte de toutes de Côtes du Monde, du Détroit de Gibraltar, de la Mer Oceane Meridionale ou Ethiopiene, de la Mer des Indes, Orientales, & Occidentales &c. Où font exactement marquées les routes qu'il faut tenir, les Bancs de ſables, Rochers & Brasses d'eau, & generalement tout ce qui concerne la Navigation. Le tout fait ſur les Obſervations & l'experience des plus habiles Ingenieurs & Pilotes. A Amsterdam, Chez Pierre Mortier, Libraire. M·D·CC. Avec Privilege des nos Seigneurs les Etats.

Nolin, J[ean] B[aptiste]: *L'Amerique ou le Nouveau Continent dresseé sur les Memoires les plus nouveaux et sur les Relations del plus recentes, rectifiez sur les dernieres Observations.* Dedieé et presenteé, a Monseigneur Law. Controlleur Gen̄al des Finances, par ſon tres humble et tres obiß. serviteur I.B. Nolin. A Paris chés l'Auteur, rue St. Jacques à l'Enseigne de la place des Victoires. Avec Privilege du Roy. 1742.

The North American Atlas, selected From the most authentic Maps, Charts, Plans, &c. Hitherto publiſhed. London: Printed for William Faden, Succeſſor to the late Mr. Thomas Jefferys, Geographer to the King, the Corner of St. Martin's-Lane, Charing-Croſs. M DCC LXXVII.

Le nouveau Theatre du Monde, ou la Geographie Royale, composée de nouvelles Cartes tres-exactes, Dreſſés ſur les Obſervations de Meſſieurs de l'Academie Royale des Sciences à Paris, ſur celles des plus celebres Geographes, ſur de nouveaux Memoires, & rectifiées ſur les Relations les plus recentes des plus fidéles Voyageurs. Avec une Description geographique et historique des quatre Parties de l'Univers, Deſquelles L'Europe en detail eſt écrite Par Mr. Guedeville, & les trois autres Parties Par Mr. Ferrarius. Ouvrage qui donne une idée claire & facile de la Terre, & de ce qu'elle comprend de plus conſiderable. A Leide, Chez Pierre vander Aa, Marchand Libraire. M.DCC.XIII.

[Oldmixon, John:] *Het Britannische Ryk in Amerika, Zynde eene Beſchryving van de Ontdekking, Bevolking, Inwoonders, het Klimaat, den Koophandel, en tegenwoordigen Staat van alle Britanniſche Coloniën, in dat gedeelte der Wereldt.* I. Deel, *Vervattende Terre-Neuf, Nieu-Schotland, Nieu-Engelandt, Nieu-Jork, Nieu-Jerse, Penſylvanië, Marilandt, Virginie, Carolina en Hudſons-baai. Met eenige nieuwe Kaarten van de voornaamſte Kuſten en Eilanden Uit het Engelſch, Als mede een omſtandig Berecht aangaande de Koffy en Koffy-plantery, Uit het Franſch vertaald.* Te Amsterdam, By Rudolf en Gerard Wetstein, MDCC XXI.

—*The Britiſh Empire in America, Containing The History of the Diſcovery, Settlement, Progreſs and preſent State of all the British Colonies, on the Continent and Iſlands of America. In Two Volumes. Being an Account of the Country, Soil, Climate, Product and Trade of them, viz.* Vol. I. *Newfoundland, New-Scotland, New-England, New-York, New-Jersey. Penſylvania, Maryland, Virginia, Carolina, and Hudſon's-Bay.* [...] With curious Maps of the ſeveral Places, done from the neweſt Surveys. By Herman Moll, Geographer. London. Printed for John Nicholſon at the King's Arms in Little Britain, Benjamin Tooke at the Middle-Temple-Gate, Fleetſtreet, and Richard Parker and Ralph Smith under the Piazza of the Royal Exchange. 1708.

[Ortelius, Abraham:] *Theatrvm Orbis Terrarvm.* [In fine:] Auctoris ære & cura impreſſum abſolutumque apud Ægid. Coppenium Dieſth, Antverpiæ M.D. LXX.

Le Pilote de Terre-neuve ou Recueil de Plans des Côtes et des Ports de cette Île. Pour l'usage des Vaisseaux du Roi, et des Navires de Commerce destinés à la Pêche. D'après les Plans levés par MM. James Cook et Michael Lane Jngénieurs Géographes Anglois. Précédé De Deux Cartes Réduites, l'une de Terre-neuve avec les Bancs et Côtes voisines, l'autre de cette Île en particulier; dreſsées sur les mêmes Plans et aßujetties aux Observations Astronomiques de MM. le Mis. de Chabert en 1750 et 1751, J. Cook et autres Officiers Anglois en 1766, le Mis de Verdun, le le Chev. de Borda et Pingré en 1772.* Publié par Ordre du Roi, au Dépôt général des Cartes, Plans et Journaux de la Marine, Sous le Ministère de M. le Maréchal De Castries, Comte d'Alais, Premier Baron né des Etats de Languedoc, Chevalier des Ordres du Roi, Commandant général du Corps de la Gendarmerie, Ministre et Secretaire d'Etat, ayant le Département de la Marine et des Colonies 1784.

Pownall, T[homas]: *A Map of the Middle British Colonies in North America. First Published by Mr Lewis Evans, of Philadelphia, in 1755; and since corrected and improved, as also extended, with the Addition of New England, and bordering Parts of Canada; from Actual Surveys now lying at the Board of Trade.* By T. Pownall MP. With a Topographical Description of such Parts of North America as are contained in this Map. Printed & Publiſhed according to Act of Parliament for J. Almon in Piccadilly, London. March 25th 1776. In: *A topographical Description of such parts of North America as are contained in the (annexed) Map of the Middle British Colonies, &c. in North America.*

—*A topographical Description of such parts of North America as are contained in the (annexed) Map of the Middle British Colonies, &c. in North America.* By T. Pownall, M.P. late Governor, &c. &c. of His Majesty's Provinces of Massachusetts Bay and South Carolina, and Lieutenant Governor of New Jersey. London: Printed for J. Almon, oppoſite Burlington House, in Piccadilly, MDCCLXXVI.

[Prévost d'Exiles, Antoine François, Abbé]: *Histoire générale des Voyages, ou nouvelle Collection de toutes les Relations de Voyages par Mer et par Terre, Qui ont été publiées juſqu'à préſent dans les différentes Langues de toutes les Nations connues: Contenant ce qu'il y a de plus remarquable, de plus utile et de mieux avere' dans les Pays ou les Voyageursont penetre': touchant leur Situation, leur Etendue* [...] *avec les Mœurs des Habitans, la Religion, les Usages, Arts, Sciences, Commerce, Manufactures, &c. pour former un Syteme complet d'Histoire & de Géographie moderne, qui repréſente l'Etat actuel de toutes les Nations: Enrichi de Cartes geographiques et de Figures.* Tome premier–Tome cinquante-sixieme. A Paris, Chez Didot, Libraire, Quai des Auguſtins, à la Bible d'or. M. DCC. XLVI. – M. DCC. LVIII. Avec Approbation et Privilege du Roi.

Nouvellement compſées ſur les Obſervations les plus autentiques, de Plans et de Perspectives; de Figures d'Animaux, de Végétaux, Habits, Antiquités, &c.

The Provinces of New York and New Jersey; with part of Pensilvania, and the Governments of Trois Rivieres and Montreal: drawn by Captt Holland. Engraved by Thomas Jefferys, Geographer to His Majesty. Printed for Robt. Sayer in Fleet Street, and T. Jefferys in the Strand. [1768.]

Purdy, John: *A Chart of the World, On Mercator's Projection.* [Reduced from the Large Chart by John Purdy.] New Edition; Materially Improved. Published by Richard Holmes Laurie, Chartseller to the Admiralty, &c. &c. No. 53, Fleet Street, London; 1st Jany. 1821. Additions, 1824.

—*A Map of Cabotia; Comprehending The Provinces of Upper and Lower Canada, New-Brunswick, And Nova-scotia, with Breton Island, Newfoundland. &c. And Including, also, The Adjacent Parts of the United States,* Compiled, from a great Variety of Original Documents, By John Purdy. Engraved by Thomson & Hall, 14, Bury Str. Bloomsby. Published 12th October, 1814, by Jas. Whittle and Richd. Holms Laurie, No. 53, Fleet Street, London.

Raynal, Guillaume-Thomas/Bonne, Rigobert: *Atlas de toutes les parties connues du globe terrestre, dressé Pour L'Hiſtoire Philoſophique & Politique des Établiſſemens & du Commerce des Européens dans les deux Indes.* [1780.]

—*Tableaux, atlas et cartes de l'Histoire philosophique et politique des établissements et du commerce des Européens dans les deux Indes.* Fac-similés des éditions de 1774 et 1780. Présentation et notes par Andrew Brown. Ferney-Voltaire: Centre international d'étude du XVIIIe siècle 2010. [http://c18.net/18img/raynal-atlas-specimen.pdf].

Reichard, C[hristian] G[ottlieb]/Haller von Hallerstein, Fr[iedrich] et al.: *Neuer Hand-Atlas über alle Theile der Erde. Nach den besten Hülfsmitteln und mit steter Rücksicht auf die neuesten politischen Ereignisse entworfen* von C. G. Reichard, Fr. Haller von Hallerstein, u.a. Vierte, gänzlich umgearbeitete und mit neuen Charten bereicherte Ausgabe. Nürnberg bei Friedrich Campe 1818.

Remarks on the French Memorials concerning the Limits of Acadia; Printed at the Royal Printing-houſe at Paris, and diſtributed by the French Miniſters at all the Foreign Courts of Europe. With two Maps, Exhibiting the Limits [...] To which is added, An Answer to the Summary Discussion, &c. London: Printed for T. Jefferys, at the Corner of St. Martin's Lane, in the Strand. MDCCLVI.

Robert [Gilles]: *Atlas Portatif, Universel et Militaire, Composé d'après les meilleures Cartes, tant gravées que manuscrites, des plus célèbres Geographes et Ingenieurs.* Par M. Robert, Geographe ordinaire du Roi. A Paris Chez l'Auteur, Quay de l'Horloge. Durand Libraire, rue St. Jacques, au Griffon. Pissot Fils, Libraire, Quai des August?, à la Sagesse. Avec Privilege du Roi. 1748.

Robert [Gilles]/Robert de Vaugondy [Didier:] *Atlas universel*, Par M. Robert Geographe ordinaire du Roy et Par M. Robert de Vaugondy son fils Geographe ord? du Roy, et de S. M. Polonoise Duc de Lorraine et de Bar, et Associé de L'Academie Royale des Sciences et belles Lettres de Nancy. Avec privilege du roy. 1757. A Paris Chez Les Auteurs Quay de l´Horloge du Palais. Boudet Libraire Imprimeur du Roi, rue St. Jacques.

Robert de Vaugondy [Didier:] *Bayes d'Hudson et de Baffins, et Terre de Labrador* Par le Sr Robert de Vaugondy fils de Mr. Robert Géog. du Roi Avec Privilege 1749. In: *Atlas Portatif, Universel et Militaire, Composé d'après les meilleures Cartes, tant gravées que manuscrites, des plus célèbres Geographes et Ingenieurs* [No. 72].

—*Les Lacs du Canada et Nouvelle Angleterre.* Par le Sr. Robert de Vaugondy Fils de Mr. Robert Géog. ordin. du Roi Avec Privilege 1749. In: *Atlas Portatif, Universel et Militaire, Composé d'après les meilleures Cartes, tant gravées que manuscrites, des plus célèbres Geographes et Ingenieurs* [No. 65].

—*Nouvelle Représentation des Côtes Nord et Est de L'Asie, pour servir d'éclairissement aux Articles du Supplément de l'Encyclopédie qui concernent le Passage aux Indes par le Nord.* Gravée sous la direction de Mr de Vaugondy en 1772.

Le Rouge [Georges-Louis]: *Atlas Ameriquain Septentrional Contenant les Details des differentes Provinces, de ce vaste Continent. Traduit des Cartes levées par ordre du Gouvernement Britannique.* Par le Major Holland, Evans, Scull, Mouzon, Ross, Cook, Lane, Gilbert, Gardner, Hillock &c &c A Paris Chez le Rouge Ingenieur Géographe du Roi, Rue des grands Augustins. 1778. Avec Privilege du Roi.

—*Atlas Général Contenant le Detail des quatre Parties du Monde principalement celui de l'Europe* par Lerouge Ingenieur Géographe du Roi et de S.A.S.M. le Comte de Clermont Avec Privilege du Roi. Ecrit par Petit A Paris chez le Sr. Le Rouge Ingr. Géographe du Roy Rue des Grds. Augustins. [nach 1764.]

—*Recueil des Plans de L'Amerique Septentrionale.* A Paris Chez Le Sr. Le Rouge Ingenieur Geographe du Roy, Et de S.A.S.M. le Comte de Clermont, Ruë des Augustins. 1755. [Erweiterte Neuauflage 1777 [?]]

Ruscelli, Giero[lamo] (Übers.)/Malombra, Gio[vanni] (Hg.): *La Geografia di Clavdio Tolomeo Alessandrino, Già tradotta di Greco in Italiano da M. Giero. Rvscelli: et hora in queſta nuoua editione da Gio. Malombra ricorretta, & purgata d'infiniti errori* [...]. In Venetia, Appreſſo Giordano Ziletti M. D. LXX IIII.

Sanson d'Abbeville [Nicolas]: *Cartes Generales de tovtes les Parties dv Monde, ou les Empires, Monarchies, Republiques, Eſtats, Peuples, &c. de l'Asie, de l'Africqve, de l'Evrope, & de l'Ameriqve, tant Anciens que Nouveaux, ſont exactement remarqués, & diſtingués ſuivant leur eſtenduë.* Par le Sieur Sanson d'Abbeville, Geographe ordinaire du Roy. A Paris, Chez Pierre Mariette, rue Saint Iacques, à l'Eſpérance. M.DC.LXIV. Avec privilege dv Roy povr vingt Ans.

—*L'Ameriqve en plvsievrs Cartes & en divers Traitte's de Geographie, et d'Histoire. Là où ſont deſcripts ſuccinctement, & avec vne belle Methode, & facile ses Empires, ses Pevples, ses Colonies, levrs Moevrs, Langves, Religions, Richesses &c. Et ce qu'il y a de plus beau, & de plus rare dans toutes ſes Parties, & dans les Iſles. Dedie'e a Monseigneur Monseigneur Fovcquet Conseiller dv Roy en tovs ses Conseils, et*

Chancelier des Ordres de sa Majeste'. Par N. Sanson d'Abbeville, Geographe Ordinaire du Roy. A Paris, chez l'Avthevr, Dans le Cloiſtre de Saint Germain de l'Auxerrois joignant la grande Port du Cloiſtre. CIƆ·IƆCLVII. Avec Privilege pour vingt Ans.

—Sauthier, Claude Joseph: *A Map of the Province of New-York, Reduc'd from the large Drawing of that Province, Compiled from Actual Surveys by Order of His Exclency William Tryon Eſqʳ. Captain General & Governor of the ſame*, By Claude Joseph Sauthier, to which is added New-Jersey, from the Topographical Obſervations of C.J. Sauthier & B. Ratzer. Engraved by Willam Faden, (Succeſſor to the late Mᴿ Thoˢ Jefferys) 1776.

Schauplatz des gegenwærtigen Kriegs. Durch accurate Plans von den wichtigſten Batailen Belagerungen und Feldlægern. Erſter Theil in 20. illuminirten Blættern von Aᵒ 1756. 1757. Nürnberg Bey. G. N. Raspe [ca. 1758].

> *Schau Platz des gegenwaertigen Kriegs durch accurate Plans und Charten von den wichtigſten Batailen und Belagerungen* Sechſter Theil, welcher die in den Jahren 1756.1757 vorgefallenen und im erſten Theile nicht enthaltenen Sachen vorſtellet. Nebſt einer Geſchichte des Kriegs in dieſen beyten Jahren, wodurch die Kupfer des erſten ſowohl als dieſes Sechſten Theils erklaert werden. Nürnberg auf Koſten der Raſpiſchen Buchhandlung. [ca. 1762.]

> *Schau Platz des gegenwaertigen Kriegs* Achter Theil welcher die in dem Jahre 1759 vorgefallenen und im dritten Theile nicht enthaltenen Sachen vorſtellet. Nebſt einer Geſchichte des Kriegs in dieſem Iahre wodurch die Kupfer des dritten ſowohl als dieſes Achten Theils erklaert werden. Nürnberg auf Koſten der Raſpiſchen Buchhandlung. [ca. 1762.]

> *Schau Platz des gegenwaertigen Kriegs* Neunter Theil welcher einige in den Jahren 1760. und 1761. vorgefallene und im vierten und fünften Theile nicht enthaltene Merkwürdigkeiten vorſtellet. Nebſt einer Geſchichte des Kriegs im Jahre 1760. Nürnberg auf Koſten der Raſpiſchen Buchhandlung. [ca. 1762.]

> *Schau Platz des gegenwaertigen Kriegs durch accurate Plans von den wichtigſten Batailen und Belagerungen im Jahre 1762*. Zehender und letzter Theil. Nürnberg auf Koſten der Raſpiſchen Buchhandlung. [ca. 1763.]

[Scherer, Heinrich:] *Regionvm circvmpolarivm Lapponiæ Islandiæ et Groenlandiæ novæ et veteris nova Descriptio geographica*. 1701.

Städt.Atlas, oder: Schauplatz berühmter Städte, Veſtungen, Proſpeckte, Gegenden, Grundriſſe, Belagerungen, etc: welche beÿ denen Homänniſchen Erben in Nürnberg zu finden ſind. 1762.

Le Testu, Guillaume: *Cosmographie Universelle selon les navigateurs Tant anciens Que modernes*. Par Guillaume Le Teſtu pillotte en la Mer du ponent: De la ville Francoyſe de grace. [1556.]

> [Neuedition:] *Cosmographie universelle. Selon les navigateurs tant anciens que modernes par Guillaume Le Testu*. Présentation de Frank Lestringant. Paris: Éditions Arthaud/Direction de la Mémoire, du Patrimoine et des Archives, Ministère de la Défense (SGA/DMPA et SHD) (Carnets des Tropiques) 2012.

Visscher, Nicolaus: *Novi Belgii novæque Angliæ nec non partis Virginiæ tabula multis in locis emendata per Nicolaum Visſcher*. Nunc apud Petr: Schenk Iun: [1685.]

Wytfliet, Cornelis: *Descriptionis Ptolemaicæ Avgmentvm. siue Occidentis Notitia Breui commentario illustrata* STudio et opera Cornely Wytfliet Louanienſis. Lovanii Typis Iohannis Bogardi Anno Domini M.D.XCVII.

De Zee-Atlas Ofte Water-Wereld, Waer in vertoont werden alle de Zee-Kuſten Van het bekende des Aerd-Bodems. Seer dinſtigh voor alle Heeren en Kooplieden, Als oock voor alle Schippers en Stuurlieden. Geſneden, gedruckt en uytgegeven t' Amſterdam, By Pieter Goos, op de Texelſe kay, naeſt de Rams-Koy, in de Zee-Spiegel. 1666.

> t' Amſteldam, By Pieter Goos, in de Zee-Spiegel, 1672.

[Zorgdrager, Cornelis Gisbert:] *Nieuwe Kaart van de Noord-Pool. De Eerſte Meridiaan getrokken over de Piek van Canarie* [1720].

Sekundärliteratur

Acerra, Martine/Martinière, Guy (Hg.) et al.: *Coligny, les protestants et la mer. Actes du colloque organisé à Rochefort et La Rochelle, les 3 et 4 octobre 1996*. Journées d'histoire et d'archéologie maritime. Paris: Presses de l'Université de Paris-Sorbonne 1997 (Collection Histoire maritime).

Ahrens, Moritz: *Literatur – Typographie – Kartographie. Reif Larsens Roman »Die Karte meiner Träume«*. Heidelberg: Sonderpublikation des Instituts für Textkritik 2012.

Allard, Michel et al.: *La Nouvelle-France 1713–1760*. 2ᵉ édition. Montréal/Toronto: Guérin 1985 (L'histoire canadienne à travers le document 2).

Allen, John Logan (Hg.): *North American Exploration* Volume 1. *A New World Disclosed*. Lincoln: University of Nebraska Press 1997.

Allmeyer-Beck, Peter E. (Hg.): *Modelle der Welt. Erd- und Himmelsgloben*. Wien: Christian Brandstätter Verlagsgesellschaft mbH 1997.

Anthiaume, Albert (l'abbé): *Évolution et enseignement de la science nautique en France, et principalement chez les Normands*. Préface de l'amiral [Henri] Buchard. Tome I–II. Paris: Librairie Ernest Dumond 1920.

Arendt, Hans-Jürgen (Text): *Der Frieden von Hubertusburg 1763*. Wermsdorf: Freundeskreis Schloss Hubertusburg zur Sanierung, Erhaltung und Wiederbelebung e.V. 2008 (Hubertusburger Schriften Heft 5).

Babcock, William H[enry]: *Legendary Islands of the Atlantic. A Study in Medieval Geography*. New York: American Geographical Society 1922.

—The Problem of Mayda, An Island Appearing on Medieval Maps. *The Geographical Review* 9, 4 (1920). S. 335–346.

Barbiche, Bernard: Henri IV et l'outre-mer: un moment décisif. In: Raymonde Litalien/Denis Vaugeois (Hg.), *Champlain. La naissance de l'Amérique française*. S. 24–32.

Basque, Maurice/Couturier, Jacques Paul (Hg.): *Les territoires de l'identité. Perspectives acadiennes et françaises, XVIIᵉ–XXᵉ siècles*. Moncton (N.B.): Chaire d'études acadiennes, Université de Moncton 2005 (Collection Mouvange).

Baynton-Williams, Ashley/Baynton-Williams, Miles: *Les nouveaux mondes: Cartes anciennes, XVᵉ–XIXᵉ siècle*. Montréal: Sélection du Reader's Digest (Canada) 2007.

> [Engl. Ausgabe:] *New Worlds: Maps From the Age of Discovery*. London: Quercus Publishing 2009 [1. Aufl. 2006]

—*Maps of North America. The Unveiling of Our Continent*. London: Quercus Publishing 2009.

Berger, Yves: *Éloge de la cartographie*. In: Hale, Eliazbeth F./Vadeboncoeur, Guy et al. (Hg.), *La découverte du monde. Cartographes et cosmographes*. Collection David M. Stewart. S. 11–12.

Berlien, J[ohann] H[einrich] Fr[iedrich]: *Der Elephanten=Orden und ſeine Ritter, eine hiſtoriſche Abhandlung über die erſten Spuren dieſes Ordens und deſſen fernere Entwickelung bis zu ſeiner gegenwärtigen Geſtalt, und nächſtdem ein Material zur Perſonalhiſtorie, nach den Quellen des Königlichen Geheimen=Staatsarchivs und des Ordenscapitels=Archivs zu Kopenhagen*, verfaßt von J. H. Fr. Berlien, Archiv=Secretair des Königlichen hiſtoriſch-genealogiſchen Archivs zu Kopenhagen. [...] Kopenhagen. Gedruckt in der Berlingſchen Officin. 1846.

Bethke, Insa: Rebellion auf der Zuckerinsel. *GEO EPOCHE. Das Magazin für Geschichte* 55 (2012). *Napoleon und seine Zeit 1769–1821*. S. 72–83.

Blais, Hélène: *Mirages de la carte. L'invention de l'Algérie coloniale*. Paris: Librairie Arthème Fayard 2014 (L'épreuve de l'histoire).

Blais, Hélène/Deprest, Florence/Singaravélou, Pierre (Hg.): *Territoires impériaux. Une histoire spatiale du fait colonial*. Paris: Publications de la Sorbonne 2011.

Blay, Jacqueline: *Histoire du Manitoba français*.
> Tome 1: *Sous le ciel de la Prairie, des débuts jusqu'à 1870*. Saint-Boniface (Manitoba): Les Éditions du Blé 2010.
> Tome 2: *Le temps des outrages (1870–1916)*. Saint-Boniface (Manitoba): Les Éditions du Blé 2014.

Bodin, Jacques: *L'histoire extraordinaire des Soldats de la Nouvelle France. Gouvernement, vie en garnison et campagnes militaires en Acadie, au Canada et en Louisiane aux 17ᵉ et 18ᵉ siècles*. Poitiers: Éditions O.C.A. Communication 1993.

Bolton, Charles Knowles: *Terra Nova: The Northeast Coast of America before 1602. Annals of Vinland, Markland, Estotiland, Drogeo, Baccalaos and Norumbega*. With Illustrations by Ethel Stanwood Bolton. Boston: F. W. Faxon Company 1935 (Useful Reference Series, No. 56).

Bonacker, Wilhelm: *Kartenmacher aller Länder und Zeiten*. Stuttgart: Anton Hiersemann 1966.

Bond, C[ourtney] C. J.: The mapping of Canada, 1497–1658. *Canadian Geographical Journal* 71, 2 (1965). S. 68–77.

Bonnichon, Philippe: *Des cannibales aux castors. Les découvertes françaises de l'Amérique (1503–1788)*. Paris: Éditions France-Empire 1994.

Boucher, Philip P.: *Les Nouvelles-Frances. La France en Amérique. 1500–1815*. Sillery (Québec): Les éditions du Septentrion 2004.

[Boucher de Boucherville, Pierre:] *Histoire veritable et naturelle des moeurs et productions du pays de la Nouuelle France, vulgairement dite le Canada*. A Paris, Chez Florentin Lambert, ruë Saint Iacques, vis à vis Sint Yues, à l'Image Saint Paul. M. DC. LXIV.

Boudreau, Claire/Cogné, Daniel/Vachon, Auguste (Hg.): *Genealogica & Heraldica. Proceedings of the 22ⁿᵈ International Congress of Genealogical and Heraldic Sciences in Ottawa from August 18 to 23, 1996. Actes du 22ᵉ Congrès international des sciences généalogique et héraldique à Ottawa du 18 au 23 août 1996*. Ottawa: University of Ottawa Press/Les Presses de l'Université d'Ottawa 1998.

Boudreau, Claude: *La cartographie au Québec 1760–1840*. Sainte-Foy (Québec): Les Presses de l'Université de Laval 1994.

—Un fleuve à la carte. *Cap-aux-Diamants: la revue d'histoire du Québec* 22 (1990). S. 15–18.

Bracher, Frederick [G.]: The Maps in Gulliver's Travels. *The Huntington Library Quarterly* 8 (1944). S. 59–74.

Brasser, T. J.: Mahican. In: Trigger, Bruce G. (Hg.), *Handbook of North American Indians*. Volume 15. *Northeast*. Washington: Smithsonian Institution 1978. S. 198–212.

Braudel, Fernand/Mollat du Jardin, Michel (Hg.): *Le Monde de Jacques Cartier. L'aventure au XVIᵉ siècle*. Montréal: Libre-Expression/Paris: Berger-Levrault 1984.

Brincken, Anna-Dorothee von den: *Kartographische Quellen. Welt-, See- und Regionalkarten*. Tournhout: Brepols 1988 (Typologie des sources du Moyen-Âge occidental, Fasc. 51 – A-V.D.3*).

Broc, Numa: Frankreich. In: Kretschmer, Ingrid/Dörflinger, Johannes/Wawrik, Franz (Bearb.) et al., *Lexikon zur Geschichte der Kartographie*. Band 1 (1986). S. 233–237.

—*La géographie des philosophes. Géographes et voyageurs français au XVIIIᵉ siècle*. Paris: Éditions Ophrys 1975.

Brown, [Robert] Craig (Hg.): *The Illustrated History of Canada*. Newly Revised and Updated. Toronto: Lester Publishing Limited 1991. Third edition. Toronto: Key Porter Books 2000.

Bürger, Thomas: Wandel und Kontinuität in 450 Jahren. Von der kurfürstlichen Liberey zur Sächsischen Landesbibliothek – Staats- und Universitätsbibliothek. *Wissenschaftliche Zeitschrift der Technischen*

Universität Dresden 55 (2006), Heft 1–2, S. 30–36 [http://www.qucosa.de/fileadmin/data/qucosa/documents/393/1204804136305-2674.pdf].

BURGEMEISTER, BURGHARD (Hg.): *Aus der Arbeit der Sächsischen Landesbibliothek 1956–1965*. Dresden: Eigenverlag der Sächsischen Landesbibliothek 1966.

BUTEL, PAUL: *Histoire des Antilles françaises. XVIIe – XXe siècle*. Paris: Éditions Perrin 2007 (Tempus). [1. Aufl. 2002.]

CAMPBELL, J[OHN] GREGORSON: The Green Island. *The Scottish Historical Review* 5 (1908). S. 191–202.

CANTERS, FRANK/DECLEIR, HUGO: *The World in Perspective. A Directory of World Map Projections*. Chichester/New York/Brisbane/Toronto/Singapore: John Wiley and Sons Ltd. 1989.

CARPIN, GERVAIS: *Histoire d'un mot. L'ethnonyme Canadien de 1535 à 1691*. Sillery (Québec): Les éditions du Septentrion 1995 (Les cahiers du Septentrion 5).

CARTIER, JACQUES: *Voyages en Nouvelle-France*. Texte remis en français moderne par Robert Lahaise et Marie Couturier avec introduction et notes. Ville La Salle (Québec): Cahiers du Québec/Éditions Hurtubise HMH 1977 (Les Cahiers du Québec. Coll. Documents d'histoire 32).

CHAMPLAIN, SAMUEL DE: *Voyages en Nouvelle-France. Explorations de l'Acadie, de la vallée du Saint-Laurent, rencontres avec les autochtones et fondation de Québec. 1604–1611*. Texte établi et présenté par Eric Thierry. Paris: Cosmopole 2001.

COMBET, DENIS P. (Hg.): *In Search of the Western Sea. Selected Journals of La Vérendrye. À la recherche de la mer de l'Ouest. Mémoires choisies de La Vérendrye*. Textes français établis par Denis Combet, Emmanuel Hérique, et Lise Gaboury-Diallo; translation into English by Alan MacDonell and Constance Cartmill. Winnipeg (Manitoba): Great Plains Publications/Saint-Boniface (Manitoba): Les éditions du Blé 2001.

CROIX, ALAIN/LESPAGNOL, ANDRÉ (Hg.): *Les Bretons et la mer. Images et Histoires*. Rennes: Éditions Apogée/Presses universitaires de Rennes 2005.

DAGET, SERGE: *La traite des Noirs. Bastilles négrières et velléités abolitionnistes*. Evreux: Ouest-France Université 1994 [1. Aufl. 1990].

DAHL, EDWARD H.: The Original Beaver Map: De Fer's 1698 Wall Map of America. *The Map Collector* 29 (1984). S. 22–26.

DAHL, EDWARD H./GAUVIN, JEAN-FRANÇOIS avec la collaboration de EILEEN MEILLON, de ROBERT DEROME et de PETER VAN DER KROGT: *Sphæræ Mundi. La collection de globes anciens du Musée Stewart*. Sillery (Québec): Les éditions du Septentrion 2000.

DAWSON, NELSON-MARTIN: *L'Atelier Delisle. L'Amérique du Nord sur la table de dessin*. Avec la collaboration de Charles Vincent. Sillery (Québec): Les éditions du Septentrion 2000.

DELÂGE, DENYS: Kehbek, Uepishtikueiau ou Québec: histoire des origines. *Les Cahiers des dix* 61 (2007). S. 107–129.

DEMANDT, ALEXANDER: *Sternstunden der Geschichte. Von Babylon bis Berlin*. 2. Auflage. München: Verlag C.H. Beck 2004 (Beck'sche Reihe 1558). Limitierte Sonderausgabe 2008.

DEPKAT, VOLKER: *Geschichte Nordamerikas. Eine Einführung*. Köln/Weimar/Wien: Böhlau Verlag 2008 (Geschichte der Kontinente Band 2) (UTB Geschichte 2614).

DICKINSON, JOHN A. / ABENON, LUCIEN R[ENÉ]: *Les Français en Amérique*. Lyon: Presses Universitaires de Lyon 1993.

DIDEROT, DENIS/LE ROND D'ALEMBERT, JEAN: *Encyclopédie, ou dictionnaire raisonné des sciences, des arts et des métiers*. The Project for American and French Research on the Treasury of the French Language (ARTFL). ARTFL Encyclopédie Project. Robert Morrissey, General Editor; Glenn Roe, Assoc. Editor. Department of Romance Languages and Literatures, University of Chicago [http://encyclopedie.uchicago.edu].

Documenta Geigy. Wissenschaftliche Tabellen. 6. Auflage. Herausgeber: J.R. Geigy A.G., Pharmazeutische Abteilung. Redaktion: Konrad Diem. Basel 1960.

DÖRING, JÖRG/THIELMANN, TRISTAN (Hg.): *Spatial Turn. Das Raumparadigma in den Kultur- und Sozialwissenschaften*. Bielefeld: Transcript - Verlag für Kommunikation, Kultur und soziale Praxis 2009 [1. Aufl. 2008].

DREYER-EIMBCKE, OSWALD: *Die Entdeckung der Erde. Geschichte und Geschichten des kartographischen Abenteuers*. Frankfurt am Main: Umschau Verlag Breidenstein 1988.

—*Kolumbus. Entdeckungen und Irrtümer in der deutschen Kartographie*. Frankfurt am Main: Umschau Verlag Breidenstein 1991.

DÜNNE, JÖRG: *Die kartographische Imagination. Erinnern, Erzählen und Fingieren in der Frühen Neuzeit*. München: Wilhelm Fink Verlag 2011.

—Die Karte als Operations- und Imaginationsmatrix. Zur Geschichte eines Raummediums. In: DÖRING, JÖRG/THIELMANN, TRISTAN (Hg.): *Spatial Turn. Das Raumparadigma in den Kultur- und Sozialwissenschaften*. Bielefeld: Transcript - Verlag für Kommunikation, Kultur und soziale Praxis 2009 [1. Aufl. 2008], S. 49–69.

EBERT, FRIEDRICH ADOLF: *Geschichte und Beschreibung der königlichen öffentlichen Bibliothek zu Dresden*. Leipzig: F. A. Brockhaus 1822.

EICH, LOTHAR (Hg.): *Risse von Schiffen des 16. und 17. Jahrhunderts gezeichnet von Rolf Hoeckel*. Mit schiffsgeschichtlichen Beiträgen von Rolf Hoeckel, Friedrich Jorberg, Robert Loef, Hans Szymanski und Heinrich Winter. 4. Auflage. Rostock: VEB Hinstorff Verlag 1970.

ELKHADEM, HOSSAM/HEERBRANDT, JEAN-PAUL/WELLENS-DE DONDER, LILIANE/CALCOEN, ROGER (Hg.): *Cartes des Amériques dans les collections de la Bibliothèque royale Albert Ier. Exposition organisée à la Bibliothèque royale Albert Ier du 13 novembre au 31 décembre 1992*. Bruxelles: Bibliothèque royale Albert Ier 1992 (Catalogues des expositions organisées à la Bibliothèque royale Albert Ier; C 237).

EMMANUEL, MARTHE: *La France et l'exploration polaire. De Verrazano à La Pérouse 1523-1788*. Paris: Nouvelles Éditions Latines 1969. [1. Auflage 1959.]

ETEMAD, BOUDA: *La Possession du monde. Poids et mesures de la colonisation (XVIIIe – XXe siècles)*. Bruxelles: Éditions Complexe 2000.

FISHMAN, BURTON J.: Defoe, Herman Moll and the Geography of South America. *The Huntington Library Quarterly* 36 (1972–1973). S. 227–238.

FORSTNER, GUSTAV: *Längenfehler und Ausgangsmeridiane in alten Landkarten und Positionstabellen*. Dissertation zur Erlangung des akademischen Grades eines Doktors der Ingenieurwissenschaften. Eingereicht bei der Fakultät für Bauingenieur- und Vermessungswesen an Universität der Bundeswehr München am 12. Oktober 2004. Neubiberg 2005 (Schriftenreihe Studiengang Geodäsie und Geoinformation der Universität der Bundeswehr München Heft 80).

FREITAG, BARBARA: *Hy Brasil: The Metamorphosis of an Island. From Cartographic Error to Celtic Elysium*. Amsterdam/New York: Editions Rodopi 2013 (Textxet. Studies in Comparative Literature 69).

FÜSSEL, MARIAN: *Der Siebenjährige Krieg. Ein Weltkrieg im 18. Jahrhundert*. 2., durchgesehene Auflage. München: C.H. Beck 2013 (C.H. Beck Wissen in der Beck'schen Reihe 2704).

GAGNON, ALAIN-G. (Hg.): *Québec: Staat und Gesellschaft*. Deutsche Erstausgabe bearbeitet und herausgegeben von Ingo Kolboom und Boris Vormann. Heidelberg: Synchron Wissenschaftsverlag der Autoren/Synchron Publishers 2011.

GARFIELD, SIMON: *On the Map. Why the World looks the way it does*. London: Profile Books Ltd 2012.
[Dt. Ausgabe:] *Karten! Ein Buch über Entdecker, geniale Kartografen und Berge, die es nie gab*. Aus dem Englischen von Katja Hald und Karin Schuler. Darmstadt: WBG (Wissenschaftliche Buchgesellschaft)/Konrad Theiss Verlag 2014.

GERRY, ELSA: L'Acadie au XVIIe siècle, entre la Nouvelle-France et la Nouvelle-Angleterre: Quelle identité? Quel territoire? In: BASQUE, MAURICE/COUTURIER, JACQUES PAUL (Hg.), *Les territoires de l'identité. Perspectives acadiennes et françaises, XVIIe–XXe siècles*. S. 15–24.

GIER, HELMUT/JANOTA, JOHANNES (Hg.): *Augsburger Buchdruck und Verlagswesen. Von den Anfängen bis zur Gegenwart*. Herausgegeben von Helmut Gier und Johannes Janota im Auftrag der Stadt Augsburg. Wiesbaden: Otto Harrassowitz Verlag 1997.

GILBERT, ANNE (Hg.): *Territoires francophones. Études géographiques sur la vitalité des communautés francophones du Canada*. Sillery (Québec): Les éditions du Septentrion 2010.

GLAUSER, JÜRG/KIENING, CHRISTIAN (Hg.): *Text - Bild - Karte. Kartographien der Vormoderne*. Freiburg i.B.: Rombach Druck- und Verlagshaus 2007.

GLOVER, WILLIAM (Hg.): *Charting Northern Waters. Essays for the Centenary of the Canadian Hydrographic Service*. [Montréal/Kingston (Ontario):] McGill-Queen's University Press 2004.

GRAVIER, GABRIEL: *Découverte de l'Amérique par les Normands au Xe siècle*. [...] Paris: Maisonneuve & Cie, Libraires-Editeurs, 15, Quai Voltaire, 15./Rouen: Espérance Cagniard, Imprimeur-Libraire, Rue Jeanne-Darc, 88. M.DCC.LXXIIII. [Reprint:] Boston: Adamant Media Corporation/Elibron Classics 2006.

—*Vie de Samuel Champlain fondateur de la Nouvelle-France (1567–1635)*. Paris: Librairie orientale & américaine J. Maisonneuve, Éditeur. 6, rue de Mézières et rue Madame, 26. 1900.
[Neuauflage:] *Samuel Champlain. À la découverte du Canada*. La Rochelle: La Découvrance éditions 2006.

GRÜNDER, HORST: *Eine Geschichte der europäischen Expansion. Von Entdeckern und Eroberern zum Kolonialismus*. Lizenzausgabe. Stuttgart: Konrad Theiss Verlag 2003

[GUEDEVILLE, NICOLAS:] Dissertation sur le Canada, ou la Nouvelle France. In: *Atlas Historique, ou Nouvelle Introduction A l'Hiſtoire à la Chronologie & et à la Géographie Ancienne & Moderne* [...] Tome VI. Qui comprend l'Afrique & l'Amérique Septentrionale & Meridionale, tant en général qu'en particulier [...] S. 83–90.

GUICHARD, RENÉ: *Les Vikings, créateurs d'États: Islande et Norvège. Découvreurs de nouveaux mondes: Érik le Rouge au Groenland en l'an 982 Leif l'Heureux en Vinland en l'an 1000*. Paris: Éditions A. et J. Picard 82, rue Bonaparte, 82. 1972.

HAKE, GÜNTER/GRÜNREICH, DIETMAR/MENG, LIQIU: *Kartographie: Visualisierung raum-zeitlicher Informationen*. 8., vollständig neu bearbeitete und erweiterte Auflage. Berlin/New York: Walter de Gruyter 2002.

HALE, ELIZABETH F./VADEBONCOEUR, GUY (Hg.): et al. *La découverte du monde. Cartographes et cosmographes. Collection David M. Stewart*. Montréal: Musée David M. Stewart Le Vieux Fort- Ile-Ste-Hélène 1985. Distribué par University of Chicago Press.

HANTZSCH, VIKTOR: *Die Kartensammlung der Kgl. Bibliothek zu Dresden*. Sonderdruck aus der Geographischen Zeitschrift, Band 9, Heft 3. Leipzig 1903.

HANTZSCH, VIKTOR/SCHMIDT, LUDWIG et al. (Hg.): *Kartographische Denkmäler zur Entdeckungsgeschichte von Amerika, Asien, Australien und Afrika aus dem Besitz der Königlichen Öffentlichen Bibliothek zu Dresden*. Mit Unterstützung der Generaldirektion der Königlichen Sammlungen für Kunst und Wissenschaft und der König-Johann-Stiftung herausgegeben. Leipzig: Verlag von Karl W. Hiersemann 1903.

HARRISSE, HENRY: *Découverte et évolution cartographique de Terre-Neuve et des pays circonvoisins 1497–1501–1769. Essais de géographie historique et documentaire*. Paris: H. Welter, Éditeur 4, rue Bernard-Palissy, 4/London: Henry Stevens, Son & Stiles 39, Great Russell Street, W. C. MDCCCC.

HAUPT, WALTHER: *Führer durch die Kartensammlung der Sächsischen Landesbibliothek zu Dresden*. 2., überarbeitete Auflage. Dresden: Eigenverlag der Sächsischen Landesbibliothek 1986.

HAVARD, GILLES/VIDAL, CÉCILE: *Histoire de l'Amérique française*. Édition entièrement revue. Paris: Flammarion 2006 (Collection Champs 702).

HEIDENREICH, CONRAD EDMUND: *Explorations and Mapping of Samuel de Champlain, 1603–1632*. Toronto: B. V. Gutsell/Department of Geography York University 1976 (Cartographica Monograph no. 17).

HENNEPIN, LOUIS, R. P.: *Description de la Louisiane, nouvellement decouverte au Sud'Oüeſt de la Nouvelle France, par Ordre du Roy. Avec la Carte du Pays: Les Mœurs & la Manière de vivre des Sauvages.* Dedie'e a sa Majeſte' Par le R.P. Louis Hennepin, Miſſionnaire Recollet & Notaire Apoſtolique. A Paris, Chez la Veuve Sebastien Huré, ruë Saint Jacques, à l'Image S. Jerôme, prés S. Severin. M. DC. LXXXIII.

—*Nouvelle Decouverte d'un tres grand Pays Situé dans l'Amerique, entre Le Nouveau Mexique, et La Mer Glaciale, Avec les Cartes, & les Figures neceſſaires, & de plus l'Histoire Naturelle & Morale, & les avantages qu'on en peut tirer par l'etabliſſem. des Colon.* Le tout dedie à Sa Majesté Britannique. Guillaume III· Par le R. P. Louis Hennepin, Miſſionaire Recollect & Notaire Apoſtolique. A Amsterdam, Chez Abraham van Someren, Marchand Libraire. M.DCXCVIII.

HENZE, DIETMAR: *Enzyklopädie der Entdecker und Erforscher der Erde.* Band 1–5. Graz: Akademische Druck- und Verlagsanstalt 1978–2004.

HINRICHSEN, TORKILD (Bearb.): *Island und das nördliche Eismeer. Land- und Seekarten seit 1493.* 14. Mai bis 31. August 1980. Altonaer Museum in Hamburg Norddeutsches Landesmuseum. Ausstellung und Katalog: Torkild Hinrichsen. Hamburg [1980].

HOFMANN, CATHERINE/RICHARD, HÉLÈNE/VAGNON, EMMANUELLE (Hg.): *L'âge d'or des cartes maritimes. Quand l'Europe découvrait le monde.* Paris: Le Seuil/Bibliothèque nationale de France 2012.

HORST, THOMAS: *Die Welt als Buch. Gerhard Mercator (1512–1594) und der erste Welt*ATLAS. *Bildband anlässlich der Faksimilierung des Mercatoratlas von 1595 (2° Kart. B 180/3) der Staatsbibliothek zu Berlin – Preußischer Kulturbesitz, mit allen Kartentafeln dieser Ausgabe.* Vorwort von Wolfgang Crom. Gütersloh/München/Brüssel: Faksimile Verlag/wissenmedia in der inmediaONE/Mercatorfonds 2012 (Bertelsmann Chronik).

[Frz. Ausgabe:] *Le monde en cartes. Gérard Mercator (1512–1594) et le premier atlas du monde.* Bruxelles: Fonds Mercator Éditions 2011.

HUMBOLDT, ALEXANDER V[ON]: *Kritische Untersuchungen über die historische Entwicklung der geographischen Kenntnisse von der Neuen Welt und die Fortschritte der nautischen Astronomie in dem 15ten und 16ten Jahrhundert* [...]. Aus dem Französischen übersetzt von Dr. Jul. Ludw. Ideler [...]
Erster Band. Berlin, 1836. In der Nicolai'schen Buchhandlung.

INGSTAD, HELGE/INGSTAD, ANNE STINE: *The Viking Discovery of America. The Excavation of a Norse Settlement in L'Anse aux Meadows, Newfoundland.* St. John's (Newfoundland): Breakwater Books 2000 [Ausgabe mit farbigen Bildtafeln: New York: Checkmark Books 2001].

JAEGER, FRIEDRICH (Hg.): *Enzyklopädie der Neuzeit* im Auftrag des Kulturwissenschaftlichen Instituts (Essen) und in Verbindung mit den Fachwissenschaftlern herausgegeben von Friedrich Jaeger. Band 1–16. Stuttgart/Weimar: Verlag J. B. Metzler 2005–2012.

[JEFFERYS, THOMAS (Text)/BUTEL DUMONT, G. M. (Bearb.):] *Conduite des François, par rapport a la Nouvelle Ecosse, depuis le premier Établissement de cette Colonie juſqu'à nos jours. Ouvrage où l'on expoſe la foibleſſe des argumens dont ils ſe ſervent pour étaler la force du Traité d'Utrecht & pour juſtifier leurs procedés illégitimes, dans une Lettre à un Membre du Parlement.* Traduit de l'Anglois, Avec des Notes d'un François, dans leſquelles il diſculpe ſa Nation des imputations dont on la charge, & où, en réfutant les paralogiſmes de l'Auteur Anglois, & ſes fauſſes aſſertations, il établit peremptoirement les droits de la France ſur les Poſſeſſions qu'elle occupe dans l'Amérique ſeptentrionale. A Londres, Chez les Freres Vaillant, 1755.

JONKERS, ART ROELAND THEO: *Kompaſs.* In: JAEGER, FRIEDRICH (Hg.), *Enzyklopädie der Neuzeit.* Band 6 (2007). Sp. 1032–1035.

JORBERG, FRIEDRICH: Bewaffnetes Expeditionsschiff „Golden Hind" ex „Pelican" 1575. In: EICH, LOTHAR (Hg.), *Risse von Schiffen des 16. und 17. Jahrhunderts gezeichnet von Rolf Hoeckel.* S. 9–38.

—*Kriegsschiff „Revenge" 1577.* In: EICH, LOTHAR (Hg.), *Risse von Schiffen des 16. und 17. Jahrhunderts gezeichnet von Rolf Hoeckel.* S. 39–65.

JOUTARD, PHILIPPE/WIEN, THOMAS (Hg.) avec la collaboration de Didier Poton: *Mémoires de Nouvelle-France. De France en Nouvelle-France.* Rennes: Presses Universitaires de Rennes 2005.

JULIEN, CH[ARLES]-ANDRÉ: *Les voyages de découverte et les premiers etablissements (XVᵉ–XVIᵉ siècles).* Paris: Presses Universitaires de France 1948 (Colonies et empires. Troisième série. Histoire de l'expansion et de la colonisation françaises 1).

JUREIT, ULRIKE: *Das Ordnen von Räumen. Territorium und Lebensraum im 19. und 20. Jahrhundert.* Hamburg: Hamburger Edition HIS Verlagsgesellschaft 2012.

Katalog der Handschriften der Sächsischen Landesbibliothek zu Dresden. Korrigierte und verbesserte [IV: ergänzte], nach dem Exemplar der Landesbibliothek photomechanisch hergestellte Ausgabe des Katalogs der Handschriften der Königlichen Öffentlichen Bibliothek zu Dresden.

    Band 1, bearbeitet von Franz Schnorr v. Carolsfeld, Leipzig: Teubner 1882. Dresden: Sächsische Landesbibliothek 1979.
    Band 2. Bearbeitet von Franz Schnorr v. Carolsfeld, Leipzig: Teubner 1883. Dresden: Sächsische Landesbibliothek 1981.
    Band 3. Bearbeitet von Dr. Ludwig Schmidt Leipzig: Teubner 1906. Dresden: Sächsische Landesbibliothek 1982.
    Band 4, bearbeitet von Ludwig Schmidt und Arno Reichert. Leipzig: Teubner 1923. Dresden: Sächsische Landesbibliothek 1983.
    Band V (Mscr. Dresd. App. 184–1928). Bearbeiter: Christian Alschner, Christa Krause. Dresden: Sächsische Landesbibliothek 1986.

KERSHAW, KENNETH A[NDREW]: *Early Printed Maps of Canada.*
    [Volume] I. *1540–1703.* Ancaster, Ontario: Kershaw Publishing 1993.
    Volume II. *1703–1799. Maps of Canada, The Arctic, Newfoundland, The River & Gulf of St. Lawrence.* Ancaster, Ontario: Kershaw Publishing 1996.
    Volume III. *1703–1799. Maps of Eastern Canada & Newfoundland, The Maritimes, Nova Scotia, Halifax, Prince Edward Island, Sable Island, Cape Breton, Louisbourg, & The Great Lakes.* Ancaster, Ontario: Kershaw Publishing 1997.
    Volume IV. *1703–1799. Quebec City & Province, Siege of Quebec, Montreal, West Coast and Admiral de Fonte.* Ancaster (Ontario): Kershaw Publishing 1998.

KLECKER, CHRISTINE/GUMNIOR, KLAUS (Hg.): *August der Starke und seine Zeit. Beiträge des Kolloquiums vom 16./17. September 1994 auf der Festung Königstein.* Herausgegeben vom Verein für sächsische Landesgeschichte e.V. (vorm. Sächsischer Altertumsverein e.V.) 1995 (Saxonia. Schriftenreihe des Vereins für sächsische Landesgeschichte e.V. Band 1).

KOEMAN, C[ORNELIS] (Hg.): *Atlantes Neerlandici. Bibliography of terrestrial, maritime and celestial atlases and pilot books, published in the Netherlands up to 1880.* Volume I–V. Amsterdam: Theatrum Orbis Terrarum Ltd. 1967–1971.

KŒNIG, L.: *Le «French Shore» (Souvenirs de Campagne à Terre-Neuve). Le Tour du Monde* LX (1890), S. 369–384; S. 385–400.

KOLBOOM, INGO: *Die Akadier – Frankreichs vergessene Kinder. Der lange Weg zu einer Nation ohne Grenzen.* In: KOLBOOM, INGO/MANN, ROBERTO: *Akadien: ein französischer Traum in Amerika. Vier Jahrhunderte Geschichte und Literatur der Akadier.* S. 5–322.

—*L'invention de la nation canadienne-française. Réflexions à partir du Drapeau de Carillon d'Octave Crémazie.* In: KOLBOOM, INGO/GRZONKA, SABINE ALICE (Hg.): *Gedächnisorte im anderen Amerika. Tradition und Moderne in Québec – Lieux de mémoire dans l'autre Amérique. Tradition et modernité au Québec.* S. 55–81.

KOLBOOM, INGO/GRZONKA, SABINE A. (Hg.): *Gedächnisorte im anderen Amerika. Tradition und Moderne in Québec – Lieux de mémoire dans l'autre Amérique. Tradition et modernité au Québec.* Heidelberg: Synchron Wissenschaftsverlag der Autoren/Synchron Publishers 2002.

KOLBOOM, INGO/MANN, ROBERTO: *Akadien – ein französischer Traum in Amerika. Vier Jahrhunderte Geschichte und Literatur der Akadier.* Mit Gastbeiträgen von Maurice Basque, Sandra Eulitz, Jacques Gauthier, Ingrid Neumann-Holzschuh und Thomas Scheufler sowie einer CD-ROM mit Materialien und Dokumenten und einer DVD mit dem Film *Die Akadier – Odyssee eines Volkes* von Eva und Georg Bense. Heidelberg: Synchron Wissenschaftsverlag der Autoren/Synchron Publishers 2005.

KOLBOOM, INGO/LIEBER, MARIA/REICHEL, EDWARD (Hg.): *Le Québec: Société et cultures. Les enjeux identitaires d'une francophonie lointaine.* Dresden/München: Dresden University Press 1998 (Dresden: Romania. Literaturen – Sprachen – Länder Band 2).

KRETSCHMER, INGRID/DÖRFLINGER, JOHANNES/WAWRIK, FRANZ (Bearb.) et. al.: *Lexikon zur Geschichte der Kartographie. Von den Anfängen bis zum Ersten Weltkrieg.* Band 1–2. Wien: Franz Deuticke 1986 (Die Kartographie und ihre Randgebiete. Enzyklopädie Band C/1–C/2).

KUIPER, MARCEL/KERSBERGEN, ROB: *De Vyerighe Colom. Atlas verthoonende de 17 Nederlandsche Provintien. Oorspronkelijk uitgegeven te Amsterdam omstreeks 1660 door Jacob Aertsz. Colom.* Landsmeer: Uitgeverij 12 Provinciën 2008.

KUPČÍK, IVAN: *Alte Landkarten. Von der Antike bis zum Ende des 19. Jahrhunderts.* Ins Deutsche übertragen von Anna Urbanová. Praha: Artia Verlag 1980.

—*Alte Landkarten. Von der Antike bis zum Ende des 19. Jahrhunderts. Ein Handbuch zur Geschichte der Kartographie.* Veränderte und erweiterte Neuauflage. Stuttgart: Franz Steiner Verlag 2011.

LACOURSIÈRE, JACQUES/PROVENCHER, JEAN/VAUGEOIS, DENIS: *Canada–Québec. Synthèse historique 1534–2000.* Sillery (Québec): Les éditions du Septentrion 2001.

LAFLÈCHE, GUY: *Lahontan, «Lettre XVI» des* NOUVEAUX VOYAGES. *Introduction générale. L'invention de la rivière Longue par le baron Lahontan.* Édition critique de la Lettre XVI des *Nouveaux Voyages* de Lahontan, dans le cadre du cours FRA 2111 "Écrits de la Nouvelle France" à l'Université de Montréal, Littératures de langue française [http://singulier.info/rl/rl2.html].

—*(Premier) Sommaire des travaux (en cours) 14 décembre 2008. La rivière Longue de Lahontan, la fabuleuse invention de l'ordinaire réalité.* Édition critique de la Lettre XVI des *Nouveaux Voyages* de Lahontan, dans le cadre du cours FRA 2111 "Écrits de la Nouvelle France" à l'Université de Montréal, Littératures de langue française [http://singulier.info/rl/rl4.html].

LAMPIN, DIDIER: *Biographie sommaire des Géographes, Hydrographes et Cartographes* [http://cartes-martinique.pagesperso-orange.fr/biographie.htm].

LANGER, CLAUS-DIRK: *Meissens alte Stadtpläne. Historische Stadtpläne und Umgebungskarten vom 16. bis zum Beginn des 20. Jahrhunderts.* Meißen: CDL Eigenverlag von Claus-Dirk Langer 2011.

LARSEN, REIF: *The Selected Works of T.S. Spivet.* London/New York: The Penguin Press 2009.

[Dt. Ausgabe:] *Die Karte meiner Träume.* Roman. 5. Auflage. Frankfurt am Main: Fischer Taschenbuch Verlag 2013 (Fischer Taschenbuch 18444).

LARUE, MONIQUE: *L'arpenteur et le navigateur.* Montréal: Les Éditions Fides/CÉTUQ 1996 (Les grandes Conférences).

LAUTERBACH [VON NOSKOWITZ], JOHANNES: *De rebvs gestis Serenissimi Principis ac D. D. Friderici Secvndi, Regis Daniæ, &c. piæ ac felicis memoriæ, Epigrammata: ſcripta ad Christianvm IV. Daniæ et Noruuegiæ Regem, Ducem Sleſuicenſem & Holſatiæ, &c.* a Ioanne Lavterbachio

Poëta nobili & coronato. Intertexta funt alibi aliorum eiufdem argumenti poëmatia, quorum nomina fequuntur: Ianvs Dovsa, filius. Petrvs Lindenbergivs. Georgivs Wippermannvs. Albertvs Lomeiervs. Gaspar Ens. Francofvrti Apud Joannem Wechelum. M D XCII.

Lester, Toby: *The Fourth Part of the World. The Epic Story of History's Greatest Maps*. London: Profile Books 2009/New York: Free Press, a division of Simon & Schuster 2009.

—*The Fourth Part of the World. An Astonishing Epic of Global Discovery, Imperial Ambition, and the Birth of America*. New York: Simon & Schuster 2010.

[Dt. Ausgabe:] *Der vierte Kontinent. Wie eine Karte die Welt veränderte*. Berlin: Berlin Verlag 2010.

[Frz. Ausgabe:] *La quatrième partie du monde. La course aux confins de la Terre et l'histoire épique de la carte qui donna son nom à l'Amérique*. Paris: Éditions Jean-Claude Lattès 2012.

Lewis, G. Malcolm: *Native North Americans' Cosmological Ideas and Geographical Awareness: Their Representation and Influence on Geographical Knowledge*. In: Allen, John Logan (Hg.): *North American Exploration* Volume 1. *A New World Disclosed*. Lincoln: University of Nebraska Press 1997. S. 71–126.

Lewis, Meriwether/Clark, William: *Tagebuch der ersten Expedition zu den Quellen des Missouri, sodann über die Rocky Mountains zur Mündung des Columbia in den Pazifik und zurück, vollbracht in den Jahren 1804–1806*. Ausgewählt, übersetzt und herausgegeben von Friedhelm Rathjen. Frankfurt am Main: Zweitausendeins 2003.

Martin, Christiane/Eiblmeier, Manfred et al. (Red.): *Lexikon der Geowissenschaften in sechs Bänden*. Band 1–6. Heidelberg/Berlin: Spektrum Akademischer Verlag 2000–2002.

Lindgren, Uta: *Kartographie*. In: Jaeger, Friedrich (Hg.), *Enzyklopädie der Neuzeit*. Band 6 (2007). Sp. 407–421.

Lindner, Klaus: Instrumentenbauer und Kartenmacher in Süddeutschland und Tirol. In: Zögner, Lothar (Hg.) et al., *Die Welt in Händen. Globus und Karte als Modell von Erde und Raum*. S. 95–112.

Litalien, Raymonde: *Québec, capitale de la Nouvelle-France, 1608–1760*. Paris: Les Belles Lettres 2008.

Litalien, Raymonde/Palomino, Jean-François/Vaugeois, Denis: *La mesure d'un continent. Atlas historique de l'Amérique du Nord 1492–1814*. Ouvrage préparé en collaboration avec Bibliothèque et Archives nationales du Québec. Sillery (Québec): Les éditions du Septentrion/Paris: Presses de l'Université Paris-Sorbonne 2007.

[Engl. Ausgabe:] *Mapping a Continent. Historical Atlas of North America, 1492–1814*. Sillery (Québec): Les éditions du Septentrion 2007.

Litalien, Raymonde/Vaugeois, Denis (Hg.): *Champlain. La naissance de l'Amérique française*. Paris: Nouveau Monde éditions/Sillery (Québec): Les éditions du Septentrion 2004.

[Engl. Ausgabe:] *Champlain. The Birth of French America*. Sillery (Québec): Les éditions du Septentrion/[Montréal/Kingston (Ontario):] McGill-Queen's University Press 2004.

Lopez, Barry Holstun: *Light Action in the Caribbean. Stories*. New York: Alfred A. Knopf/Random House 2000.

—*The Mappist*. In: *Light Action in the Caribbean*. [Als Monographie:] *The Mappist*. Images by Charles Hobson. San Francisco: Pacific Editions 2005.

Ludwig, Jörg: *Sachsen und Übersee im Zeitalter Augusts des Starken*. In: Klecker, Christine/Gumnior, Klaus (Hg.): *August der Starke und seine Zeit. Beiträge des Kolloquiums vom 16./17. September 1994 auf der Festung Königstein*. S. 54–60.

Marchand, Micheline: *Les voyageurs et la colonisation de Pénétanguishene (1825–1871). La colonisation française en Huronie*. Sudbury (Ontario): Société historique du Nouvel Ontario 1989 (Documents historiques 87).

Maßeinheiten. Länge. In: *Documenta Geigy. Wissenschaftliche Tabellen*. 6. Auflage (1960). S. 174–175.

Mathieu, Jacques/Imbeault, Sophie: *La Guerre des Canadiens. 1756–1763*. Sillery (Québec): Les éditions du Septentrion 2013.

Mémoires chronologiques pour servir à L'Histoire de Dieppe, et a celle de la Navigation Françoise; Avec un Recueil abrégé des Priviléges de cette Ville. Tome premier–Tome second. A Paris, Chez Desauges, Libraire, rue St Louis du Palais. A Rouen, Chez Racine, Libraire, rue Ganterie. A Dieppe, Chez Dubuc, Imprimeur du Roi. M. DCC. LXXXV. Avec Approbation & Privilége du Roi.

[Mercator, Gerardvs:] *Litterarum latinarum, quas Italicas, curforiasque vocat, fcribendarum ratio*. Louanij ex officina Rutgeri Refcij Men. Mart. .1540.

Metasch, Frank: Sachsen im Siebenjährigen Krieg. Regionale Aspekte eines globalen Konflikts. In: Syndram, Dirk/Brink, Claudia (Hg.), *Die königliche Jagdresidenz Hubertusburg und der Frieden von 1763*. S. 171–180.

Meurer, Peter H.: *Atlantes Colonienses. Die Kölner Schule der Atlaskartographie 1570–1610*. Bad Neustadt a.d. Saale: Verlag Dietrich Pfaehler 1988 (Fundamenta Cartographica Historica Band 1).

Meyer, Jean/Tarrade, Jean/Rey-Goldzeiguer, Annie: *Histoire de la France coloniale 1. La conquête des origines à 1870*. Paris: Armand Colin Éditeur 1991 (Agora 173).

Mollat, Michel/Hapert, Jacques (Hg.): *Giovanni et Girolamo Verrazano, navigateurs de François I*er. Dossiers de voyages établis et commentés par Michel Mollat et Jacques Hapert. Paris: Imprimerie nationale 1982 (Collection Voyages et découvertes).

Montaigne, Michel [Eyquem] de: *Die Essais*. Herausgegeben, aus dem Französischen übertragen und mit einer Einleitung versehen von Arthur Franz. Köln: Anaconda Verlag 2005.

Morgat, Alain: Le Dépôt des cartes et plans de la marine et la collection des soixante et onze recueils du Service hydrographique. *Revue historique des armées* 249 (2007). S. 134–135.

Morissonneau, Christian: *Le rêve américain de Champlain*. Montréal: Éditions Hurtubise 2009.

Morissonneau, Christian/Dorion, Henri: *Le langage géographique de Cartier et de Champlain. Choronymie, vocabulaire et perception*. Québec: Presses de l'Université Laval 1978.

Muir, Richard: *Modern Political Geography*. New York: Macmillan 1975.

—*Political Geography. A New Introduction*. Hoboken (New Jersey): John Wiley & Sons 1997.

Munk, Jens/Hansen, Thorkild: *Über den Nordpol nach China? Auf der Suche nach der Nordwestpassage. Ein Seefahrerschicksal des 17. Jahrhunderts* – dargestellt von Thorkild Hansen. Tübingen/Basel: Horst Erdmann Verlag für Internationalen Kulturaustausch 1974.

Murray, Jeffrey S.: *Terra Nostra, 1550–1950. The Stories Behind Canada's Maps*. Montréal/Kingston (Ontario): McGill-Queen's Press 2006.

[Frz. Ausgabe:] *Terra nostra. Les cartes du Canada et leurs secrets, 1550–1950*. Silléry (Québec): Les éditions du Septentrion 2006.

Nute, Grace Lee: *The Voyageur*. St. Paul: Minnesota Historical Society Press 1987. [1. Auflage New York: D. Appelton and Company ca. 1931]

—*The Voyageur's Highway*. St. Paul: Minnesota Historical Society Press 1941.

Ökte, Ertuğrul Zekâi (Hg.) et al: *Kitab-ı Bahriye Pirî Reis*. 1–4. İstanbul: The Historical Research Foundation/İstanbul Research Center 1988 (Ministry of Culture and Tourism of the Turkish Republic Ankara).

Opel, Wolfgang: Die Suche nach der Nordwestpassage. *360° Kanada*. Sonderheft: *Die Nord-Territorien – Yukon, Northwest Territories, Nunavut*. Mettmann 2014. S. 114–121.

d'Orgeix, Émilie: Alain Manesson Mallet (1630–1706). Portrait d'un ingénieur militaire dans le sillage de Vauban. *Bulletin du Comité français de cartographie* 195 (2008). S. 67–74.

Oxford Dictionary of National Biography in association with The British Academy. From the earliest times to the year 2000. Edited by H[enry] C[olin] G[rey] Matthew and Brian Harrison. Volume 1–60; Index of Contributors. Oxford/New York etc.: Oxford University Press 2004

Palomino, Jean-François (Recherche et rédaction): *Ils ont cartographié l'Amérique. Une exposition réalisée par Bibliothèque et Archives nationales du Québec et présentée à la Grande Bibliothèque du 26 février au 24 août 2008. Pistes d'observation*. Montréal 2008.

Paluszkiewicz-Misiaczek, Magdalena/Reczyńska, Anna/Śpiewak, Anna (Hg.): *Place and Memory in Canada: Global Perspectives. 3rd Congress of Polish Association for Canadian Studies and 3rd International Conference of Central European Canadianists*. Proceedings. April 30 – May 3, 2004. Cracow, Poland. Kraków: Polska Akademia Umiejętności 2005.

Pápay, Gyula: Gedanken über die universitäre Ausbildung im Fach Kartographie. *KN Kartographische Nachrichten. Journal of Cartography and Geographic Information* 63, 4 (2013). S. 221–222.

Pastoureau, Mireille/Pelletier, Monique: Französische Kartographie. In: Kretschmer, Ingrid/Dörflinger, Johannes/Wawrik, Franz (Bearb.) et. al., *Lexikon zur Geschichte der Kartographie*. Band 1 (1986). S. 237–241.

Pearson, Kenneth H. et al. (Hg.): *Encyclopedia Canadiana. The Encyclopedia of Canada*. 1–10. Toronto/Ottawa/Montreal: Grolier of Canada [ca. 1975].

Pelizaeus, Ludolf: *Der Kolonialismus. Geschichte der europäischen Expansion*. Wiesbaden: Marix Verlag 2008 (marixwissen).

Pelletier, Monique: *Cartographie de la France et du monde de la Renaissance au siècle des lumières*. Paris: Bibliothèque nationale de France 2002.

—Cartography and Power in France during the Seventeenth and Eighteenth Centuries. *Cartographica* 36, 1 (1998). S. 41–53.

Petto, Christine Marie: *When France Was King of Cartography. The Patronage and Production of Maps in Early Modern France*. Lanham (Maryland)/Plymouth, U.K.: Lexington Books 2007.

Pfeifer, Hans: Die Kartenabteilung. In: Burgemeister, Burghard (Hg.), *Aus der Arbeit der Sächsischen Landesbibliothek 1956–1965*. S. 69–74.

Pinoteau, Hervé baron: Fleurs de lis de France et d'ailleurs. In: Boudreau, Claire/Cogné, Daniel/Vachon, Auguste (Hg.), *Genealogica & Heraldica. Proceedings of the 22nd International Congress of Genealogical and Heraldic Sciences in Ottawa from August 18 to 23, 1996. Actes du 22e Congrès international des sciences généalogique et héraldique à Ottawa du 18 au 23 août 1996*. S. 439–446.

Pritchard, James: Hydrography in New France. In: Glover, William (Hg.), *Charting Northern Waters. Essays for the Centenary of the Canadian Hydrographic Service*. S. 10–21.

Pyta, Wolfram: Bodenlose Besitzgier. Raumkonzepte in der deutschen Wissenschaft und Politik im 19./20. Jahrhundert. *Frankfurter Allgemeine Zeitung* 18.03.2013. S. 8.

Rademacher, Cay (Text)/Wehrmann, Tim (Illustrationen): 1001 Die Entdeckung Amerikas. Kurs auf Vinland. Leif Erikssons Fahrt nach Amerika. *GEO EPOCHE. Das Magazin für Geschichte* 53 (2012). *Die Wikinger*. S. 131–142.

Rauchhaupt, Ulf von: Der Vater der Atlanten. Vor 500 Jahren wurde der Kartograph Gerhard Mercator geboren. *Frankfurter Allgemeine Sonntagszeitung* 04.03.2012. S. 59.

—Rund auf flach. Das Problem der Weltkarten-Projektion. *Frankfurter Allgemeine Sonntagszeitung* 04.03.2012. S. 59.

Raynaud-Ngyen, Isabelle: *Portolan (Portulan)*. In: Kretschmer, Ingrid/Dörflinger, Johannes/Wawrik, Franz (Bearb.) et. al., *Lexikon zur Geschichte der Kartographie*. Band 2 (1986). S. 617–623.

Reinhartz, Dennis: Herman Moll. In: *Oxford Dictionary of National Biography in association with The British Academy. From the earliest times to the year 2000*. Volume 38 (2004). S. 542–544.

Resnick, Philip: *The European Roots of Canadian Identity*. Peterborough, Ontario: Broadview Press 2005.

Ritter, Michael: *Der Augsburger Landkartendruck.* In: Gier, Helmut/Janota, Johannes (Hg.), *Augsburger Buchdruck und Verlagswesen. Von den Anfängen bis zur Gegenwart.* S. 405–422.
— Die Augsburger Landkartenverlage Seutter, Lotter und Probst. *Cartographica Helvetica. Fachzeitschrift für Kartengeschichte* 25 (2002). S. 2–10.
Rolland, Henri de: Champlain et la Nouvelle France. *Revue historique de l'Armée* 5, 2 (1949). S. 7–15.
Rousseau, Jacques: *La cartographie de la région du Lac Mistassini.* Extrait de la Revue d'Histoire de l'Amérique française, Livraison de septembre 1949, pp. 289–312. Montréal 1949. [http://www2.ville.montreal.qc.ca/jardin/archives/rousseau/publi/La_cartographie_de_la_region_du_Lac_Mistassini.pdf].
Ruge, Sophus: *Die Entdeckungs-Geschichte der Neuen Welt.* In: *Hamburgische Festschrift zur Erinnerung an die Entdeckung Amerika's,* S. 1–132.
— *Die Entwickelung der Kartographie von Amerika bis 1570. Festschrift zur 400jährigen Feier der Entdeckung Amerikas […]* (Ergänzungsheft No. 106 zu „Petermanns Mitteilungen"). Gotha: Justus Perthes. 1892. In: *D*r *A. Petermanns Mitteilungen aus Justus Perthes Geographischer Anstalt […] Ergänzungsband XXIII (Heft 105–109).* Gotha: Justus Perthes 1893.
Sammet, Gerald: *Die Welt der Karten. Historische und moderne Kartografie im Dialog.* Gütersloh/München: Wissen Media Verlag/Bertelsmann Lexikon Institut 2008 (Atlantica Erlebnis Erde).
Sandler, Christian: *Johann Baptista Homann (1664–1724) und seine Landkarten. Ein Handbuch.* Nachdruck nach dem Original. Aus „Zeitschrift der Gesellschaft für Erdkunde zu Berlin, 1886". 2. Auflage 2005. Bad Langensalza: Verlag Rockstuhl 2005.
— *Die Homannischen Eben (1724–1852) und ihre Landkarten. Das Leben und Wirken von Johann Georg Ebersperger (1695–1760) und Johann Michael Franz (1700–1761). Ein Handbuch.* Nachdruck nach dem Original. Aus „Zeitschrift für wissenschaftliche Geographie", 1890. 2. Auflage 2006. Bad Langensalza: Verlag Rockstuhl 2006.
Sarazin, Jean-Yves: *Cartes et images des Nouveaux Mondes.* Paris: Découvertes Gallimard/Bibliothèque nationale de France 2012 (Hors série Découvertes Gallimard).
— *Nouveaux Mondes.* Paris: Bibliothèque de l'Image 2012.
Sautter, Udo: *Als die Franzosen Amerika entdeckten.* Lizenzausgabe für die WBG (Wissenschaftliche Buchgesellschaft), Darmstadt. Darmstadt: Primus Verlag 2012.
— *Geschichte Kanadas. Von der europäischen Entdeckung bis zur Gegenwart.* München: Verlag C.H. Beck 1992.
   [aktualisierte Kurzfassung:] *Geschichte Kanadas.* 2., aktualisierte Auflage 2007. München: Verlag C. H. Beck 2007 (C.H. Beck Wissen in der Beck'schen Reihe 2137).
Schlögel, Karl: *Im Raume lesen wir die Zeit. Über Zivilisationsgeschichte und Geopolitik.* 4. Auflage. Frankfurt am Main: Fischer Taschenbuch Verlag 2011. [1. Aufl. München/Wien: Carl Hanser Verlag 2003.]
Schneider, Ute: *Die Macht der Karten. Eine Geschichte der Kartographie vom Mittelalter bis heute.* 3. erweiterte und aktualisierte Auflage 2012. Darmstadt: Primus Verlag 2012.
Schreiber, Hermann: *Die Neue Welt. Die Geschichte der Entdeckung Amerikas.* Gernsbach: Casimir Katz Verlag 1991.
Schüler, C. J.: *Die Geschichte der Kartographie.* [Umschlagtitel:] *Mapping the World. Die Vermessung der Welt. De wereld in kaart.* Paris: Éditions Places Des Victoires 2010.
Séguin, Anne-Laure: *De la carte ancienne à la cartographie contemporaine. Orientation bibliographique.* Paris: Institut national du patrimoine 2012. [http://mediatheque-numerique.inp.fr/index.php/content/download/3550/39652/file/Cartographie-2008.pdf].
Sieburg, Friedrich: *Frankreichs rote Kinder.* Frankfurt am Main: Societäts-Verlag 1931 (Vergessene Historie).

Sieg, Klaus (Text)/Egbert, Martin (Fotos): Globusse – Die Erde en miniature. *Avenue* 1 (2010). S. 66–69.
[Smyth, David William:] *A short Topographical Description of His Majesty's Province of Upper Canada, in North America. To which is added, a Provincial Gazeteer.* Second Edition. London: Published by W. Faden, Geographer to His Majesty, and to His Royal Highness The Prince Regent, Charing Cross. 1813.
Snyder, John P./Voxland, Philip M.: *An Album of Map Projections.* Introduction by Joel L. Morisson, U.S. Geological Survey. [Washington:] United States Government Printing Office 1989 (U.S. Geological Survey Professional Paper 1453).
Soyez, Jean-Marc: *Quand l'Amérique s'appelait Nouvelle-France (1608–1760).* Paris: Fayard 1981.
Stegner, Willi (Hg./Bearb.): *TaschenAtlas Geographische Entdeckungen.* Gotha/Stuttgart: Ernst Klett Verlag 2008.
Stockhammer, Robert: *Die Kartierung der Erde: Die Macht und Lust in Karten und Literatur.* München: Wilhelm Fink Verlag 2007.
Sturtevant, William C./Trigger, Bruce G. (Hg.), *Handbook of North American Indians.* Volume 15. *Northeast.* Bruce G. Trigger. Washington: Smithsonian Institution 1978.
Sykes, Egerton: *Nicolas of Lynn: The Explorer of the Arctic 1330–1390.* Brighton: Markham House Press 1969.
Syndram, Dirk/Brink, Claudia (Hg.): *Die königliche Jagdresidenz Hubertusburg und der Frieden von 1763.* Dresden: Staatliche Kunstsammlungen Dresden/edition Sächsische Zeitung 2013.
Talbot, Margaret: Sacagawea. Guiding Light. *National Geographic Exploring History. Great Women Special Issue.* Summer 2014. S. 66–77.
Tebel, René: *Das Schiff im Kartenbild des Mittelalters und der frühen Neuzeit. Kartographische Zeugnisse aus sieben Jahrhunderten als maritimhistorische Bildquellen.* Wiefelstede: Oceanum Verlag e.K. 2012 (Schriften des Deutschen Schiffahrtsmuseums Band 66).
Thomas, Sara: *Frankophonie im Hohen Norden Kanadas. Yukon, Nordwest-Territorien, Nunavut.* Mit einem Vorwort von Ingo Kolboom. Heidelberg: Synchron Wissenschaftsverlag der Autoren/Synchron Publishers 2009.
Thomson, Don W.: *Men and Meridians. The History of Surveying and Mapping in Canada.*
   Volume I. *Prior to 1867.* Ottawa: Roger Duhamel 1966.
Tooley, Ronald Vere: *Tooley's Dictionary of Mapmakers.* With a Preface by Helen Wallis. Tring, Hertfordshire: Map Collector Publications 1978.
   Supplement. Tring, Hertfordshire: Map Collector Publications 1982.
   Revised edition. [1–2:] Editor Josephine French. Consulting Editors Valerie [G.] Scott, Mary Alice Lowenthal. [3–4:] Editor Valerie [G.] Scott. Consulting Editors Josephine French, Mary Alice Lowenthal, Elisabeth Parry. [1:] Tring, Hertfordshire: Map Collertor Publications in association with Richard Arkway Inc. 1999. [2–4:] Riverside, CT: Early World Press 2001–2004.
Traité de Paix entre la France et l'Angleterre. Conclu à Utrecht le 11 Avril 1713. Suivant la Copie imprimée à Paris. A la Rochelle, Chez Michel Salvin, Libraire au Canton des Flamans. M. DCCXIII.
Traité d'Utrecht. Traité de paix et d'amitié entre la France et la Grande Bretagne. 2006 (Digithèque MJP. Grands traités politiques) [http://mjp.univ-perp.fr/traites/1713utrecht.htm].
Unger, Richard W.: *Ships on Maps. Pictures of Power in Renaissance Europe.* Houndmills, Basingstoke (Hampshire): Palgrave Macmillan 2010.
Vachon, André in collaboration with Victorin Chabot and André Desrosiers (Hg.): *Dreams of Empire. Canada Before 1700.* English translation by John F. Flinn. Ottawa: Canadian Government Publishing Centre 1982 (Records of Our History).
   [Frz. Ausgabe:] *Rêves d'empire. Le Canada avant 1700.* Ottawa: Centre d'dition du gourvernement du Canada 1982 (Les documents de notre histoire).
— *Taking Root: Canada from 1700 to 1760.* Ottawa: Public Archives Canada 1985 (Records of Our History, Vol. 2).
   [Frz. Ausgabe:] *L'Enracinement. Le Canada de 1700 à 1760.* Ottawa: Archives publiques Canada 1985 (Les documents de notre histoire, Tome 2).
Vaugeois, Denis: *America 1803–1853. L'expédition de Lewis et Clark et la naissance d'une nouvelle puissance.* Sillery (Québec): Les éditons du Septentrion 2002.
Veyssière, Laurent/Imbeault, Sophie/Vaugeois, Denis (Hg.): *1763. Le traité de Paris bouleverse l'Amérique.* Sillery (Québec): Les éditions du Septentrion 2013.
Vormann, Boris: *Zwischen Alter und Neuer Welt. Nationenbildung im transatlantischen Raum.* Mit einem Vorwort von Ingo Kolboom. Heidelberg: Synchron Wissenschaftsverlag der Autoren/Synchron Publishers 2012.
Wallace, Birgitta: The Norse in Newfoundland: L'Anse aux Meadows and Vinland. *Newfoundland and Labrador Studies* 19, 1 (2003). S. 5–43.
Wallis, Helen: *La cartographie et la géographie telles que présentées dans la Collection David M. Stewart.* In: Hale, Elizabeth F./Vadeboncoeur, Guy et al., *La découverte du monde. Cartographes et cosmographes. Collection David M. Stewart.* S. 17–24.
Waters, D[avid] W[atkins], with a Foreword by Admiral of the Fleet the Earl Mountbatten of Burma: *The Art of Navigation in England in Elizabethan and Early Stuart Times.* New Haven: Yale University Press 1958.
Wawrik, Franz: *Berühmte Atlanten. Kartographische Kunst in fünf Jahrhunderten.* Dortmund: Harenberg Kommunikation 1982 (Die bibliophilen Taschenbücher 299).
— *Santi e profani. – Matthäus Greuter Vincenzo Coronelli Giovanni Maria Cassini.* In: Zögner, Lothar (Hg.) et al., *Die Welt in Händen. Globus und Karte als Modell von Erde und Raum.* S. 83–94.
Weinmann, Heinz: *Du Canada au Québec. Généalogie d'une histoire.* Montréal: Éditions de l'Hexagone 1987.
Weyers, Christian: Das Französische als europäische Vehikulärsprache des landgebundenen Verkehrs: eine Ausnahme in der globalen Anglisierung? *European Transport Law/Droit européen des transports/Europäisches Transportrecht/Diritto europeo dei trasporti/Derecho europeo de transportes/Europees Vervoerrecht* 38, 3 (2003). S. 279–295.
— *Histoire interne du portugais: onomastique. Interne Sprachgeschichte des Portugiesischen: Onomastik.* In: Ernst, Gerhard/Glessgen, Martin-Dietrich/Schmitt, Christian/Schweickard, Wolfgang (Hg.), *HSK Handbücher zur Sprach- und Kommunikationswissenschaft.* Band 23.3. *Romanische Sprachgeschichte/Histoire linguistique de la Romania.* Nr. 255. Berlin/New York: Walter de Gruyter 2008. S. 3237–3254.
— *Basque Traces in the Toponymy of Newfoundland and Various Coasts of Atlantic Canada.* In: Ahrens, Wolfgang/Embleton, Sheila/Lapierre, André (Hg.) et al.: *Names in Multi-Lingual, Multi-Cultural and Multi-Ethnic Contact. Proceedings of the 23rd International Congress of Onomastic Sciences,* August 17–22, 2008, York University, Toronto, Canada. Toronto; York University 2009. S. 1051–1063.
Wilson, Bruce G. (Hg.): *Colonial Identities: Canada from 1760 to 1815.* Ottawa: National Archives of Canada 1988 (Records of Our History, Vol. 3).
   [Frz. Ausgabe:] *Identités coloniales. Le Canada de 1760 à 1815.* Ottawa: Centre d'édition du gouvernement du Canada 1988 (Les documents de notre histoire, Tome 3).
Winichakul, Thongchai: *Siam Mapped. A History of the Geo-Body of Siam.* Ph.D. thesis. Sydney: University of Sydney 1988. [= *Siam Mapped. A History of the Geo-Body of a Nation.* Honolulu: University of Hawai'i

Press 1994] [http://www.questia.com/library/5775901/siam-mapped-a-history-of-the-geo-body-of-a-nation]

WOOD, PETER H.: The Mysterious 1688 Journey of M. Lahontan. Discussion Paper by Prof. Peter H. Wood (Duke University), for April 2007 [http://colonialseminar.uga.edu/P.%20Wood%20Paper.pdf].

ZÖGNER, GUDRUN K.: *Die Pariser Akademie und die Messung der Erdgestalt*. In: ZÖGNER, LOTHAR (Hg.) et al., *Die Welt in Händen. Globus und Karte als Modell von Erde und Raum.* S. 73–82.

ZÖGNER, LOTHAR (Hg.) et al.: *Die Welt in Händen. Globus und Karte als Modell von Erde und Raum.* Ausstellung und Katalog: Lothar Zögner. Berlin: Staatsbibliothek Preußischer Kulturbesitz 1989 (Staatsbibliothek Preußischer Kulturbesitz. Ausstellungskataloge 37).

VI

Verzeichnis und Nachweis der Abbildungen

In diesem Verzeichnis sind sämtliche Abbildungen aufgeführt, die zusätzlich zu den katalogisierten und digitalisierten Dokumenten der SLUB aus unterschiedlichen Quellen aufgenommen wurden.

Abb. Cover: *Die Landtſchafft Canada oder daſs Neue Franckreich. Canada ou Novvelle France* von Allain Manesson Mallet, Frankfurt 1684, Kupferstich, altkoloriert [200 x 168 mm]. – Einzelblatt © I. Kolboom. Das im Bestand SLUB vorhandene Exemplar der deutschen Ausgabe der *Description de l'Univers* enthält eine nichtkolorierte Version dieser Karte.

Abb. Seite 6: Karte *Canada. Anfang des Rideau Canals bei Bÿtown am Ottawa* [umgeben von acht Randansichten]. Stahlstich, vermutlich von August Weger, Leipzig, um 1840, 320 x 395 mm. – Einzelblatt © I. Kolboom.
Die Randansichten zeigen: Québec, Montréal, Aylmer, Wellington, St. Lorenz und völkerkundliche Darstellungen: erste Ansiedlungen, Wigwams der Indianer.

Abb. in Vorwort und Danksagung: Detail aus der Karte *A Map of the Inhabited Part of Canada, from the French Surveys; with the Frontiers of New York and New England from the Large Survey.* By Claude Joseph Sauthier. Engraved by W^m. Faden, 1777. London. – © SLUB.

Abb. Backcover: Detail aus der Karte *Partie Orientale de la Nouvelle France ou du Canada avec l'Isle de Terre-Neuve et de Nouvelle Escosse, Acadie et Nouv. Angleterre avec Fleuve de S^t. Laurence* repreſenté par T. Conr. Lotter, Graveur et Geogr. d'Augsbourg. Dreſſé par Alb: Charl Seutter, Geogr. Tob. Conrad Lotter, Sc. [ca. 1762.] – © SLUB.

I Seefahrer, Geometer und Voyageurs. Die Nouvelle-France als kartographisches Abenteuer. Einleitung

Abb. 1: Amerigo Vespucci. Illustration am Rande der Weltkarte von Martin Waldseemüller, 1507 (Ausschnitt) (Quelle: http://www.astro-digital.com/11/cielosur3.jpg [public domain]; Vollansicht: http://www.loc.gov/rr/geogmap/waldexh.html [12.03.2013]). – © Library of Congress.

Abb. 2: Die «Vinland-Karte», angeblich eine Weltkarte aus dem 15. Jahrhundert, neu gezeichnet mit schwarzer Tinte auf Tierhaut nach einem Original aus dem 13. Jahrhundert. – © Beinecke Rare Book and Manuscript Library, Yale University.

Abb. 3: *Il Disegno del discoperto della noua Franza* [...] von Paolo Forlani und Bologninо Zaltieri, Venedig 1566 [10,5 x 15,5 inches] (Quelle: http://www.raremaps.com/gallery/detail/31104/Il_Disegno_del_discoperto_della_nova_Franza_il_quale_se_havuto/Forlani-Zaltieri.htm [12.03.2013]). – © Barry Lawrence Ruderman Antique Maps Inc.

Abb. 4: *Nova Francia et Canada* 1597. In: *Descriptionis Ptolemaicæ Avgmentvm, siue Occidentis Notitia Breui commentario illustrata* Studio et opera Cornely Wytfliet Louaniensis. Lovanii [...] M.D.XCVII. – © SLUB.

Abb. 5: *Carte geographiqve de la novvelle franse faictte par le Sieur de Champlain saint tongois cappitaine ordinaire povr le roy en la marine*, 1612. [430 x 760 mm]. Erstmalig abgedruckt in: *Les Voyages dv Sieur de Champlain xaintongeois* [...], Paris 1613, Graveur: David Pelletier (Quelle: http://www.septentrion.qc.ca/banque-images/fiche-image.asp?id=316.) – © Les éditions du Septentrion.

Abb. 6: *Carte de l'Océan Atlantique*. 1601 A dieppe Par Guillemme Levaſseur Le 12 de Juillet (Quelle: http://gallica.bnf.fr/ark:/12148/btv1b8000931r/f1.item). – © Bibliothèque nationale de France.

Abb. 7: *Le Canada, ou Nouvelle France, &c.* [...] Par N. Sanson d'Abbeville Geographe ordinaire du Roy. A Paris [...] 1656. – © SLUB.

Abb. 8 und 9: Stand der territorialen Entwicklung Neufrankreichs 1667 und 1713. (Quelle: *Territorial Evolution of Canada, 1667 to 1873*, Second Edition 1969, http://geogratis.gc.ca/api/en/nrcan-rncan/ess-sst/ae607339-800b-50d7-8d1e-4309d17d10c3). – © Le ministère des Ressources naturelles Canada/Atlas du Canada.

Abb. 10: *Carte d'une Partie de l'Amérique Septentrionale Pour servir à l'Intelligence du Mémoire sur les prétentions des Anglois au sujet des Limites à regler avec la France dans cette Partie du Monde*. Amstelod. [...] 1755. – © SLUB.

Abb. 11: *Neue Karte, von den Gegenden wo eine Nordwestdurchfahrt in den Jahren 1746. 1747. geſucht ward, Nebst dem Laufe der Schiffe auf dieser Ganzen Reise*. Durch Heinrich Ellis. Gestochene Faltkarte aus *Reiſe nach Hudſons Meerbuſen* [...] beſchrieben von Heinrich Ellis [...] Goettingen Verlegts Abram Vandenhoeck, 1750. [Einzelblatt, 185 x 445 mm.] – © I. Kolboom.

Abb. 12: *Carte de la Nouuelle France et de la Louisiane Nouuellement decouuerte dediée Au Roy l'An 1683*. Par le Reuerend Pere Louis Hennepin Missionaire Recollect et Notaire Apostolique (Quelle: http://gallica.bnf.fr/ark:/12148/btv1b8468561m). – © Bibliothèque nationale de France.

Abb. 13: Frontispiz: *Traité complet de la navigation* [...] Par le Sieur Bouguer [...] A Paris, Et ſe vend a Nantes [...], Chez P. de Heuqueville [...], et Chez l'Auteur, au Croisic. [1698.] Lot 22 mise en vente le 24 juin 2013 par ALDE, Paris (http://www.alde.fr/lot/4008619). – Mit freundlicher Genehmigung.

Abb. 14: Auszug aus dem Artikel «Carte, (Geog.) [Géographie]» von d'Alembert. *Encyclopédie, ou dictionnaire raisonné des sciences, des arts et des métiers, etc.* [Band 2. Paris 1752] (Quelle: http://encyclopedie.uchicago.edu). – © Encyclopédie, ou dictionnaire raisonné des sciences, des arts et des métier, etc. Denis Diderot & Jean le Rond d'Alembert. Department of Romance Languages and Literatures, University of Chicago.

Abb. 15: Karte von Nicolas Sanson, publiziert 1695 in Amsterdam von Pierre Mortier: *Amerique Septentrionale divisée en ses principales parties, ou sont distingués les vns des autres les Estats suivant qu'ils appartiennent presenteme[n]t aux François, Castillans, Anglois, Suedois Danois, Hollandois*. Tirée des Relations de toutes ces Nations. Par le S Sanson, Geographe Ordinaire du Roy Présentée a Monseigneur le Davphin, Parson tres-humble, tres-obeissant, et tres fidele Seruiteur, Hubert Iaillot (Quelle: http://geogratis.gc.ca/api/fr/nrcan-rncan/ess-sst/-/(urn:iso:series)histoire-1639-a-1949-atlas-du-canada [12.03.2013]). – © Le ministère des Ressources naturelles Canada/Atlas du Canada.

Abb. 16 und 17: Das Ende Neufrankreichs 1763 und die territoriale Entwicklung der britischen Kolonie «Province of Quebec» zwischen 1763 und 1774 (Quelle: *Territorial Evolution of Canada, 1667 to 1873*, Second Edition 1969, http://geogratis.gc.ca/api/en/nrcan-rncan/ess-sst/ae607339-800b-50d7-8d1e-4309d17d10c3). – © Le ministère des Ressources naturelles Canada/Atlas du Canada.

Abb. 18: *L'Isle de Terre-Neuve, l'Acadie, ou la Nouvelle Ecosse, l'Isle S^t. Jean et la Partie Orientale du Canada*. Par M. Bonne, Ingénieur-Hydrographe de la Marine. Karte No. 44 [Doppelseite, 250 x 370 mm]. In: *Atlas de toutes les parties connues du globe terrestre, dressé Pour L'Hiſtoire Philoſophique & Politique des Établiſſemens & du Commerce des Européens dans les deux Indes*. [1780.] – © I. Kolboom.

Abb. 19 und 20: Territoriale Entwicklung Kanadas 1791 (Upper Canada/Lower Canada) und 1867 (Dominion of Canada) (Quelle: *Territorial Evolution of Canada, 1667 to 1873*, Second Edition 1969, http://geogratis.gc.ca/api/en/nrcan-rncan/ess-sst/ae607339-800b-50d7-8d1e-4309d17d10c3). – © Le ministère des Ressources naturelles Canada/Atlas du Canada.

Abb. 21: *Carte de l'Amérique septentrionale dressée et dessinée sous la direction de Mr J. G. Barbié du Bocage* 1843. Karte von Nordamerika mit der Bezeichnung «Nouvelle-Bretagne» für die britischen Gebiete nördlich der Vereinigten Staaten von Jean-Guillaume Barbié du Bocage, 1843, Stahlstich, gedruckt Paris 1846. [Einzelblatt, 310 x 235 mm]. – © I. Kolboom.

Abb. 22: Johann Christoph Adelung (1732–1806), Begründer der Dresdner Kartensammlung. Gemälde von Anton Graff (1736–1813), ehemals im Treppenhaus des Foyers und vorübergehend deponiert im Magazin der Zentralbibliothek der SLUB Dresden. – © SLUB.

Abb. 23: *Das Neue Veſte Landt oder America. Novveav Continent ou Amerique* von Allain Manesson Mallet, Frankfurt 1686. Kupferstich, unkoloriert. [Einzelblatt, 150 x 110 mm]. – © I. Kolboom.

Abb. 24: *Quebeck in Canada*. Stahlstich um 1850, Kunstanstalt des Bibliographischen Instituts in Hildburghausen. [Einzelblatt, 100 x 160 mm]. – © I. Kolboom.

II Historische Land- und Seekarten von Kanada aus dem 17. und 18. Jahrhundert in der Dresdner Kurfürstlichen Bibliothek

Abb. 1: Ausschnitt aus der *Map of the British Empire in America with the French and Spanish Settlements adjacent thereto* (London 1733) von Henry Popple mit der Signatur «Old Brazeel» (Quelle: http://www.davidrumsey.com/maps1901.html). – © David Rumsey Historical Map Collection.

Abb. 2: Detail der *Carte réduite des Bancs et de l'Île de Terre-Neuve* [...] des Dépôt général des Cartes Plans et Journaux de la Marine von 1784 mit der Signatur «Bresil», in: *Le Pilote de Terre-neuve ou Recueil de Plans des Côtes et des Ports de cette Île* [...] [N° 1. (Hyd. N° 57)].

Abb. 3: *Tierra Nveva* von 1561 (A 1193) auf der Grundlage der Darstellung von Giacomo Gastaldi 1548, der ein Inlandsflusssystem hinzugefügt wurde (Quelle: https://www.raremaps.com/maps/large/23716.jpg [12.06.2013]). – © Barry Lawrence Ruderman Antique Maps Inc.

Abb. 4: «Salle méridienne» bzw. «Salle Cassini» im Pariser Observatoire mit Kennzeichnung des Pariser Nullmeridians (Quelle: http://de.academic.ru/pictures/dewiki/79/Obs-Paris-meridienne.jpg [11.06.2013]).

Abb. 5: «Remarque Historique» im nordwestlichen Teil der Karte A 1183. – © SLUB.

Abb. 6: Detail aus der Carta Marina von Olaus Magnus (1539); unten Darstellung u.a. einer balena, einer orcha und eines mo[n]str[um] MDXXXVII visvm (Quelle: http://www.npm.ac.uk/rsdas/projects/carta_marina [11.06.2013]).

Abb. 7 und 8: Details aus der Karte A 1204: «Wal» und «Kabeljau». – © SLUB

Abb. 9: Poseidon/Neptun mit Seerössern auf der Karte A 1216. – © SLUB.

Abb. 10: Rahsegler mit Flügern und Großmastwimpel im Topp zwischen dem 36. und 39. Breitengrad auf der Vorlage von Henry Popple für die Karte A 1221 (Quelle: http://www.davidrumsey.com/maps1901.html [15.06.2013]). – © David Rumsey Historical Map Collection.

Abb. 11: Symbolische Darstellung des Fischfangs auf der Großen Neufundland-Bank nach Georges Boissaye du Bocage (Le Bocage Boissaie) sen. anhand unterschiedlicher Schiffstypen. Ausschnitt aus der Karte A 1221. – © SLUB.

Abb. 12: Detail aus der Karte A 1204 (Paris 1689) über einer Notation zur Insel Neufundland. – © SLUB.

Abb. 13 und 14: Rahschiffe mit der niederländischen Trikolore und Großmastwimpel südlich des «Banc de la Cadie» auf einer kolorierten Variante der Karte A 1230 im Exemplar des Van Loon-Atlas der Universitätsbibliothek Tübingen. – © Universitätsbibliothek Tübingen.

Abb. 15: Karavelle auf dem Atlantik zwischen dem Cap Carteret und den Bermudas (Detail aus A 1208); am Heck offensichtlich die weiße Lilienflagge, die ab dem beginnenden 17. Jahrhundert in der Funktion des «grand pavillon» gebräuchlich war und 1760 für Handelsschiffe gestattet wurde. – © SLUB.

Abb. 16: Stilisierte dreiblättrige Lilie als heraldische Grundform (Quelle: http://commons.wikimedia.org/wiki/File:Héraldique_meuble_Fleur_de_lys_lissée.svg [11.06.2013]).

Abb. 17: Giovanni Domenico Cassini (*1625, †1712), ab 1673 auch Jean-Dominique Cassini I. Gemälde von Antoine-Victor-Léopold Durand-Durangel 1879 (229 x 162 cm, nach einer Radierung) (Quelle: http://www-history.mcs.st-and.ac.uk/history/PictDisplay/Cassini.html [11.06.2013]).

Abb. 18: Nordamerika auf dem Pariser Erdglobus von VINCENZO MARIA CORONELLI, im September 2005 vorübergehend im Grand Palais. (Quelle: http://fr.academic.ru/pictures/frwiki/67/Coronelli_amnord.jpg [11.06.2013]).

Abb. 19: Nicolas Sanson d'Abbeville (*1600, †1667). Kupferstich von Conrad Westermayr (*1765, †1834), signiert: «C. Westermayr f. Weimar» (Quelle: http://www.mdz-nbn-resolving.de/urn/resolver.pl?urn=urn:nbn:de:bvb:12-bsb10944863-1) – © Bayerische Staatsbibliothek.

Abb. 20: Titelblattentwurf für eine neue Ausgabe der *Cartes generales de toutes les parties du Monde* von Nicolas und Guillaume Sanson (Paris 1671). Kupferstich, vermutlich von Jean Lepautre (Le Pautre, Le Paultre; *1618, †1682) (Quelle: http://gallica.bnf.fr/ark:/12148/btv1b550044693). – © Bibliothèque nationale de France.

Abb. 21: Guillaume Delisle (*1675, †1726) von Jean-Henri Cless, nach einem Ölporträt von Conrad Westermayr (Quelle: http://upload.wikimedia.org/wikipedia/commons/3/30/Guillaume_Deslile_AGE_1802.jpg [10.07.2013]).

Abb. 22: Original der mehrfach kopierten Bibervignette nach Nicolas Guérard auf der Karte *L'Amerique, divisee selon Letendue de ses Principales Parties* [...] von Nicolas de Fer (1698) (Quelle: http://www.oshermaps.org/img/flat/ame01.jpg [11.06.2013]). – © Osher Map Library.

Abb. 23: Die gleiche Szene wie Abb. 22 auf einer kolorierten Version der *Carte tres curieuse de la Mer du Sud, contenant des Remarques nouvelles et tres utiles* [...] (Nordhälfte) von Henri-Abraham Châtelain nach der Vorlage der *Carte de la Mer du Sud et les Costes d'Amerque et d'Asie, situées sur cette mer* von Nicolas de Fer (Quelle: http://www.oshermaps.org/img/flat/ame03.jpg [11.06.2013]). – © Osher Map Library.

Abb. 24: Bibervignette in der gegenüber dem Original (siehe Abb. 22 und 23) seitenverkehrten Darstellung auf der *Map of the Dominions of the King of Great Britain on ye Continent of North America* (A 1176) von Herman Moll, die auch als «Beaver Map» bezeichnet wird (Quelle: http://upload.wikimedia.org/wikipedia/commons/d/d2/Moll_-_Inset_Beaver_Map.png [12.06.2013]).

Abb. 25: Ausdehnung der French Shore gemäß den Verträgen von Utrecht (blau) und Versailles (rot) (Quelle: http://www.iat-sia.org/uploads/images/Newfoundland%20French%20Shore.gif [11.06.2013]).

Abb. 26: Erläuterung der zur Zeit des Kartenentwurfs durchgeführten «Posts» sowie bestehenden «offices» und «Great Offices» im Nordosten der späteren USA als Notation auf der Karte A 1176. – © SLUB.

Abb. 27 und 28: Zwei Versionen der *Carte que les Gnacsitares ont dessiné sur des peaux de cerfs* [...] in Verbindung mit der *Carte de la Rivière Longue et de quelques autres* [...] des Baron de Lahontan (Quelle: http://www.raremaps.com/maps/large/26995.jpg; http://www.raremaps.com/maps/large/22571.jpg [12.06.2013]). – © Barry Lawrence Ruderman Antique Maps Inc.

Abb. 29: Herman Moll, *A Map drawn upon Stag-skins by ye Gnacsitares who gave me to know ye Latitudes of all ye places mark'd in it, by pointing to ye respective places of ye heavens that one or t'other corresponded to* [...] – *A Map of ye Long River and of some others that fall into that small part of ye Great River of Missisipi wich is here laid down* (First State, 1703) (Quelle: http://www.raremaps.com/maps/large/7380.jpg [12.06.2013]). – © Barry Lawrence Ruderman Antique Maps Inc.

Abb. 30: *Amérique septentrionale* [...] 1831, in: Félix Delamarche, *Atlas de la Géographie Ancienne, du moyen âge, et moderne, adopté par le Conseil Royal De L'Instruction Publique, A l'usage des Collèges Royaux et des Maisons d'Education, pour suivre les Cours de géographie et d'histoire* [...], Paris 1831 [Einzelblatt]. – © I. Kolboom.

III Ausgewählte Land- und Seekarten im kartenhistorischen und politischen Kontext

Abb. 1: Gesüdete Manuskriptkarte von der Hudson-Straße und dem nördlichen Teil der Hudson Bay, die 1624 von Jens Munk gezeichnet wurde (Quelle: http://upload.wikimedia.org/wikipedia/commons/b/b2/Jens_Munk_map_1624.jpg [07.07.2013]).

Abb. 2: *Canada ou Nouvelle France* von Allain Manesson Mallet (*1630, †1706) aus seiner *Description de l'Univers* (Paris 1684) (Quelle: https://www.raremaps.com/maps/large/26197.jpg [07.07.2013]). – © Barry Lawrence Ruderman Antique Maps Inc.

IV Katalog aller erfassten Land- und Seekarten mit detaillierten kartographischen und philologischen Kommentaren

Abb. 1: *Extrema Americæ Verfus Boream, ubi Terra Nova Nova Francia, Adjacentiaq*, veröffentlicht im Blaeu-Atlas ab der Ausgabe 1662 (Quelle: http://www.raremaps.com/maps/large/25960.jpg [23.06.2013]). – © Barry Lawrence Ruderman Antique Maps Inc.

Abb. 2: *Partie de la Nouvelle France, Dedié a Monseigneur le Marquis de Seignelay* [...] mit Original-Imprint in der Maßstabskartusche, also mit der Jahreszahl 1685 ohne Retuschierung, Konturenkolorit und hellolivgrün tingierten Meeresflächen (Quelle: http://www.flickr.com/photos/manitobamaps/2105367993/ [27.06.2013]).

Abb. 3: Version der «Codfish Map» Herman Molls. Das Blatt A 1177 der SLUB entspricht der östlichen Hälfte dieser Karte, ist jedoch unterschiedlich koloriert (Quelle: http://www.raremaps.com/maps/large/12611.jpg [29.06.2013]). – © Barry Lawrence Ruderman Antique Maps Inc.

Abb. 4: Spätere Ausgabe (ca. 1710) der französischen Adaptation von Robert Mordens *A New Map of the English Empire in America* [...], der auch das Blatt A 1185 entnommen ist (Quelle: https://www.raremaps.com/gallery/enlarge/37047 [11.11.2014]). – © Barry Lawrence Ruderman Antique Maps Inc.

Abb. 5: Karte A 1188: nicht koloriertes Exemplar (Quelle: http://www.raremaps.com/maps/large/19779.jpg [10.11.2013]). – © Barry Lawrence Ruderman Antique Maps Inc.

Abb. 6: Variante des Dokuments A 1192 mit stärkerer Hervorhebung der bebauten Flächen durch mehr Kolorit (Quelle: http://www.landundkarte.de/media/catalog/product/cache/1/image/9df78eab33525d08d6e5fb8d27136e95/2/5/2558_2.jpg [29.06.2013]). – © Dr. Götze Land & Karte GmbH.

Abb. 7: Eine der drei typographischen Versionen der Karte A 1215 mit der Unterschrift «I.P Dreppe F[ecit].» (Quelle: http://www.raremaps.com/maps/large/30826.jpg [23.06.2013]). – © Barry Lawrence Ruderman Antique Maps Inc.

Abb. 8: Typ A 1225 ohne Flächenkolorit aus dem Norman B. Leventhal Map Center (Quelle: http://maps.bpl.org/id/10852 [14.07.2013]). – © Norman B. Leventhal Map Center at the Boston Library.

Abb. 9: Kolorierte Ausführung der Karte A 1230 in der Neuauflage 1666 des Seeatlas von Jan van Loon, in der der Name des Bruders Gieles [Gielis, Gilles] nicht mehr erscheint (Quelle: Universitätsbibliothek Tübingen, Abt. Handschriften | Alte Drucke, Signatur Fh II 15.4 [09.11.2013]). – © UB Tübingen.

Abb. 10: A 1232, ein illustratives Beispiel für den vielseitigen Vincenzo Maria Coronelli (Quelle: http://www.raremaps.com/maps/large/23194.jpg [14.07.2013].) – © Barry Lawrence Ruderman Antique Maps Inc.

Abb. 11: Exemplar des *Plan of Quebec* (A 1258) aus der Harvard Map Collection digital maps (Quelle: http://ids.lib.harvard.edu/ids/view/view

/10666377?viewheight=1659&height=1659&width=2400&viewwidth=2400 [23.06.2013]). – © Harvard Library.

Abb. 12: Koloriertes Exemplar der Karte A 1276 (Quelle: http://www.jpmaps.co.uk/mapimages/originals/32802.jpg [09.11.2014] – © Jonathan Potter Limited.

Abb. 13: Originalvorlage zur Karte A 1278 von Herman Moll (Quelle: http://www.mapsofantiquity.com/store/Antique_Maps_-_North_America/Canada/A_New_Map_of_Newfoundland,_New_Scotland,_the_Isles_of_Breton,_Anticoste,_St._Johns,_etc.*****SOLD*****/images/thumbnails/CAN028JR.jpg [19.11.2014]) – © Maps of Antiquity.

Abb. 14: *A New Map of Nova Scotia* [...] (Typ A 1296) von Thomas Jefferys von 1755 vor der Reduzierung der dritten Namensalternative «Ramafsok» für den «Penobscot or Pentagoet R.», die auf dem Exemplar der SLUB vorliegt (Quelle: http://maps.bpl.org/id/rb17017 [23.06.2013]). – © Norman B. Leventhal Map Center at the Boston Library.

Abb. 15: *A Plan of the Ifland of S*. *John with the divisions of the Counties Parifhes & the Lots* [...], Variante der Ausgabe Andrew Dury 1775 (A 1333) (Quelle: http://memory.loc.gov/cgi-bin/image-services/jp2.py?data=/home/www/data/gmd/gmd3/g3426/g3426f/ct002331.jp2&res=2 [28.07.2014]). – © Library of Congress.

Abb. auf dieser Seite unten: Detail aus Karte Teil IV, Abb. 1: Extrema Americæ Verſus Boream, ubi Terra Nova Nova Francia, Adjacentiaq, veröffentlicht im Blaeu-Atlas ab der Ausgabe 1662.

Wir danken allen Bibliotheken, Archiven, Händlern und sonstigen Inhabern von Urheberrechten für die Erteilung der Abdruckgenehmigungen für Karten und andere Abbildungen. Nicht in jedem Fall war es möglich, die das Copyright betreffenden Fragen vollständig zu klären bzw. den oder die jeweiligen Rechteinhaber zu ermitteln. Sollten Schutzrechte ohne unsere Absicht in irgendeiner Weise verletzt worden sein, werden Ansprüche im Rahmen der üblichen Vereinbarungen abgegolten.

Christian Weyers
MEASURING NEW FRANCE.
Historical Maps and Nautical Charts of 17th and 18th Century Canada at the Dresden Library of the Elector of Saxony.
A Cartographical Project, directed and edited by Ingo Kolboom

Summary

The historical map collection of the former library of the Saxon Prince-Elector and, from 1806, King of Saxony — today's Saxony State and University Library Dresden (SLUB) — features numerous valuable marine charts and terrestrial maps that document the French exploration and settlement of North America. To date, historical researchers in Canadian Studies and cartographers have been unaware of this corpus of maps which has, for this reason, not been examined in its historical and cartographic context from a philological and iconographic perspective. This volume is the result of multiple years of research to precisely fill this gap. The project has been directed by Ingo Kolboom, Professor at the Dresden University of Technology, and realized by his collaborator Christian Weyers. In his introduction, Kolboom undertakes a historical retrospective on the «Nouvelle France» and sets out to contextualize the territorial evolution of New France as a veritable «cartographic adventure». Christian Weyers then takes stock of Dresden's map collection of Atlantic Canada in a most comprehensive and scientifically rigorous manner. His historical focus lies on the era between the first permanent French settlements near the Saint Lawrence River in the early 17th century and the fateful historical moment of 1760, when the British Empire expelled the French from their North American colonies. Geographically, the volume focuses on the demographic and political-administrative centers of Nouvelle-France, that is, the region with the historical name «Canada» around the Saint-Lawrence River, the nucleus of the later British colony «Province of Quebec» and today's Canadian, largely Francophone Province, Québec.

Ingo Kolboom, historian, political scientist, and scholar of Romance Studies. After leaving his post as a Research Director of the German Council on Foreign Relations (DGAP) in Bonn, he became a Professor of French and Francophone Studies at Dresden University of Technology and a founding Executive Director of the Dresden Center of French-Canadian und Franco-American Studies (CIFRAQS) from 1994 through 2012, a temporary Associated Professor at Université de Montréal's Department of History, and the president of the International Association of Québec Studies (AIÉQ). Since his retirement he has worked as an independent author and associated member at the Université du Québec à Montréal's (UQÀM) Chaire de recherche du Canada en études québécoises et canadiennes (CRÉQC), that awarded him an honorary doctorate.

Christian Weyers, ethnologist and scholar of Indo-European, American and Romance Studies. Alumnus of the Universities of Göttingen, Pamplona, Zaragoza and Santiago de Compostela. As a former researcher at the Göttingen State and University Library, he spent many years of research and lectureship at the Departments for Romance Studies of the University of Trier and the Dresden University of Technology. Until 2012 he was a staff member in the field of historical cartography of Prof. Kolboom's Center for Franco-Canadian and Franco-American Studies (CIFRAQS) at Dresden University of Technology. Currently, he is also an independent author, lecturer and academic travel guide in applied geography on sea cruises.

* * *

Christian Weyers
ARPENTER LA NOUVELLE-FRANCE.
Cartes terrestres et maritimes du Canada du 17e et 18e siècle dans la bibliothèque du Prince électeur de Saxe.
Un projet cartographique dirigé et édité par Ingo Kolboom

Résumé

La collection historique cartographique de l'ancienne bibliothèque du Prince électeur puis – à partir de 1806 – du Roi de Saxe, intégrée aujourd'hui à la Bibliothèque d'État et universitaire de Dresde (SLUB) conserve en grand nombre des cartes terrestres et maritimes d'une haute valeur documentant l'exploration et la colonisation de l'Amérique du Nord par les Français. Jusqu'à présent ces cartes n'ont été ni considérées par les chercheurs canadianistes ni évaluées par la cartographie en tant que corpus à part entière ni même restaurées d'une manière philologique et iconographique dans un contexte historico-cartographique. Voilà l'ambition du présent ouvrage, résultat d'un projet de recherche de plusieurs années dirigé par le professeur Ingo Kolboom à l'Université technique de Dresde et réalisé par son collaborateur Christian Weyers. Partant de la rétrospective opérée par Ingo Kolboom définissant la «Nouvelle-France» comme une véritable «aventure cartographique», Christian Weyers entreprend un inventaire complet du fonds cartographique de la Bibliothèque d'État de Dresde sur le Canada atlantique. D'un point de vue chronologique, il a concentré ses recherches sur la période des premières implantations françaises durables sur les rives du fleuve Saint-Laurent à partir du 17ème siècle jusqu'à l'année 1760, tournant fatal pour la France, chassée par son concurrent anglais de ses colonies traditionnelles d'Amérique du Nord. D'un point de vue géographique, l'accent a été mis sur le centre démographique et politico-administratif de la Nouvelle-France, territoire portant historiquement le nom de «Canada» sur les rives du fleuve Saint-Laurent, noyau de la future colonie britannique «Province of Quebec», actuelle province canadienne à majorité francophone : le Québec.

Ingo Kolboom, historien, politologue et romaniste. Après avoir été directeur de recherche à la Société allemande de politique étrangère (DGAP) à Bonn, il a été de 1994 à 2012 Professeur titulaire de la Chaire Cultures et Civilisations françaises et francophones à l'Université technique de Dresde, fondateur-directeur du Centre interdisciplinaire de recherches franco-canadiennes et franco-américaines/ Québec-Saxe (CIFRAQS), et de façon temporaire Professeur associé au Département d'histoire de l'Université de Montréal (UdeM) et Président de l'Association internationale des études québécoises (AIÉQ). Depuis son départ à la retraite, il est auteur indépendant et membre associé à la Chaire de recherche du Canada en études québécoises et canadiennes (CRÉQC) de l'Université du Québec à Montréal (UQÀM) dont il est docteur honorifique.

Christian Weyers, linguiste, germaniste, ethnologue, américaniste et romaniste. Études aux Universités de Göttingen, Pamplona, Zaragoza et Santiago de Compostela. Ancien chercheur à la Bibliothèque étatique et universitaire de Basse-Saxe à Göttingen, il fut chercheur et chargé de cours aux Instituts d'études romanes de l'Université de Trèves et de l'Université technique de Dresde. Jusqu'en 2012, il a été collaborateur en cartographie historique du Centre interdisciplinaire de recherches franco-canadiennes et franco-américaines/Québec-Saxe (CIFRAQS) à l'Université technique de Dresde. Actuellement il est écrivain scientifique en free-lance, lecteur et guide de voyage d'études en haute mer.

Publikationen des CIFRAQS
Herausgegeben von INGO KOLBOOM

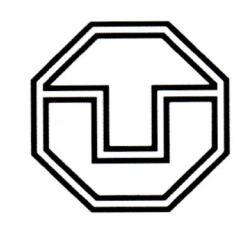

Das Centrum für interdisziplinäre franko-kanadische und franko-amerikanische Forschungen/Québec–Sachsen (CIFRAQS) war 1994 als Initiative des Lehrstuhls für Frankreichstudien und Frankophonie (Prof. Dr. Dr. h.c. Ingo Kolboom) am Institut für Romanistik der TU Dresden gegründet worden. Sein Ziel war die Erforschung und Vermittlung der kulturellen, politischen und gesellschaftlichen Eigenarten und Vielfalt des frankophonen Nordamerika in Geschichte und Gegenwart; zugleich fungierte es als Mittlerinstanz zwischen Québec und Sachsen. Seit der 2012 erfolgten Emeritierung des Historikers, Politikwissenschaftlers und Romanisten Kolboom und der Umwidmung seiner Professur befindet sich das CIFRAQS «in einer konzeptionellen Umbruchphase» (Stand 31. 12. 2015). Die von ihm 2000 begründete Schriftenreihe «Publikationen des CIFRAQS» im Synchron Wissenschaftsverlag der Autoren Synchron Publishers findet mit der vorliegenden Publikation «Die Vermessung der Nouvelle-France» ihren Abschluss. Kolboom ist seit 2012 assoziierter Forscher an der Chaire de recherche du Canada en études québécoises et canadiennes (CRÉQC) der Université du Québec à Montréal (UQAM).

Gesamtübersicht der von **Ingo Kolboom** im Synchron Wissenschaftsverlag der Autoren Synchron Publishers herausgegebenen Schriftenreihe **«Publikationen des CIFRAQS»**

Hans-Jürgen Greif/François Ouellet
Literatur in Québec 1960-2000
Eine Anthologie
2000, XII u. 328 Seiten, Brosch., € 34,80
ISBN 978-3-935025-02-7

Ingo Kolboom/Sabine A. Grzonka (Hg.)
Gedächtnisorte im anderen Amerika
2002, X u. 202 Seiten, Brosch., € 24,80
ISBN 978-3-935025-30-0

Manuel Feifel
Regionen als «Global Players»
Das Beispiel der interregionalen Kooperation Bayern - Québec
2003, 162 Seiten, mit Begleit-CD, Brosch., € 24,80
ISBN 978-3-935025-45-4

Ingo Kolboom/Roberto Mann
Akadien: ein französischer Traum in Amerika
Vier Jahrhunderte Geschichte und Literatur der Akadier
2005, XXVI u. 1014 Seiten, zahlr. Abb. u. Karten, Hardcover, Fadenheftung, mit Materialien-CD u. Film-DVD, € 58,00
ISBN 978-3-935025-54-6

Sara Thomas
Frankophonie im Hohen Norden Kanadas
Yukon, Nordwest-Territorien, Nunavut
2009, 136 Seiten, zahlr. Farbabb., Brosch., € 19,80
ISBN 978-3-939381-27-3

Victor Armony
Leben in Québec
Soziokulturelle Betrachtungen eines Zugewanderten
Aus dem Französischen von Regine Scheffer
2010, 232 Seiten, 3 Farbabb., Brosch., € 14,80
ISBN 978-3-939381-34-1

Alain-G. Gagnon (Hg.)
Québec: Staat und Gesellschaft
Deutsche Erstausgabe bearbeitet und herausgegeben von Ingo Kolboom und Boris Vormann
2011, 500 Seiten, Brosch., € 44,80
ISBN 978-3-939381-35-8

Boris Vormann
Zwischen Alter und Neuer Welt
Nationenbildung im transatlantischen Raum
Mit einem Vorwort von Ingo Kolboom
2012, 218 Seiten, Brosch., € 28,00
ISBN 978-3-939381-47-1

Christian Weyers (Autor), Ingo Kolboom (Hg.)
Die Vermessung der Nouvelle-France
Historische Land- und Seekarten von Kanada aus dem 17. und 18. Jahrhundert in der Kurfürstlichen Bibliothek zu Dresden
Ein kartographisches Projekt unter der Leitung und Herausgeberschaft von Ingo Kolboom
2016, Hardcover, 324 Seiten, 105 Abb. u. Karten, € 34,90
ISBN 978-3-939381-66-2

Außerhalb der Reihe im Synchron Wissenschaftsverlag der Autoren erschien vom CIFRAQS

Ingo Kolboom/Maria Lieber/Edward Reichel (Hg.)
Le Québec. Société et cultures
Les enjeux identitaires d'une francophonie lointaine
Mit einem Vorwort und einer Einleitung von Ingo Kolboom
Dresden/München: Dresden University Press 1998,
298 Seiten, Brosch., ISBN 3-931828-61-1